教育部人文社会科学重点研究基地
上海外国语大学中东研究所系列发展报告

中东地区发展报告

Reports on Middle East Development

[2021—2022]

余泳·主编

时事出版社
北京

图书在版编目（CIP）数据

中东地区发展报告.2021-2022／余泳主编.—北京：时事出版社，2022.12
ISBN 978-7-5195-0522-6

Ⅰ.①中… Ⅱ.①余… Ⅲ.①社会发展—研究报告—中东—2021-2022 Ⅳ.①D737.069

中国版本图书馆 CIP 数据核字（2022）第 194231 号

出 版 发 行：时事出版社
地　　　　址：北京市海淀区彰化路 138 号西荣阁 B 座 G2 层
邮　　　　编：100097
发 行 热 线：（010）88869831　88869832
传　　　　真：（010）88869875
电 子 邮 箱：shishichubanshe@sina.com
网　　　　址：www.shishishe.com
印　　　　刷：北京良义印刷科技有限公司

开本：787×1092　1/16　印张：27.75　字数：460 千字
2022 年 12 月第 1 版　2022 年 12 月第 1 次印刷
定价：165.00 元

（如有印装质量问题，请与本社发行部联系调换）

资助基金：
上海外国语大学"双一流"建设项目
上海高校一类智库建设项目

目 录

大使特稿

2021年中东地区热点问题盘点 …………………………… 刘宝莱（3）
2021年的中东局势：特征与思考 ………………………… 吴思科（16）

主报告：地区形势

2021年中东地区形势 ……………………………………… 刘中民（25）
2021年西亚地区形势 ……………………………………… 包澄章（48）
2021年北非地区形势 ……………………………………… 赵 军（66）
2021年中国中东外交 …………………………… 刘胜湘 黄沛韬（82）

分报告：代表性国家与组织发展概况

2021年沙特阿拉伯的政治、经济和对外关系 …… 丁 俊 陈 瑾（105）
2021年伊朗的政治、经济和对外关系 …………………… 韩建伟（121）
2021年以色列的政治、经济和对外关系 ………… 钮 松 王丹钰（135）
2021年土耳其的政治、经济和对外关系 ………………… 邹志强（158）
2021年海湾五国的政治、经济和对外关系 ……………… 余 泳（176）
2021年伊拉克的政治、经济和对外关系 ………… 潜旭明 徐张敏（198）
2021年叙利亚的政治、经济和对外关系 ………… 汪 波 伍 睿（213）
2021年约旦的政治、经济和对外关系 …………… 章 远 鲜 甄（231）
2021年也门的政治、经济和对外关系 …………………… 文少彪（248）
2021年埃及的政治、经济和对外关系 …………… 李 意 金世元（262）

2021年阿尔及利亚的政治、经济和对外关系 ………… 舒 梦（279）
2021年的伊斯兰合作组织 ………………… 丁 隆 刘国熙（294）
2021年的阿拉伯国家联盟 ………………… 赵 军 李俊峰（309）
2021年的海湾阿拉伯国家合作委员会 ……… 韩建伟 欧阳玲（327）

专题报告：建党百年视域下的中国与中东

新时代中国中东治理观 ………………………………… 丁 俊（343）
十八大以来中国共产党的外交理念及在中东的实践 ……… 李伟建（363）
中东国家对中国共产党百年成就与治国理政经验的认知与
　解读 …………………………………………………… 章 远（375）
中国对阿拉伯国家政党外交的经验与启示 ……… 孙德刚 贺凡熙（389）
中国与伊朗政党交往的历史流变、当代经验与启示 ……… 韩建伟（408）
中国多党合作抗疫实践及中国共产党的中东抗疫政党
　外交 ……………………………………………… 钮 松 宋 昀（421）

Table of Contents

Keynote Reports of Ambassadors

Review of Middle East Hotspots in 2021 ·················· LIU Baolai (3)
The Middle East in 2021: Features and Reflections ············ WU Sike (16)

Main Reports: Regional Situation

Regional Situation in the Middle East in 2021 ············ LIU Zhongmin (25)
Regional Situation in West Asia in 2021 ················ BAO Chengzhang (48)
Regional Situation in North Africa in 2021 ····················· ZHAO Jun (66)
China's Middle East Diplomacy in
　　2021 ································ LIU Shengxiang, HUANG Peitao (82)

Sub - Reports: Development of Representative Countries and Organizations

Politics, Economy and Foreign Relations of Saudi
　　Arabia in 2021 ······························· DING Jun, CHEN Jin (105)
Politics, Economy and Foreign Relations of Iran in
　　2021 ··· HAN Jianwei (121)
Politics, Economy and Foreign Relations of Israel in
　　2021 ··································· NIU Song, WANG Danyu (135)
Politics, Economy and Foreign Relations of Turkey in
　　2021 ·· ZOU Zhiqiang (158)

Politics, Economy and Foreign Relations of Gulf Countries in
   2021 ……………………………………………… YU Yong (176)
Politics, Economy and Foreign Relations of Iraq in
   2021 ………………………… QIAN Xuming, XU Zhangmin (198)
Politics, Economy and Foreign Relations of Syria in
   2021 ……………………………………… WANG Bo, WU Rui (213)
Politics, Economy and Foreign Relations of Jordan in
   2021 ………………………………… ZHANG Yuan, XIAN Zhen (231)
Politics, Economy and Foreign Relations of Yemen in
   2021 ……………………………………………… WEN Shaobiao (248)
Politics, Economy and Foreign Relations of Egypt in
   2021 ……………………………………… LI Yi, JIN Shiyuan (262)
Politics, Economy and Foreign Relations of Algeria in
   2021 ……………………………………………………… SHU Meng (279)
The Organization of Islamic Cooperation in
   2021 ………………………………… DING Long, LIU Guoxi (294)
The League of Arab States in 2021 ………… ZHAO Jun, LI Junfeng (309)
The Gulf Cooperation Council in 2021 …… HAN Jianwei, OU Yangling (327)

Special Reports: China and the Middle East from the Perspective of the Centennial of the Founding of the CPC

China's Middle East Governance Concept in the New
   Era ……………………………………………………… DING Jun (343)
Diplomatic Concept of the CPC and Its Practice in the Middle
   East Since Its 18th National Congress ………………… LI Weijian (363)
Middle East Countries' Cognition and Interpretation of CPC's Centenary
   Achievements and Governance Experience ………… ZHANG Yuan (375)
China's Experience and Enlightenment on Political Party Diplomacy in
   Arab Countries ……………………………… SUN Degang, HE Fanxi (389)

Historical Developments, Contemporary Experience and Enlightenment
 of China – Iran Political Party Contacts ················ HAN Jianwei (408)
China's Multi – party Cooperation in Counter – pandemic Practice
 and CPC's Counter – pandemic Party Diplomacy in the
 Middle East ·· NIU Song, SONG Yun (421)

大使特稿

2021 年中东地区热点问题盘点

刘宝莱[*]

【摘　要】

2021年中东地区热点举世瞩目，拖而难决，疫情猖獗，经济乏力，美伊（朗）关系松动，美国从阿富汗撤军，巴勒斯坦等问题时紧时松，"伊斯兰国"继续生事。

【关键词】

中东热点问题　持续僵持　疫情延宕　美伊破冰

2021年，中东地区局势持续动荡，"变""乱"突出，热点四溢，大国角逐，纵横捭阖，疫情不退，经济困难，供应短缺，举步维艰，其中主要有如下热点：

一、地区局势未能平静，乱而可控

（一）地区主要国家良性互动增强

2021年是中东变局发生十周年。地区国家对该地区的长期动荡深为忧虑，尤其是阿富汗局势突变引发地区国家战略认知发生深刻变化，对美国干涉别国内政和打民主、人权牌施压攻击的伎俩更为反感；对美国的安全保护更为忧虑，深感美国已"靠不住""不可信"；对"走自己的路"更为坚定、自信，故加快应变，独立自主意识上升。比如，2021年8月28日，在伊拉克首都巴格达召开了"巴格达合作与伙伴关系峰会"，这是一

---

[*] 刘宝莱，中国国际问题研究基金会中东研究中心主任，中国人民外交学会前副会长，中国前驻阿联酋、约旦大使。

次显示中东和解的重要会议。卡塔尔、埃及、约旦、阿联酋、沙特、伊朗和土耳其等国领导人或外长出席，其中最引人注目的是沙特外交大臣和伊朗外长均与会；卡塔尔埃米尔塔米姆会见了埃及总统塞西和阿联酋副总统阿勒马克图姆；阿勒马克图姆还与伊朗外长举行了非正式会晤。这对促进地区国家之间的沟通、交流与合作创造了良好氛围和有利条件。2021年初，沙特、埃及、阿联酋和巴林宣布同卡塔尔复交，实现了双边关系正常化。卡塔尔埃米尔塔米姆和沙特王储穆罕默德互访，有力地推动了双边关系发展和海合会内部的团结与合作。随着美国拜登政府对中东政策的调整，沙特下先手棋，开始恢复同伊朗接触，双方在巴格达已会晤多次，均表达了希望恢复正常关系的良好愿望。据报道，双方对话已取得积极进展；在也门问题上，沙方多次释放停火和谈信号；在叙利亚问题上，沙方已有松动，私下同叙方探讨叙方重返阿盟事宜。土耳其收缩、缓和的一面明显。土耳其在利比亚问题上由军事介入转向了外交发力，在东地中海寻求缓和，同埃及关系实现了破冰，同沙特关系继续回暖。据美联社德黑兰报道，12月6日，阿联酋国家安全顾问塔农·本·扎耶德访问伊朗，会见伊朗总统莱希，并与伊朗国家安全最高委员会秘书阿里·沙姆哈尼举行了会谈。美联社认为，"这是一次重大访问"。

（二）疫情继续肆虐

中东地区经济困难，缺医少药，医疗卫生设施陈旧落后，难以阻挡疫情蔓延，故疫情拐点迄未到来，尤其是伊朗、伊拉克、黎巴嫩、苏丹、阿尔及利亚和也门等国家抗疫任务艰巨。目前，伊朗确诊病例已超过500万人次。2021年9月21日，伊朗新总统易卜拉欣·莱希在联大发表演讲时称："伊朗经历了多波新冠肺炎疫情，累计新冠死亡病例近11.8万例，是该地区死亡病例最多的国家。"[1]

（三）经济复苏缓慢

疫情变化已成为地区国家经济发展的晴雨表。随着疫情的减弱，许多地区国家经济出现转机，GDP呈现不同程度的正增长，其中主要有沙特等海合会成员国、土耳其、埃及、约旦和摩洛哥。据国际货币基金组织预

---

[1] 美联社迪拜，2021年9月21日。

计，地区国家GDP总体将增长4.1%。其主要特点：一是各国海陆空网均已开通，但也时紧时松，国际航线和贸易基本恢复正常，对外封锁已解除。二是各国社会经济、市场供应、文化娱乐等相对活跃起来，一改昔日萧条局面，呈现繁荣景象，尤其是各国首都又活起来。2021年2月21日，阿联酋举办了阿布扎比国际防务展，有2万人与会，900家参展商参展。"美国的数家大公司参加了展会但都保持着低调。""中国的武器制造业规模排名全球第二，其展出的实际大小的'火龙'战术弹道导弹吸引了参观者驻足。"① 9月30日晚，2020迪拜世博会正式开幕，从2021年10月1日至2022年3月31日，以"沟通思想，创造未来"为主题开展世界性活动。三是许多大型项目陆续开展。比如2021年3月底，一艘重型货轮"长锡"号在埃及苏伊士运河新航道突然搁浅后，埃及政府对此十分重视。为避免类似事件再次发生，埃及总统塞西"5月11日批准了运河南段航道拓宽计划"，主要涵盖苏伊士市至大苦湖段约30千米航道，将在此前基础上加宽40米，最大深度从约20米加深至约22米，并使其拥有双向通航能力。"该计划预计在两年内完成……。目前，运河南段航道已开始挖泥作业。"② 9月6日，埃及国家隧道管理局和奥斯拉康建筑公司、西门子运输公司、阿拉伯承包商联合体签署埃及首个综合高速铁路系统合同，价值45亿美元，期限为15年。埃及将建的首条高铁路线从艾因苏赫纳港至阿拉曼港，全长660千米，连接位于红海的艾因苏赫纳市和位于地中海的亚历山大省、马萨马特鲁省，每年可运送旅客超过3000万人次，铁路货运量增加15%。8月下旬，沙特宣布了总价值约40亿里亚尔的数字经济发展计划。该计划是目前中东北非地区规模最大的数字经济项目。科威特将实施价值15.4亿美元的新住房项目，建造1040套新公寓和28288个新住房单元。

但疫情仍给一些地区国家带来灾难，严重拖了经济后腿，尤其是黎巴嫩、伊朗、伊拉克、也门、苏丹和南苏丹。2021年，始于2019年的黎巴嫩经济危机已到崩溃的边缘。"黎巴嫩镑与美元的汇率已由1500镑兑1美元，贬到2300镑兑1美元。民众财富转瞬间缩水90%以上。民众最低月工资从450美元降到35美元。"③ 伊朗经济形势严峻。2021年3月20日，

---

① 美联社阿布扎比，2021年2月21日。
② 陆依斐：《苏伊士运河航道在拓宽，未来还会"堵船"吗？》，载《解放日报》，2021年6月19日。
③ 牛新春：《黎巴嫩敲响中东政治危机的警钟》，载《世界知识》，2021年第18期。

鲁哈尼总统在伊朗波斯新年发表讲话。他说，过去一年"就石油收入而言是60年来最糟糕的一年"。他说："在（伊斯兰）胜利以来的42年里，我想不出有哪一年的经济困境像（波斯历）1399年这么艰辛。"①

二、美伊破冰不易，融冰更难

2021年初，美国总统拜登执政后，一改其前任特朗普政府的"极限施压"举措，着手调整对伊朗政策，明确提出"回归伊核协议""取消对伊制裁"，做到"拨乱反正"。但基于自身利益和国内共和党右翼及亲以势力的牵制，美国此举绝非易事。美伊代表在维也纳会谈确有进展，但截至2021年底未取得实质性突破。从全球战略考虑，拜登重新启用"奥巴马药方"不失为可行之策。然而，美伊信任赤字沉重，双方不可能发生颠覆性的变化，总有一个相互对表的过程。拜登对伊朗"大棒"仍高高举起，对伊朗居高临下，既牵头在海上搞"阿拉伯海联合军事演习"向伊朗施压，又向叙利亚边境地区发射导弹，打击亲伊朗的伊拉克民兵。2021年9月9日，美国海军中央司令部宣布，美军第五舰队组建了"海军第59特遣部队"，主要威慑伊朗。伊方对此反应强烈，认为这是对其安全构成严重威胁。故而针锋相对，积极应对。10月12日，伊朗举行了大规模防空演习，旨在模拟战争，通过派出战机、无人机和发射导弹来打击地面目标，从而测试防空和雷达系统的性能。

美国对伊朗有四怕：一怕伊朗强势崛起，联合叙利亚、伊拉克、黎巴嫩真主党和巴勒斯坦哈马斯及什叶派地方势力等形成广泛的反美统一阵线，对美国提高调门，大声说不；二怕伊朗动用其导弹、无人机等军事设备威慑美国在海湾驻军，使美军忐忑不安，惶惶不可终日；三怕伊朗联合俄罗斯、中国，进行战略合作，形成气候；四怕伊朗联合阿富汗塔利班政府挖美国在中亚的墙角。伊朗同美国打交道几十年，深知美国人的丑恶嘴脸和反动本性，对美国出尔反尔，深恶痛绝，故谨慎应对，深怕上当受骗。

2021年8月5日，伊朗莱希总统执政后，基于自身利益和经济发展的

---

① 法新社德黑兰，2021年3月20日。

需要,同意继续同美国对话。目前美方坚持修改伊核协议,并提出纳入伊朗导弹等问题。同时,美国联合欧盟向伊朗施压。而伊方坚持履行伊核协议,反对予以修改,并要求美方先全面取消对伊制裁后再签约。尽管如此,双方均希望能达成妥协。美方已对伊朗取消部分制裁。11月29日,美伊恢复和谈。双方交锋激烈,正在讨价还价,绝非一蹴而就,仍有一段路要走。

三、叙利亚乱中有治,重建艰难

2021年,叙利亚政权得到进一步巩固,政局出现明显好转。叙利亚政府重视维护社会治安、抗击疫情、恢复经济建设和改善民生,并取得了积极成果。尽管美国等西方国家不断加大对叙利亚制裁,但叙利亚政府顶住压力,从容应对,坚持下来了,致使其控制区内的社会秩序基本恢复正常,经济建设有所起色,市场供应向好,广大民众开始有安全感和行动自由感,对政府增强了信心。故政府的公信力增强。

2021年5月26日,叙利亚举行总统大选。现任总统巴沙尔·阿萨德获胜,成功连任。经过十年内战,国内大变,经济衰退,田地荒芜,但巴沙尔仍能赢得大选,实属不易。其主要原因是:

1. 巴沙尔是不二人选。巴沙尔依然牢牢掌控着两支重要力量:一是执政党(阿拉伯社会复兴党)。该党历经十年风雨,虽有少数人脱党,但总体保持团结,拥戴巴沙尔,成为叙利亚统治集团的核心领导力量;二是武装部队。十年内战,军力损失严重,但仍保持基本建制,元气尚存。更重要的是军队"服从命令,听指挥",已成为巴沙尔手中的一支"钢鞭"。

2. 叙利亚政府控制能力增强。现政府控制了国土面积的65%,其中包括首都大马士革在内的重要大中城市和周边地区,有力地恢复了地区治安和社会秩序。叙利亚政府军正主导战场走向,沉重打击了反对派武装,使之难以组织力量制造社会动乱。据报道,叙利亚反对派武装和土耳其仅控制叙利亚西北部的伊德利卜省和阿勒颇省的北部地区,约占叙利亚国土面积的10%;库尔德武装控制叙利亚东北部哈赛克省、拉卡省和代尔祖尔省部分地区,约占国土面积的25%。

3. 民心所向。叙利亚人民深受战乱之苦,迫切希望巴沙尔领导他们尽快结束内战，恢复安定，振兴经济，改善民生。因此广大民众纷纷将票投给了巴沙尔。

4. 叙利亚反对派武装四分五裂，互相牵制，日渐衰弱，已成强弩之末。"叙利亚自由军"力量大减；"叙利亚伊斯兰阵线"等7个武装组织内讧严重，未能形成合力；"伊斯兰国"和"沙姆解放组织"等极端势力有所发展，但不得人心，处境困难，美国等西方国家也予以打击。

5. 俄罗斯、伊朗、黎巴嫩真主党和伊拉克什叶派民兵组织力挺巴沙尔政权，助其渡过一道道难关，不仅巩固了政权，而且还不断发展壮大。2021年9月13日，巴沙尔总统访俄，同普京总统商讨加强军事合作。

6. 国际社会普遍支持联合国主导的叙利亚和平解决进程，推动日内瓦会议，落实安理会有关决议。另外，阿联酋、巴林和阿曼等阿拉伯国家陆续恢复了同叙利亚的外交关系。2021年11月9日，阿联酋外长阿卜杜拉·本·扎耶德·阿勒纳哈扬率庞大代表团访叙。这是自2011年叙利亚内战爆发以来的首次往访。当日巴沙尔总统会见，"发出迄今为止最明确的信号，即阿拉伯世界愿意与巴沙尔重新接触"[①]。沙特也在私下采取了相应行动。目前，阿盟强调和平解决叙利亚危机，反对外部势力干涉叙利亚内政，并为恢复叙利亚成员国地位做工作。

当前，除继续反恐和打击反对派武装外，叙利亚政府在控制疫情的同时正抓紧重建工作，但任务艰巨，困难重重，尤其是资金短缺，尚需4000亿美元。如此天文数字，对饱受战乱之苦的叙利亚来说，谈何容易。

四、美国从阿富汗撤军，仓皇逃窜

美国经营阿富汗20年，强势打造美式民主政权，严厉打击塔利班武装，并组建了装备精良的约30万政府军，与之抗衡。但随着美军撤退，局势急转直下，出现了令人难以意料的巨变。据报道，自2021年8月6日至15日，塔利班武装展开军事攻势，进展神速，甚至兵不血刃，进入首都喀布尔接管了政权，此举震惊世界。这在美国军事史上是最大的失败和耻辱。它标志着美国侵犯一个主权国家打造美式"民主"样板的时代已经一

---

① 美联社大马士革，2021年11月9日。

去不复返了。美国再也不是如日中天的美国了。美国已无力一手遮天，主宰世界。这已成为拜登上台以来的最大败笔。

五、巴勒斯坦问题更为曲折，复杂多变

尽管巴勒斯坦领导人欲通过联合国等国际组织解决巴勒斯坦问题，2021年9月24日，在联大的视频讲话中，阿巴斯总统再次呼吁联合国秘书长古特雷斯"召集国际和平会议"，但今非昔比，国际社会更注重眼前的疫情、气候变化、经济发展、全球治理等课题。面对巴勒斯坦问题，国际社会反应冷淡。巴勒斯坦问题实际上已被边缘化。对以色列来说，并不急于解决巴勒斯坦问题，能拖就拖，"大事化小，小事化无"，乐得自在。而对巴方来说，时不我待，急于解决。

2021年5月10—20日，巴以冲突严重升级。这又将巴勒斯坦问题拉回到国际视野。5月10日，以色列军警限制阿拉伯人进入圣殿山做礼拜，致使双方发生冲突，造成了300余人受伤。当晚，控制加沙的哈马斯（巴勒斯坦伊斯兰抵抗运动）借此大举介入，扬言誓死捍卫耶路撒冷，并开始向以色列南部和特拉维夫地区发射火箭弹，以色列军方迅即还击，从而使冲突激化。截止到5月18日，以方死亡12人，伤100余人；加沙地带巴勒斯坦人死亡213人，多数为妇女和儿童，伤1900余人。5月20日，经埃及斡旋，哈马斯同以色列达成停火协议。双方已于5月21日2时开始停火。尔后，双方又有多次小规模的交火。

巴以积怨很深，犹如干柴烈火，一有风吹草动，会燃成熊熊大火。就此次冲突而言，巴以互有需要，目的明确。第一，以色列总理内塔尼亚胡欲借此摆脱困境，继续执政，以防将组阁权落入中左翼拉皮德之手。第二，打击哈马斯有生力量，摧毁其重要军事设施、地下安全网络和军工厂，定点清除其骨干要员。第三，离间哈马斯同巴勒斯坦民众关系，削弱其影响力，进而使其在巴勒斯坦大选中失利。第四，给美国拜登政府出难题，逼其选边站队。结果，美国占到了以色列一边，不仅一再阻止联合国安理会发表敦促巴以停火的声明，而且向以色列紧急出口7.35亿美元的军火。哈马斯主要目的有三：一是提高自身在巴勒斯坦民众中的地位和影响力，为赢得巴勒斯坦大选铺垫；二是唤起阿拉伯国家政府和人民的良知，

继续支持巴勒斯坦正义事业,减缓部分阿拉伯国家同以色列关系正常化进程;三是将巴勒斯坦问题拉回到国际社会视野,增强对以色列的舆论压力,以防巴勒斯坦问题继续被边缘化。

埃及调停巴以冲突取得成功,主要采取了如下举措:

1. 在国际和地区积极开展外交攻势,敦促各方阻止以色列对巴勒斯坦领土的侵略和对巴勒斯坦人民的屠杀并向联合国安理会、阿盟和欧盟重要成员国进一步阐明埃及有关立场,推动巴勒斯坦建国;努力促成巴以停火。

2. 向沙加地带提供包括食品、药品、医疗设备和燃料在内的紧急援助;安排11家医院和160辆救护车接待巴勒斯坦受伤人员,并向西奈省派出了37个医疗队对受伤巴勒斯坦人予以救治。

3. 拨款5亿美元用于加沙重建;埃及的"埃及万岁"基金向加沙地带提供人道主义援助,其中有100个集装箱的物资。

4. 积极做以色列和哈马斯的工作,晓以利害,寻求双方利益妥协点,促成其"见好就收"。

埃及此举收到了较好的效果:其一有利于埃及恢复在巴以问题上的主动地位。近年来,埃及的作用被边缘化,鲜有在地区事务中发声。塞西借此提高了作为巴以调停者的地位和影响力;其二有利于改善与西方国家的关系。5月18日,塞西总统出席了在巴黎爱丽舍宫举行的关于巴勒斯坦领土的三方首脑会议。法国总统马克龙和约旦国王阿卜杜拉二世共同参与峰会。马克龙对埃及在巴以冲突中发挥的调解作用表示支持。埃、法元首决定共同努力敦促冲突双方尽快停火,防止冲突进一步蔓延。[①] 5月20日,巴以达成停火协议后,美国总统拜登同塞西总统通电话称,双方会就巴以问题"保持经常性的沟通"[②]。这被视为埃美关系近年来的重大突破。联合国秘书长古特雷斯也对埃及的斡旋努力表示赞赏。

土耳其强烈谴责以色列对阿克萨清真寺的袭击,指责美国和奥地利等西方国家对以色列的偏袒。在国际上,埃尔多安总统十分活跃,呼吁国际社会制裁以色列,以终止"屠杀",倡议伊斯兰议会组织召开紧急会议讨论巴以问题,并就此与阿尔及利亚、卡塔尔、印度尼西亚、约旦、科威特和巴基斯坦等国领导人通电话。同时,他与俄罗斯普京总统通话提出派遣

[①] 法新社巴黎,2021年5月18日。
[②] 美联社开罗,2021年5月20日。

"国际部队"维护巴勒斯坦平民免受以色列侵害。土耳其援助机构向巴勒斯坦红十字会提供了价值60260美元的药品和医疗用品。土耳其此举主要是为了巩固国内的政治保守派选民基础,提高"正发党"(正义与发展党)的伊斯兰主义和民族主义的话语权,满足伊斯兰主义选民对巴勒斯坦问题的严重关切。与此同时,埃尔多安欲借此在中东实现外交突破,进一步改善与埃及和沙特的关系,以摆脱地区的孤立处境。

伊朗对哈马斯予以财政支持,2019年提供了3.6亿美元,还有武器支援。此次哈马斯向以色列发射的绝大多数导弹来自伊朗,其中包括8千米、43千米、75千米射程的导弹。伊朗提供的自爆无人机突破了以色列防空系统的拦截,使以色列处境被动。

六、也门内战连绵,硝烟弥漫

也门政府军同胡塞武装分据南北,继续兵戎相见。双方战场上互有攻守,都难以战胜对方。2021年9月4日,胡塞武装向马里卜省西部地区发起多次进攻。在沙特主导的多国联军空中支援下,政府军顽强抗击,坚守阵地,打退了对方的进攻。目前双方战场上处于胶着状态,胡塞武装略胜一筹。与此同时,胡塞武装多次使用导弹和无人机袭击沙特边界城市和首都利雅得。据沙特官方报道,其中多数情况被沙特军方成功拦截。2022年1月17日,胡塞武装对阿联酋阿布扎比国际机场发动了疑似无人机袭击,造成至少3人死亡。1月21日,沙特多国联军空袭也门萨达省的一座监狱,致使77人死亡,146人受伤。当日联合国秘书长古特雷斯发表声明,对无辜平民遇袭予以谴责,并呼吁对此事件进行迅速、有效和透明的调查,以确保问责。

2021年初,美国总统拜登执政后,提出和平解决也门问题,并停止了对沙特的部分军售。沙特也多次呼吁胡塞武装实现双方停火、谈判。但后者反应冷淡,并坚持要沙特对也门停止空袭和迅速撤军。另外,也门"基地"组织在南方相当活跃,经常袭击政府军,不断扩充地盘,发展壮大自身武装力量。

七、利比亚和平过渡，前景难测

利比亚局势发生重大变化，两大势力团结政府军和国民军终于坐下来，于2020年10月23日签署了停火协议。11月，联合国主导的利比亚政治对话论坛在突尼斯召开首次会议推动利比亚各派就政治安排达成了共识，并宣布将于2021年12月24日举行大选。2021年2月5日，利比亚政治对话论坛选举利比亚前驻希腊大使穆罕默德·尤尼斯·门菲为总统委员会主席；利比亚"未来运动"政党领导人阿卜杜勒·哈米德·德拜巴为过渡政府总理。3月10日，利比亚新一届过渡政府民族统一政府通过国民代表大会信任投票宣告成立，接替民族团结政府执政，直至当年12月24日利比亚全国大选日。

2021年6月23日，德国同联合国主持召开第二届利比亚问题柏林会议，并发表公报，"强调支持利过渡政府及有关各方积极推动按期举行大选，敦促外国武装人员和雇佣军尽快从利比亚撤出。"[1] 一年来，利比亚政局相对平静，但到大选前夕，情况突变。由于相关各派意见不一，故大选推迟。

八、"伊斯兰国"煽风点火，并未消停

2021年，"伊斯兰国"残余势力不甘失败，继续蠢蠢欲动，重整旗鼓，进行整顿改组。在伊拉克，该组织组成了以阿布·易卜拉欣·哈希米·库莱希为首的新领导机构，内设协商委员会（决策机构）、代表委员会（执行机构）和行政、财务、宣传、安全、军事、后勤供应等部门及宗教委员会。同时，该组织还组成了"伊拉克省"的领导机构。据报道，"伊斯兰国"在伊拉克的一头目阿布·亚西尔在2021年1月27日，以美国为首的联军对基尔库克附近的一次空袭中被击毙。据透露，此次由伊拉克政府军与联军联手的行动中共打死10名"伊斯兰国"恐怖分子。[2] 10月11日，

---

[1] "利比亚国家概况"（最近更新时间，2021年7月），外交部官网（国家和组织）。
[2] 德新社巴格达，2021年1月29日。

伊拉克政府逮捕了已故巴格达迪的副手萨米·贾西姆。他是该组织的高级领导人兼"基地"组织长期特工。① 在叙利亚，该武装力量主要集中于叙利亚中部地区和幼发拉底河西部及沙漠地区。"基地"组织叙利亚分支"沙姆解放组织"主要盘踞在伊德利卜省的广大农村地区，其头目阿布·穆罕默德·朱拉尼通过建立自己的领导机构同政府分庭抗礼。目前他们正在做4件事：1. 打通伊叙通道，以扩大活动范围；2. 打击政府军和亲政府民兵，以震声威；3. 力争抢占油田，以增加财源；4. 建立新据点，以保存实力。

另外，10月15日，阿富汗南部坎大哈清真寺发生爆炸袭击事件，造成63人遇难，83人受伤。当日法新社阿富汗坎大哈报道，"伊斯兰国呼罗珊"组织宣称，对此次袭击负责。10月8日，在昆都士的一座什叶派清真寺曾发生自杀式袭击，造成至少40人死亡。这是该组织既是针对阿富汗什叶派少数群体的袭击，也是对"声称控制了国家的塔利班发起的挑战"②。11月17日，联合国秘书长阿富汗问题特别代表德博拉·莱昂斯对联合国安理会称，"伊斯兰国"组织的一个分支（呼罗珊）已经发展壮大，目前几乎在所有34个省份都有势力。她说，该组织发动的袭击数量已经从2020年的60起增加到今年的334起。③

以上表明反恐仍在路上。对此，国际社会任重而道远。各国要再接再厉，努力切断"伊斯兰国"的生存土壤、空间和渠道，决不能让其卷土重来的图谋得逞。

九、结　语

面对百年巨变、世纪疫情延宕和美国战略收缩，2022年中东继续发生深刻变化，不确定、不可测因素依然存在。地区各国都在调整内外政策，并将出现一些积极变化。

第一，海湾紧张局势趋缓。海合会成员国内部恢复团结，运转正常，实施"抱团取暖"，一致对外；沙特、阿联酋同伊朗对话取得了积极进展；

---

① 美联社巴格达，2021年10月11日。
② 法新社阿富汗坎大哈，2021年10月15日。
③ 路透社华盛顿，2021年11月17日。

两国与土耳其关系进一步缓解。阿联酋阿布扎比王储穆罕默德访问土耳其，签署了合作协议。与此同时，土耳其总统埃尔多安也对阿联酋进行了正式访问。阿联酋同以色列建交后，以色列总理贝内特首次访问阿联酋。阿方做了较为低调的处理。土耳其内外交困，对外涉及美俄和地区地缘政治；对内正面临两大难题：一是疫情严重，确诊病例已超过 900 万；二是里拉危机。故而调整内外政策，适度控制穆兄会，放缓打击库尔德武装，以便缓和国际孤立处境，稳定国内政局。另外，伊拉克作为调解人也为推动地区和解与联合反恐做出努力。随着美国从伊拉克撤军，地区局势将会有新的起色。但以色列坚决反对《伊核协议》，同伊朗关系吃紧。以色列不时打击黎巴嫩真主党，空袭伊朗在叙利亚的军事设施，并扬言要摧毁伊朗的核设施。对此，伊朗表现相对克制。

第二，伊核谈判有望达成一定妥协。目前伊核维也纳谈判取得了较大进展。2022 年 1 月 3 日，伊核谈判在维也纳重启。当日德新社维也纳报道，伊朗官员表示谨慎乐观。伊朗外交部发言人哈提卜扎德说，上一轮有关解除制裁以及确保美方不会再次退出协议的谈判取得了不错的进展。一旦达成一致，伊朗将恢复履行协议规定的技术性义务。1 月 15 日，卡塔尔半岛电视台网站报道，伊朗外长访华，同中国外长王毅会谈后，对记者说，伊朗愿在最短时间内在维也纳达成协议，这一点将在中国和俄罗斯的支持下成为可能。鉴于美伊互有需要，尤其是美方更为积极，故双方经过激烈讨价还价后或达成某种协议，将地区"战场变市场"，进而缓和地区紧张局势，促进各国经济发展。目前，国际社会均关注伊核谈判的进展。尽管俄罗斯与乌克兰冲突会对伊核谈判带来一定影响，然而有关各方对美伊达成协议仍表示谨慎的乐观。

第三，叙利亚形势看好。当前叙利亚政府正抓紧抗疫和重建，取得了看得见、摸得着的成果，赢得了民心，政府的公信力增强。阿拉伯国家政策有变，陆续同叙利亚复交。阿盟有望尽快解决叙利亚回归问题。联合国主导的叙利亚政治解决进程也取得了一定进展。至于叙利亚反对派武装，已大大削弱，难有回天之力。鉴此，叙利亚危机有可能实现软着陆。

第四，热点问题继续降温，但化解也难。相对平静一年的利比亚，原定大选被推迟。相关各方角逐激烈，不排除重燃战火的可能。也门问题，政府军和胡塞武装争夺时紧时松。这场代理人战争的背后主角沙特和伊朗关系改善后有望今年达成某种妥协。巴勒斯坦问题不容乐观。巴以围绕西岸定居点问题矛盾升级。阿巴斯总统公开谴责以色列野蛮行径。如处置不当，双方还可能打起来。此外，"伊斯兰国"等极端势力，不会善罢甘休，将更加活跃，制造暴恐事件，扰乱社会治安，妄图卷土重来，东山再起。

2021年的中东局势：特征与思考

吴思科[*]

【摘　要】
2021年是中东大动荡爆发十周年、"9·11"事件20周年，地区局势正发生深刻变革，堪称当今世界百年大变局的风向标。美国仍是影响中东局势走向最重要的域外力量，但美国为集中力量"应对大国崛起"，在中东战略收缩，奉行"离岸管辖"；欧、俄等域外主要力量对中东事务则有心无力。大国对中东事务投入的减弱引发地区力量重新组合，寻求新的平衡，中东地区旧的格局被打破，新的格局尚未形成。中东仍然"乱"，但中东正在"变"，十年的反思与探索带来了新希望，求自主自立，谋稳定发展，努力走好自己的路，正在成为各方共识，民心所向。中国秉持平等友善的伙伴精神，尊重中东地区国家自主选择，以真诚合作为中东和平发展做出中国贡献。高质量共建"一带一路"促进双方务实合作提质升级，携手构建人类共同体的宏愿正逐步落到实处。

【关键词】
中东局势　中国中东外交

一、大国收缩，格局重构

2021年中东局势总体呈现缓和趋势，也有一些事态发展举世关注，尤其是美国从阿富汗仓惶撤离，美国军事占领和经营20年的阿富汗瞬间变

---

[*] 吴思科，外交部外交政策咨询委员会委员，前中国中东问题特使，曾任驻沙特大使、驻埃及大使兼驻阿盟全权代表。

天，这对中东地区震动很大。人们在担心恐怖主义会否卷土重来的同时，更看到美国不可一世的霸主地位的衰落，对昔日盟友不用时弃如敝履更向世界诠释了什么是"美国优先"。这一年，伊朗总统换届，伊核问题维也纳会谈恢复但进程艰难缓慢；以色列总理首访阿联酋，迈出以色列与阿拉伯国家松动关系的重要一步；突尼斯议会解散，苏丹局势突变，世俗、宗教等各种力量博弈出现新态势；沙特、埃及等恢复与卡塔尔的外交关系，海湾断交风波告一段落；……一年来，中东地区要事不断，形势仍错综复杂，但从中可以发现中东地区的战略格局正在重构，具体有以下几个特点：

首先，域外大国对中东事务的插手呈收缩态势、掌控力逐渐下降。这是百年大变局在中东地区最突出的表现，也是引发中东变局的重大诱因。美国仍是影响中东局势走向最重要的域外力量，为应对中国和俄罗斯而战略东移，大幅减少在中东投入，但为实现"离岸管辖"而不断挑起矛盾，不惜把地区推向阵营化、碎片化的火坑，搅局堪称高手。曾经打着民主人权旗帜与美国一道搅乱中东的欧洲也因恐怖活动和难民问题被反噬，加之陷于债务危机和新冠肺炎疫情困扰，对中东已是心有余而力不足。俄罗斯通过在叙利亚的军事介入在地区的影响力增大，但综合实力不足，作用受到限制，更注重与中东各方务实合作。

其次，域内大国利用大国收缩掌控力下降之机扩大影响填补"真空"。伊朗借助周边变局构建"什叶派之弧"；土耳其四面出击，让地区国家担心重温土耳其奥斯曼帝国旧梦；中东动荡之后，沙特、阿联酋等海湾国家借助石油美元财力和宗教影响力扩大影响，意欲成为阿拉伯世界乃至伊斯兰世界盟主。但几经较量，都感到力有不逮。在大趋势下中东国家趋于务实，开始寻找竞争与妥协的结合点，试探接触缓解紧张局势，以期回归地区原有的力量平衡架构。

最后，各国内部的权力重组仍在继续，但外溢效应不大。从突尼斯议会解散、苏丹局势变化等诸多表现来看，中东大动荡对于各国的影响仍在，一些国家政治动荡不断，但外溢效应不大，未成为地区新一轮动荡的导火索。阿拉伯各国处境不同，利益诉求各异，宗派、部族势力错综复杂，自顾倾向加大，长期影响地区的主要矛盾也在发生重大变化，各种力量不断分化重组，成为地区变局一个重要特点。

二、反思过往，探寻新路

十年动荡战乱让中东各国人民痛定思痛，中东各国站在时代的十字路口上，艰难探索符合各自国情发展之路。

西式民主在阿拉伯世界行不通成为各国共识。从中东大动荡开始的十年动乱变局，带来的并不是中东地区民众期盼的民主和民生改善，而是兵连祸结。一些西方国家在动荡之初曾以种种美丽旗号插手别国事务，鼓吹"人权高于主权""保护的责任"等，推行所谓普世价值观及其民主制度，为此以军事手段颠覆阿富汗、伊拉克和利比亚政权，嫁接西式民主制度，但外部移植的民主制度与中东地区文化传统水土不服，带来的不是稳定与繁荣，而是国家满目疮痍，人民流离失所，难民危机频发，导致恐怖活动猖獗，给地区国家以及世界多国造成严重伤害。

通过回归宗教激进主义实现民族振兴也不灵验。如何处理宗教传统与现代化进程近代以来一直是中东面临的严峻问题。中东地区大动荡的初期伊斯兰政治势力并未冲锋在前，但伴随时局发展，以穆兄会为代表的宗教政治力量以其独特的组织动员能力，很快成为民众街头政治升级的重要推动力量和受益者，让人们看到的是社会越动荡，宗教势力越能"得道多助"。可以说，中东十年动荡释放了激进主义宗教思想，威权体系的瓦解给了中东思想解放的空间，但依靠宗教实现复兴并不灵验。2011年开始借助政治动荡在多个阿拉伯国家登上政治舞台的伊斯兰政治运动，未能有效弥合社会撕裂，更没能解决问题，在现实面前屡屡碰壁。靠回归宗教激进主义实现民族振兴一直是阿拉伯国家一些政治力量的梦想，也未停止过把它作为探索自身发展道路的尝试，然而时代变迁的潮流迫使他们再思考生存之道，寻求东山再起也许更加步履维艰。

十年的动乱给中东很多国家带来了深重的人道主义灾难，同时也给恐怖主义的滋生提供了温床，大量的难民问题让世界的良知受到了极大的冲击。当前中东国家正在艰难地探索符合各自国情的发展道路。百年变局的影响加之新冠肺炎疫情冲击，各国探寻适合国情发展之路的进程艰难曲折，中东新格局的重构将伴随各方的激烈博弈和诸多不确定性。中东地区长期以来作为大国势力的角斗场，中东政治力量对域外大国往往有很强的依附性，这也是中东易受外部冲击裹挟的重要原因。有着悠久历史和丰富资源的中东国家如何不被外部势力左右，做到自立自强，把命运掌握在自己手中，这是新时期地区国家尤其是地区大国面临的重大课题和实现复兴梦想的关键。

三、互尊互助，合作共赢

中东以其重要的战略地位和发展中国家集中地区，在我国外交中一直占有重要位置。不论是在新中国成立初期打破西方封锁，还是实行改革开放之后在能源、劳务承包、经贸等方面的良好合作，中东地区都发挥了独特的重要作用；进入21世纪，双方关系提升到一个新水平。2004年中阿合作论坛的建立使中阿关系得到跨越式升级；2013年"一带一路"倡议在中东受到广泛欢迎，中国与中东国家建立起具有各种内涵的战略伙伴关系，中东作为中国"大周边"重要组成部分的地位更为显著，中国推动中东和平进程、促进稳定发展的建设性作用也为各方关注，真正成为中东和平的守护者、中东发展的建设者和贡献者。习近平主席提出的中国与中东国家作为共建"一带一路"天然合作伙伴的宏大构想和合作格局[①]正在变为现实。

政治上相互信任相互支持。2021年尽管全球新冠肺炎疫情依然严峻，但是中国和中东国家在各领域的互动合作频繁，卓有成效。首先，习近平主席同多位中东国家元首用通话和互致信函形式保持密切联系，共同为双方之间关系发展定向指路，引领中国与各国合作不断深入。中阿双方还一致同意在2022年召开首届中阿峰会，携手打造面向新时代的中阿命运共同体。中共中央政治局委员、中央外事工作委员会办公室主任杨洁篪和国务委员兼外长王毅先后几次出访中东十多个国家，为增进共识促进合作起到了重要作用。面对百年变局和世纪疫情的挑战和中东错综复杂的纷争，中国为促进地区长治久安提出了关于实现中东安全稳定的"五点倡议"，包括倡导相互尊重、坚持公平正义、实现核不扩散、共建集体安全、加快发展合作等内容。倡议反映了中方为实现地区安全稳定进行的思考，体现了

---

① 《弘扬丝路精神 深化中阿合作——习主席在中阿合作论坛第六届部长级会议开幕式上的讲话》，2014年6月5日。

中国促进中东和平安宁的诚意和作为安理会常任理事国的担当,得到中东国家普遍欢迎和积极响应。[①] 中国也以实际行动落实这些倡议,特别是通过政治对话途径推动解决热点问题方面。2021 年 5 月,巴以冲突再起,中方作为联合国安理会轮值主席,克服重重障碍,推动安理会五次审议巴勒斯坦问题并最终发表主席新闻谈话,伸张正义,为促成巴勒斯坦问题公正、合理、持久解决不断做出中国贡献。对解决叙利亚和也门危机,中国也提出自己的主张,贡献中国智慧,积极促进和平解决进程。在各方关注的伊朗核问题、海湾矛盾等问题上,中国秉持互相尊重、公平正义原则,在建设性参与伊朗核谈同时,积极促进构建地区集体安全机制。中国与中东国家在涉及彼此核心利益问题上坚定相互支持,亮点纷呈。中方始终坚定支持地区国家探索自主发展道路,反对以民主、人权等问题为借口干涉中东国家内政。中东国家领导人在 2021 年中国共产党建党百年之际用多种形式表示祝贺,给我们留下深刻记忆。阿拉伯国家联盟外长 2021 年会议在决议中专门写入与中国合作的相关内容,赞赏中方为实现中东和平与稳定所做的重要积极努力。中国同阿盟秘书处还发表《中阿数据安全合作倡议》,中国的《全球数据安全倡议》率先在中东方向落地。当美国与西方国家在涉疆、涉港、人权、病毒溯源等问题上联手对中国进行打压抹黑时,广大中东国家顶住压力,旗帜鲜明地站在中国一边,坚守正义和公正,共同捍卫《联合国宪章》宗旨和原则。

携手抗疫守望相助。2021 年,中国和中东国家守望相助,继续谱写了团结抗疫的佳话,树立了南南合作的样板。中国人民始终牢记在抗疫艰难时刻中东国家给予的政治支持和宝贵援助,以真情投桃报李。一年多来,中国向中东国家提供了 5.3 亿剂疫苗以及其他医疗物资,同阿联酋、埃及、土耳其、阿尔及利亚等多国开展疫苗本地化生产及药物研发合作。阿联酋成为中国在全球首个开展灭活疫苗三期国际临床试验的国家,埃及和阿尔及利亚率先成为在非洲开展疫苗罐装联合生产合作的国家。中国和阿盟还发表联合声明,共同反对将疫情政治化,呼吁本着科学态度开展溯源合作。中国和中东国家的抗疫合作是典范式的,是构建抗疫命运共同体理念、践行不将疫情政治化的积极实践,同时也是维护世界卫生组织权威、践行真正多边主义的有力展现。

[①]《王毅国务委员兼外长在结束访问中东六国后接受媒体采访》,外交部官网,2021 年 3 月 30 日,https://www.fmprc.gov.cn/wjbzhd/202103/t20210330_9137121.shtml。

深化合作共同发展。秉持发展是解决中东问题的"总钥匙"理念,中国和中东国家并肩携手,共促发展,高质量共建"一带一路"已成共识。截至2021年,中国已同19个中东国家签署了共建"一带一路"文件,已有十多个中东国家明确支持习近平主席提出的全球发展倡议。[①] 2021年,中国同中东国家经贸合作逆势而上,贸易额达到近4000亿美元,同比增长35.7%,多年保持中东国家最大贸易伙伴地位。中国与埃及、阿联酋、以色列、土耳其、卡塔尔等国家的多个重大合作项目克服疫情平稳推进,一些产能合作示范园区建成并投入使用,有力促进了当地的经济社会发展。中方还特别重视结合中东国家不同资源禀赋开展合作,支持产油国经济多元增长,帮助冲突后国家开展重建,助力其他中东国家发展振兴。受疫情影响,中东国家越来越多地开始选择网络购物和线上交易,电子商务得以迅猛发展,为双方数字经济合作提供了更多机遇,数字经济合作也迈上新台阶。双方从传统油气合作到绿色低碳转型,从5G通信技术到数字经济业态,合作不断提质升级,践行共同、转型、绿色发展。

信守文明多样性,用交流互鉴抵制文明歧视,共同反对文明冲突。尽管疫情对各国人员之间的往来造成阻碍,但中国与中东国家各种形式的人文交流合作并未停滞。2021年7月,王毅访问阿拉伯国家期间,就文明互鉴与各方达成重要共识:反对以意识形态划线打造针对特定国家的价值观同盟,倡导文明平等对话、交流互鉴,抵制文明"优越论"和文明"恐惧症",倡导弘扬和平、发展、公平、正义、民主、自由的全人类共同价值。[②] 基于这样的共识,第九届中阿关系暨中阿文明对话研讨会以视频方式成功举行,并共同发表了成果文件;中阿双方通过视频形式成功举办了新闻合作论坛、企业家大会、技术转移与创新合作大会等机制性活动,中阿新闻中心、中阿电子图书馆门户网站正式落地。各国政党间的线上交流也丰富多彩,推动双方开展治国理政经验交流合作。

语言是国家间交流的工具和情感载体,中国与中东国家对教授对方语言的重视和发展趋势令人鼓舞。中国目前已有50多所高等院校开设了阿拉伯语专业,全国多所大学开设波斯语、希伯来语、土耳其语专业。与此同

---

① 《中阿共建"一带一路"彰显命运共同体之内涵》,中国新闻网,2021年8月21日,https://m.chinanews.com/wap/detail/chs/zw/9548744.shtml。

② 《加强团结合作 维护公平正义》,外交部官网,2021年7月22日,https://www.mfa.gov.cn/ce/ceegy/chn/zgyw/t1894160.htm。

时,"汉语热"也在中东不少国家持续升温,沙特、阿联酋、埃及相继宣布将中文教学纳入国民教育体系。毫无疑问,这些将会增进中国与中东国家民心相通,厚植世代友好根基。

四、结　语

中国和中东两大悠久文明都为人类文明的发展繁荣做出过杰出贡献,也树立了相互尊重、平等交流的典范。当今时代,携手共建"一带一路"把中国和中东国家更紧密地连在一起,成为稳定的合作伙伴,在充满不确定不稳定性的当今世界里这无疑是双方的福音,也为新形势下的国际关系树立榜样,引发思考。两大古老文明的国度在近代都曾遭受西方列强之害,有相近的历史遭遇,几代人为探索民族复兴之路做出巨大牺牲。走过百年历程的中国共产党领导中国人民找到了中国特色现代化之路,让占世界1/5人口的中国摆脱了贫困,拓展了发展中国家走向现代化的途径,给世界上那些既希望加快发展,又希望保持自身独立性的国家和民族提供了全新选择,破除了"现代化即西方化"的神话。察势者明,顺势者昌,中国与中东国家相向而行符合历史潮流。正是在这一背景下,中国与中东国家在国际事务中团结协作不断加强,双方在彼此重大关切问题上相互支持,在国际舞台上呼吁坚守多边主义,信守公平正义。可以相信,在相互尊重的基础上,中国与中东国家会以高质量共建"一带一路"不断夯实双边合作的基础,扩大合作内涵,让两大古老文明在新时代为推动构建更加公正合理的世界新秩序和人类命运共同体做出新的贡献。

主报告：
地区形势

2021年中东地区形势

刘中民[*]

【摘　要】

本文主要从中东地区国际关系和中东国家发展两个层面分析2021年的中东形势。在国际关系层面，中东国家间关系尤其是地区大国关系出现积极的缓和迹象，伊朗与沙特阿拉伯等海湾阿拉伯国家的关系，土耳其与沙特阿拉伯、埃及等阿拉伯国家的关系，海湾合作委员会内部关系、阿拉伯国家与叙利亚的关系都出现了对话、缓和的积极互动。地区各大力量之间关系缓和，特别是逊尼派与什叶派、"亲穆斯林兄弟会阵营"与"反穆斯林兄弟会阵营"之间意识形态对抗的缓解，有利于长期冲突动荡的中东形成基于国家理性的地区秩序。但是，地区大国之间长期存在的地缘政治主导权竞争、民族教派矛盾、围绕热点问题的分歧尚很难在短期内彻底消释。在国家发展层面，中东变局爆发以来地区国家的转型困难与新冠肺炎疫情危机叠加，使多数中东国家的发展困境在2021年依旧十分严重。如果把政治稳定、经济发展等综合指标作为评价依据，当今的中东国家大致可以划分为长期动荡的国家、受第二次"阿拉伯之春"冲击的国家、处于政治经济转型关键期的国家、面临转型压力的国家四种类型，前两种类型国家存在的问题较为严重，主要面临政治和解和政治重建的任务，后两种类型的国家转型发展取得了不小的成就，但仍面临诸多的压力和挑战。

【关键词】

中东　国际关系　缓和对话　国家发展转型

---

[*] 刘中民，上海外国语大学中东研究所教授，中国中东学会、中国亚非学会、中国世界民族学会副会长。

2010年中东变局爆发以来，中东面临着地区国家转型困难、域内外大国复杂博弈、热点问题层出不穷等一系列叠加的危机，导致中东地区格局和地区秩序杂乱无章。但是，在刚刚过去的2021年，受新冠肺炎疫情导致多数国家危机叠加、中东变局爆发以来转型发展困境加深、美国加速从中东地区进行战略收缩等因素的影响，中东地区形势出现了地区国际关系缓和、国家自主发展增强等积极但又脆弱的变化。但中东地区的新老热点问题呈现总体僵持与局部冲突相结合的特点，如叙利亚问题、利比亚问题、伊核问题、巴以问题等新老热点问题在总体僵持的同时伴随着间歇性的冲突，而也门冲突仍在持续鏖战，并呈现复杂化和外溢化的趋势，其背后的重要根源是域内外大国的深刻矛盾和复杂博弈。

在国家发展层面，中东变局爆发以来地区国家的转型困难与新冠肺炎疫情危机叠加，使多数中东国家的发展困境在2021年依旧十分严重。当今的中东国家大致可以划分为长期动荡的国家、受第二次"阿拉伯之春"冲击的国家、处于政治经济转型关键期的国家、面临转型压力的国家四种类型，前两种类型国家存在的问题较为严重，主要面临政治和解和政治重建的任务，后两种类型的国家转型发展取得了不小的成就，但仍面临诸多的压力和挑战。

一、地区大国关系缓和的表现及其前景

2010年中东变局爆发以来，冲突对抗、零和博弈构成了中东地区国际关系特别是地区大国关系的核心特征，并呈现出阵营化、意识形态化、代理人化等典型的身份政治特征，形成了民族、教派等矛盾相交织的集团对抗，其主要矛盾包括以沙特和伊朗为中心的逊尼派与什叶派的对抗，土耳其和沙特领导的"亲穆斯林兄弟会阵营"与"反穆斯林兄弟会阵营"的对抗，进而形成了伊朗、土耳其、沙特三大权力中心，以及传统而另类的地区强国以色列不断以复杂的竞合方式影响地区力量重组。2016年沙特与伊朗的断交危机、2017年沙特与卡塔尔的断交危机，土耳其与沙特围绕支持和反对穆斯林兄弟会的长期博弈，地区大国在也门、伊拉克、叙利亚的代理人博弈都是地区大国对抗的集中体现。

在 2021 年，复杂的内外因素导致地区大国的战略透支加剧，中东变局迸发的诸多矛盾得到相对缓释，进而使地区大国关系出现积极的缓和，伊朗与沙特等海湾阿拉伯国家的关系，土耳其与沙特、埃及等阿拉伯国家的关系，海湾合作委员会内部关系、阿拉伯国家与叙利亚的关系都出现了对话、缓和的积极互动。据报道，目前伊朗与沙特正在积极为复交做准备。而以色列在继续与伊朗以及巴勒斯坦哈马斯对抗、冲突的同时，也从外围突破，不断改善与阿拉伯国家的关系，在 2020－2021 年相继与阿联酋、巴林、苏丹、摩洛哥实现关系正常化。

（一）伊朗与沙特关系缓和及其带动效应

自 1979 年伊朗伊斯兰革命以来，以沙特和伊朗两大地区强国为核心形成的阵营化对抗构成了海湾乃至整个中东地区格局的重要特点，双方的主要矛盾包括民族矛盾、教派矛盾、争夺地缘政治主导权的矛盾，以及双方在诸多地区热点问题上的代理人战争或竞争，但争夺地缘政治主导权的矛盾是双方矛盾的核心。

沙特和伊朗的对抗可划分为三个阶段：第一阶段，1979 年伊朗伊斯兰革命至冷战结束，双方的主要矛盾是伊朗输出革命与沙特等海湾阿拉伯国家抵制革命的矛盾、波斯民族和阿拉伯民族的矛盾，海湾合作委员会的成立和两伊战争都与此密切相关。第二阶段，2003 年伊拉克战争至 2011 年中东变局爆发之前，双方的主要矛盾是伊拉克战后重建、伊朗核问题，沙特、约旦等阿拉伯逊尼派国家提出了"什叶派新月地带"的概念，高度警惕伊拉克战争后伊朗崛起的势头，"伊朗拥核"成为沙特最大的战略焦虑。第三阶段为 2011 年中东变局爆发以来，集中表现是沙特与伊朗双方围绕阿拉伯国家转型，以及地区热点问题，如巴林问题、也门问题、叙利亚问题上的矛盾；而 2015 年 3 月萨勒曼就任沙特国王后的冒进外交，以及 2015 年 10 月《伊核协议》的签署从主观和客观两方面加剧了沙特对伊朗政策的对抗性。2016 年沙特与伊朗的断交事件和 2017 年沙特与卡塔尔的断交事件导致双方的对抗阵营化、教派化、代理人化。[①]

在 2021 年，相较过去沙特和伊朗的长期对抗，沙特与伊朗的关系有明显的缓和，并且经历了从彼此释放善意到围绕双边关系和地区问题举行对

[①] 刘中民：《中东地区格局的冷战化趋势及其影响》，载《当代世界》，2018 年第 2 期，第 14—15 页。

话的过程。

2021年4月,沙特王储穆罕默德·本·萨勒曼公开表达了对伊朗的善意,表示愿意与伊朗克服导致地区分裂的分歧,共同促进地区和平。他指出:"我们真的希望克服这些问题,与伊朗建立一种有益于所有人的良好、积极的关系。"①伊朗外交部也在一份声明中指出:"伊朗和沙特阿拉伯可以掀开互动合作的新篇章,克服分歧,实现和平、稳定和地区发展。"② 在沙特王储发出和解信息后,伊朗外长扎里夫在阿曼会见也门"胡塞运动"发言人时强调,伊朗支持也门停火和恢复谈判。据路透社迪拜2021年5月10日报道,伊朗已公开证实,该国正在与沙特阿拉伯举行会谈,并称将竭尽所能解决两国之间的问题。伊朗外交部发言人赛义德·哈提卜扎德在电视转播的每周新闻发布会上说:"波斯湾地区两个伊斯兰国家缓和紧张关系符合两国和本地区的利益。"③ 在整个2021年,伊朗与沙特在伊拉克举行了四轮双边会谈,就缓和海湾地区紧张局势达成了初步共识。沙特与伊朗关系的缓和有利于海湾、中东地区乃至伊斯兰世界矛盾的缓解。

首先,沙特与伊朗关系的改善不仅有助于伊朗与海湾阿拉伯国家关系的改善,还带动了伊朗与整个阿拉伯世界关系的缓和。2021年8月,沙特和伊朗外长共同出席了由伊拉克主办的巴格达峰会,这是2016年沙特与伊朗断交以来双方少见的高层接触,同时也带动了伊朗与阿拉伯国家关系的缓和。2021年12月,阿联酋国家安全顾问塔赫农·本·扎耶德率领的代表团访问伊朗,会见了伊朗总统莱希。

其次,伊朗与沙特关系的缓和有利于海湾合作委员会内部关系的缓解。2017年6月5日,沙特领导阿联酋、巴林、埃及等阿拉伯国家一起宣布与卡塔尔断交,并对卡塔尔实施制裁,其重要原因之一在于卡塔尔与伊朗关系暧昧引起了沙特的强烈不满。2021年初,卡塔尔与沙特、阿联酋、巴林和埃及四国实现关系正常化,恢复邦交;11月,沙特王储穆罕默德访问包括卡塔尔在内的其他五个海湾合作委员会国家。

最后,伊朗与沙特关系的缓和还有利于阿拉伯国家重建和改善与叙利

---

① 《沙特王储:愿在伊朗停止"消极行为"的前提下与其建立良好关系》,https://baijiahao.baidu.com/s?id=1698278852049804184&wfr=spider&for=pc。
② 《伊朗外交部:伊朗与沙特可以搁置分歧 开启互动合作新篇章》,https://baijiahao.baidu.com/s?id=1698453753508445168&wfr=spider&for=pc。
③ 《伊朗首次公开证实,正在与其地区劲敌沙特阿拉伯举行会谈》,https://baijiahao.baidu.com/s?id=1699480951109846136&wfr=spider&for=pc。

亚的关系。由于伊朗和沙特在叙利亚问题上各自支持巴沙尔政权和反对派，因此伊朗与叙利亚巴沙尔政权的盟友关系，直接构成了沙特等阿拉伯国家反对巴沙尔政权的原因之一。因为"从阿拉伯国家的角度来看，叙利亚与伊朗的关系为德黑兰提供了投射地区影响力所需的关键支点"，"利雅得认为叙利亚最初的起义是分裂大马士革—德黑兰轴心，并且把后阿萨德时代的叙利亚带回到阿拉伯阵营的机会"。[1]因此，伊朗与沙特等阿拉伯国家关系的改善，反过来也有利于沙特等阿拉伯国家与叙利亚关系的缓和。2021 年，约旦、埃及、阿联酋、沙特等越来越多的阿拉伯国家与叙利亚改善了关系，有利于叙利亚重回阿拉伯国家联盟，这显然和沙特与伊朗关系的缓和有重要关系。

（二）土耳其与地区国家之间的关系缓和及其辐射效应

在中东变局中，围绕转型阿拉伯国家内部的穆斯林兄弟会（简称"穆兄会"）等伊斯兰主义力量，在中东地区范围内形成了亲伊斯兰主义和反伊斯兰主义力量的竞争乃至对抗，这也构成了阿拉伯国家转型困难的重要原因之一。在此过程中，以埃及穆兄会为代表的伊斯兰主义政党不仅成为影响阿拉伯国家转型的重要因素，而且成为中东地区力量争夺地区领导权的工具。

自穆巴拉克政权垮台后，穆兄会在埃及的发展经历了从大起到大落的过程。总体而言，从 2011 年 2 月到 2012 年 6 月，穆兄会在选举政治中迅速崛起并掌握权力；从 2012 年 6 月到 2013 年 8 月，世俗派与伊斯兰主义政治力量对立加剧，最终导致军方废黜穆尔西政权，并在此后把穆兄会定性为恐怖主义组织进行打压。

在埃及穆兄会大起大落的过程中，基于意识形态和现实利益的不同考虑，沙特阿拉伯、阿联酋对穆兄会持反对立场，并支持埃及塞西政权镇压和打击穆斯林兄弟会；土耳其和卡塔尔则支持穆兄会，并因此与埃及和沙特龃龉不断；围绕穆兄会的对峙也成为土耳其与沙特矛盾对抗的重要领

---

[1] Stephen J. Flanagan, F. Stephen Larrabee, Anika Binnendijk, Katherine Costello, Shira Efron, James Hoobler, Magdalena Kirchner, Jeffrey Martini, Alireza Nader, Peter A. Wilson, *Turkey's Nationalist Course*: *Implications for the U. S. - Turkish Strategic Partnership and the U. S. Army*, p. 69, https://www.rand.org/content/dam/rand/pubs/research_reports/RR2500/RR2589/RAND_RR2589.pdf.

域。① 由此可见，在中东变局中，中东地区形成了以土耳其和沙特为中心的"亲穆兄会阵营"和"反穆兄会阵营"。这两个阵营的复杂矛盾斗争还构成了 2017 年 6 月以来沙特与卡塔尔断交危机的深层次原因，沙特提出的复交条件之一便是卡塔尔必须中止对穆斯林兄弟会等"恐怖组织"的支持。

沙特等海湾国家反对穆兄会既有意识形态的原因，也有现实的政治考虑。从意识形态和国家发展模式的角度看，沙特反对穆兄会的原因在于避免现代伊斯兰主义力量成为中东地区的主导力量，并在意识形态和发展模式方面对海湾君主制国家构成挑战。从现实的角度看，穆兄会力量不断在转型阿拉伯国家扩张的潜在影响，对于沙特无疑更具挑战性和不确定性，如果在世俗的军政权和穆兄会之间做出选择的话，沙特显然倾向于地区影响较小的军方力量，而不是拥有巨大地区影响和不确定性的穆兄会。②

沙特对埃及军方废黜穆尔西政权和清洗穆兄会予以积极支持，而土耳其则积极支持穆兄会，并对埃及军方的行为表示强烈反对。土耳其选择支持穆兄会的重要原因之一在于其执政党正义与发展党与埃及穆兄会建立的自由与正义党同属温和的伊斯兰政党，二者在意识形态和政治理念上具有一定的相似性，土耳其力图通过支持转型阿拉伯国家的伊斯兰政党，扩大正义与发展党新版"土耳其模式"的地区影响，增强土耳其的国际地位。③

土耳其对穆兄会的政策引起了沙特等阿拉伯国家的强烈不满。"阿拉伯国家认为埃尔多安、正义与发展党和穆兄会分享了相同的政治方案，而穆斯林兄弟会被沙特阿拉伯、阿联酋和埃及认定为恐怖组织。这导致三个国家——尤其是阿联酋和埃及——指责土耳其支持一项被他们视为本国和地区安全威胁的政治运动。"④

总之，沙特与土耳其围绕埃及穆兄会的沉浮存在着尖锐的意识形态和

---

① 详尽论述参见：刘中民、赵跃晨：《"博弈"穆兄会与中东地区的国际关系走势》，载《外交评论》，2018 年第 5 期。

② 刘中民：《穆兄会版"三国演义"背后的意识形态与现实利益》，https：//www.thepaper.cn/newsDetail_forward_14381349。

③ 刘中民：《穆兄会版"三国演义"背后的意识形态与现实利益》，https：//www.thepaper.cn/newsDetail_forward_14381349。

④ Stephen J. Flanagan, F. Stephen Larrabee, Anika Binnendijk, Katherine Costello, Shira Efron, James Hoobler, Magdalena Kirchner, Jeffrey Martini, Alireza Nader, Peter A. Wilson, *Turkey's Nationalist Course: Implications for the U. S. – Turkish Strategic Partnership and the U. S. Army*, p. 70. https：//www.rand.org/content/dam/rand/pubs/research_reports/RR2500/RR2589/RAND_RR2589.pdf.

现实利益的矛盾,它们围绕穆兄会的复杂博弈也聚焦了传统伊斯兰主义与现代伊斯兰主义之间的矛盾、地区大国矛盾等,并与逊尼派与什叶派矛盾相交织,进而深刻影响了中东地区格局的调整重组,进一步加剧了地区形势的动荡。①

首先,围绕穆兄会的博弈是现代伊斯兰主义力量与传统保守伊斯兰主义力量之间矛盾的集中体现。中东变局后,作为逊尼派的两大主要力量,土耳其和沙特围绕伊斯兰意识形态和发展模式的分歧是双方对穆兄会采取截然对立立场的根源所在:一方面,面对伊斯兰主义政党崛起对海湾阿拉伯国家逊尼派君主政体安全和海合会集体安全造成的冲击,沙特、阿联酋试图与摩洛哥和约旦等阿拉伯君主国结成联盟,组成"反穆兄会轴心",以巩固传统伊斯兰政权的合法性;另一方面,土耳其正义与发展党则与穆兄会惺惺相惜,试图通过支持穆兄会来推广新版"土耳其模式"。

其次,围绕穆兄会的博弈是导致海合会内部矛盾和分裂加剧的根源之一。沙特和卡塔尔同为海湾君主制国家和海合会成员,但双方围绕如何对待穆兄会存在尖锐矛盾。沙特、阿联酋、巴林强烈反对穆兄会,并积极致力于在阿拉伯半岛内建立"无穆兄会的安全环境"②,而卡塔尔却基于争夺宗教话语权和扩张地区影响力,长期支持穆兄会,双方围绕穆兄会的矛盾构成了沙特与卡塔尔断交危机爆发的原因之一。

最后,围绕穆兄会的博弈直接或间接地受到伊朗与沙特对抗的影响,同时也加剧了以沙特和伊朗为核心的两大阵营的对抗。自1979年伊朗伊斯兰革命以来,沙特与伊朗基于民族矛盾、教派矛盾和争夺地缘政治主导权的矛盾长期对峙。2011年中东变局以来,沙特与伊朗围绕巴林、叙利亚、也门、伊拉克、卡塔尔、黎巴嫩等国家展开持续不断的代理人竞争,③ 而穆兄会因素也成为影响双方对抗的潜在因素。其基本逻辑是穆兄会在埃及掌权后出现与伊朗走近的迹象,而卡塔尔作为沙特的盟友支持穆兄会,同时不断与伊朗走近,因此各方围绕穆兄会的争夺又与沙特与伊朗的结构性对抗复杂地交织在一起,尤其是卡塔尔断交危机加剧了沙特和伊朗的对

---

① 详尽论述参见:刘中民、赵跃晨:《"博弈"穆兄会与中东地区的国际关系走势》,载《外交评论》,2018年第5期。

② Matthew Hedges and Giorgio Cafiero, "The GCC and the Muslim Brotherhood: What Does the Future Hold?" *Middle East Policy*, Vol. XXIV, No. 1, 2017, p. 129.

③ 详尽论述参见刘中民:《中东地区格局的冷战化趋势及其影响》,载《当代世界》,2018年第2期,第15—16页。

抗，深刻体现了中东地区格局的复杂性和热点问题的联动。

2021年4月以来，土耳其与沙特、埃及、阿联酋的关系出现了些许缓和的迹象。沙特国王萨勒曼与土耳其总统埃尔多安两次通电话、土耳其驻沙特大使在利雅得拜会沙特外交副大臣、土耳其外长在5月11日访问利雅得等；又如，埃及与土耳其在5月初为实现关系正常化举行了"探索性会谈"，双方就双边关系和利比亚、叙利亚、伊拉克局势等地区问题进行了讨论。① 7月4日，英国BBC报道，埃及外交部长舒克里表示，土耳其政府已禁止穆斯林兄弟会在土耳其媒体露面，舒克里称这是土耳其政府采取的"积极措施"，这将有助于推进两国关系正常化的进程。②

2021年9月7日，土耳其和埃及两国进行第二轮副外长级"探索性"会谈，会议由安卡拉方面主办。此次会议的目的是"讨论近八年断交后关系正常化"议题。此次会谈有望"处理两国双边关系"，并讨论相关地区议题。③ 由于土耳其支持穆兄会，导致土耳其与埃及两国关系紧张。2013年，双方分别召回大使，但两国使馆并未关闭，而外交关系降为临时代办级。2021年，土耳其方面多次发表对埃及示好声明，并提出改善与埃及关系的举措，采取措施限制在伊斯坦布尔的穆斯林兄弟会广播频道，要求停止攻击开罗。

土耳其与阿联酋关系的缓和成为土耳其与地区国家关系缓和的又一表现。2021年11月24日，应土耳其总统埃尔多安邀请，阿联酋阿布扎比王储穆罕默德·本·扎耶德·纳哈扬对土耳其进行了正式访问。这是穆罕默德王储自2012年以来首次对土耳其进行正式访问，也是阿联酋与土耳其近年来首次高层会晤。据报道，穆罕默德与埃尔多安就地区局势等议题进行了会谈，双方还签署了涉及能源、环境、金融和贸易、技术、交通、基础设施等领域的十项合作协议，其中包括阿联酋主权投资基金（ADQ）与土耳其财富基金（TWF）合作协议、阿布扎比证券交易所与伊斯坦布尔证券交易所合作协议等金融领域的合作协议。此外，阿联酋还拨出100亿美元用于向土耳其投资。这对于货币严重贬值的土耳其来说无疑是最大的利好

---

① 《埃及与土耳其就关系正常化举行"探索性会谈"》，https：//news.ji-qi.com/world/economics/202105/92-2136983.html。
② 刘中民：《穆兄会版"三国演义"背后的意识形态与现实利益》，https：//www.thepaper.cn/newsDetail_forward_14381349。
③ 《土耳其会抛弃穆兄会来修补与埃及和阿联酋的关系吗？》，https：//baijiahao.baidu.com/s?id=1710800614100613985&wfr=spider&for=pc。

消息。①

土耳其与沙特、埃及、阿联酋关系的缓和有利于缓解地区国家围绕穆兄会的意识形态和现实争夺，也有利于缓和海湾合作委员会内部的矛盾，同时更有助于地区国家特别是海湾国家与土耳其的发展合作。

（三）中东地区大国的矛盾对抗尚难从根本上得到解决

如前所述，地区各大力量之间关系缓和，特别是逊尼派与什叶派、"亲穆斯林兄弟会阵营"与"反穆斯林兄弟会阵营"之间意识形态对抗的缓解，使得中东地区大国出现了尽管脆弱但又积极的国际关系缓和，进而有利于长期冲突动荡的中东形成基于国家理性的地区秩序。当然，地区大国之间长期存在的地缘政治主导权竞争、民族教派矛盾、围绕热点问题的分歧尚很难在短期内彻底消释。②

首先，尽管伊朗与沙特关系趋于缓和，但其内在矛盾并未得到根本解决。沙特与伊朗存在集民族、教派和争夺地区领导权矛盾为一体的复杂矛盾，双方围绕海湾领导权和伊核问题矛盾颇深。自中东变局以来双方在巴林、也门、叙利亚、伊拉克等国家进行了一系列激烈的代理人战争或竞争，尤其自2016年双方断交以来，双方对抗进一步加剧。2021年沙特与伊朗关系缓和值得嘉许，但双方在伊核问题以及一系列地区热点问题上的矛盾尚未得到根本解决。

其次，土耳其与沙特、埃及、阿联酋围绕穆兄会的矛盾得到缓解，但双方的矛盾尚未得到根本解决。沙特与土耳其的矛盾主要是围绕伊斯兰世界领导权、地缘政治主导权、转型阿拉伯国家发展方向、地区热点问题的竞争，是当前中东地区矛盾的另一主线。双方的具体问题主要包括围绕埃及穆斯林兄弟会、卡塔尔断交危机、利比亚政治安排的矛盾，以及在红海非洲之角的地缘政治竞争。在埃及，土耳其和沙特各自扮演支持和反对穆兄会的角色；在卡塔尔断交危机问题上，沙特以断交的方式惩戒"小弟"卡塔尔，但卡塔尔却得到土耳其的支持和袒护；在利比亚，土耳其支持西部的伊斯兰主义力量，沙特和埃及等国家支持东部哈夫塔尔领导的"国民

---

① 《阿联酋王储应邀访问土耳其，两国十年"冷战"结束》，https：//www.guancha.cn/internation/2021_11_26_616364.shtml。

② 刘中民：《缓和与发展的中东地区形势》，http：//www.cssn.cn/gjgxx/gj_bwsf/202201/t20220127_5390743.shtml。

军"；在红海和东非之角，沙特和土耳其纷纷建设军事基地展开竞争。土耳其与埃及的矛盾主要源于埃及塞西政府废黜穆兄会的穆尔西政权，使土耳其通过穆兄会推广正义与发展党新版"土耳其模式"的构想化为泡影。从某种程度上说，土耳其与埃及的矛盾并不是地区大国的主导性矛盾，甚至是沙特与土耳其矛盾的延展。①从目前来看，土耳其与沙特、埃及、阿联酋围绕穆兄会的矛盾得到缓解，但在其他问题尤其是热点问题上的分歧都未得到解决。

再次，地区大国围绕中东热点问题的矛盾目前主要是处在相对冷却和总体僵持的状态，但其矛盾分歧在本质上几乎没有变化。在2021年，长期存在的热点问题呈现总体僵持与局部升温相结合的特点，如叙利亚问题、利比亚问题、伊核问题、巴以问题等新老热点问题在总体僵持的同时伴随着间歇性的冲突（如2021年5月的巴以冲突），而也门冲突仍在持续鏖战，并呈现复杂化和外溢化的趋势，其背后的重要根源域内外大国的深刻矛盾和复杂博弈，这无疑是对地区大国关系缓和的严峻挑战。②

最后，中东地区大国关系缓和是迫于形势的权宜之计，还是根本性的战略转变，尚存在极大的不确定性。沙特、伊朗、土耳其、埃及等地区大国之间的关系改善，有一定的内生动力，主要是各大国在内政和外交方面都面临一系列困难，进而通过缓和与地区大国的关系减轻压力，但这种动力的作用很难突破对抗性的地区格局的制约。基于历史和现实形成的中东地区矛盾和外部干预盘根错节，当前地区大国缓和关系虽有内生动力，但更多是针对美国中东战略的适应性调整。一旦美国中东战略调整失败以及关涉到自身利益的地区热点问题突变，就会重新激活地区大国的矛盾对抗乃至冲突。

在沙特与伊朗、沙特与叙利亚、沙特与土耳其、土耳其与埃及数对矛盾中，沙特与伊朗、沙特与土耳其的矛盾是主导矛盾，而沙特与伊朗矛盾是核心矛盾，因此沙特与伊朗、沙特与土耳其关系的缓和更为重要。但由于这些矛盾涉及现实利益、意识形态和地区领导权等深层矛盾，其关系缓和也更加困难。

---

① 刘中民：《"春风"方起又遇"寒潮"，巴以冲突打破和平期待》，https：//www.thepaper.cn/newsDetail_forward_12672951。

② 刘中民：《缓和与发展的中东地区形势》，http：//www.cssn.cn/gjgxx/gj_bwsf/202201/t20220127_5390743.shtml。

可以预见，在2022年，中东地区大国关系尤其是伊朗、土耳其乃至以色列与阿拉伯国家的关系有可能继续缓和并有所突破，如沙特与伊朗复交、叙利亚重返阿盟等。但是，中东地区的缓和依然十分脆弱，地区大国围绕地区主导权、意识形态和热点问题的矛盾博弈，都仍将继续，中东国家内政、地区热点问题的任何突变，都有可能导致中东地区形势的逆转。

二、地区国家发展转型依旧十分艰难

总体而言，中东变局以来地区国家的转型困难与新冠肺炎疫情危机叠加，使多数中东国家的发展困境在2021年依旧十分严重。如果把政治稳定、经济发展等综合指标作为评价依据，当今的中东国家大致可以划分为四种类型，它们都面临十分严峻的问题，但也有日益重视自主发展、重视稳定等积极因素。

（一）长期处于战乱和动荡的国家

这类国家是受中东变局和长期外部干预影响陷入严重冲突动荡的国家，主要包括叙利亚、也门、利比亚、伊拉克，它们均面临战后重建、国家建设和国家转型的多重任务。作为长期战乱的国家，它们最大的问题是在政治和解、政治重建和经济发展等方面多重危机的存在，并在各国有不同的表现形式。从程度而言，也门、利比亚的危机比叙利亚和伊拉克更加严重。

首先，叙利亚、伊拉克、也门、利比亚均面临政治和解和政治重建的严峻任务。

在叙利亚，其形势的核心特点是总体僵持态势与低烈度冲突的长期化局面。自2018年以来，叙利亚内部形成政府控制中南部、库尔德人控制东北部、反对派控制以伊德利卜省为中心的西北部的局面，外部形成美国、俄罗斯、土耳其、伊朗等力量互相掣肘的复杂局面，即各方力量都无法主导叙利亚，但其核心因素是美俄的僵持。[1] 正是受制于这种僵持局面，叙利亚形势处于巴沙尔·阿萨德政权能够得以维持，但以政治和解、政治重

---

[1] 刘中民：《中东博弈进入混沌僵持期》，载《环球》，2021年第8期，第24页。

建和经济发展为主要内容的国家全面重建难以展开。例如，叙利亚于2021年5月26日举行了总统大选。尽管巴沙尔·阿萨德获得了95.1%的选票，①再次当选总统，但这种选举是在国家分裂的情况下举行的，叙利亚政府在事实上不具备维护国家统一和主权完整的能力。据报道，有超过1100万人居住在巴沙尔·阿萨德政权控制的地区，政府军控制了叙利亚超过70%的土地；有250万人生活在东北部的库尔德自治政府控制的地区；有290万人居住在伊德利卜省以及周边武装反对派控制的地区。②

伊拉克的政治重建同样艰难，其面临的最大挑战依然是2003年伊拉克战争后国家权力分配族裔化导致的混乱和动荡。在2021年10月举行的伊拉克国民议会选举中，什叶派宗教领袖萨德尔领导的"萨德尔运动"获73个席位，居于首位；国民议会议长哈布希领导的逊尼派政治团体"进步联盟"获38席，位列第二；前总理马利基领导的"法治国家联盟"获37席，排名第三。这种政治力量组合继续体现了2003年伊拉克战争后伊斯兰教什叶派占主导、伊斯兰教逊尼派和库尔德人处于劣势地位的政治格局，但也彰显出什叶派内部分化组合的复杂性。在此次选举中，获议会席位第一和第三的"萨德尔运动"和"法治国家联盟"都是什叶派团体，共同点是都反美，但"法治国家联盟"同时主张亲伊朗。"萨德尔运动"主导伊拉克政治势必导致伊拉克什叶派力量对比的变化。可以预见，同时持反美、反伊朗立场的"萨德尔运动"对伊拉克政治的影响将得到加强，并对伊拉克与伊朗的关系产生深刻影响。伊拉克的政治危机在本质上是从萨达姆时期权力为逊尼派垄断向后萨达姆时期权力分割族群化（什叶派、逊尼派和库尔德人），再到当前什叶派垄断权力而引发的危机。③

利比亚和也门由于处在内战或准内战状态，各种政治力量在不同外部力量支持下陷入事实上的地方割据状态。

在利比亚，西部"民族团结政府"与东部哈夫塔尔将军领导的国民代表大会两个"政府"的对抗继续存在，西部力量得到土耳其、卡塔尔等国

---

① 艾华：《叙利亚十年内战国将不国，谁之过？》，https：//www.163.com/dy/article/GD3DRCD20543OQY3.html。
② 《叙利亚战争 十年的悲剧》，https：//baijiahao.baidu.com/s？id=1694265777109462947&wfr=spider&for=pc。
③ 刘中民：《地区局势缓和充满变数，中东走出百年之困道阻且长》，https：//www.thepaper.cn/newsDetail_forward_15188577。

家的支持，东部力量则得到俄罗斯、埃及、沙特、阿联酋等国家的支持。①2021年2月5日，在联合国主持下，利比亚政治对话论坛会议在瑞士日内瓦选举产生利比亚统一临时行政机构。根据利比亚政治对话论坛公布的路线图，利比亚于2021年12月24日举行总统和议会选举。2021年10月，利比亚国家高级选举委员会在首都的黎波里举行的新闻发布会上表示，总统选举的投票日期将由该选举委员会向利比亚国民代表大会提出建议，并由国民代表大会批准。总统选举如出现第二轮投票，则投票与议会选举同时进行，选举委员会将同时宣布两项选举结果。②但是，由于缺乏足够的政治和解与信任以及各种内外力量的复杂矛盾，利比亚总统和议会选举最终难产。2021年12月21日，利比亚国家高级选举委员会宣布停止总统选举准备工作。利比亚政治重建的困难也恰如中东媒体的评价所言："利比亚政治危机还在蔓延，安全、宪法与和解的轨道纠缠在一起，没有一条路可以走到尽头"。联合国驻利比亚官员日前也表示："在通过投票箱实现团结和稳定的道路上，利比亚继续处在微妙和脆弱的关头。"③

也门的形势更加严峻，并在2021年陷入军事冲突不断升级，政治力量更加碎片化的复杂局面。2018年12月，在联合国斡旋下，也门政府和胡塞武装就停火、战俘交换等重要议题达成一致，但不久双方就互相指责对方破坏停火协议。2020年12月，也门政府与南方过渡委员会（曾在2020年4月谋求南方七省"自治"）组建联合政府。④尽管在美国拜登政府的敦促下沙特多次表示要尽快结束也门战争，但也门战争在2021年却不断升级，深受外部力量影响的政治力量割据呈现更加碎片化的态势。从军事冲突方面看，沙特领导的联军尽管不断加大对胡塞武装的打击力度，但并不能令胡塞武装屈服，反而使沙特、阿联酋不断招致胡塞武装的报复性袭击。目前，军事冲突和政治割据在不断加剧，已经使也门近于无政府状态。黎巴嫩卡内基中东研究中心的学者艾哈迈德·纳吉针对当前的也门乱

---

① 参见王金岩：《埃及与土耳其在利比亚博弈前景几何》，载《世界知识》，2020年第14期，第44—45页；李亚男：《东地中海争端：土欧关系再承压》，载《世界知识》，2020年第18期，第50—51页。
② 《利比亚公布总统及议会选举安排》，https：//baijiahao.baidu.com/s？id＝1714594213742293554&wfr＝spider&for＝pc。
③ 《大选"难产"，谁该为利比亚困局负责？》，https：//news.sina.com.cn/w/2022－01－20/doc－ikyakumx5801028.shtml。
④ 《也门紧张局势再度升级》，载《人民日报》，2021年3月17日，第16版。

局指出:"沙特阿拉伯和阿联酋支持的派系对也门大部分的陆地和海洋边界实现了军事控制,而也门内陆地区的广大城镇和农村则在胡塞武装、沙特和阿联酋的代理人的控制下或者争夺中。""也门的诸多公共机构在失去资金来源的情况下几乎全部瘫痪。相反,沙特联盟的成员国根据自己的战略利益在也门开设了新的公共机构,例如在沙特开设的萨勒曼国王中心和阿联酋开设的谢赫·哈利法·本·扎耶德基金会等项目。"① 由此可见,也门不仅在政治力量上陷入沙特联军支持的哈迪政府、在自身控制区内另立政府的胡塞武装、以亚丁为中心并在事实上得到阿联酋支持的南方过渡委员会三大政治力量的"三国演义",事实上在哈迪政府力量内部仍存在着沙特、阿联酋、卡塔尔支持的不同派系力量,使也门政治碎片化呈现出杂乱蔓延之势。

其次,受长期战争冲突影响,叙利亚、伊拉克、也门、利比亚的经济遭到严重破坏,导致经济民生异常艰难,经济重建或无法提上日程,或举步维艰。

2021 年是叙利亚危机十周年,战争、宗派冲突和恐怖主义等暴力对叙利亚造成的破坏很难有准确的统计,但战争对叙利亚经济发展、基础设施、人力资源、公共机构、社会服务等方面造成严重摧残,以及由此引发的民生艰难和人道主义危机,无疑是国际社会公认的事实。据报道,在人口方面,持续 10 余年的叙利亚战争已造成 38 万多人丧生,20 余万人失踪,约 560 万叙利亚人逃离家园,超过 240 万叙利亚儿童失学,200 万人生活在极端贫困中,有 1340 万叙利亚人需要人道主义援助,叙利亚境内 60% 的儿童遭受饥饿之苦;在经济方面,至 2020 年,叙利亚经济遭受的总损失已达到 4420 亿美元,石油部门蒙受的损失高达 915 亿美元,货币里拉对美元的汇率贬值了 98%,与战争爆发前的 5 年平均水平相比,全国的粮食价格上涨了 33 倍;在基础设施方面,战争导致 70% 的发电站和燃料供应线停止运行,1/3 的学校被摧毁或被武装团体接管,超过 50% 的医疗基础设施被破坏或损坏。②

伊拉克的经济与社会危机十分严重,其根源包括两场战争(1990 -

---

① 《也门战争的泥潭:沙特联盟面临着怎样的窘境》,https://www.163.com/dy/article/G873EKQ90535VXX6.htm。

② 《叙利亚战争 十年的悲剧》,https://baijiahao.baidu.com/s?id=1694265777109462947&wfr=spider&for=pc。

1991年海湾战争、2003年伊拉克战争）后外部干预和制裁、内部宗派冲突、极端主义和恐怖主义破坏等多种因素。战后伊拉克国家发展陷入长期停滞，人民生命权和发展权遭受严重破坏。近30年来，伊拉克陷入高频度、高烈度、高广度的暴力冲突，导致大量平民死于非命和大量民众流离失所。根据全球统计数据库的资料，2003－2020年期间，有约20.85万伊拉克平民死于暴力冲突；截至2020年，有约920万伊拉克民众沦为难民或被迫离开故土。伊拉克大量基础设施遭到严重破坏，国家公共服务能力极大下降。以卫生部门为例，伊拉克战争后，伊拉克医疗水平下降十分明显。1990年，伊拉克97%的城市人口和71%的农村人口能享受公共医疗服务。伊拉克战争后，约2万名医生逃离，大量医疗设施在战火中被毁。在第二大城市摩苏尔，13所医院中的9所被摧毁，180万人的城市可用病床仅1000张。[①] 根据世界银行数据，伊拉克1990年国内生产总值已达到1804亿美元，而2020年却仅为1672亿美元。击退极端组织"伊斯兰国"后伊拉克国内经济也未有起色，2018－2020年国内生产总值平均增长率为－2.4%，2020年更是下滑到－10.4%，1/5的伊拉克人生活在贫困线下。正是由于经济与社会危机和政治危机的交互叠加，导致伊拉克自中东变局以来已经发生五轮大规模抗议浪潮（2011年、2012年、2015－2016年、2018年、2019－2020年）。[②]

也门已经在长期的战乱中陷入严重的人道主义危机，并且在2021年继续加剧。据报道，持续6年的战争导致也门25万人丧生，80%以上的也门人急需各种形式的人道主义援助；[③] 也门2800万人口中2/3处于饥饿状态，2020年至少有9.8万5岁以下儿童死亡。[④] 另根据联合国粮农组织的报告，估计2021年也门有230万5岁以下儿童陷入严重营养不良状况，其中40万儿童将罹患极端营养不良。这是也门自2015年国内冲突升级以来，民众面临的最严重的人道主义灾难。联合国人道主义事务协调厅估计，2021年上半年，也门需要援助的人口将达到创纪录的2430万，2021年需

---

① 朱泉钢：《美国发动伊拉克战争严重损害 伊斯兰世界的利益》，载《红旗文稿》，2021年第15期，第38页。
② 参见史廪霏、罗林：《试论伊拉克周期性抗议运动的政治过程》，载《阿拉伯世界研究》，2022年第1期，第61—62页。
③ Daniel Egel et al., *Building an Enduring Peace in Yemen*, Santa Monica: RAND Corporation, 2021, p. 11.
④ "UN Raises Alarm about Spectre of Famine in Yemen," *The Arab Weekly*, November 20, 2020.

要超过 33 亿美元的援助资金。① 世界粮食计划署指出,自 2015 年以来,也门货币里亚尔已经贬值 250%,导致食品价格上涨 140%。但是,面对如此严重的人道主义危机,也门政府的公共机构几乎全部瘫痪。②

利比亚的经济和民生危机同样严重。据联合国 2021 年 2 月报告,利比亚内战造成 4.3 万人丧生,700 万人口有 39.2 万人流离失所,100 万人需要救济。同时,该国基础设施近乎瘫痪,每天缺乏供水和电力时间经常超过 18 个小时。③ 利比亚经济和民生困难的根源在于战争的破坏,以及政治重建失败导致的动荡,缺乏经济重建的条件。利比亚战前国家财政收入的 80% 以上来自石油出口收入,战后利比亚政府试图把能源产业的恢复作为经济重建的手段,但战后政局不稳定,不同地区、派别、部落之间为争权夺利导致油田和输油管道受破坏严重,致使石油产量锐减,加上国际油价持续低迷,共同导致利比亚能源收入严重下降。总之,由于利比亚经济长期依赖能源领域,其他方面的经济基础薄弱,结构脆弱。石油收入减少和政局不稳定,使其他经济领域的重建都受到资金不足和管理混乱的制约,最终导致利比亚战后经济重建陷入困局。④

叙利亚、伊拉克、也门、利比亚尽管都存在诸多严重的问题,但都呈现出寻求稳定、发展,反对外来干预的积极取向,这或许是它们走向稳定和发展的微弱希望所在。

(二) 受第二次中东变局冲击的国家

这类国家是 2019 年下半年以来受第二次"阿拉伯之春"冲击的国家,主要是苏丹、阿尔及利亚等国家,目前仍处在艰难的政治过渡进程之中,当前最迫切的问题是原政权倒台后的政权建设,以及受此影响的政治和社会稳定问题。

在苏丹,2021 年 10 月发生了继 2019 年军人政变推翻巴希尔政权后的二次政变,并在此前后伴随着此起彼伏的民众抗议浪潮,军人和文官之间的关系成为困扰苏丹政治过渡的主要矛盾。2019 年 4 月,苏丹军方利用民

---

① 《也门紧张局势再度升级》,载《人民日报》,2021 年 3 月 17 日,第 16 版。
② 《也门战争的泥潭:沙特联盟面临着怎样的窘境》,https://www.163.com/dy/article/G873EKQ90535VXX6.htm。
③ "Biden Administration Shouldn't Stop with Yemen," *Al-Monitor*, February 26, 2021.
④ 王金岩:《试析利比亚战后的国家重建与政治发展》,载《中东研究》,2021 年第 2 期,第 110 页。

众抗议浪潮之机推翻巴希尔政权,成立过渡军事委员会执掌国家事务。同年8月,过渡军事委员会与代表非军方政治力量的主要反对派"自由与变革联盟"正式签署"宪法宣言"等协议。根据协议,在过渡期前期,苏丹主权委员会主席由军方高级官员担任,后期则由文职官员担任,随后苏丹将举行选举。2019年8月21日,由军方代表和平民代表组成的苏丹主权委员会成立,军方代表阿卜杜勒·法塔赫·布尔汉出任主席。同一天,阿卜杜拉·哈姆杜克宣誓就任过渡政府总理。①

但是,苏丹的政治过渡并不顺利,除持续不断的民众抗议浪潮外,政治暗杀和政变等权力斗争也与苏丹政治过渡如影随形。例如,2020年3月,过渡政府总理哈姆杜克在喀土穆遭遇一起未遂暗杀事件;苏丹还出现了多次政变企图,2021年9月苏丹执政当局宣布挫败一起未遂政变企图。2021年10月25日,苏丹过渡政府新闻部表示,军人扣押了过渡政府总理阿卜杜拉·哈姆杜克、数名部长以及苏丹主权委员会的数名非军方成员。领导此次政变的苏丹军方领导人阿卜杜勒·法塔赫·布尔汉随后宣布,解散主权委员会和过渡政府,将另成立政府,并宣布苏丹进入紧急状态。

据分析,苏丹军方敢于发动政变,有其特殊的原因:首先,军方有来自外部势力的支持,阿联酋、沙特和埃及等地区大国是苏丹军方的重要支持者。其次,军方不仅掌握国家暴力机构,还掌握苏丹经济命脉。最后,军方在国内有一定民意支持,部分群众认为只有军政府的强势统治才能给苏丹带来稳定和发展。②

但是,巴希尔政权倒台、民众抗议常态化、军方与文官政府的矛盾加剧,过渡政府执政业绩乏善可陈、族群冲突严重等一系列矛盾构成了军方再度发动政变的原因。第一,从反对派方面看,反对派"自由与变革联盟"不断发动大规模游行示威,要求军方交权,建立完全的文官政府,从而和平实现民主过渡。第二,在政治过渡开始后,军方与文官集团的矛盾始终存在,并最终酿成二次政变,并逮捕了一批对抗军政府的"自由与变革力量"领导人。第三,过渡政府根本无力改变经济民生问题的困境。在过渡政府执政的两年里,苏丹经济状况日益恶化。据统计,苏丹通货膨胀率已

---

① 王卓一:《苏丹政变引发民众抗议,专家:未来局势将受内外双重因素影响》,https://www.thepaper.cn/newsDetail_forward_15076933。

② 马小东:《苏丹军方的"豪赌":外援、金钱和民意是其发动政变的底气》,https://www.thepaper.cn/newsDetail_forward_15278155。

连续数月高位运行，政变前的2021年9月份通货膨胀率高达360%，据估计2021年苏丹有1300多万人需要人道主义援助。① 第四，作为苏丹政治和社会顽疾的族群冲突仍在不断加剧。2020年上半年，苏丹因族群冲突爆发了多次暴力流血事件；在政变发生前，作为苏丹东北部最大的部落之一的贝贾部落举行大规模抗议，并封锁了苏丹唯一的对外贸易港口——苏丹港，使苏丹本已恶化的经济形势雪上加霜。

苏丹发生二次政变既是其国家转型异常困难的结果，反过来会进一步加剧其国家转型的困境。首先，政变导致苏丹在国际社会更加孤立，国际援助锐减不利于其政治重建和经济发展。政变发生后，联合国、欧盟、阿盟、非盟和伊加特（即政府间发展组织，Intergovernmental Authority on Development，IGAD，简称伊加特）等国际组织纷纷谴责政变并呼吁恢复文官统治。非盟暂停了苏丹的成员资格，欧盟威胁暂停苏丹的援助，而美国冻结了对苏丹7亿美元的援助。② 其次，政变导致的军方、文官和反对派之间的矛盾更加复杂，军政对抗、民众抗议与固有的族群冲突相互叠加，将进一步加剧苏丹的政治动荡。

阿尔及利亚尚处在2019年政权更迭后的政治过渡时期，2021年取得的最大成果是新政府的组建。2019年2月，阿尔及利亚爆发多轮大规模民众示威游行，抗议布特弗利卡总统谋求第5任期；4月2日，布特弗利卡总统宣布辞职；12月12日，阿尔及利亚举行大选，前总理阿卜杜勒·马吉德·特本首轮胜出，当选总统；2020年11月通过修宪公投，规定任何人最多只能任两届总统，增强总理职权，2021年7月阿尔及利亚新政府成立。③ 阿尔及利亚的情况好于苏丹，但仍面临改革、发展、稳定的艰巨任务。

（三）处于政治经济转型关键期的国家

突尼斯和埃及是处于政治经济转型关键期的代表性国家，其形势虽有所好转，但依然远未找到适合自身的发展道路。

---

① 王卓一：《苏丹政变引发民众抗议，专家：未来局势将受内外双重因素影响》，https://www.thepaper.cn/newsDetail_forward_15076933。

② 马小东：《苏丹军方的"豪赌"：外援、金钱和民意是其发动政变的底气》，https://www.thepaper.cn/newsDetail_forward_15278155。

③ 《阿尔及利亚国家概况》，http://dz.china-embassy.org/agk/gky/201911/t20191104_7257571.htm。

2021年，突尼斯政治转型出现的最大问题是再度遭遇宪政危机，其突出表现是总统解散政府和议会，其背后依然是世俗与宗教力量的矛盾。但值得肯定的是，突尼斯并未因此陷入严重动荡，教俗力量继续在合作、斗争、妥协的关系中进行磨合和调适。

2021年7月25日，突尼斯总统凯斯·赛义德宣布，解除现任总理迈希希的职务，冻结议会所有职权，此后突尼斯再次陷入政权内部权力斗争与民众抗议浪潮相交织的政治危机。9月29日，突尼斯总统任命在世界银行工作的纳吉拉·布登·拉马丹为新总理，拉马丹也是该国首位女总理。尽管突尼斯总理空缺两个月的宪政危机在形式上得以平息，但宪政危机背后的伊斯兰主义力量与国家转型的矛盾并未得到解决。① 突尼斯的宪政危机在本质上是其政治转型脆弱和政治力量碎片化、教俗对立二元化的产物，其直接原因是2019年10月突尼斯议会选举后议会力量格局以及政府与议会关系变化的产物。② 尽管议会选举没有一个政党夺取半数以上的议席，但复兴运动党重新成为议会第一大党，只能由其出面组建联合政府。本来政府组阁就十分困难，而组阁后由于议会和政府组成的分散性，使政府的稳定性无法保障，总统与总理之间、主要政党之间的矛盾不断加剧，导致2021年初突尼斯多次爆发大规模游行示威活动，各主要政党也举行了大规模抗议活动，直至演变成总统解散政府的宪政危机。

自2010年突尼斯率先爆发"阿拉伯之春"以来，尽管突尼斯的政治转型一波三折，但相对而言是阿拉伯国家中相对平稳、成功的国家，其重要原因之一就在于世俗力量和伊斯兰力量——复兴运动党（与埃及的穆斯林兄弟会类似）达成了妥协。此前，在突尼斯政治格局中，总统赛义德代表世俗力量，但加努希领导的复兴运动党却在议会中占多数席位。这是突尼斯总统解除总理迈希希职务的根本原因所在，因为迈希希领导的内阁反映的是占议会多数席位的"复兴运动党"的意志。

在此次宪政危机前，在突尼斯的政治转型中，复兴运动党经历了在制宪议会选举（2011年）中得势到总统选举（2014年和2019年）中失势，再到在议会选举（2019年）占据多数席位的变化。在此过程中，伊斯兰复

---

① 刘中民：《地区局势缓和充满变数，中东走出百年之困道阻且长》，https://www.thepaper.cn/newsDetail_forward_15188577。

② 王凤：《中东剧变以来突尼斯的经济状况及前景分析》，载《中东研究》，2021年第2期，第187—188页。

兴运动党与世俗力量之间既有合作，也有斗争，但二者基本上实现了相互包容和妥协。① 这种妥协也曾经被外界视为伊斯兰主义力量与世俗力量以及民主化进程融合的成功典范，并鲜明区别于埃及穆兄会的大起大落。但此次宪政危机表明伊斯兰主义力量与突尼斯国家转型的矛盾依然没有得到解决。

相对于较为成功的政治转型，突尼斯的经济转型乏善可陈，其经济发展一直停滞不前，整体呈现低增长、高赤字、高债务、高失业率、高通胀等特点。② 受到新冠肺炎疫情的影响，2020 年突尼斯陷入更加严重的经济危机。2010 年以来，突尼斯国内生产总值年增长率整体呈现下降态势，且日趋严重。2010 年，突尼斯国内生产总值增长 3%，2011 年下滑至 2%。此后，在 2012—2019 年期间，突尼斯国内生产总值年增长率从 4% 下跌至 1%，受新冠肺炎疫情影响的 2020 年更是暴跌至 -8.9%。③ 据分析，突尼斯经济陷入停滞状态，甚至面临严重的经济危机，是许多因素综合作用的结果。对欧洲市场的过分依赖、经济结构的深层次矛盾、政治转型进程的不成熟性和不稳定性等，都是不可忽视的重要因素。④

穆巴拉克倒台后埃及国家转型可谓一波三折，并付出了沉痛的代价，但已经逐步走上正轨。在 2021 年，埃及对内通过深化经济改革和迁都等举措促进国家发展，对外重塑地区大国地位，其作为阿拉伯世界大国的地位有所复苏。

在经济发展方面，埃及是 2020 年在新冠肺炎疫情冲击下唯一实现正增长的中东经济体，但在经济特别是民生方面埃及仍面临巨大挑战。2020 年以来，面对新冠肺炎疫情的严重冲击，塞西政府采取了增加对低收入民众补贴、寻求国际货币基金组织融资、发行国际债券、减少或免除部分公司税费等措施应对疫情带来的经济冲击，艰难实现了经济正增长。埃及在新冠肺炎疫情冲击下保持经济增长，得益于 2013 年塞西执政以来采取的一系列改革措施：积极寻求国际组织和其他国家的贷款和资金援助；依照国际货币基金组织要求，坚决推行汇率改革；颁布新《投资法》，逐步改善营

---

① 刘中民：《"阿拉伯之春"与中东民主化的若干核心问题》，载《国际政治研究》，2021 年第 6 期，第 38—40 页。
② 详细情况可参见王凤：《中东剧变以来突尼斯的经济状况及前景分析》，载《中东研究》，2021 年第 2 期，第 174—178 页。
③ 同上，第 175 页。
④ 同上，第 178—184 页。

商环境；削减补贴，增加税收，降低财政赤字；推动大规模基础设施建设，吸引外资、拉动内需，加速油气和电力开发，提高能源自给水平；制定中长期发展战略《可持续发展：埃及2030愿景》，在经济、社会、环境领域设定了全面发展目标。埃及的经济改革取得了较突出的成就，但仍存在一系列制约长期发展的结构性问题。制造业基础薄弱、外债压力大、人口增长过快、贫困人口比重过高、粮食和水资源短缺等结构性问题仍将长期制约埃及经济社会发展。[①]

（四）面临转型压力的国家

主要包括海湾合作委员会国家、约旦、摩洛哥等，甚至也包括土耳其和伊朗两个非阿拉伯国家，它们都面临通过改革增强国家治理能力的严峻任务。这里主要选择沙特进行说明。

在2021年，阿拉伯君主制国家特别是海湾阿拉伯国家的主要任务仍是推进经济多元化的经济转型。沙特是阿拉伯君主制国家推进经济多元化发展的领头羊和风向标。近年来，沙特为实现"2030愿景"的经济目标，大力优化产业结构，积极推动经济转型，希望借此实现本国产业的优势最大化，并利用国内外资源推进经济多元化。沙特王储穆罕默德·本·萨勒曼表示，沙特政府2021年度继续实施的经济转型政策取得了显著成效。在2021年度，在吸引外资方面，沙特吸引国内外投资额超过3380亿里亚尔（约合901.3亿美元）。在能源方面，沙特积极开发本国丰富的太阳能和风能等可再生资源，300兆瓦的容量塞卡凯太阳能光伏项目电站、产能为400兆瓦达马德·贾达尔风电站（中东地区最大的风能发电站）都在2021年投入运营。在矿业方面，沙特发展包括勘探开采、冶炼精炼、再加工在内的全产业链，采矿业年内实现超过7.27亿里亚尔（约合1.94亿美元）的历史最高收入，同比增长超过27%，设立矿业基金（2021年1月）、启动了国家地质数据库（2021年12月）都是发展矿业的标志性举措。在工业方面，沙特聚焦重点行业，采取有效措施提质增效，2021年度沙特对工业基础设施项目投资约96亿里亚尔（约合25.6亿美元），完成了4个工业城市和绿洲的153座工厂的建设工程，并启动了1300家公司参加的"沙特制造"计划，使沙特产品进入178个国家和地区，实现1253亿里亚尔（约

[①] 详细情况可参见王琼、安雨康：《"1·25"革命以来的埃及经济改革：成就、挑战及前景》，载《中东研究》，2021年第2期，第194—207页。

合334亿美元）的收入，比2020年度增长37%。在物流方面，沙特于2021年6月，沙特启动国家运输和物流服务战略，计划将运输和物流部门对国内生产总值的贡献额从目前的6%提高到10%。①

沙特的社会开放度在2021年也继续提高。F1大奖赛吉达站和达喀尔拉力赛的举办吸引了全球车迷的目光；首届红海国际电影节独辟蹊径，重点推介"以阿拉伯视角看世界"；利雅得娱乐季时隔两年重新启动，仅开幕当天就有数十万人参加；中国和沙特共同策划的沙特国内首届当代艺术双年展也正式向公众开放。② 这一切都有利于向外界展现沙特的开放形象。

当然，沙特国家转型所面临的矛盾和压力依然严峻。③

首先，目标宏大与能力不足之间的矛盾。"2030愿景"是沙特国家转型的总体纲领，提出了300多个具体转型目标，覆盖经济、社会、政治各个方面，具有一定的前瞻性。但沙特尚没有国力和配套的制度支撑这一庞大的转型计划，例如，政治制度的保守、严重依赖能源的食利性经济结构、政府效率低下、人才严重不足、教育水平不高、社会观念保守、地区外交激进等因素，都限制了沙特国家转型宏伟目标的实现，使沙特的国家转型步履维艰。

其次，是政治、外交与经济、社会转型不匹配的矛盾。从沙特国家转型的效果来看，国家转型在经济和社会领域进展相对明显，而在政治和外交领域的进展相对有限；沙特国家转型有其历史进步性，同时也面临着严峻的挑战和深刻的困境。一方面，沙特国家转型顺应了时代发展的潮流和趋势，促进了沙特社会从传统到现代、从落后到进步、从单一到多元、从封闭到开放的转变。但是，沙特的国家转型也存在着严重的历史局限性，君主制和政教合一体制下形成的制度惰性，王室内部剧烈的权力斗争，转型时期政教关系的巨大张力，激进外交导致的周边环境严重恶化，都使沙特的国家转型面临严峻挑战。其根本原因在于沙特国家转型的内在矛盾，即政治、外交转型与经济、社会转型的不匹配乃至脱节，尤其是政治集权化和外交激进化无法满足经济与社会发展多元化、世俗化、温和化的需

---

① 《沙特力推经济多元化》，https：//baijiahao.baidu.com/s? id = 1721510355210709186&wfr = spider&for = pc。

② 《沙特2021：高歌猛进之后的锋芒暂隐?》，http：//news.cri.cn/20211225/86efd54e - e93a - 4e64 - 6f28 - 3b4faa46b00e.html。

③ 详尽论述参见刘中民、刘雪洁：《萨勒曼执政以来沙特的国家转型及其困境》，载《西亚非洲》，2020年第5期，第79—80页。

要，进而推高了沙特国家转型的风险，甚至有可能导致沙特陷入内外交困的局面。总之，政治、外交转型的相对滞后与经济、社会转型的内在需求存在严重的不匹配，对沙特国家转型的平衡推进产生了严重的掣肘。这也是 2021 年沙特外交缓和与地区国家关系的根源所在，也是值得肯定的政策选择。

2021年西亚地区形势

包澄章[*]

【摘　要】

　　2021年西亚地区形势总体趋于缓和。在政治层面，地区国家间关系的主基调从对抗逐渐转向和解，积极适应美国政府换届及其中东政策调整引发的各种变化，加强团结、寻求合作的意愿不断增强，地区力量在分化组合中更趋平衡。在经济层面，西亚国家经济复苏势头明显，但复苏进程受制于疫苗分配失衡、政治动荡、疫情反复、气候变化等因素，呈现出脆弱性与不平衡性，地区国家的经济表现参差不齐。在安全层面，恐怖主义对西亚地区的威胁总体呈下降趋势，"伊斯兰国"组织战略重心进一步向外围转移，但伊拉克国内恐怖袭击仍呈现高发态势，部分恐怖组织的转型与策略调整导致反恐格局出现新变化。

【关键词】

　　西亚地区　政治形势　经济形势　安全形势

　　2021年西亚地区紧张形势出现缓和迹象，为应对美国拜登政府中东政策调整引发的变化，地区国家加强团结、寻求合作的意愿显著增强。地区国家在抗击疫情的同时，积极推进经济复苏，但疫苗分配失衡等因素导致地区国家经济复苏程度不一。恐怖主义对地区总体威胁呈现下降趋势，但地区反恐格局出现了新变化。

---

[*] 包澄章，上海外国语大学中东研究所副研究员。本文受到"上海外国语大学青年教师科研创新团队"的资助。

一、西亚地区的政治形势

在政治层面，伴随美国新一届政府中东政策框架的初步确立，西亚地区力量经历了新一轮分化组合，在从对抗走向缓和的过程中更趋平衡。地区国家在调适过程中加强团结、寻求合作的意愿显著增强。

（一）拜登政府的中东政策

2021年1月乔·拜登入主白宫后，将重返伊核协议、结束"无休止的战争"、推行"价值观外交"作为新一届美国政府中东政策的三大优先任务[1]，试图扭转特朗普政府破坏性政策对美国国际信誉和影响力的损害。

第一，重返伊核协议成为拜登政府中东政策的突破口。相较于特朗普个人化的决策风格，拜登在外交决策上更趋理性，更注重运用传统外交手段，这在一定程度上使得美国对伊朗政策更具可预测性，美伊之间的谈判空间较此前有所扩大。2021年4月，伊核协议相关方在奥地利维也纳围绕美伊两国恢复履约举行谈判，2018年5月退出协议的美国间接参与谈判。至2021年12月27日，协议相关方先后进行了八轮谈判。其间，谈判受制于一系列因素多次陷入停滞。首先，特朗普政府对伊朗确立了全方位制裁的"极限施压"政策，受其政策惯性影响，拜登政府实际上仍运用对伊朗追加制裁、空袭伊拉克和叙利亚境内伊朗军事目标、与地区盟友在伊朗周边海域举行联合军演、大规模肆意封禁伊朗网站等手段，迫使伊朗接受美方增加协议限制条款的要求。其次，伊朗对美国严重缺乏信任，主要表现为伊朗威胁大幅提高浓缩铀丰度回应美方施压，借助代理人袭击美国驻伊拉克的军事目标，在维也纳谈判期间选择经由中间人传话与美国进行间接谈判，最高领袖哈梅内伊多次发表关于美国等西方国家在伊核谈判中不可信的言论等。再次，2021年8月在伊朗大选中获胜的强硬派人士莱希延续了鲁哈尼政府赞成同美国进行谈判和恢复伊朗履约的总体立场，确有借谈判解除外部制裁以缓解国内经济困局的现实需求，但伊朗的体制性障碍导致莱希政府向美方让步示弱的空间十分有限，因此伊朗新一届政府采取了

---

[1] 唐志超：《拜登政府的中东政策发展趋向》，载《当代世界》，2021年第4期，第30页。

与上届温和保守派政府不同的策略和节奏处理对美国关系，通过抬高与美国谈判要价来展现伊朗对美西方不妥协的强硬姿态。最后，以色列通过打击伊朗境外目标、制造霍尔木兹海峡紧张局势、对华盛顿决策圈加大游说力度、挑拨美伊矛盾等手段，极力阻挠美伊谈判进程，坚决反对美国取消对伊制裁和重返伊核协议。

第二，拜登政府在中东继续实行战略收缩，服务美国全球战略目标的实施。奥巴马时期以来，美国对中东地区进行大规模军事干预的意愿和兴趣明显减弱，中东在美国全球战略中的地位不断下降。拜登政府延续了从中东实行战略收缩的方针，印太地区成为美国新一届政府全球战略的重心，欧洲在美国对外战略的地位明显回升。① 与特朗普上台后将沙特作为首访目的国不同，拜登上台至今尚未对任何中东国家进行访问，也未邀请任何海湾国家的元首访问华盛顿。尽管拜登急于同特朗普的中东政策切割，但受制于后者的政策惯性，拜登进行政策调整的空间相对有限。在巴以问题上，拜登上台后表示美国支持通过"两国方案"解决巴勒斯坦问题，宣布恢复对巴勒斯坦的援助，实际上并未推翻特朗普政府将美国大使馆迁至耶路撒冷和承认以色列对戈兰高地拥有主权的决定。在地区冲突问题上，拜登政府的中东政策更多地关注管理现状，而不是解决重大冲突②，避免因卷入叙利亚问题、也门问题而难以实现从中东抽身的总体目标，进而牵制美国实施以大国竞争为核心的全球战略。2021年3月，美国白宫发布《临时国家安全战略方针》，强调"军事力量不是解决该地区挑战的办法，我们不会给我们在中东的伙伴开具一张空白支票，让它们推行与美国利益和价值观相悖的政策"③。受"避战""慎战""怕战"心态④驱使，拜登政府对中东地区冲突保持相对超脱的态度，但对近年来与中国和俄罗斯合作密切的中东国家尤其是美国的地区盟友，则采取削减或威胁削减安全援助或经济援助、外交施压等手段，干扰地区国家与中、俄之间的正常合作。

---

① 唐志超：《拜登政府的中东政策发展趋向》，第35页。

② Ali Harb, "A Year in, Biden's Middle East Policy Brings Little Change," *Al Jazeera*, December 31, 2021, https://www.aljazeera.com/news/2021/12/31/a-year-in-biden-middle-east-policy-brings-little-change.

③ *Interim National Security Strategic Guidance*, The White House, March 2021, p. 11, https://www.whitehouse.gov/wp-content/uploads/2021/03/NSC-1v2.pdf.

④ 唐志超：《拜登政府的中东政策发展趋向》，第33页。

第三,"价值观外交"对美国与中东盟友关系产生消极影响。受民主党政府外交传统的影响,拜登上台后将促进民主和人权置于对外政策的核心位置。"价值观外交"虽有利于修复特朗普时期严重受损的美国与西方盟友的关系,但却对美国与中东盟友的关系产生了消极影响。一方面,拜登政府的"价值观外交"无法获得地区国家官方的认同,使美国与地区盟友之间的关系变得疏远或陷入紧张。拜登政府公布卡舒吉事件调查报告[①],使美沙关系出现裂痕;美国承认"亚美尼亚种族灭绝"事件[②],导致美土关系持续恶化;拜登政府还以"改善人权状况"为条件,限制对埃及的经济援助[③]。与此同时,拜登政府的"价值观外交"却受到部分中东国家内部人权活动家和反对派的支持。中东国家官方和民间对拜登政府"价值观外交"的态度分歧,体现了拜登政府试图以价值观外交从内外施压地区威协国家政府,维系美国对中东事务主导权的考量。另一方面,拜登政府又在人权领域实行"双重标准"。2021年5月,巴以冲突升级,以色列对哈马斯目标的军事行动导致大量巴勒斯坦平民伤亡,但拜登政府一味偏袒以色列的做法,使得中东伊斯兰国家官方和民间对美国在人权领域奉行"双重标准"持批评态度,这在很大程度上削弱了美国在中东实践"价值观外交"的道义基础。

整体上看,拜登政府的中东政策呈现三大特点:一是延续了奥巴马政府和特朗普政府在中东实行战略收缩的路线,如拜登政府先后于2021年8月和12月从阿富汗与伊拉克撤军;二是审慎介入中东热点问题,避免卷入地区战争与军事冲突,最大限度防止中东乱局对美国全球战略的牵制;三是回归强调价值观、多边机制和外交手段的民主党政府外交传统,试图与

---

① 2021年2月26日,美国国家情报总监办公室公开卡舒吉遇害事件调查报告,认定沙特王储穆罕默德·本·萨勒曼批准杀害卡舒吉。报告公开后不久,美国总统拜登称美方将追究"侵犯人权者"的责任,美国国务院宣布禁止与卡舒吉遇害事件相关的76名沙特公民入境,美国财政部宣布对沙特情报总局前副局长艾哈迈德·阿西里以及直接受命于沙特王储的"快速干预部队"实施制裁。面对美方的指控,沙特外交部称美方报告包含"未经核实、不准确"的结论,沙方"无法接受","拒绝任何侵犯(国家)领导人、主权和司法独立的行为"。参见包雪琳:《卡舒吉遇害报告公开 美沙关系"再校准"》,新华网,2021年2月28日。

② 2021年4月24日,美国总统拜登发表声明,将百余年前奥斯曼帝国境内大批亚美尼亚人遭杀害的惨案称为"种族灭绝",成为首位认定该事件为"种族灭绝"的美国总统。这一表态受到土耳其方面"最强烈的谴责"。

③ 2021年9月,美国国务卿安东尼·布林称,如果埃及无法改善其人权状况,美国将重新安排2020财年拨给埃及的13亿美元援助中的1.3亿美元。特朗普时期,美国每年向埃及提供13亿美元的援助。

特朗普政府的中东政策进行切割，但政策调整空间有限。

（二）西亚国家积极适应新现实

拜登政府的中东政策导致西亚地区进入了新一轮力量分化组合，西亚国家在适应地区新现实的过程中，地区国家间关系的主基调逐渐从此前的对抗转向和解，加强团结、寻求合作的意愿不断增强。

第一，西亚国家从对抗走向和解，积极适应美国中东政策调整引发的变化。拜登赢得美国大选后，西亚国家基于美国新一届政府潜在的政策调整使美伊关系转圜空间增大、削减美国对中东军事与安全投入的判断，对外政策的基调从特朗普时期以对抗为主逐渐转向和解，在避免地区冲突的同时，积极寻求务实合作。

2021年初，持续三年半的卡塔尔断交风波画上句号。1月5日，第41届海合会首脑会议在沙特西部城市欧拉举行，卡塔尔埃米尔塔米姆出席会议，这是塔米姆自2017年6月断交风波发生以来首次访问沙特。与会领导人在峰会期间签署《欧拉宣言》[①]，标志着沙特、巴林、阿联酋和埃及与卡塔尔恢复全面外交关系。首先，将通常在12月举行的海合会峰会推迟至1月，是海合会各成员国为达成最终协议预留足够时间所做的决定，卡塔尔、巴林、沙特在峰会召开前都释放出结束地区争端、缓和地区紧张局势的积极信号，科威特等国则在背后积极开展斡旋。其次，沙特表现出借解决卡塔尔断交危机重新主导地区事务、弥合海合会内部分歧以团结应对地区挑战的愿望，尤其是与卡塔尔复交有助于海合会国家合作抗击新冠肺炎疫情和推进经济复苏计划。再次，卡塔尔为展现诚意，向2017年与卡断交的非海合会成员国埃及做出让步，如停止卡塔尔媒体针对埃及领导人的负面报道、限制卡塔尔境内穆兄会埃及籍成员活动等。最后，沙特试图借此次峰会强化本国对海合会话语权的主导，并将已数年游离于海合会集体安全框架的卡塔尔重新拉回到沙特主导的地区政策框架内，在海合会内部统一立场和协调行动，应对拜登上台后美国对伊朗政策转向可能引发的地区力量再平衡。

海合会国家与伊朗的关系也逐渐从对抗走向和解。2021年4月以来，在伊拉克的斡旋下，沙特与伊朗恢复接触，此后两国在外交、情报、军事

[①] 《欧拉宣言》全文参见 The Al-Ula Declaration（January 5, 2021）, GCC Summit 41, https://gcc41.org/press-releases/the-al-ula-declaration。

等领域进行了多轮对话,两国外长还共同出席了 8 月在伊拉克首都巴格达召开的"巴格达合作与伙伴关系会议",不断释放两国和解信号。沙特与伊朗关系的改善有利于伊朗与海湾阿拉伯国家关系的改善并带动伊朗与整个阿拉伯世界关系的缓和,推动海合会内部紧张关系的缓解,以及阿拉伯国家与叙利亚关系的改善。[①] 阿联酋也在积极缓和与伊朗的紧张关系。同年 12 月,阿联酋国家安全顾问塔农·本·扎耶德访问伊朗,会见伊朗总统莱希,这是自 2016 年 1 月两国降低外交关系级别以来阿联酋高官首次访问伊朗。

地区国家还积极推进与叙利亚实现关系正常化。2021 年 10 月,约旦国王阿卜杜拉二世与叙利亚总统巴沙尔通电话,这是两人自 2011 年叙利亚危机爆发以来的首次通话。阿卜杜拉二世一改此前支持叙利亚反对派和呼吁叙总统巴沙尔下台的立场,表示约旦支持叙利亚的领土完整及叙方维护主权和稳定的努力,积极寻求改善两国关系。约旦方面发表声明称,两人"讨论了两个兄弟国家之间的关系和加强合作的方法"[②]。同年 11 月 9 日,阿联酋外交与国际合作部长阿卜杜拉不顾美方警告,率团访问叙利亚并与叙总统巴沙尔举行会晤,成为 2011 年叙利亚危机爆发以来访问叙国最高级别的阿联酋代表团,标志着阿联酋与叙利亚关系回暖。会谈期间,巴沙尔称赞阿联酋所持的"客观、正确立场",强调"阿联酋始终站在叙利亚人民一边";阿卜杜拉则表示"阿联酋随时准备支持叙利亚人民"。[③]

第二,美国的地区盟友在调适中应对美国削减对中东军事与安全投入的长期趋势。以沙特和阿联酋为代表的海湾国家正通过武器进口多元化等方式向美国军火经销商施压,试图以此说服美国政府重新考虑对海湾盟友的军事支持,其背后折射出海湾国家对美国维持安全承诺的怀疑态度。2021 年 8 月,沙特与俄罗斯签署军事合作协议。尽管沙特和俄罗斯对这份军事合作协议表态模糊,但这一协议是两国在美国从阿富汗撤军后签订的,沙特认为已不能完全依赖美国提供的安全支持,遂实施对冲战略转向俄罗斯,以此促使美国重新考虑对沙特安全承诺。同年 11 月,美国批准向

[①] 刘中民:《中东睿评 | 中东地区大国关系缓和的虚实表里》,澎湃新闻网,2022 年 3 月 21 日,https://www.thepaper.cn/newsDetail_forward_17216926。

[②] 王宏彬:《关系回暖 约旦国王与叙利亚总统通电话》,新华网,2021 年 10 月 5 日,http://www.news.cn/world/2021-10/05/c_1211392039.htm。

[③] 《阿联酋外长罕见访叙利亚,两国关系升温?美国却说……》,中国新闻网,2021 年 11 月 10 日,https://www.chinanews.com.cn/gj/2021/11-10/9606303.shtml。

沙特出售价值6.5亿美元的空对空导弹。① 阿联酋也加快了武器进口多元化的步伐。2021年12月，阿联酋先后与法国签署价值170亿欧元、进口80架"阵风"战斗机和12架军用直升机的军售合同，与韩国签署价值35亿美元的地对空导弹军售合同。尽管海湾国家并不掩饰武器供应链多元化的意图，但减少对美国军事依赖，运行高度多元化的军备架构耗时耗费，因为这些国家的军事机构很大程度上是为与美国武器系统和技术同步运行而设计的。②

第三，沙特努力适应对美国战略价值下降的现实。"伊斯兰国"实体被剿灭后，美国的反恐战略逐渐从境外反恐转向境内反恐，页岩油技术的提高使得美国实现能源自给，沙特作为美国在反恐和能源领域的传统盟友，其在美国全球战略中的地位不断下降。拜登上台后，推行冻结对沙特军售、停止支持沙特在也门的军事行动、将胡塞武装移出"恐怖组织名单"、减少美国在中东地区驻军、故意冷落沙特王储等做法，实际上宣告了沙特之于美国的战略价值在日益下降。因此，2021年以来沙特积极修复与卡塔尔的关系、降低与伊朗对抗的调门等改善海湾安全环境的举措，都是在美国削减对其安全和军事支持的背景下，放弃此前激进的进攻性地区政策，以妥协求安全的无奈之举。沙特一方面努力适应美国减少对沙安全援助的现实，寻求与其他大国开展安全合作，另一方面积极推动地区国家间建立新的安全合作机制，缓和地区紧张关系，改善海湾地区安全环境。

二、西亚地区的经济形势

在经济层面，西亚国家经济在经历了上一年的整体萎缩后，开始出现积极复苏的势头。受疫情反复、疫苗分配失衡、气候变化等因素影响，西亚国家的经济复苏整体呈现脆弱性与不平衡性的特征，地区国家经济复苏

---

① Mark N. Katz, "Saudi Arabia Is Trying to Make America Jealous with Its Budding Russia Ties," Atlantic Council, August 27, 2021, https：//www.atlanticcouncil.org/blogs/menasource/saudi - arabia - is - trying - to - make - america - jealous - with - its - budding - russia - ties/.

② Leonardo Jacopo Maria Mazzucco and Kristian Alexander, "Growing Pains：The Promise and Reality of Biden's Middle East Policy," The Washington Institute for Near East Policy, January 24, 2022, https：//www.washingtoninstitute.org/policy - analysis/growing - pains - promise - and - reality - bidens - middle - east - policy.

进程仍存在较大不确定性。

(一) 西亚国家经济总体形势

2021年除黎巴嫩、也门等国外，大部分西亚国家的经济均实现了不同程度的正增长（见表1）。海湾产油国经济复苏势头强劲，但疫苗分配失衡、政治动荡、疫情反复、气候变化等因素制约着整个地区的经济复苏进程，导致地区国家的经济表现参差不齐。

表1　2019年至2021年西亚国家实际GDP增长率（单位:%）[①]

国家	2019年	2020年	2021年（估值）
巴林	2.1	-5.1	4.1
伊朗	-6.8	3.4	3.1
伊拉克	6.0	-15.7	2.6
以色列	3.8	-2.2	7.1
约旦	2.0	-1.6	2.2
科威特	-0.6	-8.9	2.0
黎巴嫩	-6.7	-21.4	-10.5
阿曼	-0.8	-2.8	3.0
巴勒斯坦[②]	1.4	-11.3	6.0
卡塔尔	0.8	-3.6	3.0
沙特阿拉伯	0.3	-4.1	2.4
叙利亚	3.8	/	/
也门	1.4	-8.5	-2
阿联酋	3.4	-6.1	2.7

[①] 数据来源：World Bank Group, *Global Economic Prospects*, World Bank, January 2022, p. 94, https://openknowledge.worldbank.org/bitstream/handle/10986/36519/9781464817601.pdf; "Israel: Growth Rate of the Real Gross Domestic Product (GDP) from 2016 to 2026," *Statista*, https://www.statista.com/statistics/375237/gross-domestic-product-gdp-growth-rate-in-israel/; "Syria Real GDP Growth," *CEIE*, https://www.ceicdata.com/en/indicator/syria/real-gdp-growth; "Yemen: Growth Rate of the Real Gross Domestic Product (GDP) from 2016 to 2026," *Statista*, https://www.statista.com/statistics/524129/gross-domestic-product-gdp-growth-rate-in-yemen/。

[②] 经济数据统计范围包括约旦河西岸和加沙地带。

第一，西亚国家经济复苏呈现脆弱性与不平衡性。西亚国家的经济表现既取决于各国应对新冠肺炎疫情大流行的能力，也取决于各国提振经济的政策措施和推进经济结构性改革的有效性。2021年中东地区实现了2.8%的经济平均增速①，但地区经济整体复苏势头掩盖了地区国家间的差异，呈现出脆弱性与不平衡性。其中，脆弱性表现为经济复苏持续受到疫情反复和政治动荡的冲击，不平衡性表现为西亚国家经济复苏程度不一、地区国家内部贫富差距持续拉大。

首先，海湾产油国经济复苏势头强劲。得益于疫情控制得力、扶持政策到位、国际油价回升，阿联酋等产油国经济复苏势头强劲。阿联酋政府推出了3880亿迪拉姆（约合1056.5亿美元）的经济刺激措施，政府的经济多元化努力有效促进了私营企业及非石油行业的增长。2021年阿联酋经济增速达2.2%，其中非石油行业表现优异，增长3.2%。② 与此同时，油价上涨也增加了部分西亚能源消费国政府的财政压力，部分抵消了经济复苏的努力。

其次，疫苗分配失衡现象突出。疫苗接种是确保复工复产顺利开展的前提条件，但西亚国家经济复苏状况因疫苗分配失衡而参差不齐。2021年西亚北非地区全程接种疫苗人口不足四成，且大多集中在海湾产油国等高收入经济体。截至2021年12月初，阿联酋以90%的疫苗接种率位列西亚地区首位和全球前列，而也门国内的疫苗接种率仅1%左右，③ 西亚地区疫苗分配失衡问题十分突出。

再次，政治动荡加重经济复苏难度。政治动荡、经济复苏乏力和疫情反复相互交织，冲击部分西亚国家国内稳定。黎巴嫩国内经济崩溃冲击民生问题、加剧国内贫困状况，黎巴嫩国内民众示威抗议频发；也门和叙利亚国内武装冲突与新冠肺炎疫情相互交织，考验政府应对经济危机的能力。

最后，地区国家民众生活水平整体降低。人均国内生产总值（GDP）

---

① "COVID-19 Stress Tests Region's Ill-prepared Health Systems: MENA Shows Tenuous, Uneven Recovery in 2021," The World Bank, October 7, 2021, https://www.worldbank.org/en/news/press-release/2021/10/07/covid-19-stress-tests-region-s-ill-prepared-health-systems-mena-shows-tenuous-uneven-recovery-in-2021.

② 王俊鹏：《阿联酋经济复苏动力强劲》，载《经济日报》，2022年2月25日，第4版。

③ "Middle East and North Africa," The World Bank, December 15, 2021, https://www.worldbank.org/en/region/mena/overview.

是衡量各国民众生活水平的主要标准，2021 年西亚北非地区人均 GDP 增速达 1.1%，考虑到 2020 年该地区人均 GDP 下降 5.4% 的状况，2021 年数据实际较 2019 年下降 4.3%。[①] 物价飙升使得西亚国家民众实际收入缩水，民众整体上仍面临生活水平下降的境况。

第二，新冠肺炎疫情与气候变化加剧西亚国家经济长期性挑战。新冠病毒变异引发的疫情反复、气候变化引发的自然灾害频发和冲突加剧，制约着西亚国家的经济复苏进程，使地区国家经济面临的长期性挑战更趋复杂。

首先，新冠肺炎疫情导致地区经济长期性挑战更加严峻。西亚经济长期面临青年和妇女缺乏就业机会、政府信任赤字高企、人力资本投资回报率低和经济缺乏竞争力等长期性挑战。西亚地区发展中经济体正陷入长期低增长、高债务和治理不善的危机。世界银行估计，截至 2021 年，新冠肺炎疫情对西亚北非地区造成的经济损失超过 2270 亿美元。[②] 疫情反复使得西亚国家被迫将原本用于经济发展的资源投入医疗卫生和社会保障领域，无形中增加了政府债务。西亚北非国家公共债务占 GDP 的比重从 2019 年的 46% 上升至 2021 年的 54%，其中，非石油进口国公共债务占 GDP 的比重高达 93%。[③] 对黎巴嫩等陷入长期负增长、高债务和治理不善等危机的地区国家而言，债务危机将推升货币贬值、通胀失控、资本外逃的风险，进而重创国家经济。与此同时，疫情进一步导致西亚地区国家贫困加剧、公共财政恶化、债务脆弱性增加，地区冲突国家面临的经济挑战尤为严峻。

其次，气候变化使得西亚国家的经济挑战更趋复杂。极端气候使西亚国家面临严重干旱、降水减少、水资源短缺、沙尘暴等一系列挑战，进而威胁地区国家的粮食安全、经济安全、卫生安全和人口安全。预计至 2050 年，整个西亚北非地区的气温将高出正常温度至少 4 摄氏度，极端气候将成为常态，地区国家许多城市可能在 21 世纪末之前变得"无法居住"，地

[①] "Middle East and North Africa," The World Bank, December 15, 2021, https://www.worldbank.org/en/region/mena/overview.

[②] World Bank Group, *Living with Debt: How Institutions Can Chart a Path to Recovery in the Middle East and North Africa*, The World Bank, April 2021, p. 10, https://openknowledge.worldbank.org/bitstream/handle/10986/35275/9781464816994.pdf.

[③] Ibid., p. 6.

区爆发战争和冲突的风险有所上升。①

（二）也门多重危机叠加爆发

2021年，也门国内人道主义状况持续恶化，人道主义危机与经济危机、粮食危机、卫生危机等交织叠加。

首先，也门人道主义援助面临资金匮乏、物资运输受限等现实困境。2021年联合国也门人道主义应对计划拟募集的38.5亿美元援助资金仅到位22.7亿美元，资金缺口处于2015年也门危机爆发以来的最严重水平。②资金匮乏和冲突升级进一步导致联合国考虑取消计划飞往也门的大部分人道主义航班，援助物资运输严重受限，数百万也门人正面临失去人道主义援助的困难局面。

其次，多重危机交织叠加，也门国内生存环境持续恶化。战乱导致也门国内半数医疗设施停止运营，医疗机构和医护人员严重匮乏，超过2010万也门民众无法获得基本医疗服务。③新冠肺炎疫情和霍乱、白喉、登革热等传染病持续肆虐，与战乱引发的经济危机、粮食危机相互交织；季节性洪灾加剧也门国内供水短缺和粮食安全问题，推高霍乱等通过水体传播的传染病风险和饥荒风险。多重危机交织叠加使得也门成为全球人道主义危机最严重的国家之一，国内生存环境不断恶化。

最后，冲突各方为人道主义援助物资进入也门人为设置障碍，违反国际人道法。为防止物资落入也门政府军手中，胡塞武装多次为停火协议的执行、人道主义援助物资的运输和发放等人为设置障碍，甚至被曝出截获或倒卖援助物资以充当军饷。沙特等国此前对也门实施海上和空中封锁，造成医疗人员无法进入疫区，药品、医疗器械、粮食等人道主义救援物资无法进入也门境内，在一定程度上加剧了也门国内疫情扩散和人道主义危机。沙特及其支持的也门政府军阻止燃料船停靠荷台达港，造成也门国内

---

① "Climate Change Has Made the Middle East 'Unliveable'," *Asia News*, October 30, 2021, https：//www.asianews.it/news-en/Climate-change-has-made-the-Middle-East-%E2%80%98unliveable%E2%80%99-54397.html.

② "Eight Million Yemenis Could Lose Aid Next Month as War Rages," *Al Jazeera*, February 16, 2022, https：//www.aljazeera.com/news/2022/2/16/eight-million-yemenis-could-lose-aid-next-month-un.

③ "Health Situation in Yemen," *International Committee of the Red Cross*, August 5, 2021, https：//www.icrc.org/en/document/health-situation-yemen.

电力短缺尤其是医疗机构电力供应不足的局面；胡塞武装则通过关闭国内加油站和操纵黑市燃料价格，控制能源走向和谋取经济利益。

2015年3月和4月，沙特主导的多国联合部队先后对胡塞武装实施代号为"决断风暴"和"恢复希望"的军事行动，迄今已实施2.4万次空袭。① 但延宕至今的也门危机表明，现实与当初外部干预力量速战速决的期望背道而驰。截至2021年底，也门战乱直接或间接导致国内37.7万人死亡，约400万人流离失所，近500万人处于饥荒边缘，超过2/3的人口需要人道主义援助。② 2021年，每9分钟就有一名5岁以下也门儿童因冲突而死亡。③ 自2015年以来，战争导致也门累积经济损失高达1260亿美元，1560万也门人处于极端贫困状态，另有860万人陷入营养不良。④ 更令人担忧的是，连年冲突导致也门国内1万名儿童死亡或致残，约200万儿童流离失所，200多万儿童失学，近230万5岁以下儿童患有严重急性营养不良，1130万儿童需要人道主义援助，超过1000万儿童和近500万妇女亟需卫生服务。⑤

三、西亚地区的安全形势

在安全层面，恐怖主义对西亚地区构成的威胁总体呈下降趋势，"伊斯兰国"组织战略重心向外围转移，但伊拉克境内"伊斯兰国"残余势力对该国的恐袭仍呈现高发态势。以"沙姆解放组织"为代表的恐怖组织图谋以"政治转型"换取生存空间和参与叙利亚战后秩序重建，使西亚地区

---

① "Infographic: Yemen's War Explained in Maps and Charts," *Al Jazeera*, February 9, 2022, https://www.aljazeera.com/news/2022/2/9/yemens-war-explained-in-maps-and-charts-interactive.

② Ibid.; "Yemen: Millions of Displaced Persons and Migrants Desperate for Aid Amid Funding Shortfalls," *International Organization for Migration*, September 22, 2021, https://www.iom.int/news/yemen-millions-displaced-persons-and-migrants-desperate-aid-amid-funding-shortfalls.

③ Taylor Hanna, David K. Bohl and Jonathan D. Moyer, *Assessing the Impact of War in Yemen: Pathways for Recovery*, United Nations Development Programme, November 2021, p. 12, https://www.ye.undp.org/content/dam/yemen/General/Docs/UNDP-Yemen_ImpactofWar_WEB.pdf.

④ Ibid.

⑤ "Seven Years of Conflict in Yemen Left Millions on Brink of Starvation," *Euro-Med Human Rights Monitor*, March 24, 2022, https://euromedmonitor.org/en/article/4997/Seven-years-of-conflict-in-Yemen-left-millions-on-brink-of-starvation.

反恐格局出现了新变化。

(一) 西亚地区恐怖主义发展态势

根据经济与和平研究所发布的年度《全球恐怖主义指数报告》，2021年西亚各国恐怖主义指数均呈现下降趋势，在全球恐袭风险最高的十个国家中，西亚国家占据两席（伊拉克和叙利亚），相较于2016年西亚国家占四席（伊拉克、叙利亚、也门和埃及）的峰值时期，西亚地区恐袭风险下降趋势明显。

第一，恐怖主义对西亚地区的威胁总体呈下降趋势。2007年至2021年间，西亚北非地区恐袭致死人数占全球恐袭致死人数的39%。随着"伊斯兰国"的溃败，该数字近年来逐渐下降，至2021年已降至16%，已次于南亚和撒哈拉以南非洲地区。[1]"伊斯兰国"实力的衰弱、地区冲突烈度的下降和安全环境的改善，使得恐怖主义对西亚地区的威胁总体呈现下降趋势。从数字来看，2021年，全球共发生5226起恐怖袭击事件，较2020年的4458起增加了17%；全球恐怖主义致死人数达7142人，较上一年下降1.1%，自2015年峰值（10699人）以来下降了33%。[2] 过去三年间，西亚北非地区恐袭致死人数下降了39%。[3] 从地区分布看，2021年全球恐怖主义活动集中在南亚和撒哈拉以南非洲地区，阿富汗是全球恐怖主义风险最高的国家。恐怖主义势力不断从叙利亚向外围进行战略转移，潜入当地社区，转入非对称作战，同时加大了社交网站极端意识形态宣传和成员招募力度。

表2　西亚国家恐怖主义指数变化趋势（2011—2021）[4]

国家	恐怖主义指数	全球排名（2021）	指数变化（2011—2021）	指数变化（2020—2021）
伊拉克	8.511	2	-1.173	-0.184

---

[1] *Global Terrorism Index 2022*, Institute for Economics and Peace, March 2022, p. 41, https://www.economicsandpeace.org/wp-content/uploads/2022/03/GTI-2022-web.pdf.

[2] Ibid., p. 41.

[3] Ibid., p. 4.

[4] Ibid., p. 41.

续表

国家	恐怖主义指数	全球排名（2021）	指数变化（2011—2021）	指数变化（2020—2021）
叙利亚	8.250	5	2.473	-0.050
也门	5.870	21	-1.724	-0.261
伊朗	5.015	27	-1.140	-0.452
以色列	4.778	30	-0.843	-0.181
巴勒斯坦	4.736	32	-0.475	-0.238
黎巴嫩	3.566	51	-1.420	-0.517
沙特阿拉伯	3.110	54	-0.752	-0.743
约旦	2.594	58	0.284	-0.837
巴林	2.145	65	0.322	-0.475
科威特	0.000	93	-1.460	-0.158
阿曼	0.000	93	-0.827	0.000
卡塔尔	0.000	93	0.000	0.000
阿联酋	0.000	93	0.000	0.000

注：恐怖主义指数越高、全球排名越靠前，代表该国受到的恐怖主义威胁就越严重。

第二，"伊斯兰国"组织重心向非洲和南亚转移。进入2021年以来，伴随叙利亚境内冲突局势的缓和及反恐行动的推进，恐怖组织在当地的生存空间受到挤压，"伊斯兰国"组织及其分支机构的战略重心从叙利亚向南亚的阿富汗[①]和撒哈拉以南非洲的萨赫勒地区[②]转移。2021年，"伊斯兰

[①] 2021年阿富汗共发生837起恐怖袭击事件，袭击数量较上一年增加33%；恐怖袭击共造成1426人死亡，较上一年增加14%。阿富汗是全球恐袭致死人数最多的国家，自2019年以来连续第三年成为全球恐怖主义风险最高的国家。2021年阿富汗国内34个省份中有32个发生了恐怖袭击事件，喀布尔是恐袭致死人数最多的省份。阿富汗境内的恐怖袭击大多由"伊斯兰国呼罗珊省"制造，2021年该组织在阿境内制造的恐怖袭击共造成518人死亡。2021年8月26日，"伊斯兰国呼罗珊省"在美军撤离阿富汗之际在喀布尔哈米德·卡尔扎伊国际机场附近发动炸弹袭击，造成至少170人死亡、200多人受伤。随着塔利班夺取阿富汗政权，"伊斯兰国呼罗珊省"与阿富汗塔利班之间的战略竞争日益加剧。参见 Global Terrorism Index 2022, Institute for Economics and Peace, March 2022, p. 20.

[②] 布基纳法索、马里和尼日尔三个萨赫勒地区国家2021年恐袭致死人数较2007年分别增加了732人、572人和554人，位列全球恐袭致死人数增幅最大的五个国家行列。"伊斯兰国"组织在萨赫勒地区表现活跃，2021年该地区恐怖袭击致死人数占全球恐袭致死人数的35%，但这一数字在2017年仅1%。参见 Global Terrorism Index 2022, Institute for Economics and Peace, March 2022, pp. 30-31.

国"共在21个国家发动了恐怖袭击,较上一年(30个国家)下降了30%;该组织发动的恐怖袭击数量达794起,较上一年(837起)下降了5%。[1] 2021年,非洲和南亚恐怖主义活动强劲反弹,但西亚地区仍是恐怖袭击高发地区。叙利亚国内共发生338起恐怖袭击事件,数量较上一年减少23%;恐袭致死人数达488人,较上一年减少33%。[2] 叙利亚北部和东部是该国恐袭高发地区,2021年该国45%的恐怖袭击发生在代尔祖尔省和阿勒颇省。[3] "伊斯兰国"组织仍是叙利亚国内恐怖主义的首要威胁,该组织发动的恐袭致死人数占该国恐袭致死总人数的46%,但恐袭数量和恐袭致死人数分别较上一年下降了34%和26%;[4] "伊斯兰国"发动恐怖袭击导致平民死亡的数量从2016年的平均每起致30人死亡大幅下降至2021年的平均每起致2人死亡,[5] 这同"伊斯兰国"将袭击目标重点转向军事人员的总体趋势保持一致。2019年美国领导的国际反恐力量收复了"伊斯兰国"在叙利亚的最后一个据点后,该组织在叙境内的残余势力在活动方式上逐渐转向低烈度的叛乱运动。

第三,伊拉克国内恐怖袭击呈高发频发态势。伊拉克政府在2017年宣布在军事上击败"伊斯兰国",此后该组织在伊境内活动呈现明显下降趋势。但近三年伊拉克国内恐怖主义的发展趋势表明,剩而不灭的"伊斯兰国"仍表现出较强的顽固性,伊拉克的恐怖主义指数自2019年以来一直高居全球第二。[6] 2021年伊拉克国内恐怖主义活动延续了上一年反弹的趋势。在袭击数量上,2021年伊拉克共发生833起恐怖袭击事件,较上一年增加了33%,恐袭数量位列全球最高;伊拉克国内恐袭共造成524人死亡,较上一年增加了15%。[7] 伊拉克是"伊斯兰国"在全球范围内发动恐袭数量最多的国家,2021年该组织在伊拉克境内共发动了327起恐怖袭击,但袭击数量较上一年(353起)下降了7.4%。[8] 需要指出的是,尽管"伊斯兰国"在伊拉克制造的恐袭数量有所下降,但恐袭致死人数却增加

---

[1] *Global Terrorism Index 2022*, Institute for Economics and Peace, March 2022, p. 16.
[2] Ibid., p. 24.
[3] Ibid., p. 24.
[4] Ibid., p. 24.
[5] Ibid., p. 24.
[6] Ibid., p. 19.
[7] Ibid., p. 21.
[8] Ibid., p. 16.

了9%，表明伊拉克国内恐袭致死率有所增加。2021年该组织在伊拉克制造的恐怖袭击平均造成1.14人死亡，较上一年（0.98人死亡）增加了16%。① 在袭击目标上，军队是伊拉克境内恐怖组织最主要的攻击目标，2021年针对伊拉克军队的恐袭数量较上一年增加了60%，恐袭导致的军事人员死亡数量占全年恐袭致死人数的43%；恐怖袭击导致的平民死亡人数从2020年的127人增至163人，增幅达28%。② 在地区分布上，2021年伊拉克国内19个省份中的18个均发生了恐怖袭击事件，其中，迪亚拉省、萨拉赫丁省、塔米姆省三个省份遭受的恐袭事件数量占比高达48%。在威胁来源上，"伊斯兰国"仍是伊拉克国内最主要的恐怖主义威胁，2021年该组织在伊拉克境内发动的恐怖袭击共造成327人死亡，占该国恐袭致死人数的71%。③ 2021年7月19日，"伊斯兰国"对伊拉克巴格达省萨德尔市什叶派人口聚集的乌海拉特市场发动炸弹袭击，造成35名平民死亡、至少60人受伤，成为该国当年最严重的一起恐怖袭击事件。

（二）西亚地区反恐面临新挑战

随着叙利亚战场局势的缓和，以"沙姆解放组织"（Hay'at Tahrir al-Sham）为代表的恐怖组织适时调整策略，谋求通过"政治转型"参与叙利亚战后秩序重建，地区反恐格局出现了新变化。

首先，加速"去基地化"和"本土化"的形象重塑。"沙姆解放组织"自成立以来，逐渐从跨国"圣战"运动转变为扎根叙利亚本土的极端武装，呈现"去基地化"和"本土化"的特征。其中，"去基地化"表现为该组织通过与"基地"组织公开决裂摆脱恐怖组织标签，以躲避国际反恐力量的打击；"本土化"表现为该组织强调其政治目标限定于叙利亚本土，压制或驱逐组织内部反对其转型的强硬派和非叙利亚籍成员，借此同叙反对派武装结成更广泛联盟以强化自身合法性。

其次，利用俄土分歧加快自身转型。俄罗斯和土耳其都将"沙姆解放组织"列为恐怖组织，俄罗斯坚决打击"沙姆解放组织"，土耳其因担忧军事打击该组织会付出高昂代价而对其态度暧昧。俄土两国在对待"沙姆解放组织"的态度分歧，成为《索契备忘录》停火协议执行的障碍，但却

---

① *Global Terrorism Index 2022*, Institute for Economics and Peace, March 2022, p. 41.
② Ibid., p. 21.
③ Ibid., p. 21.

被该组织视为自身转型的动力。一方面,"沙姆解放组织"加强与土耳其支持的叙利亚反对派的安全合作;另一方面,该组织领导层配合土耳其的军事行动,不断压制组织内部对其与土耳其和解的反对声。尽管土耳其官方将"沙姆解放组织"列为恐怖组织,但很大程度上仍默许该组织对伊德利卜省的控制权,以此在叙北部建立缓冲带。

再次,淡化意识形态以巩固地方权力。为争取伊德利卜省民众支持,"沙姆解放组织"在当地实行叙反对派实施的相对温和的《统一阿拉伯法》,而非严格的伊斯兰教法,并允许西方国家人道主义援助进入当地,以缓解当地经济社会压力。"沙姆解放组织"在意识形态上的妥协和政治上的务实态度,为其在伊德利卜实行统治奠定了民意基础,通过巩固权力与合法性进而获得国际社会承认,本质上是将获得地方权力和控制权作为优先于意识形态的一种政治策略。

最后,美国是"沙姆解放组织"所谓政治转型的幕后推手。2020年1月,总部位于布鲁塞尔、与拜登政府和北约关系密切的智库"国际危机组织"对"沙姆解放组织"头目阿布·穆罕默德·朱拉尼(Abu Mohammad al-Jolani)进行了数小时专访,专访实际上由华盛顿保守智库"新线战略政策研究所"成员推动,并受到"人权观察"组织的积极呼应。[①] 2021年2月,"国际危机组织"发表报告,试图说服美国政策制定者将"沙姆解放组织"从美国国务院恐怖组织名单中除名。同年6月,美国公共电视网(PBS)播出对"沙姆解放组织"头目朱拉尼的专访。身着西装接受访问的朱拉尼强调,该组织不会对美国本土构成威胁,极力向西方观众兜售自己的政治主张,称推翻巴沙尔政权是他的"圣战兄弟"和华盛顿的共同目标。[②] 美国正是"沙姆解放组织"所谓"正常化""合法化"形象重塑和"政治转型"的幕后推手。

"沙姆解放组织"专注于对抗巴沙尔政权、强化伊德利卜当地治理、

---

① Ben Norton and Max Blumenthal, "How Washington Is Positioning Syrian Al-Qaeda's Founder as Its 'Asset'," *The Grayzone*, June 9, 2021, https://thegrayzone.com/2021/06/09/washington-positioning-syrian-al-qaeda-mohammad-jolani-asset/.

② Priyanka Boghani, "Syrian Militant and Former Al Qaeda Leader Seeks Wider Acceptance in First Interview with U. S. Journalist," *PBS*, April 2, 2021, https://www.pbs.org/wgbh/frontline/article/abu-mohammad-al-jolani-interview-hayat-tahrir-al-sham-syria-al-qaeda/; "The Frontline Interview: Abu Mohammad al-Jolani," *PBS*, February 2021, https://www.pbs.org/wgbh/frontline/interview/abu-mohammad-al-jolani/.

压制其反对者、为亟需援助的民众寻求外部人道主义支持，但政治实用主义无法掩盖其恐怖组织的本质。首先，"沙姆解放组织"虽宣称与"基地"组织决裂，但并未驱逐内部所有同"基地"组织存在联系的强硬派人士，且自成立以来组织领导层未发生显著变化。其次，尽管该组织的宗教政策有所软化，如不强迫伊德利卜当地妇女佩戴面纱，但仍在包括学校在内的公共场所强制实行性别隔离制度，经常发表含有宗派主义内容的言论。再次，该组织对俄罗斯在叙利亚的赫梅米姆空军基地多次发动火箭弹或无人机袭击、绑架和杀害当地平民、制造自杀式炸弹袭击，行为具有典型的恐怖主义特征。最后，该组织未同叙利亚当地恐怖组织进行彻底切割，对打击和限制跨国"圣战"分子在当地活动态度暧昧。

总的来看，"沙姆解放组织"的"政治转型"或是源于外部军事压力而进行的战术性调整，体现了其扎根叙利亚当地社会、同外部力量进行谈判以换取生存空间的战略意图。该组织在解决叙利亚危机问题上立场模糊，迄今未推出明确的政治议程，"政治转型"的真实意图仍值得怀疑，并受到美国方面的支持。在美国反恐战略从境外转向境内、在中东实行战略收缩的背景下，"沙姆解放组织"更像是美国在叙利亚布下的一颗棋子，西亚地区反恐形势正面临新的变数，地区国家反恐面临新的挑战。

2021年北非地区形势

赵 军[*]

【摘　要】
　　2021年北非地区的政治实践突出表现为政治的相对稳定与动荡、威权政治回流迹象明显以及温和伊斯兰势力此消彼长。北非地区经济形势总体较2020年有所好转，主要得益于国际能源价格暴涨、旅游业复苏、国际贸易以及侨汇收入等，但各经济体的沉重外债、社会抗议、政治动荡以及高企不下的失业率等问题严重制约经济的进一步复苏与发展，而政治变化、经济发展有限、社会危机重重以及新冠肺炎疫情等多变量叠加，使得北非地区国家安全形势并不乐观，各类不稳定因素持续侵蚀政治和社会稳定。中短期内，北非地区难以发展成为政治稳定、经济繁荣和社会安定的新兴地区。

【关键词】　北非地区　政治变化　经济恢复　安全挑战

　　中东变局过去的十多年中，北非国家发生的若干重大事件重新定义了这一地区，但十余年前剧烈变革引发的政治动荡和社会激变，其大部分根源问题至今并未得到有效解决。2021年政治转型、经济改革、社会变迁和安全挑战等仍是该地区国家转型期间需要应对的主要议题。

一、转型政治的变化

　　中东变局之前，威权政治系统地解释了该地区的政治现象。在后中东

---

[*] 赵军，上海外国语大学中东研究所副教授。

变局时期，北非地区政治变得更为复杂纷乱，各类矛盾交织相错，互相激荡，大体表现为：世俗政治与宗教力量之间的多变关系，威权政治与民主力量的持续张力，集权与分权之间的明争暗斗，军政权与文官政府之间的矛盾与妥协，极端主义与"去极端化"之间对抗等等。近些年来，北非地区的政治实践始终不同程度地彰显着上述镜像的不同剖面，2021年则突出表现为政局的相对稳定与制度性危机、威权主义回归的倾向和政治伊斯兰势力此消彼长等主要特征。

第一，政局稳定与动荡并存。埃及和摩洛哥两国政局稳定，阿尔及利亚政局则先抑后扬，从危机逐渐走向稳定。2021年1月，埃及新议会的顺利运转强化了塞西政权的持续稳定，政治反对派力量更趋弱势，反对党联合起来也无法通过合法程序来制约政府决策和立法通过。埃及政治稳定的另一重要标志是，2021年10月25日埃及总统塞西宣布解除全国紧急状态（除北西奈地区）。① 此外，埃及同中国、美国、俄罗斯和欧盟等大国或集团保持着相对稳定的政治合作关系，有效防止了周边不稳定因素冲击国内政治。摩洛哥的政局稳定一方面表现为国王及其内阁在政治决策中保持有效的核心地位，另一方面表现为9月顺利举行了议会和地方选举，全国自由人士联盟（Rassemblement National des Independants, RNI）大败议会多数党公正与发展党（Parti de la Justice et du Développement, PJD），阿赫努什（Aziz Akhannouch）联合其他政党顺利组阁。阿尔及利亚政局逐渐走向稳定的标志是2021年"希拉克运动"（Hirak）的停止和特本新政权一系列的政治承诺与政策落地。2020年11月阿举行新宪法公投，2021年2月特本总统解散国民议会，6月和11月分别举行了国民议会（众议院）和地方议会选举，尤其是地方议会选举如期进行，奠定了政局稳定的广泛社会基础，也被认为是阿国政治转型的重要一步。②

与上述三国相比，2021年突尼斯、苏丹和利比亚等国的政局不容乐观。突尼斯遭遇了中东变局后的最大政治危机。5月突尼斯议会通过的

---

① 1958年的《紧急状态法》赋予安全部队广泛而不受约束的权力，包括拘留嫌疑人和持不同政见者、监控私人通信、禁止集会和疏散地区以及没收财产等，所有这些都不受司法监督。自1981年以来，埃及一直处于紧急状态，除了2012年年中至2017年年中之间的中断期。这是自2017年4月宣布全国进入紧急状态后，首次宣布解除紧急状态。

② Zine Labidine Ghebouli, "The Post – Hirak Presidencey: Tebboune's Promises and Achievements Two Years On," Middle East Institute, December 13, 2021, https://www.mei.edu/publications/post – hirak – presidency – tebbounes – promises – and – achievements – two – years.

《宪法法院法（草案）》①挑战总统权力，导致 7 月总统凯斯·赛义德宣布解除总理迈希希及多名内阁部长职务，②并暂停议会活动，同时全国实施宵禁。赛义德总统的系列举措不仅遭到政治反对派的抨击，也受到广泛的社会诟病。9 月在未经议会批准的情况下，赛义德总统任命的新总理鲁姆宣誓就职并重新组阁。尽管新政府承诺解决该国的经济困难并打击腐败，赛义德则计划 2022 年 7 月举行宪法公投和 12 月举行议会选举。这种承诺和计划不仅难以平息民众抗议，还为未来突尼斯政局埋下定时炸弹。苏丹政局的不稳定性根源于现政权的过渡性、各派政治势力的分歧以及军方主导政权，且军政关系始终存在张力。自由与变革力量（包括抵抗委员会、民间社会组织和妇女团体内的政党和协会等）和苏丹军方（主权委员会主席）之间的角力主导着苏丹政局。2021 年自由派过渡政府总理哈姆杜克（Abdallah Hamdok）反复表示，苏丹应当按照宪法要求完成军事体制改革、实现军队结构统一化，强调军政合作对实现过渡目标的重要性。苏丹主权委员会主席布尔汉却指责总理及其主持的过渡政府的上述主张是谋取私利，忽视公共福利。2021 年下半年，在军方和文职政府之间数周的紧张关系之后，布尔汉对文官政府及其支持力量发动突袭。9 月苏丹军方拘留 21 名企图发动政变的军官，10 月逮捕总理哈姆杜克及其内阁成员和大量亲政府政党领导人。11 月布尔汉宣布成立新一届过渡主权委员会，自任委员会主席。尽管哈姆杜克 11 月下旬恢复总理职务，并与主权委员会主席布尔汉会面后签署和解协议。③但 2022 年 1 月 2 日，随着哈姆杜克总理的再次辞职，苏丹政治危机再次爆发。2021 年利比亚政局动荡不止，军阀依旧盘踞各地，各类武装混战此起彼伏，和解仍然遥遥无期。5 月和 6 月举行的两场政治对话，随着 9 月 21 日利比亚国民代表大会通过投票撤回对民族团结政府信任的表决通过，标志着以往的所有政治和解努力归零，未来利比亚

---

① 突尼斯代理司法部长哈斯那表示，修改《宪法法院法》不仅为了解决政治纠纷，也是出于国家利益需要。根据突尼斯宪法第 101 条，宪法法院可以对国家元首（总统）和政府首脑（总理）之间的冲突做出裁决。

② 7 月 26 日，赛义德宣布解除国防部长和司法部长职务；7 月 29 日，赛义德任命加尔萨拉维为新内政部长；8 月 18 日，赛义德任命萨米·希齐里（Sami Hichri）为国家安全局局长、乔克里·里亚希为国民警卫队司令；9 月 29 日，突尼斯总统府发表声明称，赛义德总统已任命娜杰拉·布登·鲁姆赞为新总理。

③ 协议规定：哈姆杜克将继续出任过渡政府总理，双方结束对峙状态；以 2020 年宪法修正案为基本依据完成政治过渡；"互相信任的军民过渡伙伴关系"是苏丹安全稳定的前提和保障，以此为基础建立国家文职政府；过渡主权委员会不干涉政府执政等。

政治重建将陷入更大的不确定性，12月24日的既定总统大选无限期推迟即是明证。

第二，威权主义继续回潮。埃及在中东变局后建立了超级总统制的威权主义政权，并使政局稳定，如今成为北非国家的重要效仿对象。这在2021年突尼斯和苏丹政局变动中表现较为明显。突尼斯总统亲自操盘的"政变"、苏丹主权委员会的政治突袭等，无一不是朝向威权主义方向进发。突尼斯经常被誉为中东变局的所谓成功模式，但2021年正面临着自中东变局以来最大的政治危机。代表不同政治权力的总统、政府和议会之间争斗爆发，并显示出一种新威权主义的迹象。在总统赛义德、议长加努希和总理梅奇奇等三方角力中，总统最终胜出。2021年7月25日赛义德暂停议会，通过激活突尼斯宪法第80条①控制所有权力并解散政府。显然，赛义德的权力攫取引向宪法公投，试图将政治制度从议会模式转变为总统模式，最终将权力集中在自己手中。苏丹主权委员会主席布尔汉解散了临时政府和过渡主权委员会，软禁了总理哈姆杜克，宣布进入紧急状态，并暂停了军民权力分享的宪法安排，尽管之后军政握手言和，解除紧急状态，但在此过程中人们所见的事实莫过于军方权力高于一切的威权性现实，这也导致现行过渡政权的可持续性值得怀疑。

第三，政治伊斯兰力量此消彼长。继埃及穆兄会被赶出主流政治后，国内其他政治伊斯兰力量也继续被边缘化，如光明党在议会中仅作为政治多元的装饰品。苏丹伊斯兰政党国民大会党随着巴希尔政权的倒台而灰飞烟灭，尽管伊斯兰人员仍然活跃在军队、安全部门和公务员队伍中，但其政治前途和再次当政的机会已经微乎其微了。② 2021年摩洛哥政治伊斯兰力量遭遇大溃败，公正与发展党失去了90%的议席，仅赢得9个议席和4个地方席位，成为中东地区首个被民主选举赶下台的伊斯兰政党。突尼斯的复兴党在领导人加努希领导下实施的渗透战略，成功渗入了几乎所有的国家机构，但在2021年的政治危机中，复兴党遭遇大败，其控制的议会遭到解散，内部也陷入严重分裂，尤其是9月113名骨干辞职，更被认为是

---

① 第80条规定，"在危及国家完整、安全或独立的紧迫危险和妨碍机构正常运作的情况下，共和国总统可以采取例外状态所要求的措施……"。

② Munzoul A. M. Assal, "Sudan's Popular Uprising and the Demise of Islamism," Bergen: Chr. Michelsen Institute, *CMI Brief No. 2019*, https://www.cmi.no/publications/7062 - sudans - popular - uprising - and - the - demise - of - islamism。

"阿拉伯世界政治伊斯兰的终结"①。

值得注意的是,阿尔及利亚和利比亚两国的政治伊斯兰力量出现了另一番景象。在经历长时期的边缘地位后,阿尔及利亚最大的伊斯兰政党"争取和平社会运动"(Movement of Society for Peace,MSP)在2021年议会选举中,赢得65个议席,比2017年增加了31个席位,成为议会第二大党。②正义与发展阵线(Justice and Development Front)和新晨礼党(New Fajr Party)两个伊斯兰政党分别获得两个议席,而声称不关心政治的"宣教萨拉菲党"③(Dawa Salafiya)的群众基础十分广泛。④在利比亚的权力分割中,政治伊斯兰势力⑤虽然并非一个独立存在的政治实体,但它们始终与武装团体有着紧密的军事结合。其中,萨拉菲派实力较强。在西部,萨拉菲派民兵是纪律最严明、装备最精良的部队之一,在的黎波里和其他主要城市的安全和治安方面发挥了主导作用。在东部,萨拉菲派武装民兵是利比亚国民军的主要力量。有学者认为,萨拉菲派一旦克服东西方的分歧,他们就有足够的军事力量来控制利比亚。⑥此外,穆兄会及其盟友尽管在的黎波里失去了以往的重要政治影响力,但亲穆兄弟会民兵在西部的存在不容小觑,如12月16日,亲穆兄会民兵组织"坚强旅"武装占领了位于首都的黎波里的民族团结政府总部和国防部大楼。

---

① Hanen Jebli, "Tunisia's Ennahda Party Shaken by Resignations, Political Crisis," Al-Monitor, October 7, 2021, https://www.al-monitor.com/originals/2021/10/tunisias-ennahda-party-shaken-resignations-political-crisis.

② Secretariat General du Gouvernement, Journal Officiel de la Republique Algerienne, No. 51, June 29, 2021, https://www.joradp.dz/FTP/jo-francais/2021/F2021051.pdf.

③ 该政党无意挑战现政权,不参加反政府抗议运动,同时拒绝民主和西方的影响。

④ Anthony Skinner, "Algeira's Islamist Parties Failing to Inspire," Al-Monitor, March 10, 2021, https://www.al-monitor.com/originals/2021/03/algeria-islamist-parties-failing-inspire.html.

⑤ 利比亚的伊斯兰主义者因意识形态和地理而分裂,目前至少有4个主要的伊斯兰主义者团体:包括穆斯林兄弟会在内的主流伊斯兰政党和民兵(该派试图在的黎波里的民族和解政府中获得影响力)、在西部与GNA结盟的萨拉菲派民兵和政党、东部萨拉菲派武装分子(该派与利比亚国民军和托布鲁克的竞争对手政府结盟)以及包括"基地"组织和"伊斯兰国"分支机构的"圣战"分子。

⑥ Karim Mezran, "Libya 2021: Islamists, Salafis & Jihadis," Wilson Center, March 17, 2021, https://www.wilsoncenter.org/article/libya-2021-islamists-salafis-jihadis.

二、恢复中的脆弱经济

中东变局迫使北非国家进行经济改革，但迄今为止取得的切实成果相对有限，在全球中的可持续性竞争力较弱，中短期内北非经济体发展成为新兴经济体的可能性微乎其微（见表1）。在经历新冠肺炎疫情、油价暴跌和旅游业急剧萎缩等冲击后，2020年北非地区经济更是雪上加霜，国内生产总值实际增长率基本为-1.1%。[①] 2021年北非经济体尽管受到政局不稳、社会动荡、新冠肺炎疫情持续蔓延等因素的影响，但由于国际能源价格回升、旅游业逐渐复苏以及政府采取多种措施恢复经济，使得各经济体的国内生产总值、通货膨胀率、国际收支以及财政指标等宏观经济指标较2020年都有一定程度的好转。

表1 2021年北非国家全球经济可持续竞争力和治理能力

类别 国家	可持续竞争力 排名	可持续竞争力 得分	治理能力 排名	治理能力 得分
埃及	131	41	50	57.4
阿尔及利亚	144	39.6	113	49
苏丹	172	36.3	168	37
突尼斯	128	41.4	111	49.6
摩洛哥	103	43.1	91	52.3
利比亚	177	35.4	172	36.1

资料来源：Sol Ability, *The Global Sustainable Competitiveness Index* (2021), https://solability.com/the-global-sustainable-competitiveness-index/the-index. 说明：1. 全球180个国家参与排名；2. 指标总分为100分，得分越高表明亮相能力越强。

[①] "North Africa Economic Outlook 2021: Growth Expected to Recover to Pre-Pandemic Levels on Rebound in Oil, Vaccines and Trade," African Development Bank Group, November 5, 2021, https://www.afdb.org/en/news-and-events/press-releases/north-africa-economic-outlook-2021-growth-expected-recover-pre-pandemic-levels-rebound-oil-vaccines-and-trade-46601.

2021年埃及是北非地区经济恢复最快的经济体，全年保持较好发展态势。2021年第一至三季度的GDP增长率分别为2.9%[1]、7.2%[2]和9.8%[3]，第四季度增长率预计在6%-7%。[4]埃及国内生产总值的快速恢复得益于五个方面：一是埃及出口贸易额实现历史新高，2021年前10个月的出口值增长41.6%，创下新的纪录，为337亿美元；二是净国际储备金增长了2%，到2021年12月末达到409亿美元；三是侨汇收入增长了12.9%，创下了本财年工人汇款的最高值，为314亿美元；四是苏伊士运河收入创历史新高，尽管受到"长赐号"巨轮堵塞的影响，但收入增长了12.5%，从2020年的56亿美元增加到2021年的63亿美元；五是财政赤字下降。2020/2021财年财政总赤字GDP占比下降了0.6个百分点，为7.4%。[5]需要指出的是，高负债和高失业率对埃及经济发展有着重要制约：一是高负债率。2021年，埃及的国家债务总额高达约3700亿美元，而外债高达1370亿美元（2017年至2020年间增长了100%）。预计到2026年，债务总额将增至5570亿美元。2021年，埃及的债务与GDP之比在189个国家中排名第158位，人均债务排名第100位。[6]二是高失业率。根据埃及中央公共动员和统计局（CAPMAS）的数据，2021年第一至四季度失业率分别是7.4%、7.3%、7.5%和7.4%，尤其是15-29岁青年人

---

[1] "Egypt Records GDP of 3.3% During 2020-2021: Planning Minister," *Egypt Today*, September 2, 2021, https://www.egypttoday.com/Article/3/107483/Egypt-records-GDP-of-3-3-during-2020-21-Planning.

[2] "Egypt Economy Grows at Fastest Pace in 2 Decades in 1Q," Enterprise, *The State of the Nation*, November 25, 2021, https://enterprise.press/stories/2021/11/25/egypt-economy-grows-at-fastest-pace-in-2-decades-in-1q-58999/.

[3] "Egypt's Economy Grew by 9.8% in Q1 FY 2021-22 - Cabinet," Reuters, November 24, 2021, https://www.reuters.com/markets/rates-bonds/algerias-economy-is-gradually-recovering-covid-19-oil-shocks-imf-2021-11-22/.

[4] "GDP Could Grow 6%-7% This Quarter - EL Said," *Enterprise*, December 15, 2021, https://enterprise.press/stories/2021/12/15/gdp-could-grow-6-7-this-quarter-el-said-60737/.

[5] 《埃及经济于2021年继续保持强劲表现》，埃及国家信息服务中心，2022年1月22日，https://www.sis.gov.eg/Story/126516/%E5%9F%83%E5%8F%8A%E7%BB%8F%E6%B5%8E%E4%BA%8E-2021-%E5%B9%B4%E7%BB%A7%E7%BB%AD%E4%BF%9D%E6%8C%81%E5%BC%BA%E5%8A%B2%E8%A1%A8%E7%8E%B0?lang=zh-cn。

[6] Robert Springborg, "Follow the Money to the Truth about Al-Sisi's Egypt," *Project on Middle East Democracy*, January 7, 2021, https://pomed.org/wp-content/uploads/2022/01/2022_01_Final_SpringborgSnapshot.pdf.

失业率高企不下,如 2021 年第一和第二季度失业率分别为 62.4%和 68.4%。①

突尼斯遭受了多年的经济困境,新冠肺炎疫情使其雪上加霜。失业率从 2020 年第一季度的 15%上升到 2021 年第一季度的 17.8%,② 2021 年外债的 GDP 占比为 100%。③ 突尼斯央行公布的数据显示,截至 7 月底,突尼斯 2021 年上半年财政赤字同比下降近 46%,旅游业收入同比上涨 12%,外汇交易额同比增幅为 3%,但外汇储备同比下降 9.33%。④ 贫困率在一年内从 14%增加到 21%。⑤ 摩洛哥在贸易与农业走强、旅游收入渐增以及海外侨汇增加的支撑下,经济开始反弹。2021 年第一季度 GDP 得益于农业生产恢复以及非农业部门萎缩速度放缓(-1.4%,上一季度为-5.5%),特别是酒店和餐馆(-50.3%,上一季度为-57.1%)和运输服务(-10.9%,上一季度为-18.6%)增加实际增长 1%,⑥ 第二季度增长 15.2%,得益于农业(18.6%,第一季度为 20.5%)和非农业活动(14.8%,第一季度为-1.4%)的强劲表现,特别是酒店和餐馆(82.1%,第一季度为-50.3%)和运输服务(42.5%,第一季度为-10.9%)。第三季度增长 7.8%,非农业部门为主要贡献者,特别是酒店和餐馆(70.2%)。运输服务(13.7%)、贸易(12%)、建筑业(17.6%)、采矿业(5.6%)和制造业(4%)对 GDP 也有重大贡献。⑦ 截至 2021 年

---

① "Egypt's Unemployment Rate Hits 7.3% in Q2 of 2021: CAPMAS," *Egypt Today*, August 15, 2021, https://www.egypttoday.com/Article/3/106916/Egypt-s-unemployment-rate-records-7-3-in-Q2-of; "Egypt's Unemployment Rate Hits 7.4% in Q4 of 2021: CAPMAS," *Egypt Today*, February 15, 2022, https://www.egypttoday.com/Article/3/112932/Egypt-s-unemployment-rate-hits-7-4-in-Q4-of.

② Manel Dridi, "Tunisia Facing Increasing Poverty and Regional Inequalities," Carnegie Endowment for International Peace, October 26, 2021, https://carnegieendowment.org/sada/85654.

③ "Tunisia to Borrow \$ 7bn More in 2022," *Africa News*, December 29, 2021, https://www.africanews.com/2021/12/29/tunisia-to-borrow-7-bn-more-in-2022/.

④ 《阿拉伯国家改革发展动态 第十一期》,上海外国语大学,2021 年 8 月 18 日,http://carc.shisu.edu.cn/36/d9/c7780a145113/page.htm。

⑤ Tarek Amara, "Update2 - Tunisia Cuts 2021 Growth Forecast to 2.6%, Fiscal Deficit to Reach 8.3%," Reuters, November 18, https://www.reuters.com/article/tunisia-economy-idUSL1N2S81XO.

⑥ "Morocco Economic Update—October 2021," World Bank, October 7, 2021, https://www-worldbank-org.translate.goog/en/country/morocco/publication/economic-update-october-2021?_x_tr_sl=en&xtrtl=zh-CN_xtrhl=zh-CN&xtrpto=sc.

⑦ "Morocco GDP Annual Growth Rate," *Trading Economics*, https://tradingeconomics.com/morocco/gdp-growth-annual.

11月底，摩洛哥国家储备金达354.5亿美元，同比上涨10.5%。① 2021年摩洛哥贸易逆差继续，约为192亿美元，而失业率仍然畸高，四个季度分别为11.9%、12.5%、12.8%和11.8%。②

2021年阿尔及利亚继续寻求使其经济多样化目标。4月阿尔及利亚启动非能源产业经济复苏计划。9月阿尔及利亚国民议会通过金融体系发展的政府工作计划。2021年底，阿政府又启动了"政府行动计划"。上述系列经济改革政策落地和国际能源价格大涨推动了阿尔及利亚经济利好。2021年第一季度实际GDP同比增长2.3%。1月至5月，阿尔及利亚的贸易逆差下降了68%（13亿美元），而石油和天然气出口收入同期增长了32.7%。外部经常账户余额在2021年前6个月显著改善，此前2020年明显恶化。③ 1-6月GDP大幅增长4.2%。④ 需要指出的是，制约阿尔及利亚经济发展的多种因素并未消除，包括社会高度不稳定、广泛的财政赤字、不太稳定的账户储备和有限的财政改革。

2020年6月至2021年9月，苏丹过渡政府力推实现国内和平与消除经济扭曲并稳定经济的改革计划。在国际货币基金组织严格监督下，苏丹过渡政府在改革方面建立了良好的记录，例如减少零售汽油和柴油补贴以及浮动汇率。2021年10月政变严重削弱本已十分脆弱的经济。世界银行估算数据显示，2021年GDP增长率为0.7%，预算结余下降2.0%，经常账户余额下降11%，公共债务GDP占比为242%。⑤ 苏丹中央统计局公布的数据显示，该国已处于严重经济危机之中，2021年整体平均通胀率为359.09%（2020年为163.26%），⑥ 18个州中有5个州的通货膨胀率呈上

---

① http：//carc.shisu.edu.cn/47/18/c7780a149272/page.htm.
② "Morocco Unemployment Rate," *Trading Economics*, https：//tradingeconomics.com/morocco/unemployment-rate.
③ "IMF Executive Board Concludes 2021 Article IV Consultation with Algeria," IMF, November 22, 2021, https：//www.imf.org/en/News/Articles/2021/11/19/pr21341-algeria-imf-executive-board-concludes-2021-article-iv-consultation-with-algeria.
④ "Algeria's Economic Growth Rebounds to 4.2% in H1 2021," *APS Online*, November 16, 2021, https：//www.aps.dz/en/economy/41722-algeria-s-economic-growth-rebounds-to-4-2-in-h1-2021.
⑤ "Sudan：Major Macro Economic Indicators," *Coface for Trade*, https：//www.coface.com/Economic-Studies-and-Country-Risks/Sudan.
⑥ Ahmad Elhamy, "Sudan's Inflation Accelerates to 359.09% in 2021," Reuters, January 17, 2022, https：//www.reuters.com/article/sudan-economy-inflation-idUSKBN2JQ0CH.

升态势，其中加达里夫州的通货膨胀率最高，为977.01%。①2021年苏丹过渡政府成功地争取减免债务和吸引外国资金。6月国际货币基金组织和世界银行将苏丹的债务从约560亿美元减少到280亿美元。②7月苏丹获得巴黎俱乐部22国140亿美元债务减免。③

由于国际能源价格暴涨，2021年利比亚石油出口收入激增使得GDP增长42%（2020年GDP增长率为-60.3%）。④据利比亚中央银行公布数据显示，2021年利比亚国内生产总值约为229亿美元，其中石油收入为223.9亿美元，占利比亚国家收入的97%。利比亚总体收支略显失衡，政府总支出为245亿美元，16亿美元的赤字由中央政府通过其储备金弥补。其中，公共服务工资支出占39%，公共补贴支出占24%（主要包括燃料补贴、药品补贴、婚姻津贴和儿童津贴，其中燃料补贴约占50%），发展支出约占20%，经常性支出约占9%，"紧急情况"支出约6.3%。⑤但也应该看到，利比亚非能源产业的创收微乎其微，这也是该国长时期失业率高企不下的重要原因。

三、总体安全面临多重挑战

中东变局使得北非国家安全治理能力总体下降，加之长期经济不景气导致社会动荡以及新冠肺炎疫情持续蔓延，2021年北非地区面临的公共安全形势依然严峻。

（一）国家总体脆弱，安全受到多重挑战

《全球国家脆弱指数》（2021）显示，北非国家脆弱度相对较高，尤其

---

① "Sudan Inflation Slows to 387.56% in August," Reuters, September 14, 2021, https://www.reuters.com/world/africa/sudan-inflation-slows-38756-august-2021-09-14/.
② "Sudan," International Monetary Fund, https://www.imf.org/en/Countries/SDN.
③ "Sudan Gets $ 14bn in Debt Relief from Paris Club," Aljazeera, July 16, 2021, https://www.aljazeera.com/economy/2021/7/16/sudan-gets-14bn-in-debt-relief-from-paris-club.
④ "Libyan Economy Set to Strengthen Further in 2022 from a Low Base," Fitch Solutions, June 26, 2021, https://www.fitchsolutions.com/country-risk/libyan-economy-set-strengthen-further-2022-low-base-26-06-2021.
⑤ "Oil Revenues Made up 97% of Libyan State Revenues in 2021," Econostrum, January 6, 2022, https://en.econostrum.info/Oil-revenues-made-up-97-of-Libyan-state-revenues-in-2021_a1217.html.

是政治安全领域更为明显,多数国家安全稳定性不高(见表2)。在冲突指数(安全机构、精英层分裂度、民众不满意度)、经济指数(经济收入、经济不平等、人员外逃和外流)和政治指数(政府合法性、公共服务、人口压力、难民和流离失所者、外部干涉)等三类指标中,苏丹在安全机构、精英层分裂度、民众不满、经济收入、人员外流和外逃、政府合法性、人口压力、人权、公共服务、难民以及外部干涉等绝大多数指标显示出高度脆弱性。利比亚高度脆弱领域包括安全机构、精英层分裂、经济收入、政府合法性、人权和外来干涉。埃及高度脆弱领域包括精英层分裂、民众不满、政府合法性、人权等。阿尔及利亚高度脆弱性领域主要是精英层分裂和政府合法性问题。摩洛哥较高脆弱性领域是民众不满和人员流失。突尼斯较高脆弱性领域主要是安全机构冲突、精英层分裂、民众不满以及经济收入。

表2　北非国家在2021年全球国家脆弱与安全指数排名一览表

国家 项目名称	苏丹	埃及	阿尔及利亚	摩洛哥	突尼斯	利比亚
脆弱指数得分	105.2	85.0	73.6	71.5	69.2	97.0
安全指数得分	8.10	7.60	6.00	4.90	7.10	9.60
脆弱指数排名/总数	8/180	39/180	74/180	83/180	94/180	17/180
安全指数排名/总数	19/174	28/174	70/174	104/174	38/174	2/174

资料来源:"Fragile States Index 2021," The Fund for Peace, https://fragilestatesindex.org/excel/.

注:脆弱指数共有12项指标,每项指标分值10分,总分为120分,每项得分越高表示该项越脆弱,总分越高表示该国整体越脆弱;"Security Threat Index – Country Rankings (2021)," Globaleconomy, https://www.theglobaleconomy.com/rankings/security_threats_index/.

注:安全指数在0-10区间,得分越高表明越不安全。

(二)新冠肺炎疫情持续恶化,造成重大人员死亡

北非地区国家公共医疗基础设施相对落后,医疗资源和服务严重不足。2021年《全球健康安全指数》显示,埃及、利比亚、阿尔及利亚、摩洛哥、苏丹、突尼斯6国在疾病预防、检测、处理能力、健康容量(诊所、医院及社区医疗中心等)、标准、风险地指标在全球195个国家和地区中处于中等偏下水平(见表3)。2021年新冠肺炎疫情仍是北非国家公共卫生安全的主要威胁,加之防疫抗疫政策宽松、疫苗接种率普遍偏低,防疫抗疫效果相对有限,直接造成的感染和死亡人数仍然触目惊心(见表4)。

表3 2021年全球卫生健康安全指数排名

国家	埃及	利比亚	突尼斯	摩洛哥	阿尔及利亚	苏丹
指数得分	28.0	25.3	31.5	33.6	26.2	28.3
全球排名	153/195	172/195	123/195	108/195	165/195	152/195

资料来源:2021 Global Health Security Index, https://www.ghsindex.org/.

注:共有195个国家和地区参与排名,总分100分,健康安全由低到高共分五个等级0.0 - 20.0、20.1 - 40.0、40.1 - 60.0、60.1 - 80.0、80.1 - 100.0。

表4 北非国家新冠肺炎感染与死亡人数一览表

国家	截止日期	感染人数	死亡人数
埃及	2022年2月11日	446308	23110
阿尔及利亚	2022年2月12日	260191	6690
利比亚	2022年2月12日	463321	6107
摩洛哥	2022年2月12日	1151081	15698
苏丹	2022年2月12日	59525	3764
突尼斯	2022年2月12日	954726	26889

资料来源:World Health Organization, "The Current COVID - 19 Situation," February 12, 2022, https://www.who.int/countries/.

(三)大规模社会抗议持续不断,对社会稳定构成严重挑战

2021年北非国家的社会抗议活动此起彼伏,持续时间长,抗议原因多样,民众对政府、统治精英及政党的挫败感和不信任则是主要根源所在。突尼斯主要城市7月下旬发生大规模游行示威,抗议政府抗击新冠肺炎疫情不力,缺乏有效措施提振经济并解决失业问题,抗议主要诉求为获得就业机会、改善工作条件和打击侵犯劳工权利的行为。示威者要求解散政府和议会,并在部分地区与警察发生冲突。据突尼斯经济和社会权利观察论坛（FTDES）发布报告称，仅7月就发生975起规模性社会抗议活动，8月共发生442起示威抗议。① 阿尔及利亚、摩洛哥和苏丹与突尼斯情况类似，据"武装冲突与事发地数据库"数据统计，阿尔及利亚全年（2021年1月1日至12月31日）全国共发生1649次和平抗议活动，123起骚乱事件，主要城市至少爆发17次大规模社会抗议或游行示威活动，并同警方和安保人员发生冲突，造成数十人受伤和数百人被捕。摩洛哥发生和平抗议和小规模骚乱共有1639起。苏丹的社会抗议贯穿全年，共发生810起抗议活动，原因多样，主要包括货币贬值、通货膨胀、性别歧视、表达政见、司法腐败等，涉及城市包括阿特巴拉、喀土穆、乌姆杜尔曼、盖济拉、苏丹港等，大量抗议活动期间与强力部门造成冲突，伤亡数百人。②

（四）恐怖主义和极端主义继续威胁国家安全

2021年各类恐怖主义和极端主义活动继续呈下降趋势，但威胁依然不容忽视。有学者指出，将恐怖主义和极端主义概念化界定是一项具有挑战性的任务，而与之抗争显然更加困难。③ 由于很多"恐怖主义和极端主义"的定义往往将叛乱团体认定为"恐怖分子"，使政府难以缓和冲突并与叛乱团体谈判和平解决方案，这也是当前北非国家面临的一个重要困境。依据"武装冲突与事发地数据库"统计，2021年北非地区各类武装暴力活动无论是规模还是袭击次数及人员伤亡，都继续呈下降趋势，但在埃及西奈半岛的北西奈地区恐怖主义和极端主义还较为猖獗，利比亚全境和苏丹的达尔富尔地区的各类武装制造的暴力事件此起彼伏。2021年埃及全年发生遥控炸弹袭击、暴力攻击、战役等极端事件共267起，主要在北西奈地区（阿里什、拉法等地）、开罗、吉尔巴纳、吉萨和坦塔等地，至少造成251人（含极端分子）死亡。利比亚全年仅遥控炸弹爆炸就发生16次，战役43次，共造成至少113人死亡。苏丹发生遥控炸弹袭击11起，造成13人死亡。突尼斯发生11起炸弹袭击事件，造成9人死亡。阿尔及利亚发生7起战役，造成至少14人死亡（含极端分子）。④

---

① 《阿拉伯国家改革发展动态（第十三期）》，上海外国语大学，2021年9月16日，http：//carc. shisu. edu. cn/39/5a/c7780a145754/page. htm。
② "North Africa," ACLED, https：//acleddata. com/data – export – tool/.
③ Basem Aly, "5 Key Security Challenges for North Africa in 2019," Africa Portal, January 10, 2019, https：//www. africaportal. org/features/5 – key – security – challenges – north – africa – 2019/.
④ 本节数据均来自 "North Africa," ACLED, https：//acleddata. com/data – export – tool/。

需要指出的是，2021年极端组织"伊斯兰国"仍是北非地区最为活跃的恐怖组织，主要活跃在埃及西奈半岛地区，在突尼斯和利比亚也有一些零星袭击活动。这些袭击包括轻武器袭击、伏击、路边爆炸、自杀式爆炸、暗杀、绑架和破坏行为。2021年1月至12月初为止，"伊斯兰国"认领的恐怖袭击有9次，造成17人伤亡。11月26日，突尼斯一名男子自称"伊斯兰国"极端分子，高喊"真主至上，你们是异教徒"口号，并在内政部附近袭击警察时被击伤。2021年9月，苏丹安全人员在喀土穆贾布拉区抓捕"伊斯兰国"武装小组的突袭中，有5名反恐人员在冲突中死亡。①

阿尔及利亚境内有若干恐怖集团。最大的存在是在南部沙漠地区以及与突尼斯、利比亚、尼日尔、马里和毛里塔尼亚接壤的地区，恐怖分子也在北部的山区小规模活动。2021年阿尔及尔的主要恐怖主义威胁来自伊斯兰马格里布的"基地"组织（AQ-M）和包括穆拉比通（Al Murabitun）和"伊斯兰国"分支机构（Daesh-affiliates）在内的其他地区伊斯兰组织。2021年5月19日，阿尔及利亚政府将卡比亚自治运动（MAK）②和国外活跃的伊斯兰查德运动（Rachad）③列入恐怖组织名单，这些团体在全国各地都很活跃，包括阿尔及尔和其他主要城市。2021年1月2日，两名士兵在蒂帕萨省进行搜索和扫荡行动时丧生。1月14日，在阿尔及利亚东部的一次路边炸弹袭击中，有5名平民被杀，3人受伤。8月6日，2名士兵在艾因德夫拉省进行搜查和扫荡行动时被简易爆炸装置炸死。10月14日，1名士兵在特莱姆森省进行例行巡逻时被简易爆炸装置炸死。

"伊斯兰国"利比亚分支自2016年1月被赶出苏尔特后，其仍对利比亚安全构成严重威胁。2021年6月7日和14日，"伊斯兰国"声称对利比亚南部费赞省利比亚安全部队的两起炸弹袭击事件负责。这些袭击造成包括1名军官在内的至少4人死亡。8月23日，利比亚中部朱夫拉省的利比亚国民军安全屏障扎拉门（Zala Gate）受到恐怖袭击，有人员伤亡。④ 摩

---

① "Sudan: Five Security Forces Killed in Raid Targeting ISIL Cell," *Aljazeera*, September 28, 2021, https://www.aljazeera.com/news/2021/9/28/five-sudanese-security-forces-killed-in-raid-targeting-isil-cell.
② 该组织于2010年在巴黎成立，作为在卡比利亚地区寻求自决的运动，要求分离卡比利亚地区，并声称组成流亡政府。
③ 该组织于2007年成立，成员包括几位阿尔及利亚反对派人物，其中大多数属于伊斯兰拯救阵线，其最著名的成员是穆罕默德·拉尔比·齐托特和穆拉德·迪纳。
④ "A Terrorist Attack Targets a Security Point in Southern Libya," *Archyde*, August 23, 2021, https://www.archyde.com/a-terrorist-attack-targets-a-security-point-in-southern-libya/.

洛哥自2013年卡萨布兰卡恐袭事件①后，摩政府对"圣战"组织发动了一场无情的战争，并取得了胜利，但没有成功地铲除深深植根于摩洛哥社会的"圣战"组织。2021年2月的一次恐怖主义问题研讨会上，摩洛哥中央调查局（BCIJ）的一位司长称，自2003年以来，摩洛哥已经捣毁了2000多个恐怖组织，逮捕了3535名恐怖分子，挫败了500多次恐怖行动，平均每年挫败111个恐怖组织。到2021年3月，在与摩洛哥南部边境接壤的萨赫勒地区发生了约982起暗杀事件，占该地区犯罪的近40%，并归因于恐怖主义网络。②

（五）边境安全威胁对国际关系安全构成挑战

北非国家边境安全化不仅没有让北非更安全，反而增加了该地区边境不稳定的风险。一方面，移民、武器、毒品、香烟、汽油、食品、纺织品或电子产品等，并形成走私交易网络和庞大的非正规经济。据估计，从利比亚走私到突尼斯的燃料，每年就有1.19亿美元。2021年3月，阿尔及利亚全国法医学及犯罪学研究所发布的报告显示，在2010–2020年的10年间，阿尔及利亚查获了来自摩洛哥的走私大麻树脂有1000多吨;③ 另一方面，领土与资源争端冲突。2020年11月，摩洛哥和波利萨里奥阵线④之间的停火协议破裂，敌对行动重新开始。2021年2月8日，摩洛哥和波利萨里奥阵线发生冲突，4名摩洛哥士兵被杀。5月16日，摩洛哥武装部队与波利萨里奥阵线再次交火，后者两辆汽车和一架无人机被毁。阿尔及利亚廷杜夫的难民营中的年轻人已不再相信外交与政治解决，导致冲突间歇间起。12月13日，2名波利萨里奥阵线武装人员在同摩洛哥武装部队交火中丧生。此外，苏丹与埃塞俄比亚关于法沙卡主权争端在2021年也有所激化，埃及、苏丹与埃塞俄比亚围绕复兴大坝建设的争端仍在角力之中。

---

① 2003年5月16日，卡萨布兰卡恐怖袭击事件造成45人死亡，数十人受伤。
② Jacques Neriah, "Morocco's Battle against Islamic Jihadi Terrorism," *Jewish News Syndicate*, May 9, 2021, https://www.jns.org/opinion/moroccos-battle-against-islamic-jihadi-terrorism/.
③ 《阿拉伯国家改革发展动态（第一期）》，上海外国语大学，2021年3月7日，http://carc.shisu.edu.cn/20/96/c7780a139414/page.htm。
④ 摩洛哥认为波利萨里奥阵线是一个分离主义组织，后者将自己视为一个民族解放运动。

四、结　语

　　2021 年北非地区的政治变动可以理解为中东剧变的余波，也是北非国家深度转型过程的一个片段。从整体上看，北非国家政治转型在稳定与动荡中展开，威权主义在不断强化，政治伊斯兰力量此消彼长，地区国际关系复杂化趋势明显；经济改革方面北非国家虽然注重私营产业发展的重要性，但不管是自由市场运作，还是社会资本参与力度，均显得严重不足，使得经济结构单一的传统情状并未得到根本改善。加之，新冠肺炎疫情的持续冲击，诸多产业仍在缓慢的恢复之中。安全方面，北非国家仍然属于安全治理严重赤字、安全相对脆弱的国家，仍然面临着各类危及公共安全因素的一系列挑战。短期来看，这些挑战对未来北非的经济、社会和政治的安全和发展构成严重威胁；长期来看，北非地区需要更大的政治稳定和善治，尤其要为青年人创造更多就业机会，对于在北非地区的繁荣至关重要。

2021 年中国中东外交

刘胜湘　黄沛韬[*]

【摘　要】

2021 年中国中东外交是承上启下、继往开来的一年，在世界大变局与新冠肺炎疫情交织影响下的中东地区局势出现了显著变化，这既给中国中东外交带来新问题、新挑战，也为中国推进与中东各国关系的发展创造了新动力。在这一年中，中国中东外交在高层往来、经济交流、抗击新冠肺炎疫情和安全合作等领域取得了亮眼的成绩，特别是在中东安全治理方面，中国提出了"中东安全稳定的五点倡议""解决叙利亚问题的四点主张""落实巴勒斯坦问题两国方案三点思路""中阿命运共同体"等新方案，结出了丰硕的成果。未来，中国与中东国家的关系将迎来提质升级的重要契机，双方合作将进一步深化完善，中国中东大国外交将上升到一个新的台阶。

【关键词】

中国中东外交　新成就　中东安全治理　前景展望

受到新冠肺炎疫情反弹、全球能源转型、美国加速撤离中东等因素的影响，中东各国经济下行压力增大、国家间关系趋于缓和。这既对中国中东外交提出了新要求，也为中国中东外交提供了新机遇。总的来看，2021 年中国与中东国家交往密切、合作深化，中国的中东外交取得了令人瞩目的新成就。

---

[*] 刘胜湘，上海外国语大学中东研究所教授；黄沛韬，上海外国语大学中东研究所 2021 级中东研究专业博士研究生。本文是上海外国语大学重大项目"中东剧变后的中国中东外交实践研究"的中期成果（项目编号：2021114008）。

一、2021 年以来中国中东外交的新发展与新成就

2021 年以来,中国中东外交实践在高层往来、经济交流和抗疫外交等领域成绩斐然。

(一) 高层密集互动

2021 年至 2022 年初,中国和中东各国开展了密集的高层互访。2021 年 3 月 24 日至 30 日,中国国务委员兼外长王毅应邀对沙特、土耳其、伊朗、阿联酋、巴林进行正式访问并工作访问阿曼,"创下了中国外长一次访问中东国家最多的纪录"①。王毅访问中东六国,提出了关于实现中东安全稳定的五点倡议,"促进中国构建新发展格局与中东各国重大发展战略对接"②;"打造志同道合、安宁和谐、发展繁荣的中阿命运共同体"③。王毅在结束对中东六国的访问之际,接受采访时强调,"中国作为中东国家的真诚朋友"将与中东国家"加强治国理政经验交流,促进文明对话、深化反恐和去极端化合作"。④ 同年 7 月,王毅外长访问了叙利亚、埃及和阿尔及利亚,实现了当年中国高层外交"对中东主要国家的全覆盖"⑤。在访问叙利亚期间,王毅提出了关于解决叙利亚问题的四点主张。在埃及,王毅在与埃及外长舒克里(Sameh Hassan Shoukry)和阿盟秘书长盖特(Ahmed Aboul Gheit)的会晤中提出了落实巴勒斯坦问题"'两国方案'三点思路",并在会后的联合声明中强调筹备 2022 年在沙特举办首届中阿峰会。在阿尔及利亚,王毅外长与阿尔及利亚外长拉马姆拉(Ramtane Lamamra)达成了"四点重要共识",承诺"加强战略沟通,积极推动热

---

① 《中国外长中东北非之行成果颇丰》,载《解放日报》,2021 年 7 月 21 日,https://www.jfdaily.com/staticsg/res/html/journal/detail.html?date=2021-07-21&id=317961&page=07。
② 李伟建:《十八大以来中国共产党的外交理念及其在中东的实践》,载《阿拉伯世界研究》,2021 年第 3 期,第 13 页。
③ 《打造志同道合、安宁和谐、发展繁荣的中阿命运共同体》,http://www.xinhuanet.com/2021-03/26/c_1127258362.htm。
④ 《王毅国务委员兼外长在结束访问中东六国后接受媒体采访》,http://www.gov.cn/guowuyuan/2021-03/31/content_5596904.htm。
⑤ 《中国外长中东北非之行成果颇丰》,载《解放日报》,2021 年 7 月 21 日,https://www.jfdaily.com/staticsg/res/html/journal/detail.html?date=2021-07-21&id=317961&page=07。

点问题政治解决,维护中东和平稳定,捍卫国际公平正义"。①

2022年1月10日至14日,沙特、科威特、阿曼、巴林四国外长及海合会(GCC)秘书长纳伊夫·哈吉拉夫(Nayef Falah M. Al-Hajraf)访华。王毅与纳伊夫"就中海关系及共同关心的国际和地区问题达成广泛共识"。② 会后,外交部与海合会秘书处发表了联合声明。1月12日土耳其外长恰武什奥卢(Mevlut Cavusoglu)访华,王毅表明要"按照两国元首确定的方向,推动两国关系获得健康稳定的发展",③ 并提出了"四点主张"。14日伊朗外长阿卜杜拉希扬(Hossein Amir-Abdollahian)访华,双方共同宣布"启动两国全面合作计划落实工作"④,中方表示将坚定支持伊核协议恢复履约谈判进程。中东六国外长及海合会秘书长密集访华是继2021年3月王毅访问中东六国后,中国与中东国家的又一轮密集互动,中国与中东国家共同促合作、携手向未来的暖意频吹,双方的认同和信任进一步加强。

(二) 经济交流

2021年中国与中东各国经贸强劲复苏。2020年,受疫情影响,中国与中东17国的贸易额仅为2726.3亿美元,同比下降7.9%。⑤ 2021年中国与中东国家的贸易强劲复苏。仅上半年,中阿双边贸易额达到1442.7亿美元,同比增长25.7%,中国保持阿拉伯国家最大贸易伙伴国地位;中方自阿拉伯国家进口原油1.3亿吨,阿方稳居中国最大原油进口来源地。⑥

2021年3月,中国与伊朗签署了为期25年的"中伊全面合作计划"⑦,

---

① 《王毅谈中阿四点共识》,https://www.mfa.gov.cn/web/ziliao_674904/zt_674979/dnzt_674981/qtzt/kjgzbdfyyq_699171/202107/t20210720_9184502.shtml。
② 《中华人民共和国外交部同海湾阿拉伯国家合作委员会秘书处联合声明(全文)》,http://www.news.cn/2022-01/12/c_1128255898.htm。
③ 《王毅分别同土耳其外长、科威特外交大臣兼内阁事务国务大臣会谈》,http://www.news.cn/2022-01/12/c_1128257203.htm。
④ 《王毅同伊朗外长阿卜杜拉希扬举行会谈》,http://www.news.cn/2022-01/15/c_1128264751.htm。
⑤ 《2021年中国与中东经贸关系分析和展望报告》,https://thinktank.phbs.pku.edu.cn/2021/zhuantibaogao_0916/41.html。
⑥ 《中阿共谋合作发展,携手共建"一带一路"》,https://www.fmprc.gov.cn/dszlsjt_673036/202109/t20210913_9605685.shtml。
⑦ 《王毅同伊朗外长扎里夫举行会谈》,http://www.xinhuanet.com/2021-03/28/c_1127264464.htm。

该计划"进一步明确伊中未来合作的路线图"。① 中国与土耳其就"推动土'中间走廊'计划和'一带一路'倡议对接"达成了共识。两国将"深化互联互通、基础设施建设、投资等领域合作,促进双边贸易平衡发展,推动使用本币结算。"②

在2021年7月的第二次中东之行中,王毅在埃及表示"愿加强'一带一路'倡议同埃'2030愿景'对接"③,得到了埃方的热烈响应。会后,"王毅和舒克里共同签署了建立中埃两国政府间合作委员会协定。"④

中国与阿尔及利亚就"尽快对接商签中阿全面战略合作五年规划以及共建'一带一路'实施方案,扎实推进阿尔及尔中心港等重大合作项目,助力阿尔及利亚加快实现自主可持续发展"达成了共识⑤。阿尔及利亚"是中国特殊友好的合作伙伴",⑥ 双方在能源、基建、抗疫等领域的合作十分紧密。在2022年初与中东六国外长及海合会秘书长的会晤中,王毅表示,愿意加强沙特"2030愿景"、科威特"2035国家愿景"、土耳其"中间走廊"计划与"一带一路"对接。中方和海合会还一致同意尽快完成中海自贸协定谈判,尽快召开第四次"中海战略对话",共同制定并签署今后三年战略对话行动计划,为双方合作注入新内容,拓展新领域。中东地区与中国优势互补、互利共赢的大格局有望早日形成。⑦

(三) 抗疫外交

2020年初新冠肺炎疫情在中东地区迅速扩散,中国即向中东国家提供大量援助物资、派遣专家团队、分享抗疫经验,展现了一个负责任大国的

---

① 《伊朗总统鲁哈尼会见王毅》,https://www.mfa.gov.cn/web/ziliao_674904/zt_674979/dnzt_674981/qtzt/kjgzbdfyyq_699171/202103/t20210327_9184136.shtml。

② 《土耳其总统埃尔多安会见王毅》,http://www.xinhuanet.com/silkroad/2021-03/26/c_1127256343.htm。

③ 《中国外长中东北非之行成果颇丰》,载《解放日报》,2021年7月21日,https://www.jfdaily.com/staticsg/res/html/journal/detail.html?date=2021-07-21&id=317961&page=07。

④ 《王毅同埃及外长舒凯里举行会谈》,http://www.xinhuanet.com/2021-07/19/c_1127668219.htm。

⑤ 《王毅谈中阿四点共识》,https://www.mfa.gov.cn/web/ziliao_674904/zt_674979/dnzt_674981/qtzt/kjgzbdfyyq_699171/202107/t20210720_9184502.shtml。

⑥ 《中国驻阿尔及利亚大使李连和:后疫情时代中阿合作前景可期》,https://cn.chinadaily.com.cn/a/202103/23/WS6059596fa3101e7ce97454fb.html。

⑦ 《奔中国来 向发展去——读懂中东多国外长密集访华》,http://www.news.cn/2022-01/13/c_1128260677.htm。

担当。2021年是中国和中东国家在抗疫合作领域深化发展的一年，一年前中国和中东国家守望相助的抗疫努力逐渐结出累累硕果。

2021年1月，由于中东疫情形势严峻，除在阿联酋和巴林正式注册上市外，中国的新冠疫苗还分别在埃及、土耳其、伊拉克和摩洛哥4个国家被批准紧急使用。[①] 在土耳其，该国与中国公司已签订的疫苗订购量是5000万剂，土耳其总统埃尔多安于"14日晚在首都安卡拉接种中国科兴公司研发的新冠疫苗"。[②] 25日，埃及开始为医护人员接种中国国药集团新冠疫苗。[③] 28日起，摩洛哥开始在国内启动新冠疫苗的接种，预计将为总人口80%的近3000万民众接种疫苗。[④] 截至2021年7月，"中方已向17个阿拉伯国家及阿盟援助和出口了7200多万剂疫苗"[⑤] 和大量抗疫物资，真心实意支持阿拉伯国家的抗疫斗争。

中国还以捐赠和无偿援助等多种形式向中东国家提供疫苗。2月4日，中国决定向叙利亚提供15万剂疫苗援助。2月23日，中国援助埃及的国药疫苗运抵开罗。3月2日，中国援助伊拉克疫苗运抵巴格达。3月22日，中方又移交了第二批援埃疫苗。4月25日，中国援助叙利亚疫苗运抵大马士革。

合作生产疫苗是疫情暴发以来中国支持中东国家的另一重要形式。2021年7月18日，王毅在阿拉曼与埃及外长舒克里共同出席中埃新冠疫苗合作生产项目实现100万剂量产仪式，并在会谈时决定中埃两国共同向加沙地带巴勒斯坦民众援助疫苗。9月，阿尔及利亚与中国合作生产疫苗项目正式投产。

在中国为海外公民接种疫苗的"春苗行动"中，中东国家积极配合，

---

① 《埃及正式批准使用中国国药集团新冠灭活疫苗》，http：//www.xinhuanet.com/photo/2021-01/04/c_1126943249.htm；《多国青睐中国新冠疫苗》，http：//www.xinhuanet.com/2021-01/14/c_1126983493.htm；《伊拉克批准中国和英国新冠疫苗紧急使用》，http：//www.xinhuanet.com/2021-01/20/c_1127003391.htm；《摩洛哥批准紧急使用中国国药集团新冠疫苗》，http：//www.xinhuanet.com/2021-01/24/c_1127018680.htm。

② 《全球疫情简报：土耳其总统接种中国疫苗 法国将实施更严格入境规定》，http：//www.xinhuanet.com/2021-01/15/c_1126985817.htm。

③ 《埃及开始为医护人员接种中国国药集团新冠疫苗》，http：//www.xinhuanet.com/photo/2021-01/25/c_1127020430.htm。

④ 《国际疫情每日观（2月1日）——摩洛哥启动接种中国新冠疫苗》，https：//baijiahao.baidu.com/s?id=1690455599266476179&wfr=spider&for=pc。

⑤ 《加强团结合作 维护公平正义——王毅国务委员兼外长在结束对叙利亚、埃及、阿尔及利亚访问后接受国内媒体采访》，http：//m.xinhuanet.com/2021-07/22/c_1127680331.htm。

有力保障了中国海外公民的生命安全。2021年4月14日，突尼斯率先开始为在突尼斯生活的"中国公民接种中国科兴新冠疫苗"。① 5月5日，突尼斯全国同步完成"春苗行动"第二剂接种工作，为包括港澳台同胞在内的139名在突尼斯中国同胞免费接种中国产疫苗。② 5月6日"春苗行动"在叙利亚启动，"近百名在叙中国公民完成第一剂疫苗接种"③。苏丹、阿联酋、科威特、阿尔及利亚也为中国公民在阿接种疫苗的"春苗行动"提供便利和支持。④ 中国驻埃及大使馆9月16日发布消息说，截至15日，已有4200余名在埃及中国公民接种了国药或科兴疫苗，"春苗行动"在埃及基本完成。⑤

新冠肺炎疫情推动中国和中东国家的传统友谊上升到新高度。双方在疫情中守望相助，在信息共享、疫苗研发等领域高效合作，成为国际抗疫合作的典范。

二、中国中东安全治理的新方案、新倡议与新理念

2021年中国国务委员、外长王毅两访中东，先后提出了中东安全稳定五点倡议、解决叙利亚问题的四点主张、落实巴勒斯坦问题"两国方案"三点思路以及中阿命运共同体等，为中东地区的安全治理提供了新方案、新思路。

（一）中东安全稳定的五点倡议

2021年3月，中国国务委员、外长王毅访问中东六国期间，在利雅得

---

① 《"春苗行动"在突尼斯正式启动》，http://www.xinhuanet.com/photo/2021-04/15/c_1127331177.htm。
② 《"春苗行动"第二剂接种工作在突尼斯完成》，http://www.xinhuanet.com/world/2021-05/06/c_1127414497.htm。
③ 《"春苗行动"在叙利亚启动》，http://www.xinhuanet.com/2021-05/06/c_1127414850.htm。
④ 《"春苗行动"在苏丹推进530余人已接种》，http://www.xinhuanet.com/2021-04/19/c_1127349018.htm；《"春苗行动"在阿联酋正式启动》，http://www.xinhuanet.com/2021-05/24/c_1127482403.htm；《"春苗行动"为在科威特中国公民撑起"保护伞"》，http://m.xinhuanet.com/2021-06/26/c_1127601530.htm；《王毅谈中阿四点共识》，https://www.mfa.gov.cn/web/ziliao_674904/zt_674979/dnzt_674981/qtzt/kjgzbdfyyq_699171/202107/t20210720_9184502.shtml。
⑤ 《"春苗行动"在埃及基本完成》，http://m.news.cn/2021-09/17/c_1127873945.htm。

接受阿拉比亚电视台专访，就实现中东安全稳定提出"五点倡议"，包括：相互尊重、坚持公平正义、实现核不扩散、共建集体安全、加快发展合作。

王毅指出，中东有独特的文明和社会政治制度，要尊重中东特色、中东模式和中东道路。要改变传统思维，不是一味从地缘竞争角度看中东，而是把中东国家视为合作伙伴、发展伙伴、和平伙伴。要支持中东国家探索自主发展道路，支持推进中东热点问题政治解决。要促进文明对话交流，实现中东各民族和平共处。中国愿为此继续发挥建设性作用。①

中国提出的中东安全稳定的五点倡议得到了中东国家的普遍欢迎，既反映了中国一以贯之的政策主张，更彰显了新时代中国中东大国外交的理念，将为中东实现安全稳定注入正能量，是中国在与中东国家的长期交往中认识不断积累的产物，"反映了中国为实现地区安全稳定进行的思考，体现了中国促进中东和平安宁的诚意和作为安理会常任理事国的担当。"②它既包含了创造公平、正义的国际环境的一般原则和建设人类命运共同体的美好愿望，也直击诸如巴以问题、核扩散、非传统安全等中东地区亟待解决的问题。在与中东国家的交往中，中国坚定捍卫国际公平正义，始终强调尊重各国主权独立和民族尊严，维护以联合国为核心的国际体系和以国际法为基础的国际秩序，中国倡议为深化中国与中东国家关系发展提供了坚实保障、拓宽了合作领域。

（二）解决叙利亚问题的四点主张和落实巴勒斯坦问题"两国方案"三点思路

2021年7月，王毅外长在大马士革与叙利亚外长梅克达德（Faisal Mekdad）的会谈中，指出全面解决叙利亚问题，关键在于落实联合国安理会确立的"叙人主导、叙人所有"原则，各方形成合力，切实推进叙利亚问题的全面解决。为此中国提出了四点主张：

一是坚持尊重叙国家主权和领土完整。尊重叙人民的选择，放弃政权更迭的幻想，让叙人民自主决定国家前途命运。二是坚持民生为先和加快

---

① 《国务委员兼外长王毅接受阿拉比亚电视台专访实录》，http://www.xinhuanet.com/2021 - 03/26/c_1127260452.htm。
② 《中国是中东国家长期可靠的战略伙伴——王毅国务委员兼外长在结束访问中东六国后接受媒体采访》，http://www.xinhuanet.com/2021 - 03/31/c_1127275266.htm。

重建。解决叙人道危机的根本出路在于立即解除所有对叙的单边制裁和经济封锁。国际人道主义援助应同叙政府协商推进，不能影响叙主权和领土完整。三是坚持有效打击恐怖主义。打击恐怖组织不能搞双重标准，反对借反恐操弄民族分裂。四是坚持包容和解的政治解决方向。要推动叙人民主导的政治解决，通过对话协商弥合各派分歧，为叙长治久安和发展振兴奠定坚定政治基础。[1]

解决叙利亚问题的四点主张与中东安全稳定五点倡议一脉相承。四点主张聚焦叙利亚正在遭受的人道主义危机，呼吁各国相向而行，以政治途径解决问题，体现了中国在处理国际问题时，遵守国际法、国际规则，尊重主权和领土完整的一贯立场，"清晰地发出中国支持叙利亚政府和人民维护主权独立和民族尊严、反对外部干涉和强权政治的清晰信号"，[2] 表明中叙"两国友谊经历了国际和地区风云考验，历久弥新，历久弥坚。双方始终相互信任，相互支持，不仅捍卫了两国正当权益，也维护了国际公平正义。"[3]

在阿拉曼，王毅在与埃及外长舒克里和阿盟秘书长盖特的会谈中表示，中国作为安理会轮值主席，在巴以冲突之际，推动安理会五次审议巴勒斯坦问题并最终发表主席新闻谈话。日前中方再次举办巴以和平人士研讨会，为推动巴以停火、复谈不懈努力。

没有正义的根基，就没有持久的和平。"两国方案"是解决巴勒斯坦问题的唯一现实路径。巴勒斯坦问题有关各方及国际社会应以联合国决议为基础，为推动"两国方案"做出切实努力。中方为此还提出以下三点思路：

第一，应增强巴勒斯坦民族权力机构的权威，赋予其在安全、财政等领域行使国家主权职能的权力，实现对自治及被占领土的有效管控；第二，应支持巴勒斯坦各派加强团结，通过协商对话实现内部和解，就解决巴勒斯坦问题形成统一谈判立场；第三，应鼓励巴以双方以"两国方案"为基础重启和谈。欢迎巴以双方谈判代表来华直接谈判。同时中方呼吁举

---

[1] 《王毅阐述中方关于解决叙利亚问题的四点主张》，http：//m.xinhuanet.com/2021－07/18/c_1127666213.htm。

[2] 《加强团结合作　维护公平正义——王毅国务委员兼外长在结束对叙利亚、埃及、阿尔及利亚访问后接受国内媒体采访》，http：//m.xinhuanet.com/2021－07/22/c_1127680331.htm。

[3] 《2021年7月19日外交部发言人赵立坚主持例行记者会》，https：//www.mfa.gov.cn/web/fyrbt_673021/jzhsl_673025/202107/t20210719_9171310.shtml。

行由联合国主导、安理会常任理事国和中东和平进程各攸关方参与的国际和会，以寻求巴勒斯坦问题的全面、持久、公正解决，实现巴以两国和平共处。①

（三）打造中阿命运共同体

"中国和阿拉伯国家都孕育了灿烂的文明，都为人类文明的多样性做出了重要贡献。"② 当前，百年大变局与世纪疫情交织叠加，中国和阿拉伯国家有必要深入开展文明对话，全面加强交流合作，为解决自身和世界面临的难题贡献智慧。2022年1月10日，国务委员、外长王毅在与沙特外交大臣费萨尔（Faisal bin Farhan）会谈时表示"愿加强双方战略沟通，增进团结互信，共同维护中阿和发展中国家的正当利益，加快打造面向新时代的中阿命运共同体。"③ 2月5日习近平主席在会见来访的埃及总统塞西时强调中埃两国"共同引领中阿（拉伯）、中非集体合作，加快打造面向新时代的中阿命运共同体。"④

回顾2021年以来的中阿关系，"志存高远构建中阿命运共同体，脚踏实地地发展中阿战略伙伴关系"成为中阿关系的最好写照。"中国稳居阿拉伯国家第一大贸易伙伴国的地位，中阿合作亮点纷呈。中阿也是并肩抗击疫情的好战友。"⑤

王毅外长表示，中阿要以实现融合发展为基础，对接彼此发展战略，巩固能源全产业链合作，深化高新技术合作，提升金融投资和自贸水平，促进规则标准衔接。同时，双方要以促进中阿民心相通为保障，厚植世代友好根基。3月29日，外交部副部长马朝旭同阿盟第一助理秘书长扎齐（Hossam Zaki）"举行中阿数据安全视频会议，双方签署并发表《中阿数据

---

① 《王毅提出落实"两国方案"三点思路》，http://www.xinhuanet.com/2021-07/19/c_1127668218.htm。
② 《驻巴勒斯坦办事处主任郭伟发表署名文章〈中阿文明交流推动构建人类命运共同体〉》，https://www.fmprc.gov.cn/dszlsjt_673036/202109/t20210918_9605705.shtml。
③ 《王毅同沙特外交大臣费萨尔举行会谈》，https://www.mfa.gov.cn/web/wjbzhd/202201/t20220110_10480692.shtml。
④ 《习近平会见埃及总统塞西》，http://www.news.cn/politics/leaders/2022-02/05/c_1128333021.htm。
⑤ 《结伴前行 中国与中东国家续写合作新篇章》，http://www.xinhuanet.com/world/2021-03/31/c_1127279405.htm。

安全合作倡议》",① 为全球数字经济规则制定做出了贡献。8月19日,在宁夏举办了第五届中国-阿拉伯国家博览会。"习近平主席在致贺信中表示,近年来,中阿双方不断加强战略协调和行动对接,共建'一带一路'合作成果丰硕,中国持续保持阿拉伯国家第一大贸易伙伴国地位。面对新冠肺炎疫情,中国和阿拉伯国家携手抗疫,树立了守望相助、共克时艰的典范。"② 9月14日,中阿合作论坛第九届中阿关系暨中阿文明对话研讨会以视频连线形式举行,"为继续深化中阿文明交流互鉴,推动彼此社会经济发展交流经验、凝聚共识"。③ 与会专家学者一致认为"中阿双方要坚持树立你中有我、我中有你的命运共同体意识,摒弃意识形态争论,跨越文明冲突,尊重所有国家和民族传承发展自身文明、自主选择符合本国国情的发展道路,共同走和平共处、互利共赢之路"。④ "2022年,中国和阿拉伯国家将召开首届中阿峰会,携手打造面向新时代的中阿命运共同体。"⑤ 中阿战略伙伴关系正在迈上更高水平,多层次、跨领域、高质量的合作不断充实着中阿命运共同体内涵,逐渐形成了阿拉伯国家向东开放,中国向西拓展合作,双方优势互补、互利共赢的格局,共同打造面向新时代的中阿命运共同体。

中阿命运共同体的提出表明:中国无意走其他大国在中东走过的老路,即划定势力范围,通过军事手段、招募代理人等方式卷入地区冲突。中国不干涉中东国家内政,坚持中东的事由中东人民自己来办,追求合作共赢。中国不谋求填补"真空",而是推动大家一起加入"一带一路"朋友圈,编织互利共赢的合作伙伴网络。

---

① 《中国同阿盟发表〈中阿数据安全合作倡议〉》,http://www.xinhuanet.com/2021-03/29/c_1127270364.htm。
② 《打造面向新时代的中阿命运共同体》,载《解放军报》,2021年8月21日,http://www.81.cn/jfjbmap/content/2021-08/21/content_297178.htm。
③ 《中阿专家学者"云聚会"共商深化文明交流互鉴》,http://m.news.cn/2021-09/14/c_1127861839.htm。
④ 《驻巴勒斯坦办事处主任郭伟发表署名文章〈中阿文明交流推动构建人类命运共同体〉》,https://www.fmprc.gov.cn/dszlsjt_673036/202109/t20210918_9605705.shtml。
⑤ 《缓和调适 向东寻机——2022年中东形势展望》,http://www.news.cn/2022-01/13/c_1128260645.htm。

三、中国推进中国中东外交的新动力

　　百年大变局和百年大疫情叠加,世界进入动荡变革期,国际战略格局出现东升西降的总趋势。美国出于霸权护持的目的,逐渐从中东收缩力量,放弃全球战略攻势,转而在东亚对中国进行重点围堵。对中国而言,美国的遏制打压是一大威胁,既是遭遇战又是持久战。新的战略态势要求中国在中东采取更加积极的政策,与中东国家一道为公正、平等的国际政治、经济新秩序贡献力量。

(一) 世界大变局的新变化

　　"放眼世界,我们面对的是百年未有之大变局"。[①] 21 世纪以来,受反恐战争、经济危机、政党斗争失控以及新冠肺炎疫情等因素的影响,美国综合实力相对下降,大国间的相对力量对比逐渐呈现出对美国不利的态势。美国的霸权周期似乎已经跨越了历史的顶峰,进入了衰退阶段。为扭转相对衰落的局面,维持世界霸权,自奥巴马政府以来,美国开始将战略重心转向东亚,中国中东外交需要应对国际局势的这一重大变化。

　　2017 年 12 月 18 日,特朗普政府发布的《国家安全战略》报告指出,国际社会已经进入到大国竞争时代,中俄是美国的主要"战略竞争对手",是现行国际秩序的"修正主义者"[②]。2018 年以来美国对华战略趋向强硬。2021 年上台的拜登政府基本延续了特朗普政府的对华政策,中美关系没有显著改善。

　　"世界正处于大发展大变革大调整时期"[③],多极化趋势日渐明显。虽然和平与发展仍然是时代的主题,但与之相伴的是美国一意孤行,维护单极世界,加强对华战略防范、围堵和打压。在对中国的"重点攻势"中,美国政府不断挑战中美关系的底线,"中美关系正面临建交以来罕见的严

　　[①] 习近平:《习近平谈治国理政》(第 3 卷),北京:外文出版社,2020 年版,第 421 页。
　　[②] 参见 The White House, *National Security Strategy of the United States of America*, December 2017, http://nssarchive.us/wp-content/uploads/2020/04/2017.pdf.
　　[③]《决胜全面建成小康社会 夺取新时代中国特色社会主义伟大胜利——在中国共产党第十九次全国代表大会上的报告》,http://www.gov.cn/zhuanti/2017-10/27/content_5234876.htm.

峻局面",①"中美关系又来到一个新的历史关头"②。

有观点认为,"特朗普政府击穿了中美战略竞争的底线,打破了竞争框架,使中美关系滑向对抗与敌对。"③拜登政府对华极限施压政策的延续说明中美关系已经难以回到过去,"随着中美竞争加剧,危机极有可能成为中美关系的常态",④为此,有必要拓宽与美国的合作渠道,"在可能的领域开展合作,调整关系,减少冲突",⑤中东地区的和平稳定、恐怖主义问题、能源安全、核扩散问题等都是中美可以强化合作的重要领域。

(二) 中东局势变化的新要求

中东地区是百年大变局最先波及的地区之一。自中东地区被迫纳入现代世界体系后,"饱受大国博弈和地缘争夺之苦,演变为全球热点最集中的地区。"⑥处于世界体系边缘位置的中东国家时刻忍受着发展不平衡加剧、工业化进程受挫的困扰。"时至今日,绝大多数中东国家仍深陷多重困境,面临'发展赤字''安全赤字'和'治理赤字'等问题"。⑦

2021 年是中东变局 10 周年,"10 年前发生的那场动荡后遗症依然顽固,但 10 年的反思与探索也带来了新希望,谋稳定、促发展、走自己的路逐渐成为地区共识。"⑧中东变局没有按照西方设想掀起"民主化浪潮",反而导致中东地区局势趋于失序。中东变局后中东国家政治转型向深层次发展,经济、社会问题日益突出,发展不足和治理不善带来的社会风险和非传统安全威胁逐步超越传统地缘安全问题。一些国家不得不将大量精力用于应对日益严峻的社会危机和经济困难。

---

① 《驻美大使崔天凯在美中贸委会 2020 年视频年度晚宴上的致辞》,https://www.fmprc.gov.cn/web/dszlsjt_673036/t1839124.shtml。
② 《百年变局与世纪疫情下的中国外交:为国家担当 对世界尽责——在 2020 年国际形势与中国外交研讨会上的演讲》,http://new.fmprc.gov.cn/web/wjbzhd/t1839713.shtml。
③ 孙兴杰:《美国战略收缩与中美关系演化》,载《国际问题研究》,2021 年第 1 期,第 82 页。
④ 凌胜利:《中美关系如何斗而不破》,载《现代国际关系》,2018 年第 6 期,第 23 页。
⑤ [美] 亨利·基辛格:《论中国》,胡利平等译,北京:中信出版社,2012 年版,第 515 页。
⑥ 新华社:《中国是中东国家长期可靠的战略伙伴——王毅国务委员兼外长在结束访问中东六国后接受媒体采访》,http://www.xinhuanet.com/2021-03/31/c_1127275266.htm。
⑦ 王林聪:《当前中东局势新变化及其影响》,载《人民论坛》,2020 年第 8 期,第 110 页。
⑧ 《王毅国务委员兼外长在结束访问中东六国后接受媒体采访》,http://www.gov.cn/guowuyuan/2021-03/31/content_5596904.htm。

从中东撤离是奥巴马政府以来美国的既定方针。特朗普政府为摆脱国际义务束缚，减少了海外义务和承诺，加速了从中东撤离的步伐。拜登政府从关注海外事务转向国内实力建设，不顾国家体面"力求抛甩'中东包袱'"，[1] 造成"阿富汗时刻"。美国的加速撤离对中东局势产生了显著影响。"美国从中东收缩，从阿富汗撤军，战略重心向'印太'地区转移，对地区盟友伙伴的安全保护能力弱化，这也迫使他们自主承担安全责任。"[2] 美国的退出，迫使中东的美国盟友开展灵活外交、平衡外交，一方面在大国间多面下注，另一方面，一些逊尼派海湾国家甚至试图缓和同伊朗的关系。2021年以来，沙特、阿联酋、埃及、约旦与伊朗已在巴格达举行三轮谈判，正试图恢复外交关系。此外，一些逊尼派国家正逐渐改善与以色列关系。这些情况都表明中东地区秩序依然处于深刻调整阶段，域外大国的中东政策在调整，地区大国竞争在加剧，旧的中东地区格局正在被打破。

2021年，中东地区的传统热点问题有增无减，呈现出新的发展趋势。"5月中旬，巴以爆发自2014年以来最大规模的武装冲突。"[3] 巴以问题重回冲突状态。叙利亚局势有所降温，但是政治解决进程道阻且长。8月莱西总统取代鲁哈尼上台执政，伊朗核问题再度成为焦点之一。伊核谈判牵动着中东域内域外各国的神经。同时，伊朗与以色列的矛盾持续升温，给未来的中东局势蒙上了阴影。拜登政府宣布撤军阿富汗后塔利班迅速卷土重来，这有可能对中东地区产生外溢效应。

中东地区面临的传统安全和非传统安全威胁对中国有巨大影响，在能源、恐怖主义、新冠肺炎疫情等方面都与中国的利益息息相关。因此，2021年王毅的第二次中东之行的目标是为了促进叙利亚局势稳定，并提前布局应对美国不负责任的地缘战略所遗留的区域混乱局势。中国作为当今国际格局和国际秩序大调整中的主要变量，以及全球治理体系改革的积极推动者，参与中东热点问题的解决和地区安全环境的重塑，既是中国应该承担的国际责任，也是促进中国与地区国家关系可持续发展的重要途径。

---

[1] 余建华：《中东局势演进刍议》，载《国际关系研究》，2021年第6期，第45页。

[2] 丁隆：《中东国家纷纷采取措施因应美国的战略收缩》，载《世界知识》，2021年第15期，第35页。

[3] 余国庆：《停火后的巴以政局走向与中东地区格局新变化》，载《世界知识》，2021年第12期，第54页。

尤其是"在当前美国一方面同中国展开全面竞争和博弈,另一方面又不断搅乱中东安全局势,破坏中国与中东国家合作的情况下,中国积极参与中东安全治理,加强同中东在安全领域的合作更具有重要的战略意义。"①

(三) 中国中东大国外交的新需求

中共十八大以来,面对国内外新形势,中国提出了一系列外交新思路,"逐步形成了以构建新型国际关系、推动构建人类命运共同体为主要内容的中国特色大国外交理念"。② 中国依据"中东地区乱中求变的客观需求以及中国自身的和平发展趋势,指明了中国中东大国外交的战略目标方向,并选择了实现战略目标的具体实践路径"。③

中国在中东的大国外交需要牢牢把握两个要点:

第一,明确中国在中东地区的利益。中国在中东地区的利益主要体现在地缘、能源和安全方面。在地缘方面,中东地区是"一带一路"倡议途径的重要地区,与中东国家保持友好关系,有利于"一带一路"倡议的顺利推进与落地,促进中国与中东各国的共同发展。在能源方面,保证中东能源供应对中国经济发展和国家安全具有战略意义。在安全方面,中东地区社会动荡、战乱频仍、经济增长乏力,为极端主义和恐怖主义的发展创造了有利条件。恐怖主义的泛滥对我国国家安全、社会稳定、民族团结构成了严重威胁。支持中东国家的顺利转型、实现中东地区的安全与稳定将极大地减轻我国承受的恐怖主义威胁。

第二,准确判断中东安全局势的发展趋势,把握国际和地区安全治理变化的新动向。2021年,中东地区局势有延续也有变动。延续主要体现在阵营对抗、核扩散、社会动荡、恐怖主义等方面。这些问题不利于在中东地区实现普遍安全和共同发展,对中国的中东大国外交而言是严峻的挑战。变动主要表现为美国加速撤离中东导致中东地区格局出现显著变化,中东地区的国家间关系存在着新一轮分化重组的可能。同时受到疫情在中东主要国家持续蔓延的影响,"防控疫情、应对危机,是中东各国当务之

---

① 李伟建:《中东安全形势新变化及中国参与地区安全治理探析》,载《社会科学文摘》,2020年第4期,第42—43页。
② 李桂群、侯宇翔:《中国特色大国外交与中国的中东政策》,载《国别和区域研究》,2020年第4期,第153页。
③ 刘胜湘、高瀚:《中东剧变背景下中国中东大国外交论析》,载《西亚非洲》,2020年第5期,第85页。

急,各国已无力升级对外矛盾和冲突,这为有关国家间关系缓和创造了条件。"① 中东国家间的缓和气氛是中国通过中东大国外交,构建新型国际关系、推动构建人类命运共同体及维护国家利益的有利条件。

目前,中东局势错综复杂,美国粗暴介入中东事务的失败案例近在眼前。单一国家介入中东事务往往显得后继乏力。中国的中东大国外交,要求中国作为负责任大国在解决中东热点问的进程中发挥积极作用。处理地区事务既要以国际合作为目标,在联合国框架下,积极构建多边机制,推动解决中东地区传统热点问题;又要在中东地区治理中明确地发出中国声音,加强特使协调机制,以"和平发展,合作共赢"为核心,以"一带一路"倡议为载体,并且始终坚持原则,捍卫国际公平、正义,形成鲜明的中国特色。

四、中国中东外交发展前景展望

2021年以来,中国与中东国家的关系稳中向好,各领域合作持续向更深层次发展。这主要得益于中国准确把握世界和地区两大变局,在中东外交中发挥优势,与中东国家形成互补,实现共同发展。在当今世界和中东地区的深刻变局中,随着中国与中东国家联系日益密切,中国的中东外交将面临着新问题、新挑战,但中国与中东国家共同利益广泛,合作前景广阔。

(一) 中国推进中东外交的主要优势

美国撤退使中东局势进入美国"后霸权时代"的调整期,呈现出域内外大国争相填补力量真空造成的地区失序新态势。中共十八大以来,"大国外交""中国倡议""中国主张""中国方案""中国智慧"等外交词汇频频出现,显示出中国构建全球性大国形象的强烈愿望。当前中东地区的失序为中国"树立大国形象、落实'大国外交'、践行'人类命运共同

---

① 丁隆:《中东国家纷纷采取措施因应美国的战略收缩》,载《世界知识》,2021年第15期,第35页。

体'构想"提供了舞台。① 与此同时,"中东地区国家加大对外政策调整力度,积极推动多元外交和自主外交,'向东看'已成为趋势。"② 中国进一步推进中东中国外交是大势所趋。

对中东各国而言,中国坚持不选边站,始终和地区所有国家保持了良好关系,在中东两大阵营中,中国没有偏袒任何一方,同逊尼派和什叶派两个阵营都保持着密切的联系。中国横跨两个阵营的伙伴关系,为中国调解中东矛盾,缓和中东紧张局,实现中东和平稳定创造了条件。

中国奉行不干涉别国内政的原则,主张大小国家一律平等,力主推动建立更加公正的新型国家间关系。作为安理会常任理事国,为反对域外大国干涉中东事务,中国先后八次否决以美国为首的西方国家干涉叙利亚的提案。这表明中国不同于美国,无意将自己意志强加于中东各国,视中东国家为平等合作伙伴。"特别是美国近30年在中东'好战''制裁''撤退',反衬出中国'积极''友好''和平'的良好形象。"③

"去极端化"和反对恐怖主义是中国和中东国家面临的共同问题。虽然"伊斯兰国"组织已经遭到沉重打击,然而这并不意味着恐怖活动的减弱。中东地区恐怖分子回流导致"伊斯兰国"在其他地区建立起新据点,继续组织恐怖活动。中东的恐怖组织也在重新分化组合,利用中东国家经济凋敝、社会动荡之机加紧渗透和破坏。2019年11月,中国倡议并主办首届"中东安全论坛",④ 标志着中国与中东安全合作进入新阶段,目前中国和中东国家在应对恐怖主义领域仍存在广阔的合作空间。

中国和中东地区的经济互补性强。页岩油革命后,美国的石油进口需求走低,中东产油国将目光转向亚洲。中国对石化能源的需求不断扩大,奠定了中国与中东国家能源合作的基本面。而在中东变局后,中东国家迫切希望重建经济、稳定社会。"向东看"成为中东国家发展的新思路,借鉴"中国经验"成为中东转型期的一个选择。如今,中国同阿拉伯国家关

---

① 李伟建:《中阿战略伙伴关系:基础、现状与前景》,载《西亚非洲》,2018年第4期,第7页。
② 《缓和调适 向东寻机——2022年中东形势展望》,http://www.news.cn/2022-01/13/c_1128260645.htm。
③ 牛新春:《想像与真相:中国的中东政策》,载《西亚非洲》,2021年第4期,第33页。
④ 《中东安全论坛在京开幕 为中东安全治理探讨新路径提供平台》,http://www.gov.cn/xinwen/2019-11/27/content_5456479.htm。

系"成为国家间关系的典范和南南合作的样板"。① 与此同时,"一带一路"倡议成为联系中国与中东的经济与精神纽带。2014年以来国际油价曾长期低迷,中东产油国家进入一个相对困难的时期。2019年末暴发的新冠肺炎疫情再次重创了中东国家经济。"一带一路"带来了中国的投资与技术,为中东的经济复兴和可持续发展注入了新动力。

为应对疫情持续蔓延,中国在中东地区开展抗疫外交,进一步密切了中国与中东国家的关系。2021年夏以来中东遭遇了第三波、第四波疫情,海湾国家、东地中海沿岸和北非多国成为重灾区。截至7月15日,中东地区新冠肺炎累计确诊1140万例,累计死亡22.3万例。② 疫情暴发以来,中国为中东国家提供了有力支持。在中国的帮助下,中东国家打破了以美国为首的一些西方国家"疫苗民族主义"造成的抗疫困局,为中东国家早日战胜疫情、恢复社会秩序、实现经济复苏奠定了基础。

(二) 中国中东外交面临的未来挑战

纵然当前中国推进中东外交具有诸多优势,但必须看到,中国的中东外交的前景远非一帆风顺,仍面临不少困难和挑战。

首先,中东地区宗教、民族矛盾复杂,各种关系难以平衡。在很长一段时间里,中国与中东国家的关系将主要局限于经济领域,对中东地区政治格局影响有限。即便中国主张从事情本身的是非曲直出发、不偏袒任何一方,强调以国际法作为解决中东地区问题的"中国方案"的标准,中国的中东外交仍将困难重重。

其次,"除石油进口大幅增长外,自2014年以来中国与中东经济关系没有太突出变化。从中东所占份额上看,即便是石油进口的份额也没有明显变化。"③ 中国和中东国家的经济联系主要依赖石油,在发展新能源的大环境下,中国与中东国家的经济联系显得较为脆弱。中国为实现"碳中和"目标所执行的严格减排政策对石油需求的冲击,以及节能技术和新能源技术的进步可能对中国与中东关系构成挑战。从中长期看,以石油贸易

---

① 《2020年12月25日外交部发言人汪文斌主持例行记者会》,https://www.fmprc.gov.cn/web/fyrbt_673021/jzhsl_673025/202012/t20201225_5419672.shtml。

② 参见王林聪主编:《新冠肺炎疫情影响下的中东局势》,载《中东发展报告2020-2021》,北京:社会科学文献出版社,2021年版,第4页。

③ 参见海关统计月报,中华人民共和国海关总署,http://www.customs.gov.cn/customs/302249/302274/302277/index.html。

为基础的双边经济关系难以继续,中国与中东的经济联系需要拓展新的空间。

再次,中东安全赤字高起,地区局势紧张。在美国加速撤离中东后,该地区的不稳定因素呈上升趋势。叙利亚、利比亚、也门等国深受外部干预与内部冲突困扰,陷入战争与动荡;突尼斯、埃及、阿尔及利亚等国面临政权更迭后的艰难转型与政治重建;土耳其、伊朗等国经济低迷、社会冲突事件增多、矛盾加剧、抗议不断。政治动荡和财政困难致使一些中东国家无力偿还债务,部分合作项目被取消。当地教育、科研和法制等部门的公共支出减少,进一步制约了中国在当地的硬件基础设施投资回报,[①]不利于"一带一路"倡议的落实。

不仅如此,中东还面临宗教极端组织袭扰、跨国犯罪等非传统安全挑战。据统计,从2010年至2018年,中东地区发生了32346起恐怖袭击。[②]宗教极端力量严重威胁中国和中东国家的合作,严重威胁中国的利益。

最后,西方国家在中东对中国发起的舆论战同样值得注意。一方面,西方大国对多数中东媒体的影响根深蒂固。以"地缘扩张论""新殖民主义论""债务陷阱论"为代表的负面舆论环境损害中国国家形象,对中国的中东外交产生了不利影响;另一方面,在中国与中东国家关系迅速升温的过程中,经济合作居于主导地位。以至于基础设施投资过快、过大,而与之相适应的人文、科研和教育等领域的交流合作跟进乏力。不对等的经济发展难免引发当地人的不理解,给西方国家操纵舆论损害中国国家形象、阻碍中国的中东外交深入发展制造了机会。

(三) 中国中东外交前景可期

回顾2021年中国中东外交,既取得了新成就,也出现了新挑战。虽然前路并非坦途,但中国中东外交前景仍然可期。"中国与中东国家关系将迎来提质升级的重要契机,双方合作的机制、领域和内涵将进一步完善、拓展和丰富,不断增进民心相通,拓展务实合作。"[③]

---

① 参见 Mohamed Hassan, "The Belt and Road Initiative: An Egyptian Perspective," Working paper from Shanghai Academy of Social Sciences, 2021.
② 参见 Global Terrorism Database, https://start.umd.edu/data-tools/global-terrorism-database-gtd.
③ 《缓和调适 向东寻机——2022年中东形势展望》,http://www.news.cn/2022-01/13/c_1128260645.htm。

从经济合作看,"一带一路"是21世纪中国最重要的全球倡议,其价值无法取代。"一带一路"倡议得到了中东国家的积极响应。2018年签署的《中阿合作共建"一带一路"行动宣言》① 是首份中国与地区组织签署的"一带一路"合作文件。截至2021年,已有19个中东国家同中国签署了"一带一路"合作文件。② 在新的一年中,中国与中东国家的经济合作相互依存日益紧密、合作环境日益优化、项目类别日益丰富、合作主体日益多元、融资渠道日益拓宽,③ 必将取得更加辉煌的成就。

从政治交流看,中东各国与中国同属发展中国家,都是西方霸权主义的受害者,是国际政治斗争中的天然伙伴。近年来,在南海、人权、涉藏、涉疆、涉台、"一带一路"、新冠肺炎疫情等问题上,中东国家都站在中国一边。2022年,"将在沙特举办的首届中阿峰会,将为提升中国与中东国家传统友谊与合作水平勾画清晰图景,也将为后疫情时代中阿共建人类命运共同体续写新的篇章。"④

从安全互助看,"作为联合国安理会常任理事国和负责任大国,中国始终心系中东国家和人民。"中国是中东安全事务的参与者,也是中东公共安全产品的提供者,在参与中东安全事务过程中,形成了具有中国特色的理念和主张,如积极推动政治对话、主张综合治理。历史的经验和教训表明,中东安全的出路在于坚持安全不可分离性原则,实现普遍安全。"中方提出实现中东安全稳定的五点倡议,为推动中东长治久安贡献了中国智慧。"⑤

五、结　语

2021年的中东地区格局进入了全面调整的新阶段。中东国家对外需要

---

① 《携手"一带一路",开创中阿关系新时代》,http://www.scio.gov.cn/31773/35507/35510/35524/Document/1633310/1633310.htm。
② 《已同中国签订共建"一带一路"合作文件的国家一览》,https://www.yidaiyilu.gov.cn/xwzx/roll/77298.htm。
③ 参见张楚楚:《以实正名:中国与中东国家的基础设施合作》,载《西亚非洲》,2021年第4期。
④ 《和国社一起展望中国与世界的2022》,http://www.news.cn/2022-01/01/c_1128224775.htm。
⑤ 《深化传统友谊 共谋创新发展》,载《中国社会科学报》,2021年8月20日。

妥善应对美国撤出后本地区的地缘政治变局，对内则面临抗击疫情、恢复经济、维护社会稳定三重任务。为此，中东国家纷纷"向东看"，将加强与中国的合作视为化解难题的办法。借着这股"东风"，中国的中东外交在高层往来、经济交流、抗疫外交、安全合作等领域都取得了可喜的进展，为今后中国和中东国家关系的持续深化奠定了良好的基础。未来，中国的中东外交必将翻开深化合作的新篇章。

中国一直心系中东，始终与中东国家和人民站在一道。中国是维护中东地区和平稳定的积极力量。中东是中东人民的中东。中国完全尊重本地区国家选择的社会制度和发展道路，从不谋求改变各国的制度模式，提倡和而不同、量体裁衣，反对削足适履。我们秉持不干涉内政原则，鼓励中东地区国家以独立自主精神，探索具有本国特色的发展道路。中国在中东从不谋求势力范围，主张以包容和解方式，构建兼顾各方合理关切的安全架构。我们反对搞压制性妥协，反对以"一方压倒一方"解决问题；倡导包容性对话，鼓励以"一方接受一方"化解纷争。

中国是促进中东发展合作的力量。中国和中东国家发展理念相通、资源禀赋互补，是实现共同发展的伙伴。中方认为应通过发展消除地区动荡的根源，主张更多关注发展、聚焦民生，对有关地区国家的援助从不附加任何政治条件。中国已进入新发展阶段，正在贯彻新发展理念，构建新发展格局。中国的新发展将为中东的发展创造更多机遇。

中国是推进中东开放包容的力量。中国和中东国家都孕育了灿烂的文明，都为人类文明的多样性做出了重要贡献。中方倡导文明对话，反对"文明冲突论""文明优越论"，反对将恐怖主义同特定民族宗教挂钩。中方愿与中东国家一道，坚定促进开放包容，抵制傲慢偏见，加强治国理政交流，深化反恐和"去极端化"合作。[1] 世界和中东地区格局变化对中国的中东外交提出了新要求、新挑战。中国需要不断扩大中国在中东外交中既有的优势，认真对待中东外交中面临的新挑战，促进中国的中东外交继往开来，取得更加丰硕的成果。

---

[1] 《王毅国务委员兼外长接受阿联酋通讯社书面采访》，https：//www.mfa.gov.cn/web/ziliao_674904/zyjh_674906/201907/t20190723_9870457.shtml。

分报告：
代表性国家与组织发展概况

2021年沙特阿拉伯的政治、经济和对外关系

丁　俊　陈　瑾[*]

【摘　要】

2021年，由于新冠肺炎疫情得到有效控制，内外挑战带来的压力总体趋缓，沙特阿拉伯的政治发展与经济改革渐回既定轨道。政治方面，通过持续推进反腐行动和政治、司法改革，以王储穆罕默德·本·萨勒曼为中心的王室权力体系得到进一步巩固；经济方面，非石油经济发展进一步加强，加之全球能源价格的回升，疫情影响下的经济颓势有所改观，多元化发展势头增强；对外关系方面，外交风格趋于务实和灵活，与大国关系平衡发展，与地区及周边国家关系总体回暖。作为中东地区重要大国，沙特阿拉伯内政外交的趋稳有助于地区形势的缓和与稳定。

【关键词】

沙特阿拉伯　政治形势　经济形势　对外关系

2021年以来，由于新冠肺炎疫情蔓延趋势初步得到控制，国内外各种挑战带来的压力总体趋缓，沙特阿拉伯的政治发展与经济改革逐渐重回"2030愿景"规划下的既定轨道。政治方面，通过持续推进反腐行动和政治、司法改革，进一步巩固以穆罕默德·本·萨勒曼王储为中心的王室权力体系；经济方面，非石油经济发展进一步加强，加之全球能源价格的回升，疫情影响下的经济颓势有所改观，经济多元化发展势头增强；在对外关系方面，近年来较为激进的外交政策有明显改变，外交风格趋于务实和

---

[*] 丁俊，上海外国语大学中东研究所教授；陈瑾，国际关系学院国际政治系讲师。

灵活，与美国、俄罗斯、中国等大国关系动态平衡发展，与伊朗、卡塔尔等地区及周边国家关系总体回暖。作为中东地区重要大国，沙特阿拉伯内政外交的趋稳有助于地区形势的缓和与稳定。

一、2021年沙特阿拉伯的政治形势

（一）持续开展反腐和政治、司法改革

2021年，沙特当局继续推动政治改革，调整内政部门机构和人员，并持续开展反腐，穆罕默德·本·萨勒曼王储在王室和国家权力体系中的地位得到进一步巩固。王储在开展反腐工作时提出"不放过任何涉贪腐之人，无论是部长还是王子"的口号，一方面反映出沙特政府打击腐败、塑造廉正、维护公共财产安全和社会公正的意愿；另一方面也被国际社会解读为是为巩固权力、顺利继位保驾护航的行动。1月下旬，沙特监督和反腐败管理局与沙特央行展开合作调查，发现累积115.9亿里亚尔的巨额资金被转移到境外，随即有32名涉案人员被捕，包括银行职员、军警、沙特和外籍公民。9月，萨勒曼国王下令解除沙特安全部门负责人哈立德·本·卡拉尔·哈尔比的职务，并将对其因涉嫌侵吞公款展开调查。同时被逮捕的还包括其他41名政府有关部门雇员，其中还有5名将军，逮捕理由是"金融和行政腐败以及挪用公款"[1]。

在司法方面，沙特当局一直回避"立法"问题，然而，随着政治改革与社会变革的深入推进，传统伊斯兰教法与国家法律之间的张力日趋增大。近年来，沙特司法部门采取折中办法，开展法院判例的"汇编"工作，并将其作为一种非正式但有效的司法参考，以确保司法的统一性[2]。这种情况在2021年首次发生根本性转变，穆罕默德·本·萨勒曼王储2月宣布，沙特将批准一套新的法律草案，并将在此基础上形成沙特第一本具有约束力的成文法律。此举是沙特在司法改革和传统伊斯兰法现代化方面

---

[1] 《沙特：国王下令解除安全部门负责人职务》，https://aawsat.com/home/article/3176431/。

[2] Yasmin Farouk, Nathan J. Brown, "Religious Reforms Are Touching Nothing but Changing Everything," https://carnegieendowment.org/2021/06/07/saudi-arabia-s-religious-reforms-are-touching-nothing-but-changing-everything-pub-84650.

迈出的至关重要的一步。然而截至 2022 年初，原定于 2021 年底公布的《个人身份法》《民事交易法》《酌定刑法典》和《证据法》四部法典仍在审议中，这似乎表明沙特司法改革仍面临着严重的阻力。此外，沙特司法量刑也在改革当中，许多传统的刑法将有可能被取消，包括此前已经废除的鞭刑。

尽管沙特的改革遇到各方面的压力和阻力，但王储积极推进包括司法改革在内的政治改革与社会变革的决心似乎是很坚定的。2021 年 4 月，在庆祝"2030 愿景"提出五周年之际，穆罕默德王储明确表示，沙特当前的司法改革和新法典的出台将有利于吸引外资和境外游客进入沙特。针对一些保守派人士认为国家开放将削弱、淡化沙特国民认同的担忧，王储强调："如果国民认同感甚至无法承受世界上存在的巨大多样性，那么这种国民认同感本身就很脆弱不堪，理应放弃。反之，如果你的国民认同感强大且真实，你就可以不断地发展它，修正它的缺点，放大它的积极面，这样你不仅会强化这种认同感，还会为其注入更多力量"①。

（二）推动社会改革，营造多元包容的社会文化氛围

自 2016 年推出并开始实施"2030 愿景"规划以来，沙特将政经与社会改革同步推进，致力于建设多元包容的社会文化氛围。在此前允许妇女驾车、限制和削弱宗教警察权力等基础上，2021 年沙特当局继续多举措推进社会改革，不断突破瓦哈比派意识形态限制，推动社会向更加包容和多元的方向发展。2021 年 3 月，沙特内阁会议通过人体器官捐献条例，5 月，萨勒曼国王与穆罕默德王储带头登记成为遗体器官捐献者。社交媒体推特的沙特区，"我将和我们领导人一起捐献（器官）"的标题语成为热门话题。尽管沙特宗教机构早在 1982 年就发布允许移植死者器官的教令，但国家层面的人体器官捐献条例直到 2019 年 9 月才正式获得沙特协商会议批准。这次政府正式通过该条例，且由国王和王储亲自带头参与器官捐献事业，从一个侧面反映出沙特社会正在突破传统桎梏并走向现代和包容的步履正在加快。

2021 年 12 月 8 日，沙特文学、出版和翻译委员会举办"利雅得国际哲学会议"，这是沙特首次举办的国际哲学会议。类似这样的突破性举措，

---

① رؤية ومشروعات برامج إنجازات حول العهد ولي لحوار الكامل النص ٢٠٣٠ https://ajel.sa/local/nxfzj4.

都体现出沙特当局推动社会文化多元化发展的意图。2021 年,沙特社会改革还更多地与非石油经济发展相结合,两方面相互合作,共同举办了数十场艺术、体育和娱乐活动,如 F1 大奖赛吉达站和达喀尔拉力赛、首届红海国际电影节、利雅得娱乐季(时隔两年后重启,仅开幕当天就有数十万人参加)、沙特公共投资基金牵头投资集团收购英超足球俱乐部纽卡斯尔联队等等。

在性别平权方面,沙特"2030 愿景"强调要推动妇女为国家经济社会发展做出更大贡献。近年来,沙特当局正在致力于消除各领域性别限制和歧视,逐步实现女性平权,提高女性从业者的社会认同。2021 年 2 月起,沙特政府给予女性可以不经男性亲属同意而参军的自由,准许女性在陆军、空军、海军、战略导弹部队和武装部队的医疗服务部门服役,军衔可达中士。在国际妇女节之际,沙特工商部发布一项女性会计专业人才赋能计划,旨在通过技能培训、资格教育、领导力提升和就业帮助等方式为会计专业的女性人才赋能,鼓励妇女在会计行业就职,提升就业竞争力[1]。随着沙特引进外资和女性赋权带来的女性角色转变,越来越多的跨国企业在沙特推动女性职业化计划,为满足沙特数字化转型的人才需求,沙特努拉公主大学与有关机构合作推出"全女性苹果开发者学院",向地区内所有在数字化和应用经济领域有职业抱负的女性开放,鼓励她们成为成功的从业者。在体育领域,沙特首届女足联赛也在 2021 年 11 月下旬拉开帷幕,为未来女性参与更多体育项目拉开序幕。

疫情防控是沙特政府 2020 年以来遭遇到的重大治理挑战,当局采取积极的防控政策,推出多种政策举措,疫情蔓延势头得到有效遏制。2021 年,沙特再次将朝觐人员范围限制在境内本国公民和外籍居民,总人数控制在 6 万人以内[2]。据沙特卫生部数据,截至 2022 年 3 月 1 日,沙特境内新冠肺炎累计确诊病例 745590 例,治愈 724388 例,死亡 9001 例。2021 年,沙特对防疫政策和管控举措随疫情变化而适时调整,在加快疫苗接种的同时,竭力平衡疫情防控与经济社会发展之间的关系,尽量减少疫情给国民经济和"2030 愿景"进程带来的负面影响。2022 年 3 月初,沙特内

---

[1] 《阿拉伯国家改革发展动态(第一期)》(0301 - 0315),http://infadm.shisu.edu.cn/_s114/20/96/c9146a139414/page.psp。

[2] «والعمرة الحج» : السماح بأداء الحج لفتنين من فقط غير السعوديين, https://www.okaz.com.sa/news/local/2097446.

政部宣布取消绝大部分新冠肺炎疫情防控措施,同时,恢复多个国家来往沙特的国际民航班机。据沙特媒体消息,朝觐和副朝部还将放宽对2022年朝觐的防疫限制,除了境内本国公民和外籍居民外,还将对持有朝觐指定签证的非沙特人开放。

在政府工作改革方面,2021年,沙特继续推进电子政务改革,将其作为国家数字化转型的一部分,以期实现国家治理和行政管理的便利化和现代化。2022年2月,沙特内政大臣阿卜杜勒·阿齐兹签署了沙特电子护照正式文件。虽然这些改革举措在短期内难以见到实效,其相关投入甚至大于收益,但这些推进改革的政策举措对于向外界展现沙特的开放形象不无裨益,同时,也能激励国民将更多消费放在国内。此外,这些政策举措在很大程度提振了沙特青年人对国家和政府的信心,据相关调查,89%的沙特青年认为该国正在朝着正确的方向前进,这一数据远高于地区内其他国家。事实上,年轻人的声音正反映出沙特当局在推进政经改革与社会发展、重塑国家形象方面取得的成效。

二、2021年沙特阿拉伯的经济形势

(一)全年经济形势总体趋稳

2021年,沙特经济多元化改革在众多领域均取得一定进展,各类经济活动增长势头显著增强,其中一些甚至恢复到了疫情前的水平。根据沙特财政部的数据,由于得益于油价上扬与产量提升以及经济多元化发展等因素,沙特2021年财政赤字将减少至850亿里亚尔,为8年来最低。国内生产总值从2020年4.1%的负增长中有明显恢复,2021年收入将达到9300亿里亚尔。作为沙特财政收入的支柱,石油收入一直是沙特经济、社会改革发展的基础。2021年沙特原油出口整体上保持下滑趋势,平均每日622万桶,较2020年减少6.6%[①],沙特原油出口已连续三年下滑。从产量上看,2021年沙特石油产量为912万桶/日,较2020年同比下降1.1%。2021年下半年,由于能源供应的减少、天然气和煤炭等能源的短缺,石油需求不断增加,全球油价达到多年来的新高,10月,布伦特原油交易价格

---

① 《2021年沙特原油产量和出口双下滑》,http://sa.mofcom.gov.cn/article/jmxw/202203/20220303283875.shtml。

升至每桶 86 美元，为 7 年来最高点。2021 年 12 月，沙特石油产量增长至 1002 万桶/日，连续第 8 个月实现正增长。这意味着沙特和"欧佩克+"已经采取相关措施应对飙升的油价。2022 年 2 月以来，由于俄乌冲突局势下美欧等国对俄罗斯的制裁、伊核协议谈判进程及利比亚政治危机加深等因素导致产量下滑，致使原油价格持续走高，2022 年 3 月，布伦特原油价格逼近每桶 130 美元。

值得注意的是，作为新冠肺炎疫情暴发后应对油价下跌引发经济下行的应急措施，2020 年起，沙特政府开始执行包括缩减公共部门开支在内紧缩的经济政策，将增值税率从 5% 上调至 15%，尽管穆罕默德王储和财政部长穆罕默德·贾丹都表示此项措施是临时性的，在某些目标实现后会重新考虑降低增值税，但事实上，这项紧缩政策在 2021 年仍然得到延续。高增值税也是沙特 2021 年非石油收入增长的原因之一，这也是沙特国内外的投资者所关心的焦点之一。

就业方面，由于经济多元化转型和非石油经济的发展催生了一批具有可持续性、可扩展性和创新性的企业，从而在改善沙特经济结构、提升非石油收入的同时，也为沙特年轻人提供了大量就业机会。2021 年，沙特失业率有所下降，第三季度失业率 11.3%，降至 2016 年同期以来的最低水平。同时，就业本土化进程持续推进，在就业市场中，沙特本土劳动力主要分布在服务业、科技产业和行政管理等专业领域，外来劳动力则更多集中于批发和零售业、家庭工人及渔业等领域。[①] 女性就业情况也得到进一步改善，根据沙特国王石油研究中心的报告，在 25 岁以下群体中，男女参加工作的比例已逐步接近，应届毕业生中，女性就业率已达 62%。[②] 沙特教育部门表示，为进一步满足市场需求，将继续向女大学生开放更多专业训练。

（二）投资结构得到改善

扩大主权财富基金、提高私有化程度和私营部门在国民经济中的贡献率，以及吸引外资是沙特改善投资结构、实现"2030 愿景"规划的重要

[①] 《沙特国家统一平台报告与统计》，https://www.my.gov.sa/wps/portal/snp/aboutksa/saudiReportsAndStatistics。

[②] 中华人民共和国商务部：《沙特女性就业改善情况居 G20 国家首位》，http://sa.mofcom.gov.cn/article/jmxw/201907/20190702885565.shtml。

路径。

2021年，沙特国家主权财富基金继续扩大。尽管自2020年初起，石油收入下降给沙特经济带来严重冲击，但由于沙特政府采取了一系列财政紧缩政策，加之2021年全球原油供应关系变化下油价上涨和产量增加，政府财政收支情况有了明显好转，为沙特主权财富基金——沙特公共投资基金主导的超大工程的投资和运行提供了保障和信心。同时，沙特阿美也将4%的股份转移到公共投资基金，进一步提高了主权财富基金规模，为政府推动国家项目工程的启动和推进提供了资金保障。在此背景下，2021年沙特政府陆续启动了多个重大项目。1月，穆罕默德王储宣布将在新未来城建设一个"零排放"新城，总投资在1000亿到2000亿美元之间；3月，启动鼓励企业投资本国经济的"伙伴"计划，总价值超过3万亿美元，其中仅公共投资基金就将投资近1万亿美元；6月，公布价值150亿美元的绿洲改造项目——"时光穿梭之旅"总体规划，内容包括加强保护世界文化遗产——欧拉古城核心区和另建五个区域等；11月，宣布启动OXAGON工业城项目，项目涵盖全球最大的悬浮产业集群，占地48平方千米，尽管总投资额并未公布，但其投资规模也是异常巨大。

2021年沙特私营部门继续扩张，私有化转型加速推进。3月，沙特政府通过《私营机构参与法》，为国内外投资者参与沙特私有化计划和公私合作项目提供法律保障。2021年上半年国内生产总值增长了1.5%，石油部门以外的私营部门增长了7.5%[①]，部分原因在于沙特政府将水资源、医疗、教育等多个行业的私有化作为本年度经济工作的重点加速推进。12月，沙特政府宣布将费萨尔国王专科医院和研究中心转为独立的非盈利机构[②]。作为"2030愿景"的重要组成部分，卫生部门的率先私有化为国家经济全面私有化转型探索实践路径。在基础设施方面，沙特目前已实现13座机场的私有化，预计2022年将剩余的22座机场全部移交给民航总局子公司Matarat，届时将实现所有机场的私有化转型[③]。另外，公私合作（PPP）模式也受到更大程度的重视，基础设施的加速发展和长期规划为私

[①] 《沙特的经济转型："2030愿景"是否已开花结果?》，https://chinese.aljazeera.net/economy/2022/2/22/。

[②] 中华人民共和国商务部：《沙特加快推进卫生部门私有化转型》，http://sa.mofcom.gov.cn/article/jmxw/202112/20211203232226.shtml。

[③] 中华人民共和国商务部：《沙特2022年将实现所有机场私有化》，http://sa.mofcom.gov.cn/article/jmxw/202112/20211203232225.shtml。

营部门更多参与大中型项目提供了机会，从以往发展较快的电力和水务部门扩展至其他领域。2022年初，沙特积极推进智能停车场PPP项目，先后签署了价值过亿的布赖代市智能停车PPP项目投资合同以及利雅得市Al-Olaya区停车场PPP项目。同时，医疗保健PPP项目也在不断扩大，2021年以来已启动了第一波社区护理所PPP项目的采购程序，将在两个最大的城市共建立110-150个社区护理所。

沙特外资引进力度和规模也在不断增大，政府将"成为全球投资的动力源"作为"2030愿景"的三大支柱之一。2021年，沙特新增外资项目达104亿美元，吸引国内外投资总额超过3380亿里亚尔（约合901.3亿美元）。其中，外国直接投资创下历史新高，达到230亿美元，与2020年的54亿美元相比增长了326%，且超过了过去三年的总和[①]，但距离沙特政府规划中的2030年前年均1000亿美元的外国直接投资规模还相去甚远。根据沙特投资促进机构Invest Saudi的报告，零售和电子商务在新引进外资中的占比最大，占新增投资许可证总数的30%。在第五届未来投资倡议大会期间，有44家国际公司决定在利雅得成立地区总部，其中包括联合利华、西门子等世界知名企业及滴滴、中国地质工程、中国港湾工程等多家中国企业。此举将为沙特创造180亿美元的经济收益及30000个就业机会。当前中东和北非地区大约有346家跨国公司的地区总部，考虑到这些企业从沙特市场获得的收入和利润占其区域总销售额的40%—80%[②]，预计未来将有更多跨国外资企业考虑将地区总部从阿联酋迁往沙特。

除了扩大私有化和吸引外资，沙特政府还通过发行债券的途径，依靠国家信用实现低成本融资。2021年，沙特国家债务管理中心发行了32.5亿美元的伊斯兰债券。该中心在沙特全球信托证书发行计划和全球中期票据发行计划下的第三次国际伊斯兰债券发行的订单超过110亿美元，这意味着它被超额认购了3.5倍[③]。

（三）非石油经济加快发展

尽管受到疫情的冲击，但沙特推进经济改革与转型发展的进程并未中

[①] 中华人民共和国商务部：《沙特新增外资项目占阿拉伯国家首位》，http://sa.mofcom.gov.cn/article/jmxw/202112/20211203227359.shtml。

[②] https://aawsat.com/home/article/3269651/44-شركة-عالمية-تختار-الرياض-لها-إقليمياً-مقراً.

[③] 中华人民共和国商务部：《沙特发行32.5亿美元的伊斯兰债券》，http://sa.mofcom.gov.cn/article/jmxw/202111/20211103218056.shtml。

断，2021年国家预算中的非石油收入创历史新高，约为3720亿里亚尔（992亿美元），约占国家总收入的40%，非石油收入在7年内增长了193%，① 体现出沙特政府推进经济多元化改革、加快非石油经济发展的措施已取得明显成效。

根据"2030愿景"和"国家工业发展和物流计划"规划，为大力发展非石油经济，促进经济多元化转型发展，2021年沙特政府在工业、矿业、能源、物流以及农业、旅游业和新兴产业等众多领域持续推进产业升级与融合发展。在工业领域，沙特政府基于原有优势，聚焦重点行业，着力提升本国产品竞争力。2021年3月，沙特工矿部和出口发展局启动旨在推动产业本地化的"沙特制造"计划，加强工业领域投资，扶持本国工业，引导购买力专项本地产品和服务，增加本国产品的竞争力。2021年，沙特工业部门投资总额达1.3万亿里亚尔，新投产工厂总数达820家。2021年底，沙特宣布将斥资150亿里亚尔（40亿美元）在东部省建立工业园区，生产汽车和船舶制造所需铁皮。加大工业投资，不仅是发展非石油经济的重大举措，而且这对创造就业机会、增强出口能力以及改善国际收支平衡均具有重要意义。

在矿业领域，2021年沙特继续发展包括勘探开采、冶炼精炼、再加工在内的全产业链。1月，政府设立矿业基金，以保障采矿活动拥有可持续的资金来源。2021年前10个月，沙特采矿业收入达7.24亿里亚尔（约合1.9亿美元），创历史新高，同比增长超过27%② 。能源方面，沙特不断致力太阳能和风能等可再生能源的开发和利用，提出并推动"沙特绿色倡议"和"中东绿色倡议"，改善能源结构，积极应对气候变化，促进非石油产业的发展。在沙特外来投资者大会上，能源大臣阿卜杜勒阿齐兹·本·萨勒曼亲王表示，沙特循环碳经济计划的资金将在10年内达到100亿美元，沙特的目标是到2060年通过碳循环实现净零排放③。2021年，沙特塞卡凯太阳能光伏项目电站以300兆瓦的容量全面投入运营，实现了包括舒伊巴光伏独立电站在内的多个太阳能光伏发电站项目的融资，同时启动

---

① 中华人民共和国商务部：《沙特2021年非石油收入创历史新高》，http://sa.mofcom.gov.cn/article/jmxw/202201/20220103236017.shtml。

② 中华人民共和国商务部：《沙特矿业收益创历史新高》，http://sa.mofcom.gov.cn/article/jmxw/202201/20220103234801.shtml。

③ 沙特能源大臣：《循环碳经济计划资金将在10年内达到100美元》，http://sa.mofcom.gov.cn/article/jmxw/202111/20211103215219.shtml。

了旨在推动可再生能源投资的国家基础设施基金（NIF）①。物流方面，沙特利用亚非欧三大洲"十字路口"的区位优势，着力改善贸易和运输网络的本地、区域和国际连通性，提高投资吸引力和供应链整合能力。2021年6月，沙特启动国家运输和物流服务战略，计划将运输和物流部门对国内生产总值的贡献率从目当下的6%提高到10%。根据联合国贸发会议2021年第三季度报告，沙特航运连通性指数达70.68分，位居区域第一。

在农业领域，2019年沙特启动农业农村发展计划，政府渠道和农业发展基金分别投入约87.5亿里亚尔和30亿里亚尔，② 以促进粮食安全和农业可持续发展。增强自然资源可持续性利用、改善粮食消费体系是2021年沙特政府在农业领域着力推动的重点工作。根据沙特农业发展基金2021—2025年发展规划，政府继续支持家禽类养殖、温室栽培和水产养殖等主要农业产业的发展，并在农业投融资、农业供应链建设等方面发挥基金信贷作用，加快推动可持续农业转型升级。近年来沙特农业发展基金的贷款增加了4倍以上，数额将增加到10亿美元以上。另外，政府还采取相关措施，减少粮食浪费，计划到2030年将粮食浪费减少50%。

旅游业是沙特在推进非石油经济建设中重点规划发展的领域，尽管2020年3月后因疫情关闭国境，但旅游设施和其他配套项目的建设并未中断。2021年，沙特公共投资基金也将旅游业作为重点投资领域，投资对象包括休闲游轮业、阿西尔地区旅游项目、海上石油主题旅游项目、全球电动摩托艇锦标赛以及红海旅游开发项目等。在2021年阿拉伯旅游展上，沙特旅游局与多个旅行服务公司、酒店、航空公司和邮轮公司签署合作协议或达成合作意向，2021年5月，沙特旅游部宣布聘请世界旅游和旅行理事会（WTTC）前首席执行官兼总裁格洛丽亚·格瓦拉作为首席特别顾问，帮助沙特发展全球旅游业③。同月，联合国世界旅游组织（UNWTO）宣布在沙特首都利雅得开设第一个中东地区办事处，将成为该组织在地区13个成员国之间协调旅游政策和倡议的中枢。在第五届未来投资倡议峰会上，沙特首次将旅游业推向全球舞台，并推出重塑旅游业的准则以及政府机构

---

① "能源项目"，https：//www.moenergy.gov.sa/zh/Projects/Pages/default.aspx。
② 《因地制宜，促进农业可持续发展》，人民网，http：//m.people.cn/n4/0/2021/1126/c125 - 15317763 - 3_2.html。
③ "Former WTTC chief Gloria Guevara joins Saudi tourism effort," Travel Weekly, https：// www.travelweekly.com/Middle - East - Africa - Travel/Former - WTTC - chief - Gloria - Guevara - joins - Saudi - tourism - effort.

与私营部门的支持措施,倡导旅游业国际合作,为发展中国家旅游业提供支持。此外,沙特还重视旅游业的数字化升级,2021年底,沙特国家旅游局与腾讯正式开启合作,通过营销推广、数字化旅游、跨境商贸等多种渠道促进沙特旅游业的发展。旅游业的推广和发展也促使更多沙特民众选择国内城市作为旅游或休假目的地。2021年第二季度,在仍旧对外国游客关闭签证的情况下,沙特国内酒店业的销售额达到22亿里亚尔,较2019年同期增长7%,在一定程度上反映出沙特旅游目的地及配套设施的建设已经得到国内消费者认可。

为加快发展非石油经济,沙特政府出台多个数字化战略和相关政策举措,推动数字经济和新兴产业的发展。2021年8月,沙特宣布一项数字经济发展计划,由沙特通信部、数据和人工智能管理局(SDAIA)以及网络安全、编程和无人机联合会共同参与,总价值达40亿里亚尔(10.7亿美元)[①]。沙特还积极促进数字经济领域的区域合作与国际合作,与巴林、约旦、科威特、巴基斯坦等国家联合创建数字合作组织,2021年4月,吸纳尼日利亚和阿曼成为该组织创始成员国,在利雅得总部召开的第一次理事会会议上,数字合作组织同意启动5项倡议,内容涉及数据跨国界流动、数字劳工市场为女性赋能、为创业和中小企业数字发展提供便利服务等。

总体看,2021年沙特经济形势整体趋稳,展现出较强韧性,非石油经济发展步伐加快,加之全球能源价格的回升以及产量的提升,疫情影响下的沙特经济颓势有所改观。尽管"2030愿景"规划的核心是发展多元经济,目标是要完全摆脱对石油的依赖,但从目前来看,石油收入仍占到沙特财政收入的60%,同时也是沙特多元化经济改革的基础。因此,对未来沙特经济发展形势的预判与展望,仍需建立在对全球原油市场供求关系和油价的判断基础上。

三、2021年沙特阿拉伯的对外关系

2021年,沙特在对外关系方面明显调整了近年来较为激进的外交政策,外交风格不断趋于务实和灵活,与美国、俄罗斯、中国等大国平衡发

[①] 中华人民共和国商务部:《沙特启动总价值10.7亿美元数字科技发展计划》,http://jedda.mofcom.gov.cn/article/sqfb/202109/20210903195200.shtml。

展关系，与地区及周边有关国家关系日渐改善，萨勒曼国王和穆罕默德王储希望通过更加灵活务实的外交为沙特争取更加主动和更为宽广的国际交往空间，进而为"2030愿景"规划的实施营造良好的国际合作环境。作为中东地区具有重要影响力的大国，沙特阿拉伯内政外交的趋稳有助于地区形势的缓和与稳定。

（一）与世界大国关系平衡发展

作为美国的传统盟友，沙特重视与美国发展关系。但在拜登政府上台以来奉行的所谓价值观外交及中东政策的相应调整对沙美关系带来冲击。拜登一上台就声称要"重新校准美沙关系"，先后重启和公布对卡舒吉事件和"9·11"事件的调查，矛头指向沙特王室权力中心关键人物，同时，为重返伊核协议谈判，拜登政府摘掉也门胡塞武装"恐怖分子"的帽子，并宣称将终止在也门战争中对沙特的支持，禁止向沙特出售武器。这一系列政策调整和举措使特朗普执政时期一度亲密无间的沙美关系出现裂痕，但鉴于沙美共同的地区利益，以及长期盟友关系所奠定的合作基础，双方都互有需求，疏而不离。

2021年9月，在胡塞武装持续攻击沙特本土之际，拜登政府坚持从沙特撤走反导系统，削弱了对沙特的安全支持，似乎兑现了就职之初"重新校准美沙关系"的宣示。然而，2021年12月，美国国会参议院否决了一项由两党议员小组提出的旨在禁止拜登政府向沙特出售价值6.5亿美元的280枚空对空导弹的议案，①这不仅意味着拜登上台后第一笔对沙军售大单的成功签署，同时也意味着拜登政府在尝试修复已出现裂痕的美沙同盟。而在此之前，7月，沙特国防大臣哈立德·本·萨勒曼低调访问华盛顿，与美国多名高官会谈，这是卡舒吉事件以来美沙最高层级的接触，美国国家安全顾问沙利文向沙特承诺提供安全保障，沙特方面也表达了维护和发展同美国关系的意愿。2021年4月底，在"2030愿景"提出五周年之际，穆罕默德·本·萨勒曼王储在接受媒体采访时肯定了美国仍是沙特重要的战略伙伴："拜登总统关于沙美利益的政策至少有90%以上与我们是契合的……而对于10%的分歧，我们也将找到解决和谅解的途径，限制其对两

---

① 刘中民：《"民主"的美国与君主制的沙特为何能做几十年盟友》，https://m.thepaper.cn/rss_newsDetail_15813035？from=

国关系的破坏,增进两国互利"。① 这表明,尽管双方在伊朗和也门等问题上存在分歧,但拜登政府所谓"重新校准"对沙关系的主张并未从根本上影响双方的关系。

可以预判的是,未来沙美关系仍将延续这种复杂的发展态势,作为双方同盟关系基础之一的能源关系或将不断弱化,而双方围绕伊朗、也门及叙利亚等问题的分歧短时间内也无法得到化解。在地区安全机制缺位的情况下,沙特仍需借美国提供安全保障,长期以来形成的结构性安全合作关系决定双方都有巩固同盟的需要。沙特在维护对美关系的同时,将采取更加灵活务实的外交政策,加强同俄罗斯、中国等世界大国的关系,以谋求在各大国之间的"外交平衡"。

基于这种平衡外交理念,沙特重视与俄罗斯发展关系,双方在能源开采、军事装备、地缘政治等多领域存在利益契合点与合作空间,特别在"欧佩克+"框架下的合作,其重要性已突破双边关系范围,影响到全球能源市场的安全。2021 年,沙特与俄罗斯加强了基于"欧佩克+"框架下能源领域的合作,适时调整产量,应对美国联合石油消费国释放战略原油储存、阿联酋由于对其基准产量不满而拒绝增产等问题和挑战,在稳定国际油价和全球能源安全方面发挥了重要作用。2021 年 1 月,沙特外交大臣费萨尔·本·法尔汉与俄罗斯外交部长拉夫罗夫在莫斯科举行正式会谈,双方强调加强两国在区域和国际问题上的联合协调及在包括全球能源市场稳定在内的各个领域的合作。5 月,沙特和俄罗斯以视频会议方式举行了政府间商业、经济、科学和技术合作委员会第七届会议,双方商定实施沙-俄高级别战略合作框架第二阶段的路线图(行动计划),该框架于 2019 年 10 月 14 日在利雅得签署,第二阶段将延续至 2023 年。双方商定了大约 60 个合作项目,涉及能源、贸易、投资、信息和通信技术、工业、卫生、教育与科学、空间、媒体、文化与旅游、交通运输、地质与自然资源以及农业等众多领域②,沙特能源部长阿卜杜勒·阿齐兹·本·萨勒曼·阿勒沙特还表示,双方将推动在核能方面的合作,俄方将帮助沙特设计低功率反应堆核电站、参与沙特高产核电站建设招标。

军事方面,2021 年 8 月,沙特国防部与俄罗斯国防部签署了一项旨在

---

① رؤية ومشروعات برامج إنجازات حول العهد ولي لحوار الكامل النص ٢٠٣٠ https://ajel.sa/local/nxfzj4.
② 《沙特王国和俄罗斯同意两国之间经济、科学和技术合作路线》,沙特通讯社,https://www.spa.gov.sa/viewfullstory.php?lang=ch&newsid=2231814。

拓展两国军事合作的协议，共同维护地区稳定和安全。有多种因素推动了沙俄军事领域的合作，首先，这是基于双方政治经济关系不断发展的自然结果；其次，还因为美国战略调整下撤出在沙特的反导系统，使沙特安全防务出现真空；最后，还有俄罗斯参与中东地区事务的战略需要。显然，沙特与俄罗斯已形成多领域全面合作的发展态势，也显示出沙特对发展与俄罗斯关系的重视。俄乌冲突爆发后，沙特的相关立场也印证了这一点。在"'欧佩克+'是否有驱逐俄罗斯的道义责任"问题上，沙特强调"不应将'欧佩克+'政治化"，同时拒绝美欧的增产要求，坚持执行"欧佩克+"的产量标准，并表示不会对全球能源市场的短缺负责。

2021年，沙特与中国的关系继续稳步发展，并在既有基础上寻找新的合作机遇，沙中"全面战略伙伴"关系得到进一步巩固和发展。尽管新冠肺炎疫情的影响依然存在，但双方各领域交往不断，特别是双方高层交往引人注目。2021年3月，中国外交部长王毅到访沙特，分别会见王储穆罕默德、外交大臣费萨尔以及海合会秘书长纳伊夫等沙方高层官员，并在接受沙特阿拉比亚电视台专访时提出实现中东安全稳定的五点倡议，引起包括沙特在内中东国家的高度关注。4月，穆罕默德王储与习近平主席通电话，双方强调将共同打造能源、经贸、高技术等领域全方位、高水平合作格局，深化在国际和地区事务中的协调配合，推动"全面战略伙伴关系"迈上新台阶。同月底，穆罕默德王储在接受本国媒体采访时，再次强调与中国的全面战略伙伴关系是沙特对外关系中的重要一环。2022年初，沙特等四个海合会国家外长及海合会秘书长共同访华，凸显中国在沙特、海合会国家外交事务中的重要性，也体现出沙特等海湾国家近年来"向东看""向东走"战略的持续发展和推进。此外，沙特还将承办2022年首届中国-阿拉伯峰会，为沟通中国与阿拉伯国家的友好关系与合作、共同打造"面向新时代的中阿命运共同体"发挥更大作用。

沙中关系提速发展的一个重要标志是双边贸易的不断跃升。沙中贸易额已从2000年的30亿美元跃升至2020年的670亿美元，20年间实现了22倍以上的增长，中国已连续10年成为沙特最大贸易伙伴。根据中国海关总署数据，沙特是2021年中国最大的原油供应国，截至2021年11月，中国日均进口沙特原油180万桶，虽低于2020年同期每天206万桶的进口量，但仍领先于中国第二大原油进口国俄罗斯。沙特阿美首席执行官艾敏·纳赛尔表示将在未来50年及更长时间内优先确保中国的能源安全①。据《华尔街日报》报道，利雅得和北京正在就沙特向中国出口的部分石油以人民币结算进行谈判，如果实施，这将代表全球经济革命性的一步，也将削弱美元在全球石油市场的主导地位。尽管该消息的真实性尚无法确定，但也在某种程度上反映出在美国中东战略收缩以及对沙关系趋冷的背景下，沙特日趋重视发展与中国的战略合作关系。

除了巩固和发展与中国的传统能源和经贸关系外，沙特还十分注重推动"2030愿景"与"一带一路"倡议发展战略的深度对接，拓展双方在基础设施、贸易投资、高新技术等领域的合作空间，助力沙特实现经济多元化转型。在沙特推出"总部计划"后，2021年11月，包括中国港湾工程有限责任公司在内的多家中国企业同沙特投资部签署谅解备忘录，计划在沙特成立地区总部。沙中人文交流也在过去一年持续发展，亮点纷呈。2021年11月，第一届"中沙文化与教育交流"国际学术会议以线下线上相结合的方式举行；12月，沙中两国策展人共同策划的沙特国内首届当代艺术双年展正式向公众开放，有来自沙特、中国等国家的64位艺术家参展；同月，沙特旅游局在北京举办以"2021开启超乎想象的梦幻旅程"为主题的中国市场推介会，有50多家中国旅行社、媒体及行业伙伴参加活动；2022年2月，在遭受美西方抵制和政治污名化北京冬奥会的背景下，沙特派出历史上首个冬奥代表团来华参加，再次凸显出与中国的友好关系。

（二）与地区国家紧张关系趋于缓和

2021年，沙特与周边地区有关国家关系走向缓和。首先，与伊朗和土耳其等重要地区大国关系得到一定程度的改善。在与伊朗断绝外交关系5年后，双方重新开始接触并尝试和解，紧张对峙的沙伊关系开始出现改善的迹象。萨勒曼国王在联合国大会上发表声明，表示愿与伊朗"重建信任"，穆罕默德王储也在多个场合向伊朗释放善意，称愿意在伊朗停止对沙特"敌对行为"的前提下努力化解双方分歧。2021年内沙伊已进行四轮接触和对话，双方围绕双边关系及海湾局势达成初步共识，尽管两国达成全面和解的难度还很大，但此前双方相互对峙的紧张态势已有明显缓和。与此同时，因卡舒吉事件以及复杂的地缘政治矛盾导致的沙土紧张关系在2021年有了明显回暖迹象，两国领导人多次强调将进一步发展双边关系，

---

① 中华人民共和国商务部：《沙特阿美公司将优先向中国供应原油50年》，http：//sa.mofcom.gov.cn/article/jmxw/202103/20210303046771.shtml。

保持对话渠道的开放。

其次,海湾断交危机成功化解,与卡塔尔关系恢复正常,海合会国家及阿拉伯国家间的关系得到修补和改善。2021年年初和年末的两次海湾阿拉伯国家合作委员会首脑峰会集中体现了沙特力图加强海合会国家团结的外交思路。年初的欧拉峰会,穆罕默德王储亲自到机场迎接赴会的卡塔尔埃米尔塔米姆,随后,沙特等海合会国家宣布恢复与卡塔尔的外交关系。年末的利雅得峰会前,穆罕默德王储还专程访问包括卡塔尔在内的其他五个成员国,力图消除断交危机带来的后遗症,展现沙特在海合会中的领导地位,推动海湾经济一体化及集体安全机制建设。根据海合会利雅得峰会的规划,2022年,海合会将推出一系列旨在推动海湾经济一体化和集体安全的重大举措,包括建设海湾铁路局和海湾共同市场、组建联合部队、实现在水资源安全等非传统安全领域的合作等。此外,沙特及其主导下的海合会还将加强与约旦、摩洛哥、埃及等阿拉伯国家的关系,力图展现和提升沙特及海合会在阿拉伯世界与中东地区的影响力和领导力。

最后,与以色列关系不断走近。近年来,沙特与以色列暗通款曲已是国际社会人所共知的事。2020年在沙特的默许和支持下,巴林、阿联酋等海湾阿拉伯国家与以色列实现关系正常化。尽管沙特尚未与以色列实现关系正常化,但越来越多的迹象表明,沙以之间相互走近的关系日渐呈现公开化和明朗化的趋势。2021年10月30日,沙特战机和以色列战机共同参加了一次巡逻任务,双方军机与美国空军B-1B"枪骑兵"轰炸机一同在阿拉伯半岛巡航;[①] 2022年2月,美国领导的国际海上演习(IMX22)举行,以色列首次参与并与沙特等中东国家联合开展演习。

沙特着力改善和缓和与地区周边有关国家的关系,既有主动营造有利于自身安全发展的外部环境、拓展更有回旋余地的外交空间、减轻外来压力的内部因素的驱动,同时,也有国际与地区形势变化,特别是美国中东政策调整等外部因素的影响。拜登政府上台后,对美国中东外交政策做出大幅调整,尤其是推动所谓的"价值观外交"的一系列政策举措,给沙特等地区国家带来严重的不安全感,在此背景下,沙特迫切需要调整和缓和与伊朗、土耳其、以色列等地区主要国家的关系,以便为自己争取更大的外交回旋余地和更有实效的安全保障。

[①] 《派战机为美军轰炸机护航 沙特以色列低调开启安全合作》,新华社,http://www.cankaoxiaoxi.com/world/20211108/2459167.shtml。

2021年伊朗的政治、经济和对外关系

韩建伟[*]

【摘　要】

2021年伊朗总体上机遇大于挑战。从政治上讲，伊朗完成了第13届总统大选并实现了权力平稳过渡，为未来伊朗政治的稳定奠定了基础，但新冠肺炎疫情、水资源危机仍然给伊朗政府带来较大挑战。在油价上涨及出口量增加的背景下，伊朗经济得到了有限的恢复增长，非石油产业也取得了一些成绩；但是经济结构性问题依旧，汇率持续下跌，通货膨胀不断上涨，失业率偏高。从外交上讲，伊朗在坚守原则立场的同时也抓住了机遇，在伊核谈判中为自身争取利益，与中国加强了伙伴关系，正式启动加入上合组织进程，与周边国家的关系也有改善。

【关键词】

伊朗　总统大选　复苏　伊核谈判

2021年，伊朗政治上基本实现了政权的相对平稳过渡，同时依然面临内忧外患的一系列挑战。从内部来讲，伊朗面临疫情持续的困扰及民生危机，但是经济在美国的"极限施压"下并没有崩溃，甚至取得了一定的发展。从外部来讲，伊朗所处的地区及国际形势虽然十分复杂，但是蕴含着不少机遇，尤其是美国从中东战略收缩给伊朗提供了与地区邻国改善关系的可能。2021年伊朗与大国关系互动频繁，与中国伙伴关系进一步加深，

---

[*] 韩建伟，上海外国语大学中东研究所副教授。本文系上海外国语大学校级规划项目"认知演化视角下阿以关系正常化及对中国的影响"（项目编号：2020114094）和上海外国语大学重大项目"中东剧变后的中国中东外交实践研究"（项目编号：2021114008）的中期成果。

并在加入上合组织方面取得新进展。

一、伊朗政治总体平稳过渡，但依然面临挑战

2021年，伊朗国内最大的政治事件是第13届总统大选。早在2021年2月，伊朗议会换届就确定了保守派占绝对优势的局面，这也基本决定了本届总统大选的结果。按照《德黑兰时报》的报道，保守派人物易卜拉欣·莱希是以"压倒性"的优势获胜的。[1] 然而从以往伊朗大选的经验分析，保守派获胜通常是低投票率导致的，而改革派获胜通常是高投票率的结果。此次大选也符合该规律。

首先，从民众参与度来看，此次大选投票率比较低。伊朗官方公布的投票率为52%，但是路透社公布的投票率为48.8%。伊朗大约有5900万选民，其中有效选票2890万张，无效票370万张，莱西得票1790万张。[2] 按照伊朗官方的说法，莱希获得了62%的选票。但实际上，伊朗大约有3000万的选民没有参与投票。导致低投票率的一个很重要的直接因素是，在大选前一个月总统候选人资格的审查中，宪法监护委员会将深孚众望的中间派人物、前伊斯兰议会议长阿里·拉里贾尼排除在外，直接打击了民众的参与热情。[3] 然而，民众对保守派掌权的排斥与疏离态度是深层次原因。其次，这次投票体现出伊朗民众对改革派的失望情绪。经过多年的打击，伊朗民众渐渐认识到，改革派虽然有美好的改革宣言，但是因为不掌握实权，大多上任之后无法开展具体的改革计划，而被保守派及伊斯兰革命卫队控制的司法、安全、军事等部门处处掣肘。特别是鲁哈尼执政后期，因美国退出伊核协议及对伊朗实施的"极限施压"政策，伊朗经济重新陷入困境，鲁哈尼政府在疫情防控上也没有得到民众的充分认可。这进

---

[1] "Raeisi Wins Presidential Vote in Iran with a Landslide Victory," *Tehran Times*, Jun. 19, 2021, https://www.tehrantimes.com/news/462146/Raeisi-wins-presidential-vote-in-Iran-with-a-landslide-victory.

[2] Parisa Hafezi, "Khamenei Protege Wins Iran Election amid Low Turnout," *Reuters*, Jun. 19, 2021, https://www.reuters.com/world/middle-east/irans-sole-moderate-presidential-candidate-congratulates-raisi-his-victory-state-2021-06-19/.

[3] "Iran's Ex-parliament Speaker Demands Explanation for Vote Disqualification," *Reuters*, Jun. 12, 2021, https://www.reuters.com/world/middle-east/irans-ex-parliament-speaker-demands-explanation-vote-disqualification-2021-06-12/.

一步削弱了改革派的声誉。再次，选民中有相当多人把票投给了保守派莱希，这些人更希望建立一个强大稳定、而不是软弱无力的政府。作为强硬保守派人物，莱希的上台可能给政府带来更好的执行能力，尤其是能够保证总统不会被保守派占据的议会、司法部门及伊斯兰革命卫队控制的安全军事部门所掣肘。

这次伊朗总统大选与以往相比还有其特殊之处。莱希不仅仅是一位总统候选人，还可能是最高领袖的接班人。现任伊朗最高领袖哈梅内伊年事已高，其后继人选问题近年来时常搅动外界猜测并对伊朗政治的稳定产生了负面影响。哈梅内伊在成为最高领袖之前也曾经担任过总统，因此莱希成为总统，就为未来一旦发生意外的情况下，确保最高领袖的权力交接奠定了政治基础。这就解决了伊朗政治发展进程中的权力平稳过渡问题。

莱希正式宣誓就职后的第一件事是成立了新内阁。从人员构成及政治立场来看，此次内阁成员以少壮派、保守派成员为主，甚至有的部长是80后出生，且没有女性成员。以伊朗外交部长阿布杜拉希扬（Hossein Amirabdollahian）为例，他在外交事务中以对美国强硬的鹰派风格闻名，其目标是推动"以亚洲为中心"的对外政策。[①] 然而，莱希指定的内阁成员也遭到了一些人的批评，特别是被指责有些成员因过于年轻而经验不足。

无论如何，伊朗总统大选的顺利落幕是确保伊朗当前及未来一段时间政治稳定发展的关键。然而伊朗国内政治依然面临民生危机的多重挑战。2021年，伊朗国内发生了多次因水资源短缺而引发的严重骚乱，成为国内民生问题的缩影，也考验着政府的治理能力。

2021年7月，伊朗主要产油区胡泽斯坦省爆发了大规模民众抗议，起因是当地严重的缺水问题已经令居民无法获得安全的饮用水，更无法灌溉农田及饲养牲畜。除了环境及气候变化等长期原因外，政府缺乏有效的水资源管理也是引起抗议的主要原因。抗议浪潮蔓延到德黑兰等部分城市。[②] 这次抗议平息后不久，2021年11月初，数千名农民和他们的支持者聚集

---

① Maziar Motamedi, "Iran's Parliament Approves President Raisi's Conservative Cabinet," *Aljazeera*, Aug. 25, 2021, https：//www.aljazeera.com/news/2021/8/25/the‑conservative‑cabinet‑of‑irans‑president‑raisi.

② Joe Lo, "Drought and Water Mismanagement Spark Deadly Protests in Iran," *Climate Home News*, Jul. 28, 2021, https：//www.climatechangenews.com/2021/07/28/drought‑and‑water‑mismanagement‑spark‑deadly‑protests‑in‑iran/.

在伊朗中部城市伊斯法罕，抗议干旱地区的水资源短缺。① 该抗议持续了两周，引起了莱希政府的高度关注。莱希政府承诺解决好水资源治理问题。然而，伊朗水资源治理将面临气候及环境变化导致的越来越频繁的极端天气、政府治理能力不足等严峻挑战。水资源治理将是一项长期、复杂的工程。

2021 年，伊朗继续面临新冠肺炎疫情持久化的挑战。伊朗是中东地区遭受新冠肺炎疫情打击最严重的国家之一，尤其是跟海湾邻国相比确诊率与死亡率都明显偏高。截止到 2022 年 3 月下旬，伊朗共确诊约 715 万病例，死亡人数逼近 14 万。回顾 2021 年伊朗的疫情趋势，可以发现疫情在 1—3 月明显趋缓，每日确诊病例稳定在 6000－8000 之间；然而受德尔塔变异病毒的影响，自 4 月份病例数量飙升，在 4 月 18 日达到峰值 24886 例；此后病例又有所下降，然而从 7 月开始病例数量又开始急剧上升，到 8 月 11 日达到峰值 42541 例。随后确诊数字又开始下降，至 2021 年底每日确诊病例在 2000 例左右。然而自 2022 年以来，受奥米克戎变异毒株的影响，伊朗的感染率再次回升。②

疫情长期化带给伊朗最大的挑战是，伊朗需要在兼顾经济、民生与保护生命之间维持平衡。而伊朗同时需要面临的另一个挑战是，在 2021 年初，当世界一些发达国家开始接种疫苗且海湾阿拉伯邻国大规模采购国外疫苗时，伊朗却因制裁等原因国内没有可接种的疫苗。2021 年初，伊朗最高领袖哈梅内伊要求该国政府不得采购英美生产的新冠疫苗，但可以从其他"可靠"来源采购疫苗。伊朗红新月会随后宣布，取消原定向美国辉瑞制药公司采购 15 万剂疫苗的计划。③ 因此，疫苗在伊朗是一个被高度政治化的问题。中国是最早向伊朗提供疫苗援助的国家。2021 年 2 月，首批 25 万剂中国新冠疫苗抵达伊朗首都德黑兰。④ 然而受制裁、国内意识形态等复杂因素的影响，伊朗的疫苗接种策略飘忽不定，本国研发疫苗的战略也

---

① "Thousands Rally in Central Iran to Protest Water Shortages," *Reuters*, Nov. 20, 2021, https://www.reuters.com/markets/commodities/thousands－rally－central－iran－protest－water－shortages－2021－11－19/.

② "Iran: the Latest Coronavirus Counts, Charts and Maps," *Reuters*, https://graphics.reuters.com/world－coronavirus－tracker－and－maps/countries－and－territories/iran/.

③ 《伊朗最高领袖要求政府不得采购英美疫苗》，新华网，2021 年 1 月 9 日，http://www.xinhuanet.com/world/2021－01/09/c_1126962435.htm。

④ 《首批 25 万剂中国新冠疫苗抵达伊朗首都德黑兰》，搜狐网，2021 年 2 月 28 日，https://www.sohu.com/a/453234630_115479。

未成功。居高不下的确诊数字迫使伊朗政府改变立场,加快寻求国际援助。2021年4月,伊朗通过全球COVID-19疫苗获取机制(COVAX),收到韩国生产的阿斯利康第一批疫苗,共700800剂。① 然而,伊朗依然面临疫苗短缺问题,无法获取足够的疫苗为更多民众提供保护。2021年7月,中国国药北京生物300万剂疫苗抵达伊朗。② 到2021年8月中旬,伊朗8000万人口中接种疫苗的民众只有350万。③ 但是此后伊朗疫苗接种速度明显加快。除了中国向伊朗提供的疫苗外,2021年11月,伊朗还通过联合国难民署获得1600万剂疫苗,为本国境内的阿富汗难民提供疫苗保护。④ 截止到目前,伊朗国内大部分人口已经接种疫苗,政府也进一步实施与新冠肺炎疫情并存的策略。但是伊朗一直没有彻底放开疫情管控,试图在经济民生与生命健康之间维持平衡。这一"中间路线"符合伊朗内忧外患的现实国情,获得了民众认可,也取得了一定的效果。

二、缓慢恢复的伊朗经济

根据世界银行的评估,2021年伊朗经济在经历了两年多衰退后出现温和增长。然而受美国"极限施压"的持续影响,石油收入无法大幅度提高,而经常性支出及新冠肺炎疫情相关支出增加,这使得经济继续疲软,通胀压力增大且货币继续贬值,因此伊朗经济增长的前景并不乐观,预计增长率在3%左右。⑤ 国际货币基金组织得出了类似的评估,2021年伊朗

---

① "Iran Receives First Delivery of COVID-19 Vaccines through COVAX Facility," *UNICEF*, April 5, 2021, https://www.unicef.org/iran/en/press-releases/iran-receives-first-delivery-covid-19-vaccines-through-covax-facility.

② 《三百万中国疫苗即将抵达伊朗》,今日帕尔斯网,2021年7月4日,https://parstoday.com/zh/news/iran-i70236.

③ Tara Kangarlou, "1t's a Catastrophe. ´Iranians Turn to Black Market for Vaccines as COVID-19 Deaths Hit New Highs," *TIME*, Aug. 16, 2021, https://time.com/6090239/iran-covid-vaccine-black-market/.

④ "Over 1.6 Million COVID-19 Vaccines Land in Iran to Increase Protection of Afghan Refugees," the UN Refugee Agency, Nov. 16, 2021, https://www.unhcr.org/ir/2021/11/16/over-1-6-million-donated-covid-19-vaccines-land-in-i-r-iran-to-increase-protection-of-afghan-refugees/.

⑤ World Bank, "Iran's Economic Update," Oct. 2021, https://www.worldbank.org/en/country/iran/publication/economic-update-october-2021.

经济增长率为 2.5% 左右。① 伊朗方面公布的数据相对乐观。伊朗国家统计中心数据显示，与去年同期相比，2020/2021 年度上半年（3 月 21 日—9 月 22 日）GDP 增长 5.9%，不考虑原油贡献率，伊朗 GDP 增长率为 4.1%，其中"工矿业"增长了 9.5%，"原油和天然气开采""工业""能源"和"建筑"行业分别增长 18.3%、3.8%、8.2% 和 7%，"服务业"增长 4.8%，而"农业"则收缩 4.3%。②

伊朗 2021 年经济的有限增长得益于几个因素的共同作用：第一，国际油价的回升及石油出口量的增加。2021 年，借助于大规模疫苗接种及各国纷纷放开限制措施，世界经济开始复苏，石油需求稳步上升，国际油价开始上涨。与 2020 年大约 40 美元/桶的油价相比，2021 年平均油价为 70.68 美元/桶。③ 而跟国际油价上涨相伴随的是伊朗石油出口量的明显增加。拜登上台之后，为了重回伊核协议，与伊朗在维也纳开始间接谈判。虽然特朗普时期的"极限施压"政策并没有终结，但是对伊朗石油出口的实质性制裁已经放松，二级制裁基本上没有发挥效力。经过几年的摸索，伊朗在石油出口途径上更加多元化，如相当一部分石油是经过中间人卖出的。由于伊朗官方已经不再公布其石油出口数据，西方机构对伊朗真实石油出口量只有大致的评估。据路透社报道，2021 年 12 月 10 日，伊朗石油出口三年内第一次突破 100 万桶/日大关，且主要出口目的地是中国。④ 实际上，伊朗也向阿联酋、叙利亚等国家出口石油。石油出口的增加意味着伊朗的财政收入得到改善。第二，经过了长期的抵抗，伊朗在自给自足及发展主要满足于国内需求的产业上具备了更多基础，经济具有更强的韧性。这些年伊朗大力发展非石油制造业、石油相关的下游产业、农业等，已经取得了成效。从 2020 年下半年开始，伊朗经济就逐渐走出衰退，走向复苏。⑤

---

① 中华人民共和国驻伊朗伊斯兰共和国大使馆经济商务处：《伊朗上半年 GDP 增长 5.9%》，2021 年 12 月 12 日，http://ir.mofcom.gov.cn/article/jmxw/202112/20211203227369.shtml。

② 中华人民共和国驻伊朗伊斯兰共和国大使馆经济商务处：《伊朗上半年 GDP 增长 5.9%》，2021 年 12 月 12 日，http://ir.mofcom.gov.cn/article/jmxw/202112/20211203227369.shtml。

③ "Average Annual Brent Crude Oil Price from 1976 to 2022," Statista, https://www.statista.com/statistics/262860/uk-brent-crude-oil-price-changes-since-1976/.

④ Alex Lawler, "As Nuclear Talks Resume, Iran's Oil Exports Increase," Reuters, Feb. 11, 2022, https://www.reuters.com/business/energy/nuclear-talks-resume-irans-oil-exports-increase-2022-02-10/.

⑤ 中华人民共和国驻伊朗伊斯兰共和国大使馆经济商务处：《伊朗中央银行称经济已摆脱停滞》，2021 年 10 月 24 日，http://ir.mofcom.gov.cn/article/jmxw/202110/20211003210891.shtml。

然而，伊朗经济持续增长的基础还是很脆弱的，结构性的问题并没有解决。

第一，2021年伊朗汇率继续呈现贬值趋势。伊朗本币里亚尔汇率不断下降的根源主要是因制裁导致外汇短缺造成的，同时容易受国际突发性政治事件的影响。2021年2月13日，伊朗自由汇率市场美元价格破26万里亚尔大关。① 然而随后几个月，里亚尔汇率有所回升，至6月中旬，1美元兑里亚尔价格为23.7万。这主要是维也纳伊核谈判取得积极进展给国内汇率带来的积极影响。② 但是里亚尔稳定的基础非常脆弱。2021年8月以来，阿富汗局势的变化对伊朗汇率产生了负面影响。塔利班在美国仓促撤离后迅速接管了阿富汗及大批难民进入伊朗，给伊朗社会经济带来一定的波动，也影响到里亚尔币值的稳定。2021年8月21日，1美元价格已经飙升到27万里亚尔，与此同时黄金价格也继续上涨。③ 到12月24日，1美元兑里亚尔价格继续上涨至29万。④ 伊朗里亚尔无法维持币值稳定除了因制裁无法获取足够的外汇之外，另一个主要原因是伊朗本国经济无法实现良性发展，令本国货币缺乏强有力的实体经济支撑。

第二，2021年，伊朗通货膨胀率持续大幅上涨，令普通民众民生更加艰难。图1显示，在2021年的大部分月份，伊朗的通胀率普遍高于40%，这是自鲁哈尼执政以来最严重的通胀危机。造成伊朗该年通胀率持续走高的因素包括：一是"极限施压"令伊朗不得不大量减少进口，因此导致国内进口商品价格不断上涨，另外一些需要用进口原料加工的国内产品的价格也在上涨；二是里亚尔不断贬值，导致民众购买力下降；三是疫情冲击之下生产价格指数（PPI）也有所上涨。伊朗《金融论坛报》报道，截至2021年9月22日的四个季度，服务业的平均生产价格通胀同比增长45.1%。⑤ 生产

---

① "Dollar Enters 260, 000 - Rial Threshold," *Financial Tribune*, Feb. 13, 2021, https://financialtribune.com/articles/business - and - markets/107478/dollar - enters - 260000 - rial - threshold.

② "Rial Gets Some Respite," *Financial Tribune*, Jun. 20, 2021, https://financialtribune.com/articles/business - and - markets/109113/rial - gets - some - respite.

③ "Forex and Gold Jump," *Financial Tribune*, Aug. 21, 2021, https://financialtribune.com/articles/business - and - markets/109875/forex - and - gold - jump; https://financialtribune.com/articles/business - and - markets/111303/dollar - near - 9 - month - high.

④ "Dollar Near 9 - Month High," *Financial Tribune*, Nov. 24, 2021, https://financialtribune.com/articles/business - and - markets/111303/dollar - near - 9 - month - high.

⑤ "Q2 Services PPI Inflation Hits Record High of 45.1%," *Financial Tribune*, Nov. 2, 2021, https://financialtribune.com/articles/domestic - economy/110974/q2 - services - ppi - inflation - hits - record - high - of - 451.

价格指数最终会传导到消费端，造成消费价格指数的平行上升。伊朗通货膨胀长期居高不下的根源在于供给不足，制裁导致大部分国外供应链被切断，而本国的产品又无法充分满足国内生活的需求。通胀问题也是造成伊朗民怨累积的重要原因，近年来往往因某个普通日用品的价格上涨就引发民众大规模的骚乱。因此，高通胀问题已经成为危及伊朗社会政治安全的经济痼疾。

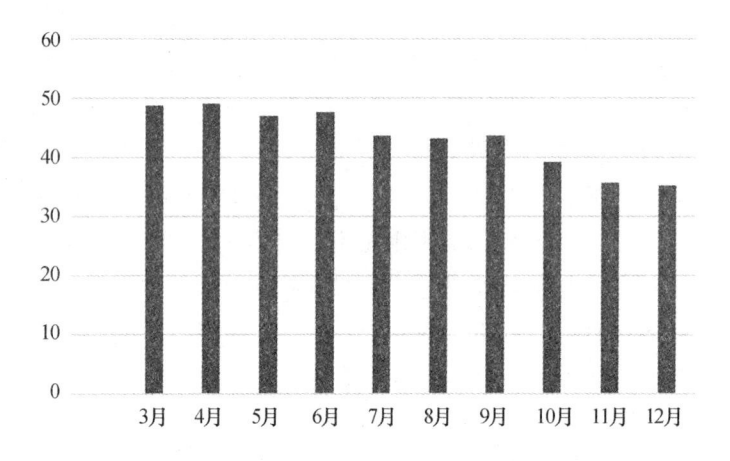

图1　2021年3－12月伊朗通货膨胀率（%）

数据来源："Iran Inflation Rate," https：//tradingeconomics.com/iran/inflation-cpi。

第三，伊朗就业率没有明显提升，失业率跟往年持平，未发生本质变化。根据伊朗统计中心发布的2021年秋季就业数据，伊朗15岁（含）以上人口的劳动参与率为40.9%，其中男性为68.7%，女性为13.1%；15岁（含）以上人口的失业率为8.9%，其中男性为7.6%，女性为15.7%；15—24岁失业率依然是最高的，为23.6%，其中男性为20.7%，女性为37.9%；15岁（含）以上接受高等教育的失业率为13.8%，其中男性为10.1%，女性为22.6%。值得注意的是，接受高等教育失业人口占全部失业人口比例的42.3%，比上一年（40.2%）略有增长，其中男性占30.2%，女性占72.9%。[①] 这意味着取得高等学历女性的2/3比例都会失业。伊朗不仅总体失业率高，而且呈现出年轻人失业率高于中年群体，女

---

① Statistical Center of Iran, "A Selection of Labor Force Survey Results Autumn, the Year 1400 (23 September – 21 December 2021)," p. 5, https：//www.amar.org.ir/LinkClick.aspx? fileticket = AKeF5ZI6HcE%3d&portalid = 1.

性失业率高于男性，受高等教育女性群体失业率尤为突出的问题。这不仅是伊朗经济长期危机导致无法提供大量就业机会的问题，也在于伊朗传统伊斯兰文化影响下女性就业依旧受到较多限制与歧视，得不到真正的保护与尊重。

第四，伊朗的营商环境有趋于恶化的趋势。"伊朗商业、工业、矿业和农业商会"报告称，2021年第二季度的营商环境比上一季度有所恶化。"原材料和产品价格的不可预测性及波动性"，"政策、规则、法规和商业手续的不确定性"，"获得银行信贷的相关困难"等是影响伊朗营商环境的最不利因素。[①] 从治理层面来讲，伊朗政府浓厚的官僚习气、部门职能重叠及低效率、利益集团阻碍高层实施反腐败的决心等因素，制约了伊朗成为一个廉洁高效、发展型政府的前景。

虽然经济结构性问题突出，然而伊朗显然度过了被"极限施压"的最困难时期。拜登上任之后，对认真执行"极限施压"有心无力，使得伊朗经济面临相对宽松的环境。2021年以来，伊朗政府更加重视数字技术的发展及其对产业的推动作用。这在很大程度上得益于疫情期间远程学习、办公的大规模普及及线上购物的迅速增加，促使政府加快发展数字经济。到2021年1月，伊朗已有5916万互联网用户，2020－2021年间伊朗的互联网用户数量增加了73.9万，增幅1.3%，互联网普及率约70%。[②] 伊朗德黑兰地区已经开始发展智慧城市项目。"智慧德黑兰计划"（STP）的愿景是建设一个宜居、包容的城市，拥有充满活力的经济和综合的基础设施，其下共包括五个子项目：智慧公民和数字服务、德黑兰城市创新计划、智能环境、能源和安全、市政数字化转型。[③] 伊朗也在为应对气候变化而加速能源转型，大力发展太阳能、风能等清洁能源。这不仅符合当前摆脱美国以能源制裁为手段打击伊朗的现实需要，也符合未来伊朗可持续发展的长期目标。

因此，2021年伊朗经济虽然未能全面走出危机，但是一些新的积极特

[①] 中华人民共和国驻伊朗伊斯兰共和国大使馆经济商务处：《伊朗第一季度营商环境恶化》，2021年8月29日，http：// ir.mofcom.gov.cn/article/jmxw/202108/20210803192756.shtml。

[②] "Digital 2021: Iran," DATAREPORTAL, https：//datareportal.com/reports/digital－2021－iran.

[③] Claudio Providas and Mohammad Farjood, "Why Truly Smart Cities Are Crucial for Development," UNDP, Sep. 15, 2021, https：//www.asia－pacific.undp.org/content/rbap/en/home/blog/2021/why－truly－smart－cities－are－crucial－for－development－－how－tehran－i.html.

征已经显现。可以预期一旦外部环境有所改善，伊朗经济将会出现很大的飞跃。

三、伊朗外交坚持原则的同时把握机遇

2021年对伊朗外交来说总体上蕴含着不少机遇，虽然经历了从鲁哈尼到莱希政府的换届，但是伊朗对外政策基本保持了延续性，坚守自身的原则与立场。

第一，致力于维也纳伊核谈判、解除制裁是伊朗2021年的外交重心。

处理跟美国的关系依然是伊朗外交的重点。2021年对伊朗的机遇就是拜登上任后，希望能够恢复奥巴马时期的外交遗产——伊核协议，并希望与伊朗接触对话缓和关系。拜登政府希望重回伊核协议受几个因素的影响：一是作为民主党人的拜登是当初伊核协议的主要参与者与制定者之一，对该协议总体持肯定态度。二是受美国国内政治极化的深刻影响。在特朗普执政时期，美国政治极化达到顶峰，共和党几乎对民主党所有的政治遗产进行清算，而民主党重新成为执政党后必然进行报复打击。因此，"重回伊核协议"象征着拜登民主党政府对此前共和党外交路线的彻底决裂与否定。三是拜登政府试图通过重回伊核协议重建在特朗普时期受到严重损害的跨大西洋联盟关系。伊核协议一直被欧洲视为重要的外交成就，欧洲诸国也反对特朗普退出伊核协议，此事件造成了美欧关系的疏离。拜登希望通过重回伊核协议，向欧洲证明"美国真的回来了"的决心。[①] 四是美国从中东战略收缩的需要。特朗普对伊朗的"极限施压"并没有将伊朗击垮，反而刺激伊朗重新加强了浓缩铀活动，恶化了中东安全形势，令美国无法安心撤出中东专注亚太。美国希望通过与伊朗适当缓和关系，特别是通过协议方式约束伊朗核活动，以更小的成本换取中东安全并将更多精力投入亚太与中国的竞争。

因此，拜登欲重回伊核协议意味着伊朗此前遭受的"极限制裁"可能会被豁免，这对伊朗来说是重大的机遇。然而，鉴于美国多次出尔反尔，

---

① "US Seeking 'United Front' with Europe on Iran: Top Biden Aide," *Aljazeera*, Oct. 26, 2021, https://www.aljazeera.com/news/2021/10/26/us-seeking-united-front-with-europe-on-iran-biden-aide.

伊朗对美国存在极深的不信任感,一直拒绝与美国直接谈判。两国的间接谈判是2021年3月在奥地利首都维也纳开始的,断断续续进行了数轮,但是至今没有达成协议。美伊之间存在巨大的分歧。伊朗方面的主要诉求是:废除特朗普时期对伊朗施加的所有制裁,这被伊朗视为达成协议的"红线";① 美国政府必须做出承诺不会再次退出伊核协议,如果再次退出的话,必须保证伊朗得到足够的经济补偿。②

然而,这两个诉求美方都很不愿意做出妥协。拜登政府不愿意取消特朗普时期对伊朗的所有制裁,这源于美国政界长期将伊朗视为"世界上头号支持恐怖主义国家"的固有认知;另外,拜登政府无力对伊朗的第二项诉求做出承诺,因为伊核协议在美国国内是时任总统奥巴马签署的一项行政命令,没有经过国会授权,因此下届总统有权直接将其废除。现在拜登政府也是绕过国会跟伊朗谈判,并不打算将重回伊核协议的决定放在国会审批的程序中,这也导致未来如果共和党再度执政的话,仍会有再次退出的可能。

两国核心诉求的巨大差异,导致伊核谈判多轮未果。2022年2月末爆发的俄乌冲突似乎给伊核协议的解决提供了新机遇。俄乌战争及西方对俄罗斯的制裁令国际油价大涨。2022年3月7日,国际石油价格上涨至139美元/桶,达到近14年来的最高点。③ 高油价不仅重创全球经济,也造成欧美国内能源价格飙升。寻找替代性能源供应是西方国家当务之急,伊朗能源被纳入考虑之中,这促使拜登政府加快与伊朗谈判并愿意做出更多让步。虽然一再传出伊核协议马上达成的消息,但是因俄罗斯突然提出"美国不能对伊朗与俄罗斯之间的正常贸易进行制裁"的要求,伊核谈判在最后关头突然中止。④ 在俄罗斯取得美国的保证后,伊核谈判又因美国的临时变卦而搁置。拜登政府一度想以承认伊斯兰革命卫队不是"恐怖组织"

---

① "Iran: U. S. Better Come to Vienna with 'Tangible' Guarantees," *Tehran Times*, Nov. 22, 2021, https://www.tehrantimes.com/news/467322/Iran-U-S-better-come-to-Vienna-with-tangible-guarantees.

② Sanam Vakil, "JCPOA Talks: Deal or no deal?" https://www.chathamhouse.org/2022/01/jcpoa-talks-deal-or-no-deal.

③ Faisal Islam, "Ukraine Conflict: Petrol at Fresh Record as Oil and Gas Prices Soar," *BBC*, Mar. 7, 2022, https://www.bbc.com/news/business-60642786.

④ "Iran Nuclear Talks on Hold Over Last-minute Russian Demands," *The Guardian*, Mar. 11, 2022, https://www.theguardian.com/world/2022/mar/11/iran-nuclear-talks-on-hold-over-last-minute-russian-demands.

为条件换取伊朗同意达成伊核协议，但是很快又改变了主意。将伊朗伊斯兰革命卫队从"恐怖组织"除名的决定遭到了共和党及部分民主党人的强烈反对。伊朗方面则坚持美国必须要把伊斯兰革命卫队从"恐怖组织"的黑名单中除名。伊朗外长阿布杜拉希扬认为，"伊斯兰革命卫队是伊朗合法的、最重要的安全组织，必须要被纳入谈判的进程中去。"①

美国与伊朗的间接谈判至今没有成果，也受到一些外部因素的干扰，如伊朗政府换届的影响。谈判在鲁哈尼与莱希交接政权的几个月时间内被中断，西方普遍认为莱希政府更加难以谈判。但两国无法达成协议的根源是美伊之间缺乏互信基础，使得任何外界的风吹草动，都能成为两国谈判的绊脚石。谈判未来能否取得成果，还取决于两国达成协议的决心与意愿。

第二，2021年伊朗跟中国结成更紧密的伙伴关系，启动加入上合组织程序，是伊朗外交政策"向东看"的重要一年。

早在2020年7月，一份所谓的《中伊25年合作协议》文本就被外媒曝光，详细披露了中伊在能源、经济、安全甚至军事方面的合作项目，甚至指出两国合作规模高达4000亿美元。② 当时《纽约时报》就认为，《中伊25年合作协议》是一项针对美国的、不仅是经济还是军事合作的协议。③ 但是此后半年中伊两国并未在该协议上取得新进展。2021年3月27日，王毅外长访问伊朗，与伊朗外长扎里夫签署了为期25年的《中伊全面合作协议》，引起了世界轩然大波。尽管中伊双方都表示该协议并不针对第三方，是一个以经济为主的合作计划，西方政界及媒体仍然大加揣测，认为协议内容远远超出经济范畴。迄今协议文本内容并没有公布，但是从中伊关系的发展来看，该协议的签署促进了两国关系的进一步增强。伊朗不仅获得了中国提供的疫苗援助，也获得了中国在维也纳谈判中的积极支持，伊朗也非常感激中国在伊核谈判中的建设性作用。伊朗还在加入

---

① "Lifting Bans on IRGC is an 'Important' and 'Serious' Issue: Amir Abdollahian," *Tehran Times*, Mar. 27, 2022, https://www.tehrantimes.com/news/471193/Lifting-bans-on-IRGC-is-an-important-and-serious-issue-Amir.

② Ariel Cohen, "China and Iran Approach Massive $400 Billion Deal," *Forbes*, Jul. 17, 2020, https://www.forbes.com/sites/arielcohen/2020/07/17/china-and-iran-approach-massive-400-billion-deal/?sh=4fe0dec72a16.

③ "Defying US, China and Iran Near Trade and Military Partnership," *New York Times*, Jul. 11, 2020, https://www.nytimes.com/2020/07/11/world/asia/china-iran-trade-military-deal.html.

上合组织方面获得了中国的支持。在美国制裁威胁下，中伊能源、经济、政治及安全方面的合作逐步加深。

2021年9月23日，伊朗总统莱希参加杜尚别上合峰会，正式申请加入上合组织并获得成员国认可，此后两年内伊朗需要走完必要的技术和法律程序才能被正式接纳为成员国。莱希将其视为是将伊朗跟亚洲基础设施及广阔资源紧密联系在一起的"外交胜利"。[①] 上合组织成员国领土占世界的1/3，近年来经过扩容，特别是通过吸引印度和巴基斯坦的加入，已经成为欧亚地区最主要的经济与安全组织。伊朗加入上合，不仅意味着上合组织的进一步扩容，也代表着欧亚区域主义的进一步发展，将对中亚、中东地区格局产生深刻的影响。对伊朗本身来讲，因遭受美国长期制裁及跟周边阿拉伯邻国的不和，其地缘环境十分孤立。伊朗正式被上合接纳是其重新融入新的地区一体化的开始，也意味着与中东、中亚、东亚、南亚四大板块的进一步融合。在美国影响力逐渐在欧亚大陆衰退的背景下，伊朗加入上合组织有深远的地缘政治影响。

第三，2021年伊朗奉行睦邻周边的地区政策初见成效。

以伊朗为首的什叶派联盟与以沙特为首的逊尼派联盟，长期被视为中东地区地缘政治分裂的主要根源。然而事实上，伊朗多年来一直谋求与海湾阿拉伯邻国和平相处，尽管收效甚微。2021年，海合会国家表现出与伊朗接触及和解的意愿，成为伊朗改善周边环境的机遇。拜登上任之后，美国战略收缩引起了中东盟友对外政策的重大调整，特别是长期奉行对伊朗强硬对抗政策的沙特、阿联酋都表现出要跟伊朗改善关系的意愿。沙特与伊朗在伊拉克牵头下先后举行了几轮秘密会谈，双方都派出高级官员出席了2021年8月底的巴格达峰会，被外界视为和解的"风向标"。然而鉴于两国在地区问题上的严重分歧，伊朗与沙特的会谈并没有实质性进展。沙特提出希望能够参与伊核谈判的要求，也被伊朗严词拒绝。[②] 当前伊朗与沙特的主要矛盾有地区代理人问题、伊核问题、导弹问题等。沙特尤其关注伊朗的代理人问题，如胡塞武装对沙特构成了严重的威胁。虽然双方谈

[①] Maziar Motamedi, "What Iran's Membership of Shanghai Cooperation Organisation Means," *Aljazeera*, Sep. 19, 2021, https://www.aljazeera.com/news/2021/9/19/iran-shanghai-cooperation-organisation.

[②] "Iran Nuclear Deal: Saudi Arabia Says Gulf States Must be Consulted if US Revives Accord," *The Guardian*, Dec. 6, 2020, https://www.theguardian.com/world/2020/dec/06/iran-nuclear-deal-saudi-arabia-says-gulf-states-must-be-consulted-if-us-revives-accord.

判缺乏实质性内容，但是沙特依然表示要继续与伊朗接触。这表明在美国撤离阿富汗及在中东影响力衰落的背景下，沙特的外交政策开始出现重大转向。这对伊朗来说也是改善周边环境的机遇。但是两国矛盾日久年深，需要搭建更多的沟通桥梁。

除了沙特，阿联酋也与伊朗进行接触，希望缓和双边关系。与沙特、阿联酋相比，卡塔尔在发展与伊朗的合作关系上更加公开化。2022年2月，伊朗总统莱希应邀访问多哈，参加"天然气出口国论坛"（GECF），使得两国关系进一步深化。卡塔尔也是支持美伊两国尽快回归伊核协议的国家，在协调伊朗与海合会其他国家关系上发挥了积极作用。[①]

2021年，伊朗还试图在周边事务中发挥影响力。如在塔利班接管阿富汗政权后，伊朗接受了大量阿富汗难民，提供了力所能及的人道主义援助，与巴基斯坦、印度积极合作，并通过上合组织峰会积极介入阿富汗问题的治理。莱希执政后，更加注重跟中亚及里海国家的经济联系，试图融入欧亚经济一体化进程。

四、结　语

尽管伊朗还未全面走出经济危机，特朗普时期的"极限制裁"也没有解除，然而综合来看，伊朗已经走在复苏与发展的道路上。2021年，伊朗抵御住了新冠肺炎疫情的严重冲击，实现了总统换届和政府权力交接的平稳过渡，经济总体保持平稳并实现了小幅上涨。伊朗还借助对己有利的周边及国际环境，通过积极外交使其国际地位及影响力得到了提升。与此同时，2021年伊朗继续是国际舞台的热点，伊核谈判一波三折。伊朗在坚守原则的基础上艰难地跟美国争取自身的利益。伊朗还继续加强了与中国等亚洲国家的关系，为伊朗以"亚洲为中心"的战略进一步奠定了基础。

---

① Maziar Motamedi, "Iran, Qatar to Sign Major Agreements on Raisi's Doha Visit," *Aljazeera*, Feb. 21, 2022, https：//www.aljazeera.com/news/2022/2/21/irans－president－raisi－in－qatar－for－talks－with－emir－gecf－summit.

2021年以色列的政治、经济和对外关系

钮 松 王丹钰[*]

【摘 要】

　　2021年以色列总体的政治情况有所改善，两年内第四次大选后终于产生新的联合政府，但是新政府也依旧面临着内部矛盾和反对派的挑战，国内教俗矛盾依然严重。在安全形势方面，2021年以色列国内发生恐怖袭击的次数与上一年相比有所增加，5月巴以双方还发生了激烈的武装冲突。疫情形势缓解使得以色列国内生产总值有所增长，失业率有所下降，以色列还通过了新的国家预算案，提出了一系列改革措施，推出了许多经济发展计划。以色列对外关系继续发展，贝内特总理上任后首次访问美国并讨论伊核问题、巴以问题等；贝内特还访问了俄罗斯、阿联酋和巴林。2022年春，赫尔佐格总统先后访问了阿联酋和土耳其。美国依然是以色列的传统盟友，以色列在地区外交问题上仍将受到美国的影响。

【关键词】

　　以色列　政治形势　经济形势　对外关系

　　2021年，以色列的政治、经济和外交关系总体发展有所改观，在经历两年内第四次议会大选后政局趋于缓和。出于结束内塔尼亚胡统治的共同目标，以色列的8个政党暂时搁置分歧，联合成立了横跨左、中、右翼的联合政府，国家内部政治环境得到改善，但联合政府依然面临着诸多内部

---

[*] 钮松，上海外国语大学中东研究所研究员；王丹钰，上海外国语大学中东研究所2021级博士生。本文是第三届上海外国语大学青年教师科研创新团队"百年未有大变局之下的中东政治变迁研究"的阶段性成果。

分歧和反对派的挑战。以色列国内的安全形势较上一年有所变化，国内遭遇恐袭次数有所增加。疫情形势缓和后以色列的经济形势也有所改观，国内生产总值实现了正增长。以色列在外交方面继续与传统外交伙伴保持良好关系，贝内特政府积极维持以色列与美国、俄罗斯等国家的关系。

一、以色列的政治形势

（一）2021年以色列的政局情况

2021年6月13日，以色列新一届政府宣誓就职，贝内特出任新一届政府总理，成为以色列建国以来首位宗教正统派总理，终结了内塔尼亚胡在以色列长达12年的执政。按照设想，贝内特首先担任总理[①]，之后拉皮德将于2023年8月27日接任总理一职直至2025年11月11日任期结束。[②] 2021年7月7日，艾萨克·赫尔佐格（Isaac Herzog）取代里夫林正式就任以色列第11任总统。[③] 新一届政府包含了以色列是我们的家园（Yisrael Beytenu）、新希望党（New Hope）、联合右翼（Yamina）、拥有未来党（Yesh Atid）、蓝白党（Blue and White）、工党（Labor）、梅雷兹党（Meretz）和拉姆党（Ra'am）等跨越政治立场的8个政党，阿拉伯政党首次进入联合政府内，开创了以色列政坛新局面。

此次选举是以色列两年内的第四次议会大选。由于2020年12月联合政府预算案未能按期通过，以色列第23届议会自动解散[④]，并于2021年3月举行了第24届议会大选。此次议会大选再次凸显了以色列政治的僵局，

---

① Gil Hoffman, "Bennett to Announce Forming Gov't Coalition with Lapid," *Jerusalem Post*, May 30, 2021, https：//www.jpost.com/israel-news/politics-and-diplomacy/lapid-i-dont-know-if-well-form-a-government-or-not-before-mandate-expires-669478.

② Gil Hoffman, "Coalition Passes Amendment to Basic Law that Guarantees PM Totation," *Jerusalem Post*, July 27, 2021, https：//www.jpost.com/breaking-news/coalition-passes-amendment-to-basic-law-that-guarantees-pm-rotation-675061.

③ Greer Fay Cashman, "Changing of the Guard：Israel Now Has a New President," *Jerusalem Post*, July 8, 2021, https：//www.jpost.com/israel-news/politics-and-diplomacy/changing-of-the-guard-israel-now-has-a-new-president-673306.

④ 以色列的法律规定新一届政府宣誓就职后必须在100天内通过预算案，若届时预算案未通过且政府未推迟截止时间，议会将自动解散。

选举结果显示依然没有哪个阵营获得组阁所需席位。此次选举结果如图 1 所示：

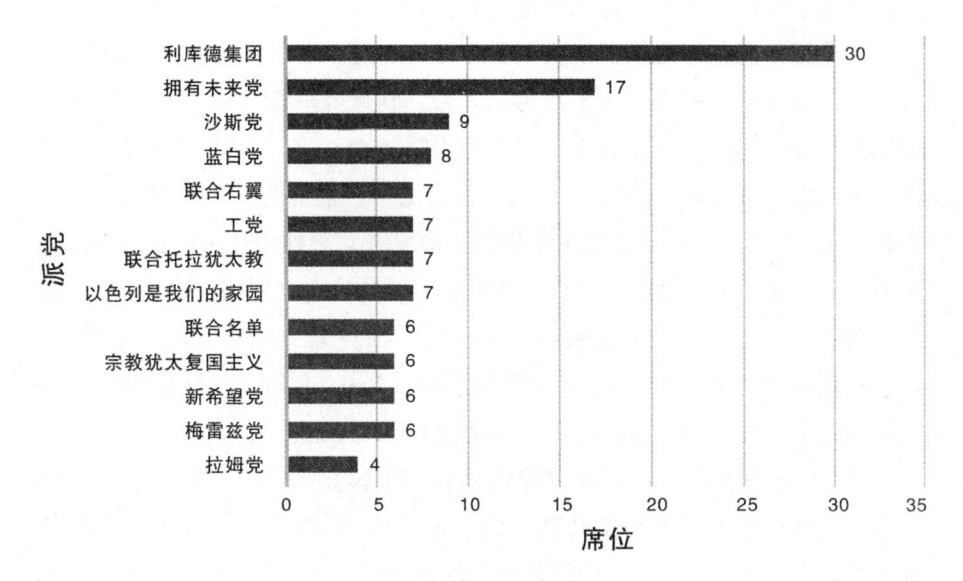

图 1　2021 年议会大选最终结果

派党	席位
利库德集团	30
拥有未来党	17
沙斯党	9
蓝白党	8
联合右翼	7
工党	7
联合托拉犹太教	7
以色列是我们的家园	7
联合名单	6
宗教犹太复国主义	6
新希望党	6
梅雷兹党	6
拉姆党	4

图片来源："No further changes to Knesset blocs appear possible; no clear path to any coalition," *Times of Israel*, March 25, 2021, https://www.timesofisrael.com/liveblog_entry/no-further-changes-to-knesset-blocs-possible-no-clear-path-to-any-coalition/。

议会选举结果公布后，工党和拥有未来党讨论组建一个终结内塔尼亚胡统治的变革联盟，而利库德集团将其称为一种反民主的存在。[①] 由于利库德集团获得的席位最多，按照惯例内塔尼亚胡首先获授权组阁。但是内塔尼亚胡依旧未能处理内部分歧，也没能成功拉拢其他右翼政党，2021 年 5 月 4 日，内塔尼亚胡宣告组阁失败，组阁权被移交至拥有未来党的领导人拉皮德手中。拉皮德在第二轮组阁期限即将到期时正式通知总统鲁文·里夫林（Reuven Rivlin）和议长亚里夫·莱文（Yariv Levin），宣布成功建立了新的执政党联盟。2021 年 11 月，执政党联盟提出的国家预算案在议会获得通过，这也意味着以色列议会短期内不会再次面临解散的危险，也

---

① "Likud Breaks Silence, Calls Anti-Netanyahu Bloc 'Anti-democratic'," *Times of Israel*, March 25, 2021, https://www.timesofisrael.com/liveblog_entry/likud-breaks-silence-calls-anti-netanyahu-bloc-anti-democratic/.

不会进入另一轮新的议会大选进程之中。① 但是新成立的执政党联盟面临着许多挑战，这些挑战既来自执政党联盟内部，也源于反对派的挑战。

执政党联盟在一些具体问题上存在分歧。议会讨论的以色列国防军的哈迪姆法案草案在经过第二次投票后才获得通过，该法案规定了从2022年开始每年应征入伍的极端正统派男性人数。执政党联盟内部成员对这一法案的意见并不一致，拉皮德表示他将努力推进该法案，拉姆党领导人曼苏尔·阿巴斯（Mansour Abbas）投票支持该法案，但他的党内同事马赞·加内姆（Mazen Ghanaim）没有出席投票。梅雷兹党领袖盖达·祖比（Ghaida Rinawie Zoabi）在首次投票中投了反对票，这让执政党联盟感到惊讶。② 在国家预算案问题上，拉姆党领导人的行为为预算案的顺利通过带来风险。以色列议会内务委员会主席瓦利德·塔哈（Waleed Taha）是拉姆党领导人，他取消了原计划讨论国家预算案和经济法案的会议，而预算案如果在11月14日之前没有通过，就可能启动另一次议会大选。塔哈还表示，他不会在议会全体会议上与执政党联盟一道投票。③ 在本尼·甘茨与马哈茂德·阿巴斯会面的问题上，执政党联盟各方均表示了不满。国防部长本尼·甘茨成为自2010年以来首位与巴勒斯坦领导人马哈茂德·阿巴斯会面的高级部长。双方会面后，甘茨受到以色列国内多重抨击。内阁中的右翼部长事先不知道甘茨与阿巴斯的会面，他们对贝内特授权此次会面感到失望；贝内特的左翼联盟伙伴也对此表示不满，他们希望和平进程由其主导。④

即便是在新政府宣誓就职以后，利库德集团也没有放弃分裂执政党联盟的努力，试图通过拉拢执政党联盟的部分成员来启动新的大选进而成立新内阁。国防部长和蓝白党领袖本尼·甘茨在上届议会会议结束时再次与

---

① Gil Hoffman, "Bennett: Passing Budget Most Important Moment of My Government," *Jerusalem Post*, November 4, 2021, https://www.jpost.com/israel-news/politics-and-diplomacy/bennett-i-am-saving-israel-from-a-mess-683889.

② Gil Hoffman, "IDF Draft Bill for Haredim Passes in Knesset in Second Attempt," *Jerusalem Post*, January 31, 2022, https://www.jpost.com/israel-news/politics-and-diplomacy/article-695111.

③ Gil Hoffman, "Israel's Coalition Crisis: Ra'am Rebellion Threatens State Budget," *Jerusalem Post*, October 19, 2021, https://www.jpost.com/israel-news/politics-and-diplomacy/israels-coalition-crisis-raam-rebellion-threatens-state-budget-682457.

④ Gil Hoffman, "How Gantz upset the Coalition by Meeting Mahmoud Abbas," *Jerusalem Post*, August 31, 2021, https://www.jpost.com/israel-news/politics-and-diplomacy/how-gantz-got-everyone-upset-678183.

本雅明·内塔尼亚胡会面，内塔尼亚胡向甘茨提出他要成立一个由利库德集团和右翼政党组成的新政府，由甘茨来担任总理，并且在贝内特政府成立之后的几个月一直试图诱使甘茨放弃目前的执政党联盟。① 在对国家预算案投票之前，利库德集团成员还试图拉拢拉姆党领袖马赞·加内姆，称如果他反对预算案，反对派将通过一项授权在萨赫宁（Sakhnin）② 建造一家医院的法案。③

反对派在议会中的势力不容小觑，多次以微弱的优势通过一些法案。2021年10月20日，以色列议会中的反对派设法通过一项动议，要求成立一个议会委员会，调查该国在教育系统中安置阿拉伯教师的情况，该动议最终以47票对46票通过，此举被认为给执政党联盟带来了尴尬的局面。④ 2021年11月10日，在对一项启动在阿拉伯城镇萨赫宁建造一家新医院的法案进行投票时，反对派联盟支持建造而执政党联盟持反对意见，最终该法案以51票对50票获得通过。拉姆党领袖马赞·加内姆是萨赫宁的前市长，他为通过该法案投了决定性的一票。打算再次竞选市长的加内姆与来自利库德集团、沙斯党、联合托拉犹太教、联合名单和宗教犹太复国主义党的领袖一起投票支持该法案，该法案由联合名单领导人艾曼·奥德（Ayman Odeh）发起。⑤

新冠肺炎疫情仍旧对以色列政局产生持续影响，应对疫情的成效成为评估领导人政绩的重要指标。与内塔尼亚胡不同，贝内特将以色列医院应对新冠病毒病房的床位容量增加了一倍，以防止医疗系统崩溃；在停学问题上，虽然他威胁说如果疫情严重的城市中有太多学生未接种疫苗，他将

---

① Jeremy Sharon, "Gantz Meets with Netanyahu once More," *Jerusalem Post*, September 18, 2021, https：//www.jpost.com/israel－news/politics－and－diplomacy/gantz－meets－with－netanyahu－once－more－679750.

② 萨赫宁是以色列北部一个阿拉伯城市，大部分人口是穆斯林。马赞·加内姆在该地出生，并在2008－2018年间担任萨赫宁市长，详见 https：//main.knesset.gov.il/en/MK/APPS/mk/mk-personal－details/1057。

③ Gil Hoffman, "Likud Aims to Draft Ra'am MK to Sink Coalition Budget," *Jerusalem Post*, October 30, 2021, https：//www.jpost.com/israel－news/politics－and－diplomacy/likud－aims－to－draft－raam－mk－to－sink－coalition－budget－683571.

④ Herb Keinon, "The Ties Binding Israel's Coalition Together Have Begun to Loosen," *Jerusalem Post*, October 21, 2021, https：//www.jpost.com/israel－news/politics－and－diplomacy/the－ties－binding－israels－coalition－together－have－begun－to－loosen－682787.

⑤ Gil Hoffman, "Bill to Build Hospital in Arab City Passed by Netanyahu's Opposition," *Jerusalem Post*, November 10, 2021, https：//www.jpost.com/breaking－news/coalition－loses－to－opposition－on－arab－hospital－vote－684611.

强迫学生通过 Zoom 开展学习。① 2021 年 11 月底出现的新冠病毒的新变体奥密克戎在全世界掀起新一轮病毒流行潮。2021 年 11 月 28 日，以色列宣布禁止外国人入境，这使得以色列成为该毒株出现以来首个关闭国境的国家。封锁国境可能会为抗疫赢取时间，但以色列政府不得不付出经济成本，这会打击以色列经济的活力，也会大幅增加预算赤字，贝内特可能会因经济状况恶化而受谴责。② 应对奥密克戎的态度差异也凸显了执政党联盟内部的分歧，贝内特与各部长间就如何应对表现出不同意见。财政部长阿维格多·利伯曼（Avigdor Lieberman）最初淡化了这种新变种并将其与流感相提并论，而此时贝内特正试图鼓励公众采取更严格的防护措施；旅游部长约尔·拉兹沃佐夫（Yoel Razvozov）抨击了该政策会对旅游业造成不可挽回的伤害；卫生部长尼赞·霍洛维茨与贝内特就具体的疫苗接种目标发生争执。拉皮德在贝内特恳求其不要参加大型活动后不久，仍召集了他所领导的拥有未来党开展大规模集会。③ 疫情也成为政治对手攻击贝内特总理的武器。早在 2021 年 10 月，内塔尼亚胡就指责贝内特应对疫情不力，他指责贝内特因未采取有效手段而导致 1392 人在疫情中丧生，而贝内特刚上任时以色列国内还没有新冠死亡病例。④ 2022 年 2 月，内塔尼亚胡又指责贝内特执政以来已经有 3000 人因新冠肺炎疫情丧生。⑤

以色列新政府推进的宗教改革引发了改革派与极端正统派之间的矛盾。宗教服务部长马坦·卡哈纳（Matan Kahana）提出的宗教改革措施引发极端正统派的不满，卡哈纳遭到极端正统派的强烈谴责，联合托拉犹太教党（United Torah Judaism Party）和沙斯党（Shas）提交了不信任动议，谴责执政党联盟是"分裂政府"，称政府煽动普通民众反对极端正统派、

---

① Gil Hoffman, "COVID–19: Bennett Handling of Pandemic Will Define His Legacy–Analysis," *Jerusalem Post*, August 17, 2021, https：//www.jpost.com/israel–news/politics–and–diplomacy/covid–19–bennett–handling–of–pandemic–will–define–his–legacy–analysis–676967.

② Jeremy Sharon, "Omicron Poses Severe Political Problem for Bennett," *Jerusalem Post*, November 27, 2021, https：//www.jpost.com/israel–news/politics–and–diplomacy/omicron–poses–severe–political–problem–for–bennett–analysis–687169.

③ Gil Hoffman, "Why Bennett's Ministers Aren't on Board with Him," *Jerusalem Post*, December 28, 2021, https：//www.jpost.com/israel–news/politics–and–diplomacy/article–690008.

④ Gil Hoffman, "Netanyahu Blames Bennett for 1,392 COVID Deaths," *Jerusalem Post*, October 4, 2021, https：//www.jpost.com/israel–news/politics–and–diplomacy/netanyahu–blames–bennett–for–1392–covid–deaths–681030.

⑤ "Netanyahu Blames Bennett for 3,000 COVID Deaths," *Jerusalem Post*, February 7, 2022, https：//www.jpost.com/israel–news/politics–and–diplomacy/article–695782.

反对宗教、反对犹太传统。①沙斯党主席阿里尔·德里（Arye Deri）表示，极端正统派反对政府改革以色列犹太宗教生活各个方面的法案，并且宣布成立一个联合委员会来反对政府的宗教改革。德里指责政府试图在安息日、公证结婚和其他问题上"将宗教和国家分开"。联合托拉犹太教党主席摩西·贾福尼（Moshe Gafni）抨击了公共交通计划、犹太饮食教规（kashrut）监督等方案；极端正统派政党强烈反对政府实施的改革，认为这些改革将废除首席拉比犹太饮食教规监督的垄断，并强烈反对将首席拉比的控制权下放的提议。②

新一届政府成立后，反对派政治人物出现新动态。针对内塔尼亚胡的诉讼案在经过三次推迟开庭后终于进入庭审阶段，检方提出的认罪协议要求他离开议会，这一协议可能结束他的政治生涯，但内塔尼亚胡拒绝认罪③，法院将继续审理这一案件。与此同时，贝内特政府成立了一个调查委员会，来对潜艇事件进行调查，该案涉及在以色列与德国就核动力潜艇和其他海船达成的一系列交易中，内塔尼亚胡及其助手存在决策不当行为和违法行为。④除内塔尼亚胡以外，沙斯党领导人德里因为税收违法行为被法院审判，德里承认其税收违法行为⑤，耶路撒冷地方法院院长批准了检方与德里达成的宽大认罪协议，德里从议会辞职，被罚款18万新谢克尔并被判处缓刑。⑥

（二）以色列安全形势

2021年以色列发生恐怖袭击的次数总体比2020年增加。据辛贝特的

---

① Jeremy Sharon, "'Non‐Orthodox Jews Are Our Brothers'," *Jerusalem Post*, July 26, 2021, https：//www.jpost.com/israel‐news/politics‐and‐diplomacy/non‐orthodox‐jews‐are‐our‐brothers‐matan‐kahana‐674959.

② Jeremy Sharon, "Ultra‐Orthodox 'in War for Honor of God' over Gov't Religious Reforms," *Jerusalem Post*, December 6, 2021, https：//www.jpost.com/israel‐news/politics‐and‐diplomacy/deri‐ultra‐orthodox‐in‐war‐for‐honor‐of‐god‐over‐govt‐religious‐reforms‐687999.

③ Gil Hoffman, "Netanyahu Plea Rejection Brings Likud Leader Candidates to Submission," *Jerusalem Post*, January 25, 2022, https：//www.jpost.com/israel‐news/politics‐and‐diplomacy/article‐694551.

④ Gil Hoffman, "Government Approves Commission of Inquiry into Submarine Affair," *Jerusalem Post*, January 23, 2022, https：//www.jpost.com/breaking‐news/article‐694290.

⑤ Gil Hoffman, "Shas Leader Arye Deri Quits Knesset in Criminal Plea Deal," *Jerusalem Post*, January 23, 2022, https：//www.jpost.com/israel‐news/politics‐and‐diplomacy/article‐694272.

⑥ Yonah Jeremy Bob, "Arye Deri Trial：Court Approves A‐G's Lenient Plea Deal," *Jerusalem Post*, February 1, 2022, https：//www.jpost.com/breaking‐news/article‐695165.

报告，2021年以色列遭遇的恐袭次数为：1月131次，其中加沙地带7次，约旦河西岸85次，比2020年12月的恐袭次数共增加33次[1]；2月92次，其中加沙地带1次，约旦河西岸67次[2]；3月70次，加沙地带2次，约旦河西岸57次[3]；4月130次，加沙地带26次，约旦河西岸80次[4]；5月2805次，加沙地带2213次，约旦河西岸414次；6月185次，加沙地带37次，约旦河西岸109次[5]；7月142次，加沙地带1次，约旦河西岸97次；8月142次，加沙地带25次，约旦河西岸92次[6]；9月251次，加沙地带10次，约旦河西岸199次；10月159次，加沙地带0次，约旦河西岸126次[7]；11月142次，加沙地带0次，约旦河西岸100次；12月137次，加沙地带1次，约旦河西岸113次；2022年1月141次，加沙地带0次，约旦河西岸116次[8]。其中，2021年4月加沙地带遭遇恐袭次数比3月显著增加，双方紧张态势逐渐显现；由于5月发生了巴以冲突，当月加沙地带遭遇恐袭次数骤增至2000多次；在随后的几个月内加沙遭遇恐袭次数时有反复，直至10月降为零。

以色列国内的暴力案件时有发生，威胁着民众的人身安全。2021年11月21日，一名"哈马斯"枪手在耶路撒冷老城开枪打死一名以色列男子，

---

[1] Israeli Security Agency, "Monthly Summary – January 2021," https：//www.shabak.gov.il/SiteCollectionDocuments/Monthly%20Summary%20EN/Monthly%20Summary/דוח%20חודשי%20ינואר%20-%20אנגלית.pdf.

[2] Israeli Security Agency, "Monthly Summary – February 2021," https：//www.shabak.gov.il/SiteCollectionDocuments/Monthly%20Summary%20EN/Monthly%20Summary/דוח%20חודשי%20פברואר%20-%20אנגלית.pdf.

[3] Israeli Security Agency, "Monthly Summary – March 2021," https：//www.shabak.gov.il/SiteCollectionDocuments/Monthly%20Summary%20EN/Monthly%20Summary/דוח%20חודשי%20מרץ21%20-%20אנגלית.pdf.

[4] Israeli Security Agency, "Monthly Summary – April 2021," https：//www.shabak.gov.il/SiteCollectionDocuments/Monthly%20Summary%20EN/Monthly%20Summary/דוח%20חודשי%20אפריל%20-%20אנגלית.pdf.

[5] Israeli Security Agency, "Monthly Summary – June 2021," https：//www.shabak.gov.il/SiteCollectionDocuments/Monthly%20Summary%20EN/Monthly%20Summary/דוח%20חודשי%20יוני%20-%20אנגלית.pdf.

[6] Israeli Security Agency, "Monthly Summary – August 2021," https：//www.shabak.gov.il/SiteCollectionDocuments/Monthly%20Summary%20EN/Monthly%20Summary/דוח%20חודשי%20אוגוסט%20-%20אנגלית.pdf.

[7] Israeli Security Agency, "Monthly Summary – October 2021," https：//www.shabak.gov.il/SiteCollectionDocuments/Monthly%20Summary%20EN/Monthly%20Summary/דוח%20חודשי%20אוקטובר%20-%20אנגלית.pdf.

[8] Israeli Security Agency, "Monthly Summary – January 2022," https：//www.shabak.gov.il/SiteCollectionDocuments/Monthly%20Summary%20EN/Monthly%20Summary/דוח%20חודשי%20-%20אנגלית..pdf.

"哈马斯"将此袭击称为"英勇行动"。这是自 5 月以色列与加沙地带的武装人员发生为期 11 天的冲突并造成 12 名以色列平民丧生后 6 个多月以来，首位遇袭身亡的以色列平民。① 12 月，西岸北部的定居点发生枪击案，造成一名犹太教学院的学生丧生②；一名以色列人在维护分隔以色列和巴勒斯坦定居点的安全屏障时被巴勒斯坦人打伤，枪击发生后以色列国防军的坦克袭击了加沙北部的"哈马斯"前哨，又造成 3 名巴勒斯坦人受伤。③ 以色列国内针对阿拉伯社区的暴力事件时有发生，这些暴力事件包括黑手党地盘争夺战等。2021 年在以色列因暴力和犯罪行为而丧生的以色列阿拉伯人人数达 126 人，其中 62 人年龄在 30 岁以下，16 人为女性。④ 以色列警方专门成立了新的卧底单位，负责应对阿拉伯社区发生的犯罪和暴力事件，这也是以色列首个负责打击针对阿拉伯社区犯罪的卧底部队。⑤ 以色列政府也决定让辛贝特（Shin Bet）和以色列军方参与，以打击以色列阿拉伯人群体中拥有非法武器的行为。⑥

　　以色列在中东依然面临安全挑战。2022 年 2 月 6 日，国防部长本尼·甘茨签署了一系列行政命令，制裁三家黎巴嫩公司。以色列指责这些公司提供精密导弹项目所需的"机器、油和通风系统"，为真主党制造精密导弹提供帮助。以色列方面称，真主党已经拥有数千枚瞄准以色列人口中心的火箭弹，并一直在伊朗的帮助下在黎巴嫩努力制造更为精确的导弹。这

---

① Judah Ari Gross and Aaron Boxerman, "Hamas Gunman Kills 1, Wounds 4 in Terror Shooting in Jerusalem Old City," *Times of Israel*, November 21, 2021, https：//www.timesofisrael.com/2 - injured - 1 - critically - in - suspected - shooting - attack - in - jerusalem - old - city/.

② Emanuel Fabian, "PM Vows Israel Will Capture Terrorists in Deadly West Bank Shooting," *Times of Israel*, December 16, 2021, https：//www.timesofisrael.com/pm - vows - israel - will - capture - terrorists - in - deadly - west - bank - shooting/.

③ "In Sign No Gaza Escalation Expected after Shooting, IDF Lets Farmers Work by Border," *Times of Israel*, December 30, 2021, https：//www.timesofisrael.com/in - sign - no - gaza - escalation - expected - after - shooting - idf - lets - farmers - work - by - border/.

④ "On Final Day of 2021, Another Arab Killing Brings Year's Death Toll to 126," *Time of Israel*, December 31, 2021, https：//www.timesofisrael.com/on - final - day - of - 2021 - another - arab - killing - brings - death - toll - to - 126/.

⑤ "New Undercover Police Unit Formed to Clamp down on Crime in Arab Communities," *Times of Israel*, September 1, 2021, https：//www.timesofisrael.com/police - unveil - new - undercover - unit - to - clamp - down - on - crime - in - arab - sector/.

⑥ Aaron Boxerman, "Government Move to Enlist Shin Bet to Fight Rising Crime Splits Arab Israelis," *Time of Israel*, October 3, 2021, https：//www.timesofisrael.com/government - plan - to - enlist - shin - bet - to - fight - rising - crime - splits - arab - israelis/.

是自 2021 年 10 月以来以色列国防部官员第二次发布这样的命令。① 2021 年 10 月，甘茨就曾签署过同类行政命令，把这些黎巴嫩公司纳入国际金融活动黑名单，以限制其活动。② 在网络安全方面，据以色列网络安全提供商捷邦（Check Point）的报告，2021 年以色列遭受网络攻击的频率高于法国、日本、美国和德国。调查结果显示，从 2020 年到 2021 年，针对以色列的网络攻击增加了 92%，而对全球范围国家的网络攻击增加了约 50%，针对以色列的网络攻击增长速度接近全球平均水平的两倍。③ 网络攻击是对以色列国家安全的最大威胁之一，以色列已与其他国家签署了数十份关于网络安全的备忘录，贝内特还呼吁各国共同建立一个国际安全网络，以共同应对网络安全威胁。④ 在环境安全方面，2021 年 3 月 2 日，环境保护部长吉拉·加姆利尔指责一艘从伊朗出发的利比亚船只造成了大规模的石油泄漏，污染了以色列大部分地中海海滩，造成以色列数十年来最严重的海滩污染，她在推特上指出："伊朗不仅用核武器在我们的边界上巩固自己的地位，还通过破坏环境来发动恐怖主义活动"。暗示此次污染了以色列海滩的石油污染事件是由伊朗策划的。⑤

二、以色列的经济形势

2021 年以色列通过了国家财政预算案，这是三年来以色列首次通过国家财政预算案。据此次国家财政预算案，2021 年以色列支出计划为 6091

---

① "Israel Sanctions Lebanese Companies Aiding Hezbollah Missile Project," *Times of Israel*, February 6, 2022, https://www.timesofisrael.com/israel-sanctions-lebanese-companies-aiding-hezbollah-missile-project/.

② Anna Ahronheim, "Israeli Defense Minister Signs Seizure Order against Lebanese Company for Helping Hezbollah," *Jerusalem Post*, October 23, 2021, https://www.jpost.com/israel-news/gantz-signs-seizure-order-against-lebanese-company-for-providing-equipment-to-hezbollah-682822.

③ Ben Zion Gad, "Cyberattacks against Israel Grow at Double the Global Average Rate," *Jerusalem Post*, January 12, 2022, https://www.jpost.com/cybertech/article-692254.

④ Lahav Harkov, "Bennett Invites Allies to Form Joint Global Cyber Security Network," *Jerusalem Post*, July 21, 2021, https://www.jpost.com/israel-news/bennett-invites-allies-to-join-global-cybernet-shield-initiative-674483.

⑤ "Blaming Iran, Environment Minister Calls Oil Spill 'Environmental Terrorism'," *Times of Israel*, March 3, 2021, https://www.timesofisrael.com/blaming-iran-environment-minister-calls-oil-spill-environmental-terrorism/.

亿新谢克尔，2022 年为 5729 亿新谢克尔。① 此次国家财政预算案也做出了许多重大改革，标志着以色列对未来几年资源分配和财务优先事项的重大调整，希望通过调整来支持经济增长，为以色列消费者提供更多的产品，限制以色列国内不纳税的经济交易，促进交通、住房、能源和基础设施建设发展，并通过提供职业培训来实现人力资本增长。

此次预算案共有 13 项关键的改革：1. 接受美国和欧盟的国际产品标准，无需额外的本地认证，允许多方并行进口产品，通过扩大进口来降低国内生活成本。2. 改革农业部门，允许从国外进口包括鸡蛋和奶制品在内的农产品，为以色列消费者提供种类更多的产品。3. 放宽对中小型企业的许可、政府资金申请、纳税和外国投资准入等流程的监管，消除资本壁垒，简化官僚程序，为新企业创造更有利的环境，创造经济增长的引擎。4. 在 11 年内将女性的退休年龄提高至 65 岁，减少性别工资差距，并稳定国家保险研究所的资金。5. 通过引入技术手段，限制"影子经济"，即在税务机关监督之外发生的交易。6. 实施银行改革，为以色列金融业注入竞争力，允许非银行机构以具有竞争力的价格提供服务，从而降低消费者的成本，并放松对金融机构的严格监管。7. 增加有资格获得特殊教育服务的学生的教育预算，改善有特殊需要的学生的学习条件，将他们纳入常规教育课程之中。8. 通过专注于一般健康、预防医学和扩大初级保健的网络访问服务来改善医疗保健。9. 引入新的住房计划以增加公寓供应，以期降低价格并应对以色列不断升级的住房危机。10. 彻底改革公共交通，简化拼车程序，并向公民提供公共交通年度报告。11. 鼓励向清洁能源转型，促进绿色发电和增加对绿色基础设施项目的投资，包括建设太阳能设施，为可再生能源项目开放土地使用以及在全国范围内增加存储设施。12. 通过国家计划促进高科技产业发展，包括批准国家人工智能计划以促进技术发展、消除官僚主义，鼓励投资、改善税收、促进研究人员和企业家之间的联系、吸引人才从国外回到以色列并促进阿拉伯工人融入科技行业。13. 引入犹太饮食教规改革。②

---

① Zev Stub, Gil Hoffman, Jeremy Sharon, "Israel's Kashrut Reform Approved, 2021 Budget to be NIS 609b," *Jerusalem Post*, October 27, 2021, https：//www.jpost.com/breaking－news/kosher－reform－plan－passes－in－committee－683233.

② Ricky Ben－David, "How Much of a Revolution? 13 Key Reforms in Israel's New State Budget," *Times of Israel*, November 4, 2021, https：//www.timesofisrael.com/how－much－of－a－revolution－13－key－plans－in－israels－new－state－budget/.

据经合组织的数据，以色列的经济活动在 2021 年强劲反弹，2021 年 GDP 增长 6.3%，预计 2022 年将增长 4.9%，2023 年将增长 4%。不断推进的疫苗接种活动、逐渐复苏的劳动力市场支撑以色列国内经济发展。高科技服务出口的强劲增长将继续下去。[1] 据跨国商业信息公司邓白氏（Dun & Bradstreet）的报告，2021 年以色列经济增长率超过全球平均水平。科技行业对以色列经济的积极增长产生了重大影响，仍然是该国经济增长的主要引擎。虽然在强劲的科技行业和蓬勃发展的房地产活动的推动下，以色列的经济状况显著改善，但旅游业、餐饮业和娱乐业等许多行业在 2021 年继续遭受损失。2021 年以色列约有 63000 家企业开业或恢复运营，但约有 46000 家企业关闭。公司销售产生的出口增长了约 257%；科技领域的编程服务和研发服务出口分别增长了 25% 和 15%，大宗商品行业出口增长了 15%。[2]

随着各种与新冠肺炎疫情有关的限制解除，以色列失业率有所下降。以色列的总体失业率从 2021 年 11 月的 6.5% 降至 12 月的 6%，因为以色列在应对第五波新冠肺炎疫情大流行的同时继续开展经济复苏工作。12 月有 262100 名以色列人失业。[3] 10 月以色列的失业率为 7%，9 月的失业率为 7.9%。排除新冠肺炎疫情大流行的影响，10 月失业率为 5.6%，9 月失业率为 6.1%。[4] 尽管 9 月以色列因疫情影响进入了另一次全国性封锁，但失业率与 8 月基本持平。8 月下半月整体失业率达到 7.8%，比上半月 8.1% 有所改善。[5] 7 月总体失业率为 8.4%，6 月为 9%。[6] 同时意外的解

---

[1] OECD, "Israel Economic Snapshot," December 2021, https：//www.oecd.org/economy/israel-economic-snapshot/.

[2] Ricky Ben-David, "Israel's Economy Grew by 7% in 2021, Beating Global Average, Study Finds," *Times of Israel*, December 28, 2021, https：//www.timesofisrael.com/israels-economy-grew-by-7-in-2021-beating-global-average-study-finds/.

[3] "Israeli Unemployment Rate Continues to Dip," *Times of Israel*, January 17, 2022, https：//www.timesofisrael.com/israeli-unemployment-rate-continues-to-dip/.

[4] "Unemployment Dips to 7% in October, Still Double Pre-pandemic Rate," *Times of Israel*, November 22, 2021, https：//www.timesofisrael.com/unemployment-dips-to-7-in-october-still-double-pre-pandemic-rate/.

[5] Zev Stub, "Unemployment in Israel：August Data Gives Mixed Picture," *Jerusalem Post*, September 28, 2021, https：//www.jpost.com/israel-news/unemployment-in-israel-august-data-gives-mixed-picture-680358.

[6] Zev Stub, "Israel's Unemployment Rate Continues to Drop, after Brief Sputter," *Jerusalem Post*, August 16, 2021, https：//www.jpost.com/israel-news/israels-unemployment-rate-continues-to-drop-after-brief-sputter-676849.

雇和无薪休假通知并不是新冠肺炎疫情大流行期间撼动劳动力市场的唯一方式，新冠肺炎疫情大流行期间众多从业者辞职也为劳动力市场带来冲击。2021年8月，辞职者比例为22.6%，而2020年同期该比例为16.1%，2014年仅为12.3%。在过去几年中，当经济强劲、就业机会充足时，大多数辞职并申请失业救济金的人都是受过良好教育的高收入人士，他们坚持寻找更好的机会；而在当前的危机期间，辞职的低收入者人数也明显增加。① 造成这一变化的原因之一是政府的"经济安全网计划"，该计划为在新冠肺炎疫情大流行期间失业的人提供了失业救济金，为大多数年轻工人提供了探索其他职业发展可能性的机会。

近年来以色列人口翻番，但基础设施建设无法满足迅速增长的人口需求，而且特拉维夫及其周边城市基础设施建设水平存在巨大差距。② 以色列财政部长阿维格多·利伯曼宣布，未来十年将启动价值近350亿美元的基础设施项目，涉及交通、能源、水和建筑等领域，其中一些项目将在2022年、2023年或之后实施。这些都是大型项目，将为以色列带来更多经济增长点。其中超过60亿美元用于目前正在开展的交通项目，如特拉维夫和贝尔谢巴的轻轨项目；新机场也处于规划阶段，其位置还没有最终确定；指定用于其他轻轨路线的金额接近160亿美元，这些轻轨路线将组成特拉维夫地铁网络；另外60亿美元将用于其他三个交通项目：以色列中部和北部之间的轻轨、快速通道建设和特拉维夫地铁的线路建设；至少45亿美元用于建设大型发电厂和海水淡化厂。③

据以色列中央统计局的数据，以色列的房价在2020年11月至2021年11月间平均上涨了9.9%，比过去十年中翻了一番多。为了应对房价过高问题，以色列政府已将控制价格上涨作为执政党联盟的首要目标，并设定了未来几年将公寓数量增加30万套的目标。财政部长利伯曼、建筑和住房部长齐夫·埃尔金（Ze'ev Elkin）和内政部长阿耶莱特·沙凯德（Ayelet

---

① "More Workers Quit Their Jobs during Coronavirus – Report," *Jerusalem Post*, August 29, 2021, https://www.jpost.com/israel-news/more-workers-quit-their-jobs-during-coronavirus-report-678016.

② "Israel's Population Is Growing, and Its Infrastructure Isn't Keeping up," *Haaretz*, January 22, 2021, https://www.haaretz.com/opinion/editorial/israel-s-population-is-growing-and-its-infrastructure-isn-t-keeping-up-1.9473758.

③ "Israel: Infrastructure Projects Worth over \$30b over Next Decade," *i24 News*, October 24, 2021, https://www.i24news.tv/en/news/israel/1635085753-israel-infrastructure-projects-worth-over-30b-over-next-decade.

Shaked)提出了应对房价过高问题的计划,其中之一是实施有效期三年的提高购置税计划,把第二套公寓的购置税提高到 8%。此前以色列的二套房屋购置税曾为 8%,直到 2020 年 7 月,时任财政部长摩西·卡隆(Moshe Kahlon)将其降至 5%,以刺激更多投资者购买房产。此后,投资者需求大幅上升,二套房销售额占市场所有房屋销售比率从 13% 上升到 20%,并导致房价大幅上涨。①

三、以色列的对外关系

(一)巴以关系

2021 年 5 月 10 日至 21 日,以色列与哈马斯爆发了严重武装冲突。这次冲突是自 2014 年加沙战争以来双方冲突最严重的一次,特拉维夫地区遭受了历史上最猛烈的火箭弹袭击,在以色列与哈马斯此次冲突中,以色列国防军袭击了 1500 多个目标,巴勒斯坦武装人员向以色列发射了 4300 多枚火箭弹,数亿美元的财产和基础设施遭到破坏或摧毁。② 此次冲突源于以色列政府驱逐东耶路撒冷谢赫·贾拉(Sheikh Jarrah)的巴勒斯坦人,如果以色列最高法院驳回他们对未决驱逐的上诉,他们就会被赶出原居住地。③ 巴勒斯坦人和右翼犹太民族主义者之间发生了冲突,随后蔓延至圣殿山,以色列警察和巴勒斯坦人发生冲突,造成数百名巴勒斯坦人受伤。④ 巴勒斯坦领导人马哈茂德·阿巴斯把以色列的行为视为野蛮袭击,称其是

---

① Zev Stub, "Purchase Tax on Second Homes to Rise to 8%," *Jerusalem Post*, November 23, 2021, https://www.jpost.com/israel-news/politics-and-diplomacy/purchase-tax-on-second-homes-to-rise-to-8-percent-685778.

② Sam Sokol, "11 Days, 4,340 Rockets and 261 Dead: The Israel-Gaza Fighting in Numbers," *Haaretz*, May 23, 2021, http://www.haaretz.com/misc/article-print-page/.premium.HIGHLIGHT-11-days-4-340-rockets-and-261-dead-the-israel-gaza-fighting-in-numbers-1.9836241.

③ Aaron Boxerman, "In East Jerusalem's Sheikh Jarrah, Palestinians Brace for Battle over Evictions," *Times of Israel*, May 6, 2021, https://www.timesofisrael.com/in-east-jerusalems-sheikh-jarrah-palestinians-brace-for-battle-over-evictions/.

④ "17 Policemen, 200 Palestinians Hurt as Hundreds Riot on Temple Mount," *Times of Israel*, May 7, 2021, https://www.timesofisrael.com/police-burst-into-temple-mount-compound-as-hundreds-riot-after-ramadan-prayers/.

对国际社会的挑战。① 5 月 10 日双方冲突升级，哈马斯向以色列发射火箭弹，以色列则对加沙发动袭击。2021 年 5 月 22 日，联合国安理会就以色列与加沙的冲突发表了第一份声明，呼吁双方遵守以色列与哈马斯之间的停火协议，并强调迫切需要为巴勒斯坦平民提供人道主义援助。此前由于美国的反对，联合国安理会各成员国在为期 11 天的冲突中无法达成共识。②

贝内特政府在商定成立执政党联盟时并未有针对巴勒斯坦的详细外交政策，对巴勒斯坦人的政策从以色列对被占领的西岸的"C 区"的态度得以窥见。该区完全由以色列控制，根据协定，各方承诺"确保以色列的国家利益"，并加强以色列武装部队在该地的部署，防止巴勒斯坦人在该地区建造房屋。尽管贝内特政府因将阿拉伯政党纳入执政党联盟被广泛吹捧，且该阿拉伯政党承诺捍卫所谓"绿线"两侧的巴勒斯坦人的权利，但以色列依然控制该地。贝内特被描述为"领土最大化主义者"，长期以来一直反对建立巴勒斯坦国，即使是在"两国方案"的背景下，他一直热心支持在被占领的巴勒斯坦土地上建造犹太人定居点，并且作为犹太定居者耶沙委员会的前负责人，他主张所有以色列定居点所在的"C 区"都应该是以色列领土的一部分。③ 贝内特在访问美国时表示，以色列将继续围困加沙，既不会吞并也不会允许形成一个巴勒斯坦国。他指出，以色列定居点不是实现和平的主要障碍，巴勒斯坦的拒绝主义、恐怖主义和独裁才是。④ 尽管双方政治关系难以取得突破，但贝内特认为应该采取措施缓和双方的紧张态势。⑤

---

① "Abbas slams Israel's 'Brutal Storming' of Temple Mount, 'Assault on Worshipers'," *Times of Israel*, May 10, 2021, https: //www. timesofisrael. com/abbas - slams - israels - brutal - storming - of - temple - mount - assault - on - worshipers/.

② "UN Security Council Statement on Gaza - Israel Cease - fire Fails to Mention Hamas," *Haaretz*, May 22, 2021, https: //www. haaretz. com/israel - news/. premium - un - security - council - statement - on - gaza - israel - cease - fire - fails - to - mention - hamas - 1. 9833857.

③ Khalil E. Jahshan, "Bennett's Agenda on Palestine: Shrinking the Conflict," *Arab Center Washington DC*, August 20, 2021, https: //arabcenterdc. org/resource/bennetts - agenda - on - palestine - shrinking - the - conflict/.

④ "Bennett Says No Palestinian State under His Watch," *Palestine Chronicle*, August 25, 2021, https: //www. palestinechronicle. com/bennett - says - no - palestinian - state - under - his - watch/.

⑤ "Walla, Bennett Tells Jewish Leaders: 'Taking Steps to Reduce Palestinian Tensions'," *Jerusalem Post*, September 4, 2021, https: //www. jpost. com/israel - news/politics - and - diplomacy/bennett - to - jewish - leaders - taking - steps - to - reduce - palestinian - tensions - 678665.

早在 2021 年 8 月，以色列国防部长本尼·甘茨就曾与马哈茂德·阿巴斯会面，这次会面引起以色列执政党联盟内部各派的不满。贝内特表示，和巴勒斯坦的关系没有进展，未来也不会有进展。① 2021 年 12 月，在加沙边境地区以色列与哈马斯发生摩擦后，甘茨再次会见阿巴斯。甘茨称此次会面是为了维护以色列公民的安全，防止以色列与哈马斯开战。甘次认为双方继续会晤也符合巴勒斯坦人的最佳利益，因为和平给他们带来了经济发展和美好的未来。② 甘茨把巴勒斯坦民间组织中的 6 个列为恐怖实体：阿·哈克（Al-Haq）、阿达梅尔（Addameer）、Bisan 中心、巴勒斯坦儿童保护国际（Defense for Children International-Palestine）、农业工作委员会联盟（Union of Agricultural Work Committees）和巴勒斯坦妇女委员会联盟（Union of Palestinian Women's Committees）。以色列国防部指责这 6 个非政府组织是解放巴勒斯坦人民战线（PFLP）活动资金的核心来源，在支持武装组织的发展中发挥了重要作用。③

（二）美以关系

美以关系在经历奥巴马政府及特朗普任期内发展之后，贝内特和拜登都试图在美以关系中翻开新篇章。拜登表示支持以色列的安全和自卫权，支持以色列发展"铁穹"系统；双方讨论了中东面临的安全挑战，拜登表示将确保伊朗永远不会发展出核武器。双方还讨论了如何遏制伊朗在地区的"危险"行动，加强两国合作来帮助以色列应对伊朗和其他威胁；双方分享了抗疫经验；拜登表示支持以色列与其阿拉伯邻国及全球范围内的伊斯兰国家发展关系，讨论深化以色列与巴林、摩洛哥、苏丹和阿联酋关系的途径；双方还讨论了实现巴以双方的和平、安全、繁荣发展等相关问题，拜登强调必须采取步骤改善巴勒斯坦人的生活环境，美国重申"两国方案"是解决双方冲突的唯一可行途径；拜登还强调，他的政府将加强与

---

① Meron Rapoport, "Israel-Palestine: 'No War, No Peace' Apartheid Is Bennett's Best Case Scenario," *Middle East Eye*, September 7, 2021, https://www.middleeasteye.net/news/israel-palestine-no-war-no-peace-bennett-biden-status-quo.

② Gil Hoffman, Tovah Lazaroff, Anna Ahronheim, "Gantz: I Met with Abbas to Prevent a Hamas War, Would Do so again," *Jerusalem Post*, January 3, 2022, https://www.jpost.com/israel-news/politics-and-diplomacy/article-691426.

③ Tovah Lazaroff, "The Israeli-Palestinian Conflict in 2021: War, Apartheid and Ice Cream," *Jerusalem Post*, December 30, 2021, https://www.jpost.com/arab-israeli-conflict/article-690175.

以色列的双边合作，使两国公民受益，包括将以色列纳入免签证计划。①外交部长亚伊尔·拉皮德和国防部长本尼·甘茨此后都对华盛顿进行了访问。

以色列和美国在一些具体问题中也存在分歧。尽管贝内特和拜登在白宫会面时，拜登向贝内特保证"确保伊朗永远不会拥有核武器"，美国和以色列有着相同的战略目标，但两国在战术上存在分歧。美国把通过外交方式解决伊核问题作为首选，当外交手段失效后再寻求其他替代方案。贝内特则和内塔尼亚胡一样反对重启伊核协议，强调以色列希望能在伊朗成为"核突破国家"之前阻止伊朗，美国有能力应对伊朗成为"核突破国家"后的局面，以色列则不能。② 以色列外长亚伊尔·拉皮德在2021年10月访问美国，他对国务卿安东尼·布林肯（Antony Blinken）明确美国关于替代方案的立场表示欢迎。此前在8月27日，拜登总统在与贝内特会晤后表示，如果所有外交手段都用尽，美国将考虑使用其他手段，布林肯谈到的所有手段包括使用武力。③ 12月，布林肯在与贝内特的电话磋商中谴责了以色列，布林肯要求以色列在伊核谈判期间停止任何针对伊朗核计划的行动。④

2021年10月，美国国务卿布林肯与以色列外长拉皮德会谈时，明确表示希望重新开放美国在耶路撒冷的领事馆，为巴勒斯坦人服务，从而改善美国与巴勒斯坦关系。一个月后，贝内特表示："耶路撒冷没有另一个美国领事馆的空间。"⑤ 尽管两国存在分歧，拜登多年来一直支持"两国方

---

① The White House, "Readout of President Joseph R. Biden, Jr.'s Meeting with Prime Minister Naftali Bennett of Israel," August 27, 2021, https：//www.whitehouse.gov/briefing-room/statements-releases/2021/08/27/readout-of-president-joseph-r-biden-jr-s-meeting-with-prime-minister-naftali-bennett-of-israel/.

② Ben Caspit, "Bennett, Biden Meet, Feature Friendship and Understanding on Iran," *Al-Monitor*, August 28, 2021, https：//www.al-monitor.com/originals/2021/08/bennett-biden-meet-feature-friendship-and-understanding-iran#ixzz7KkRRDbtN.

③ Ben Caspit, "Lapid's Washington Visit Brings Israel Little Assurance on Iran," *Al-Monitor*, October 15, 2021, https：//www.al-monitor.com/originals/2021/10/lapids-washington-visit-brings-israel-little-assurance-iran#ixzz7KkiiycjZ .

④ Richard Silverstein, "Bennett and Biden：the Honeymoon Is Over," *Tikun Olam*, December 4, 2021, https：//www.richardsilverstein.com/2021/12/04/bennett-and-biden-the-honeymoon-is-over/.

⑤ Hadas Gold, "Israel Doubles down against US, Saying There Is No Room in Jerusalem for An American Consulate for Palestinians," *CNN*, November 7, 2021, https：//edition.cnn.com/2021/11/07/middleeast/israel-us-consulate-intl/index.html.

案"，而贝内特不支持"两国方案"，但美国搁置了与以色列在领事馆问题及约旦河西岸犹太人定居点扩张等问题上的分歧，以帮助巩固以色列联合政府的稳定。2020年，以色列建筑和住房委员会向耶路撒冷市提交了阿塔洛特（Atarot）项目建造计划，该项目计划在东耶路撒冷阿拉伯社区卡夫拉卡卜（Kafr Akab）旁边的区域建设商业中心、酒店、公园和学校。美国和巴勒斯坦政府担心，以色列这一计划将在东耶路撒冷阿拉伯社区之间打入"楔子"，使东耶路撒冷在任何"两国方案"中都不可能成为巴勒斯坦国的首都。拜登政府明确表示，它反对在东耶路撒冷开展的所有建设犹太人建筑的活动。贝内特则认为，以色列有权在其统一的首都的任何地方建造犹太人的家园。但出于美国的压力，以色列已向美国保证，表示有争议的东耶路撒冷9000套新房项目目前不会推进。①

尽管美以之间存在一些分歧，但美以之间的传统关系没有发生实质性改变，美国在巴以冲突中依然倾向于偏袒以色列。在2021年5月巴以冲突升级时，联合国安理会举行了多次紧急会议，准备发布谴责以色列的军事行动、呼吁以色列和哈马斯之间立即停火的联合声明。但因为美国的阻挠，联合声明多次无果而终。以色列为其轰炸行动辩解，称这是对哈马斯战斗人员火箭弹袭击的报复。但哈马斯表示，其行动是对以色列在东耶路撒冷实施的使巴勒斯坦人流离失所的政策，以及以色列军队袭击阿克萨清真寺的回应，以色列错过了哈马斯给定的从清真寺撤出的最后期限。美国几乎没有表现出偏离其对以色列支持的意愿，拜登没有表现出任何对以色列施压的迹象，而是一再强调以色列的自卫权。②

（三）中以关系

2022年是中以两国建交30周年。2021年11月17日，中国国家主席习近平和以色列总统赫尔佐格通电话，双方表示以两国建交30周年为契机，推动双边关系发展。习近平表示，中方愿同以方深化科技、农业、医疗卫生等领域合作，拓展文化、教育、旅游、体育等领域交流合作，厚植

---

① Tovah Lazaroff, Lahav Harkov, "Israel Bows to US Pressure, Won't Advance East Jerusalem Atarot Project," *Jerusalem Post*, November 25, 2021, https://www.jpost.com/breaking-news/israel-will-not-advance-new-neighborhood-in-atarot-report-686996.

② "Israel-Palestine: US Blocks UN Statement for Third Time in a Week," *Aljazeera*, May 17, 2021, https://www.aljazeera.com/news/2021/5/17/no-us-action-after-third-unsc-meeting-on-israel-palestine.

两国友好民意基础。欢迎以方积极参与全球发展倡议。赫尔佐格表示以色列愿同中方一道,办好庆祝两国建交30周年系列活动,加强科技、创新、经济、农业、体育等领域交流合作。①

2021年,中以两国在经济交流领域取得了新成就,中国超过美国成为以色列最大的进口来源国。以色列从中国进口了107亿美元的商品,而2020年这一数额为77亿美元,增长了近40%。以色列最大的贸易逆差国也是中国,贸易逆差总额为66亿美元,而以色列从美国进口82亿美元,比2020年略有增加,美国依然是以色列最大的出口目的地。②

尽管两国的经济关系得以发展,但中以双方在一些关键问题上仍存在分歧。针对2021年5月的巴以冲突,中国外长王毅就巴以局势提出了四点建议,指出停火和停止暴力是重中之重,敦促各方,特别是以色列立即保持克制,停止敌对行动。③ 在涉疆问题上,2021年10月,以色列没有在由法国牵头的一份联合国联合声明上签字,该声明呼吁中国在新疆地区"确保充分尊重法治"。但这并不代表以色列在涉疆问题上态度的一成不变,以色列曾在6月的人权理事会上签署了由加拿大提出的关于"新疆问题"的声明。此次没有签署是出于平衡其他经济利益的考虑,而中国也是在联合国对以色列对待巴勒斯坦人问题上最激烈的批评者之一。④

美国依然是以色列最重要的盟友,美国对中国的态度影响着中以关系。近年来,特朗普政府和拜登政府导致中美贸易战起伏不定。与此同时,以色列和中国的关系正不断升温,两国在医疗技术、机器人、食品技术和人工智能方面的合作前景广阔,但美国担心中国"获取"这些技术后会带来威胁。此前应美国的要求,2020年以色列成立了外国投资国家安全检查委员会(Advisory Committee to Inspect National Security Aspects of Foreign Investments),评估与中国的交易,担心中国获得以色列的军事技

---

① 中国驻以色列大使馆:《习近平同以色列总统赫尔佐格通电话》,2021年11月17日,http://il.china-embassy.org/chn/sgxw/202111/t20211117_10449426.htm。
② Jordyn Haime, "China Was Israel's Largest Source of Imports in 2021, Surpassing US," *Israel National News*, January 24, 2022, https://www.israelnationalnews.com/news/321060.
③ Dale Aluf, "How China Views the Israeli-Palestinian Conflict," *Sino-Israel Global Network & Academic Leadership*, May 23, 2021, https://sino-israel.org/articles/how-china-views-the-israeli-palestinian-conflict/.
④ Jacob Magid, "In Effort to Placate China, Israel Refrains from Signing UN Statement on Uighurs," *Times of Israel*, October 26, 2021, https://www.timesofisrael.com/in-effort-to-placate-china-israel-refrains-from-signing-un-statement-on-uighurs/.

术。2021年,美国要求阻止中国获得以色列敏感技术的压力有所增加。在以色列允许中国公司参与基础设施项目之后,美国对中国参与以色列基础设施建设事务的反对日益强烈。2021年9月,由一家中国公司建造和经营的海法港口开业,美以围绕该项目的态度存在巨大差异。据美国兰德公司(Rand Corporation)关于以中关系的一项报告,认为中国在该港口的永久存在将为中国提供收集情报的机会,"中国港口运营商将能够密切监控美国船只的动向",港口信息系统和新基础设施以及信息和电子监控系统可能危及美国的信息和网络安全。①

(四)俄以关系

俄以关系在2021年取得了新的外交成就。2021年4月,以色列时任安全部长阿米尔·奥哈纳(Amir Ohana)签署了以色列国防部与俄罗斯联邦内政部合作谅解备忘录。早在2013年,俄罗斯内政部和以色列国防部之间就开始促进两国政府间的协议谈判,此次签署的备忘录是多年谈判的成果。该谅解备忘录将促进两国在广泛的国内安全和执法问题上的合作,包括打击暴力犯罪、打击恐怖主义和挫败经济犯罪、打击非法武器贸易、查明身份不明的尸体以及与非法移民有关的犯罪。②

俄以两国首脑的沟通为继续发展两国关系奠定了基调,双方同意在安全问题上加强合作。2021年7月5日,贝内特上任以来和普京进行了首次电话交谈,双方讨论了一些安全问题。③ 9月,以色列外交部长拉皮德访问俄罗斯期间,俄罗斯外长谢尔盖罗夫希望以色列推动美国同意就叙利亚冲突举行三边会谈。10月,贝内特和普京在俄罗斯索契首次会面,普京表示希望双方在内塔尼亚胡政府时期建立的关系可以保持;两国在打击恐怖主义方面有很多合作机会。贝内特则表示希望加强与俄罗斯在经济、技术、

---

① Danny Zaken, "US Pressures Israel on Trade with China," *Al - Monitor*, October 29, 2021, https://www.al-monitor.com/originals/2021/10/us-pressures-israel-trade-china.
② TPS / Tazpit News Agency, "Israel and Russia Sign Pact for Cooperation on Combatting Crime, Terrorism," *Jewish Press*, April 8, 2021, https://www.jewishpress.com/news/breaking-news/israel-and-russia-sign-pact-for-cooperation-on-combatting-crime-terrorism/2021/04/08/.
③ "Bennett Speaks with Russia's Putin for First Time since Becoming PM," *Times of Israel*, July 5, 2021, https://www.timesofisrael.com/bennett-speaks-with-russias-putin-for-first-time-since-becoming-pm/.

科学和文化等事务上的努力,① 两人还讨论成立一个特别工作组,致力于允许新冠肺炎疫情背景下俄罗斯游客进入以色列。此前以色列宣布,接种疫苗的游客将被允许从 2021 年 11 月 1 日开始进入以色列,但只包括那些接种世界卫生组织或美国食品和药物管理局批准的疫苗种类的游客,而这些被认可的疫苗中不包括俄罗斯的"卫星 V"(Sputnik – V)疫苗。②

俄罗斯在巴以冲突中采取了更加中立的立场。俄罗斯促使联合国发挥在解决全球争端方面的领导作用,试图推动"两国方案"作为和平解决巴以冲突的最佳选择,这也得到了联合国的支持。5 月 13 日,普京与联合国秘书长安东尼奥·古特雷斯(Antonio Guterres)一起呼吁通过"两国方案"结束巴以冲突。俄罗斯和联合国也一直在推动在中东"四方框架"③内恢复谈判,俄罗斯呼吁双方"缓和紧张局势,和平解决新出现的问题"。④

俄以两国在叙利亚境内偶尔发生冲突。2021 年 7 月 19 日,以色列对叙利亚境内的真主党和伊朗目标发动袭击。俄罗斯叙利亚反对党和解中心(Russian Center for Reconciliation of the Opposing Parties in Syria)副主任瓦迪姆·库利特少将声称,俄罗斯导弹防御系统击落了在阿勒颇附近发射的以色列导弹。几天后,库利特声称以色列在霍姆斯附近发射了另外四枚导弹,但这些都被俄罗斯拦截了。⑤

(五)阿以及土以关系

在美国的斡旋下,以色列与阿拉伯国家的关系进一步深化。2021 年 11

---

① "Meeting Bennett, Putin Says He Aims to Continue Warm Ties Forged under Netanyahu," *Times of Israel*, October 22, 2021, https://www.timesofisrael.com/meeting – bennett – putin – says – he – aims – to – continue – warm – ties – forged – under – netanyahu/.

② "Bennett Wraps up Russia Trip, Gets Invite from Putin to Visit again," *Times of Israel*, October 23, 2021, https://www.timesofisrael.com/bennett – wraps – up – russia – trip – gets – invite – from – putin – to – visit – again/.

③ 这是 2002 年建立的一种机制,由联合国、美国、欧盟和俄罗斯组成,旨在通过支持巴勒斯坦经济发展和机构建设来调解中东和平谈判。

④ Danil Bochkov, "What Are China and Russia Saying about the Israel – Palestine Conflict?" *The Diplomat*, May 21, 2021, https://thediplomat.com/2021/05/what – are – china – and – russia – saying – about – the – israel – palestine – conflict/.

⑤ Mitchell Plitnick, "Are Russia and Israel on a Collision Course in Syria?" *Responsible Statecraft*, August 3, 2021, https://responsiblestatecraft.org/2021/08/03/are – russia – and – israel – on – a – collision – course – in – syria/.

月,在美国斡旋的"亚伯拉罕协议"框架下,以色列与阿联酋和巴林举行了联合海军演习,两国都与以色列建立了外交关系。2022 年 2 月,以色列参加美国海军领导的 2022 年国际海上演习,并与沙特和阿曼联合进行海上演习,尽管以色列还未与这两个阿拉伯国家有外交关系。"2022 国际海上演习"是该地区规模最大的演习,在海湾、阿拉伯海、阿曼湾、红海和北印度洋海域举行,2022 年有 60 个国家和约 9000 名人员参加。① 2021 年 12 月 10 日,以色列国防部长本尼·甘茨在华盛顿与美国国务卿安东尼·布林肯见面,两人讨论了扩大"亚伯拉罕协议"和与阿拉伯国家实现正常化的问题。甘茨告诉布林肯,以色列也在努力加强与约旦和埃及的关系。②

以色列领导人对多个阿拉伯国家进行了首次访问。继 2020 年以色列与阿联酋建立外交关系后,2021 年 12 月 13 日,以色列总理贝内特与阿联酋阿布扎比王储谢赫·穆罕默德·本·扎耶德在阿布扎比的私人宫殿会面,讨论了粮食安全、可再生能源、技术等领域的双边合作。这是以色列总理有史以来首次对阿联酋进行正式访问,标志着两国关系在签署正常化协议后发生了历史性的变化。③ 2021 年 1 月 30 日,以色列总统赫尔佐格访问阿联酋,进一步加强以色列同海湾国家的关系。④ 2022 年 2 月 14 日,贝内特总理首次正式访问巴林,推进两国建立更密切的联系。⑤ 2022 年 3 月 9 日,赫尔佐格总统访问土耳其,并与土耳其总统埃尔多安举行会谈,赫尔佐格也是 14 年来首位访问土耳其的以色列领导人,努力寻求突破两国关系困境。⑥

---

① "Israel Takes Part in Naval Exercise with Saudi Arabia, Oman," *Al - Monitor*, February 2, 2022, https://www.al-monitor.com/originals/2022/02/israel-takes-part-naval-exercise-saudi-arabia-oman.

② "Gantz, Blinken Met in Washington," *Jerusalem Post*, December 10, 2021, https://www.jpost.com/breaking-news/gantz-blinken-met-in-washington-688382.

③ Andrew Carey and Hadas Gold, "Israeli Prime Minister Meets UAE Crown Prince in Abu Dhabi in Historic Visit," *CNN*, December 13, 2021, https://edition.cnn.com/2021/12/13/middleeast/naftali-bennett-mbz-meeting-uae-intl/index.html.

④ "Israeli President Herzog Visits the UAE for the First Time," *SABC News*, January 30, 2022, https://www.sabcnews.com/israeli-president-herzog-visits-the-uae-for-the-first-time/.

⑤ Jonathan Lis, "Bennett Arrives in Bahrain for a Historic Visit," *Haaretz*, February 14, 2022, https://www.haaretz.com/israel-news/bennett-to-depart-for-bahrain-in-a-historic-visit-1.10608591.

⑥ "Israel's President Arrives in Turkey as Countries Heal Rift," *Arab News*, March 9, 2022, https://www.arabnews.com/node/2039226/world.

四、结　语

　　综合来看，2021 年以色列的政治稳定程度有所改善，经济有所恢复，但安全形势受到巴以冲突的挑战，而如何对待巴以冲突也成为以色列对外关系的内容。2021 年，以色列再次成立了新政府，终结了内塔尼亚胡在以色列政坛长达 12 年的统治，贝内特政府也在 11 月顺利通过国家预算案，暂时避免了再次进行议会大选，但新政府也面临许多挑战。2021 年以色列国内恐袭事件时有发生，尤其是巴以双方在 5 月中旬爆发了激烈的武装冲突，严重影响了以色列国内安全局势。2021 年以色列的社会经济发展状况有所改善，经济发展实现了正增长且超过全球平均增长水平，随着疫情管控措施的放松，全年失业率有所下降。2021 年中国成为以色列最大的进口来源国，但中以之间的分歧依然存在。贝内特在上任后先后与美国总统拜登和俄罗斯总统普京会面，讨论 2021 年地区热点问题，以色列还与俄罗斯签署了政府间合作谅解备忘录；贝内特先后访问了阿联酋与巴林这两个阿拉伯国家，赫尔佐格访问阿联酋和土耳其，开创了以色列与地区国家发展外交关系的新局面。同时也应该注意到，美国是以色列的传统盟友，以色列在处理众多外交问题时仍受到美国的影响。

2021年土耳其的政治、经济和对外关系

邹志强[*]

【摘　要】

2021年，土耳其国内政治局势保持平稳，埃尔多安的权力地位稳固，反对党酝酿新的联合，但尚未构成明显挑战，埃尔多安政府的内部压力持续增大。经济上，土耳其推出新的经济改革方案，遭遇严重的里拉危机和通货膨胀，疫情持续扩散，保持经济增长和实现发展目标的难度更大，但出口表现优异。从对外关系来看，土耳其努力与美欧大国维持合作关系，与埃及、沙特、阿联酋和以色列等中东地区大国改善了关系，同时希望增强战略自主性，也寻求建立以自己为中心的地区新秩序，依然高度关注周边地区形势与议题，在政策行动上趋向阶段性缓和，体现出土耳其外交上的灵活性与务实性特征。

【关键词】

土耳其　土耳其政治　土耳其经济　土耳其对外关系

2021年，土耳其内政外交基本稳定的同时呈现出新的变化，不确定性继续增大。土耳其国内政局基本保持平稳，但政治极化特征更为明显，反对党酝酿新的联合；土耳其经济改革效果不彰，连续遭遇里拉贬值危机；土耳其与地区大国关系明显缓和，与域外大国关系保持稳定，并加快了战略自主步伐。

---

[*] 邹志强，复旦大学中东研究中心研究员。

一、土耳其国内政局保持稳定但张力不断增大

土耳其总统埃尔多安继续通过国内政治改革、打压反对党、打击"居伦运动",巩固了对国内权力的控制,同时通过推出经济改革措施、宣传发展成就以稳定民意支持和执政地位。

第一,埃尔多安持续表达实现国家发展目标的决心与信心,宣传正发党执政以来土耳其所取得的发展成就,谋求继续推动政治经济体系改革和稳定执政地位。

2021年年初,埃尔多安就发誓带领国家要为实现2023年百年目标而不懈努力。① 宣称正发党执政以来推行民主和经济改革议程,经历了重大的民主与发展改革,在各个领域都取得了巨大进步,并提高了国家威望,土耳其的发展成就得益于过去19年中建立的强大基础设施和民主政治架构。土耳其有能力改变它参与的所有问题的进程,影响着地区和全球局势平衡,在地区和世界的任何关键问题上都有发言权,是全球政治经济体系中最突出和最重要的新兴大国。② 埃尔多安表示,土耳其将在全球体系中获得其应有的地位,成为21世纪的领导国家,即将成为政治、经济和民主领域的地区和全球领导者。埃尔多安反复强调,土耳其将实现2023年百年发展目标,也将实现2053年和2071年发展愿景。

埃尔多安政府继续谋求在政治、经济和司法等领域进行改革,塑造更为有力的国家体系,稳定自身执政地位,包括继续呼吁制定一部新宪法、修改政党进入议会门槛、推出新的经济改革方案等。2月1日,埃尔多安表示"现在是土耳其开始讨论新宪法的时候了","新宪法将为土耳其扫清

---

① "We will not stop until we completely achieve our country's goals for 2023," *Presidency of the Republic of Turkey*, January 13, 2021, https://www.tccb.gov.tr/en/news/542/123554/-we-will-not-stop-until-we-completely-achieve-our-country-s-goals-for-2023-.

② "Turkey has reached a position where it can determine the balances in its region and the world," *Presidency of the Republic of Turkey*, January 19, 2021, https://www.tccb.gov.tr/en/news/542/123614/-turkey-has-reached-a-position-where-it-can-determine-the-balances-in-its-region-and-the-world; "Turkey has a say in every critical issue in its region and the world," August 25, 2021, "Turkey has a say in every issue in our region," *Presidency of the Republic of Turkey*, September 11, 2021, https://www.tccb.gov.tr/en/news/542/130459/-turkey-has-a-say-in-every-issue-in-our-region.

前进道路"；在10月1日的新一年度大国民会议上表示，希望在2023年国家百年时就新宪法达成共识。① 同时，土耳其政府继续在国内外打击"居伦运动"，致力于清除"居伦运动"支持者，包括在与中亚、中东国家高层会谈中继续坚持这一议程。正发党联合盟友民族行动党提出修改选举法方案，降低政党的议会准入门槛，使之更有利于执政党阵营提高得票率。

在经济科技领域，埃尔多安表示在抗击疫情的同时努力实现经济增长目标，在巨大困难面前经济保持了稳定；2020土耳其实现了在G20中仅次于中国的第二高经济增长率；在投资、人力资源、工程建设等领域取得了重大进步；土耳其决心要成为世界十大经济体之一。埃尔多安宣称由于过去19年所取得的成就，土耳其可以满怀信心地走向未来。土耳其偿还了国际货币基金组织的债务，拥有950亿美元外汇储备；正在成为全球生产和贸易基地，投资吸引力上升，外国直接投资从2002年的188亿美元增长至2020年的2132亿美元，抵御经济风险的能力显著增强。② 土耳其有能力开发自己的卫星，是国际空间系统领域的参与者，并计划建国百年时发射探月卫星等。土耳其进一步提升了地方政府的权力和服务能力，在从医疗保健到生产的所有关键领域建立了强大和全面的基础设施。土耳其政府计划2021年旅游业实现接待2500万游客和200亿美元旅游收入的目标，出口要达到2000亿美元。③ 由于采取有力的措施和行动，土耳其实现了经济高增长，土耳其决心成为全球投资与生产中心，实现发展目标。

第二，土耳其国内政党格局稳定，埃尔多安和正发党的执政地位依然稳固，反对党酝酿联合行动，但尚未形成真正挑战。

---

① "It is time for Turkey to discuss a new constitution," *Presidency of the Republic of Turkey*, February 1, 2021, https：//www. tccb. gov. tr/en/news/542/124772/ – it – is – time – for – turkey – to – discuss – a – new – constitution – ; "Turkey continues to write success stories despite difficult conditions," *Presidency of the Republic of Turkey*, March 4, 2021, https：//www. tccb. gov. tr/en/news/542/125118/ – turkey – continues – to – write – success – stories – despite – difficult – conditions; "A new Constitution to be prepared with the consensus of the whole parliament will be the best gift we can present our nation in 2023," *Presidency of the Republic of Turkey*, October 1, 2021, https：//www. tccb. gov. tr/en/news/542/130753/ – a – new – constitution – to – be – prepared – with – the – consensus – of – the – whole – parliament – will – be – the – best – gift – we – can – present – our – nation – in – 2023.

② "The Turkish economy will have many more success stories," *Presidency of the Republic of Turkey*, April 7, 2021, https：//www. tccb. gov. tr/en/news/542/126484/ – the – turkish – economy – will – have – many – more – success – stories.

③ "Our exports will exceed ＄200 billion in 2021 and hit an all – time high," *Presidency of the Republic of Turkey*, July 12, 2021, https：//www. tccb. gov. tr/en/news/542/128668/ – our – exports – will – exceed – 200 – billion – in – 2021 – and – hit – an – all – time – high.

埃尔多安与正发党的执政地位稳固，当前土耳其政坛上还没有人能够对埃尔多安形成直接挑战，正发党的支持率也依然领先于其他政党。但土耳其国内政治极化特征明显，政党、精英、企业、民众等各领域都分为支持和反对埃尔多安的两大阵营。反对党以反埃尔多安为共同诉求，越来越倾向于结盟，共和人民党、好党、人民民主党、未来党、民主进步党等组成反对派阵营。反对派拥有反对埃尔多安的共同基础，并受到一些外部力量的支持，但反对党联盟内部也矛盾重重，内部意见和力量尚未统一，不仅无法推出统一的总统候选人，也未提出有冲击力的政策措施，更多地寄希望于政府出现问题，借助于各种机会指责和抨击埃尔多安政府。最大反对党共和人民党内部也争夺激烈，党主席、上届总统候选人、伊斯坦布尔和安卡拉市长4人都有竞选总统的意图，其他反对党也有不同意见，内耗仍在持续。[①] 它们对经济政策、国家治理和内政外交还没有形成比较统一的、各个党派都认同的、土耳其民众认可的系统政策和理论。反对党还倾向于采取散布谣言、爆料等非常规方式攻击正发党。2021年5月起，土耳其有名的黑社会头目塞达特·佩凯尔（Sedat Peker）开始在国际上发布系列视频，抖出大量关于土耳其政界高官的猛料，引起土耳其社会广泛关注。土耳其政府处于被动地位，在与阿联酋改善关系后探讨将其从迪拜引渡回土耳其。[②]

土耳其的选举制度和政党政治依然牢固，埃尔多安的权力地位受到多方面的约束和掣肘，特别是面临2023年大选压力，为寻求连任而不得不谨慎行事。由于反对党在反对埃尔多安的共同目标下正在团结起来，加之疫情持续和经济危机使埃尔多安政府遭受巨大压力，西方对埃尔多安依旧批评不断，内外唱衰埃尔多安的声音很大。未来大选结果在很大程度上取决于埃尔多安政府的国内治理成绩，包括能否保持经济增长与社会稳定，以及是否遭遇外部因素的重大冲击。当前政府的措施主要聚焦于经济领域，

---

① "Turkey's main opposition leader signals he may run for president in 2023," *Turkish Minute*, December 15, 2021, https://www.turkishminute.com/2021/12/15/rkeys-main-opposition-leader-signals-he-may-run-for-president-in-2023/; "Opposition to choose presidential candidate jointly: CHP leader," *Hürriyet Daily News*, July 11, 2021, https://www.hurriyetdailynews.com/opposition-to-choose-presidential-candidate-jointly-chp-leader-16625.

② "Turkey Requests UAE to Extradite Mob Boss: Sedat Peker after Interpol Arrest Warrant," *Al-monitor*, February 24, 2022, https://www.middleeastmonitor.com/20220224-turkey-requests-uae-to-extradite-mob-boss-sedat-peker-after-interpol-arrest-warrant/.

经济状况对其能否赢得选举意义重大。从反对派联盟来看，能否团结一致推出共同候选人，争取人民民主党支持和库尔德人的选票，也是影响大选的重要变量。2022年土耳其政局可能会趋向新的不稳定，大选前的政治斗争将更加激烈。

在此背景下，埃尔多安将借助执政优势通过多种方式继续打压反对党，扩大自身支持率。未来可能的应对措施包括指控反对派与"居伦运动"有牵连；挑动国内教俗关系，用宗教情绪吸引保守派选民支持，包括在巴勒斯坦问题、欧洲穆斯林少数群体问题上发表激进言论；在周边地区发动新的军事干预行动，借此挑动国内民族主义情绪，扩大民众支持；或者选择最有利时机迅速提前举行大选等。

第三，土耳其政府力推的伊斯坦布尔运河项目在国内外争议中开工建设。

伊斯坦布尔运河项目历经十年之后被土耳其政府正式提上日程。计划修建的伊斯坦布尔运河长约45千米，宽275米，深度超过20米，直接投资规模约为86亿美元，而外界预计运河项目总投资高达150亿美元。[①] 土耳其政府认为，修建伊斯坦布尔运河可以从根本上缓解博斯普鲁斯海峡的拥堵状况和通航压力，并降低发生碰撞、污染等事故的风险，以保护伊斯坦布尔这座历史文化名城，运河也将带来巨大的经济效益等。土耳其方面预计，伊斯坦布尔运河项目将创造50万个就业岗位，经济贡献可达280亿美元，并大幅提升土耳其的世界交通枢纽地位。2021年3月埃及苏伊士运河因大型船只堵塞而瘫痪，增强了土耳其新建海峡替代通道的决心。除了公开宣称的目标之外，土耳其政府力推伊斯坦布尔运河项目的直接目的在于拉动经济增长，而根本目的是为了巩固执政地位。伊斯坦布尔运河也与埃尔多安的"大国梦"息息相关，并将给土耳其增添一个影响地区局势的战略砝码。[②] 自6月26日，埃尔多安出席了伊斯坦布尔运河项目下的第一座桥梁工程奠基仪式，标志着酝酿多年的伊斯坦布尔运河项目正式开工建设。埃尔多安将伊斯坦布尔运河与2020年改建开放的圣索菲亚大清真寺、

---

① "What's the Truth?" *The Istanbul Canal*, https：//kanal. istanbul/en/home/whats - the - truth/. "Turkey's New Canal Across Istanbul Will Cost ﹩15 Billion," *BNN Bloomberg*, May 17, 2021, https：//www. bnnbloomberg. ca/turkey - s - new - canal - across - istanbul - will - cost - 15 - billion - 1. 1600878.

② 兰顺正：《土耳其着手开凿伊斯坦布尔运河》，载《世界知识》，2021年第14期，第49页。

2021年5月28日开放的塔克西姆清真寺相提并论,称之为土耳其发展的标志性工程。他表示,该运河是一个可以拯救伊斯坦布尔未来的项目,其翻开了土耳其发展史上的新篇章,将在土耳其历史上占有一席之地。①

伊斯坦布尔运河项目在土耳其国内争议不断,怀疑和反对的声音一直很大。② 反对修建伊斯坦布尔运河的理由主要包括质疑运河项目的经济效益,担忧运河项目带来地缘政治风险和安全冲击,担忧投资巨大的运河项目会加重土耳其的债务压力,运河项目可能带来"生态灾难"等。反对党共和人民党籍的伊斯坦布尔市长伊玛姆奥卢就多次发声反对,共和人民党领导人宣称如果下次大选上台将直接取消运河项目。根据计划,运河建设将持续6年,未来建设过程也必然继续伴随争议。鉴于其特殊地理位置,伊斯坦布尔运河具有战略意义,未来可能对既有国际秩序及土耳其与美、俄、欧的关系带来一定影响。

二、土耳其经济改革效果不佳并遭遇里拉危机

2021年,土耳其经济在里拉危机和疫情的双重冲击下遭遇更大挑战,土耳其政府力图通过经济改革和扩大出口稳定经济增长。土耳其推出了新的经济改革措施,积极吸引投资和扩大出口,希望基于投资和生产来调动发展潜力,将投资、就业、生产、出口作为支撑经济可持续发展的四大支柱。③ 土耳其希望在后疫情时代的全球价值链塑造中获得更为重要的角色,

---

① "Canal Istanbul will take its place in history as one of Turkey's most important values," *Presidency of the Republic of Turkey*, June 26, 2021, https://www.tccb.gov.tr/en/news/542/128520/-canal-istanbul-will-take-its-place-in-history-as-one-of-turkey-s-most-important-values.

② Yörük Işık, "Canal Istanbul: Don't Believe the Hype," *Middle East Institute*, June 25, 2021, https://mei.edu/publications/canal-istanbul-dont-believe-hype/.

③ "We are developing our economy on the pillars of investment, employment, production and export," *Presidency of the Republic of Turkey*, March 29, 2021, https://www.tccb.gov.tr/en/news/542/126401/-we-are-developing-our-economy-on-the-pillars-of-investment-employment-production-and-export; "We move forward with the determination to develop our country on the basis of investment, production, employment and exportation," *Presidency of the Republic of Turkey*, April 7, 2021, https://www.tccb.gov.tr/en/news/542/126489/-we-move-forward-with-the-determination-to-develop-our-country-on-the-basis-of-investment-production-employment-and-exportation; "Turkey continues to raise the bar in economy, production, agriculture and trade," *Presidency of the Republic of Turkey*, August 16, 2021, https://www.tccb.gov.tr/en/news/542/129013/-turkey-continues-to-raise-the-bar-in-economy-production-agriculture-and-trade.

致力于成为全球投资和生产中心。

（一）经济改革与里拉危机

2021年3月12日，土耳其财政部公布了经济改革方案的详细措施，涉及公共财政、价格稳定、金融业、经常项目赤字、就业、公司治理、投资激励、放宽国内贸易、竞争和市场监督等10个领域，宣布成立金融稳定委员会，承诺降低通胀率，在2023年降至5%以下，所有措施将执行到2023年3月。埃尔多安强调，经济改革方案包括确保土耳其未来的具体和以结果为导向的政策，并将定期进行审议调整。① 土耳其政府力推的经济改革主要就是实现投资、就业、生产、出口和经常账户盈余，以此为基础推动经济稳定增长，并摆脱高利率-低汇率的恶性循环。

3月20日，埃尔多安将仅上任四个月的央行行长阿巴尔撤职，引发了2021年第一轮较为显著的金融市场危机。阿巴尔已经是2019年以来埃尔多安撤换的第三位央行行长，他自2020年11月上任以来三次加息，基准利率从10.25%上调至了19%。埃尔多安认为，阿巴尔通过激进的加息方式对抗通货膨胀，此举可能让刚刚复苏的经济再度陷入低迷，因此将其撤职。更为听话的卡夫奇奥卢被任命为新行长，这引发了市场担忧。此后，土耳其里拉兑美元汇率连续多日下跌，3月22日里拉一度暴跌17%，一周内贬值了近20%，近乎历史最低水平。股市两度熔断，主权债券也创下单日最大跌幅，国债收益率飙升，资本流出威胁土耳其经济的稳定。

2021年下半年，埃尔多安继续调整其经济班底，进一步贯彻经济改革和低利率政策。10月中旬，埃尔多安罢免了央行货币政策委员会的3名成员；12月初又撤换了财政部长。被撤换的财政部长埃尔万任职才刚刚一年，他反对一味降息，而新任财长内巴蒂是低利率的信奉者，显然更符合埃尔多安的胃口。遵循埃尔多安的"降息抗通胀"思路，土耳其央行在2021年下半年连续三次降息，基准利率从19%大幅降至14%，导致土耳其里拉陷入新一轮更严重的贬值危机，通胀率也随之飙升。土耳其政府开启降息通道之后，里拉开始快速跳水，在11月里拉兑美元就贬值了28%，

---

① "Our economic reform package includes concrete and result-oriented policies that will guarantee the future for Turkey," *Presidency of the Republic of Turkey*, March 12, 2021, https://www.tccb.gov.tr/en/news/542/125234/-our-economic-reform-package-includes-concrete-and-solution-oriented-policies-that-will-carry-turkey-to-the-future-with-confidence.

12月16日第三次降息公布之后,土耳其股债汇市场全线下跌,股市连续多日出现"双熔断",里拉急剧贬值,美元兑里拉汇率一度破了1∶18大关,① 成为继2018年里拉危机以来最为严重的一次货币危机。里拉贬值和通胀飙升导致土耳其物价大幅上涨,经济不稳定性明显增加。

  由于反复的疫情和糟糕的经济形势,土耳其政府面临着保持经济增长、巩固执政地位的巨大压力。埃尔多安坚持认为降息是为了对抗通胀,并将之称为"经济独立战争",这意味着降息就是一场政治斗争。降息的初衷是希望稳定经济增长,因为这可以促进出口和降低企业借贷成本,同时也可以彰显经济独立,降息也有助于稳定来自商业界的政治支持。针对严重的里拉危机,埃尔多安认为里拉危机源于外部阴谋,坚信土耳其将从经济独立战争中获得胜利。② 他表示将努力让土耳其经济摆脱高利率—高通胀的漩涡,并通过投资走上增长之路,实现就业、生产、出口和经常账户盈余。③ 然而,外界认为降息恰恰就是里拉暴跌的导火索。土耳其深层次的经济问题和经济发展模式未改变的情况下,埃尔多安想通过低利率推动经济增长的希望很难实现。由于土耳其自身经济结构性问题,降息也对金融市场稳定造成巨大冲击,带来里拉贬值和资本外流,加剧了国内通货膨胀,甚至有造成金融市场崩溃的风险。

  面对严重的里拉危机和市场动荡,12月20日埃尔多安宣布了前所未有的重大措施,土耳其政府推出金融替代方案,政府将为本币储蓄因里拉贬值而蒙受的损失提供补偿。消息一出,土耳其里拉对美元汇率大幅反弹超过20%,里拉汇率稳定在1∶12-1∶14之间。土耳其以政府担保补贴的方式稳定里拉汇率,实质上变相提高了利率,可能会将国内通胀推向更高水平,但

---

① "Indicative Exchange Rates," TCMB, https://tcmb.gov.tr/wps/wcm/connect/EN/TCMB + EN/Main + Menu/Statistics/Exchange + Rates/Indicative + Exchange + Rates.

② "We continue our efforts day and night in order to further develop and strengthen our country," Presidency of the Republic of Turkey, November 22, 2021, https://www.tccb.gov.tr/en/news/542/133574/ - we - continue - our - efforts - day - and - night - in - order - to - further - develop - and - strengthen - our - country; "We work to defend our nation's interests, overcoming the obstacles standing in our way," Presidency of the Republic of Turkey, December 22, 2021, https://www.tccb.gov.tr/en/news/542/134065/ - we - work - to - defend - our - nation - s - interests - overcoming - the - obstacles - standing - in - our - way.

③ "We have taken action to take our rightful place in the new global system of government and economy," Presidency of the Republic of Turkey, December 31, 2021, https://www.tccb.gov.tr/en/news/542/134173/ - we - have - taken - action - to - take - our - rightful - place - in - the - new - global - system - of - government - and - economy.

这也可视为土耳其政府政策调整的尝试和信号。从总体上看，2021 年土耳其里拉对美元汇率跌幅超过 40%，从年初的 1 美元兑 7.4 里拉大幅贬值至年底的 13.3 里拉左右，① 再次成为年内表现最差的新兴市场货币。

客观而言，降息和里拉贬值的确拉动了出口增长，2021 年 10 月和 11 月土耳其对外出口分别同比增长了 20% 和 33%。据统计，2021 年土耳其出口总额达到了 2253.68 亿美元，同比增长了 32.9%，创下历史新高；贸易逆差缩减了 7.8%，为 459 亿美元。② 土耳其财政也出现了少量盈余，全年财政赤字收窄，外汇储备也没有出现枯竭，年底前反而有所增加。这主要得益于货币贬值、民众外汇交易和侨汇增长以及旅游业的增长等因素，其中蕴含着巨大的脆弱性。里拉贬值和货币超发不仅会大幅推高通胀率，而且带来进口产品价格上涨和提升企业生产成本，最终削弱国内企业的竞争优势，而且外债风险上升，主权债务信用面临更大降级威胁。2021 年 12 月 11 日，标注普尔已经将土耳其主权信用评级前景展望下调至"负面"。③

土耳其通货膨胀率大幅攀升，土耳其通胀率从 2021 年 2 月份的 15.6% 攀升至 10 月份的 19.89% 和 11 月份的 21.31%；12 月新一轮严重的里拉危机之后，当月 CPI 同比上涨高达 36.08%；2022 年 1 月和 2 月 CPI 进一步飙升至 48.69% 和 54.44%。④ 面包等食品和生活用品价格上涨了 90%，能源进口和交通运输成本大幅飙升，国内房产价格也大幅上涨，民众购买力大幅削弱。由于土耳其对能源、中间产品、原材料等的进口依赖度较高，相关产品价格上涨推高国内终端产品成本，生产活动各环节物价相互传导，最终削弱了经济增长基础。为应对高通胀和获取民众支持，土耳其政府继续提高最低工资标准，2021 年 12 月 16 日，埃尔多安宣布将 2022 年的月最低工资标准上调 50% 至 4250 里拉。⑤ 但这也是一把双刃剑，

---

① "Indicative Exchange Rates," TCMB, https：//tcmb. gov. tr/wps/wcm/connect/EN/TCMB + EN/Main + Menu/Statistics/Exchange + Rates/Indicative + Exchange + Rates.

② "Foreign Trade," Turkish Statistical Institute, https：//data. tuik. gov. tr/Kategori/GetKategori? p = dis – ticaret – 104&dil = 2.

③ "Standard & Poor's downgrades Turkey's credit rating to (negative)," *The Limited Times*, December 11, 2021, https：//newsrnd. com/business/2021 – 12 – 11 – standard – amp – poor – s – downgrades – turkey – s – credit – rating – to – (negative) . rJBgSJM9k. html.

④ "Consumer Price Index," Turkish Statistical Institute, March 3, 2022, https：//data. tuik. gov. tr/Bulten/Index? p = Consumer – Price – Index – February – 2022 – 45791&dil = 2.

⑤ "Minimum wage will be TL 4, 250 in 2022," *Presidency of the Republic of Turkey*, December 16, 2021, https：//www. tccb. gov. tr/en/news/542/133891/ – minimum – wage – will – be – tl – 4 – 250 – in – 2022.

可能进一步推高国内通胀。

里拉大幅贬值和高通胀让埃尔多安面临更大的政治压力，支持率持续受到影响。反对党共和人民党和好党都抓住这一问题多次批评埃尔多安的经济政策，甚至认为埃尔多安才是问题根源。总体来看，土耳其的经济前景很不乐观，存在很大的脆弱性和不确定性，其固有的经济结构性问题短期内难以改变，要实现稳定、良性的宏观经济增长十分困难。如遇石油等大宗商品价格上涨、新冠肺炎疫情引发旅游业萧条，或遭遇新的重大地缘政治危机，土耳其经济势必将面临更大挑战。鉴于出口对于经济增长的作用日益突出，土耳其大力拓展对外贸易和吸引国际投资。埃尔多安多次强调出口的重要性，将之列为经济发展的四大优先目标之一，认为出口已成为国家发展的动力源泉。① 在2020年底与英国签订自由贸易协定的基础上，土耳其继续寻求与欧盟升级关税同盟，努力扩大与非洲、中亚、中东等地区国家的贸易往来。

（二）疫情持续扩散

2021年土耳其国内新冠肺炎疫情持续发展，一直未能得到有效控制。土耳其政府的疫情防控依然三心二意、时紧时松，根据疫情发展形势在适当管控或完全放开之间摇摆。例如，3月土耳其经过一段时期管控后宣布逐步实行正常化，当月新增病例从1月和2月的每月20多万例增至65万例，4月新增病例超过150万例，全国累计确认病例从2021年1月1日的220万例增加到4月30日的482万例。由于病例和死亡人数增加，土耳其政府不得不实施新的管控措施，4月26日土耳其政府宣布从4月29日至5月17日实行全面封闭措施，呼吁民众遵守防疫措施。5月和6月的新增病例分别为42.8万例和17.6万例，单日新增降至5000多例，随后土耳其政府宣布从7月1日开始放开疫情管控措施。之后疫情再次出现反复，单日新增病例很快攀升，7月24日新增超过1万例，7月28日攀升至2万例以上，并长期居高不下，10月6日攀升至3万例以上，之后多数时间都保持在2万例以上。12月底每日新增病例再次攀升至3万例以上，2021年12

---

① "Turkey's export capacity is its trump card to feature among the world's top 10 economies," *Presidency of the Republic of Turkey*, September 18, 2021, https：//www.tccb.gov.tr/en/news/542/130547/-turkey-s-export-capacity-is-its-trump-card-to-feature-among-the-world-s-top-10-economies.

月31日当天新增病例为40786例，累计确诊病例已经超过948万例。[①]

土耳其政府努力推动国内的疫苗接种运动，埃尔多安强调接种疫苗的重要性，6月份还被其作为"疫苗接种月"，呼吁民众尽快接种，从中国等国大量进口疫苗，并承诺所有人都能逐步获得疫苗接种。土耳其民众的疫苗接种率持续提升，是疫苗接种率较高的国家之一。截止2021年12月31日，土耳其成年人疫苗二剂接种率已高达83.14%，一剂接种率达到91.69%。但基本放开的管理政策根本无法阻止疫情的持续扩散，国内感染人数仍不断增加，无法遏制疫情蔓延。进入2022年，土耳其感染病例出现了新一轮的飙升。从1月初的每日新增3万多例迅速增长至6万例以上，1月31日当天新增93261例，累计确诊人数超过1161万例。进入2月上旬，每日新增病例更是超过或接近10万例，之后也一直居高不下，截至2月28日土耳其累计确诊人数已超过1408万例。虽然埃尔多安多次表示土耳其是世界上应对疫情最为成功的国家之一，但新增病例居高不下表明土耳其国内疫情加速扩散，疫情不断发展对经济造成持续伤害，保持经济增长的困难加大。

三、土耳其对外关系上缓和与进取并存

从对外关系来看，土耳其与中东地区大国关系明显缓和，与域外大国关系保持稳定，追求战略自主的步伐加快，身份再定位推动其外交政策持续转变，强硬与机会主义的外交特征依然突出。

第一，土耳其与美欧关系平稳而冷淡，双方维持合作基本面的同时多重矛盾依旧。

美国总统拜登上台后，土耳其急切希望改善对美关系，然而拜登政府并没有把美土关系列入优先议程，两国关系依然冷淡，甚至美国对土耳其打压势头依然不减。2月9日，美国国会50名参议员联合要求拜登政府对土耳其采取强硬外交路线；4月21日，美国通知土耳其，正式将其从北约生产和开发F-35战斗机的联合计划中除名；4月24日，拜登发表声明正式承认一战期间奥斯曼帝国对亚美尼亚人的大屠杀为"种族灭绝"，由此成

---

① Ministry of Health of Turkey, https://hsgm.saglik.gov.tr/en.

为第一位正式认定这一事件为"种族灭绝"的美国总统。土耳其外交部在声明中用"最强烈的方式拒绝接受和谴责"。埃尔多安发表了长篇讲话对美国进行反驳,认为美国做出了毫无根据、不公正和不真实的陈述,这些言论没有历史或法律依据,是对土耳其的"诽谤","对两国关系具有破坏性",并指责美国支持"居伦运动"和库尔德恐怖分子。①

埃尔多安依然对改善土美关系抱有很大期望。5月底他表示,土美在叙利亚、利比亚、反恐、能源、贸易和投资等众多问题上拥有巨大合作潜力,并希望能够实现1000亿美元的双边贸易目标。6月14日在北约领导人峰会期间埃尔多安与拜登进行首次会晤,埃尔多安积极评价和期待两国关系,要在相互尊重与利益基础上开启双方各领域合作的新时代。9月埃尔多安飞到纽约参加联合国大会,希望与拜登会见但却没有成功。在10月31日于意大利罗马举行的G20峰会上,埃尔多安和拜登再次举行了会晤,在强调推进双方合作的共同意愿的同时各有期待或担忧。土方希望两国组建联合机制以推动双边关系发展,实现贸易增长,强调北约框架内的战略伙伴关系;美方强调有效管控分歧,再次表达了对土耳其从俄罗斯采购S-400防空导弹系统的忧虑,以及对民主、人权和法治的重视。②

土耳其与欧洲之间互动依旧频繁,但双边关系并没有实质性改善。在年初会见欧洲国家大使时,埃尔多安系统阐述了对土欧关系以及地区问题的理解,指责欧盟没有兑现升级关税同盟、免签等承诺,土耳其不放弃加入欧盟,愿意在难民等问题上继续合作,希望推动双边关系重回正轨。3月5日、6月14日和10月16日,埃尔多安与德国总理默克尔多次举行会晤,讨论叙利亚、难民、东地中海和土欧关系等问题,表现出建设性合作的态度。3月19日埃尔多安与欧盟领导人会晤时强调,必须安排免签、更新关税同盟和开启入盟谈判等,并特别提醒难民对土耳其日益增加的压

---

① "Turkish Leader Blasts Biden's Unfounded Remarks on 1915 Events", *Anadolu Agency*, April 26, 2021, https://www.aa.com.tr/en/top-headline/turkish-leader-blasts-biden-s-unfounded-remarks-on-1915-events/2221315; "We will enforce a full lockdown from April 29 until May 17," *Presidency of the Republic of Turkey*, April 26, 2021, https://www.tccb.gov.tr/en/news/542/127727/-we-will-enforce-a-full-lockdown-from-april-29-until-may-17.

② "Biden raised concerns over Russian missile system during meeting with Turkey's President," *CNN*, October 31, 2021, https://edition.cnn.com/world/live-news/g20-rome-sunday-session/h_7b4851bcf328232073fb5580272848b3; "President Erdogan meets with U. S. President Biden," *Presidency of the Republic of Turkey*, October 31, 2021, https://www.tccb.gov.tr/en/news/542/132250/president-erdogan-meets-with-us-president-biden.

力。双方在难民问题上依旧争议不断，埃尔多安表示"土耳其没有责任或义务成为欧洲的难民营"，"希望难民的目标国家尤其是欧洲承担更多责任"。① 在10月底的G20罗马峰会上，埃尔多安与欧盟及意大利、荷兰、法国、德国等欧洲多国领导人举行了密集会晤，再次广泛讨论了双边关系和叙利亚、利比亚和阿富汗问题。

埃尔多安继续批评欧洲的"伊斯兰恐惧症"和殖民主义思维，多次对欧洲穆斯林的处境表示担忧和相关政策表达不满。他强烈批评欧洲国家发生的针对穆斯林的仇恨犯罪和种族主义袭击，特别点名法国和德国；将伊斯兰恐惧症比喻为新冠病毒和癌细胞，在欧洲各地迅速蔓延，法国通过的有关法案针对穆斯林群体，公然违背人权、宗教自由和欧洲价值观。② 埃尔多安对2021年7月欧洲法院的头巾禁令裁决表达了强烈反对，直指这违反宗教自由。针对法国总统马克龙关于土耳其应从利比亚撤军的声明，埃尔多安搬出法国在非洲的殖民历史进行反击。

西方国家继续借民主人权问题对土耳其进行敲打施压，土耳其对此进行了强硬回击。2021年3月土耳其退出《欧洲委员会防止和反对针对妇女的暴力和家庭暴力公约》（《伊斯坦布尔公约》），遭到西方国家的指责。10月，因美欧十国驻土耳其大使馆干涉土耳其司法，引发土方强烈不满。10月23日埃尔多安宣布西方十国大使为"不受欢迎的人"，作势要驱逐这些国家大使，强调"土耳其司法机构不接受任何人的命令"。③ 两天后西方十国大使不得不放低姿态，埃尔多安也随即放缓态度，此次外交危机结束。事件虽然很快平息，但土耳其与西方离心离德、渐行渐远的趋势或难逆

---

① "Leading our lives in peace depends on all of us getting vaccinated," *Presidency of the Republic of Turkey*, August 19, 2021, https：//www. tccb. gov. tr/en/news/542/130067/ – leading – our – lives – in – peace – depends – on – all – of – us – getting – vaccinated; "We will maintain our country's growth on the foundations of investment, production, export and employment," *Presidency of the Republic of Turkey*, October 11, 2021, https：//www. tccb. gov. tr/en/news/542/130875/ – we – will – maintain – our – country – s – growth – on – the – foundations – of – investment – production – export – and – employment.

② "The virus of Islamophobia rapidly spreads particularly in European countries," *Presidency of the Republic of Turkey*, May 12, 2021, https：//www. tccb. gov. tr/en/news/542/127874/ – the – virus – of – islamophobia – rapidly – spreads – particularly – in – european – countries.

③ "Our intention is not to create a crisis but to protect our country's interests and sovereign rights," *Presidency of the Republic of Turkey*, October 25, 2021, https：//www. tccb. gov. tr/en/news/542/131113/ – our – intention – is – not – to – create – a – crisis – but – to – protect – our – country – s – interests – and – sovereign – rights –.

转，① 也体现出西方国家对土耳其既重视又忌惮的矛盾心理。②

第二，土耳其周边形势趋向缓和，与地区大国的关系明显改善。

在美国中东政策调整和地区格局转变的背景下，土耳其与埃及、沙特和阿联酋等地区大国关系从对抗走向缓和。土耳其强调愿意就解决爱琴海、东地中海和塞浦路斯问题进行外交对话，埃尔多安表示，土耳其将根据世界形势变化调整其外交政策，愿意通过外交方式促进和平，希望地中海成为一个和平繁荣的地区。③

2021年3月，土耳其外交部长恰武什奥卢表示，正在与埃及开展外交接触，历经近8年冷淡紧张的土埃关系出现回暖。埃尔多安对与埃及缓和关系表示乐观，并有意将埃及与希腊作区别对待。5月，土埃两国副外长在开罗进行了2013年以来的首次正式外交磋商，就实现关系正常化开展了多次会谈。之后土耳其与沙特、阿联酋的关系也迎来转机。5月，埃尔多安与沙特国王萨勒曼两次通话；恰武什奥卢访问沙特，土耳其承诺采取措施限制穆兄会活动，两国在此问题上的矛盾有所下降。8月，阿联酋国家安全顾问塔赫农·本·扎耶德访问土耳其，掀开两国关系改善的序幕。11月24日，阿联酋阿布扎比王储穆罕默德·本·扎耶德正式访问土耳其，这是阿联酋领导人自2012年以来首次对土耳其进行正式访问。埃尔多安与穆罕默德就地区局势进行了会谈，还签署了涉及多个领域的10项合作协议，阿联酋还承诺投资土耳其100亿美元。12月13日，恰武什奥卢访问阿联酋，称将进一步发展与阿联酋的经济和商业关系。12月7日，埃尔多安访问卡塔尔期间也向其他海湾国家喊话，土耳其愿意在互利和相互尊重的基础上推进与海湾国家的合作，不希望在地区内看到紧张、冲突或敌意。④土耳其与阿联酋等阿拉伯国家关系缓和，其中既有国际和地区形势变化的因素，也有双方关系中核心障碍即穆兄会作用趋弱的因素，更有土耳其货

---

① 唐志超：《驱逐外交官风波凸显土耳其与西方的撕裂》，载《当代世界》，2021年第11期，第60页。

② 钮松：《土耳其与西方十国间究竟发生了什么》，载《世界知识》，2021年第22期，第57页。

③ "While the world is rapidly changing, we must accordingly adjust our diplomacy," *Presidency of the Republic of Turkey*, June 18, 2021, https：//www.tccb.gov.tr/en/news/542/128404/ – while – the – world – is – rapidly – changing – we – must – accordingly – adjust – our – diplomacy.

④ "We attach great importance to the peace and welfare of the entire Gulf region," *Presidency of the Republic of Turkey*, December 7, 2021, https：//www.tccb.gov.tr/en/news/542/133797/ – we – attach – great – importance – to – the – peace – and – welfare – of – the – entire – gulf – region.

币贬值、投资需求巨大的因素。①

土耳其与以色列的关系也出现了缓和的积极信号,以色列新一届政府成立后,埃尔多安和以色列总统赫尔佐格进行了三次通话。2022 年 1 月 18 日,埃尔多安表示,在美国表示不支持希腊、以色列和塞浦路斯共同修建东地中海管道的计划后,土耳其愿意与以色列合作修建一条经由土耳其通往欧洲的天然气管道。1 月 20 日,土耳其与以色列两国外长实现了 13 年来的首次通话;2 月 3 日,埃尔多安表示,以色列总统赫尔佐格将于 3 月中旬访问土耳其。预计未来土以关系的缓和趋势将持续明朗。

然而,土耳其与埃及、沙特、阿联酋及以色列关系缓和并不意味着双方之间矛盾得到解决。土耳其在地区热点问题上的政策没有实质性变化,坚持在叙利亚、利比亚等地的军事存在;在伊拉克和叙利亚北部针对库工党武装的军事打击持续进行;连续批评以色列对巴勒斯坦的袭击,继续将以色列称为"恐怖主义国家",反对拜登政府批准向以色列出售武器等,强调耶路撒冷问题是"红线";在塞浦路斯问题上推动"两国方案",反复表示将维护"北塞浦路斯"的权利。② 埃尔多安在 3 月的"蓝色家园 - 2021"军事演习上表示,土耳其必须拥有一支强大的海军,不允许本国和塞浦路斯土族人的权利被剥夺,并反复表示挫败了所有旨在将土耳其限制在安塔利亚海岸和地中海之外的企图。③

第三,土耳其继续追求多元平衡的外交政策,增强战略自主性的步伐加快,谋求通过地区性国际组织构建自身势力范围和塑造大国地位。

首先,发展独立的国防工业和扩大对外军售是土耳其追求战略自主的

---

① 刘中民:《土耳其与阿联酋结束"冷战"? 因势调整但矛盾还在》,澎湃新闻,2021 年 12 月 22 日。

② "The Cyprus cause belongs to the entire Turkish nation," *Presidency of the Republic of Turkey*, July 19, 2021, https://www.tccb.gov.tr/en/news/542/128771/-the-cyprus-cause-belongs-to-the-entire-turkish-nation.

③ "It is an obligation for Turkey to have a powerful navy," *Presidency of the Republic of Turkey*, March 6, 2021, https://www.tccb.gov.tr/en/news/542/125141/-it-is-an-obligation-for-turkey-to-have-a-powerful-navy"; "No one can any longer make the Turkish side pay for the deadlock in Cyprus," *Presidency of the Republic of Turkey*, May 22, 2021, https://www.tccb.gov.tr/en/news/542/127960/-no-one-can-any-longer-make-the-turkish-side-pay-for-the-deadlock-in-cyprus-; "The Turkish economy became the world's second fastest growing economy in the second quarter," *Presidency of the Republic of Turkey*, September 1, 2021, https://www.tccb.gov.tr/en/news/542/130306/-the-turkish-economy-became-the-world-s-second-fastest-growing-economy-in-the-second-quarter.

重要表现。埃尔多安对美国不交付 F－35 战机十分不满,表示土耳其发展自己独立的国防工业不需要征得任何人的许可。埃尔多安多次表达了建立独立自主的国防工业的重要性,因为土耳其曾经为军事装备对外国的依赖付出了高昂代价。① 埃尔多安在非洲、乌克兰、中亚等地出访中积极推销本国无人机,参加为巴基斯坦建造的护卫舰下水仪式等。据统计,自 2002 年以来的 19 年里,土耳其国防工业项目从 62 个发展到 750 余个,预算从 55 亿美元增加到 750 多亿美元;军工企业数量从 56 家增长至 1500 家,年营业额从 10 亿美元增长至 110 亿美元;出口额超过 30 亿美元,7 家公司被列入世界 100 强国防公司名单。② 其中,武装无人机成为土耳其出口的明星产品及其积极进取外交的象征。

其次,土耳其维持与俄罗斯的战略与务实合作关系,在叙利亚、外高加索、乌克兰等议题上与俄罗斯保持沟通,在旅游、能源进口、核能开发、军售等领域合作密切。2021 年,埃尔多安与俄罗斯总统普京多次通话和会晤,表示对双方"强有力、高效和建设性的外交合作"十分满意。2021 年 9 月,埃尔多安视察了正在建设的阿库尤核电站,第一座反应堆计划在 2023 年投入运行。9 月底埃尔多安前往索契与普京举行了会晤,高度评价两国政治、军事、经济和商业领域的合作,强调军售合作不可能倒退,两国在叙利亚问题上的共同行动非常重要,"叙利亚的和平取决于土耳其和俄罗斯的关系。"③

再次,土耳其希望在阿富汗、乌克兰、非洲等更广泛的地区事务中扮演关键角色。一是土耳其积极在阿富汗问题上发挥更大作用。2021 年 8 月美国和北约从阿富汗撤军后,土耳其希望留下来接管喀布尔国际机场,积

---

① "Our investments will increasingly continue until we fully liberate our country from foreign dependency in defense industry," *Presidency of the Republic of Turkey*, July 8, 2021, https：// www. tccb. gov. tr/en/news/542/128616/ - our - investments - will - increasingly - continue - until - we - fully - liberate - our - country - from - foreign - dependency - in - defense - industry.

② "It is an obligation for us to be strong in military, economic and diplomatic terms" *Presidency of the Republic of Turkey*, January 23, 2021, https：//www. tccb. gov. tr/en/news/542/123664/ - it - is - an - obligation - for - us - to - be - strong - in - military - economic - and - diplomatic - terms - ; "Turkey has achieved a revolution in defense industry over the past 19 years," *Presidency of the Republic of Turkey*, August 17, 2021, https：//www. tccb. gov. tr/en/news/542/130023/ - turkey - has - achieved - a - revolution - in - defense - industry - over - the - past - 19 - years.

③ "President Erdogan meets with President Putin of Russia," *Presidency of the Republic of Turkey*, September 29, 2021, https：//www. tccb. gov. tr/en/news/542/130729/president - erdogan - meets - with - president - putin - of - russia.

极与阿富汗塔利班进行会谈，表达对阿富汗人的支持和开展人道主义援助，以便发挥关键影响力。然而，土耳其最终未能实现其保留驻军的目标。二是土耳其试图介入和调停俄乌冲突。土耳其一直秉持支持乌克兰的立场，同时希望俄乌危机以和平方式解决。在2022年2月俄乌冲突爆发以后，土耳其更为积极地尝试进行斡旋。三是土耳其继续加大对非洲外交力度。2021年10月埃尔多安出访安哥拉、多哥和尼日利亚非洲三国期间，签署了18项经济和文化协议。10月21日，第三届土耳其－非洲经济和商业论坛在伊斯坦布尔开幕，40多个非洲国家的政府代表和商业人士参会。12月16-18日，第三届土耳其－非洲伙伴关系峰会在伊斯坦布尔举行，与会领导人承诺将进一步推进各领域间的相互合作。埃尔多安特别强调，土耳其对非洲的态度与政策与西方国家不同，愿在平等伙伴和双赢的基础上努力推进合作，计划将双边贸易额提高到500亿美元。①

最后，2021年11月"突厥国家组织"的成立反映了土耳其试图建构一个自己主导的势力范围、谋求世界一极的战略意图。土耳其一直争当"突厥语国家领袖"，利用突厥语国家间合作塑造自身大国地位，倡导"多国一族"，并发展为"六个国家、一个民族"，囊括了所有突厥语国家。在欧亚大陆中心地带地缘政治形势变化的背景下，土耳其积极推动突厥语国家合作扩展至政治和安全领域，借助外高加索、阿富汗等地区热点问题推动外交政策协调与安全合作。特别是美国从阿富汗撤军以及俄罗斯的干预能力下降，让土耳其看到了提升地区影响力的新机会。埃尔多安表示，"突厥国家组织"在地区内建立了声望，应加强经济一体化和反恐合作，并希望吸收"北塞浦路斯"加入。② "突厥国家组织"虽然影响力有限，但成为土耳其发挥影响力的一个有用工具。

---

① "We work to advance our cooperation with Africa on equal partnership and win-win basis," *Presidency of the Republic of Turkey*, December 18, 2021, https：//www.tccb.gov.tr/en/news/542/133979/-we-work-to-advance-our-cooperation-with-africa-on-equal-partnership-and-win-win-basis.

② "We are changing the name of the Turkic Council to the Organization of Turkic States," *Presidency of the Republic of Turkey*, November 12, 2021, https：//www.tccb.gov.tr/en/news/542/133467/-we-are-changing-the-name-of-the-turkic-council-to-the-organization-of-turkic-states.

四、结　语

　　展望2022年的土耳其内政外交，大选压力和多种不确定性使埃尔多安政府的压力继续增大，未来内外政策上可能会有新的高调举动。巩固既得利益、改善与美欧及周边大国关系将是土耳其外交的基本趋势，俄乌冲突也为土耳其与西方关系缓和带来契机，为缓解地区孤立和经济压力提供良好环境。土耳其希望继续拉近与美欧的关系，改善与地区大国的关系，期待获得更多投资和经济利益。面临着不断变化的内外形势，当前土耳其的外交政策似乎正在发生自埃尔多安时代以来的第三次转变，从单边现实主义政治转向更微妙的多边路径。① 然而，面临着巩固执政地位和2023年大选的巨大压力，埃尔多安政府可能寻找时机在周边地区主动出击和采取新的干涉行动，借此挑动国内民族主义情绪，从而稳固执政地位和提升大选成功率。

---

　　① "The Third Age of Erdogan's Foreign Policy," *CEPA*, February 17, 2022, https://cepa.org/the-third-age-of-erdogans-foreign-policy/.

2021年海湾五国的政治、经济和对外关系

余 泳[*]

【摘 要】

2021年，在油价上涨/波动、新冠肺炎疫情触底、世界经济开始向好的大背景下，科威特、巴林、卡塔尔、阿联酋和阿曼等中东地区海湾五国总体上政局平稳，国家转型发展继续推进，社会面改革有一定成效。全年大部分时间油价快高增长为海湾五国带来巨大经济利益，部分国家开始实施增值税等较长远财政合理化战略规划，加快了经济多元化和现代化努力步伐，特别是在数字经济等领域呈现亮点。随着与卡塔尔断交危机的结束、海湾国家对伊朗态度的缓和，海湾五国的对外关系显得更加活跃主动。但由于巴以关系等根本性问题尚无进展甚至倒退，未来海湾五国各方面发展进程或因此遭遇干扰。

【关键词】

海湾国家 转型发展 数字经济 《欧拉宣言》

一、政治社会基本面平稳 国家转型发展有所推进

（一）科威特

长期以来，科威特内阁和议会关系紧张。而一旦议员发起针对内阁成员的质询，内阁辞职后有关质询的动议自动失效。2021年这类紧张关

---

[*] 余泳，上海外国语大学中东研究所副研究员。本文为上海外国语大学规划基金一般项目"'一带一路'沿线小国群体研究——以中东地区海湾五国为例"（项目编号：2020114067）的阶段性成果。

系再次出现。2021年1月13日，萨巴赫·哈利德内阁宣誓就职仅一月，就因国民议会议员要求就组阁等问题质询而向埃米尔纳瓦夫辞职。但次日，他又第三次被任命为首相（2019年首次任首相）。新一届内阁于3月3日宣誓就职，在内阁阵容中包括四名新部长，特别是任命一名前国会议员为司法部长和副总理，新议会试图弥合政府和议会之间的分歧，但由于政府和议会仍未就部分问题达成一致意见，当周科威特议会继续"停摆"。几乎同样的流程在下半年的科威特政坛再次呈现。11月8日，埃米尔纳瓦夫接受了首相哈立德提交的内阁辞呈并于14日批准内阁集体辞职，并于15日宣布王储米沙勒可协助其行使部分宪法职权。23日，科威特王储米沙勒签署埃米尔令，任命哈立德为首相，负责组建新内阁。这是萨巴赫第四次被任命为科威特首相。12月29日，以萨巴赫·哈立德为首相的科威特新一届政府宣誓就职。据新华社报道，萨巴赫在就职仪式上表示，新政府将努力推动改革进程，以实现经济平衡和发展计划，为国家和人民服务。[①]

2021年对科威特社会生活影响较大的事项仍旧为新冠肺炎疫情和人口与就业等问题。年初之后，科威特新冠肺炎疫情出现反弹，单日新增确诊病例明显增加，疫情形势严峻。为进一步控制疫情，科威特有关部门决定自3月7日起至4月22日实行宵禁，违反宵禁措施人员将可能面临被遣返等处罚。8月15日，基于国内新冠肺炎疫情状况好转、感染人数持续下降和疫苗接种人数不断上升，科威特政府部门宣布全面恢复工作。新冠肺炎疫情期间，科威特政府曾根据各国疫情发展形势，先后禁止来自多个国家和地区的外籍人员（包括持科威特工作签证者）入境。截至5月30日，科威特禁止所有外籍人员入境（科威特政府特批除外）。[②] 12月2日，科威特首相萨巴赫发布声明，为防止"奥密克戎"变异毒株在本国传播，即日起科威特将采取预防措施，禁止任何未接种新冠疫苗的个人入境。除了实施相关的防范措施外，科威特也在不断推进国内新冠疫苗接种。

根据英国列格坦研究机构（Legatum Institute）发布的2021年全球繁

[①] 王薇、聂云鹏：《科威特新政府宣誓就职》，新华网，http://m.news.cn/2021-12/29/c_1128214789.htm。

[②] 中华人民共和国商务部：《对外投资合作国别（地区）指南·科威特（2021年版）》，第46页，http://www.mofcom.gov.cn/dl/gbdqzn/upload/keweite.pdf。

荣指数排行榜，在参选的167个国家中，科威特综合排名较上年前进两位至58名，海湾排名第四。在该排行榜中，与政治和社会发展相关的科威特分项世界排名分别为：生活条件指数排名36位；卫生条件指数45位；教育条件指数47位；安全指数51位；政府治理指数91位；个人自由指数119位。① 另有数据显示，虽然科威特学生学费支出水平与高收入国家相当，但与科威特收入相似的国家相比，科威特人在进入劳动力市场时生产效率低下，潜力较低。此外，科威特妇女和青年担任领导职位和决策职位的比例很低。② 而最能反映国家发展和社会稳定的就业问题，在2021年的科威特并不乐观。近年来一些科威特议员一直在倡议"科威特化"，即：大量减少在科威特外籍劳动力数量，为本国人提供更多就业机会。新冠肺炎疫情期间，科威特更是将大量外籍人士驱逐出境。未来，随着科威特《人口法案》的实施和"科威特化"的推进，预计科威特将逐步收紧外籍劳务配额。③ 世界银行统计显示，2021年科威特15岁以上总就业人口比率为68%（模拟国际劳工组织估计），较上年有所下降。（详见表1）

（二）巴林

2021年巴林的政治社会局势总体稳定，国家在保障就业和防控新冠肺炎疫情等方面实施了一些新的举措。年初，首相萨勒曼主持召开内阁会议批准了"国民就业计划"2.0版本，计划在2021年创造25000个就业岗位并提供10000个培训机会。④ 随后，巴林相关政府部门和协商会议纷纷就该计划提出了进一步的细化措施和支持行动。巴林劳动和社会保障部发布的内容，将为符合条件的在私营企业就业的巴林籍员工提供最长3年、最高70%的工资补贴。巴林协商会议通过《巴林私营企业就业法（2012年）》修正案，拟将雇佣双方提前告知解除劳动合同的期限从30天延长至

---

① 中国驻科威特大使馆经济商务处编译：《2021年全球繁荣指数发布》，http://kw.mofcom.gov.cn/article/ztdy/202111/20211103219560.shtml。
② 中国驻科威特大使馆经济商务处编译：《科首相发表"挑战下的社会安全可持续发展"演讲》，http://kw.mofcom.gov.cn/article/jmxw/202201/20220103236570.shtml。
③ 中华人民共和国商务部：《对外投资合作国别（地区）指南·科威特（2021年版）》，第58页，http://www.mofcom.gov.cn/dl/gbdqzn/upload/keweite.pdf。
④ 中国驻巴林王国大使馆经济商务处编译：《巴林推出"国民就业计划"2.0版本》，http://bh.mofcom.gov.cn/article/jmxw/202101/20210103032971.shtml。

4个月。3月,巴林协商会议还通过了国王拟颁布的法令,其中之一是修改2006年的《失业保险法》,允许政府从失业保险金中提取资金并于10-12月向在私营企业就职的巴林公民发放工资50%的补贴。4月,巴政府批准了一项价值43亿第纳尔(约746亿元人民币)的就业刺激计划——在职培训计划(Forsa),预计将2021年受训人员扩大到3000名。12月6日,巴林众议院财政和经济事务委员会批准将低收入和社会保障人群的财政补贴提高10%。[1] 世界银行统计显示,2021年巴林15岁以上总就业人口比率为69%(模拟国际劳工组织估计),较上年有所下降。(详见表1)

自巴林启动新冠肺炎疫苗接种工作以来至2021年1月4日,已累计有60689人完成了首次接种,一年后的2022年1月8日这一数字达到1206577人,而2021年巴林的人口数约为150万人[2],因此,总体上巴林人的防范意识还有待提高。但国家层面还是做出了努力:3月,为疫情结束后恢复经济发展筹措资金,国王御令允许政府将从未来储备基金中提取4.5亿美元注入国家预算用于恢复国家经济和开展医疗准备;4月27日起,巴政府要求所有自印度、巴基斯坦和孟加拉入境巴林的6岁以上旅客提供登机前48小时的核酸检测阴性报告;5月,卫生部开始收集接种新冠疫苗的副作用,通过分析数据,持续开展对新冠病毒的医学研究;10月,允许所有3—11岁的儿童接种两针剂的中国医药集团新冠灭活疫苗;11月、12月,蝉联日经COVID-19复苏指数世界第一,得分分别为73%、82%,该指数说明巴林在抗击COVID-19方面是卓有成效的,包括疫苗接种率的增加(包括疫苗和加强剂)以及全面遵守健康预防措施。[3]

此外,巴林政治社会中有关青年、妇女等领域在2021年也取得进展。例如,9月12日,巴林政治发展研究院宣布面向巴林各阶层开放注册"Nahj"项目。参与者必须为拥有学士学位、年龄不低于30岁的巴林人。该项目将为参与者提供妇女参与民主进程等主题的课程,并组织相关讨论,旨在令参与者掌握哈马德国王改革的内涵,在政治、法律、社会和经

---

[1] 中华人民共和国商务部:《对外投资合作国别(地区)指南·科威特(2021年版)》,第58页,http://www.mofcom.gov.cn/dl/gbdqzn/upload/keweite.pdf.
[2] 中华人民共和国外交部:《巴林王国国家概况》(更新时间:2021年8月),https://www.mfa.gov.cn/web/gjhdq_676201/gj_676203/yz_676205/1206_676356/1206x0_676358/.
[3] 参见中国驻巴林王国大使馆经济商务处编译:《巴林蝉联全球COVID-19复苏指数第一》,http://bh.mofcom.gov.cn/article/jmxw/202201/20220103235723.shtml.

济层面为巴林培养合格的国家干部。[1] 故总体而言，2021 年巴林的政治社会生活呈现了较好的发展势头，根据英国列格坦研究机构发布的 2021 年全球繁荣指数排行榜，在参选的 167 个国家中，巴林综合排名 56 位，比 2020 年提升了两位，在阿拉伯联盟中位居第三。[2]

（三）卡塔尔

2021 年，卡塔尔政治生活中的大事之一就是成功举办了首次协商会议选举。卡塔尔协商会议系咨询机构，成立于 1972 年，职能是协助埃米尔行使统治权力，有权审议立法和向内阁提出政策建议，45 名成员以前均由埃米尔任命，但根据 7 月 29 日颁布的新选举法，10 月 2 日将选举 30 名议员，其余 15 名仍由埃米尔任命。当日共有 284 名候选人参选，其中包括 28 名女性候选人。此次卡塔尔历史上首次举行的协商议会选举有效扩大了民众参政议政渠道，标志着协商会议将在卡塔尔政治生活中扮演更加重要的角色。2021 年，卡塔尔社会发展的大事之一则是其非歧视性最低工资保障机制于 3 月 20 日正式生效，成为中东地区首个施行最低工资制度的国家。该机制源于 6 个月前的第 17 号法律规定，该法允许移徙工人在合同结束前更换工作，而无需首先获得雇主的无异议证书；列出了最低工资标准并适用于所有工人、国籍和行业，包括家政工人；如雇主无法为工人提供足够的住房和食物则应为其提供补贴。[3] 该项制度连同该国取消的有关出国规定，被认为是有效地废除了担保制度（Kafala），标志着卡塔尔劳动力市场新纪元的开始。该法规落地对实现卡塔尔 "2030 愿景" 也具有重要意义，因为它会使各方都受益，而吸引优秀外籍人才、保障雇员权利和安全是 "愿景" 中人力资源发展目标的一部分。

2021 年，卡塔尔在就业、教育、卫生、体育等社会发展和民生领域都有较好成效或较高投入，社会安全感强。就业方面，世界银行统计显示，2021 年卡塔尔 15 岁以上总就业人口比率高达 87%（模拟国际劳工组织估计），而总人口中失业率只有 0.3%（详见表 1）。教育方面，政府致力于

---

[1] 《阿拉伯国家改革发展动态第十三期（0901－0915）》，中阿合作论坛，http://www.chinaarabcf.org/chn/zagx/zaggfzyjzx/202110/t20211021_9604252.htm。

[2] 中国驻巴林王国大使馆经济商务处编译：《巴林在全球繁荣指数中位列阿拉伯联盟第三》，http://bh.mofcom.gov.cn/article/jmxw/202112/20211203231115.shtml。

[3] 参见《劳工组织欢迎卡塔尔改变移民工人用工政策 废除雇主担保制度并保证最低工资》，联合国新闻，https://news.un.org/zh/story/2020/08/1065772。

建立国际标准的教育体系,近年来对科技教育的投入大幅增加,2021年预算总支出为1947亿里亚尔,其中教育支出占预算支出总额的8.9%。[①] 医疗卫生方面,2021财年医疗卫生预算占国家预算总支出的8.5%,人均医疗预算支出约2200美元。[②] 体育方面,卡塔尔第22届世界杯所有8个体育场馆均在11月完成主体结构建设,为历史上首次在卡塔尔、中东国家和北半球冬季举行的世界杯足球赛奠定了坚实的基础。另外,根据全球城市数据库NUMBEO《2021年犯罪指数排行》显示,卡塔尔的犯罪指数为12.29,安全指数为87.71,在135个国家(地区)中排名第135位(排名越靠后,社会安全状况越好),是参加评比的国家和地区中最安全的。[③]

(四)阿联酋

2021年是阿联酋建国50周年,阿联酋政治社会发展的大事、"喜事"不少,一方面涵盖了数据科技、太空探索、改进女性权益等未来发展与国家治理水平的推进,另一方面是迪拜世博会的成功举行进一步提升了其国家形象。1月,通过TAMM(阿布扎比政府网上服务平台)完成了所有海关服务数字化转型,阿布扎比海关提供的数字服务包括40项综合核心服务,其中18项服务可通过TAMM的数字支付平台——"Abu Dhabi Pay"完成交易。[④] 4月,总理穆罕默德称阿联酋已选拔出全球首位阿拉伯女性宇航员,未来一段时间,她将与一同入选的搭档赴美国接受培训,并有望在未来执行阿联酋太空探索计划,从而成为阿拉伯国家中首位执行太空任务的女性。7月,总理穆罕默德公布了与谷歌、微软、亚马逊、思科和脸书等公司的合作协议,计划为10万名年轻人提供计算机编程培训机会,为快速增长的数字经济培养更多人才。特别是在9月5日,阿联酋政府公布了50个国家项目遵循的基本原则,为未来阿联酋50年的经济、政治和发展规划了路线图。这些原则包括"未来增长的主要驱动力是人力资本""巩固阿

---

① 中华人民共和国商务部:《对外投资合作国别(地区)指南·卡塔尔(2021年版)》,第8页,http://www.mofcom.gov.cn/dl/gbdqzn/upload/kataer.pdf。

② 中华人民共和国商务部:《对外投资合作国别(地区)指南·卡塔尔(2021年版)》,第9页,http://www.mofcom.gov.cn/dl/gbdqzn/upload/kataer.pdf。

③ 中华人民共和国商务部:《对外投资合作国别(地区)指南·卡塔尔(2021年版)》,第11页,http://www.mofcom.gov.cn/dl/gbdqzn/upload/kataer.pdf。

④ 中国驻阿拉伯联合酋长国大使馆经济商务处编译:《阿布扎比海关完成服务数字化转型》,http://ae.mofcom.gov.cn/article/jmxw/202101/20210103032664.shtml。

联酋作为一个国家在全球的声誉是所有机构的国家使命""阿联酋的数字、技术和科学优势将定义其新的发展和经济前沿"等。① 在稍早前的6月,阿联酋官方发布了未来50年的科技发展计划,总投资超过1500亿美元。包括多个超大型科学研究项目,包括真空超高速列车、供应全国70%能源的清洁能源系统、智能城市和登陆火星计划等。同月,阿联酋长期火星探索计划公布。据悉该计划分为四步进行,即发射火星探测器、发射载人飞船登陆火星、建造地球-火星运输系统、建设火星基地,预计将于2035年实现登陆火星,2050年建成火星基地。②

"迪拜世博会"因故推迟至2021年10月1日至2022年3月31日举办,但名称仍采用2020迪拜世界博览会(Expo Dubai 2020),这也是世博会首次在中东地区举办。本届世博会主题为"沟通思想,创造未来",三个子主题都很好地融入了总体规划中:"机遇"释放个人与群体潜力,携手共创美好未来;"流动"兼顾现实与虚拟层面,以人员、商品和理念为目标,打造更智能、更有效的流动方式;"可持续"是尊重赖以生存的世界,与之和平共处,创造可持续的未来,而在为期6个月的展期间,共将举办10个主题周,通过文化、社会、环境和经济视角探索人类最重大的挑战和机遇。2021年举办的六场主题活动与当下阿联酋的整个国家发展战略高度契合:10月3-9日"气候与生物多样性"主题周展示保护我们的星球、培育可持续的未来和加快气候行动;10月17-23日"航天"主题周是触摸繁星、解锁新的地平线和踏上未知的征程;10月31日至11月6日的主题周聚焦了"城市和农村发展";11月14-21日的主题周探讨的是"宽容和包容";12月12-18日主题周落实到了"知识和学习"。极富创意的规划共吸引了192个国家参加了本届世博会,自开幕到12月21日当地共接待了700多万名参观者,极大地拉动了疫情后阿联酋的旅游以及各相关产业的发展。③

(五)阿曼

2021年是阿曼苏丹海赛姆执政的第二年,其继续保持了务实低调的执

---

① 《阿联酋政府发布50个国家项目遵循的基本原则》,迪拜中华网,https://www.dubaichina.com/thread-439905-1-68.html。
② 参见龚明:《阿联酋公布长期月球探索计划》,央视新闻客户端,http://m.news.cctv.com/2021/06/17/ARTIbUZfogFA9GlooiNe9T9S210617.shtml。
③ 参考资料:2020迪拜世博会官网,https://www.expo2020dubai.com/en。

政风格，并在内政方面做出了一些变革，在推动国家治理有所改变的同时，也在着力化解国内就业和发展过程中的矛盾和困难，努力应对新冠肺炎疫情等带来的冲击。1 月，苏丹宣布建立王储制度，此举被视为其宪政改革的重要举措之一。新任王储为出生于 1990 年的齐亚赞·本·海赛姆·本·塔里克·阿勒赛义德（Theyazan Bin Haitham Bin Tarik Al‐Said），他于牛津大学取得政治学学士学位后进入阿曼政府负责文化、体育和青年事务，成为了阿曼历史上最年轻的部长。

阿曼人口结构年轻，35 岁以下人口超过本国人口 70%，每年新增就业人口较多，就业压力较大。2021 年阿曼 15 岁以上总就业人口比率为 66%（模拟国际劳工组织估计），呈下降趋势（详见表 1）。为解决阿曼人就业问题，阿曼政府制定了就业阿曼化的国策，规定所有在阿曼注册的企业应按一定比例雇用阿曼籍员工。2021 年初，阿曼颁布谕令，财务、行政、保险和相关运输驾驶员等岗位仅限阿曼人。5 月，阿曼政府出台的"2021 雇佣计划"提出，政府、军事部门，每月为阿曼人提供 1000 个就业岗位，劳工部为参加培训的学生提供培训补助金，第一年支付 100% 的薪金，而第二年将支付 50%。参训结束通过考核者可获得相关从业资格证书，和来自就职企业为期一年以上的工作合同。[①] 8 月，部分省份还发起了为贫困家庭提供技术与财政支持的帮扶倡议等活动，以提高贫困人群的技术水平，增强其自力更生意识，为低收入家庭解决实际困难。9 月，阿曼商会女性企业家委员会讨论了如何为阿曼妇女协会的成员提供就业指导，提升其创业能力。2021 年，阿曼还出台了新的聘用外籍劳务费用规定，企业雇佣外籍人员成本大幅增加。[②] 2021 年起，外籍员工更换雇主不再需要取得原雇主提供的无异议证明。

2021 年，阿曼疫情防控最高委员会不断根据情况变化调整与加强新冠肺炎疫情的防控措施：1 月 31 日，决定将陆路边境关闭时间再次延长一周，直至当地时间 2 月 8 日下午 6 点结束；自当地时间 4 月 24 日 18 时起，禁止来自印度、巴基斯坦、孟加拉国三个国家的人员，以及过去 14 天内有以上三国旅居史的人员入境，这一禁令直至 9 月 1 日才解除；6 月开始，

[①] 中华人民共和国商务部：《对外投资合作国别（地区）指南·阿曼（2021 年版）》，第 38 页，http://www.mofcom.gov.cn/dl/gbdqzn/upload/kataer.pdf。
[②] 中华人民共和国商务部：《对外投资合作国别（地区）指南·阿曼（2021 年版）》，第 55—56 页，http://www.mofcom.gov.cn/dl/gbdqzn/upload/kataer.pdf。

取消清真寺内的部分活动，限制出席展览、婚宴等公共场合活动的人数不得超过场地容量的30%，禁止公民前往部分高风险国家等，这些限制也是到了9月才有所宽松。防范的有效措施还包括继续加强对居民的新冠疫苗接种，如10月开始对部分人群进行第三剂疫苗接种，12月开放了对18岁以上人群的第三剂疫苗接种，同时也要求18岁及以上外籍人员进入阿曼前必须接种至少两剂新冠疫苗。根据世界卫生组织统计数据，截至2021年12月30日，阿曼累计确诊病例305253例，累计死亡病例4114例。（详见表2）

表1 世界银行关于2021年海湾五国部分社会发展指标统计表

国家	失业率（占总人口%）	劳动力参与率（占15岁以上总人口%）	15岁以上总就业人口率%	议会女性席位比例%	女性商业和法律指数得分（0－100）
科威特	3.7	70	69	2	35
巴林	1.9	70	69	15	65
卡塔尔	0.3	87	87	4	29.4
阿联酋	3.4	76	74	50	82.5
阿曼	3.1	68	66	2	38.8

数据来源：世界银行集团，https://data.worldbank.org/country/。表格由作者自制。

表2 海湾五国新冠肺炎疫情发展概况（截止2021年12月）

国家	官方宣布发现首例确诊病例时间	世界卫生组织统计数据		
		截止时间	累计确诊病例	累计死亡病例
科威特	2020－02－24	2021－12－30	415349	2468
巴林	2020－02－24	2021－12－14	278109	1394
卡塔尔	2020－02－29	2021－12－30	248802	616
阿联酋	2020－01－29	2021－12－30	754911	2160
阿曼	2020－02－24	2021－12－30	305253	4114

数据来源：作者综合中华人民共和国商务部相关资料自制。

二、愿景规划不断落地细化 数字经济绿色发展各有特色

（一）科威特

在疫情暴发前的几年里，科威特从 2015 年的油价低迷中强劲复苏，其信用风险评级保持稳定，人均 GDP 在该地区排名第三，拥有许多旨在实现发展多样化和维持这一水平的长期投资，并得到了该地区第三大主权财富基金的支持[①]。该国的财富反映出该国大力改革经济，使其变得更加多样化、透明和高效。同样在疫情暴发前的几年里，科威特在实现经济多样化、摆脱对碳氢化合物的依赖方面已开始取得进展，非石油部门的增长超过了国内生产总值的增长速度，营商便利度也取得了强劲增长。在强劲的基本面支撑下，经济受到疫情最严重影响的缓冲。如该国拥有先进的卫生系统，能够迅速扩大检测和治疗能力。科威特结合有利的人口结构以及对行动和个人交往的严格限制，设法有效地应对了危机带来的医疗挑战。疫苗接种规划的推出应有助于缓解科威特和整个区域的限制和释放被压抑的需求。由此产生的商品价格回升可用于资助中东和北非地区急需的基础设施项目和多样化倡议。另外，尽管科威特是一个相对较小的国家，但它在国际发展中发挥着举足轻重的作用，如通过科威特阿拉伯经济发展基金会，该国同意暂停向一些世界上最贫穷的国家追缴超过 1.6 亿美元的债务，并向叙利亚难民和该地区陷入困境的国家提供直接援助。[②]

新冠肺炎疫情造成的破坏性环境有助于加速科威特和整个区域的数字转型进程，这将加强科威特私营部门的长期竞争力，使企业更加灵活和有弹性地应对未来的冲击。2021 年 5 月，全球 AMR 引领者极智嘉宣布助力科威特母婴电商引领者 Yahaal 进行智能物流升级，以拓展其电商业务，满足日益增长的线上订单需求。该项目标志着智能物流机器人首次在科威特

[①] 根据主权财富基金研究所（SWFI）2021 年 7 月发布的最新数据显示，由科威特投资局管理的主权财富基金已成为世界第三大主权财富基金，同时也是阿拉伯国家第一大主权财富基金，https：//www.swfinstitute.org/fund - rankings/sovereign - wealth - fund。

[②] KFAED - KUWAIT: *Covid - 19 Response Report*, KFAED Fund, p. 24, https：//oxfordbusinessgroup.com/news/report - how - kuwait - balanced - domestic - priorities - and - support - developing - economies - during - pandemic.

投入使用，也是中东地区物流行业首次应用 AI 机器人。① 11 月 25 日，科威特国家银行宣布，该国首家数字银行 Weyay 正式亮相。据悉，这家数字银行主要面向该国年轻一代用户，帮助其追踪和管理日常花销，设置和实现储蓄目标。目前，这家数字银行还处于试运营阶段。科威特银行业协会和 Visa 的调查也显示，科威特消费者中有 51% 的人通过 COD（货到付款）使用卡和数字钱包。

科威特虽然人口不多，但信息产业却在海湾地区排第三位，仅次于沙特和阿联酋。科威特人口的移动通信渗透率很高，宽带的使用主要是 5G 网络。根据全球竞争力报告显示，科威特上网人数占成年人比例全球排名第二。在新冠肺炎疫情下科威特依靠 5G 家庭宽带，保证了每个家庭居家办公、居家学习等活动的正常开展。5G 在提供连接性方面发挥着主导作用，以支持企业的数字化转型，并在全国范围内发挥主导作用，作为科威特 "2035 国家愿景" 或 "新科威特" 社会经济方案的一部分。科威特通信和信息技术监管局（CITRA）发布了 2021 年关于数据隐私保护条例的第 42 号决议。该条例自 2021 年 4 月 4 日公布之日起生效，影响公共和私营部门。本条例适用于在科威特提供通信和信息技术服务（CIT 服务）的所有服务提供商。CIT 服务可包括任何自然人或法人建立任何类型的公共电信网络、运营网站、智能应用程序或云计算服务。②

（二）巴林

巴林由于其特殊的地理位置等国情特征，一直在旅游、金融等非油气产业方面助推其经济和社会发展，但随着新冠肺炎疫情的长期相伴，王国政府不得不在传统手段的基础上，通过数字经济、绿色发展等渠道来做活经济，推动发展。受新冠肺炎疫情影响，连接巴林与沙特的法赫德国王大桥一度处于封闭状态，巴林旅游业因此受到严重冲击。经过努力协商，该桥在 2021 年 5 月重新开放，从而为巴林旅游业、房地产、卫生等领域带来重大的新投资机遇。同在 5 月，巴林与埃及方面积极会谈，希望加强两国国家战略对接，努力将巴林打造成埃及农产品出口到海湾国家的直接贸易

---

① 《科威特首个 AMR 项目！极智嘉引领中东地区智慧物流发展》，https://baijiahao.baidu.com/s?id=1700982051665028331&wfr=spider&for=pc。
② 中华人民共和国商务部：《对外投资合作国别（地区）指南·科威特（2021 年版）》，第 38 页，http://www.mofcom.gov.cn/dl/gbdqzn/upload/keweite.pdf。

枢纽，从而为维护阿拉伯国家粮食安全、加强经贸合作、刺激投资和就业发挥重要作用。

2021年10月，巴林推出了一项经济计划，旨在向战略项目投资近300亿美元，以推动后新冠肺炎疫情时期的经济增长、促进就业和吸引外国投资。政府还采取了成本合理化措施，包括将增值税提高到10%，以帮助国家在2024年之前平衡预算。标准普尔认为，巴林正在进行财政改革以加强其经济，油价上涨以及其他海湾合作委员会成员的支持也有望帮助巴林改善其财政状况。因此，将巴林经济展望前景从"负面"修正为"稳定"，标准普尔还确认：巴林的主权信用评级为"B+/B"。① 11月17日，国王哈马德颁布2021年第（115）号法令，批准关于巴林加入建立全球绿色增长研究所的协议。11月，巴林也与来自亚洲、欧洲和中东的24家旅行社达成协议，希望重振旅游市场、提升旅游业吸引力等。12月21日，巴林与阿联酋联合设计建造的纳米卫星Light-1搭载SpaceX的猎鹰（Falcon）9号火箭发射成功。此次成功发射是两国空间科学、技术和工程合作的里程碑。12月23日，巴林大学校长穆得哈克在巴林大学信息技术学院为人工智能和高级计算实验室揭幕，该实验室将致力于人工智能领域的科学研究、培训及教学。

（三）卡塔尔

平衡经济发展和环境保护是卡塔尔"2030国家愿景"目标之一。作为卡塔尔目前最大碳排放来源，卡塔尔石油公司于2021年初公布可持续发展战略和减排计划，旨在降低碳排放、承担企业社会责任，促进社会和经济发展。该战略制定了一系列与《巴黎协定》一致的目标，并启动了到2030年减少温室气体排放的计划。1月8日，卡塔尔石油公司就宣布北部气田扩能项目首期投资决定，项目一期总投资预计287亿美元，是近几年来液化天然气行业最大一笔投资，也将创造出最大的液化天然气产能。扩能项目除了将为卡塔尔创造大量收入以外，还将在建设阶段及后续发展过程中为卡塔尔经济及至全球相关产业提供动力，其中包括，卡塔尔石油公司实施的供应链本土化将促进卡塔尔本国经济多元化发展；扩能项目将在卡塔尔创造约6.5万个就业岗位；新增产能衍生约100艘液化天然气运输船需

---

① 中国驻巴林大使馆经济商务处：《标准普尔将巴林经济展望前景从"负面"修正为"稳定"》，http://bh.mofcom.gov.cn/article/sqfb/202112/20211203227363.shtml。

求；以及拟使用新开发光伏电能支持扩能项目生产电力需求，采用先进技术降低汽化损耗等措施减少碳排放。① 10月11日，卡塔尔石油公司更名为卡塔尔能源公司，并发布新的品牌标识，更名后的公司将使用环保技术，更加重视提升能源效率。不久，卡塔尔能源公司就和壳牌公司签署协议，将在英国联合投资蓝色和绿色氢能项目。

为实现"2030国家愿景"，卡塔尔不同部门继续在2021年推出相当多的实际举措。8月20日，卡塔尔水电总公司宣布，卡塔尔20%的充电站将使用可再生和清洁能源供电。为实现上述目标，水电公司已在位于梅赛米尔的水电公司分支安装了第一个"储能和电动汽车光伏发电站"。该电站通过分布在270米范围内的216块光伏电池板向汽车提供太阳能发电。电站旨在鼓励太阳能使用并为充电站提供独特基础设施，以推广电动车在卡塔尔的使用，实现"2030国家愿景"发展可持续性，减少碳排放。② 8月22日，作为"2030国家愿景"的一部分，卡塔尔市政与环境部推出投资门户"FORAS"，FORAS提供的投资项目优先考虑与环境、可持续和废物回收处理相关的项目，以促进卡塔尔可持续发展目标实现，重点包括工业、旅游、公共服务、食品安全、环境、市政服务和体育等七个领域的投资机会。③ 其中涉及交通旅游发展在其后的表现尤其抢眼，特别是在国际上享有美誉的卡塔尔航空公司。11月11日，卡塔尔航空货运公司成为首家加入国际航空运输协会CO2NNECT平台并为客户提供定制化环境解决方案的货运航空公司。12月20日，卡塔尔航空成为第一家在国际航空运输协会航空碳交易中心进行交易的航空公司。在交通运输领域，9月卡塔尔交通运输部将该国的地铁、公交车、出租车和有轨电车等交通模式整合到一个网络中，以改善交通网络的可达性；10月卡塔尔哈马德港成为中东首个配备5G网络的港口。在信息经济方面，12月卡塔尔国民银行向卡塔尔零售商推出微信移动支付业务。总之，随着多种手段并用，使得卡塔尔的经济发展越来越活跃，在2021年经济自由度指数178个国家和地区排名中列第31位，在海湾地区仅次于阿联酋。（详见表3）

---

① 中国驻卡塔尔国大使馆经济商务处：《卡塔尔石油公司宣布北部气田扩能项目投资决定》，http：//qa. mofcom. gov. cn/article/jmxw/202102/20210203038340. shtml。
② 中国驻卡塔尔国大使馆经济商务处：《卡塔尔20%的汽车充电站将采用可再生能源》，http：//qa. mofcom. gov. cn/article/jmxw/202108/20210803190289. shtml。
③ 中国驻卡塔尔国大使馆经济商务处：《卡塔尔市政与环境部推出投资门户网站促进政府和社会资本合作》，http：//qa. mofcom. gov. cn/article/jmxw/202108/20210803191235. shtml。

(四) 阿联酋

2021年阿联酋的经济发展秉持了其一贯的创新引领风格,特别是迪拜和阿布扎比的双核引擎的带动作用。1月,迪拜王储哈姆丹宣布发起价值3.15亿迪拉姆的第五轮一揽子经济刺激计划,总价值达到71亿迪拉姆;而阿布扎比投资办公室则已在特拉维夫、纽约、旧金山、法兰克福、伦敦、巴黎、北京和首尔成立了8个新的全球网络办事处,体现出阿布扎比酋长国与其主要国际合作伙伴致力于创造更多投资机遇的承诺。3月,迪拜政府发布了《迪拜2040年规划》,旨在建设全球最佳城市。根据该规划,迪拜将划分出五大城市中心,主要目标包括增加迪拜经济和娱乐活动规模、扩大自然保护区面积、增加教育和医疗设施等。① 其后,迪拜王储哈姆丹又批准了《2030年迪拜战略规划》,重点为该规划新的创新性项目设定全面发展框架和议程,增强迪拜创新能力,确保其继续成为全球最有活力的城市之一。3月22日,阿联酋了发布国家工业战略"3000亿迪拉姆行动",目标是到2031年,工业产值在国内生产总值中达到3000亿迪拉姆,设立13500家中小企业和项目,增加工业研发至570亿迪拉姆,约占国内生产总值的2%,在全球工业竞争力指数中力争达到世界第25名。同时,阿联酋还发布了国家工业品统一标记"Make It In The Emirates"。②

在数字化和创新经济发展方面,阿联酋批准了"2021年阿联酋区块链战略"和"迪拜区块链战略"。前者的目标是到2021年,通过区块链技术将50%的政府交易转化到区块链平台。而后者将利用三个战略支柱即政府效率、产业创造和国际领导力打造区块链未来城市。阿联酋还成立了全球区块链理事会,以探索、讨论当前和未来的应用程序,并通过区块链平台组织交易。③ 而作为"全球创意经济之都"的迪拜则于2021年4月启动了迪拜创意经济战略,目标是到2025年,使创意产业对迪拜GDP贡献从2020年的2.6%增至5%,从事该产业的公司数量从8000家增加到1.5万家,从业人员从7万人增加到14万人,将迪拜打造成全球创作者的首选目

---

① 中华人民共和国商务部:《对外投资合作国别(地区)指南·阿联酋(2021年版)》,第20页,http://www.mofcom.gov.cn/dl/gbdqzn/upload/alianqiu.pdf.
② 参见中国驻阿拉伯联合酋长国大使馆经济商务处:《阿联酋启动国家工业战略"3000亿行动"》,http://ae.mofcom.gov.cn/article/jmxw/202104/20210403049930.shtml.
③ 中华人民共和国商务部:《对外投资合作国别(地区)指南·阿联酋(2021年版)》,第43页,http://www.mofcom.gov.cn/dl/gbdqzn/upload/alianqiu.pdf.

的地。①

在机制创新和制度保障方面，2021年6月，阿联酋《商业公司法》正式执行。新规允许外资拥有在岸公司100%的所有权，并废除商业公司须由阿联酋公民作为主要股东的要求；不再需要阿联酋公民或本地公司作为注册代理。石油和天然气、公用事业、运输等特定行业除外。②而在稍早前的5月，阿布扎比和迪拜的经济局已分别宣布允许外资全部或部分参与的工商活动。随着多项大手笔、创意丰富政策的施行，2021年的阿联酋不仅成为吸引外国直接投资最多的阿拉伯国家，也是中东北非地区经济自由度指数排名第一、创新指数排名第三的国家。（详见表3、表4）

（五）阿曼

2021－2025年是阿曼实施的第十个五年发展规划期，"十五"规划期间，阿曼经济发展目标定为：以油价45－50美元/桶计算，年均GDP增长率不低于3.5%，非油气领域GDP年均增长率为3.2%。为有效完成上述规划的年度任务，2021年阿曼政府落实了几项制度性安排和加速经济发展的举措：一是从4月16日起正式征收增值税，《增值税法》同期颁布。而在2月纳税人就开始增值税登记注册，3月税务局颁布了《增值税实施条例》。这样阿曼成为继阿联酋、沙特、巴林之后第四个征收增值税的海合会国家。据预测，增值税将为阿曼贡献1.5%的GDP。③二是阿曼加入了《阿拉伯国家服务贸易自由化框架协议》。该协议旨在建立一个新的经济合作平台，促进阿拉伯国家之间实现更深层次的经济一体化。三是正式启用了与沙特边境的陆路口岸。12月7日，阿曼沙特开通了第一条直通公路RUBKHALI，两国边境的各自陆路口岸正式启用。该公路全长725千米，其中阿曼境内长161千米，该公路的开通对加强两国在各领域的合作，尤其是扩大双边贸易和人员往来具有十分重要的意义。

上述五年规划是阿曼"2040愿景"的第一个执行计划，其中涉及经济方面的主要可浓缩为"嵌入竞争环境中的经济"和"资源可持续的环境"

---

① 参见中国驻阿拉伯联合酋长国大使馆经济商务处：《迪拜酋长启动创意经济战略》，http://ae.mofcom.gov.cn/article/jmxw/202104/20210403052967.shtml。
② 中华人民共和国商务部：《对外投资合作国别（地区）指南·阿联酋（2021年版）》，第36页，http://www.mofcom.gov.cn/dl/gbdqzn/upload/alianqiu.pdf。
③ 参见中国阿曼苏丹国大使馆经济商务处：《阿曼正式实施增值税》，http://om.mofcom.gov.cn/article/jmxw/202104/20210403053260.shtml。

两个主题。① 推动市场增长的因素是阿曼强有力的经济多元化计划,最终目标是通过增加政府在关键非石油部门的支出来促进发展和竞争力并刺激私人投资。3月6日,为应对新冠肺炎疫情对经济的影响,阿曼宣布一揽子刺激经济的措施,包括降低中小企业所得税率、给予外国投资者长期居留权、降低杜古姆经济特区租金等,旨在按原计划实现阿曼"2040愿景"。9月,阿曼国家能源中心(NEC)和阿曼石油开发签署了合作备忘录,以在PDO的Ras Al Hamra住宅和休闲社区开发和实施智慧城市试点项目。两方之间的合作符合阿曼"2040年愿景",以实现智能、可持续和充满活力的城市和充满活力的乡村,并拥有可行的建筑,确保高品质的生活、工作和休闲。11月,阿曼Qurayyat开发公司在马斯喀特省Quriyat的Wilayat启动了Hayy Al Sahil项目。Hayy Al Sahil项目符合政府在第十个五年计划中将旅游业作为经济多元化计划部门之一的计划。② 此外,2021年阿曼还通过开发大型绿色能源项目、提出绿色氢战略制造智能电子产品等,作为实施"十五"规划和实现"2040愿景"的有机组成部分。

表3 海湾五国2021年全球经济自由度指数排名

国家	全球排名	中东北非地区排名	总得分	较2020年得分	经济自由度
科威特	74	8	64.1	+0.9	基本自由
巴林	40	4	69.9	+3.6	基本自由
卡塔尔	31	3	72.0	-0.3	比较自由
阿联酋	14	1	76.9	+0.7	比较自由
阿曼	71	7	64.6	+1.0	基本自由

资料来源:Terry Miller, Anthony B. Kim, James M. Roberts, *2021 Index of Economic Freedom*, The Heritage Foundation, https://www.heritage.org/index/pdf/2021/book/2021_IndexOfEconomicFreedom_FINAL.pdf. 国家经济自由度指数主要通过评估影响国家经济自由的四大政策领域及12项指标的细化,来对各个国家和地区进行打分,2021年有效参与打分的国家和地区共178个,得分80以上"最自由经济体"有5个。

---

① "10th Five Year Plan 2021 - 2025 Launched," Oman News Agency, https://omannews.gov.om/topics/en/79/show/4108.

② Refer to "Oman Construction Market - Growth, Trends, Covid-19 Impact, and Forecasts (2022-2027)," Mordor Intelligence, https://www.mordorintelligence.com/industry-reports/oman-construction-market.

表4 海湾五国2021年全球创新指数（GII）排名

国家	总体132	北非和西亚19	制度	人力资本和研究	基础设施	市场成熟度	商业成熟度	知识和技术产出	创意产出
科威特	72	10	86	69	43	94	100	60	89
巴林	78	13	49	83	38	78	90	82	106
卡塔尔	68	7	57	75	34	83	96	79	63
阿联酋	33	3	30	22	14	26	22	59	40
阿曼	76	11	71	45	56	84	94	107	71

资料来源：WIPO（2021），*Global Innovation Index* 2021：*Tracking Innovation through the COVID-19 Crisis*，Geneva：World Intellectual Property Organization，https://globalinnovationindex.org/gii-2021-report. 2021年全球创新指数反映了132个国家/经济体的创新生态系统表现，并跟踪了最新的全球创新趋势。

三、断交危机结束孕育新机 地区内外关系加速再重组

（一）科威特

2021年，科威特继续奉行温和平衡外交政策，致力于维护阿拉伯国家团结和海合会国家协调合作，以维护海湾地区安全稳定，并推动巴勒斯坦问题的解决，同时也在参与地区其他热点问题等方面发挥了独特的作用。1月5日，在海合会第41届领导人峰会开幕式上，六国签署了《欧拉宣言》，科威特更是为宣言的签署作出了显著的努力。9月25日，科威特首相萨巴赫·哈立德在联合国大会上发表演讲，谴责以色列对加沙地带的围困和对巴勒斯坦伊斯兰圣地的亵渎。在地区和周边事务方面，科威特加强了与巴基斯坦的经贸关系，以及国防、技术和贸易领域的合作；支持也门各方达成实现也门和平的解决方案；强调叙利亚危机没有军事解决方案，只能通过政治解决；向约旦提供了价值6.51亿美元的贷款和价值1050万美元的技术援助和赠款；更是与沙特保持了对地区事务的经常性磋商。11月2日，伊拉克宣布将依据联合国委员会确定的赔偿金额，向科威特支付4.9亿美元，以赔偿20世纪90年代初伊拉克入侵科威特造成的损失。12月21日，伊拉克向科威特支付1990年战争赔偿的最后一笔4400万美元，伊拉克已经关闭了科威特战争赔款的档案，据悉伊拉克为入侵科威特造成

的损失总共支付了 524 亿美元的赔款。① 在与英美等大国关系方面，也保持着较为频繁的沟通。7 月 29 日，美国国务卿布林肯访问科威特，与科威特埃米尔萨巴赫会面；9 月 27 日，科威特外交大臣艾哈迈德访问英国。

2021 年是中国同科威特建交 50 周年，两国关系继续稳步推进。3 月 22 日，习近平主席同科威特埃米尔纳瓦夫互致贺电，国务院总理李克强同科威特首相萨巴赫互致贺电。4 月 8 日，庆祝的重点项目"物以载道——中国与科威特非遗数字展"线上开展。7 月 16 日，王毅外长在塔什干会见科威特外交大臣艾哈迈德，双方就两国未来合作进行讨论。

（二）巴林

2021 年，巴林继续紧随沙特等地区国家，奉行温和务实的外交政策，与各方均保持着较好的交往，特别是与以色列、土耳其等地区非阿拉伯国家开展了一定的合作，同时与英美等各大国开展了务实交往。2 月 26 日，巴林王储萨勒曼与以色列总理内塔尼亚胡通电话，双方就地区各国参与伊朗核问题谈判的重要性达成一致，讨论了在医疗领域进行联合投资的可能性，并就巴林可能在以色列建造疫苗厂一事进行交流。7 月 12 日，巴林国防军总司令谢赫哈利法·本·艾哈迈德会见新任土耳其驻巴林大使埃森·恰克尔，赞扬两国间的合作与友谊。8 月 31 日，首任巴林驻以色列大使哈立德·优素福·贾勒哈姆抵达以色列正式履新。9 月 30 日，以色列外长拉皮德访问巴林首都麦纳麦，为以色列驻巴林大使馆揭牌，并表示新使馆将于该年年底开放。同日，巴林海湾航空公司执飞了巴林与以色列间的首趟商业航班。

6 月 17 日，巴林王储萨拉曼会见英国外交大臣多米尼克·拉布，双方就扩大两国合作伙伴关系展开讨论，总结并表达了双方共同关心的国际问题以及扩大合作协议范围的意愿。7 月，为确保海上运输安全和应对在波斯湾巡逻的伊朗伊斯兰革命卫队海军（IRGC-N）的威胁，美国、英国和巴林在波斯湾举行了三边海军演习。9 月 15 日，中国全国人大常委会委员长栗战书与巴林国民议会议长兼众议长扎伊纳勒举行视频会谈。双方表示将共同努力推动巴林"2030 愿景"同中国"一带一路"倡议对接，扩大双方合作。9 月 18 日，巴林外交大臣扎耶尼参加由美国国务卿布林肯主办

---

① 参见《伊拉克向科威特支付最后的海湾战争赔款》，腾讯网，https://new.qq.com/omn/20211226/20211226A01BPU00.html。

的庆祝《亚伯拉罕协议》签署一周年线上会议。10月，美国又和巴林在海湾地区举行了首次无人机演习。

（三）卡塔尔

2021年1月5日，在卡塔尔断交危机爆发整整3年7个月之后，沙特、巴林、阿联酋和埃及与卡塔尔恢复全面外交关系。随着卡塔尔国家元首埃米尔塔米姆出席在沙特召开的第41届海合会峰会并签署《欧拉宣言》，卡塔尔以及整个地区形势迎来了重大转机。9日，阿联酋向卡塔尔重新开放了所有陆地、海洋和空中口岸，结束对其三年多的全面封锁。卡塔尔方面也在9日宣布，即日起重新启用通往沙特的陆路口岸阿布萨姆拉，以方便人员进出卡塔尔。10日晚，应沙特阿拉伯国王萨勒曼邀请，卡塔尔埃米尔塔米姆抵达海滨城市吉达，开始对沙特进行访问。3月22日，卡塔尔宣布与毛里塔尼亚恢复外交关系。8月11日，卡塔尔埃米尔塔米姆任命前卡塔尔驻科威特大使巴达尔·穆罕默德·阿提亚为驻沙特大使，他成为自2017年沙特等国宣布与卡塔尔断交以来的首位卡塔尔驻沙特大使。8月28日，卡塔尔埃米尔塔米姆与埃及总统塞西在伊拉克首都巴格达会面。12月8日，沙特王储穆罕默德抵达卡塔尔首都多哈，对卡塔尔进行访问，这是自2017年卡塔尔断交危机爆发后，沙特王储首次访问卡塔尔。随着卡塔尔同沙特、埃及的双边关系正常化，阿拉伯国家和海合会暂时度过内部危机。

2021年对于卡塔尔来说，另一发挥其大外交功能的机遇就是得以在美军撤离、塔利班重新掌权的阿富汗事务中纵横捭阖。4月14日，美国总统拜登宣布5月1日开始从阿富汗撤军，8月15日塔利班控制了首都喀布尔，8月30日美军完成从阿富汗撤出的任务。而围绕着撤军后阿富汗政权建设与保持持续和平等国内外问题，卡塔尔当仁不让地扮演起居中协调者角色。撤军前，卡塔尔一直宣称致力于实现阿富汗的可持续和平，将继续为正在进行的阿富汗内部谈判提供便利，卡塔尔正与其战略伙伴一同密切合作，就这一进程建立国际和地区共识。7月18日，由阿富汗民族和解高级委员会主席阿卜杜拉、前总统卡尔扎伊等重要政界人士组成的阿富汗政府代表团，在卡塔尔首都多哈与以塔利班分管政治事务的领导人巴拉达尔为首的塔利班代表团展开谈判。此次谈判被媒体称为阿富汗内部和谈的"升级版"，也是双方的第一轮会谈。8月12日，阿富汗和平进程多边会议在卡塔尔首都多哈闭幕。此次会议为期3天，来自中国、美国、联合国以及有关涉阿富汗国际地区重要攸关方的代表在会议期间就阿富汗形势、推进阿富汗和平进程等议题交换了意见。① 11月12日，美国宣布卡塔尔将成为其在阿富汗的利益代理国，卡塔尔驻阿富汗大使馆内将设立一个部门，负责提供美国领事服务并监控美在阿外交设施的安全。

（四）阿联酋

2021年，阿联酋的国际地位也得到了提升，6月11日其正式当选联合国安理会非常任理事国。全年而言，阿联酋的平衡、多元外交体现的较为明显，并一如它在经济方面的创新做派，不断开拓与域内外国家的交往合作，特别是与以色列关系的进一步夯实。1月24日，阿联酋内阁会议批准在以色列特拉维夫开设大使馆。4月6日，从阿联酋首都阿布扎比到以色列的首次商业客运航班在特拉维夫降落，标志着阿布扎比和以色列之间的定期航班开通。7月14日，阿联酋驻以色列大使馆在特拉维夫正式开设，而在6月以色列外长拉皮德访问阿联酋期间，以色列正式在阿联酋阿布扎比开设大使馆，并在迪拜设立了总领事馆。② 12月13日，以色列总理贝内特抵达阿联酋首都阿布扎比，开始对阿联酋进行访问。据介绍，贝内特此访不仅是以色列总理首次访问阿联酋，也是以色列总理对海湾国家的首次访问。③ 在其他双边关系中，阿联酋同约旦、埃及、科摩罗、沙特、卡塔尔、伊朗、土耳其、阿富汗、巴基斯坦、几内亚、马来西亚都有了较为实质的进展；而与美、英、法、俄等大国也开展了较多的交流，特别是在军事方面。12月23日，法国总统马克龙授予阿联酋一名少将法国最高国家勋章之一 Saeed Al Shehhi，以表彰他为加强两国在军事领域的合作所作的努力。④

中国是阿联酋2021年第一大贸易伙伴，占阿联酋对外贸易总额的11.7%，两国的非石油贸易额增长了27%。双边的抗疫合作也较为抢眼，

---

① 赵远方：《阿富汗和平进程多边会议在卡塔尔闭幕》，央视新闻客户端，http://m.news.cctv.com/2021/08/13/ARTI6WXtkeWsgx5EAmd38rSW210813.shtml。
② 赵兵、唐湘伟：《阿联酋驻以色列大使馆在特拉维夫开设》，央视新闻客户端，http://m.news.cctv.com/2021/07/14/ARTI8ncaiiR3hBFNknSyRovi210714.shtml。
③ Hatem Mohamed, Hassan Bashir, "UAE, Israel issue joint statement following Bennett's official visit to UAE," the Emirates News Agency, WAM, http://wam.ae/en/details/1395303002741.
④ Amjad Saleh, "French President names Commander of UAE Land Forces 'Knight of the Legion of Honour'," the Emirates News Agency, WAM, https://wam.ae/en/details/1395303005757.

阿联酋建成有中东地区最大的新冠疫苗仓储物流中心，超过半数疫苗都来自中国。3月28日，两国启动合作灌装中国疫苗生产线项目，王毅同阿联酋外长阿卜杜拉共同出席"云启动"仪式。5月11日，阿联酋政府宣布正式开始分发当地灌装生产中国国药集团授权的新冠疫苗。阿联酋外交与国际合作部和中国驻阿联酋大使馆于5月23日联合宣布，为海外中国公民接种新冠疫苗的"春苗行动"在迪拜正式启动。8月2日，阿联酋政府表示将为本国3—17岁儿童提供中国国药集团生产的新冠疫苗。2021年中阿双方合作的另一契机就是2020迪拜世博会，中国积极参与，举办了中国馆开馆仪式、国家馆日、省区市活动周、企业活动日等活动，共24个省份和3000多家中国企业参加，超过4600万人现场或线上参与。[①]

（五）阿曼

2021年阿曼继续奉行不结盟、睦邻友好和不干涉别国内政的外交政策，致力于维护海湾地区的安全与稳定，积极参与地区事务，主张通过对话与和平方式解决国家之间的分歧，在斡旋也门危机、卡塔尔断交危机以及处理同伊朗的关系等方面都作出了富有意义和成效的努力。比如，与沙特、美国、也门以及联合国等有关各方密切合作，努力达成全面政治解决也门危机的方案；积极斡旋卡塔尔和毛里塔尼亚密切接触，使双方3月22日恢复了自2017年6月中止的外交关系；7月22日，伊朗首个建在阿曼湾的石油终端贾斯克港启用。据悉，联通伊朗与阿曼的石油管道长达1000千米，最大输送能力可达每天100万桶。[②] 当然，阿曼与欧美大国尤其是英国的传统关系在当年仍保持健康运行。

早在2018年5月，中阿双方就签署了政府间共建"一带一路"谅解备忘录，两国经贸合作发展顺利。中国是阿曼第一大贸易伙伴，2021年双边贸易额321.3亿美元、同比增长71.5%。中方出口主要是机电产品、钢铁及其制品、高新技术产品、纺织品等，进口主要是原油。中国也是阿曼第一大原油出口对象国，阿曼则是中国全球第四大原油进口来源国。2021

[①] 中华人民共和国外交部：《中国同阿联酋的关系》，https://www.mfa.gov.cn/web/gjhdq_676201/gj_676203/yz_676205/1206_676234/sbgx_676238/。

[②] 参见新华社电：《伊朗启用阿曼湾石油终端》，载《新民晚报》，2021年7月23日，第11版，https://paper.xinmin.cn/html/xmwb/2021-07-23/11/112025.html。

年，中国从阿曼进口原油4482万吨，同比增长18.5%。① 除了经贸往来，2021年中阿两国在抗疫合作、人文交流等方面也进展良好，特别是正值中国共产党成立一百周年之际，阿曼苏丹海塞姆向中华人民共和国主席习近平发来贺电，向他表达诚挚的祝福，并祝愿友好的中国人民不断进步。

四、结　语

2021年，海湾五国政治经济形势总体平稳，发展势头良好，对外关系迎来重要转变契机。政治方面，各国都在努力提升国家治理能力，特别是阿曼和科威特经历国家元首变更不久，逐渐开启国家治理转型之路。努力的主要方向之一是提高和稳定就业，着力解决青年发展和女性权益保障难题，确保国家的长治久安，在国际上改进国家形象；其二是有效应对新冠肺炎疫情带来的冲击，纾困国计民生，畅通国际交流。阿联酋迪拜还成功开启了举世瞩目的世博会。经济方面，五国在油价高企、全球经济回暖趋势等有利条件加持下，按照各自国家长期发展愿景和规划蓝本，大力发展非石油经济，聚焦数字经济和低碳目标，特别是阿联酋、塔卡尔在一些领域已经产出了世界领先的成果。外交方面，卡塔尔断交危机的结束不仅为五国的对外关系和经济社会发展带来利好消息，更是对地区和国际形势造成一定冲击，地区内外关系因之在快速再次重新组合。但五个君主国固有的一些制度性顽疾或缺陷仍在，五国所涉的地区内外热点难点问题颇多，新冠肺炎疫情导致的全球市场萎缩、油价波动、金融不稳，也预示各国的社会发展、经济转型和对外交往都将面临一定的挑战。

---

① 中华人民共和国外交部：《中国同阿曼的关系》，https://www.mfa.gov.cn/web/gjhdq_676201/gj_676203/yz_676205/1206_676259/sbgx_676263/。

2021年伊拉克的政治、经济和对外关系

潜旭明　徐张敏[*]

【摘　要】

伊拉克国内复杂的政治生态以及混乱的安全局面仍是2021年伊拉克国内政治的主线。伊拉克国内复杂的宗派斗争和紧张的宗派关系严重影响着政府治理的有效性，库尔德问题也考验着当政者的能力。在经济发展方面，2021年伊拉克的经济从新冠肺炎疫情和油价波动的双重冲击下有所恢复，但国家经济结构性改革的成效、气候变化带来的冲击等因素都使伊拉克面临经济下行的风险。在外交方面，伊拉克继续以国家利益为先，保持在美国和伊朗博弈中的中立态度，改善与沙特等中东国家的关系，遵循务实外交原则，努力扩大在中东地区的话语权。此外，伊拉克与中国坚持互利共赢，两国"一带一路"合作的进一步加深为伊拉克国家可持续发展提供了机会。

【关键词】

伊拉克　政治选举　经济形势　美伊关系

一、2021年伊拉克的政治形势

伊拉克国内复杂的政治生态以及混乱的安全局面仍是2021年伊拉克国内政治的主线。伊拉克国内复杂的宗派斗争和紧张的宗派关系严重影响着

---

[*] 潜旭明，上海外国语大学中东研究所副研究员；徐张敏，上海外国语大学国际关系与公共事务学院硕士研究生。本文系上海市社科规划一般项目"中东能源地缘政治与中国能源安全研究"（2020BGJ008）的阶段性成果。

政府治理的有效性，库尔德问题也考验着当政者的能力。卡迪米政府在政治经济改革方面阻碍重重，政府工作效率因此受到影响，政府人员贪污腐败问题更是屡见不鲜。卡迪米自上任以来便一直在积极努力遏制和减弱亲伊朗的什叶派民兵组织的活动和影响，他通过对主要的安全和军事相关人员进行改组，试图将亲伊朗的民兵组织从伊拉克的安全机构中清除出去。此外，由于伊拉克2021年国民议会选举结果不利于什叶派民兵组织的政治势力，伊拉克国内围绕选举结果多次爆发街头示威游行活动甚至发生暴力冲突。除努力削弱亲伊朗势力在伊拉克国内的政治影响外，卡迪米政府也保持着与美国的距离，试图避免在美国与伊朗博弈的过程中遭受不良影响。但美军撤离伊拉克的行动一定程度上为"伊斯兰国"的死灰复燃提供了契机，2021年该组织已多次在伊拉克境内发动恐怖袭击。回顾过去一年，伊拉克国内的安全风险不降反升，政治发展滞后。

由于伊拉克长期存在的政治、经济结构性问题，民众尤其是青年群体对此的强烈不满催生了伊拉克街头新一轮的政治抗议潮，对政局持续施加影响，事实上，周期性的街头政治抗议活动已成为近年来伊拉克国家政治的特点之一。迫于国内民众不间断发生的街头抗议示威活动，伊拉克总理卡迪米宣布将原定于2022年伊拉克新一届国民议会选举提前至2021年6月举行，试图以此给国家带来稳定。2021年1月，伊拉克政府宣布将国民议会选举推迟至10月10日举行。国民议会是伊拉克的国家立法机构，负责选举出伊拉克总统，以及批准总理的计划和内阁提名人。根据伊拉克独立高等选举委员会发布的数据，来自167个政党、政治实体或独立人士的3249名候选人将竞选新一届国民议会的329个席位，其中包括951位女性候选人，占总数的29%。[①] 此次选举注册选民约为2400万人，伊境内设8273个投票中心。根据新的选举法，伊拉克采用了单一不可转让的投票制度，即一票，一个候选人，每个选区多个席位。本次选举产生的伊拉克国民议会是最高立法和监督机构，国民议会通过规范国家机构工作的法律立法、批准年度总预算、批准国际协议、选举共和国总统和监督行政当局以确保遵守法律并实现国家的最高利益。国民议会通过直接与选民沟通以了解他们的问题和需求，并与有关当局协调以找到有效的解决方案，从而满

---

① "Elections for Iraq's Council of Representatives," *UN*, August 4, 2021, https：//iraq. un. org/sitesdefault/files/2021 - 08/Fact%20Sheet%201%20 - %20Elections%20 - %20Rev8%20English. pdf.

足公民的利益。① 根据伊拉克宪法,在议会中拥有多数席位的党团有权提名总理并组建政府,"最大党团"可以是选举结果揭晓后组成的新联盟。

在经历多方博弈之后,伊拉克最高法院于 2021 年底批准了 10 月份国民议会的选举结果。什叶派领袖萨德尔(Muqtada al‐Sadr)领导的反美反伊的"萨德尔运动"在本次议会选举中获得 73 席,位居首位,获得优先组阁权。现任国民议会议长哈布希(Mohammed al‐Halbousi)领导的逊尼派政治团体"进步联盟"获 37 席,前总理马利基领导的"法治国家联盟"获 33 席,库尔德斯坦民主党获 31 席,与什叶派民兵武装关系紧密的"法塔赫联盟"席位相较于 2018 年所获的席位数则大幅减少,仅获得 17 席(具体参见表 1)。此外,与 2019-2021 年伊拉克国家抗议运动相关的新政党和独立人士在本次选举中共获得 43 席。由于选举制度的改革,本次选举中,一些亲伊朗反美党团表现得不如人意,其中部分人认为选举存在舞弊现象,对该结果表示抗议。根据本次的选举结果,亲伊朗党团赢得的席位较少,这可能使伊拉克下届政府要求美国更全面或更早撤军的可能性降低。当然,选举结果和政府组建谈判是否会降低亲伊朗党团的真实影响力还有待继续观察。② 伊拉克宪法规定,大选结果获批后,新一届议会须在 15 天内召开首次会议,推选一名议长和两名副议长。议会应在首次会议召开后 30 天内选出新总统。新任总统随后指派议会最大党团推出的人选出任新总理并在 30 天内提名内阁人选。根据伊拉克目前的形势来看,伊拉克政府组建谈判需要几个月的时间来完成,未来或将出现一个妥协的联合政府,这样的政府可以降低政治暴力的风险,但同时也可能会导致政府腐败、治理效率降低,国家进行系统性改革的可能性降低,③ 有可能引发新的抗议活动。

---

① "About Iraqi Council of Representatives," Iraqi Council of Representatives, https://iq.parliament.iq/en/about/.

② Christopher M. Blanchard, *Iraq's October 2021 Election*, CRS Report IN11769, October 2021, p. 1.

③ Christopher M. Blanchard, *Iraq and U. S. Policy*, CRS Report IF10404, January 2022, p. 1.

表1　伊拉克2021年国民议会选举最终结果①

党派名称	获得席位
萨德尔运动	73
独立人士与基层候选人	43
进步联盟	37
法治国家联盟	33
库尔德斯坦民主党	31
法塔赫联盟	17

在本次选举中胜出的"萨德尔运动"是由什叶派宗教领袖萨德尔所领导的大力宣扬民族主义的党团。萨德尔将自己塑造成一个反对美国和伊朗干涉的伊拉克民族主义者，通过抨击什叶派对手和腐败现象来树立其作为民粹主义者的形象。他领导的"萨德尔运动"深入伊拉克民间，大力宣扬民族主义，并以大规模的非暴力抗议活动高调反腐、提倡改革，将伊拉克的"街头政治"模式推向了新的高度。萨德尔注重团结各方势力，甚至开始向逊尼派及无党派人士示好，②萨德尔的这些行为为他在2021年的国民议会选举中打下了坚实基础。但由于"萨德尔运动"获得席位数未过半，仍需拉拢其他党派组建新政府，伊拉克党派林立，政治势力多如牛毛，利益诉求各异，预计短期内将难以形成一个相对利益平衡的执政集团。此外，萨德尔本人坚定反美的意识形态以及与伊朗保持一定距离的主张将在一定程度上影响伊拉克的政治走向。

未来的新政府将继续面临来自以下四方面的挑战：（1）新冠肺炎疫情的持续冲击。新冠病毒接连出现的新变种毒株给伊拉克的抗疫行动增添了难度。2021年以来，虽然伊拉克的疫情死亡人数有所下降，但感染病例呈波动式上升趋势。截至2022年3月1日，伊拉克国内新冠肺炎疫情感染确诊病例数为2302793例，死亡人数为24989例。③考虑到疫情给社会发展带来的负面影响，新政府需要设法解决伊拉克公共和私人卫生系统的重大缺陷及其能力有限的问题，提高国民的疫苗接种率，稳定社会经济发展，从

---

① "Iraq's supreme court ratifies contested election results," *CNN*, December 28, 2021, https：//edition.cnn.com/2021/12/28/middleeast/iraq-court-election-intl/index.html.
② 黄培昭、刘皓然：《美国眼中钉萨德尔要掌控伊拉克？曾被称为"全伊拉克最危险的男人"》，载《环球时报》，2021年10月13日，第四版。
③ "COVID-19 Explorer," WHO, March 1, 2022, https：//worldhealthorg.shinyapps.io/covid/.

而进一步稳步推动国家经济改革。（2）"伊斯兰国"的残余势力的威胁。"伊斯兰国"残余的叛乱分子仍在农村、偏远地区开展武装活动，这将给伊拉克的社会稳定与发展带来潜在威胁。新政府需要合理应对叛乱活动，从而重建对国家领土的实际控制。（3）什叶派民兵组织的影响。伊朗支持的什叶派民兵组织针对美国和伊拉克设施和车队的间歇性火箭弹、无人机和简易爆炸装置（IED）袭击仍在继续，新政府需要在美国和伊朗的博弈中维护好自身利益，保证社会环境的稳定，从而保障国家的发展。（4）库尔德问题。新政府如何打造强大稳定的国家能力，建构对多族群—教派社会特征具有包容性的伊拉克国家话语与制度安排，是伊拉克能否有效解决其国家认同困境和库尔德问题的关键。同时，在激烈的大国博弈和中东地缘战略竞争中，伊拉克新政府应找到利益平衡点，避免作为内政问题的库尔德问题被外部利用，进而演化为地区或国际性问题。[①]

二、稳步恢复的伊拉克经济

2021年以来，伊拉克的经济从新冠肺炎疫情和石油冲击的双重冲击中逐渐恢复。国家针对新冠肺炎疫情的限制逐步取消，有助于国家经济活动尤其是服务行业活动的发展，非石油活动的增加推动了社会经济的发展。同时，全球石油需求上涨给油价带来的提振和"欧佩克＋"对石油生产限制的放宽，使伊拉克能从中受益。卡迪米政府对社会经济改革的坚持，也有利于国家经济复苏。然而，国家大范围的断电、气候变化的冲击加剧，如历史性的低降雨导致的水资源短缺问题，都使得国家公共服务有所恶化，农业和工业部门的发展也因此受到影响，阻碍经济复苏。同时，在新冠肺炎疫情新变种毒株不断增加的情况下，医疗保健服务也有所恶化。

第一，在国家内部经济发展方面，在经历2021年初经济低迷开局后，伊拉克国家经济正在从新冠肺炎疫情和油价冲击的双重影响下逐渐恢复。根据世界银行数据，2021年伊拉克国内生产总值（GDP）为251.7万亿第纳尔，人均GDP为4038美元；2021年经济增长率为2.6%，与2020年 -15.7%的实际GDP变化相比大幅提升（参见表2）。其中，非石油经济的

---

① 李睿恒：《国家建构视域下伊拉克库尔德民族主义的演变》，载《阿拉伯世界研究》，2022年第1期，第96页。

发展推动了国家经济的小幅反弹，2021年伊拉克国家非石油GDP的贡献可达到2%，但相较于中东北非地区的石油出口国，伊拉克的非石油GDP所占比例依旧较低。此外，随着国内经济复苏，国内需求的上升和第纳尔的贬值给伊拉克国内带来了通货膨胀压力，国内频繁的断电更是增加了民众对私人发电的依赖，将电力和水供应价格推高了近12%。针对这一情况，伊拉克中央银行选择降低私营部门的信贷以抵御通货膨胀，同时，由于其主要进口伙伴伊朗、土耳其的货币贬值，伊拉克国内通货膨胀的压力有所缓解。随着国际石油市场转暖，伊拉克的财政赤字在2021年上半年转为财政盈余，2021年预算法中的海关和税收管理改革也已开始取得成效。

表2 伊拉克部分重要经济、财政指标及预测，2018–2023[①]

	实际	实际	实际	估计	预测	预测
	2018	2019	2020	2021	2022	2023
实际GDP（百分比变化）	2.6	6.0	-15.7	2.6	7.3	6.3
人均GDP（美元）	5720	5866	4017	4038	4175	4465
实际GDP（万亿伊拉克第纳尔）	268.9	277.9	198.8	251.7	269.4	279.4
非石油GDP（GDP百分比）	9.4	9.0	-20.2	2.0	2.5	3.0
债务（GDP的百分比）	48.6	44.4	71.6	55.0	47.4	42.5
预算财政平衡（GDP百分比）	11.0	1.3	-6.5	1.5	4.0	3.2
汇率（第纳尔/每美元；期平均）	1183	1182	1192	1460	/	/
政府收入及拨款（GDP百分比）	39.6	38.7	31.8	44.4	45.3	44.6
政府支出（GDP百分比）	28.6	37.4	38.2	42.8	41.3	41.4
消费者价格指数（百分比变化）	0.2	0.4	-0.2	7.5	3.5	3.1

第二，在国家对外经济交往方面，石油出口的增长和私营部门的缓慢复苏，已成功将贸易转为顺差。宽松的财政政策促使政府机构采购的商品和服务的进口明显增加，这些进口通常以成品油和消费进口等非资本商品为主，全球经济复苏改善了伊拉克的外部融资条件，并增加了伊拉克中央银行的国际储备，国家能源部门吸引到越来越多的国外直接投资，国家可利用的外部融资略有增加。

第三，能源生产与价格方面，石油收入仍是伊拉克经济增长的主要驱

---

① 数据来源：World Bank Group, *Iraq Economic Monitor: The Slippery Road to Economic Recovery*, Washington D. C., November 1, 2021, p. 16.

动力，2021年全球油气市场环境的改善有利于伊拉克国家经济的回暖。尽管受欧佩克减产影响，伊拉克对印度的石油出口量已减少20%，但伊拉克仍然以日均出口86.75万桶原油成为印度最大的石油供应国。[①] 随着"OPEC+"逐渐放宽石油生产限制，伊拉克的石油产量有所增加。2021年7月，"OPEC+"成员国就在2021年底前将全球石油产量再提高200万桶/日达成一致，作为成员国之一，伊拉克因此从中获益。2021年8月－9月，伊拉克原油生产水平同比增长12%，达到日均400万桶，这是自2020年4月签订配额协议以来所达到的最高值（参见图1）。尽管如此，这一变化尚未能完全抵消早期减产协议带来的影响。除配额限制外，伊拉克国内还存在不利于未来进一步扩大石油生产的障碍，如影响油田运作的水资源短缺问题和石油业存在的透明度问题。"OPEC+"生产配额的调整伴随着国际油价的快速回升，2021年9月伊拉克的原油出口量超300万桶/日，国际油价也从2020年9月的37美元/桶上涨到2021年9月的65.7美元/桶（参见图2），高油价降低了伊拉克国家经济短期发展的脆弱性。但从长远来看，伊拉克对石油业的过度依赖会使国家宏观经济面临波动风险，伊拉克经济依然面临结构性改革的压力。在能源投资领域，伊拉克在2021年进一步增加重大能源投资。首先，在传统油气领域，伊拉克能源部门在经历了埃克森美孚、卢克石油等石油巨头的撤离后，于2021年9月与法国能源公司道达尔签署了价值270亿美元的4个油气项目协议，并与美国能源公司雪弗龙就南部4个油田区块进行谈判。[②] 在传统能源方面，伊拉克计划每年投资30亿美元用于天然气代替石油发电，加快推进其西部沙漠阿卡斯气田的开发。在可再生能源方面，2021年6月马斯达尔能源公司与伊拉克签署战略协议，在伊拉克开发2GW太阳能光伏发电项目。该项目将帮助伊拉克实现20%－25%的能源来自可再生能源的目标，即到2030年装机容量达到10GW－12GW。[③] 伊拉克通过投资多样化，大力开发太阳能等新能源，以达到重组经济，摆脱对化石燃料过度依赖的目的。此外，就伊拉克国内电力短缺的问题，伊拉克电力部表示其与海湾国家关于电力联网

[①] 中华人民共和国驻伊拉克共和国大使馆经济商务处：《伊拉克成为印度最大石油供应国》，http：//iq.mofcom.gov.cn/article/ztdy/202103/20210303045008.shtml。

[②] 中华人民共和国驻伊拉克共和国大使馆经济商务处：《伊拉克批准与雪佛龙就石油区块开发进行谈判》，http：//iq.mofcom.gov.cn/article/ztdy/202110/20211003207256.shtml。

[③] 中华人民共和国驻伊拉克共和国大使馆经济商务处：《伊拉克与马斯达尔签署2GW太阳能项目第一阶段实施协议》，http：//iq.mofcom.gov.cn/article/ztdy/202110/20211003207257.shtml。

项目达成的协议已经完成 87%，至 2021 年 9 月，该项目仅剩连接 Al – Faw 电厂与科威特的 Al – Zour 发电厂的电网建设。第一阶段的电力输送能力将达 500MW，到 2022 年夏天可以将电力输送到巴士拉省，可以缓解国内严重的电力短缺问题。①

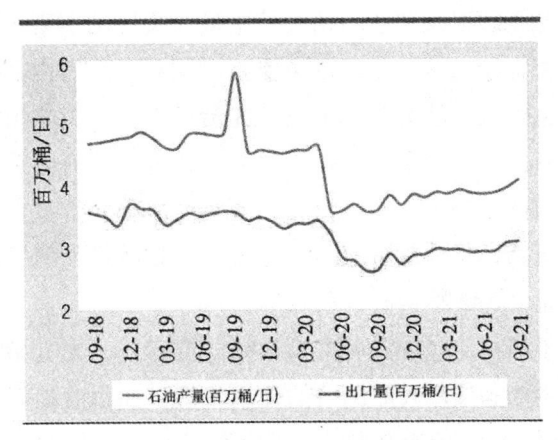

图 1　2018 年 9 月 – 2021 年 9 月伊拉克石油生产和出口（百万桶/日）②

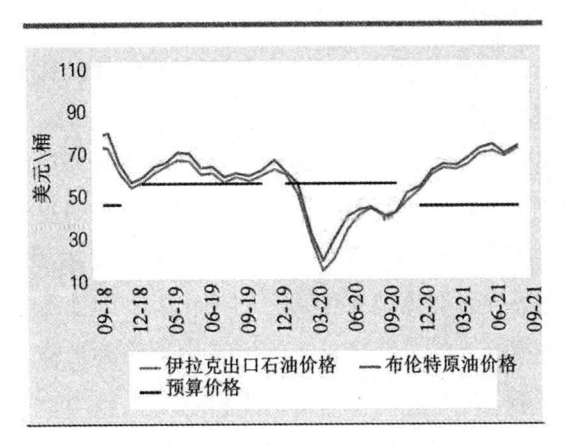

图 2　2018 年 9 月 – 2021 年 9 月伊拉克石油出口价格（美元/桶）③

---

① 中华人民共和国驻伊拉克共和国大使馆经济商务处：《伊拉克即将完成与海湾国家电网连接的所有程序》，http：//iq. mofcom. gov. cn/article/ztdy/202109/20210903199795. shtml。
② World Bank Group, *Iraq Economic Monitor: The Slippery Road to Economic Recovery*, Washington D. C., November 01, 2021, p. 5.
③ Ibid.

伊拉克的经济虽有所改善，但其经济发展仍面临多重挑战，经济下行风险依旧存在。国家经济改革实施的顺利与否、油价波动、新冠肺炎疫情的变化及控制情况、气候变化带来的挑战，以及其他宏观经济波动风险都会影响伊拉克国家经济的发展。

首先，伊拉克政府的治理水平很大程度上阻碍了国家经济的健康发展。政府的内部矛盾以及腐败问题是其中最为关键的因素，伊拉克政府内部不同势力的博弈使得该国经济改革受阻。同时，政府内部存在已久的贪污腐败问题，也很大程度上降低了政府的治理水平，影响国家经济改革的有效性。小规模的腐败在伊拉克社会中极其普遍。政府腐败会对政府债务带来影响，并因此影响国家经济发展。新政府需要使伊拉克经济走上一条更加可持续的道路，减少对石油地租的依赖。新政府如何提高社会经济治理水平，推动国家经济结构改革仍有待观察。

其次，由于伊拉克经济发展严重依赖能源行业，尤其是油气行业。伊拉克经济体制主要为依赖政府调节的计划经济，油价波动会影响国家经济的发展。由于对石油的高度依赖，伊拉克国家财政收入对石油市场的波动高度敏感，随着2022年底新"OPEC+"配额协议到期，在缺乏财政规则等重要稳定机制的情况下，配额限制变化造成的波动或将直接转移到国家经济的其他领域，与此同时，不断增长的工资支出和转移支付相关的预算僵化会限制国家反周期政策的作用。

最后，新冠肺炎疫情对伊拉克国家经济发展的影响依旧存在。新冠肺炎疫情使得伊拉克不得不收紧财政开支且减少私营部门投资，使得农业部门投资不足，关闭的边境和对某些消费品的进口禁令扰乱了食品供应链。此外，疫情更明显的影响体现在劳动力的变化上，即使随着国家经济生产总值恢复和大规模覆盖的疫苗接种，国家贫困率略有下降，但新冠肺炎疫情对此前本就贫困和弱势的群体的劣势影响及带来的不平等在很长时间内都将持续存在，并且造成失业率（包括流离失所者、回国人员、女性求职者和疫情暴发前的个体工作者及非正式工人）相对上升。

此外，难以克服的水资源短缺问题及气候变化影响为伊拉克经济发展前景蒙上了一层阴影。伊拉克水资源短缺，供水质量低，若不采取相应行动，将对增长和创造就业机会产生不利影响。水质污染会对包括公共卫生、农业和经济发展在内的多个部门造成损害，并最终危害伊拉克国内民众的身体健康。水资源的可用性将成为未来十年伊拉克石油生产稳定和增长的关键决定因素。水资源短缺、水质下降和水资源竞争加剧意味着伊拉克国家石油工业不能再仅依靠地表淡水资源来满足其需求,其能源部门已经面临水资源危机的影响。同时,水资源短缺和气候变化问题也给伊拉克的农业发展带来了巨大挑战,粮食生产面临伊拉克农田盐渍化的挑战,同时,高温天气使得伊拉克的水资源蒸发损失增大,世界银行预测,若伊拉克供水下降20%以及伴随气候变化而导致的相关作物产量下降,可能会使伊拉克的实际GDP减少4%,即66亿美元。① 接下来,政府需要加快水资源利用效率、管理模式等改革,从机制上制定解决办法并加强区域协调与合作,以保证未来经济的健康发展。

三、追求独立的伊拉克外交

(一) 伊拉克与美国的关系

美国在政治、经济、外交和安全问题上与伊拉克保持积极和广泛的接触。② 2021年7月,伊拉克总理卡迪米访问华盛顿,标志着伊拉克和美国于2020年开始的四轮战略对话达到高潮。卡迪米和美国总统拜登就加强长期战略伙伴关系展开讨论,美国明确表示美军将在2021年底前结束在伊拉克的战斗任务,两国决定在安全领域的关系将彻底向训练、磋商、援助和交换情报过渡。2021年11月,拜登政府宣布延长对伊拉克从伊朗购买特定能源的制裁豁免,以此表示美国政府对伊拉克的友好态度。2021年12月底,伊拉克总理卡迪米证实以美国为首的联军在伊拉克的作战任务已经结束。剩余的美国部队的"任务仅限于为伊拉克安全部队提供建议、协助和支持,以确保ISIS永远不会重新出现。"

但美国将驻军转为"顾问"的行为实际上并未缓解伊拉克的安全风险,什叶派民兵武装力量仍在继续攻击包括美国驻伊拉克大使馆在内的目

---

① "Iraq: Rising Fiscal Risks, Water Scarcity, and Climate Change Threaten Gradual Recovery from Pandemic," World Bank, https://www.worldbank.org/en/news/press-release/2021/11/24/iraq-rising-fiscal-risks-water-scarcity-and-climate-change-threaten-gradual-recovery-from-pandemic.

② "U. S. Relations With Iraq," US Department of State, https://www.state.gov/u-s-relations-with-iraq/.

标，美国也在加强防卫。① 伊拉克的安全部队在打击"伊斯兰国"的行动中仍然依赖于美国的武器和资金支持。美国国会已授权美国为伊拉克提供训练和装备项目，并为伊拉克的训练和装备项目拨出国防资金。事实上，自 2014 年以来，美国国会已经为伊拉克的训练和装备项目拨款近 70 亿美元，美国仍是伊拉克最大的援助国。同时，美国还是伊拉克最大的贸易伙伴之一，两国在能源、国防、信息技术、汽车和运输部门均有合作。两国间的紧密联系使得伊拉克的对外政策易受到美国的干涉。正是美国在伊拉克多次发动军事行动的行为粗暴侵犯伊拉克国家主权，并将其卷入了美国和伊朗之间的冲突。卡迪米政府试图在美国与伊朗的博弈中保持中立，维护国家的独立发展。随着美国在伊拉克影响力的下降以及新政府的产生，美国与伊拉克的双边关系或将迎来新变动。

(二) 伊拉克和伊朗的关系

近年来，两伊外交关系的主线表现为伊拉克坚持与伊朗在经济上保持接触，同时避免触犯美国对伊朗的制裁底线。伊拉克总理卡迪米非常注意美国和伊朗的感受，不愿给外界留下伊拉克"重美轻伊"或"重伊轻美"的形象。② 伊朗在该地区的政治影响力源于其历史、文化和经济联系。自 2003 年伊拉克战争以来，伊朗持续向伊拉克什叶派武装组织提供武器、顾问、资金与技术支持。其中，2014 年组建的伊拉克"人民动员部队"是伊朗在伊拉克的重要代理人，由"巴德尔组织"（Badr Organization）、"伊玛目阿里旅"（Imam Ali Brigades）以及"萨义德·舒哈达旅"（Sayed al-Shuhada Brigades）等多支民兵武装分支构成，拥有 14 万名成员。③ 在经济联系方面，伊拉克一半以上的电力来自伊朗，伊朗向伊拉克出售用于发电的天然气，或者直接销售电力，两国之间保持紧密的经贸联系。2021 年 2 月，伊拉克外长福阿德·侯赛因（Fuad Hussein）访问伊朗，这是自美国总统拜登上任以来，伊拉克外长首次访问伊朗，两国经济和政治关系得到改善，两伊关系持续升温。2021 年 9 月，伊朗新任总统莱西与伊

---

① 唐恬波：《美国"角色转变"后，伊拉克困境会有所改变吗?》，载《世界知识》，2022 年第 5 期，第 19 页。
② 秦天：《伊拉克在"夹缝中谋求自主"迎来新契机?》，载《世界知识》，2022 年第 5 期，第 23 页。
③ 陈翔、申亚娟：《伊朗介入中东地区事务的动力及限度》，载《阿拉伯世界研究》，2021 年第 1 期，第 46 页。

拉克总理卡迪米举行会晤，以期深化经济、卫生和教育等多领域的合作，进一步加强两国政治、经济和安全关系，促进地区平衡。卡迪米表示，伊拉克希望加强与所有邻国的关系，提升与伊朗的双边关系符合两国利益。

由于到伊拉克特殊的政治背景和地理位置，美国和伊朗在伊核问题上的对立态势使得伊拉克政治受到影响。为了打击伊朗在中东地区的活动和阻止伊朗的挑衅活动，美国支持反伊朗的党团，并间接支持伊拉克反伊朗的行为。为应对美国威胁，伊朗总统莱西通过声援地区"抵抗运动"对伊拉克施加影响，从而减少美国在伊拉克的影响。伊朗寻求影响伊拉克国内选举，并通过亲伊朗民兵组织的政治运动和武装力量来增加其影响力，伊朗还运用"软实力"与伊拉克各阶层民众建立良好关系。① 伊拉克什叶派民兵的复员问题与"去伊朗化"相互交织，而什叶派民兵又是反对美国过度干涉伊拉克的正面角色。因此，对伊拉克政府而言，整合什叶派民兵与平衡美伊博弈力量同等重要。伊拉克政府要确保社会稳定以及在美国和伊朗间博弈力量的平衡，以防陷入区域性动乱或代理人战争。②

（三）伊拉克和沙特等中东国家的关系

沙特重新开放该国在伊拉克的外交办事处的行为标志着沙特与伊拉克之间关系开始相对正常化。近年来，沙特和伊拉克高级官员之间的官方互访加强了沙特和海湾阿拉伯国家与伊拉克的关系。在经贸关系方面，2021年伊拉克和沙特阿拉伯签署协议，在能源、石化产品和水务领域达成价值数十亿美元的合作。这些协议使伊拉克摆脱从伊朗进口能源，进一步促进伊拉克与沙特之间关系。伊拉克还与沙特阿美讨论合作勘探和开发伊拉克西部沙漠新油田的天然气。伊拉克与沙特的 ACWA Power 公司关于在伊拉克建造海水淡化厂和太阳能发电站的谈判也正在进行中。③ 在外交方面，面对伊朗与沙特阿拉伯在中东地区的博弈，伊拉克倾向于中立，并试图努

---

① Kenneth Katzman, *Iran's Foreign and Defense Policies*, CRS Report R44017, January 11, 2021, p. 30.
② 张娟娟：《合法性权力视域下伊拉克什叶派民兵与国家的互动关系》，载《阿拉伯世界研究》，2022 年第 1 期，第 110—111 页。
③ 中华人民共和国驻伊拉克共和国大使馆经济商务处：《伊拉克和沙特阿拉伯将签署价值数十亿美元的协议》，http://iq.mofcom.gov.cn/article/ztdy/202111/20211103221725.shtml。

力缓解两国之间的对立状态，推动两国开展对话谈判以保障地区环境的稳定，外部环境的稳定有利伊拉克国家建设和独立发展。随着伊朗和沙特阿拉伯两国关系的"破冰"，作为海湾地区两个大国和对手，双方外交关系无疑对于海湾地区乃至整个中东地区都有着巨大的影响。此外，在与中东地区其他国家的外交方面，伊拉克也以国家经济利益为目标，积极与各国开展经贸合作。2021年，伊拉克也与阿联酋签署关于生产可再生能源的协议，10月，两国还签署了在两国经济合作框架下保护和鼓励投资的协议，以此加强两国之间的经济和投资合作。在黎巴嫩国内面临经济危机时，伊拉克选择与黎巴嫩签署合作协议，并保持开放对黎巴嫩的出口市场，同时伊拉克还努力帮助其与海湾国家恢复联系。总体来看，伊拉克在中东地区的外交政策是以经贸合作为主轴，在保证国家独立发展利益的同时，提升自身在中东地区的舆论形象，并最终扩大其在中东地区事务中的话语权。

（四）伊拉克和中国的关系

伊拉克在中国"一带一路"倡议中有着重要的战略地位，中伊两国间互利合作的经贸关系是两国双边外交关系的最重要体现。目前，伊拉克仍然面临着政治、社会和经济动荡，以及外部势力的干涉，伊拉克正在努力尝试经济结构改革，寻求恢复经济，中国在伊拉克的金融、技术投资有助于伊拉克进行油田开发，中伊两国合作有利于伊拉克加速经济发展。对中国而言，伊拉克地理位置重要，油气资源丰富，伊拉克所需的发电厂、道路、桥梁、住房和电信基础设施的建设都为中国提供了商机。中国与伊拉克两国开展合作正是互利互助双边关系的体现。"一带一路"倡议提出以来，中国与中东国家签署了数十亿美元的建筑和能源合同，深化了与中东的经济联系，伊拉克也已成为"一带一路"倡议的最大受益者之一。尽管新冠肺炎疫情暴发以来，中国对外投资普遍下滑，但在2021年，中国与伊拉克却达成了105亿美元新的建筑交易。随着中东地区在美国战略中的地位降低，中国正进一步加强与伊拉克的经济联系。当前，伊拉克已经是中国第三大石油进口国。中国和伊拉克签署了包括卡尔巴拉省的大型Al-Khairat重油发电厂、曼苏里亚气田的新协议。2021年6月，中国建筑与伊拉克民航局签署伊拉克纳西里耶国际机场项目EPC总承包合同，该项目合同金额3.67亿美元，工程内容主要包括：新建航站楼、航管楼、货运楼、机场连接路线及附属设施,升级改造跑道、停机坪等。该项目对于改善伊拉克南部地区交通状况、提升基础设施水平、创造就业等具有重要的意义。① 2021年12月,伊拉克与中国电力建设集团公司、中科集团签署了建设1000所学校的协议,② 这些学校顺利完工后,将有利于伊拉克当地青少年更好地接受教育,有利于提高伊拉克的人力资本指数,并最终帮助伊拉克经济实现可持续发展目标。

目前已有30多家中国企业在伊拉克开展业务。它们包括中石油、中海油、绿洲石油公司、上海电气、天津电建、华为和中兴通讯,业务范围涵盖油田开发、电力建设、基础设施开发、通信和建筑材料。随着伊拉克经济状况的改善,中国在伊拉克的"一带一路"项目正逐步恢复。由于中国政府的海外防疫指南到位,一些中国企业和工人选择留在伊拉克,而另一些则从中国赴伊拉克继续推进"一带一路"项目。③ 中伊两国稳定的经贸合作有助于巩固两国的双边关系,实现互利共赢。

四、结 语

伊拉克国内复杂的政治生态以及混乱的安全局面仍是2021年伊拉克国内政治的主线。伊拉克国内复杂的宗派斗争和紧张的宗派关系严重影响着政府治理的有效性,库尔德分离问题也考验着当政者的能力。伊拉克的国民议会选举、新政府的形成都会影响伊拉克的政治、经济和外交。在经济方面,2021年伊拉克经济形势有所好转,但水资源短缺、气候变化、新冠肺炎疫情的反复,以及一直存在的腐败、对石油产业过度依赖的问题都增加了伊拉克经济发展的下行风险,新政府需要继续推行经济改革,保障民生。在外交方面,伊拉克在美国与伊朗博弈之中坚持中立,在保证国家外交独立的同时也为两国提供沟通渠道以缓和紧张关系。在中东地区,伊拉

---

① 中华人民共和国驻伊拉克共和国大使馆经济商务处:《卡迪米总理见证中建伊拉克纳西里耶国际机场项目签约仪式》,http://iq.mofcom.gov.cn/article/jmxw/202106/20210603069377.shtml。

② White E., England A., "China Pours Money Into Iraq As US Retreats From Middle East," *FT.com*, 2022, https://www.proquest.com/trade-journals/china-pours-money-into-iraq-as-us-retreats-middle/docview/2635440351/se-2?accountid=13814.

③ Hoh A., "Covid and China's BRI in Iraq and Syria," *Middle East Policy*, Vol. 28, Iss. 2, 2021, p. 17.

克以经济合作为主线，积极与沙特、阿联酋等中东国家开展合作，遵循务实外交原则，积极缓和伊朗与沙特关系，寻求机会扩大自身在中东地区的话语权。伊拉克与中国积极开展经济合作，在互利共赢的原则下为国家经济可持续发展提供助力。

2021年叙利亚的政治、经济和对外关系

汪 波 伍 睿[*]

【摘 要】 2021年是叙利亚内战爆发的第十年。对于经历了10年战乱的叙利亚来说，政治、经济、对外关系的恢复和重建都是极为重要的议题。在政治领域，叙利亚长期分裂的国内政治局势虽然在朝着有利于叙利亚政府的方向发展，但相对稳定的战场局势依然脆弱，零星战火不断；在经济领域，叙利亚经济环境严重恶化，贫困问题、粮食及能源短缺问题、就业问题持续凸显，经济重建困难重重；在对外关系领域，叙利亚政府在继续加强与俄罗斯、伊朗两国盟友关系的同时，积极推动与阿拉伯国家关系的恢复并加强与中国的友好和互动，取得了一定程度的外交突破和进展。

【关键词】 叙利亚 重建 政治形势 经济形势 对外关系

2021年，叙利亚内战进入收尾阶段，战场局势逐渐平稳。随着暴力冲突的明显减少，死亡人数降低到3746人，是过去十年内战以来的最低。[①]在战场上，叙利亚政府军继续稳定和扩大优势，将反对派武装势力压缩至叙利亚西北部伊德利卜省一带。库尔德人虽然继续控制着叙利亚东北部的

---

[*] 汪波，上海外国语大学中东研究所教授；伍睿，上海外国语大学中东研究所2019级博士研究生。

[①] "Syrian war killed 3,700 in 2021, lowest annual toll since outbreak a decade ago," *The Times of Israel*, December 22, 2021, https://www.timesofisrael.com/syrian-war-killed-3700-in-2021-lowest-annual-toll-since-outbreak-a-decade-ago/.

大部分地区，但由于和土耳其的对峙持续趋紧，叙利亚政府军和俄罗斯军事力量也趁势加强了在叙利亚东北部地区的存在。与此同时，叙利亚政府还努力推动和改善与周边阿拉伯国家的关系。与阿拉伯国家关系正常化进程不断推进的显著标志，就是双方之间持续进行的接触和对话。然而，叙利亚政府政治地位的逐步巩固以及与阿拉伯关系的有所缓和并没有改善叙利亚经济的整体发展环境，当前全国正面临巨大的经济困境和恶性通货膨胀。民众在遭遇战争摧残的同时，也经历着经济困难的严重打击。

一、2021年叙利亚的政治形势

2021年，叙利亚国内的政治形势继续呈现出叙利亚政府、叙利亚反对派和叙利亚库尔德人三足鼎立的局面，国家依然处于严重分裂状态。总体来说，叙利亚的政治形势主要呈现出四大特点：一是叙利亚政局总体朝着有利于叙利亚政府的方向发展；二是广泛的冲突基本处于冻结状态，但叙利亚部分地区的低烈度冲突继续存在，并有可能出现反复；三是俄罗斯与土耳其对叙利亚局势发展的影响力增强；四是叙利亚的政治重建进程依然未能取得明显进展。

（一）国内不同地区的斗争形势复杂

在过去的一年中，叙利亚东北部地区继续由叙利亚政府、土耳其支持的叙利亚反对派武装以及库尔德武装等三种相互竞争的势力分别控制，其中库尔德武装保持着较大优势。叙利亚东北部地区面临的多重并发危机，致使该地区始终处于紧张的对峙状态。首先，土耳其对库尔德武装的军事行动是影响该地区稳定的主要威胁。2021年，土耳其加强了对库尔德武装为主的军事同盟叙利亚民主力量以及库尔德军事骨干人民保护部队的打击力度。8月，土耳其接连使用无人机发动攻击，致使多名库尔德指挥官死亡。[1] 10月，土库冲突再度升级，土耳其加大施压力度，并威胁要发动新的军事行动来打击库尔德武装。其次，叙利亚亲政府民兵与库尔德武装之

---

[1] Sultan al‑Kanj, "Syrian Kurdish parties feel abandoned by US in wake of Turkish‑backed attack," *Al‑monitor*, September 8, 2021, https：//www.al‑monitor.com/originals/2021/09/syrian‑kurdish‑parties‑feel‑abandoned‑us‑wake‑turkish‑backed‑attack.

间的冲突持续不断。1月至4月,叙利亚政府支持的亲政府民兵接连数次在哈萨卡、卡米什利等重要城市与库尔德武装爆发激烈冲突。① 直到4月下旬,双方才在俄罗斯的调解下达成停火协议。最后,重新开始活跃的"伊斯兰国"极端组织也加剧了叙利亚东北地区的紧张局势。1月至3月,"伊斯兰国"增加了在叙东北地区的袭击行动,代尔祖尔省是其最主要的袭击目标,叙政府军、库尔德武装以及与二者有联系的组织和平民都是其潜在的袭击对象。在过去的一年中,"伊斯兰国"在叙东北地区发动的上百起袭击表明,这个极端组织虽然失去了固定据点,但仍对叙利亚的安全局势构成严重威胁。9月,美国拜登政府再次重申了打击"伊斯兰国"和维护库尔德自治区稳定的承诺。② 当前,美国的军事力量并未完全撤出叙利亚,依然在叙利亚东北部的沙漠中维持着多个小型军事基地。

同时,叙利亚西北部伊德利卜地区的小规模冲突也不时爆发,且伴随着冲突升级的风险。随着叙利亚内战进入尾声,叙利亚国内众多的反对派武装团体和恐怖组织都汇集到伊德利卜省。目前,该地区已成为叙利亚反对派武装的最后一个据点,同时也是局势最为复杂的地区。由于2020年3月达成的伊德利卜停战协议屡遭违反,叙利亚政府军、土耳其及其支持的反对派武装以及恐怖主义势力在伊德利卜的战场上针锋相对,使得该地区面临持续不断的战事压力。2021年1月,土耳其在阿勒颇西部至伊德利卜南部紧挨着叙利亚政府军的控制区建立了多个军事据点,③ 并不断加强在M4高速公路周围的军力部署。一些小规模的伊斯兰极端组织因反对土耳其以及土耳其与努斯拉阵线的合作,曾多次对土耳其军队发起袭击,双方

---

① Sirwan Kajjo, "Fresh clashes erupt between Kurdish, government forces in Northeast Syria," *VOA News*, January 31, 2021, https://www.voanews.com/a/extremism-watch_fresh-clashes-erupt-between-kurdish-government-forces-northeast-syria/6201448.html; Khazan Jangiz, "As many as 20,000 people displaced in Qamishli clashes: UN," *Rudaw*, April 29, 2021, https://www.rudaw.net/english/middleeast/syria/290420211.

② Richard Spencer, "Biden has promised he won't abandon us like he did the Afghans, says Kurdish leader Mazloum Abdi," *The Times*, September 27, 2021, https://www.thetimes.co.uk/article/biden-wont-abandon-us-like-he-did-the-afghans-says-syrian-rebel-leader-mazloum-abdi-qms57f6gf.

③ Khaled al-Khateb, "Fears of Syrian government offensive mount in Idlib as Turkey withdraws from military posts," *Al-Monitor*, January 19, 2021, https://www.al-monitor.com/originals/2021/01/syria-regime-battle-idlib-turkey-evacuate-military-points.html.

交战频繁。①另一边，叙政府军与反对派武装之间也交火不断。3月初，叙利亚政府军曾试图进入反对派阵地，双方爆发激烈冲突，伊德利卜南部多地遭到大量火箭弹袭击。②8月至9月，俄罗斯和叙利亚政府加强了对伊德利卜省的军事行动。除叙政府军发动的炮击外，俄罗斯空军也频繁发动空袭，范围从伊德利卜省一直延伸至阿勒颇和阿夫林地区。俄罗斯和叙利亚政府发动袭击的地点主要集中在以M4高速公路为核心的冲突降级区，其中16次空袭目标的地点都靠近土耳其的军事据点。袭击目标主要是努斯拉阵线及其附属组织，包括宗教护卫组织和"东伊运"组织等。③

相比较而言，叙利亚政府控制的中部和东南部地区政治局面较为稳定，叙利亚西南部地区在经历了一些波折后安全局势也基本恢复。5月26日，叙利亚举行了总统选举，已执政21年的巴沙尔以95.1%的选票迎来了第4个任期。④巴沙尔政府在2021年的国内政治局势中虽然掌握了明显的优势和主动权，但巴沙尔的顺利连任仍然遭受着巨大的外部质疑。欧美国家指责叙利亚大选未在公平和自由的环境中进行，欧盟则在大选第二天将对巴沙尔政权及其支持者的制裁延长一年至2022年6月1日。⑤与此同时，南部地区的动荡局势也增加了巴沙尔的执政压力。此前，叙利亚政府与南部地区反对派武装之间并没有实现真正的和解，这个地区的安全局势也长期不稳。2021年6月，德拉省当地武装领导人拒绝叙利亚政府让军队进入德拉省并建立检查站，⑥叙利亚政府军随即封锁了该地区。在此后的

---

① Sirwan Kajjo, "Obscure Islamist group targets Turkish military in Northwest Syria," *VOA News*, January 17, 2021, https：//www.voanews.com/a/extremism-watch_obscure-islamist-group-targets-turkish-military-northwest-syria/6200853.html#：~：text=A%20small%20Islamist%20militant%20group, the%20northern%20countryside%20of%20Idlib.

② "De-escalation zone | 13 regime soldiers killed and wounded in shelling by rebels in Idlib countryside, and clashes erupt on frontlines of Latakia countryside," *SOHR*, March 9, 2021, https：//www.syriahr.com/en/208066/.

③ 王业昊：《俄土索契会谈再启，叙利亚北部局势动荡，伊德利卜是否会重燃战火》，"中东研究通讯"公众号，2021年10月22日，https：//mp.weixin.qq.com/s/FJCcM_wjtiPLGXMSi5L96g.

④ "Syria's al-Assad re-elected for fourth term with 95% of vote," *Aljazeera*, May 28, 2021, https：//www.aljazeera.com/news/2021/5/28/no-surprises-as-syrias-assad-re-elected-for-4th-term.

⑤ "Syria：Council extends sanctions against the regime for another year," *Consilium*, May 27, 2021, https：//www.consilium.europa.eu/en/press/press-releases/2021/05/27/syria-council-extends-sanctions-against-the-regime-for-another-year/.

⑥ Aron Lund, "Assad shores up control in Syria's symbolically important South," *World Politics Reviews*, September 16, 2021, https：//www.worldpoliticsreview.com/articles/29963/in-syria-assad-shores-up-control-of-symbolically-important-south.

数月中，双方的暴力冲突愈演愈烈，紧急状态一再升级。9月8日，巴沙尔政权与德拉省武装分子在俄罗斯的调解下达成协议，叙利亚政府军才解除了对德拉省的围困并增设4个检查站。那些不同意缴械的武装分子则被迁移到叙利亚北部，[①] 德拉省的局势最终得到控制。除了叙利亚政府军与反对派武装之间的冲突，以色列对伊朗军事目标的打击也是造成叙利亚南部安全局势不稳定的另一个重要因素。2018年8月至2021年8月，伊朗部队、伊朗民兵组织以及黎巴嫩真主党在叙利亚南部建立的军事哨所数量从40个迅速增加到88个。[②] 伊朗武装势力在与以色列接壤的德拉省和库奈特拉省的不断扩展，让以色列感到了严重的安全威胁。2021年4月、10月、12月，以色列多次袭击了叙南部的伊朗军事目标，这个地区已经成为伊朗与以色列冲突的又一焦点，因而冲突与动荡目前依旧是这个地区的突出特征。

（二）俄土关系对叙利亚局势的影响力增强

俄罗斯和土耳其都是叙利亚问题的重要参与方。在叙利亚东北部地区，土耳其的持续挑衅和攻击，使得库尔德自治政府的统治力和统治权威都受到严重削弱。土库对峙的持续升级促使库尔德武装转向俄罗斯求助，俄罗斯和叙利亚政府则借机加强了在东北地区的军事部署和影响力。11月，俄罗斯在拉卡省塔布卡机场建立了S-300反导弹防御系统，[③] 还部署了先进的轰炸机及其他武器装备。不过，对于库尔德人而言，俄罗斯也难以完全信任。2018年3月，土耳其就曾在俄罗斯的默许下入侵库尔德人控制的阿夫林地区。然而，随着叙利亚库尔德问题在美国中东战略中重要性的降低，库尔德人虽然总体上还要继续依赖美国的保护，但同时也需要俄罗斯出面来阻止土耳其对库尔德自治区采取军事行动的风险。再加上俄罗斯是库尔德自治政府与巴沙尔政权之间的调解人，叙利亚库尔德相关问题

---

① Joe Macaron, "Southwestern Syria tests US – Russia cooperation," *Arab center Washington D. C.*, September 22, 2021, https：//arabcenterdc.org/resource/southwestern – syria – tests – us – russia – cooperation/.

② "Mapping the Iranian military's footprint in Southern Syria," *Jusoor for Studies*, August 21, 2021, https：//www.jusoor.co/details/Mapping – the – Iranian – Military's – Footprint – in – Southern – Syria/932/en.

③ "Russia deploys S – 300 defence system in Syria airport," *Middle East Monitor*, November 15, 2021, https：//www.middleeastmonitor.com/20211115 – russia – deploys – s – 300 – defence – system – in – syria – airport/.

的后续谈判也促使库尔德人与俄罗斯保持密切接触。

对于叙利亚的库尔德问题，土耳其与叙利亚政府的立场完全相同，都拒绝承认叙利亚东北地区库尔德政治和军事实体的独立地位。对于土耳其来说，与叙利亚政府关系密切的俄罗斯在叙利亚东北部日益增长的实力也会限制库尔德自治政权的进一步发展。同时，土耳其与俄罗斯通过外交合作来影响叙利亚东北部地区的局势发展，也符合叙利亚政府的利益，同时还有助于降低各方之间冲突的风险。对于俄罗斯来说，其在叙利亚东北地区不断增强的军事存在，也在一定程度上强化了俄方在库尔德问题上的谈判立场。这样，俄罗斯既能对土耳其形成一定的威慑，又能推动库尔德人与叙利亚政权的和解，有利于达成叙利亚、土耳其、库尔德人三方的平衡态势。

另外，俄土关系的发展同样也是影响叙利亚西北地区局势的关键因素。目前，伊德利卜省大部分地区由努斯拉阵线控制，该组织被俄罗斯认定为恐怖组织，但却得到土耳其的支持。土耳其认为伊德利卜地区对其具有"确保其叙利亚问题话语权和压制东北部库尔德武装的双重战略价值"。① 因此，2020 年停战协议达成后，土耳其军队仍继续扶持这个地区的亲土耳其武装，并加强在 M4 高速公路附近的军力部署。同时，土耳其还通过提供教育、住房以及改用土耳其里拉等措施，对伊德利卜地区形成事实上的占领。2021 年 7 月，俄土在第 16 轮阿斯塔纳会谈中曾共同表示支持叙利亚伊德利卜地区实现稳定。但从 8 月起，俄罗斯与叙利亚政府却加紧了对伊德利卜省实施的军事行动。9 月，土耳其强烈敦促俄罗斯履行停火协议，并展开外交行动。9 月底，普京与土耳其总统埃尔多安就如何处理伊德利卜问题在俄罗斯举行会谈，两国都同意继续实施先前达成的停火协议，② 伊德利卜局势才随之逐渐缓和。这表明，阿斯塔纳和谈机制和俄土双边会晤虽未能促成各方势力找到解决叙利亚西北部地区冲突的根本途径，但却为俄土双方搭建了处理这个地区问题的沟通平台。可见，这类和谈机制的实际作用虽然有限，但也有存在的必要。俄土双方虽互相指责对方违反停战协议，但也能通过及时的外交联系较为有效地控制局势的持

---

① 武剑:《伊德利卜之战考验俄土伊"三国联盟"》，2018 年 9 月 11 日，https: // www.sohu.com/a/253156448_125484。

② "Syria high on agenda as Putin and Erdogan meet in Sochi," *Aljazeera*, September 29, 2021, https: // www.aljazeera.com/news/2021/9/29/syria-high-agenda-putin-erdogan-meet-sochi.

续恶化。很明显，在出现切实可行的解决方案前，只有通过俄土之间的合作才能促成这个地区的冲突缓和，避免紧张状态的持续发酵。

（三）叙利亚国内政治重建进程缓慢

在国内政治重建方面，当前叙利亚三大政治势力在维持国家统一和领土完整方面的立场虽然一致，但各派别之间的根本对立依然存在。叙利亚政府坚持要维护复兴党在叙利亚政治生活中的主导地位；受土耳其支持的叙利亚反对派主张建立更具包容性的多党制民主政治体制；以库尔德民主联盟党为代表的库尔德政治力量则坚决要求维护库尔德人的民族自治。[①]因此，推动各派别的政治和解是叙利亚政治重建的基本前提。然而，2021年叙利亚三大势力之间的关系并未实现任何突破。在叙利亚东北部，叙利亚政府依旧坚决拒绝接受库尔德人的自治。在无法诉诸武力来控制库尔德自治区的情况下，叙利亚政府目前主要采用非军事手段来说服库尔德人改变立场。比如同意给予库尔德人更多的民族和文化权利，包括在叙利亚东北部的学校每天教授几小时的库尔德语，重申库尔德人是叙利亚社会结构的一部分等。[②]然而，叙利亚政府做出让步，远不能满足库尔德人民族自决和自治的要求。双方在这些根本问题上的分歧难以调和，因此也不可能就叙利亚的重建路线达成一致。9月15日，俄罗斯试图利用土耳其对库尔德自治区的军事威胁，促使库尔德自治政府做出政治让步。俄方代表与叙利亚民主委员会和库尔德自治政府的联合代表在莫斯科进行了新一轮对话，并提出了四点建议：（1）在库尔德自治区升叙利亚国旗；（2）向叙利亚政府提交该地区石油收入的75%；（3）同意巴沙尔总统继续掌权；（4）根据叙利亚政府2011年第107号法令接受权力下放。而库尔德方面则要求在上述基础上再增加两项：（1）承认库尔德人民的权利；（2）承认叙利亚民主力量及其附属安全部队Assayish的特殊地位。[③]结果，此轮会谈

[①] 参见刘冬：《叙利亚危机的历程、影响与重建前景》，载《中东研究》，2021年第2期，第34—59页。

[②] "Turkish military threats and compromises in Northeastern Syria," *Emirates Policy Center*, December 28, 2021, https://epc.ae/en/details/scenario/turkish-military-threats-and-compromises-in-northeastern-syria.

[③] "Southern Syria without Russia? Oudeh Returns Amid Dar'a Shakeup," *COAR-Global*, November 8, 2021, https://coar-global.org/2021/11/08/southern-syria-without-russia-oudeh-returns-amid-dara-shakeup/.

没有取得任何进展。这也再次凸显了库尔德自治政府与巴沙尔政权及调解人俄罗斯之间的分歧，表明叙利亚东北地区库尔德人的自治权是导致叙利亚政府与库尔德政治力量无法实现政治和解的关键。鉴于各派政治力量之间无法实现政治和解，叙利亚政治重建的问题也难以达成共识。国际社会2021年围绕叙利亚问题的阿斯塔纳和谈、叙利亚全国对话大会以及叙利亚问题维也纳和谈推动的一系列叙利亚政治重建尝试，都注定无法取得突破和进展，叙利亚政治重建的前景依然黯淡。

二、2021年叙利亚的经济形势

2021年，叙利亚经济状况严重低迷，整体呈低位运行态势，各主要生产行业遭遇巨大危机，面临崩溃危险。目前，叙利亚经济重建面临来自西方国家的严厉制裁和内生动力不足的双重困境。叙利亚镑兑换美元的汇率持续下跌，进一步引发了全国恶性通货膨胀，绝大多数叙利亚民众陷入严重贫困之中。

（一）全年总体经济趋势

2021年，叙利亚政府公布的国家总预算为8.5万亿叙利亚镑。这虽然在数额上较2020年增加了4.5万亿，但由于叙利亚通胀率大幅上升，2021年预算拨款的实际价值同比下跌了27%，是2011年以来的最小规模。[①] 国家支出的减少导致这一年政府只能继续实行紧缩措施，无法提供开展重建项目的财政经费。在有限的财政预算中，82%的支出属于社会维系性支出，主要用于补贴燃料、食品、公务员工资等。[②] 这就是说，叙利亚政府2021年的财政支出仅仅只能满足国民基本物质生活的最低需求。3月，叙利亚镑兑美元的黑市汇率跌至4600：1的历史低点[③]，这使得本已不断恶

[①] "Economic & banking sector overview: Syria," *Islamic International Rating Agency*, October 2021, https://docs.iirating.com/Docs/EconomicReport-Syria.pdf.

[②] "Economic & banking sector overview: Syria," *Islamic International Rating Agency*, October 2021, https://docs.iirating.com/Docs/EconomicReport-Syria.pdf.

[③] "Syrian pound devalues further amid central bank head's removal," *Daily Sabah*, April 15, 2021, https://www.dailysabah.com/business/finance/syrian-pound-devalues-further-amid-central-bank-heads-removal.

化的叙利亚经济再受重击。为缓解叙镑的持续贬值，叙利亚政府采取了一系列严厉措施，才使得叙镑的汇率在4月下旬小幅回升至2900叙镑兑1美元。① 然而，叙镑的这一汇率依旧远远低于2011年47∶1的汇率。② 货币大幅贬值推高了通货膨胀，叙利亚8月的通胀率高达139.46%。③ 与此同时，由于基本商品短缺和进口融资困难等原因，叙利亚物价更是急剧上涨，叙利亚人民对食品、电力、药品等基本需求品的支付能力进一步减弱。另外，严峻的经济形势也导致社会问题凸显，叙利亚各行业难以运作，人民生活艰难，失业率维持高位，约90%的人口生活在贫困线以下。④ 这种情况导致叙利亚出现了前所未有的人道主义紧急需求，有近1340万人需要救助，比2020年增加了20%。⑤ 为改善民生和发展经济，叙利亚政府推出了一系列调整措施：主要是对外推动与俄罗斯、伊朗、阿联酋、中国等国家在能源、交通、农业等领域的接触与合作；对内强化对银行取款和内部转账的控制，限制全国范围内的现金流动，禁止不通过银行渠道的汇款和资金转移以稳定叙镑汇率等。然而，叙利亚面临的经济挑战远远超出了政府所能提供的微不足道的补救措施，经济环境恶劣，复苏前景遥遥无期。

（二）主要行业发展状况

2021年，叙利亚农业状况尤其堪忧，粮食生产面临巨大困难。小麦产量约105万吨，远低于2020年的280万吨，是内战爆发前（2002－2011年期间）小麦平均产量的1/4。大麦产量约26.8万吨，仅仅是2020年产

---

① "Why and how Syria pound declined," *Jusoor for Studies*, April 20, 2021, https：//jusoor. co/details/Why－and－How－Syrian－Pound－Declined－/880/en.

② "Syrian pound hits record low as economic crisis worsens," *Independent*, March 3, 2021, https：//www. independent. co. uk/news/syrian－pound－hits－record－low－as－economic－crisis－worsens－syrian－dollar－pound－pound－country－b1811787. html.

③ "Syria inflation rate," *Trading Economics*, https：//tradingeconomics. com/syria/inflation－cpi.

④ "Syria：Extremely harsh winter raises acute humanitarian needs to highest level ever," Ifrc. org, January 27, 2022, https：//www. ifrc. org/press－release/syria－extremely－harsh－winter－raises－acute－humanitarian－needs－highest－level－ever#:~:text=Damascus%2FBeirut%2C%2027%20January%202022, Crescent%20Societies%20（IFRC）%20warns.

⑤ "Syrian Arab Republic：COVID－19 humanitarian update No. 25 As of 5 April 2021," *OCHA Services*, April 5, 2021, https：//reliefweb. int/report/syrian－arab－republic/syrian－arab－republic－covid－19－humanitarian－update－no－25－5－april－2021.

量的10%。① 叙利亚粮食生产自给自足的能力持续下降，形成至少150万吨的缺口需要进口。② 但因外汇储备严重不足，叙政府难以筹措资金进口粮食。同时，由于农产品加工设施短缺和无法出口等原因，果蔬生产的浪费率也极高，这都给叙利亚带来了严峻的粮食安全问题。由于小麦是叙利亚人民重要的粮食来源，小麦供应的严重短缺导致2021年叙利亚各地继续深陷严重的"面包危机"之中。虽然市场上的国有面包店仍在售卖由政府出资补贴面粉和燃料费用的面包，但其数量远不能满足民众的基本需求。至7月10日，补贴面包的价格也从150叙镑/袋调升至200叙镑/袋，③ 给叙利亚民众带来了补贴面包限量和价格上涨的双重打击。据联合国世界粮食计划署2021年2月中旬的数据，叙利亚的粮食不安全人数创历史新高，有近1240万叙利亚人处于粮食不安全状态，占其总人口的60%。其中，大约有近130万人处于严重粮食不安全状态之下。④

同时，叙利亚的能源也出现了严重危机，石油、电力行业发展困境持续加剧。2021年，叙利亚石油产量约3140万桶，日均产量仅为8.59万桶。⑤ 但叙利亚的日均实际石油需求量约为20万桶，严重的供应不足造成汽油、柴油、天然气等能源短缺问题持续恶化。⑥ 1月，叙利亚民主力量中断了叙利亚东北部对政府控制区的能源供应后，来自伊朗的原油成为叙利亚政府的主要依靠。与2020年同期相比，2021年伊朗对叙利亚的石油出

---

① "Special report: 2021 FAO crop and food supply assessment mission to the Syrian Arab Republic (December 2021)," Food and Agriculture Organization of the United Nations, 2021, https://reliefweb.int/report/syrian-arab-republic/special-report-2021-fao-crop-and-food-supply-assessment-mission-syrian.

② "Syria's wheat crisis foreshadows famine," COAR Global, January 10, 2022, https://coar-global.org/2022/01/10/syrias-wheat-crisis-foreshadows-famine/#:~:text=Wheat%20is%20a%20vital%20input,World%20Food%20Programme%20(WFP).

③ "Market price watch bulletin," WFP Syria Country Office, Issue 80, July 2021, https://docs.wfp.org/api/documents/WFP-0000131536/download/.

④ "Twelve million Syrians now in the grip of hunger, worn down by conflict and soaring food prices," World Food Programme, February 17, 2021, https://www.wfp.org/news/twelve-million-syrians-now-grip-hunger-worn-down-conflict-and-soaring-food-prices#:~:text=CAIRO%20%E2%80%93%20A%20record%2012.4%20million%20Syrians%20have%20become%20food%20insecure.

⑤ "Syrian government discloses oil losses," North Press Agency, February 6, 2022, https://npasyria.com/en/72220/.

⑥ Suhail Al-Ghazi, "The Syrian regime's oil and gas crisis," Center for Middle Eastern Studies, April 2021, https://www.orsam.org.tr/en/the-syrian-regimes-oil-and-gas-crisis-/.

口虽然增长了42.2%,①但对叙利亚市场的整体能源供给影响依然有限。在燃料及石油产品短缺的情况下,叙利亚政府2021年第一季度强化了国内的燃油配额供应制度,每辆私家车的汽油配额下调至每7天20升,每户供暖柴油配额从400升下调至200升。实际上,许多省份的配额甚至只有100升。②不仅如此,3月至4月,叙利亚政府还接连上调汽油价格,从1300叙镑/升上调至2500叙镑/升。③7月初,柴油价格也上涨250%,从180叙镑/升上调至500叙镑/升。④在电力方面,2021年叙利亚人均用电量仅为2010年的15%,全国范围内的电力供应中断时有发生。6月以来,大马士革日均供电8-9小时,阿勒颇则不到6小时。⑤叙利亚全国电力装机容量虽然有5000兆瓦,但实际发电量只有2400兆瓦,电力缺口约为52%。⑥

(三)经济面临的主要挑战

2021年,叙利亚遭遇了70年来最严重的干旱。随着气温上升,降雨量也创历史新低。自1月份起,幼发拉底河沿岸约1/3的水泵系统都受到了低水位的影响。⑦5月,幼发拉底河流量降至历史最低水平,严重限制了叙利亚东部和北部的农业和电力生产。幼发拉底河沿线大坝蓄水量的急剧

---

① "Supply of Iranian oil to Syria Increases by 42 Percent in 2021," *The Syria Report*, January 4, 2022, https://syria-report.com/news/supply-of-iranian-oil-to-syria-increases-by-42-percent-in-2021/#:~:text=Iran's%20crude%20oil%20exports%20to, Iranian%20oil%20shipments%20to%20Syria.

② "Market price watch bulletin," WFP Syria Country Office, Issue 77, April 2021, https://docs.wfp.org/api/documents/WFP-0000128304/download/.

③ "Market price watch bulletin," WFP Syria Country Office, Issue 77, April 2021, https://docs.wfp.org/api/documents/WFP-0000128304/download/.

④ "Syria regime announces sharp rise in bread, fuel prices," *Middle East Monitor*, July 12, 2021, https://www.middleeastmonitor.com/20210712-syria-regime-announces-sharp-rise-in-bread-fuel-prices/.

⑤ Sinan Hatahet and Karam Shaar, "Syria's electricity sector after a decade of war: a comprehensive assessment", European University Institute, July 30, 2021, https://middleeastdirections.eu/new-publication-wpcs-syrias-electricity-sector-after-a-decade-of-war-a-comprehensive-assessment-sinan-hatahet-and-karam-shaar/.

⑥ 中华人民共和国驻阿拉伯叙利亚共和国大使馆经济商务处:《叙利亚经济状况》,2021年8月1日,http://www.mofcom.gov.cn/article/i/dxfw/gzzd/202108/20210803182299.shtml。

⑦ "Water crisis in Northern and Northeast Syria," *OCHA*, September 9, 2021, https://www.humanitarianresponse.info/sites/www.humanitarianresponse.info/files/documents/files/water_crisis_response_plan_september_2021.pdf.

下降,直接威胁到约20万公顷的土地灌溉。① 其中,每年生产叙利亚80%小麦和大麦的哈塞克省,2021年的产量下降了95%以上。② 此外,在严重干旱的气候条件下,春夏两季植被生长都很差,导致牲畜的食物严重缺乏。农民因无法购买价格高昂的饲料,只能被迫低价出售牲畜。恶劣气候的严峻挑战,更加剧了绝大多数叙利亚人的自然资源和生活资源匮乏。

与此同时,叙利亚邻国黎巴嫩的经济持续恶化也对叙利亚造成巨大压力。在西方的制裁下,叙利亚一直被全球金融体系拒之门外。在内战的十年中,叙利亚几乎完全依靠黎巴嫩的金融业来维持其商业运作。不仅叙利亚商业机构和个人是黎巴嫩银行的重要客户,黎巴嫩的贝鲁特港口也是商品绕过制裁进入叙利亚的必要通道。多年来,叙利亚企业几乎完全依赖通过黎巴嫩进口商品,并从黎巴嫩获得外汇用于支付进口货款。然而,随着黎巴嫩经济危机的不断加剧,黎巴嫩为叙利亚提供的外汇大幅减少,叙利亚储户甚至无法像黎巴嫩储户一样从黎巴嫩银行提取存款。至2021年7月,叙利亚被冻结的资金高达400亿—600亿美元,③ 这也进一步加重了对叙利亚经济的损害。鉴于叙利亚与黎巴嫩之间复杂而密切的经济联系,黎巴嫩的经济危机同样对叙利亚的经济发展造成巨大压力。

另外,西方国家经济制裁的进一步加强,也使得叙利亚本就处于崩溃的经济雪上加霜。2021年是美国对叙利亚实施《凯撒叙利亚平民保护法》的第二年,该法案是美国有史以来对叙利亚实施的最为广泛的制裁。任何向叙利亚政府和高级政治官员提供支持,或是支持叙利亚石油和天然气工业,或是为叙利亚提供军用飞机或零部件,或是直接或间接向叙利亚政府提供建筑或工程服务的人都将受到制裁。该法案还规定,任何与叙利亚政府指定的代理人或实体开展业务往来的人也将受到制裁。这就意味着,所有与巴沙尔政权合作的国际或地区行为体都将成为制裁的对象。截止2021

---

① Aurora Sottimano and Nabil Samman, "Syria has a water crisis. And it's not going away," Atlantic Council, February 24, 2022, https://www.atlanticcouncil.org/blogs/menasource/syria-has-a-water-crisis-and-its-not-going-away/.

② "Dry year leaves Syria wheat farmers facing crop failure," France 24, May 10, 2021, https://www.france24.com/en/live-news/20211005-dry-year-leaves-syria-wheat-farmers-facing-crop-failure.

③ "Assad says Syria's economy 'depressed' by funds frozen in Lebanon," The Arab Weekly, July 17, 2021, https://thearabweekly.com/assad-says-syrias-economy-depressed-funds-frozen-lebanon.

年 10 月，美国已经对 58 家与巴沙尔政权有联系的实体实施了制裁。① 此外，2021 年 1 月，欧盟又再次更新了对叙利亚的制裁清单，叙利亚央行以及与叙利亚政府关系密切的企业和个人均包含在内。经济制裁是欧美等国针对叙利亚政府开展的长期消耗战，严重阻碍了其他国家对叙利亚的投资以及叙利亚的经济重建计划。这使得叙利亚那些能为数百万人提供工作机会的重要行业，包括银行、石油、天然气、航空、进出口商品、服务业等处于瘫痪边缘，这都是叙利亚经济前景面临极其恶劣经济环境的主要根源。

三、2021 年叙利亚的对外关系

发展和加强对外关系是叙利亚重新融入国际社会的必要步骤。2021 年，叙利亚政府积极致力于维持与周边国家的关系稳定，不断拓展外交范围，在对外关系方面取得了一定的进展。

（一）继续深化与俄罗斯和伊朗的友好关系

在叙利亚内战中，俄罗斯和伊朗为叙利亚政府提供了政治、军事、经济等多方面的支持与帮助。因此，叙利亚政府视俄罗斯和伊朗为盟友，与两国保持着稳定、友好的交往关系。多年来，俄罗斯一直是叙利亚政府的重要合作伙伴。军事上，叙利亚政府依赖于俄罗斯提供的强大支援，俄罗斯的军事存在也增加了叙利亚政府军的战斗力和威慑力。外交上，叙利亚政府依靠俄罗斯在众多重要事宜中发挥关键的沟通和调解作用。俄罗斯对于叙利亚的外交价值主要在于，它既能与地区冲突的直接参与者土耳其、伊朗坐在同一个谈判桌上，推动叙利亚问题的政治解决进程。又能保持与沙特、阿联酋等阿拉伯国家的建设性关系，促成叙利亚与阿拉伯世界关系

---

① "Abdullah bin Zayed: US Caesar Act complicates the situation in Syria," *The Arab Weekly*, October 3, 2021, https://thearabweekly.com/abdullah-bin-zayed-us-caesar-act-complicates-situation-syria.

的缓和。[1] 人道主义援助方面，俄罗斯提供的大量援助在一定程度上缓解了叙利亚严重的人道主义危机。在过去的一年中，俄罗斯向叙利亚输送了大量援助物资。2021年7月的运送物资达160吨，包括首批25万剂俄罗斯卫星疫苗、100万份检测试剂盒和其他抗击新冠病毒的药物。同时，俄罗斯还和叙利亚在一些关键领域的合作签署了15项备忘录。[2] 在战后重建方面，叙利亚也需要俄罗斯提供的人力和技术支持。当前，俄罗斯已与叙利亚开展了遗址修复合作。2021年11月，俄罗斯考古学家对拉卡省的鲁萨法考古遗址进行了3D调查和评估，向叙利亚方面提供了收集的相关数据，这是内战以来对该处遗址的首次系统考察。[3]

同时，叙利亚政府也同样重视与伊朗的关系，两国也多次强调深化双边关系的必要性。叙利亚与伊朗近年来频繁开展高级别官方会晤，透露出当前叙伊双边关系的深度交融。7月中旬，在接待伊朗外交部代表团时，叙利亚外交部长表达了叙利亚方面对伊朗的高度赞赏，感谢伊朗在政治、军事和经济各领域为支持叙利亚反恐战争发挥的重要作用，并强调了叙伊关系的重要性。[4] 10月，伊朗外交部发言人称，伊叙双边关系已提升至一个重要水平，是建立在包括经济、文化、军事等各个维度上的战略关系。[5] 伊朗方面还表示，支持叙利亚与其他阿拉伯国家关系不断改善的趋势，支持叙利亚重返阿盟，并且不会将此类举动视为威胁。[6] 此外，伊朗在叙利亚经济中所占份额虽然相对较小，但双方均有强烈的意愿加强在经济方面的联系。8月，伊朗公布了新一轮促进与叙利亚经贸关系的计划，双方的

---

[1] Moncef Fellah, "Syrian–Russian relations: the reasons of Russia's current foreign policy in Syria," Center for Russia and Eastern Europe Research, January 20, 2022, https://creergeneva.com/2022/01/20/syrian-russian-relations-the-reasons-of-russias-current-foreign-policy-in-syria/.

[2] "Russia, Syria sign 15 agreements, memorandums of cooperation," *Tass*, July 26, 2021, https://tass.com/world/1317755?utm_source=google.com.hk&utm_medium=organic&utm_campaign=google.com.hk&utm_referrer=google.com.hk.

[3] Nisreen Othman and Mazen Eyon, "Russian researcher: A 3D model of al-Rusafa archaeological site in Raqqa," *SANA*, November 19, 2021, https://sana.sy/en/?p=255027.

[4] "Iran, Syria underline strategic relations," *Tehran Times*, July 16, 2021, https://www.tehrantimes.com/news/463176/Iran-Syria-underline-strategic-relations.

[5] "Iran–Syria ties entered 'strategic phase': Spokesman," *Tehran Times*, October 11, 2021, https://www.tehrantimes.com/news/465909/Iran-Syria-ties-entered-strategic-phase-spokesman.

[6] "Iran–Syria ties stronger than ever," *Tehran Times*, November 21, 2021, https://www.tehrantimes.com/news/467277/Iran-Syria-ties-stronger-than-ever.

经济部门将加强合作。① 12 月初，第二届伊朗产品展览会在叙利亚大马士革开幕，来自医疗器械、建筑材料、农具、石化设备等不同行业的 164 家伊朗公司参与了展览。该展览会旨在将高质量的伊朗产品推向叙利亚市场，以推动双方政府和非政府机构开展商业合作，扩宽伊叙在各个领域的合作伙伴关系。② 需要指出的是，尽管俄罗斯和伊朗在加强巴沙尔政权的总体目标上完全一致，但两国在叙利亚有利益重叠问题，因而在军事行动、政治经济重建等问题上存在一定分歧。

（二）持续改善与周边阿拉伯国家的关系

2011 年 11 月，阿盟在叙利亚内战爆发后终止了叙利亚的成员国资格，并随即开启了针对叙利亚的经济制裁，包括海合会成员国在内的多个阿拉伯国家相继关闭了驻叙大使馆。在叙利亚内战中，沙特、阿联酋、卡塔尔等国家曾为叙利亚反政府武装提供武器支持，叙利亚政府与阿拉伯国家间的关系也完全破裂。2018 年，阿联酋重新开放了关闭 7 年的驻叙大使馆，表明叙利亚与阿拉伯国家开始走向和解。2021 年，叙利亚与阿拉伯国家间的关系呈现出加速回暖态势，进一步加快了外交关系正常化的进程。一方面，叙利亚与越来越多的阿拉伯国家恢复双边联系，这是叙利亚取得外交突破的重要体现。5 月 3 日，沙特代表团访问叙利亚，③ 标志着两国关系实现缓和。9 月 24 日，叙利亚外长与埃及外长在联合国大会会议期间举行了两国外长近十年来的首次会晤，双方探讨了协助叙利亚摆脱危机并恢复其在阿拉伯世界中地位的必要步骤。④ 10 月 3 日，叙利亚总统巴沙尔致电约

---

① "Iran, Syria working on road map to closer trade ties: FM," *Tasnim News*, August 29, 2021, https://www.tasnimnews.com/en/news/2021/08/29/2562503/iran-syria-working-on-road-map-to-closer-trade-ties-fm.

② Helena El Hindi and Manar Deeb, "Participants in the 2nd Iranian Products Fair: an opportunity to introduce production and export capabilities," *The Limited Times*, December 1, 2021, https://newsrnd.com/business/2021-11-30-participants-in-the-2nd-iranian-products-fair-an-opportunity-to-introduce-production-and-export-capabilities.Sy3eqAQKK.html.

③ Martin Chulov, "Meeting between Saudi and Syrian intelligence chiefs hints at détente," *The Guardian*, May 4, 2021, https://www.theguardian.com/world/2021/may/04/meeting-between-saudi-and-syrian-intelligence-chiefs-hints-at-detente.

④ Mohamed Saied, "Egypt steps up efforts to restore Syria's position in the Arab world," *Al-Monitor*, September 30, 2021, https://www.al-monitor.com/originals/2021/09/egypt-steps-efforts-restore-syrias-position-arab-world.

旦国王阿卜杜拉,这是十年来两位领导人的首次对话。① 11月9日,阿联酋外交与国际合作部长率代表团访问叙利亚,并与叙利亚总统巴沙尔举行会见。这是海湾国家对叙利亚的首次高层访问,双方就两国间的双边关系和在多个领域发展双边合作展开了交流。② 另一方面,叙利亚也更加积极主动地寻求融入阿拉伯世界,这也是叙利亚与阿拉伯国家间关系持续改善的重要推动力。9月30日,叙利亚再次向阿拉伯国家释放友好信号。其外交部长表示,叙利亚欢迎任何恢复与阿拉伯国家关系的倡议,同时接受所有诚心且公正帮助叙利亚克服当前危机并实现稳定的倡议和努力。③ 同时,帮助叙利亚恢复和平与发展也是叙利亚与阿拉伯国家的共同愿望。因此,阿拉伯国家也致力于通过更广泛的举措帮助叙利亚重新融入阿拉伯世界。12月,经阿拉伯石油输出国组织的所有成员国一致同意,叙利亚将于2024年主办阿拉伯能源会议。让叙利亚承办阿拉伯世界的重要会议,标志着阿拉伯国家对巴沙尔政权合法性和合法利益的承认。此外,在推动叙利亚与阿拉伯国家关系正常化的进程中,叙利亚与多个阿拉伯国家还积极寻求双边合作的可能性,并在非政治领域达成了数个合作项目。9月4日,黎巴嫩部长级代表团访问叙利亚,就过境叙利亚从约旦和埃及进口天然气与叙政府达成协议。④ 这项协议的达成,更广泛地传递了叙利亚政府在阿拉伯国家中日益增加的影响力。11月,叙利亚和阿联酋签署了一项电力合作协议。根据这项协议,阿联酋将在大马士革郊区建立一座容量为300兆瓦的太阳能发电站。⑤ 这也展现了两国之间加强经济联系,探索在新的领域中开展合作的积极信号。

---

① Suleiman Al‐Khalidi, "Jordan's Abdullah receives first call from Syria's Assad since start of conflict," *Reuters*, October 4, 2021, https://www.reuters.com/world/middle‐east/jordans‐abdullah‐receives‐first‐call‐syrias‐assad‐since‐start‐conflict‐2021‐10‐03/.

② Alaa Mohamed Aboueleinin Aly, "UAE foreign minister meets Syria's Bashar al‐Assad in Damascus," *Anadolu Agency*, November 9, 2021, https://www.aa.com.tr/en/middle‐east/uae‐foreign‐minister‐meets‐syria‐s‐bashar‐al‐assad‐in‐damascus/2416461.

③ "Syria welcomes initiatives to normalise relations with Arab countries, FM says," *Middle East Monitor*, October 1, 2021, https://www.middleeastmonitor.com/20211001‐syria‐welcomes‐initiatives‐to‐normalise‐relations‐with‐arab‐countries‐fm‐says/.

④ Najia Houssari, "Lebanese delegation in Syria to discuss energy imports from Jordan and Egypt," *Arab News*, September 4, 2021, https://www.arabnews.com/node/1922771/middle‐east.

⑤ "Syria signs agreement with UAE firms to build 300 megawatt power station," *Alarabiya News*, November 11, 2021, https://english.alarabiya.net/News/middle‐east/2021/11/11/Syria‐signs‐agreement‐with‐UAE‐firms‐to‐build‐300‐megawatt‐power‐station.

(三) 进一步加强与中国的交往

多年来,叙利亚一直保持与中国关系的稳定发展,双方都重视在各个领域的交流与合作。在政治层面上,中叙两国在平等与相互尊重的基础上,展现出对彼此维护自身核心利益和正当权利的理解和支持。中国政府坚定持守"叙人主导、叙人所有"的原则,支持叙利亚政府在国内和国际事务中发挥应有的作用。7月17日,中国外长王毅出访叙利亚并会见了巴沙尔总统,这是自2011年以来中国外长对叙利亚的首次访问,也是中叙双边关系提升的重要表现。访问期间,中方阐述了中国关于解决叙利亚问题的四点主张,即"坚持尊重叙利亚国家主权和领土完整、坚持民生为先和加快重建、坚持有效打击恐怖主义、坚持包容和解的政治解决方向"。[①] 这也体现了中国在全面解决叙利亚问题上始终秉持的公平正义的立场。叙利亚方面则表示,"始终视中国为真诚的伙伴和朋友,致力于深化同中国的友好合作,在涉台、涉疆、涉港问题上无条件支持中方"。[②] 在经济层面上,中叙双边的互利合作也在不断扩展和升级,中国的发展理念和积极作为也在一定程度上改善了叙利亚的经济发展环境。叙利亚曾是中国古代丝绸之路上的重要国家,为继续深化两国的经济关系,增强双方在基础设施、交通、电力等多个领域的友好合作,中国的相关部门对叙利亚那些可以进行合作的项目进行了考察和调研,为推动叙利亚成为"一带一路"倡议新成员打下了坚实的基础。不仅如此,中国在开展双边经济合作的同时,还特别注重通过技术合作来增强叙利亚的经济自主发展能力和经济内生动力。7月,中国驻叙利亚大使代表中方与叙利亚签署了《中华人民共和国和阿拉伯叙利亚共和国政府经济技术合作协定》,这将有助于叙利亚经济发展方式的提升和改善。在人道主义援助方面,中国不断通过多种渠道和方式在叙利亚施行人道主义项目,为缓解叙利亚人道危机做出了贡献。鉴于叙利亚新冠肺炎疫情和粮食安全问题突出,中国还有针对性地向叙利亚提供救援物资。为此,中国3月份通过双边渠道向叙利亚运送了15

[①]《王毅阐述中方关于解决叙利亚问题的四点主张》,新华网,2021年7月18日,https://baijiahao.baidu.com/s?id=1705569276778178276&wfr=spider&for=pc。

[②] "Wang Yi: China opposes any attempt to seek regime change in Syria," *CGTN*, July 18, 2021, https://news.cgtn.com/news/2021-07-18/Wang-Yi-China-opposes-any-attempt-to-seek-regime-change-in-Syria-11Zm0TLyxz2/index.html.

万剂疫苗和首批750吨大米援助。① 2021年11月至2022年1月期间,中国又数次向叙利亚提供医疗器械和药品等人道主义援助,捐赠疫苗多达150万剂。②

  总体而言,叙利亚当前的重建和复兴依然需要具备三个基本条件,即内部的稳定、取消制裁和国际社会多层次援助的参与。然而,这三个条件在2021年都没有取得任何实质性的进展。就国内来说,国际社会虽然围绕叙利亚问题推出了多个和谈机制,但由于叙利亚国内各方无法在根本分歧上达成和解,且叙利亚政府在政治重建问题上态度强硬,而反对派别之间又关系松散,因此叙利亚国内无法出现可持续的政治解决方案。从国际环境来看,欧美国家扩大制裁等同于从经济层面阻断了叙利亚的重建进程。这些制裁不仅严重影响了叙利亚国内的经济建设,还阻挡了资金雄厚的海湾国家对叙利亚经济重建的参与。目前看来,叙利亚急需一个由联合国推动、以叙利亚为主导,并得到国际社会建设性支持的政治解决方案。当前,面对复杂的国内、国际环境,叙利亚重启复苏之路还异常困难。

---

  ① 中华人民共和国常驻联合国代表团:《张军大使在安理会叙利亚人道问题视频公开会上的发言》,中华人民共和国外交部,2021年3月29日,https：//www.fmprc.gov.cn/ce/ceun/chn/dbtxx/czdbzjds/zjdshd/t1886354.htm。

  ② "China donates 500,000 more vaccine doses to Syria," *RFI*, November14, 2021, https：//www.rfi.fr/en/china-donates-500-000-more-vaccine-doses-to-syria; "Syria receives 1 mln COVID-19 vaccines donated by China," *Xinhua Net*, January 4, 2022, https：//english.news.cn/20220104/89113553ef5d4512b149abe8c4496687/c.html.

2021年约旦的政治、经济和对外关系

章 远 鲜 甄[*]

【摘 要】 2021年，约旦国内政治局势虽经历短暂波动，然而国家王室政治策略运转得当，风波很快平息。约旦议会内争议事件频发，政治改革仍然举步维艰。受新冠肺炎疫情持续影响，约旦的经济形势不容乐观。相较于疫情初期，2021年，约旦通过深化和拓展与海湾国家的合作而一定程度上呈现经济复兴的态势。2021年，约旦在保持与欧美国家传统友谊的基础上进一步缓和与周边国家，特别是与叙利亚的外交关系。随着巴勒斯坦问题在国际关系普遍议事日程中的继续边缘化，约旦因其在巴勒斯坦和以色列之间传统斡旋作用而带来的重要国际地位有弱化迹象。约旦是中阿友好合作的实践者，与中国在高科技、电力、疫苗、文化等领域均继续保有友好合作记录。

【关键词】 约旦 王室政治巩固 经济复苏 积极外交

近年来约旦政局总体保持稳定，2021年4月约旦遭遇"政变风波"，后经王室妥善处理，风波很快得以平息，约旦的内部安全与国内政治未受过多影响。然而，2021年约旦的经济发展态势不容乐观。尽管在防疫措施

---

[*] 章远，上海外国语大学中东研究所研究员；鲜甄，上海外国语大学国际关系与公共事务学院、中东研究所研究生。本文为上海外国语大学校级重大项目"中东格局巨变与中国'一带一路'倡议在中东实践的风险与应对"（项目编号：202114006）以及上海外国语大学青年教师科研创新团队项目"百年未有大变局之下的中东政治变迁研究"（项目编号：2020114046）的阶段性成果。

调整下，2021年约旦财政收入较上年有所增长，但进出口贸易、旅游业等支柱产业发展受到严重制约。在对外关系方面，约旦继续保持与美国、欧盟国家的友好往来，注重加强与西方国家的互动和交流。2021年约旦外交做出重人调整，加快改善对叙利亚关系，推动与叙利亚巴沙尔政府的关系正常化。在周边外交上约旦重视睦邻友好，同时非常重视加强与海湾国家的全方位合作，力图在维护地区稳定、促进共同发展方面有建树。约旦与中国的互信关系不断深化，中国和约旦的党际外交取得良好进展。

一、约旦的政治现代化与安全形势

2021年约旦政治与安全形势总体稳定，突发事件处理妥当，未出现大规模社会失序。在民众中拥有的较高威望和极为集中的权力对约旦国家的管理与政局稳定有正面作用。约旦的国内社会压力主要源于高失业率与高贫困率。部落社会的家族关系与裙带关系严重影响到社会公正与制度落实。由于疫情反复对其国内治安管理带来持续挑战，同时，周边国家局势动荡对约旦边境安全构成威胁，约旦面临累加的安全治理压力。

（一）王室政治愈加巩固

2021年4月3日，约旦前王储哈姆扎·本·侯赛因在BBC发布了一则自拍视频，声称自己遭遇现任政府的软禁。随着软禁事件在国际舆论的进一步发酵，约旦官方及时作出回应。4月4日，约旦副首相兼外交与侨务大臣艾曼·萨法迪宣布，约旦日前挫败了一起由亲王哈姆扎等人参与、与境外势力相勾连的危害国家安全活动。约旦当局以"国家安全"为由，将20多名涉嫌参与这次政变的国家高官和知名人士逮捕。4月5日，国王阿卜杜拉二世委托其叔叔哈桑·本·塔拉勒亲王与哈姆扎进行沟通。经调解，哈姆扎签署承诺书，确认将继续遵守哈希姆家族的规定，拥护约旦国王的领导，遵守约旦哈希姆王国的宪法，并承诺将约旦的国家利益放在首位，支持约旦国王保护本国及其为本国人民争取最大利益的努力。4月11日，国王阿卜杜拉二世与哈姆扎亲王首次在"政变风波"后共同露面，一同参加约旦建国100周年纪念活动，标志着"政变风波"最终平息。

约旦王室的迅速行动，避免了内部问题的扩大化，将政变威胁抑制为可控的王室家族内部偶发事件，最大程度弱化了负面影响。同时，国王为进一步加强王权政治的稳定性，于 2021 年 6 月 10 日成立专门委员会，着手进行宪法修正。由国王领导的新委员，与政府的行政和立法部门平行，国王将有权任命和解聘首席法官、伊斯兰教法法院院长等国家关键职位。国王通过修正宪法进一步加强对军队总司令、宪兵总司令和情报机构的控制权。① 一系列举措使国王的权力愈发集中。

（二）政治现代化进程缓慢前行

政治现代化是约旦政府长期以来的执政方向，然而进展比较缓慢。2021 年，国王阿卜杜拉二世表示，政治体制现代化与公共行政改革至关重要，为确保政治现代化的成功，政治家应在鼓励约旦人民参政议政与党派发展方面发挥作用。② 2021 年 12 月 22 日，约旦政府内阁宣布成立由首相兼国防大臣贝希尔·哈苏奈（Bisher Al - Khasawneh）领导的特别委员会，旨在提高公共部门服务质量，加快实现公共部门现代化建设。首相强调，公共部门的现代化已成为经济改革与政治发展的主要驱动力，需要通过合并部分独立机构部委，精简政府机关，提高公共部门的工作效率。③ 首相哈苏奈表示，提升官僚机构工作能力已成为约旦政府的"迫切需求"，由于公共部门的整体业绩在过去几年中普遍下降，政府部门需要提高行政效率以支持其他领域发展，政府公共部门应致力于成为阿卜杜拉国王实施全面改革的有力杠杆。④

自中东剧变以来，约旦的宪政危机引发数次不同规模的社会运动，严重危及国王的合法统治。约旦曾于 2011 年修订宪法，通过加强议会权力、扩大新闻媒体自由、建立政府与公民对话机制等措施，力图稳定当时的国

---

① Daoud Kuttab, "Mixed Reaction in Jordan over Amendment to Expand King's Power," *Arab News*, Nov. 28, 2021, https：//www. arabnews. com/node/1976541/middle - east.

② "King Says Reforms Require Collective Efforts to Achieve Tangible Results," *Jordan Times*, Oct. 21, 2021, https：//www. jordantimes. com/news/local/king - says - reforms - require - collective - efforts - achieve - tangible - result.

③ "Cabinet form Committee Modernise Public Sector," *Jordan Times*, Dec. 22, 2021, https：//www. jordantimes. com/news/local/cabinet - form - committee - modernise - public - sector.

④ "Public Sector Modernisation Committee 'An Urgent Necessity' Revamp Bureaucracy——PM," *Jordan Times*, Dec. 27, 2021, https：//www. jordantimes. com/news/local/public - sector - modernisation - committee - %E2%80%98 - urgent - necessity%E2%80%99 - revamp - bureaucracy - %E2%80%94%C2%A0pm.

内政治环境。2021年,王室风波发生后,国王为巩固权力,提出进一步的宪法修正要求。6月10日,阿卜杜拉二世任命前首相萨米尔·里法伊(Samir Rifai)成立负责改革约旦政治体系的委员会,起草选举改革法案和政党相关法律,旨在改善约旦政治制度的决策系统。国王要求最终的决策框架应"简洁而包容",并同时扩大公众在决策过程中的参与。[1] 但这一改革进程和承担重要作用的委员会均受到各方质疑。据报道,12月23日,约旦下议院在对有争议的宪法修正案进行激烈讨论后,出现了国会议员互相辱骂殴打的现象。[2] 12月28日,约旦议会就改革选举法及增加国王行政权力提交了30项宪法修改,受到相关人士的质疑与批评。"阿拉伯民主与发展复兴"(Arab Renaissance for Democracy and Development)组织的负责人萨马尔·迈哈布(Samar Mhareb)表示,目前的宪法修正案缺乏正当理由,他认为这些修正案将王室推入单方面决策的境地,会阻碍政府与民众的及时沟通,加深约旦人对政府的不信任。[3]

约旦在推进政治现代化的同时,政府还不断加大反贪腐力度,提升政府公信力。由于"中间人"制度的存在,约旦腐败问题层出不穷。2016年,约旦为加大反腐工作力度,设立廉洁和反腐败委员会(Integrity & Anti-Corruption Commission/IACC)。该委员会将中间人以及与裙带关系相关的特定政治行为定性为犯罪,进行重点打击。2021年,该委员会主席穆罕默德·赫加齐(Muhannad Hejazy)总结约旦廉洁和反腐败委员会处理的涉腐案件中,刑事定罪比例达45.2%,同比上升2.2%;无罪释放比例为19%,同比下降3%。[4] 2021年10月21日,约旦反洗钱和反恐融资部门(Anti-Money Laundering and Counter-Terrorism Financing Unit)公布了一项重点打击洗钱与恐怖主义融资活动的国家计划,并制定了打击经济犯罪活动的国际合作行动政策。[5] 约旦国内媒体往往引用全球腐败指数网站的

---

[1] "King Abdullan Forms Committee to Oversee 'Qualitative Leap' in Jordan's Political System," *Arab News*, Jun. 10, 2021, https://www.arabnews.com/node/1874251/middle-east.

[2] Raed Omari, "Jordan Parliament Descends into Mass Brawl over Amendment," *Arab News*, Dec. 28, 2021, https://www.arabnews.com/node/1994401/middle-east.

[3] Daoud Kuttab, "Mixed Reaction in Jordan over Amendment to Expand King's Power".

[4] 中华人民共和国驻约旦哈希姆王国大使馆经济商务处:《约反腐指数居阿拉伯世界首位》,2021年12月13日, http://jo.mofcom.gov.cn/article/sh/202112/20211203227620.shtml。

[5] "Jordan Develops Comprehensive Plan Combat Money Laundering Terror Financing—gov't," *Jordan Times*, Oct. 22, 2021, https://www.jordantimes.com/news/local/jordan-develops-comprehensive-plan-combat-money-laundering-terror-financing-%E2%80%94-govt.

评估结果来证明约旦的反腐成绩。按照全球腐败指数（GCI）排行，约旦在2021年中位列全球第57位，是阿拉伯地区排名第一。① 然而"透明国际组织"发布的《中东和北非CPI 2021：危及民主人权的系统性腐败》报告显示，由于约旦高频次的内阁改组使得反腐工作进展困难，政府部门工作效率低下。约旦新任政府不断设定新的工作议事事项，事实上中断了反腐工作的连续性，社会组织明显受到政府部门的制约。该报告认为约旦缺乏可持续的改革。② 虽然约旦政府在反腐工作中投入巨大，但囿于长久的社会风气与政治体制，约旦在反腐问题上始终没有真正突破。

（三）安全局面可控

2021年，约旦国内安全形势稳定可控。约旦的安全形势多受西方国家肯定。根据盖洛普《全球法律与秩序报告》显示，约旦安全指数位列阿拉伯世界第二，全球排名从第34位跃升至第16位，③ 而《2021全球法律与秩序报告》中，约旦的法律与秩序指数得分与荷兰、丹麦等发达欧洲国家持平，在中东地区仅次于阿联酋。④ 由于紧邻热点地区的特殊战略地位，约旦极为重视同周边国家建立安全合作。约旦情报部门与沙特、埃及、巴勒斯坦、以色列等国建立情报交流网络以共同打击恐怖主义活动。由于叙利亚与约旦边境地区毒品犯罪猖獗，约旦对毒品走私进行重点防范与打击。2021年，约旦武装部队与约旦禁毒部、约旦反走私局开展多次合作，挫败了多起约叙边境毒品与武器走私活动。除犯罪活动外，边境地区的难民进入也是约旦边防与国内社会的压力来源之一。由于包容的难民政策，约旦接收了超过130万的叙利亚难民，占约旦国民总人口的13%。虽然约旦在处理难民问题上开创了以发展为手段的应对模式，即通过加速自身发

---

① GCI指数评估公共及私营部门的腐败风险和经济犯罪风险，该指数涵盖196个国家和地区，排名越高代表腐败风险越低，参见https://risk-indexes.com/global-corruption-index。
② "CPI 2021 for Middle East & North Africa: Systemic Corruption Endangers Democracy Human Rights," *Transparency International*, Jan. 25, 2022, https://www.transparency.org/en/news/cpi-2021-middle-east-north-africa-systemic-corruption-endangers-democracy-human-rights。
③ "Jordan Ranks 2nd Regionally on Global Law and Order Index," *Jordan Times*, Nov. 18, 2021, https://www.jordantimes.com/news/local/jordan-ranks-2nd-regionally-global-law-and-order-index.
④ "2021 Global Law and Order Report," *Gallup*, Nov. 16, 2021, https://www.gallup.com/analytics/357173/2021-law-order-report.aspx.

展与增加难民就业双向互动的形式化解难民危机，① 避免难民问题造成安全威胁，但大量难民涌入带来的人道主义和经济挑战已对资源有限的不发达经济体国家造成巨大压力。

二、约旦调整发展规划提振经济

中东剧变后，约旦政府为保持政局稳定，不断调整发展规划，尽力减缓地区国家动荡对约旦国内稳定的冲击。2015年约旦推出《约旦2025：国家愿景和战略》作为国家综合发展规划，② 对未来10年的国家发展目标提出明确要求，通过解决贫困、降低失业率和控制财政赤字以及促进GDP增长等一系列举措提振经济。

（一）国家发展规划的制定和执行

约旦"2025愿景"以四年为期划分阶段，完成阶段性任务后进行一次中期评估，根据现实进度及时调整发展规划。约旦当局计划国家年度GDP增长率到2025年增长到7.5%；力求政府财政赤字从2014年拨款后占GDP的3.5%开始逐年递减，到2025年完成赤字清零，并逐步将总体债务从2014年占GDP的82.3%减少到2025年的47.4%；计划国家出口总额增长率以2014年出口总额为基点，到2025年增长至10%；贸易投资总额以2014年22亿约第为基准，计划到2025年增至8.8%；发展产业集群的方法促进工业发展，在扩大现有产业的同时，大力发展产业互补的支持性集群；将继续加大投入以提高约旦在全球旅游竞争指数中的排名，争取在2025年达到全球第40位；增加世界遗产数量，到2025年达到10座；计划旅游业收入到2025年达到65亿约第，旅游业对GDP贡献在2025年达到9%。③ 然而，作为约旦支柱产业的旅游业，近年来由于疫情原因，海外

---

① "Jordan Overview," World Bank, Nov. 1, 2021, https：//www.worldbank.org/en/country/jordan/overview#1.

② Omar Obeidat, "Gov't Launches 'Jordan 2021' Development Blueprint," *Jordan Times*, May 11, 2015, https：//www.jordantimes.com/news/local/gov% E2% 80% 99t – launches – jordan – 2025% E2% 80% 99 – development – blueprint.

③ *Jordan 2025, A National Vision and Strategy*, Ministry of Tourism & Antiquities (Jordan), 2015, https：//www.mota.gov.jo/ebv4.0/root_storage/en/eb_list_page/nationalvision_and_strategy_2025.pdf.

游客数量锐减，约旦旅游形势充满不确定性，旅游业危机导致约旦总体收入大幅度下滑，完全实现"2025愿景"目标的前景堪忧。

为帮助约旦缓解新冠肺炎疫情带来的负面影响，约旦政府于2020年9月公布了《约旦2021—2023年度发展规划》[1]，对约旦"2025愿景"进行中期审查。该项规划主要以发展经济与促进就业为主要目标，通过有效利用疫情危机带来的机遇，进一步提高约旦经济的竞争力。根据该规划设定，约旦政府将加强与私营部门的合作，加大对农业、信息和通信技术、医疗和制药领域的投资，以成为地区枢纽来应对后疫情时代的挑战。

根据约旦国家统计局公布的数据显示，2021年约旦总体经济水平较上年有所回升，各行业在疫情的持续影响下均有较好的发展表现。2021年，约旦工业生产指数增长至89.85，同比增长13.01%。其中制造业生产指数上升12.32%，对约旦年度工业发展贡献突出。[2] 据约旦农业部统计，2021年约旦农产品出口总量为53.43万吨，同比增长12.5%。约旦农业出口占全国出口总值的比例从2020年的15.1%上升至17.1%。[3] 2021年约旦所得税和销售税收入达到52.13亿约第，同比增长12%。其中，销售税达40.37亿约第，增长14%；所得税收入达11.76亿约第，同比增长7%。[4] 各项数据平稳上升表明，约旦2021年经济发展有逐步回暖的良好势头。

（二）基础设施建设改善民生

交通运输方面，约旦公共工程与住房部在2021年共开展公路建设项目20个，总投资约6亿约第，建造里程约440千米，修建桥梁21座、地下通道13个。此外还有安曼–扎尔卡高速公路、伊尔比德环形沙漠公路、亚

---

[1] 中华人民共和国驻约旦哈希姆王国大使馆经济商务处：《约旦政府宣布约旦2021–2023年度发展规划》，2020年9月27日，http://jo.mofcom.gov.cn/article/jmxw/202009/20200903004730.shtml。

[2] "Industrial Production Index Increases by 13.01% in 2021," Department of Statistics (Jordan), Feb. 14, 2022, http://dosweb.dos.gov.jo/ipi_feb/.

[3] "Khaled Al-Hneifat has Increased the Value of Agricultural Exports to More than One Billion Dollars for the Third Quarter of 2021," Ministry of Agriculture (Jordan), 2021, http://www.moa.gov.jo/Ar/NewsDetails/ارتفاع_قيمة_الصادرات_الزراعية_الى_مايزيد_عن_مليار_دولار_لربع_الثالث_للعام٢٠٢١.

[4] 中华人民共和国驻约旦哈希姆王国大使馆经济商务处：《2021年约所得税和销售税收入同比增长12%》，2022年1月11日，http://jo.mofcom.gov.cn/article/jmxw/202201/20220103237361.shtml。

喀巴港公路、死海公路桥梁养护工程等道路建设与养护项目持续跟进。①

2021年，约旦亚喀巴港收入6600万约第，同比增长4%；客运量25万人，同比增长17%；货运量1500万吨。由于国际运费上涨，国际货物运输需求减弱，2021年该港口集装箱货运量同比有所下降。约旦安曼的阿丽娅王后机场2021年客运量翻番。该机场2021年客运量为456.6万人次，同比增长122.3%；飞机起降架次同比增长92.4%；货运量5.83万吨，较上一年增长20.8万吨。受疫情影响，约旦皇家航空公司近两年损失较重，2020年共计亏损1.6亿约第。随着约旦疫情防控政策的不断调整，该航空公司在2021年实现收入增长，全年收入达3.57亿约第，同比增长68%，全年净亏损减少7420万约第，同比下降54%，全年经营亏损减少1270万约第，同比下降81%，并计划五年内将全球飞行目的地增加至60个。②

约旦公共工程与住房部在2021年共完成公共建筑项目291个，涵盖教育、司法、卫生、青年、旅游等部门，完成工程投标169项，总价2.1亿约第。2021年，中约双方顺利开展光伏合作项目。③约旦第仕24兆瓦光伏项目于8月5日在约旦南部沙漠开工，是中资企业在约旦承建的首个光伏电站项目，预计工期270天，计划建造1座24兆瓦的光伏发电站。据悉该项目采用中国光伏发电设备和技术，并由中方负责两年内的运营和维护。电站建成后将极大解决周边地区用电需求，缓解工厂用电压力，同时还能为当地创造大量就业机会。

（三）疫情对约旦经济的持续影响

2021年，约旦全年新增确诊病例1360183例，死亡10048例。④由于约旦当局的及时调整和快速的政策反应，约旦经济在2021年上半年实现1.8%的增长。⑤尽管依旧采取了较为严格的防控疫情限制措施，且大多数

---

① "MOPWH 100: 1921 – 2021," Ministry of Public Works and Housing (Jordan), http://www.mpwh.gov.jo/EBV4.0/Root_Storage/AR/EB_Blog/mopwh_100.pdf.

② 中华人民共和国驻约旦哈希姆王国大使馆经济商务处：《约旦新冠疫情舆情动态第300期》，2022年1月26日，http://jo.mofcom.gov.cn/article/xgyq/202201/20220103239697.shtml.

③ 冀泽：《中企承建约旦光伏项目开工》，新华网，2021年8月5日，http://www.xinhuanet.com/2021-08/05/c_1127734842.htm.

④ "Jordan Situation," WHO, https://covid19.who.int/region/emro/country/jo/.

⑤ "Jordan Economic Monitor – Fall 2021: En Route to Recovery," The World Bank, Dec. 16, 2021, https://documents.worldbank.org/en/publication/documents-reports/documentdetail/265631639429108552/jordan-economic-monitor-fall-2021-en-route-to-recovery.

行业尚未恢复到疫情之前的状态，但在政府的积极调控以及国内金融、保险行业的带动下，约旦经济还是呈现复苏之势。作为约旦的支柱产业，旅游业在2021年出现回暖迹象。2021年约旦入境游客人数达到2358万，同比上涨45.8%；旅游收入27亿美元，同比增长90%。其中，非约籍游客占约旅游总收入的41.7%，海湾国家游客占15%，除海湾国家外的阿拉伯国家游客占28%。① 为尽快实现旅游部门全面复苏，约旦旅游与古迹部于2021年底启动了2021－2025年国家旅游战略。

受疫情影响，约旦国内失业率一直居高不下。截止2021年底，约旦失业率已由疫情前的19%上涨到23%，上半年曾一度达到24.8%。近一半的约旦青年面临就业困难的问题。疫情延宕，约旦国内中小企业与服务业发展严重滞后，进一步缩减了原有的就业岗位，致使近70%从事服务行业的约旦人待业在家。② 随着疫情的持续，破局的难题仍将考验政府的执政智慧。

（四）海外援助缓解财政压力

海外援助是约旦财政重要的收入来源之一。约旦接受的海外援助一类针对医疗卫生、难民救助等紧急援助，另一类别针对约旦长期性发展援助，如教育、就业、水利、基础设施建设等。约旦的海外援助来源主要为美国、德国、荷兰、周边国家以及欧盟、世界银行、国际货币基金组织、联合国相关机构等国家和国际组织。

针对约旦在2021年年中的疫情反复，美国向约旦提供了470万美元的疫情紧急援助，用于向约旦提供医疗物资、设备和药品，以及培训重症监护和疫苗管理医护人员。自疫情暴发以来，美国向约旦提供专项疫情援助共计3650万美元，培训医护人员1.65万。③ 欧盟也于9月13日向约旦政府赠款2200万欧元，用于加强约旦的公共卫生系统，改善疫情影响下其基

---

① 中华人民共和国驻约旦哈希姆王国大使馆经济商务处：《2021年约旦旅游收入增长90%》，2022年2月16日，http：//jo.mofcom.gov.cn/article/jmxw/202202/20220203281774.shtml。

② "Jordan Economic Monitor – Fall 2021: En Route to Recovery".

③ "United States Provides Additional $4.7 Million to Jordan Urgent," *USAID*, Aug. 29, 2021, https：//www.usaid.gov/jordan/press－releases/aug－30－2021－united－states－provides－additional－47－million－jordan－urgent.

础医疗卫生条件，缓解医疗系统面对疫情蔓延的压力。①

由于约旦接收了大量来自叙利亚地区的难民，国内经济发展受难民问题掣肘严重，需要各国援助约旦从而共同化解难民危机，同时为防止难民问题的进一步扩大化，约旦的周边国家确实也积极承担了一定压力。2022年初，联合国难民事务高级专员和巴林皇家人道主义基金会签署了一项价值100万美元的协议，用以援助在约叙利亚难民。根据该协议，巴林基金会将在接下来6个月内通过联合国难民署向居住在约旦难民营外的253个难民家庭提供现金援助，以满足支付房租、生活账单、购买食物和支付药品费用等紧急需求。②科威特于2021年11月向约旦提供8000万美元援款，用以支持约旦能源领域发展和应对叙利亚难民危机给公共卫生带来的严峻挑战。③

在长期发展问题上，约旦接收了来自美国及欧盟国家的大额经济援助，主要用于扩大教育资源、缓解就业压力以及解决水资源短缺问题。2021年12月13日，美国向约旦交付5.97亿美元赠款，作为美国政府2021年为约旦拨付12亿美元计划援助的一部分，支持经济、卫生、教育和社会服务部门的发展，以刺激约旦经济。④ 2021年末，世界银行为约旦政府提供价值1.12亿美元货款，用以支持约旦政府的就业计划，培训失业人员，帮助私营部门创造7-10万个工作岗位。⑤

解决水资源问题一直是海外对约旦援助的重点领域。2022年初，约旦

---

① "EU Approves 22 – Million – Euro Grant to Strengthen Jordan's Public Health System," *Jordan Times*, Sep. 13, 2021, https://www.jordantimes.com/news/local/eu – approves – 22 – million – euro – grant – strengthen – jordans – public – health – system.

② The UN Refugee Agency, "Bahrain Royal Humanitarian Foundation and UNHCR Sign an Agreement to Support Syrian Refugees in Jordan," *UNHCR*, Feb. 8, 2022, https://www.unhcr.org/jo/17363 – bahrain – royal – humanitarian – foundation – and – unhcr – sign – an – agreement – to – support – syrian – refugees – in – jordan.html.

③ "Jordan, Kuwait Fund Sign Loan, Grant Agreements Worth $80m," *Jordan News*, Nov. 12, 2021, https://www.jordannews.jo/Section – 112/Economy/Jordan – Kuwait – fund – sign – loan – grant – agreements – worth – 80m – 9688.

④ "Planning Ministry, USAID Sign Assistance Agreement Worth $597m," *Jordan Times*, Dec. 13, 2021, https://www.jordantimes.com/news/local/planning – ministry – usaid – sign – assistance – agreements – worth – 597m.

⑤ "Jordan: US $112 Million to Finance National Employment Program in the Private Sector, Focused on Jobs for Youth and Women," The World Bank, Dec. 22, 2021, https://www.worldbank.org/en/news/press – release/2021/12/22/jordan – us – 112 – million – to – finance – national – employment – program – in – the – private – sector – focused – on – jobs – for – youth – and – women.

河谷管理局与美国国际开发署（USAID）签署协议，由美国国际开发署资助约旦2590万美元，用于实施约旦河谷水务项目计划，进一步加强约旦河谷水资源的开放和利用，保障约旦河谷地区饮用水和灌溉用水的持续供应和水资源安全。① 德国和欧盟也分别与约旦计划与国际合作部签署协议，为约旦提供累计8640万欧元的发展赠款。其中，德国提供2000万欧元资助约旦水务部改善其北部地区的供水和卫生服务、2940万欧元改善叙利亚难民及当地社区的供水和卫生服务，1200万欧元资助约旦教育部实施教育改革；欧盟提供2500万欧元，用以改善安曼南部地区的卫生服务、升级互联网络、建造污水处理站。②

三、约旦的多边务实外交

约旦不仅与周边国家发展睦邻友好关系，同时一直寻求通过与西方国家，特别是与美国保持牢固的盟友关系来确保政治稳定与社会安全。2021年约旦国王阿卜杜拉二世进行了多次出国访问，分别到访阿联酋、沙特、巴林、卡塔尔、伊拉克、埃及等阿拉伯国家，就扩大双边关系、加强部门合作、维护地区稳定、打击极端恐怖主义、解决巴勒斯坦问题及疫情防控工作进行深刻交流。年中，国王出访美国及欧洲各国，与各方达成友好协商，取得了诸多外交成果。其中访问美国成为约旦国王2021年最重要的一项外交行程。国王与拜登政府的会晤就未来几年的合作布局进行规划，为双方新一阶段的关系发展确定基调。

（一）与叙利亚和解

2021年约旦与叙利亚实现关系正常化成为约旦年度重大外交成果之一。2021年10月5日，阿卜杜拉二世国王与叙利亚总统巴沙尔·阿萨德通话，双方"讨论了两个兄弟国家之间的关系和加强合作的方法"，就开

---

① "Ministry of Water and Irrigation and USAID Sign a Cooperation and Support Agreement," Ministry of Water and Irrigation (Jordan), 2022, http: // mwi. gov. jo/Ar/NewsDetails/ مليون_259_بقيمة_اليرموك_مياه_لشركة_ودعم_تعاون_اتفاقية_توقعان_USAID_للتنمية_الامريكية_الوكالة_و_المياه.

② "MOP: German and EU Development Grants 86 Million Euros," Ministry of Planning (Jordan), http: //www. mop. gov. jo/Ar/NewsDetails/ يورو_مليون_86_بقيمة_وأوروبية_ألمانية_تنموية_منح_التخطيط.

展互利安全合作与保障边境安全寻求机会。① 这是自叙利亚革命爆发 10 多年以来，双方国家元首的首次通话，此次谈话迅速加快了双边外交关系进一步解冻。

早在叙利亚危机爆发初期，约旦就曾通过赞成阿盟取消叙利亚成员国资格的决议向叙利亚阿萨德政权施压，并明确表示支持叙利亚反对派，呼吁阿萨德总统下台。约叙双方长期在地缘政治、教派矛盾及边境安全问题上龃龉不断，双边关系在叙利亚危机的催化下基本停滞。但随着叙利亚局势的逐渐稳定，约旦政府对叙态度逐渐转变。2017 年以来，叙利亚政府军在俄罗斯支持下收复了大片土地，地区国家开始陆续改善与巴沙尔政府的关系。约旦也在巴沙尔政权趋于稳定的情况下，选择恢复双方的外交关系。

叙利亚内战前，叙利亚是约旦在阿拉伯世界的第四大贸易伙伴，危机爆发后，内双边贸易额急剧下降。两国的陆路边界被关闭，约旦与欧洲国家的部分贸易因此中断。叙利亚内乱导致的边境动乱与难民危机也始终影响着约旦安全。恢复对叙外交有助于维持约旦的边境安全和提振经济。2018 年，约叙双方就正式重新开放了关系阿拉伯国家贸易的纳西卜－贾比尔口岸。自新冠肺炎疫情以来，双方在疫情防控与解决难民问题上也有着广泛的合作。2021 年 7 月底，约旦内政部长马赞·法雷（Mazen Al - Farrayh）致电叙利亚内政部长穆罕默德·拉赫曼（Mohammad Al - Rahmoun），双方就开放陆路口岸、增加贸易往来、开展电力、水资源项目合作等方面进行了官方高层对话。9 月 28 日，约旦交通部宣布允许约旦皇家航空公司自 10 月 3 日起恢复约旦首都安曼到叙利亚首都大马士革的往返航班。② 10 月双方元首的直接通话顺利打开约叙关系正常化的大门。

（二）巴以关系的斡旋角色有边缘化趋势

约旦始终致力于帮助巴以双方解决争端，特别是在耶路撒冷地位问题上发挥了特殊的历史作用。约旦哈希姆家族作为最早拥有耶路撒冷监护权的家族，一直以来大力支持恢复耶路撒冷地位，承担保护宗教圣地的责任，对耶路撒冷的伊斯兰事业进行资助。约旦在耶路撒冷的历史地位和贡

---

① 王宏彬：《关系回暖 约旦国王与叙利亚总统通电话》，新华网，2021 年 10 月 5 日，http://www.news.cn/world/2021 - 10/05/c_1211392039.htm。

② 参见约旦交通部网站的航班信息，https://www.mot.gov.jo/Ar/NewsDetails/توضح_النقل.

献得到阿拉伯国家的普遍认可。2021年5月新一轮巴以冲突爆发,约旦为巴勒斯坦积极发声,强烈谴责以色列对耶路撒冷、加沙和其他被占巴勒斯坦领土的进攻和侵犯行为。约旦政府重申哈希姆家族历史上对耶路撒冷圣地进行监管的重要性,强调约旦在保护圣地的法律和历史地位,明确哈希姆管理下的圣城和阿克萨清真寺宗教组织是唯一有权管理阿克萨清真寺和圣城所有事务的机构。① 2021年9月2日,约旦、埃及、巴勒斯坦三国召开首脑会议,就巴勒斯坦问题展开对话。会议重申了巴勒斯坦事业在阿拉伯世界的核心地位,约旦呼吁巴勒斯坦问题的解决需要在两国方案的基础上实现公正、全面、持久的和平,同时与会各国领导人还强调了历史上哈希姆家族对耶路撒冷圣地监护权的重要性。②

然而由于政治利益、经济战略、安全结盟等方面的需求变化,阿拉伯国家与以色列关系不断缓和,导致阿以矛盾和巴以矛盾退居阿拉伯国家政治议程边缘化地位。加之疫情影响,国际社会对巴以问题的关注度锐减,国际组织在中东的相关投入和媒体报道均被其他热点事件转移和分散。一系列内外原因造成近年来巴以问题实际上被逐渐边缘化。原本主持巴勒斯坦正义的国际公平标准逐渐模糊。此外,由于沙特、摩洛哥等阿拉伯国家对约旦长期以来控制和管理耶路撒冷事务存在较大争议,其他国家也希望以伊斯兰圣地守护者的身份来提高本国在伊斯兰世界的地位,因此反对约旦独揽耶路撒冷事务。在巴以问题重要性下降以及约旦历史地位受到挑战的双重掣肘下,约旦在解决巴以争端上能发挥的现实作用也在进一步被消解。

(三) 欧美国家的密切盟友

约旦长期以来坚持亲美的外交政策,是美国的盟友。稳定的美约关系可以为美国的中东政策起到锚定作用,帮助美国加强在中东的话语权;强化美约合作为约旦带来更多机遇,美国的多方位援助缓解了约旦国内的发展压力。据美国国际开发署统计,自1946年以来,美国已向约旦累计提供

---

① "The Ministry of Foreign Affairs Affirms the Continuation of Jordanian Efforts and Moves to Stop the Israeli Violations in Jerusalem," *Ministry of Foreign Affairs and Expatriates* (Jordan), May 9, 2021, https://www.mfa.gov.jo/news/2942.

② "Final Communiqué at Cairo Trilateral Summit Reaffirms Centrality of Palestinian Cause," *King Abdullah II*, Sept. 2, 2021, https://www.kingabdullah.jo/en/news/final-communiqu%C3%A9-cairo-trilateral-summit-reaffirms-centrality-palestinian-cause.

173亿美元的援助，涉及经贸、教育、水资源、医疗卫生、民主治理、基础设施建设等各个方面，成为约旦发展不可或缺的外部支持力量。① 2021年3月21日，约旦官方公布了一项此前与美国达成的国防协议，批准美军及其武器装备、车辆等在执行任务时自由出入约旦领土。这一举措在扩大双方防务合作、保障约旦国家安全的同时，极大增强了美国在中东开展军事活动的灵活性，配合了美国的地区政策。② 在2021年新一轮巴以冲突达成停火协议后几天内，美国国务卿布林肯到访中东各国，5月26日与约旦国王阿卜杜拉二世举行会谈，稳固约旦在巴以问题中的重要作用。7月中旬，约旦国王访问美国，会见美国政商各界代表及军方人士，就双方多项合作内容进行协商。7月19日，阿卜杜拉二世与美国总统拜登举行会谈，强调了美约之间根深蒂固的友好关系。美方对约旦在地区稳定与发展方面的努力和贡献作出高度评价，对约旦在巴以问题上发挥的作用表示充分肯定，对双方在地区安全合作及多方位发展援助工作上抱有极大期待。③

发展与欧洲国家的友好关系也是约旦多边务实外交的重要一环。约旦与欧洲各国在金融贸易、文化发展、环境资源、公共服务与社会保障等方面均有良好的合作基础和发展前景。2021年，约旦政府收到来自德国、荷兰等国以及欧盟的大量援助，合作开展多个项目。欧洲的援助对加快约旦经济复苏起到重要作用。2021年5月5日，国王阿卜杜拉访问比利时，并在布鲁塞尔会见欧洲理事会和欧盟委员会主席。双方讨论了约旦与欧盟加强战略伙伴关系的相关事项，并就疫情防控、打击极端主义与恐怖主义、解决巴以问题进行深入交流。欧盟主席肯定了双方在积极建立沟通、增进各国人民对话和互信方面作出的努力，认为约旦是地区稳定的重要支柱，"约旦可以永远依靠欧盟"④。约旦国王还于10月25日进行了为期一周的欧洲之行，分别到访奥地利、波兰、德国、英国等国，就加强战略关系、

---

① "Our Work: Jordan," USAID, Mar. 4, 2022, https://www.usaid.gov/jordan/our-work.
② "Jordan Publicizes Defense Deal That Allows Us Forces Free Entry into Kingdom," The Times of Israel, Mar. 21, 2021, https://www.timesofisrael.com/jordan-publicizes-defense-deal-that-allows-us-forces-free-entry-into-kingdom/.
③ "King, US President Hold Summit Meeting at White House," King Abdullah II, Jul. 19, 2021, https://www.kingabdullah.jo/en/news/king-us-president-hold-summit-meeting-white-house.
④ "King Meets European Council, European Commission," King Abdullah II, May 5, 2021, https://www.kingabdullah.jo/en/news/king-meets-european-council-european-commission-presidents.

政治解决地区危机、开展打击恐怖主义合作等方面进行充分交流。① 在约旦的积极努力下，约旦对欧关系继续稳步发展。

（四）与海湾国家交好

海湾国家是约旦关键的投资和贸易伙伴，是约旦开展周边外交的主要阵地。约旦与科威特、卡塔尔、沙特等国在贸易投资、金融产业、教育科研、基础设施建设等多领域开展合作项目。约旦致力于与海湾国家建立更深层次的伙伴关系，以共同的历史文化为契机，促进人民之间的相互联系与友好往来。2021年初，约旦国王接见海合会秘书长，双方就继续加强合作、发展战略伙伴关系充分交换意见，在和平解决巴以问题、共同推进伊斯兰事业上达成一致，支持阿拉伯国家采取联合行动共同应对地区危机。② 在外交活动上，约旦国王2021年的出访首站选择阿联酋，双方就扩大双边关系、加强部门合作、维护地区稳定进行磋商，重申在两国方案的基础上达成公正、全面解决巴勒斯坦问题的共识③。约旦国王于10月12日访问卡塔尔，双方领导人举行会谈，重申两国及人民之间牢固的友好关系，并在政治、经济、投资、文化发展等领域寻求进一步合作，以期扩大投资市场，增加就业。同时双方还对巴勒斯坦问题及叙利亚最新局势进行交流，对维护地区稳定、和平解决争端达成一致看法。④

（五）与中国风雨同舟，是守望相助的战略伙伴

中约两国友谊源远流长，自1977年中国与约旦建交以来，双方关系长期友好。中约两国在2015年建立战略伙伴关系，双边关系取得长期健康稳定发展。面对新冠肺炎疫情，中约双方守望相助、携手抗疫。2021年4月，中方克服困难，为约旦提供疫苗援助，约旦也积极参与中国国药疫苗

---

① "King Returns to Jordan After Europe Tour," *King Abdullah II*, Nov. 1, 2021, https://www.kingabdullah.jo/en/news/king-returns-jordan-after-europe-tour.
② "King Receives GCC Secretary General," *King Abdullah II*, Jan. 26, 2021, https://www.kingabdullah.jo/en/news/king-receives-gcc-secretary-general.
③ "King Meets Abu Dhabi Crown Price," *King Abdullah II*, Jan. 16, 2021, https://www.kingabdullah.jo/en/news/king-meets-abu-dhabi-crown-prince-1.
④ "King Holds Talks Qatar Emir in Doha," *King Abdullah II*, Oct. 12, 2021, https://www.kingabdullah.jo/en/news/king-holds-talks-qatar-emir-doha.

临床试验，互帮互助，在国际抗疫合作中树立典范。① 经济发展方面，双边经贸往来优势互补、合作共赢，两国在能源、通信、交通、农业、绿色经济、数字经济、智能制造等领域深化合作，中国已是约旦第三大贸易伙伴和第二大进口来源国。2021 年，中约双边贸易在疫情下强势反弹。中国对约贸易投资潜力巨大，发展合作前景广阔。

2021 年正值中国共产党成立 100 周年及与约旦建国 100 周年，双方互动密切，往来频繁。在中国共产党百年华诞之际，约旦国王阿卜杜拉二世向习近平主席致以贺电，热烈祝贺中国共产党成立 100 周年。中国国务委员兼外长王毅也与约旦副首相兼外交与侨务大臣萨法迪通话，王毅祝贺约旦迎来建国百年，并表示中约传统友谊深厚，双方战略伙伴关系近年来持续向前发展，政治互信不断增强，务实合作稳步推进。② 约旦共产党总书记阿特梅奇在中国共产党与世界政党领导人峰会上的发言中提到，中国治国理政经验为世界各国提供有益借鉴，中国共产党取得了举世公认的成就，期待今后加强两党的进一步交流合作。③ 约旦驻华大使也表示约旦和中国之间的友谊为深化双边合作打开了一扇扇大门，期待中约两国在更多领域开展合作。④ 此外，中国外交部于 2021 年 10 月中旬组织访问交流活动，邀请来自 17 个阿拉伯国家和阿盟的驻华使节游览青海，了解中国生态环境保护现状，感受中国生态文明建设成就。⑤ 在双方不同层次、不同领域的互动往来中，两国友好关系持续加强。

四、结　语

约旦经历百年风雨，在王室领导与约旦人民共同奋斗下，身居国际风

---

① 中华人民共和国驻约旦哈希姆王国大使馆经济商务处：《中国援助约旦新冠疫苗运抵并举行交接仪式》，2021 年 4 月 26 日，http：//jo.mofcom.gov.cn/article/zxhz/hzjj/202104/20210403055387.shtml。
② 《王毅同约旦副首相兼外交与侨务大臣萨法迪通电话》，中国政府网，2021 年 3 月 13 日，http：//www.gov.cn/guowuyuan/2021-03/13/content_5592686.htm。
③ 《约旦共产党总书记法拉杰·阿特梅齐发言》，2021 年 7 月 6 日，https：//www.cpc100summit.org/cn/speeches/ZnKqlHrWuv.html。
④ ［约旦］胡萨姆·侯赛尼：《为约中友谊感到自豪（大使说）》，载《人民日报》（海外版），2021 年 4 月 5 日，第 8 版。
⑤ 韩晓明：《中国的生态文明建设走在世界前列》，载《人民日报》，2021 年 10 月 21 日，第 3 版。

云保持相对和平和繁荣。面对中东变局，约旦调整政策、积极应对而维护住国家政权稳定，成为中东国家稳定与安全的代表。中国和约旦双方均正在经历承前启后的重要历史节点，在此契机下，中约承诺继续深化双方战略伙伴关系，努力实现共建"一带一路"与约旦"2025愿景"顺利对接，加强双边全方位合作，推动中阿文明交流互鉴。同时，中国支持约旦在巴以问题上寻求公正、全面、和平的解决，中国也在众多外交场合呼吁国际社会共同关注巴以问题，帮助中东实现持久和平。2021年，约旦政局总体稳定，经济缓慢复苏，虽受高失业率、高贫困率困扰，但约旦社会仍安定有序。在控制国内局势、恢复经济增长、保障社会民生的切实目标下，约旦政治与经济发展有望在来年取得更大进步。

2021年也门的政治、经济和对外关系

文少彪[*]

【摘　要】
　　2021年，也门总体局势未见好转。在政治方面，新组建的也门联合政府并没有严格落实《利雅得协议》，哈迪政府与南方过渡委员会在胡塞武装的威胁以及美国、沙特、阿联酋的撮合下达成策略性联盟，无法形成高度统合和强大的战斗力。与此同时，拜登政府上任后，要求也门各方包括沙特、阿联酋与胡塞武装结束战争。而胡塞武装在某种程度上利用了拜登政府的也门政策，反而采取更主动的军事冒险，对马里卜省发动猛烈进攻，致使沙特新提出的和平倡议成为废纸，也门的冲突进一步升级。在经济方面，也门经济总量进一步萎缩，外汇储备接近枯竭。荷台达港口和萨那机场仍受到沙特-阿联酋主导的多国联军的封锁，导致胡塞武装控制的北部地区面临燃料和食品短缺。而也门政府控制的南部地区发生恶性货币通胀，引发大规模游行示威活动。也门系统性的经济危机与人道主义危机叠加，上千万平民陷入食不果腹、居无定所的危险之中。在外交方面，也门政府试图重点绑定美国和沙特的承诺，并通过双边和多边外交争取更多的国际经济和人道主义援助，以巩固自身的合法性。

【关键词】
　　也门政府　胡塞武装　沙特　美国

---

[*] 文少彪，上海外国语大学中东研究所助理研究员。本文为上海外国语大学2021年校级一般项目（项目编号：41004576）的阶段性成果。

也门战乱进入第七个年头，局势未见好转，总体还在趋于恶化。联合国第2216号决议、《斯德哥尔摩协议》与《利雅得协议》作为解决也门危机的基础文件，在过去一年继续遭到也门各方和外围国家不同程度的践踏。在政治上，拜登政府一上任就调整了也门政策，试图迫使沙特、阿联酋与胡塞武装停火，并最终结束这场战争。但是也门各方在达成政治解决方案上没有取得任何进展。2021年，哈迪政府与南方过渡委员会在沙特、阿联酋的协调下组建了联合政府，旨在结束内斗，以便集中力量应对胡塞武装的挑战。但是，也门联合政府作为一个脆弱的政治体，难以对胡塞武装采取统一的、压倒性的军事行动。当胡塞武装面临政府军以及沙特、阿联酋的联合进攻后，其反制力度、战斗决心和获得伊朗的外部支持也更大，致使也门内战进一步升级。在经济上，由于战争与疫情的冲击、公共基础设施被摧毁、严重的通货膨胀和外部援助被政治化等综合因素叠加，也门几乎走向经济崩溃的边缘，系统性的人道主义危机威胁着2000多万人的生命安全。在对外关系上，也门联合政府一方面争取外部人道主义和经济援助，另一方面也在积极争取沙特、阿联酋、美国等国的政治和军事支持；对于胡塞武装而言，其对外关系的重点则是争取地区什叶派联盟的经济和安全支持。

一、政治纷争恶化：马里卜省的冲突升级

过去一年，新组建的也门联合政府走马上任，但在也门事务中发挥的作用仍十分有限。2021年初拜登政府上任后，调整了特朗普政府的也门政策，华盛顿的外交努力转给了联合国也门问题特使马丁·格里菲斯（Martin Griffiths），后者的工作就是让也门各方坐到谈判桌前。在这一背景下，沙特和阿联酋不得不收敛其在也门的军事行动。但是过去一年，也门各方仍无法达成政治解决方案，相反它们的分歧进一步加剧，并进一步投射到军事安全上，导致也门北方马里卜省（Marib）爆发新一轮冲突，造成巨大伤亡。

其一，也门新政府的组建一波三折，难以发挥实质性作用。也门南部长期以来一直存在分离势力，这股分离势力主要受到阿联酋的支持，它们利用也门的混乱，趁机在南方发展壮大，不惜与哈迪政府分庭抗礼。但是

胡塞武装近年来在也门北方战场上取得巨大进展，攻占了也门首都萨那，并不断向南方发动攻势，这对南方过渡委员会也构成威胁。与此同时，哈迪政府寄予沙特篱下，试图遥控亚丁事务，这也引起南方分离势力的强烈不满。但随着也门战局陷入胶着，消耗巨大，阿联酋开始谋求尽早摆脱战争泥潭，而南方过渡委员会失去阿联酋这一"靠山"后，只能选择与沙特合作。① 阿联酋的妥协为沙特在也门建立主导权提供了机会，2019年11月哈迪政府和南方过渡委员会签署《利雅得协议》，旨在解决双方之间的权力分配和组建联合政府问题。然而，该协议很长一段时间未得到执行，哈迪政府军与南方分裂势力此后仍多次发生零星流血冲突。直到2020年底，也门政府与南方过渡委员会才同意履行《利雅得协议》中的军事和安全条款，这为也门联合政府的建立创造了一定的条件。

新组建的也门联合政府是一个脆弱的策略性联盟，是沙特与阿联酋暂时妥协的产物。南方过渡委员会和哈迪政府通过《利雅得协议》结束了双方在亚丁的主要战斗，推动也门南部地区实现名义上的统一。但是，哈迪政府与南方过渡委员会对于权力分配并不满意，它们之间的紧张局势仍然存在，有时甚至演变为战斗。南方过渡委员会仍然对临时"首都"亚丁进行安全和军事控制，而《利雅得协议》军事部分的"打折"执行限制了联合政府在亚丁的行动。② 与此同时，沙特与阿联酋之间也缺乏真正的信任。2021年7月，沙特亲政府人士苏莱曼·奥克利（Suleiman al-Oqeliy）、沙特半官方报纸《奥卡兹报》（Okaz）副主编阿卜杜拉·哈塔伊拉（Abdullah al-Hatayla）等人公开批评阿联酋在也门南部扮演的角色，这一罕见举动反映出这两个海湾盟国之间的政治和经济紧张关系，并导致两国在石油政策上公开对峙。③ 可以说，也门联合政府是沙特在背后主导的针

---

① 《联合政府成立：也门离结束内战还有多远》，新华网，2020年12月20日，http://m.xinhuanet.com/2020-12/20/c_1126883884.htm。

② 《亚丁示威进入第六天 各政治力量声援抗议者与国际社会担心也门经济崩溃》，半岛电视台，2021年9月17日，https://chinese.aljazeera.net/news/2021/9/17/%E4%BA%9A%E4%B8%81%E7%A4%BA%E5%A8%81%E8%BF%9B%E5%85%A5%E7%AC%AC%E5%85%AD%E5%A4%A9%E5%90%84%E6%94%BF%E6%B2%BB%E5%8A%9B%E9%87%8F%E5%A3%B0%E6%8F%B4%E6%8A%97%E8%AE%AE%E8%80%85%E5%9B%BD%E9%99%85。

③ Aziz El Yaakoubi and Marwa Rashad, "Saudi commentators go public in criticising UAE role in Yemen," Reuters, July 18, 2021, https://www.reuters.com/world/saudi-commentators-go-public-criticising-uae-role-yemen-2021-07-18/.

对胡塞武装的策略性政治联盟，而南方过渡委员会更在乎获得也门南方的区域性的政治主导权，而非重塑整个也门的政治版图。事实上，南方过渡委员会作为南方分离运动的主导组织，这在很大程度上是由于阿联酋的支持，因此南方过渡委员会未来的领导地位取决于阿布扎比的利益。① 因此，在哈迪政府及其当地盟军四分五裂、武装不足、经常相互作战的情况下，胡塞武装几乎没有动力坐到谈判桌前来——这一系列的情况沙特一直无法改变。②

其二，沙特－阿联酋主导的海湾联军继续封锁萨那机场和荷台达港口，阻断胡塞武装获取和出口物资。拜登政府上任后不断对沙特施压，要求后者在也门问题上作出妥协。2021年3月，沙特外交大臣费萨尔提出一项全面结束也门危机的和平倡议，内容包括：在联合国监督下实现也门境内全面停火，重新开放萨那国际机场，允许船只和货物进出荷台达港，也门各方在联合国主持下开始磋商以达成政治解决方案等。但是胡塞武装拒绝这项倡议，并要求沙特真正解除封锁，才进行政治对话。但是沙特－阿联酋方面仍坚持阻断胡塞武装与外界进行大规模经贸活动，试图通过限制后者的力量发展、扩大也门北部的经济社会危机来迫使胡塞武装回到谈判桌上。由于分歧无法解决，人道主义救援行动难以高效展开。

其三，胡塞武装与沙特、阿联酋的冲突进一步升级，并在马里卜、贾夫省展开激战。自2021年5月以来，胡塞武装针对沙特发动最为猛烈的一波袭击，频繁朝沙特方向发射无人机和导弹，攻击沙特的油田设施。9月初，胡塞武装利用8架"萨玛德－3"无人机和"祖勒菲卡尔"（Zulfiqar）弹道导弹摧毁了沙特东部达曼地区最重要的石油综合体项目之一，并且还以另外两架"萨玛德－3"无人机和5枚"巴德尔"弹道导弹轰炸了阿美公司位于吉达、吉赞和纳吉兰地区的石油设施。对此，胡塞武装政治局成员阿里·卡胡姆认为，胡塞武装当前与沙特之间的战争是由于"沙特6年

---

① Jens Heibach, "The Future of South Yemen and the Southern Transitional Council," *GIGA Focus Middle East*, No. 2, 2021, https：//www.giga - hamburg.de/en/publications/giga - focus/the - future - of - south - yemen - and - the - southern - transitional - council.

② David Schenker, "Biden Needs a Plan B for Yemen If Houthis Win," Washington Institute for Near East Policy, Nov. 4, 2021, https：//www.washingtoninstitute.org/policy - analysis/biden - needs - plan - b - yemen - if - houthis - win.

来对也门的持续侵略",以及沙特-阿联酋联军封锁也门机场和港口。①

自2021年以来,沙特-阿联酋主导的多国联军与胡塞武装在萨那周边的马里卜省(位于萨那以东)、贾夫省(位于萨那东北部)发生激烈战斗,冲突造成近千人死亡。马里卜省拥有大量的石油和天然气井,当地天然气站曾为该国大部分省份提供电力,是也门的能源重镇。此外,该省还是护卫萨那的战略要冲,也是也门政府在北部的最后一个据点以及多国联军指挥部所在地。与此同时,拜登政府上台后迅速调整了美国的也门政策,沙特、阿联酋领导的多国联合军事行动受到限制,这反而鼓励了胡塞武装的军事冒险,"胡塞武装显然是在利用拜登当选后,被孤立的沙特以及正在瓦解的联盟"。② 基于以上的因素,2021年2月以来,胡塞武装在马里卜省发动持续猛烈进攻,现已占领该省大部分地区。也门政府军在沙特主导的多国联军的空中支援下对胡塞武装进行阻击,造成大量政府军和胡塞武装人员丧生。鉴于马里卜、贾夫省对于胡塞武装增加收入、巩固和扩大北方控制区的战略重要性,过去一年,胡塞武装不惜代价地争夺两省的控制权。可以预见,也门各方围绕马里卜、贾夫省的战斗将白热化,并最终陷入僵局。

与此同时,胡塞武装与阿联酋的矛盾不断升级,这是过去一年的新事态。过去几年来,阿联酋一直避免与胡塞人对抗,因此双方也基本上相安无事。阿联酋在也门最优先的目标并非是铲除胡塞武装,而是另有他意,主要包括:支持南方过渡委员会对也门南部的掌控;保持对曼德海峡的影响力,这条战略水道是世界上重要的海上原油和精炼石油运输的必经之路。③ 而且拜登上台后,沙特、阿联酋等海湾盟友因在也门所扮演的角色而受到大量批评。尽管阿联酋声称退出也门战争,但它仍通过代理人战争

---

① 穆拉德·阿里菲:《对沙特发动新一轮袭击 胡塞送给联合国新特使的"见面礼"》,半岛电视台,2021年9月6日,https://chinese.aljazeera.net/united-nations/2021/9/6/%E5%AF%B9%E6%B2%99%E7%89%B9%E5%8F%91%E5%8A%A8%E6%96%B0%E4%B8%80%E8%BD%AE%E8%A2%AD%E5%87%BB%E8%83%A1%E5%A1%9E%E9%80%81%E7%BB%99%E8%81%94%E5%90%88%E5%9B%BD%E6%96%B0%E7%89%B9%E4%BD%BF%E7%9A%84%E2%80%9C%E8%A7%81%81。

② Mohammed Ghobari, Aziz El Yaakoubi, "Yemen's Houthis raise stakes in Marib 'blood bath,'" Reuters, Feb. 22, 2021, https://www.reuters.com/article/us-yemen-security-idUSKBN2AM1ER.

③ Sheren Khalel, "UAE deeply involved in Yemen despite claims of withdrawal," *Middle East Eye*, Feb. 22, 2021, https://www.middleeasteye.net/news/uae-yemen-conflict-deeply-involved-experts-say.

深深卷入其中。自 2021 年以来，阿联酋日益介入也门北部冲突，这引起胡塞武装强烈不安。阿联酋支持的"巨人旅"接管了沙布瓦，该省是胡塞人占领整个也门北部的关键。阿联酋的干预切断了伊朗支持的民兵组织在马里卜的补给线，这种做法激怒了胡塞领导人，导致胡塞武装通过无人机和发射导弹威胁阿联酋的安全，迫使阿布扎比退出马里卜的战争。

其四，考虑到中东地缘政治效应的关联性，阿富汗局势的发展可能进一步刺激胡塞武装的军事冒险。2021 年 8 月中旬，塔利班攻陷喀布尔，重新夺取了阿富汗政权。萨那研究中心（也门非政府组织）高级研究员阿卜杜勒·加尼·伊利亚尼认为，胡塞武装的进攻升级与塔利班控制阿富汗首都喀布尔的氛围相关，"塔利班的经历助长了胡塞武装控制这片土地的胃口，同时还提高了他们的群众基础与支持率，并让他们有必要站起来宣布将收复也门境内的所有土地"。[①] 在一定程度上，胡塞武装打响马里卜战斗是"试探他们到底可以走多远"的一次试水。[②] 对此，2021 年 9 月沙特国王萨勒曼在联合国大会上发言指出："沙特提出的也门和平倡议本可以结束冲突、避免流血，结束兄弟的也门人民的苦难。不幸的是，胡塞民兵组织押注于军事选择，以控制也门更多的土地。"[③]

总之，2021 年拜登政府促进也门各方进入和谈的努力失败了，胡塞武装在军事上更加冒进，而沙特、阿联酋领导的海湾多国部队和哈迪政府军的谈判意愿更强烈。与此同时，也门各方过去积累的矛盾依然没有缓解，反而出现新一轮冲突。例如，沙特领导的联军继续封锁荷台达港和萨那机场，试图削弱胡塞武装对也门北方的控制。而胡塞武装则开辟新的战场，加大对马里卜省的攻势，试图摧毁沙特、阿联酋和也门政府在北方的最后一个据点，并获得该省丰富的油气资源。鉴于马里卜的激烈战事，2021 年

[①] 穆拉德·阿里菲：《对沙特发动新一轮袭击 胡塞送给联合国新特使的"见面礼"》，半岛电视台，2021 年 9 月 6 日，https：//chinese.aljazeera.net/united – nations/2021/9/6/%E5%AF%B9%E6%B2%99%E7%89%B9%E5%8F%91%E5%8A%A8%E6%96%B0%E4%B8%80%E8%BD%AE%E8%A2%AD%E5%87%BB%E8%83%A1%E5%A1%9E%E9%80%81%E7%BB%99%E8%81%94%E5%90%88%E5%9B%BD%E6%96%B0%E7%89%B9%E4%BD%BF%E7%9A%84%E8%A7%81%E9%9D%A2%E7%A4%BC。

[②] "US revives Yemen peace process but battle for Marib a new hurdle," France 24, Mar. 15, 2021, https：//www.france24.com/en/live – news/20210315 – us – revives – yemen – peace – process – but – battle – for – marib – a – new – hurdle.

[③] "King of Saudi Arabia says peace is top priority for his country," UN, Sep. 22, 2021, https：//news.un.org/en/story/2021/09/1100762.

10月初，拜登政府批准向沙特提供价值6.5亿美元的武器计划。

二、经济危机与人道危机叠加发酵

随着冲突的持续，2020年也门GDP增长率大幅缩减8.5%（约188亿美元），2021年进一步萎缩约2%。① 与此同时，也门里亚尔继续贬值至历史新低，导致粮食、燃料价格大幅上涨，更多人陷入极端贫困。社会经济状况正在迅速恶化，进一步受到汇款减少、贸易中断、燃料供应严重短缺以及人道主义行动中断和减少的影响。暴力的加剧、宏观经济政策的支离破碎和疫情的蔓延压倒了也门的脆弱经济，80%的也门人（该国总人口约3000万人）陷入世界上最严重的人道主义危机中，不得不依赖外部救济和侨汇。

首先，也门经济危机加剧，哈迪政府控制的南部地区发生恶性货币通胀，引发民众大规模抗议。也门经济正处于崩溃的边缘，自危机开始以来，里亚尔不断贬值。2021年，也门政府控制的南部地区的货币进一步大幅贬值，在亚丁1美元兑换1495-1510里亚尔，而在胡塞武装控制的地区，汇率稳定在602-606里亚尔之间。② 2021年2月的头一周，也门政府控制的南部地区在10天内货币贬值超过30%。世界银行指出，2021年里亚尔发生前所未有的贬值，在缺乏稳定的外汇来源的情况下，扩张性货币政策有加速也门里亚尔贬值的风险，预计2021年通货膨胀将继续加速，预计将达到45%，而2020年为35%。③ 在黑市上，1美元价格超过了1000里亚尔。货币贬值导致食品和燃料价格猛涨，加剧了本已严重的人道主义危机，经济和生活条件进一步恶化，也门政府控制下的多个城市爆发了抗议示威。2021年9月，亚丁省和哈德拉毛省爆发了愤怒的抗议活动，参与者要求必须改革经济状况、控制价格并阻止当地货币贬值，南方过渡委员

---

① "Yemen's Economic Update," World Bank, Oct., 2021, https：//www.worldbank.org/en/country/yemen/publication/economic-update-october-2021.

② Lisa Barrington and Mohammed Ghobari, "Yemen moves to tackle foreign currency woes, but IMF reserves offer untapped," Reuters, Nov. 18, 2021, https：//www.reuters.com/world/middle-east/yemen-moves-tackle-foreign-currency-woes-imf-reserves-offer-untapped-2021-11-18/.

③ "The World Bank In Yemen," World Bank, Nov. 1, 2021, https：//www.worldbank.org/en/country/yemen/overview#1.

会宣布也门南部各省进入紧急状态。

也门南部地区货币大幅贬值是由多方面因素造成,主要包括:一是战争割裂了也门的金融系统,胡塞武装拒绝在其控制区内流通也门联合政府发行的大额面值新货币;二是也门外汇储备消耗殆尽,只有不到一个月的进口储备,而市场需要更多的外汇渠道来稳定经济;三是大大小小的货币交易商采取投机行为,扰乱了也门货币市场;四是由于港口和机场被多国联军封锁,大量物资包括食品、油料等难以运抵到也门市场。

值得注意的是,也门经济危机与沙特侨汇密切相关。在沙特工作的约150万也门侨民是也门外汇的重要来源,约占也门海外侨汇的6成以上,这笔侨汇支撑起该国数百万人的生命线。然而,根据沙特王储穆罕默德·本·萨勒曼宣布的《沙特2030愿景》,其目标是到2021年底将沙特人的失业率降低到11%,到2030年降低到7%。"沙特2030愿景"呈现出"工作本地化"或"沙特化"的国家意志,旨在限制外国工人并缓解沙特居高不下的失业率(2021年失业率高达11%左右)。据此,2021年7月,沙特宣布了新的劳工政策,限制该国私营部门中外国工人的比例,将也门人限制在25%。这一决定将对在沙特的也门人以及他们在国内的大家庭产生深远的政治、经济和人道主义影响,来自沙特的汇款减少将显著影响也门日益恶化的经济和不断通胀的国家货币。①

其次,也门人道主义援助政治化,导致经济危机进一步加剧。由于久战不胜,沙特和阿联酋对此感到沮丧和疲劳,故不断游说美国国务院,将胡塞武装列为恐怖组织。2021年1月10日,特朗普当局在其卸任前夕将胡塞武装指定为恐怖组织,为进一步施加制裁提供了政策支持。美国对"恐怖主义"定义的无原则化、政治化,以及有选择地将其用作对付政治对手的战争工具,这一做法将大大恶化也门本已严峻的人道主义局势,使向也门提供急需的援助变得极为困难。② 这一鲁莽政策立即引起了国际人

---

① Adel Dashela, "Layoffs of Yemenis in Saudi Arabia: Implications for Peace and Stability," Carnegie Endowment for International Peace, Nov. 30, 2021, https://carnegieendowment.org/sada/85885.

② 莎拉·莉亚·惠特森:《美国为什么错误地将胡塞武装列为"恐怖组织"?》,半岛电视台,2021年1月26日,https://chinese.aljazeera.net/opinions/2021/1/26/%E7%BE%8E%E5%9B%BD%E4%B8%BA%E4%BB%80%E4%B9%88%E9%94%99%E8%AF%AF%E5%9C%B0%E5%B0%86%E8%83%A1%E5%A1%9E%E6%AD%A6%E8%A3%85%E5%88%97%E4%B8%BA%E6%81%90%E6%80%96%E7%BB%84%E7%BB%87。

道主义组织的强烈抗议。在也门开展行动的 19 个人道主义行动方发表的一份联合声明指出,"已经很明显,开展人道主义工作即使拥有许可证和豁免权,也受到这一指令的严重影响,导致我们在提供援助方面出现延误和不确定性,这也使得在也门开展业务变得更加困难,特别是在胡塞武装控制地区,大部分需要援助的人都居住在那里。"① 包括格里菲斯(联合国也门问题特使)在内的多位联合国高级官员明确指出,制裁带来的种种限制不啻向数以百万计的也门人下达了"死刑判决",并强烈呼吁美国撤销这一决定。② 尽管拜登政府和联合国反复敦促沙特、阿联酋等海湾国家放开对机场和港口的封锁,同时呼吁胡塞武装允许人道主义救援物资进入其控制区。但是也门各方依然执迷于将人道主义救援政治化,即通过"饥饿"策略来迫使对手让步:沙特、阿联酋通过封锁来阻止胡塞武装获得伊朗的武器和援助物资,试图削弱后者的战斗力和加剧北方民众对胡塞武装统治的不满;胡塞武装则反向利用"饥饿"策略,通过阻扰救援物资的进入来放大人道主义灾难,迫使国际社会施压沙特、阿联酋解除封锁。人道主义援助政治化,不但导致平民被绑架到政治斗争的旋涡中,也加剧了也门经济危机。例如,也门燃料短缺与价格猛涨问题迟迟得不到解决。荷台达港口被封锁,燃料只能从哈迪政府控制的亚丁和穆卡拉两个港口进入,经陆路运到胡塞武装控制区。哈迪政府要对进口燃料征税,而胡塞武装在燃料到达其控制区时再次征税,除了陆路运输成本外,多重税收也大大提高了燃料价格。③

再次,也门人道主义危机继续发酵。也门毫无疑问是世界上人道主义危机最严重的地方,2021 年,2/3 的人口(2070 万人)需要人道主义援助。该国遭受了多重紧急情况的打击:暴力冲突、经济封锁、货币崩溃、洪水和新冠肺炎疫情大流行,而该国只有一半的卫生设施在运行。食品和燃料价格迅速上涨,这给也门带来了越来越多的灾难。也门 90% 的食品依赖进口,随着价格不断上涨,也门大部分人口已经无法获得基本商品。

---

① 《美国指定胡塞武装为外国恐怖组织 联合国人道行动将如何受到影响?》,联合国新闻,2021 年 2 月 2 日,https://news.un.org/zh/story/2021/02/1077162。
② 《联合国欢迎美国在也门问题上采取新策略 呼吁取消将胡塞武装指定为恐怖组织》,联合国新闻,2021 年 2 月 5 日,https://news.un.org/zh/story/2021/02/1077432。
③ Annelle R. Sheline and Bruce Riedel Thursday, "Biden's broken promise on Yemen," Brookings, Sep. 16, 2021, https://www.brookings.edu/blog/order-from-chaos/2021/09/16/bidens-broken-promise-on-yemen/.

2021年9月底，亚丁电力公司宣布，由于沙特一艘载有7.5万吨用于发电燃料的船被搁置，一些发电站被迫逐渐关闭。此外，冠状肺炎病毒大流行也加剧了也门人道主义危机，多年的战争和资源短缺导致也门的医疗系统不堪重负。目前也门官方登记的感染和死亡人数分别是9000例和1700多例，由于瞒报和缺乏有效检测手段，实际数字可能要高得多。与此同时，2021年度也门人道主义应对计划（YHRP）资金仍然严重不足，只收到了所需38.5亿美元中的25.1亿美元。① 而燃料严重短缺和持续存在的准入问题进一步限制了人道救援行动。到2021年底，也门粮食不安全和严重营养不良的程度以惊人的速度增加。

总之，2021年也门的经济危机与人道主义危机叠加恶化的趋势没有改变，这是也门各方长期的政治与军事冲突造成的必然后果，1000多万也门人面临食不果腹的危险，也门经济社会陷入系统性溃败的深渊。来自国际社会的人道主义援助严重不足，且人道主义援助政治化进一步加剧了也门的灾难。

三、也门政府积极寻求外交支持

2021年美国新任总统拜登上任后就也门政策和对美沙关系进行了一系列调整，主要包括：暂停向沙特和阿联酋出售军备，免除对胡塞武装的部分制裁，将胡塞武装从恐怖组织名单中移除，任命了蒂姆·伦德金为也门问题特使等。拜登的也门政策调整后，迫使沙特－阿联酋的也门政策相应回调。在此背景下，哈迪政府的对外关系重点是绑定美国、沙特的继续支持和争取外部援助。

其一，对也门哈迪政府而言，进一步寻求拜登政府的政治支持尤为重要。特朗普执政时期，美国同意向沙特和阿联酋出售精确制导武器、"F－35"型战斗机等先进军备，并将胡塞武装列为恐怖组织，这无疑是对哈迪政府的巨大支持。但是，拜登政府上台后一直强调也门的"这场战争必须结束"，并重拾"卡舒吉事件"敲打沙特，反对海湾多国联军在也门的军

---

① "Yemen: Humanitarian Response Snapshot," Office for the Coordination of Humanitarian Affairs, UN, Oct. 26, 2021, https://reliefweb.int/report/yemen/yemen－humanitarian－response－snapshot－august－2021.

事行动，暂停相关武器出售计划，主张通过政治对话解决也门问题。2021年2月19日，美国的也门问题特使蒂莫西·兰德金前往沙特，就结束也门战争进行外交调解。

拜登的也门政策调整削弱了沙特、阿联酋和哈迪政府的军事进攻能力和野心，哈迪政府十分担心遭到美国和地区盟友的抛弃，因此开展外交活动来争取美国的承诺就显得异常关键。2021年2月，美国也门特使蒂莫西·兰德金表示："我们正在与海湾伙伴国、联合国和其他国家一道，积极开展国际外交努力，为停火创造合适的条件，推动各方通过谈判达成结束也门战争的协议。"与此同时，美国国务卿安东尼·布林肯警告说，"美国很清楚叛军的邪恶行为和侵略"，并承诺帮助利雅得和其他海湾国家"自卫"。2021年9月，蒂姆·兰德金在利雅得会见了也门总统哈迪，哈迪表示也门政府在战略问题上与美国达成一致，包括确保伊朗的核试验不转移到也门和该地区，确保国际航线安全和打击恐怖主义；而蒂姆·兰德金则确认了美国对和平努力的支持。① 2021年11月，美国特别代表团包括兰德金、凯西·韦斯特利（Cathy Westley，美国驻也门大使）访问亚丁，他们会见了也门总理赛义德、外交部长艾哈迈德·本·穆巴拉克、亚丁省长拉姆斯以及其他也门政府高级官员。会议期间，也门外长穆巴拉克指责胡塞民兵组织拒绝所有和平提议，从而延长了冲突，恶化了人道主义危机。而美方仅表达了对也门政府合法性的支持，重申美国不支持哈迪政府与胡塞武装进行持久战争。② 2021年12月，在意大利主办的年度"地中海对话"期间，也门外交部长本·穆巴拉克和美国的也门特使兰德金一致指责，伊朗在也门发挥了负面作用，胡塞武装并没有认真地达成和平协议来结束战争。③

其二，哈迪政府努力绑定沙特的全方位支持。在也门经过长达7年的残酷战斗，沙特-阿联酋主导的海湾联盟早已疲惫不堪，加之近两年的疫情冲击，国际油气价格低迷，沙特在也门继续开展战争的意愿开始下滑。

---

① "US Yemen envoy affirms support for Hadi government's peace efforts," *Arab News*, Sep. 16, 2021, https：//www.arabnews.com/node/1930081/middle－east.

② "Senior US diplomat meets Yemen PM, officials in Aden," *Alarabiya News*, Nov. 9, 2021, https：//english.alarabiya.net/News/gulf/2021/11/09/Senior－US－diplomat－meets－Yemen－PM－officials－in－Aden.

③ "Yemen, US officials accuse Iran of imperiling peace efforts in Yemen," *Arab News*, Dec. 4, 2021, https：//www.arabnews.com/node/1980681/middle－east.

2021年，沙特不断缓和与伊朗的紧张关系，向外界发出了其地区政策调整的重大信号。与此同时，沙特为配合拜登政府的也门政策，愿意回到谈判桌，把球踢到胡塞武装一边。2021年3月，沙特向胡塞武装提出全面停火计划，沙特王储穆罕默德希望后者能够从自身和也门的国家利益出发，接受停火建议。沙特外交部长费萨尔对此表示："这是针对整个冲突的构想。"然而，这一停火计划被胡塞武装视为"毫无新意"。哈迪政府对沙特的"求和"政策深感不安，那意味着自我束缚以及帮助胡塞武装更轻松地赢得竞争。对此，哈迪政府一方面极力渲染胡塞武装与伊朗合作的危险性，另一方面极力绑定沙特和海湾伙伴的承诺。在这方面，也门新上任的外长本·穆巴拉克进行了大量的外交活动。2021年2月底，也门外长本·穆巴拉克访问巴林寻求支持；2021年3月，也门紧跟沙特的步伐，与卡塔尔恢复外交关系，也门外长本·穆巴拉克随即访问了多哈；2021年4月初，本·穆巴拉克又到访科威特寻求帮助；2021年10月，沙特、阿联酋、科威特等国家召回驻黎巴嫩大使，以抗议黎巴嫩对也门政府的谴责；2021年12月，哈迪在写给沙特王储的信中提到，由于伊朗支持的胡塞民兵组织引发的持续战争，也门经济陷入困境，希望获得沙特的金融援助；[①] 同月，也门外交部对海合会发表也门问题的联合声明表示感谢。

其三，争取国际经济和人道主义援助。2021年也门各地不断恶化的经济继续摧毁人们的生计，削弱了他们提供食品和基本商品的能力，进一步推高了人道主义需求。也门政府在内外交困的局面下，不得不积极地争取更多的国际经济和人道主义援助。美国在过去一年向也门提供了约10亿美元的援助，为受冲突影响的也门人民提供粮食、水以及环境卫生、个人卫生、住所、教育等方面的基本需求。[②] 欧盟在2021年对也门的援助达到2.09亿欧元。[③] 根据沙特国王萨勒曼人道主义援助救济中心（KSrelief）的报告，沙特在过去6年向也门提供了180亿美元的人道主义援助，仅在过

[①] "Yemen government seeks Saudi help to address economic woes," *The Arab Weekly*, Dec. 6, 2021, https：//thearabweekly.com/yemen-government-seeks-saudi-help-address-economic-woes.

[②] Antony Blinken, "United States Announces Additional Humanitarian Assistance for the People of Yemen," U.S Department of State, Sep. 22, 2021, https：//www.state.gov/united-states-announces-additional-humanitarian-assistance-for-the-people-of-yemen-2/.

[③] "Yemen: EU allocates 119 additional million for humanitarian crisis," EU Commission, Sep. 22, 2021, https：//ec.europa.eu/commission/presscorner/detail/en/IP_21_4807.

去一年就向也门提供了 8.48 亿美元的紧急财政援助。① 尽管美国、欧洲、沙特纷纷解囊，但距联合国呼吁的 40 亿美元援助总量相去甚远，资金筹集不足且进展缓慢的难题始终没有得到解决。2021 年 9 月底，也门外交部长本·穆巴拉克出席联合国大会并发表讲话，呼吁国际社会帮助也门稳定货币、恢复经济、增加人道主义援助和捐赠更多的疫苗。

中国在帮助也门缓解经济和人道主义危机方面也发挥了积极作用。2021 年中国驻也门大使康勇频繁会见也门各方代表，发挥了劝和促谈的作用，同时也积极协调资源，向也门提供了大量的人道主义援助。2021 年 2 月，中国驻联合国大使耿爽在安理会也门问题视频公开会上指出，中方一直为也门渡过饥荒、抗击疫情提供力所能及的帮助，中方提供的粮食援助已覆盖也门绝大多数省份，并承诺再向也门提供价值 1 亿元人民币的援助，为缓解也门人道危机尽一份力。② 2021 年 3 月，中国常驻联合国副代表戴兵在也门人道危机高级别视频认捐会上发言，呼吁国际社会加大对也门援助，避免也门人道危机进一步恶化。戴兵指出，新冠肺炎疫情发生以来，中方向也方提供了核酸检测试剂、医用口罩、防护服、外科手套等抗疫物资，中方将继续向也门人民提供包括粮食、医疗器械在内的人道主义援助。③ 2021 年 12 月，耿爽又在安理会也门问题公开会上呼吁国际社会要进一步加大对也门的人道主义援助。他指出："在新冠疫情和全球人道需求上升的背景下，能调动和分配给也门的人道资源正在减少。国际社会必须以更有效、更可持续的方式应对也门经济和人道危机，保护和拯救更多生命"。④

总之，在内外交困的局面下，也门政府仍然通过一系列外交来绑定美国、沙特等海湾国家对其合法性的坚定支持。与此同时，通过双边和多边外交来获取经济和人道主义援助也是也门政府的外交重点。

---

① "Saudi Arabia is world's biggest donor of humanitarian aid to Yemen," *Alarabiya News*, Sep. 23, 2021, https://english.alarabiya.net/News/gulf/2021/09/23/Saudi-Arabia-is-world-s-biggest-donor-of-humanitarian-aid-to-Yemen-KSrelief.

② 《耿爽大使在安理会也门问题公开会上的发言》，中国常驻联合国代表团，2021 年 2 月 18 日，http://chnun.chinamission.org.cn/chn/hyyfy/202102/t20210219_10024067.htm。

③ 《中国常驻联合国副代表呼吁国际社会加大对也门援助》，新华网，2021 年 3 月 1 日，http://www.xinhuanet.com/2021-03/02/c_1127155349.htm。

④ 《耿爽大使在安理会也门问题公开会上的发言》，中国常驻联合国代表团，2021 年 12 月 14 日，http://chnun.chinamission.org.cn/chn/zgylhg/jjalh/202112/t20211215_10469840.htm。

四、结　语

自 2015 年以来,也门内战已经进入第 7 个年头,长期的冲突加深了也门政府和胡塞武装之间的隔阂,严重削弱了各方的政治信任基础。也门已经陷入深度分裂,交战或竞争的各方存在相互冲突的议程和利益,新组建的也门联合政府与沙特和阿联酋之间也缺乏团结。除此之外,也门内战早已演变为多个外部力量驱动的复杂代理人战争,冲突或和解的钥匙握在外部干预方的手中。也门政府军、胡塞武装分别从沙特-阿联酋主导的海湾联盟与伊朗主导的什叶派新月联盟获得支持,而沙特与伊朗之间的敌对关系难以快速改善,这种地区结构性矛盾将投射到也门的内部冲突上。

2021 年以来,也门局势最为显著的变化之一是胡塞武装的军事扩张行动。胡塞武装对马里卜省势在必得,在该省取得重大军事进展的情况下,更加没有意愿走到谈判桌前。相对而言,也门政府及其背后的海湾国家支持者陷入更尴尬的境地:一方面要遵从拜登政府"必须结束也门战争"的指示,做出更多的和平努力;另一方面又要对胡塞武装的猛烈攻势做出军事反应。

在政治纷争与军事冲突不断的情形下,也门的经济形势和人道主义危机进一步恶化,上千万人的生计受到威胁。短暂的、不足的国际人道主义援助无法扭转这一危机,停止敌对行动并达成最终的政治和解才是重建也门经济和社会结构的前提。

2021年埃及的政治、经济和对外关系

李 意 金世元[*]

【摘 要】
　　2021年新冠肺炎疫情和百年变局叠加共振，激化了不断升温的地缘政治和地缘经济竞争，世界进入动荡变革期。对埃及而言，其主要任务是深化政治改革和促进经济发展，并在新冠肺炎疫情中把握好经济与防疫的平衡。在政治方面，解除长达5年多的紧急状态，启动《国家人权战略》，开始迁往新行政首都，通过人口分流改善就业形势。在民生方面，推行与落实"体面生活"倡议，推进立法并保障公民基本权利。在经济方面，发挥政府在开放型市场经济体制中的统筹作用，调整产业结构，扶持支柱产业，吸引国际投资，重视国际合作。在外交方面，以务实姿态加强交流，与地区邻国展开切实合作，与美俄等大国的合作灵活且卓有成效，与中国的关系成为南南合作的典范，与国际组织的联系更加密切。

【关键词】
　　埃及　政治形势　经济形势　对外关系

　　2021年，在百年变局和世纪疫情交织叠加下，世界进入动荡变革期。一方面，新冠肺炎疫情给中东国家带来巨大压力，其影响涉及政治、经济、社会等各个方面，尽快实现经济复苏依然是各国发展中的重大任务；另一方面，新科技革命、经济转型、治理能力和水平逐渐成为决定中东国

---

[*] 李意，上海外国语大学中东研究所副研究员；金世元，上海外国语大学国际关系与公共事务学院2020级硕士研究生。

家今后能否抵御地区和国家内部动荡的核心要素,"求稳定、谋发展"已成为中东国家的普遍共识。为共同应对发展难题,中东国家纷纷重启对话、修补关系。通过加大对外政策调整力度,积极推动多元外交和自主外交。地区关系全面调整,整体呈现矛盾缓解迹象。除也门内战仍较为激烈外,不少热点问题逐步降温并趋稳,地区各派力量向更加平衡的方向发展。

一、2021 年埃及政治形势

推进政治改革和维护国家安全一直是塞西政府工作的重点内容。2019 年 4 月通过的埃及修宪案意味着总统的任期可延长至 2030 年,这无疑有利于埃及政局的长期稳定。一方面,塞西政府延续国家政策,注重平衡各主要政治力量,多举措夯实合法性,充分发挥军警部门社会稳定压舱石的作用,坚决打击各类极端势力,提高了政府的可信度和权威性;另一方面,塞西政府根据国内外形势变化,着重改善人权状况,不断增进民生福祉,积极防控新冠肺炎疫情。

(一) 改善人权状况和大规模迁都,多举措夯实合法性

努力改善人权状况。人权问题是一个涉及各领域的复杂问题,它关乎国内的社会政治生活和国际交往。首先,解除长达 5 年多的紧急状态。2021 年 10 月 25 日,塞西在社交媒体"脸书"上宣布,将解除并不再延长国家紧急状态。[①] 解除紧急状态后,由地方政府和相关法律确定公共场所和其他设施的工作时间,公民的示威活动依然受到部分限制,国家的反恐行动也将持续。这一方面反映出塞西政府对埃及社会的治理成果;另一方面也释放出希望改善与美国关系的温和信号。其次,启动《国家人权战略》。塞西宣布公民社会 2022 年为《国家人权战略》启动年,将人权目标与原则纳入"埃及 2030 年愿景"的总体战略。[②] 新战略计划在 5 年时间

[①] "Egypt will not Extend State of Emergency, Says President Sisi," *Ahram Online*, October 26, 2021, https://english.ahram.org.eg/News/436518.aspx.

[②] Amr Kandil, "Sisi Declares 2022 Year of Civil Society as National Strategy for Human Rights," *Ahram Online*, September 11, 2021, https://english.ahram.org.eg/News/422813.aspx.

内，综合运用立法与制度建设等手段均衡发展公民和政治权利，保障国民经济、社会和文化权利，提升人权领域的教育和能力建设，尤其重视妇女、儿童、残疾人、青年和老年人的权利。它不仅立足于国家机关之间的合理调度，也参考了国际人权战略与组织的具体实践。作为"人权领域第一个全面和长期的本土战略"，该战略是保护和促进埃及人权的关键途径，也标志着政府在实现绝大多数人民对安全与稳定的需求后，开始考虑接纳民间对于政治权利的诉求和理念。①

大规模迁往新行政首都。2021年12月，埃及政府开始迁往位于开罗以东45千米之外的新行政首都。这是一座戒备森严的智慧城市，拥有21个居民区和25个功能性分区，可容纳650万居民，可创造约200万个就业机会。除了新都，埃及全国还有13个第四代城市正在建设。② 迁都的重要意义至少包括以下两方面：一方面，新首都等项目为私营部门创造了机会，有助于拉拢埃及强大的企业。如埃及最大的建筑公司塔拉特·穆斯塔法集团将为新首都的"智慧城市项目"——"努尔城"奠基。此举不仅为私营部门提供了支持政府的动力，也可为政府提供可观的税收收入；另一方面，新首都等项目夯实了塞西政权的合法性，有助于塞西控制未来任何反对其政权的叛乱，进一步巩固自身权力。总统迁至新行政首都后，最先进的电子监控系统可以提供良好的保障，旨在有效避免诸如2011年发生在解放广场上的"1·25"革命事件。

（二）切实推行倡议和立法，多渠道改善民生福祉

推行"体面生活"倡议。"体面生活"是塞西总统于2019年发起的一项举措，其目标是在三年内提高全国4000多个村庄的生活水平和生活质量。该倡议受到联合国高度评价，将其列为国际最佳实践之一。具体包括消灭贫困、改善乡村经济条件和社会环境，提供服务和就业机会，改善住房，建设道路、电力、卫生和供水项目，发展医疗教育等。2022年1月24日，埃及政府推出电子系统，针对埃及低收入村庄的发展需求，在制定干预计划的同时，监测和评估相关措施对经济发展和生活质量的影响。由于

---

① Dina Ezzat, "New Commitment on Human Rights in Egypt," *Ahram Online*, September 11, 2021, https：//english. ahram. org. eg/News/422632. aspx.

② 吴丹妮、[埃及] 马尔瓦·叶海亚：《埃及宣布12月起将政府迁往新行政首都》，新华网，http：//www. news. cn/2021-11/03/c_1128027950. htm。

工作量巨大，倡议将分为三个阶段逐步实施，主要内容包括改善基础设施和城市服务（污水、饮用水、铺路）；提高民众素质（教育、卫生、体育和文化服务）；推动经济发展和就业（小企业贷款、职业培训）。① 据悉，埃及政府已在3月底前将2021/2022财年的国家预算草案提交众议院审议，其中3580亿埃磅将被用于1.2万个"体面生活"倡议下的项目，包括价值122亿埃磅的266个饮用水项目。7月15日，"体面生活"倡议实施进入第一阶段，计划向农村拨付55亿埃磅。

立法保障改善民生。首先，设立慈善捐赠基金。新冠肺炎疫情以来，埃及劳工部专设热线电话为民众排忧解难，并为受到疫情影响的低收入人群发放补贴。同时，埃及内阁要求"埃及万岁"基金②设立专门账户，拨款5000万埃磅，为防控疫情提供资金支持。③ 4月27日，埃及议会批准了一项立法修正案，免除了该基金的各种税费。其次，规定私营部门最低工资。12月21日，埃及国家工资委员会宣布，将从2022年开始强制实施私营部门最低工资标准。私营部门员工的最低月工资为2400埃及镑，每月奖金约为员工保险的3%。这是埃及首次规定私营部门的最低工资，旨在确保私营企业员工拥有正常的生活水平。④ 再次，改革医疗保险制度。1月30日，塞西总统进一步部署全民健康保险体系。据悉，该体系是埃及医疗改革的一部分，旨在加大力度发展医疗基础设施，包括升级诊所和医院，以及在全国范围内建设新的医疗单位。计划以塞得港省为试点，在2032年覆盖整个埃及。⑤ 最后，维护女性合法权益。3月28日，根据众议院健康和人口委员会的报告，切割女性生殖器的做法将面临监禁。如果执行者是医疗专业人员，则可能面临10—15年的监禁。⑥ 10月19日，埃及历史上

---

① Ahmed Morsy, "Decent Life Initiative: A Project for the 21st Century," *Ahram Online*, July 30, 2021, https://english.ahram.org.eg/News/417866.aspx.

② 该基金旨在帮助贫困地区建立发展项目，特别是在住房和医疗两个领域，以此改善贫民区的生活条件，并致力于消除流浪儿童的现象。

③ 李碧念、[埃及]玛尔瓦·叶海亚：《埃及低收入群体的艰难战"疫"》，中国网，http://news.china.com.cn/live/2020-03/31/content_769037.htm.

④ Doaa A. Moneim, "Egypt to Mandate First-ever Private Sector Minimum Wage Starting 2022," *Ahram Online*, December 21, 2021, https://english.ahram.org.eg/News/448902.aspx.

⑤ Mohamed Soliman, "Egypt's Sisi Mandates a Condensed 10-year Deadline for Completing Universal Health Insurance," *Ahram Online*, January 30, 2021, https://english.ahram.org.eg/News/399957.aspx.

⑥ Gamal Essam El-Din, "Egypt's Parliament Passes Bill Toughening Penalties on FGM," *Ahram Online*, March 28, 2021, https://english.ahram.org.eg/News/409939.aspx.

首次任命 98 名女性成为埃及国务委员会的女法官，① 体现了埃及政府进一步关注妇女权益的决心。

（三）大力加强抗疫和反恐，维护国家局势稳定

积极防控新冠肺炎疫情。近两年来，埃及面临疫情及经济方面的多重压力，政府决策的最基本出发点是在保障民众安全的情况下，使国家经济的损失降到最低。首先，尽量减少严厉的防控隔离措施。埃及政府通过分阶段推行疫情防控措施，进一步提高民众的防范意识并加强国家的安保力度。其次，政府强制特定行业和群体接种新冠疫苗，如禁止教职工在未接种疫苗的情况下进入校园，从而抑制新冠病毒在特殊人群中扩散。最后，加强与多国疫苗合作，共筑免疫屏障。为了达到2021年底为4000万人接种疫苗的目标，埃及政府接受多渠道疫苗援助。7月5日，埃及完成了首批100万剂中国科兴疫苗的生产。8月23日，埃及药品管理局宣布向本地化生产的中国科兴疫苗发放紧急使用许可，并成为非洲大陆第一个同中国合作生产新冠疫苗的国家。9月4日，在非洲疫苗采购信托基金与非洲进出口银行的协助下，埃及获得近53万剂强生疫苗。9月19日，埃及从法国收到近55万剂阿斯利康新冠疫苗。10月4日，美国向埃及捐赠800万剂疫苗。在国际社会的帮助下，埃及疫情的传播和风险基本维持在可控范围内。

联合多国开展安全反恐。近年来，趁地区国家忙于应对疫情之机，极端组织势力获得喘息之机，地区恐怖主义有所抬头。为应对安全挑战，埃及于2020年完成修订的《反恐怖主义法》为国家反恐行动提供了法律支撑。2021年2月，埃及主办了第一届阿拉伯国家情报机构负责人会议。塞西总统呼吁阿拉伯国家采取集体行动，积极开展情报合作并交流信息和经验，从而不断完善反恐机制。② 7月3日，埃及西北海岸加古布地区的"7月3日"海军基地举行启用仪式，埃及、阿联酋和利比亚等国领导人出席仪式。据悉，占地超过1000万平方米的"7月3日"基地是埃及最大的海军基地，主要为地中海和红海的海军部队提供后勤支持，并协助打击恐怖

---

① "Nearly 100 Women Sworn in as Judges in Egypt Judicial Body," *Ahram Online*, October 19, 2021, https：//english. ahram. org. eg/News/434139. aspx.

② 周辀：《中东多国积极应对安全挑战 专家呼吁加强国际反恐合作》，载《人民日报》，2021年3月2日。

主义和极端主义、走私犯罪、非法移民等活动。① 8月26日，埃及和法国空军部队举行了联合军演，演习目标为联合轰炸伊拉克境内的"伊斯兰国"恐怖组织。通过地区国家合作、军事基地建设、联合军事演习等方式，埃及军方加大反恐力度，反恐取得阶段性成果。

二、2021年埃及经济形势

作为北非地区开放型市场经济的代表，埃及四大支柱产业石油、旅游、苏伊士运河和侨汇均受到新冠肺炎疫情不同程度的冲击。随着各项改革政策和发展战略的稳步推进，加之积极采取措施以协助中小企业走出发展困境，埃及国内投资与营商环境得到一定改善，埃及经济抵御风险的能力进一步增强。与此同时，国际组织与国际社会对埃及发展也给予了鼎力支持。从2022年1月发布的《全球经济状况与2022年展望》可知，由于外部条件更加有利，国际收支限制放松，私人消费、出口和私人投资的强劲增长，引领了埃及经济复苏。埃及经济在2020/2021财年将增长5.9%，而上一财年则为3.3%。② 由此可知，尽管受到新冠肺炎疫情影响，但埃及具备良好的经济增长势头，经济运行总体保持平稳。

（一）多举措振兴国家经济

启动经济结构性改革计划。鉴于高水平的公共债务和巨大的融资需求是埃及在中长期容易受到外部冲击的主要因素之一，埃及政府必须进行结构性改革，使私营部门在推动增长、减少贫困和创造可持续就业机会方面发挥更大作用。2021年4月27日，埃及宣布启动经济改革计划的第二阶段，并将重点转移到结构性改革上。埃及总理表示，埃及的目标是在未来3年内实现6%—7%的增长率，努力实现2%的基本盈余，并在2023/2024财年将预算赤字降至5.5%。③ 该计划旨在通过改变埃及的经济结构，提高

---

① 吴丹妮、[埃及]艾哈迈德·沙菲克：《埃及地中海最新海军基地举行启用仪式》，新华网，http://www.xinhuanet.com/mil/2021-07/04/c_1211225941.htm。
② [埃及]艾卜·迈哈穆德：《联合国报告高度评价埃及经济表现》，*Masrawy*，2022年1月16日，https://www.masrawy.com/。
③ "Egypt Announces Launch of 2nd Phase of Economic Reform Program with Focus on Structural Reforms," *Ahramonline*, April 27, 2021, https://english.ahram.org.eg/News/410102.aspx.

其应对地区和全球变化的能力。具体目标包括帮助埃及应对新冠肺炎疫情带来的挑战，改善埃及人民的生存与卫生状况，落实埃及乡村发展战略，增加民族项目投资，实现埃及的国际收支平衡，优先发展农业、加工业、通信技术产业等行业，增加对绿色项目的投资，减少预算赤字并维持埃及近年来的经济改革成就等内容。据悉，该计划已经得到国际货币基金组织54亿美元和世界银行3.6亿美元的贷款支持，[1] 有望按照既定时间逐步展开。

启动多项国家投资项目。国家大型投资项目有助于提高社会福利、发挥稳定经济的作用、提供良好的投资环境并有效降低私人企业的成本。自2014年7月以来，埃及陆续投资了4万亿埃镑用于开发2.5万个项目。2021年1月7日，政府拨款5000万埃镑推行"数字埃及建设者"计划。通过为工程、计算机和信息技术及电子专业优秀毕业生提供奖学金，旨在促进信息通信技术和电信行业的发展，支持埃及的数字化转型战略。[2] 3月29日，埃及宣布执行"新三角洲"国家计划，旨在建设现代农业和城市综合体，服务于国家利用现代管理系统形成农业和城市社区的战略。其中，"埃及的未来"农业生产项目计划建立农业生产领域的工业综合体。据悉，该项目为期两年，通过将灌溉用水自尼罗河三角洲输送到新三角洲，以期推动农业发展并提供500万个就业机会。[3] 11月2日，政府发布了扩建艾因·苏赫纳港（Ain Sukhna）基础设施的计划，旨在将该港口建设成红海区域的最大枢纽港。11月22日，政府为上埃及地区分配了924亿埃镑的公共投资基金，用于资助该地区卫生、运输、储存、健康、石油、服务和电力部门发展项目。[4] 公共投资计划总投资为1.25万亿，专门用于缩小国民收入水平的差距和调整全国各地的发展差距。

（二）全方位推动经济发展

布局经济政策总体规划。为了保持国民经济持续稳定发展，埃及政府

---

[1] Doaa A. Moneim, "IMF Approves Final Tranche of Egypt's SBA Loan Programme," *Ahramonline*, June 23, 2021, https：//english. ahram. org. eg/News/414909. aspx.

[2] 刘素云：《拨款5000万埃镑 埃及推行"数字埃及建设者"计划》，新浪网，https：//news. sina. com. cn/w/2021 - 01 - 07/doc - iiznezxt1132683. shtml。

[3] "Sisi Urges Immediate Implementation of Agricultural 'New Delta' National Project," *Ahram Online*, March 28, 2021, https：//english. ahram. org. eg/News/407998. aspx.

[4] Doaa A. Moneim, "Egypt Allocates EGP 92.4 in Public Investments for Upper Egypt," *Ahram Online*, November 7, 2021, https：//english. ahram. org. eg/News/438222. aspx.

根据发展需要制定规划。首先,任命重要官员。2021年4月19日,埃及贸易和工业部长内文·贾梅表示,塞西总统批准多位贸易咨询顾问担任贸工部重要职务。此次任命将赋予商业代表更多权利与责任,敦促其为埃及经济发展做出贡献,加强埃及与世界各国的经济关系。其次,助推民族工业。5月9日,塞西总统指示贸工部继续采取措施,鼓励民族工业发展,减少进出口逆差,实现本地产品自给自足;同时要求全面编制可以自产的商品清单,加强对此类商品的技术投资,通过科学技术提高本地生产效率。① 最后,推出相关法律。11月7日,埃及参议院批准了新的"总体统一规划"法,旨在简化经济规划政策并鼓励私营部门参与经济发展。12月14日,埃及增值税法修正案获得议会最终批准。该法有利于刺激国民经济,减轻工业的税收负担,提高苏伊士运河管理局的竞争优势及其在国际贸易中的作用。2022年1月24日,塞西政府拟修订埃及《劳动法》,着重规范私营部门行为,包括设定最低年度加薪要求、杜绝签订无固定期限劳动合同的行为、无正当理由解雇合同工将支付一定补偿以及规定工作时间等。② 拟修订的《劳动法》是对私营部门进行规范的补充,有利于在刺激国家经济复苏的同时,进一步规范企业经营。

调整苏伊士运河相关措施。苏伊士运河的通行收入是埃及国家财政收入和外汇储备的主要来源之一。一方面,提高运河通行费。2021年1月17日,苏伊士运河管理局指出,继2021年运河收入为63亿美元并创下历史最高纪录以来,2022年苏伊士运河收入预计达到70亿美元。为此,政府逐步减少2020年推出的一系列减免措施,将大多数船舶的运河通行费提高6%。③ 另一方面,实施航道拓宽计划。在全球供应链受到疫情影响的情况下,约占全球贸易12%的苏伊士运河经常发生堵塞,导致全球供应链压力进一步加大。5月11日,为避免航道堵塞和货轮搁浅,塞西总统批准了苏伊士运河管理局提交的苏伊士运河南段航道拓宽计划,该计划预计在两年内完成。主要涵盖苏伊士运河苏伊士市至大苦湖段的约30千米航道,将在

---

① 温越涵等编译:《阿拉伯国家改革发展动态(第五期)》,中阿改革发展研究中心,http://carc.shisu.edu.cn/2b/61/c7780a142177/page.htm。
② 中国驻阿拉伯埃及共和国大使馆经济商务处:《埃及拟修订〈劳动法〉》,http://eg.mofcom.gov.cn/article/jmxw/202201/20220103239333.shtml。
③ 甄翔:《2021年苏伊士运河通航船只数量创新高,营收高达63亿美元》,载《环球时报》,2022年1月18日。

此前基础上加宽40米，最大深度从约20米加深至约22米。① 该计划完成后，苏伊士运河南段航道将拥有双向通行能力，运河的通行效率也将大幅度提高。

（三）多元化吸引国际投资

推动能源和绿色经济转型。自2020年发布《2035年综合可持续能源战略》以来，埃及进入能源转型阶段。该战略预计利用可再生能源生产埃及42%的电力，针对埃及能源和预算支持方面的发展融资政策，旨在促进埃及绿色增长和可持续发展，进而减轻气候变化带来的不利影响。目前，已经吸引众多国外公司进行投资。2021年2月15日，埃及得到日本2.4亿美元的支持，用于能源和绿色经济转型。4月14日，欧洲复兴开发银行、欧佩克国际发展基金、非洲开发银行、绿色气候基金和阿拉伯银行签署1.14亿美元协议，用于建设埃及康翁波太阳能发电厂。该电厂将为13万个家庭提供服务，在增加可再生能源在埃及能源结构中份额的同时，进一步促进私营部门参与埃及电力部门。5月6日，中国阳光电源签约埃及200MW项目。预计投产后，该项目将成为北非最大的地面电站，产出的清洁电力不但可满足埃及日益增长的电力需求，还能助力埃及加速低碳转型。6月23日，埃及与德国西门子合作，计划投资40亿美元用于生产绿氢，推进绿氢试点生产项目。除了开发风能和太阳能项目外，绿氢将被广泛用于碳排放量高的行业，有助于推进埃及的能源雄心。

助力经济可持续性复苏。近年来，埃及经济发展势头良好，需进一步巩固经济改革成果，保障投资环境安全稳定。2021年的经济改革进入关键阶段，其重点是通过发展中小企业和私营经济为民众创造更多就业机会，实现可持续的经济复苏。10月16日，世界银行批准向埃及提供3.6亿美元的发展政策融资贷款，旨在支持后者第二阶段经济改革并增强其可持续和包容性增长。11月1日，美国与埃及签署7项价值1.25亿美元的发展协议，主要用于埃及基础教育、美埃高等教育计划、双方在科技领域的合作、国民经济治理、农业和农村发展以及贸易和投资等方面。② 鉴于金砖

---

① 李碧念：《埃及总统塞西批准苏伊士运河南段航道拓宽计划》，新华网，http://www.xinhuanet.com/world/2021-05/12/c_1127434248.htm。

② Doaa A. Moneim, "Egypt, US Sign 7 Development Agreements Worth ＄125 mln," *Ahram Online*, November 1, 2021, https://english.ahram.org.eg/News/437905.aspx。

国家新开发银行是埃及加强与其他新兴经济体和发展中国家合作的新平台，埃及政府期待在基础设施建设、可持续发展等领域与相关国家和机构夯实伙伴关系。12月30日，埃及表示将加入金砖国家新开发银行。可以预见，加入新开发银行符合埃及"2030愿景"和可持续发展目标，有助于进一步满足埃及经济社会的发展需求。①

三、2021年埃及对外关系

埃及是多边主义的坚定支持者。塞西政府的外交政策以解决其国内问题为目标和导向，主要遵循"与世界及地区大国、经济强国加强交往并谋求合作"的方针，旨在促进埃及经济的恢复与发展，保持埃及的国际地位和地区影响力。在邻国外交方面，除了全面支持苏丹过渡军事委员会外，还与塞浦路斯积极讨论能源问题和区域发展问题，并表示将与突尼斯建立海上贸易路线。在区域外交方面，积极推动阿拉伯国家的团结并夯实与海湾国家的外交关系。在国际合作方面，努力推动非洲可持续和平与发展，加强与国际组织联系，巩固与美欧国家的合作。在与中国关系方面，典范效应不断彰显，政治互信历久弥坚，合作领域日益拓展。

（一）区域外交主动务实

加强与海湾国家外交关系。与海合会国家的贸易往来是埃及在地区经济合作中的重要组成部分，因此，实现海湾局势稳定和团结对埃及而言十分重要。首先，推动与卡塔尔恢复关系。2021年1月，埃及出席第41届海合会峰会，与会领导人共同签署了有关和解的《欧拉宣言》。埃及外交部在声明中表示，"埃及一贯希望实现阿拉伯四方国家之间的团结，并致力于巩固成员国的地位，消除阿拉伯兄弟国家之间的任何分歧"。② 5月25日，埃及同意与卡塔尔加强联合磋商与协调，包括高层官员互访，以加强双边关系和阿拉伯联合行动，从而实现发展与和平并维护阿拉伯地区稳

---

① 吴丹妮、[埃及] 马尔瓦·叶海亚：《埃及将加入金砖国家新开发银行 期待加强与新兴经济体合作》，中国经济网，http://intl.ce.cn/sjjj/qy/202112/30/t20211230_37216933.shtml。

② "Egypt Attending GCC Summit Sends Important Message," *Ahram Online*, January 5, 2021, https://english.ahram.org.eg/News/398252.aspx.

定。其次，加强与阿联酋军事安全合作。5月21日，两国地面部队在阿联酋开始了代号为"扎耶德3号"的联合军演，旨在提高双方武装部队的战备能力，同时加强两国战略关系，以共同应对当前复杂局势。最后，开展与沙特和阿曼的合作。6月11日，塞西与沙特王储会面时表示，两国关于地区和国际问题的愿景有着共同关切，两国在官方和民众层面的杰出关系也愈加紧密。2022年1月23日，埃及与阿曼签署了两国外交部政治磋商谅解备忘录、住房和城市发展谅解备忘录、媒体合作谅解备忘录、法律和司法合作执行协议、旅游合作执行协议以及两国教育部间的多项合作协议，为进一步夯实双边外交合作奠定了基础。

积极斡旋弥合巴以分歧。巴勒斯坦问题在埃及政治中占据优先地位，塞西总统在诸多场合表示坚定支持巴勒斯坦事业、保障巴勒斯坦人合法权益的决心。2021年是巴勒斯坦立法委员会选举之年，为了弥合各派分歧，塞西于2月8日主持召开巴勒斯坦对话会议，并表示愿意向巴勒斯坦提供一切形式的支持，帮助巴勒斯坦人民实现团结。自5月以来，以色列与巴勒斯坦加沙地带武装组织之间爆发严重冲突，导致双方大量人员伤亡。5月18日，除了派遣两个安全代表团进入以色列和加沙地带进行斡旋以外，塞西总统还下令拨款5亿美元用于加沙重建，并指示埃及公司参与巴勒斯坦重建事宜，包括对巴年轻干部进行发展方案培训，帮助他们熟悉管理、领导和技术方面的最新发展。[1] 在埃及的斡旋努力下，巴勒斯坦伊斯兰抵抗运动与以色列在5月21日达成停火协议。之后，塞西总统表达了埃方关于恢复巴以和平进程、稳定和重建加沙地带的愿景，并强调应通过结束约旦河西岸和加沙地带之间长期的分歧来实现巴勒斯坦的内部团结。

大力推动利比亚政治进程。出于对利比亚政治进程的高度重视，埃及呼吁各方以政治途径解决利比亚危机，在制止利比亚严重分裂方面发挥着重要作用。2021年6月7日，埃及情报局局长访问利比亚时表示了对利比亚人民及其政府的支持，同时也希望加强两国之间的合作。6月23日，利比亚民族团结政府外交部长向埃及提出了一项"利比亚稳定"倡议，希望在埃及的协助下根据时间表在利比亚建立稳定和安全的社会环境。塞西指出，"埃及全力支持利比亚和利比亚人民。埃及和利比亚共享一个国家安全。目前经过纠正的政治进程最终能够举行自由选举，反映出没有民兵和

---

[1] Amr Kandil, "Egyptian President Sisi Orders Allocating ＄500 Million for Reconstruction in Gaza," *Ahram Online*, May18, 2021, https：//english. ahram. org. eg/News/411331. aspx.

武装团体的利比亚人民的意愿。埃及的立场一直坚定而明确,即坚决维护利比亚领土完整和不干涉利比亚内政的必要性。"① 与此同时,埃及外长还强调了实施联合国 2570 号决议的重要性,并呼吁所有外国军队立即撤出利比亚。

推动非洲可持续和平与发展。近年来,塞西总统对非洲国家展开了"尼罗河外交",努力与尼罗河流域国家实现多个层面的关系突破。例如,与埃塞俄比亚周边国家结成新联盟的举措,旨在向埃塞俄比亚施加压力,以达成一项最终协议,进而减少复兴大坝的预期损害。2021 年 3 月 1 日,第二届阿斯旺和平与可持续发展论坛通过线上会议方式召开,塞西提出继续推进落实非盟《2063 年议程》,表示全面支持非洲的《大陆自由贸易协定》,愿与非洲国家加强基础设施建设合作,推动非洲大陆数字化转型,呼吁各方共同努力支持建立非洲预防和解决冲突的框架和机制等。3 月 11 日,埃及与苏丹举行对话会,一致同意帮助苏丹培训干部和传递埃及经济改革经验、实施连接两国的电力和铁路项目,推动形成适合两国工农业联合投资项目的环境。在促进两国经贸关系发展的同时,启动联合技术委员会并展开红海安全合作。

(二) 国际合作富有成效

巩固与国际组织联系。作为联合国 51 个创始成员国之一,埃及一直积极支持联合国的各项工作。2021 年 4 月 3 日,在联合国教科文组织的见证下,22 具埃及国宝木乃伊集体迁往新建的埃及文明博物馆。教科文组织总干事奥德蕾·阿祖莱(Audrey Azoulay)盛赞塞西在保护埃及遗产和文明方面所做的努力,并建议加强教科文组织开罗办事处的地位。② 9 月 17 日,上海合作组织成员国元首理事会举行第 21 次会议,决定赋予埃及上海合作组织对话伙伴国地位。11 月 11 日,由于在气候变化谈判框架内具有区域和国际层面的关键作用,埃及受邀参加第 26 届联合国气候(COP 26)峰会。不仅如此,埃及还正式入选第 27 届联合国气候变化大会主办国。这次峰会于 2022 年在埃及沙姆沙伊赫举行,旨在达成公平和平衡的结果,以应

---

① Ahmed Eleiba, "Egyptian – Libyan Relations: Neighbourhood Watch," *Ahram Online*, June 23, 2021, https://english.ahram.org.eg/News/414850.aspx.

② "Sisi Says Egypt Keen on Developing Relations with UNESCO," *Ahram Online*, April 5, 2021, https://english.ahram.org.eg/News/408499.aspx.

对气候变化的影响,并帮助发展中国家和非洲国家适应和减缓气候变化。①12月9日,12个国际组织赞扬埃及在巩固人权方面采取的"重要且积极的步骤",并对埃及发布的《国家人权战略》表示赞许。

加强与欧美国家多边合作。首先,与美国合作。2021年3月18日,埃及与美国海军在红海举行联合军事演习。② 不仅体现了埃及与美国的战略伙伴关系,而且加强了埃及武装部队与美国同行之间的双边合作。5月25日,美国总统拜登强调了双方富有成效的伙伴关系、建设性的合作和相互理解的价值,并表示希望能加强与埃及在更多领域的合作,承诺将努力确保埃及的水安全。其次,与俄罗斯全面恢复直航。4月,埃及与俄罗斯达成全面复航协议,俄罗斯同意陆续恢复所有飞往埃及的航线,包括飞往沙姆沙伊赫和胡尔加达的直航航线。埃及也表示将加强旅游领域的双边合作,修复两国间的关系。③ 再次,与法国举行空军联合演习。6月10日,两国在埃及空军基地进行了联合演习。双方开展了多项演练,包括攻防演练,以及使用最新型的多任务战斗机在空中战斗演练。双方还交流了训练和战术经验,夯实了日益增长的伙伴关系和军事合作关系。最后,与塞尔维亚签署军事合作议定书。7月13日,埃及和塞尔维亚签署了议定书。埃及国防部长赞扬两国在军事领域根深蒂固的关系;塞尔维亚副总理兼国防部长则肯定了埃及在地区和国际舞台上发挥的关键作用及其为维护区域安全与稳定所做的努力。

(三) 中埃关系不断增强

政治互信历久弥坚。埃及处于中国外交全局的重要位置。中埃关系代表了中阿、中非关系的"高度",已经成为中阿、中非团结合作、互利共赢的典范和"南南合作"的样板。2021年4月27日,埃及社会党秘书长高度评价中国共产党是真正体现人民愿望的典范。他称赞中国共产党在过去100年中取得的成就,并将中国崛起为世界第二大经济体的成就描述为

---

① "Egypt Officially Selected to Host UN COP27," *Ahram Online*, November 11, 2021, https://english.ahram.org.eg/News/439514.aspx.

② 刘素云:《埃及与美国海军在红海举行联合军事演习》,国际在线,http://news.cri.cn/20210319/59789084-7af8-95c6-cb76-31d46b6fae79.html。

③ "Egypt Welcomes Russia's Lift of Flight Ban to Red Sea Resorts," *Ahram Online*, July 8, 2021, https://english.ahram.org.eg/News/416837.aspx.

"奇迹"。① 7月1日，塞西总统向中国共产党成立100周年表示祝贺。他呼吁两国应尽一切努力交流经验，推动双方关系走向更广阔的前景。7月18日，埃及与中国在建交65周年之际讨论如何加强战略伙伴关系。塞西认为，埃及目前享有的现代基础设施与中国的"一带一路"倡议能够很好地结合，有助于发挥苏伊士运河经济区和中埃经济合作与贸易区的重要作用。中方也表示坚定支持埃及，特别是在全面发展、打击恐怖主义和实现地区安全与稳定等方面。② 12月27日，埃及外交部总结全年工作时指出，埃及与中国的战略伙伴关系在2021年取得了积极进展。

人文交流丰富多彩。人文交流在中埃关系中发挥了重要的构建性作用。中埃双方借助文化合作协定及其执行计划，开展了高层次、宽领域的文化交流。在中埃建交65周年纪念日上，外交部部长助理邓励先生指出："双方始终从战略高度和长远角度看待和推进双边关系，总是在彼此面临挑战之际守望相助，人文交流丰富多彩。"③ 2021年，中埃展开的文化交流活动如下：3月15日，埃及宣布将龙舟赛纳入国家体育运动并成立埃及龙舟联合会，旨在传播中华传统的龙舟文化，并促进两国的民间与体育交往；5月18日，中国驻埃及大使馆、中阿改革发展研究中心、埃及外交事务委员会联合主办了"风雨同舟六十五载 携手共创美好未来"中埃建交65周年双边关系视频研讨会；6月15日，汉语桥俱乐部开罗站揭牌仪式暨"汉语桥"大赛埃及赛区颁奖典礼成功举办；9月29日，阿拉伯埃及共和国驻华大使馆、埃及驻华大使馆文化教育处主办了中埃建交65周年文化交流活动暨"学习在埃及"大学推介会等。

合作领域日益拓展。2021年，中埃两国在各领域的合作均取得成效，特别是在经贸合作与基建合作中。经贸合作是中埃关系的压舱石和推进器。在共建"一带一路"合作框架下，中埃两国积极加强战略对接，即使受到新冠肺炎疫情的影响，两国经贸往来依然密切。④ 11月16日，中国广

---

① "Interview: CPC a Model for True Embodiment of People's Aspirations, Says Egyptian Party Chief," *Ahram Online*, April 27, 2021, https://english.ahram.org.eg/News/410109.aspx.
② "Egypt, China Discuss Enhancing Strategic Partnership as they Mark 65th Anniversary of Diplomatic Relations," *Ahram Online*, July 18, 2021, https://english.ahram.org.eg/News/417403.aspx.
③ 卜多门："埃及驻华使馆举办纪念中埃建交65周年招待会"，百度，https://baijiahao.baidu.com/s?id=1701331804624262007。
④ 田士达：《携手打造命运共同体先行先试样板——写在中国与埃及建交65周年之际》，载《经济日报》，2021年5月29日，第4版。

州港与埃及亚历山大港签署了友好港合作意向书。两港之间航线的开辟有利于促进双边贸易增长，为两地经济发展提供了源源不断的动力。基建合作是响应"一带一路"倡议的具体实践。1月18日，中国化学工程第十六建设有限公司承揽了埃及沙姆沙伊赫"城市之星"项目一期AB两区的装修工程；6月17日，中建埃及分公司承建的埃及新行政首都中央商务区标志塔封顶；6月19日，中建埃及分公司承建的阿拉曼新城超高综合体项目举行开工仪式；7月18日，中铁二院建设公司承运的埃及"斋月十日城"铁路项目首批12辆轨道车辆和变压器在青岛港口装船发运；7月30日，中国美的电子集团为埃及艾因苏赫纳苏伊士运河经济区注入2500万美元投资，预计将为500多人创造就业机会。①

联手抗疫亮点频出。鉴于中非合作是缓解疫情经济影响的关键，中埃两国自签署《中埃关于新冠病毒疫苗合作意向书》以来，相关机构在疫苗研发、生产和使用等方面不断加强合作。2021年第一季度，埃及多次收到中国国药集团的疫苗并将之称作为埃及人民构筑"健康长城"的"中国礼物"。4月27日，埃及药品管理局授予中国科兴公司生产的疫苗紧急许可证，在中国专家负责技术支持和监督制造下尽快生产出新冠疫苗。5月21日，随着从中国采购的首批科兴疫苗原液运抵开罗，埃及成为非洲大陆第一个同中国合作生产新冠疫苗的国家。11月29日，塞西总统肯定了非洲和中国的合作是应对新冠肺炎疫情经济下行的重要保障，合作的成果之一是使埃及成为第一个生产新冠疫苗的非洲国家。他进一步指出，应当向成功遏制疫情的国家学习，并利用这种知识帮助更多贫穷国家。② 2022年1月18日，中国科兴公司捐赠埃及生物制品与疫苗公司疫苗冷库项目合作协议签约。科兴公司将在埃及援建一座可储存1.5亿剂疫苗的全自动化冷库。冷库建成后，将成为埃及乃至非洲地区最大的疫苗仓储中心。

---

① "New Chinese Investments Pumped into SCZone," *Ahram Online*, July30, 2021, https://english.ahram.org.eg/News/418039.aspx.

② "Sino-African Cooperation is Key in Facing COVID-19's Economic Impacts: Sisi," *Ahram Online*, November 29, 2021, https://english.ahram.org.eg/News/443497.aspx.

四、结　语

伴随着 2021 年的全球局部动荡与新冠肺炎疫情交织，各国发展的风险与机遇并存。对埃及而言，国内政治上的工作重点是加强反恐和防疫，推进政治改革和维护国家安全，推行新战略保护和促进人权；国民经济上的工作重点是实施开放型市场经济体制，通过多管齐下的方式促进复工复产，推动国家经济实现明显复苏；对外交往上的工作重点是以实现国家稳定、维系国家和平为核心，坚持务实合作、倡导对话交流、践行以和为贵的理念。

在政治方面，解除紧急状态、启动《国家人权战略》和迁往新行政首都等举措，不仅标志着埃及政府参照国际经验、因势利导调整治理思路，还象征着埃及尝试回归正常国家的诉求，并且在更大范围内与国际接轨；切实推行"体面生活"倡议，并在设立慈善捐赠基金、规定私营部门最低工资、改革医疗保险制度和维护女性合法权益等领域完善立法，不仅从法律层面上维护了埃及社会的稳定基石，而且有效调和各方利益分歧，有助于社会整体可持续发展；召开反恐国际会议、启用军事基地和举行联合军演等举措都表明，对于反恐行动的关注不仅是埃及在维护地区稳定方面长期坚持的重点，也有助于加强国际合作与达成共识；在新冠病毒大流行仍在肆虐的当下，埃及坚持疫情防控的诸多举措，明确隔离条件、呼吁接种疫苗和加快生产疫苗等，较为有效地控制了疫情的传播和风险。

在经济方面，虽然疫情仍在肆虐，但联合国统计报告表明，在 2020/2021 财年，埃及经济增长幅度几乎翻倍。通过发挥政府调整市场的作用，埃及启动了结构性改革计划、实施了多项国家投资项目并布局了经济政策总体规划。如激活私营部门的活力、动员全国力量集中建设重点项目和协同立法等举措，经济改革顺利推进；注重产业调整，通过有计划地发展第一产业与第二产业，兼顾基础设施建设和前沿科技创新，努力实现民族工业的重要发展。而鉴于苏伊士运河堵塞状况频繁发生导致通行收入受损，埃及政府也在提高通行费用的同时宣布拓宽计划，保障经济支柱产业；继续推进可再生能源相关项目的建设，保障可持续发展战略的实施，做强做大绿色经济。当然，埃及政府发展经济离不开国际社会给予的帮助与支持，如国际货币基金组织和世界银行分别向埃及提供了贷款，加入金砖国家新开发银行对埃及实现"2030愿景"和可持续发展目标也具有重大意义。

在外交方面，主动务实地同周边各国展开联系，包括与卡塔尔恢复关系、与阿联酋加强军事安全合作、与阿曼签署多项备忘录及协议、与沙特保持合作、斡旋巴以矛盾、呼吁政治解决利比亚危机、与苏丹举行广泛对话会、与塞浦路斯积极讨论共同关切、与埃塞俄比亚周边国家结成新联盟，以及同非盟和众多非洲国家加强合作；重视发展与大国关系，通过加强交流促进深入合作。鉴于埃美两国互为犄角的战略支点地位，埃及同美国举行联合军事演习，还接受后者给予的赠款。埃及还与俄罗斯达成全面复航协议，另与法国举行空军联合演习。在中埃建交65周年之际，中埃两国携手举办多种多样的人文交流活动和经贸、抗疫合作，反映了两国的政治互信与民心相通。此外，通过积极巩固同国际组织的交往与联系，埃及现已取得上海合作组织对话伙伴国地位以及入选第27届联合国气候变化大会主办国等，有望在全球视野下更好地发挥位居世界枢纽的关键地位。

2021年阿尔及利亚的政治、经济和对外关系

舒 梦[*]

【摘　要】

与2020年相比，阿尔及利亚在2021年的政治、经济形势有所好转，但其外交环境进一步恶化。由于石油价格的回升，阿尔及利亚的石油收入增加，政府的财政情况得到了改善，有能力在短期内支撑其社会福利补贴制度。在经济条件尚可，疫情影响严重的情况下，抗议示威活动在2021年大幅度减少，民众对于变革的迫切需求相对缓解。然而在经济方面，阿尔及利亚的经济结构有所改善但依然严重不平衡、政府财政赤字仍然处于高位、外汇储备降至多年最低点；在政治方面，阿尔及利亚的政治改革推进缓慢，与民众期待的"根本性变革"相去甚远。因此，阿尔及利亚现有的经济、政治稳定可能只是短期现象。在对外交往方面，阿尔及利亚的外交环境进一步恶化。不仅在地区内部相对边缘化，与西班牙、法国等传统友好国家的关系也受到了影响。

【关键词】

阿尔及利亚　政治形势　经济形势　对外关系

一、2021年阿尔及利亚的政治形势

2021年的阿尔及利亚政治相对稳定，国内形势处于总体可控状态。作

---

[*] 舒梦，上海外国语大学中东研究所助理研究员。

为少数几个没有被中东变局严重波及的阿拉伯国家，阿尔及利亚的政治形势自2018年开始逐渐陷入动荡状态，直至2019年前任阿尔及利亚总统退出竞选，新总统上台后承诺进行广泛的政治改革，局势才逐渐趋于缓和。2020年以来，新政府承诺的政治改革进展有限，但由于新冠肺炎疫情的持续，民众的注意力得到了转移，阿尔及利亚在2021-2022年间维持了政治的基本稳定。随着疫情的长期持续和政治改革的停滞，阿尔及利亚政局稳定在长远来看仍面临考验。在2021-2022年间，阿尔及利亚政治主要出现了三点新动向：

首先，阿尔及利亚议会选举。2021年6月12日，阿尔及利亚600多个政党和800多名独立候选人联盟参与角逐407个国民议会席位。前议会最大党民族解放阵线党在选举中获得105个席位，依然是阿尔及利亚议会中的最大党，保证了阿尔及利亚政坛在未来一段时期的基本稳定。此次选举前，阿尔及利亚总统阿卜杜勒-马吉德·特本（Abdelmadjid Tebboune）多次召集相关部门领导人，要求保障选举公平、保障投票站安全、保障选举的完整性，并要求将任何侵犯公民投票权的行为认定为刑事犯罪。[①] 此次议会选举也基本得到了阿尔及利亚民众的认可。

其次，阿尔及利亚政府改组。一方面，阿尔及利亚内阁进行了改组。2021年2月21日，阿尔及利亚总统特本宣布对现有阿尔及利亚内阁进行改组，"以改变目前政府工作不尽如人意的状况"。阿尔及利亚工业部长、能源部长、旅游部长、水资源部长等共计7名部长的职务被免除，对内阁的成员构成产生了很大的影响。[②] 7月26日，特本总统再度对外交部、内政部、司法部等政府成员做出调整。[③] 11月11日，又调整了农业和农村发展部、通信部、劳工就业和社会保障部的部长名单。[④] 另一方面，阿尔及

[①] 阿尔及利亚政府官方网站（الشعبية الديمقراطية الجزائرية الجمهورية）：《最高安全理事会常会的声明》（للأمن الأعلى للمجلس الدوري الاجتماع بيان），2021年6月28日，http://www.cg.gov.dz/ar/premier-ministre/activites/com-08-06-2021-ar.html。

[②] 阿尔及利亚政府官方网站（الشعبية الديمقراطية الجزائرية الجمهورية）：《总统签署政府官员任命令》（الحكومة تعديلا يجري الجمهورية رئيس），2021年2月21日，http://www.cg.gov.dz/ar/premier-ministre/activites/com-21-02-2021-ar.html。

[③] 阿尔及利亚总统府（الجمهورية رئاسة محفوظة الحقوق كل）：《总统任命新政府成员》（الجديدة الحكومة أعضاء الجمهورية يعيّن رئيس），2021年7月7日，https://www.el-mouradia.dz/ar/presidency/60e6bb35e3822e001f368bda。

[④] 阿尔及利亚政府官方网站（الشعبية الديمقراطية الجزائرية الجمهورية）：《共和国总统正在进行内阁部分改组》（جزئيا وزاريا تعديلا يجري الجمهورية رئيس），2021年11月11日，http://www.cg.gov.dz/ar/premier-ministre/activites/com-pr-11-11-2021-ar.html。

利亚政府部门进行了改组。阿尔及利亚部级政府部门的数量从39个降为34个,对能源部、矿业部、沙漠环境部和国家秘书处等部门均进行了调整。

最后,前总统布特弗利卡逝世。2021年9月17日,阿尔及利亚前总统阿卜杜勒-阿齐兹·布特弗利卡(Abdelaziz Bouteflika)逝世。布特弗利卡曾四次当选阿尔及利亚总统,在2014年大选中,在中风的情况下仍获取82%的选票,在2019年前的阿尔及利亚政治中起到了重要的稳定作用。2019年后,布特弗利卡的第五次竞选引发了街头大规模示威游行活动。作为阿尔及利亚民族解放运动的领袖,布特弗利卡在阿尔及利亚年长一代民众中享有很高声望。即便在阿尔及利亚政局动荡、总统更迭的情况下,布特弗利卡仍然有众多支持者,这部分群体成为阿尔及利亚政治改革推进进程中的不稳定因素。在布特弗利卡逝世后,该阵营内再也没有在声望、支持率或能力方面能够与布特弗利卡相媲美的领导人。因此,布特弗利卡的逝世及此前的政治动荡在阿尔及利亚政治发展历程中具有里程碑意义。

随着布特弗利卡时代的彻底终结,阿尔及利亚政治发展进入新阶段,但该国的结构性政治问题没有得到根本性解决。特本总统逐步履行了自己的就职承诺,修改宪法、制定新选举法以回应阿尔及利亚民众在2019年大规模抗议活动中提出的一些诉求,其主要举措如下:

第一,加强政治透明。在2021年3月的阿尔及利亚内阁会议中,阿尔及利亚总理阿卜杜勒·阿齐兹·贾拉德(Abdul Aziz Jarad)通过一项方案,将建立由财政部相关部门、其他各相关部门和地方部门共同构成的监督机制,以监督政府决策的执行情况。[1] 2021年10月20日,阿尔及利亚国家统计委员会成立,阿尔及利亚总理称该委员会是阿尔及利亚政治结构改革的最重要机制之一。[2] 在2022年1月3日的内阁会议上,阿尔及利亚政府再度提出一项行政法令,限制地方政府的权力、提高政府工作效率,并通

---

[1] 阿尔及利亚政府官方网站(الشعبية الديمقراطية الجزائرية الجمهورية):《内阁会议:总理建立监督机制以执行政府决策》(الحكومة اجتماع: الحكومة قرارات لتنفيذ الرقابة آلية ينصب الأول الوزير),2021年3月3日,http://www.cg.gov.dz/ar/premier-ministre/activites/com-rg-03-03-2021-ar.html。

[2] 阿尔及利亚政府官方网站(الشعبية الديمقراطية الجزائرية الجمهورية):《总理、财政部长监督国家统计局的成立》(الوزير وزير, الأول الوزير المالية شرف على تنصيب المجلس الوطني للإحصاء),2021年10月20日,http://www.cg.gov.dz/ar/premier-ministre/activites/com-20-10-2021-ar.html。

过机制化方法对阿尔及利亚全国各地和各级机关的权力加以监督。①

第二，加强对社会问题的关注。尽管阿尔及利亚的整体政治局势处于稳定状态，但由于全球卫生危机及其经济影响，阿尔及利亚境内工会的抗议活动依然此起彼伏。对此，阿尔及利亚总理贾拉德在媒体对话中承诺，将尽力解决抗议活动中所提出的各项问题，并呼吁民众通过和平的方式与政府沟通，共同实现预期经济增长。②在国内物品价格普遍上涨的情况下，特本总统将阿尔及利亚最低工资提高至 20000 第纳尔，将个税起征点提高至 30000 第纳尔，并决定推迟实施《2022 年财政法》中关于对部分消耗品征收 5% 关税的规定。此外，阿尔及利亚政府对于社会公平问题的关注也有所增加。2021 年 11 月，阿尔及利亚国民议会通过了《2022 年财政预算法案》，其中第 187 条提出通过对困难家庭直接补贴代替目前正在实施的全民基本生活物资价格补贴政策，新补贴政策以家庭为单位，申请人在线上或者线下自主申报，政府部门负责受理、审核并核定补贴发放金额。这意味着阿尔及利亚穷人与富人之间不再享受统一的补贴金额，更多政府补贴将会流入社会特困群体。

第三，打击官僚主义。在 2021 年 3 月的阿尔及利亚内阁会议中，阿尔及利亚总理贾拉德指示，政府需打击官僚主义作风，提供便民便利化措施。③随后又做出规定，在各个部门中设立相关小组来跟踪与评价部门程序的简化度。在 2022 年 1 月 3 日的内阁会议上，阿尔及利亚政府再度将程序简化问题提上日程。该次会议修改了阿尔及利亚《民事和行政程序法》，简化了多项司法程序，并规定电子诉讼、请愿书交换、决定通知等事项可

---

① 阿尔及利亚政府官方网站（الشعبية الديمقراطية الجزائرية الجمهورية）：《总理主持内阁会议：法律草案初稿，两项行政法令草案》(تنفيذيين مرسومين ومشروعي لقانون تمهيدي مشروع دراسة :الحكومة اجتماعا يترأس الأول الوزير)，2022 年 1 月 13 日，http：//www.cg.gov.dz/ar/premier‐ministre/activites/com‐rg‐13‐01‐2022‐ar.html。

② 阿尔及利亚政府官方网站（الشعبية الديمقراطية الجزائرية الجمهورية）：《内阁会议：总理强调促进社会和平的对话方式》(الاجتماعي السلم لتعزيز الحوار نهج على يؤكد الأول الوزير :الحكومة اجتماع)，2021 年 4 月 28 日，http：//www.cg.gov.dz/ar/premier‐ministre/activites/com‐rg‐28‐04‐2021‐ar.html。

③ 阿尔及利亚政府官方网站（الشعبية الديمقراطية الجزائرية الجمهورية）：《内阁会议：总理建立监督机制以执行政府决策》(الحكومة قرارات لتنفيذ الرقابة الية ينصب الأول الوزير :الحكومة اجتماع)，2021 年 3 月 3 日，http：//www.cg.gov.dz/ar/premier‐ministre/activites/com‐rg‐03‐03‐2021‐ar.html。

以通过电子技术平台完成。①

这些改革举措有助于阿尔及利亚的政治发展，但依然并未触及根本。一方面，部分改革举措并非是特本总统的新政，早在布特弗利卡时期就实行过。在中东剧变爆发后，阿尔及利亚就出现了抗议浪潮，彼时布特弗利卡总统确定了阿尔及利亚改革时间表，在短期内恢复了局势的稳定。2013年9月，布特弗利卡曾一次性更换包括内政、外交、国防在内的11名部长，占内阁成员总数的1/3，阿尔及利亚当时的总理也表示政府将特别增设公共服务改革部长一职，旨在减少国内一直存在的严重官僚作风。这些举措与此次特本总统推行的政治改革成果相似，但收效甚微。另一方面，阿尔及利亚依然存在以下问题：

第一，民众政治参与度进一步降低。2012年，阿尔及利亚国民议会选举的投票率近43%，而到2017年，投票率下降为35.4%②，跌至阿尔及利亚多党民主制度实行以来的最低值。在2021年的国民议会选举中，在全国符合投票资格的2400多万选民中，只有23%的选民参与了此次投票，③投票率再创历史新低。民众政治参与度的降低体现了阿尔及利亚民众对于选举的有两方面的不信任：一方面，对于总统改善选举环境、保障选举举措的不信任。尽管政府已设立独立监管机构保证选举的公开透明，但仍有民众认为投票只会流于形式；另一方面，对于选举结果的不信任。民众普遍认为国民议会在阿尔及利亚的影响力有限，且民众选举无法影响国家的政治走向。

第二，疫情加剧了阿尔及利亚的民生问题。截至2022年4月，阿尔及利亚共确诊新冠肺炎病毒感染人员265694人，疫情的蔓延给阿尔及利亚社会带来了严重影响。在失业率方面，由于数据滞后，联合国官方网站并未对2019年后阿尔及利亚的就业率进行更新。但据非官方统计，阿尔及利亚

---

① 阿尔及利亚政府官方网站 (الشعبية الديمقراطية الجزائرية الجمهورية)：《总理主持内阁会议：法律草案初稿，两项行政法令草案》(تنفيذيين مرسومين ومشروعي لقانون تمهيدي مشروع دراسة :للحكومة اجتماعا يترأس الأول الوزير), 2022年1月13日, http://www.cg.gov.dz/ar/premier-ministre/activites/com-rg-13-01-2022-ar.html.

② "Algeria – Legislative Election Results Maintain Status Quo," PROSHARE Nigeria, July 5, 2017, https://www.proshareng.com/news/Politics/Algeria---Legislative-Election-Results-Maintain-Status-Quo/35399.

③ 《阿尔及利亚公布议会选举结果》，新华网，2021年6月17日, http://www.xinhuanet.com/photo/2021-06/17/c_1127569495.htm.

失业率保持在15%左右，其中年轻人失业率高于30%。①基于国际货币基金组织的数据，上海司尔亚司数据信息公司（CEIC）预测阿尔及利亚的失业率将在未来几年内不断升高，在2024年达到17.077%，在2026年达到19.406%。②在物价方面，阿尔及利亚居民消费价格指数在2021年第二季度到达峰值，物价的上涨对低收入家庭的影响尤为严重。③根据阿尔及利亚国家统计局测算，2020年阿尔及利亚的全年通货膨胀率为2.4%，到2022年2月，根据阿尔及利亚官方通讯社"阿通社"的报道，阿尔及利亚的通货膨胀率已达到了7%。蔬菜、水果、肉、饮用水等基本生活物品的涨幅达到100%。尽管阿尔及利亚官方将物价上涨的原因归咎于全球市场食品的高价格影响了公民的购买力，但购买力的下降意味着人民生活水平的降低，民众的不满将长期威胁着国家的政治稳定。2022年2月13日，特本总统在主持部长会议时下令暂停征收部分大众消费食品的各项税费，特别是《2022年金融法》中包含的部分食品的税费。在官方公布的《2020－2024年经济复苏计划》中，也强调了政府要采取措施保护公民，尤其是最脆弱群体的购买力。④但预计在短期内，物价高涨的现象难以得到大幅度改善。

第三，安全问题的困扰。在阿尔及利亚国内，主要大城市的治安状态相对良好，但偷盗、抢劫等犯罪案件的发生频率较前几年有所升高。在边境地区，清剿恐怖主义活动一直是阿尔及利亚政府边境政策的重点。在政府的高压打击之下，仍有一些恐怖分子在阿尔及利亚的东部及南部地区活动，恐怖分子与军方交火事件偶有发生。目前阿境内有约800—1000名极端分子活跃于北部边远山区和南部边境地带。⑤阿尔及利亚边境地区依然

---

① "An Algerian Dies By Setting Fire to Himself In Western Algeria," *The North Africa Post*, March 5, 2021, https://northafricapost.com/48059 - an - algerian - dies - by - setting - fire - to - himself - in - western - algeria.html.

② 上海司尔亚司数据信息公司：《阿尔及利亚》，https://www.ceicdata.com/zh - hans/country/algeria.

③ 中华人民共和国商务部：《世界银行〈阿尔及利亚：经济展望报告——后疫情时代阿尔及利亚经济的复苏2021年秋季版〉》，2022年2月14日，http://dz.mofcom.gov.cn/article/jmxw/202202/20220203280044.shtml.

④ 阿尔及利亚政府官方网站（الجمهورية الجزائرية الديمقراطية الشعبية）："2020 - 2024年经济复苏计划：第一部长的讲话"（كلمة الوزير الأول : 2020 - 2024 مخطط الإنعاش الاقتصادي），2021年6月16日，http://www.cg.gov.dz/ar/premier - ministre/activites/com - 16 - 06 - 2021 - ar - 1.html.

⑤ 走出去服务港：《北非三国安全预警：阿尔及利亚、摩洛哥、突尼斯》，搜狐网，2020年7月14日，https://www.sohu.com/a/407463801_284463。

面临着恐怖主义的威胁，国内城市也面临着恐怖袭击及社会治安问题的困扰。

因此，尽管阿尔及利亚的政局因特本政府的改革态度及新冠肺炎疫情的蔓延而维持了基本的稳定，但阿尔及利亚民众寻求根本性政治改革的需求依然存在。随着疫情的长期化及民生问题的不断加剧，阿尔及利亚仍存在政局波动的风险。

二、2021年阿尔及利亚的经济形势

2021-2022年，阿尔及利亚长期处于崩溃边缘的国家经济得到了改善，2021年第三季度的阿尔及利亚经济增长逾6%，为史上新高。这主要归功于石油领域的两项利好消息：

第一，全球石油价格的回升。自2014年油价下跌以来，阿尔及利亚经济一直徘徊在危机的边缘。在2021年10月，随着新冠肺炎疫情的缓和及全球能源需求的复苏，全球石油与天然气价格达到2014年石油危机以来的最高水平。据石油输出国组织"欧佩克"的月报显示，阿尔及利亚撒哈拉混合原油的年平均价格从2020年的每桶42.12美元上涨至2021年的70.89美元，每桶上涨28.77美元，[1] 在欧佩克一揽子的13种原油中排名第三。截至2021年9月，阿尔及利亚碳氢化合物出口收入达240亿美元，与去年同期相比增加了90亿美元，涨幅达62%。石油税约达18.57亿第纳尔，比去年同期增长29%。[2]

第二，阿尔及利亚石油产量增加。随着石油价格的上涨，欧佩克内部的原油生产配额也在逐步增加。阿尔及利亚2020年的石油产量为89.9万桶，到2021年达91.1万桶。2021年7月，"欧佩克+"组织做出了增加40万桶/日石油产量的决定，从2021年8月开始执行，维持至2021年12月。在"欧佩克+"第26次部长级会议上，再次决定"维持2021年7月

---

[1] 中华人民共和国商务部：《2021年阿尔及利亚石油价格上涨超28美元》，2022年1月28日，http://dz.mofcom.gov.cn/article/jmxw/202201/20220103240175.shtml。

[2] 中华人民共和国商务部：《碳氢化合物：截至9月底出口额增长超60%，达240亿美元》，2021年11月8日，http://dz.mofcom.gov.cn/article/jmxw/202111/20211103215676.shtml。

作出的增产 40 万桶/日的决定"。① 随后，根据第 27 届欧佩克组织部长级会议的决定，阿尔及利亚政府计划自 5 月 1 日起将本国日产石油量提升至121.1 万桶，以增加国际市场的石油供给。②

在石油价格维持高位的同时，阿尔及利亚新政府的经济改革也在不断推进之中。现有经济改革主要致力于以下三点：

第一，推进国家经济的多样化发展。2021 年 6 月，阿尔及利亚政府发布了《2020 - 2024 年经济复苏计划》，再次提出了经济多样化的重要性。长期以来，阿尔及利亚产业单一，贸易结构稳定，能源出口在总出口中占绝对比重。特本总统上任后强调，国家未来的战略发展不能再依赖碳氢化合物，必须要开发铁、磷酸盐和氢气等多样资源并发展农业。根据阿尔及利亚总理向全国议会财政和预算委员会提交的财政法草案显示，2022 年阿尔及利亚的财政预算收入预计约为 56832.2 亿第纳尔，其中一般预算收入约为 35793.1 亿第纳尔，占总预算收入的 63%，石油税收约为 21039 亿第纳尔，占总预算收入的 37%。③ 这表明国家对石油税的依赖已经有所降低，因为 2017 年，石油税收约占财政预期收入的 60%。截至 2021 年 9 月，阿尔及利亚非碳氢化合物的出口出现了显著增长，其中矿产品出口的增幅尤为明显，磷酸盐出口增长了 80% 以上。2021 年底，阿尔及利亚非碳氢化合物出口达 20 年来的最高点。

第二，改善投资环境。在外来投资环境方面，阿尔及利亚一直对外来投资持怀疑态度，严格限制外来投资在阿尔及利亚的项目中占比不得超过一半。在 2020 年，该限制有所改善，《2020 年财政法补充法》第 49 条提出新规定，除商品买卖活动或具有战略性质的活动外，所有从事生产和服务的活动均向外国投资者放开。2021 年 2 月，阿尔及利亚外交部进一步推出了招商引资的相关措施：在外交部门设立专门工作人员负责经济与商务相关事项；组织召开或参与各种专题研讨会；设立经济类门户网站，将进出口相关文件信息公开。2021 年 6 月，阿尔及利亚政府还批准成立了进出

---

① 中华人民共和国商务部：《石油："欧佩克 +" 决定 4 月增产 40 万桶/日》，2022 年 3 月 15 日，http://dz.mofcom.gov.cn/article/jmxw/202203/20220303285580.shtml。
② 《阿尔及利亚宣布增加石油产量》，2022 年 4 月 1 日，人民网，http://world.people.com.cn/n1/2022/0401/c1002 - 32390157.html。
③ 中华人民共和国商务部：《2022 年财政法：预计财政收入超 56830 亿第纳尔》，2021 年 10 月 26 日，http://dz.mofcom.gov.cn/article/jmxw/202110/20211003211862.shtml。

口银行，专门解决阿尔及利亚进出口商遇到的各种问题。① 在改善内部投资环境方面，阿尔及利亚政府在 2022 年 2 月公布了 12 项新税务措施，通过设定公司利润优惠税率为 10%、大幅降低职业行为税、免除初创企业的单一税等措施来支持国内中小企业的发展，通过对国内用于生产的畜禽饲料的材料免征增值税，对于农业、畜牧业和在新开垦的土地上获得的总收入免征 10 年所得税，对于进口甲壳类幼虫、双壳软体动物等以及国内水产养殖的产品征收 9% 的优惠增值税，对用于生产普通精炼食用油的进口大豆原油免收增值税和关税等措施来支持农业、畜牧业和渔业的发展，通过对旅游、酒店、水疗、旅游餐饮、旅游交通和汽车租赁等相关服务，将增值税优惠政策延长至 2024 年底的政策来推动旅游业的发展。②

第三，推动知识经济的发展。在推动经济多样化发展的同时，阿尔及利亚逐渐认识到了知识经济的必要性。特本总统曾经表示，今后阿尔及利亚的经济战略将继续着力推动地租型经济向知识型经济和高效能经济转变，并强调国家经济需要从出口原材料转向出口加工产品。③ 2021 年 3 月，阿尔及利亚召开了全国知识经济会议，号召在国内开展改革，建立以知识为关键生产要素的国民经济增长模式，并建立长效的机制来鼓励研发，提高竞争力。④ 2021 年 12 月，阿尔及利亚总理拉赫曼强调阿尔及利亚国内企业需要提高其自身产品的竞争力，以便在国内市场上与进口产品竞争，而不是完全依赖政府的保护主义措施。⑤

从长期来看，阿尔加利亚的经济改革措施将推动国家经济的健康发展。但在短期内，改革难以迅速取得成效。目前阿尔及利亚国内经济的稳定主要依赖于石油价格的回升。在未来一段时间的国家经济发展过程中，

---

① 中华人民共和国商务部：《特雷表示阿尔及利亚银行批准成立进出口银行》，2021 年 6 月 23 日，http：//dz. mofcom. gov. cn/article/jmxw/202106/20210603160709. shtml。

② 中华人民共和国商务部：《财政部税务总司公布 2022 年 12 项新税务措施》，2021 年 2 月 28 日，http：//dz. mofcom. gov. cn/article/jmxw/202202/20220203283099. shtml。

③ 中华人民共和国商务部：《特本总统：2021 年底，非碳氢化合物出口额将达到 45 亿美元》，2021 年 9 月 30 日，http：//dz. mofcom. gov. cn/article/jmxw/202109/20210903204416. shtml。

④ 阿尔及利亚政府官方网站 (الشعبية الديمقراطية الجزائرية الجمهورية)：《总理监督关于知识经济的全国会议的开幕》(المعرفة اقتصاد حول الوطنية الجلسات افتتاح على بشرف الأول الوزير)，2021 年 3 月 29 日，http：//www. cg. gov. dz/ar/premier - ministre/activites/com - 29 - 03 - 2021 - 1 - ar. html。

⑤ 阿尔及利亚政府官方网站 (الشعبية الديمقراطية الجزائرية الجمهورية)：《总理敦促国内客户改进阿尔及利亚产品，以与外国产品竞争》(الأجنبية المنتجات لمنافسة الجزائري المنتوج تحسين على الوطنيين المتعاملين يحث الأول الوزير)，2021 年 12 月 13 日，http：//www. cg. gov. dz/ar/premier - ministre/activites/pm - safex - 13 - 12 - 2021 - ar. html。

还存在着若干风险：

首先，经济结构的失衡状态未得到根本性改善。早在2017年6月，国际货币基金组织就对阿尔及利亚发出警告，称阿尔及利亚"非常有必要"进行促进经济多样化和私营企业发展的结构性改革。随后，阿尔及利亚政府大力鼓励国内非碳氢化合物经济的发展，包括鼓励非石油和天然气工业生产、发展水产养殖业、开发页岩气等。但是经济结构的改善绝非一蹴而就，目前石油收入依然在政府收入之中占有重要比重，且国家经济的改善也明显源自于石油价格的回升。此外，目前阿尔及利亚银行对私营企业的信贷仍然非常有限，银行对于非碳氢化合物经济的态度依然谨慎。

其次，公共财政预算赤字依然处于高位。2020年，阿尔及利亚政府公共债务占国民生产总值的比重达56%，为历史最高值。2021-2022年石油收入的增加弥补了阿尔及利亚税收收入的减少，为经常性支出的增加、公共投资的恢复以及国家养老基金提供了资金，但目前阿尔及利亚所需的公共支出依然缺口很大。由于国内通货膨胀现象严重，政府拨款19420亿第纳尔用于公共支出，[1] 约占国民生产总值的15%。尽管2022年的财政预算案改变了政府的补贴方式，但补贴方式的改变并没有缓解政府的补贴压力。在疫情蔓延的情况下，阿尔及利亚财政部还制定了一项逾153亿美元的国有公司债务回购计划，用发行国内债券的方式来缓解新冠肺炎疫情对国有企业和银行造成的财务压力。

最后，外汇储备依然处于低位。2014年以来，由于石油价格的不断下降，阿尔及利亚的国家外汇储备额不断走低。从2017年的973.3亿美元降至2018年的798.8亿美元，再到2019年的726亿美元。根据上海司尔亚司数据信息公司的数据，阿尔及利亚的外汇储备在2021年降到了413亿美元，在2022年1月小幅度回升至415亿美元左右。[2] 处于低位的外汇储备无法起到经济减震器的作用，储备额的持续走低严重影响着本国货币的稳定性。

在油价上涨的情况下，阿尔及利亚存在的经济结构不平衡、财政赤字高、外汇储备不足的情况并不明显。且在石油税收增加的情况下，政府仍

---

[1] 中华人民共和国商务部：《2021年第三季度经济增长超6%》，2021年11月24日，http://dz.mofcom.gov.cn/article/jmxw/202111/20211103220525.shtml。

[2] 司尔亚司数据信息公司：《阿尔及利亚》，https://www.ceicdata.com/zh-hans/country/algeria。

有一定余力推行补贴政策,缓解通货膨胀造成的民生压力。然而,随着油价的上升势头疲软,未来国际油价不会永远处于高位,石油市场将出现震荡或波动。此时,随着石油收入的减少,阿尔及利亚的财政赤字和经常性账户逆差情况或将逐渐恶化。通货膨胀在短期内居高不下,民众的家庭购买力或将进一步降低。在阿尔及利亚经济改革尚需时日的情况下,该国经济仍存在一定的风险。从短期来看,阿尔及利亚经济的短期前景将完全取决于国际油价的波动起伏。从长期来看,阿尔及利亚能否保证长期经济增长取决于该国的经济结构改革能否切实推进。

三、2021 年阿尔及利亚的对外关系

2021 年,阿尔及利亚继续坚持实行独立自主和不结盟的外交政策。但由于西撒哈拉问题的不断发酵,阿尔及利亚的外交环境相对孤立。西撒哈拉问题已存在多年,是非洲西北地区稳定与发展的重要阻碍。西撒哈拉位于非洲大陆西北角,1976 年西班牙殖民统治结束时,西撒哈拉地区在摩洛哥和毛里塔尼亚之间进行了划分。1979 年毛里塔尼亚宣布放弃对该地区的争夺,随后摩洛哥占领该地区且宣布行政控制权,并与争取西撒哈拉独立的波利萨里奥阵线之间发生了战斗。阿尔及利亚长期以来一直是波利萨里奥阵线的支持者,该地区包括整个大西洋沿岸在内的约 2/3 的争议领土在摩洛哥的控制之下,其余领土为波利萨里奥阵线控制的撒哈拉阿拉伯民主共和国。2019 年,摩洛哥在西撒哈拉问题上取得重要进展,至 2020 年底,已有 15 个国家在该地区设立领事馆,标志着摩洛哥对西撒哈拉地区的占领和控制开始取得国际社会认可,也标志着阿尔及利亚在该问题上的立场逐渐被边缘化。2020 年 11 月,阿方谴责摩洛哥对西撒哈拉盖尔盖拉特缓冲区发动军事行动。2021 年 2 月 25 日,阿尔及利亚总统特本会见了"阿拉伯撒哈拉民主共和国"(即西撒哈拉)总统易卜拉欣·加利(Brahim Gal),讨论了在摩洛哥入侵和违反停火协议之后的区域局势,再度表示支持西撒哈拉民族自决。自西撒哈拉问题再度升温后,阿尔及利亚与摩洛哥之间的关系进入紧张期。①

---

① 《西撒哈拉人民解放阵线外长谴责美国承认摩洛哥对西撒哈拉的主权》,搜狐网,2020 年 12 月 12 日,https://news.sina.com.cn/w/2020 - 12 - 12/doc - iiznezxs6518829.shtml。

2021年以来，阿尔及利亚与摩洛哥之间的紧张关系再度升级，且双方龃龉不再局限于西撒哈拉问题。2021年7月以来，据媒体披露，摩洛哥对阿尔及利亚官员、公民、记者及人权人士大规模运用一种以色列间谍软件制造商开发的名为"飞马"的间谍软件，"飞马"软件可以入侵目标用户的手机并获取加密应用程序上的信息。2021年7月，阿尔及利亚强烈谴责摩洛哥政府在联合国会议中散布文件支持阿卡比利地区独立，强烈谴责摩洛哥利用间谍软件在阿尔及利亚实施窃密，并因此召回阿尔及利亚驻摩洛哥大使。随后，阿尔及利亚发布了一份《关于摩洛哥针对阿尔及利亚官员和公民从事间谍活动的声明》，声明认为摩洛哥的间谍行为公然违反了有关国际关系的原则和准则，阿尔及利亚将保留反击的权利。阿尔及利亚外长称，由于摩洛哥在此前还挑拨国内少数民族柏柏尔人与中央政府之间的关系，阿尔及利亚政府必须做出回应。在这些冲突事件的积聚作用之下，2021年8月24日，阿尔及利亚宣布，由于摩洛哥长期奉行的针对阿尔及利亚的"敌对政策"，阿尔及利亚决定即日起断绝与摩洛哥的外交关系。由于西撒哈拉问题，阿尔及利亚与摩洛哥之间的陆地边境一直处于关闭状态。2021年9月，阿尔及利亚进一步声明，即日起对所有摩洛哥飞机关闭领空。至此，两国间的外交关系降至冰点。

除邻国摩洛哥外，西撒哈拉问题还影响了阿尔及利亚与其他国家的外交关系。例如2020年11月，时任美国总统的唐纳德·特朗普承认摩洛哥对西撒哈拉地区拥有主权，阿尔及利亚直接反驳特朗普的声明是非法且无效的。2022年以来，阿尔及利亚与西班牙之间的关系也受到了西撒哈拉问题的严重影响。西班牙的天然气有30%来自阿尔及利亚，两国间的关系一直保持良好状态，西班牙一直在摩洛哥和西撒哈拉独立势力之间保持中立，在欧盟天然气价格上涨时，西班牙还表示要加强与阿尔及利亚的双边关系。然而2022年3月18日，西班牙首相佩德罗·桑切斯·佩雷斯－卡斯特洪（Pedro Sánchez Pérez – Castejón）突然公开支持西撒哈拉成为摩洛哥的一个自治省，阿尔及利亚对此表示"震惊"，指责西班牙这种立场的转变"等于支持西撒地区的重新殖民化，这是违背联合国宪章以及有关国际法的，侵犯了西撒人民'民族自决'的权利"[①]。3月19日，阿尔及利亚以"局势研判"为由召回了驻西班牙大使作为回应。此外，据阿尔及利

---

① 《阿尔及利亚议会对西班牙改变在西撒问题上的立场表示"震惊"》，环球网，2022年3月21日，https://world.huanqiu.com/article/47HN0CyLTLs。

亚媒体《曙光报》报道,阿尔及利亚将撤销在各个领域与西班牙签署的合同,以此表明对西撒哈拉问题的立场不会动摇。

在阿尔及利亚因西撒哈拉问题而陷入外交孤立的同时,阿尔及利亚与法国的关系也较此前有所恶化。2020年,法国电视台播发的关于"希拉克"反政府抗议运动的资料曾经引发了双方的外交危机。但随后双方领导人迅速承诺在僵局后将重启双边关系,继续在区域安全与稳定方面进行协商。2021年8月,法国突然宣布从2020年开始将签发给阿尔及利亚和摩洛哥的签证数量减半,理由是此三国拒绝向被法国驱逐出境的本国移民发放回国所需证件。随后阿尔及利亚方面迅速召见了法国驻阿尔及利亚大使并加以谴责。9月30日,法国总统埃马纽埃尔·马克龙(Emmanuel Macron)在与阿尔及利亚独立战争经历者后代会面时曾发表言论称"在法国殖民前,有阿尔及利亚这个国家吗?",引发阿尔及利亚方面的强烈反对,并决定召回阿尔及利亚驻法国大使,禁止法国军用飞机飞越其领空,总统特本称,阿尔及利亚大使返回法国须以法国对阿尔及利亚的"完全尊重"为前提。2021年11月,阿尔及利亚总统特本不会首先采取行动缓解与法国的紧张关系。截至2022年3月,法国-阿尔及利亚关系依然陷入僵持。

在这种情况下,无论在周边地区还是在国际层面,阿尔及利亚的对外关系都未能改变逐渐被孤立的状态。在这种情况下,阿尔及利亚做出了两方面努力:

其一,加强对周边地区事务的参与。在马里问题上,阿尔及利亚一直密切关注马里政局的动荡发展,在马里动荡之后,迅速表示了对马里政府的支持。阿尔及利亚表示愿意加强与马里各个领域的合作,并协助加强马里政府应对安全威胁的能力。在利比亚问题上,阿尔及利亚支持利比亚问题的政治解决,并在与周边国家进行协商时,将利比亚问题列入协商话题。

其二,强调地区和平,反对地区军事政变。在经济发展停滞、疫情影响严重的情况下,阿尔及利亚周边地区国家出现了多次未遂政变。对于尼日尔未遂政变,阿尔及利亚表示强烈谴责,并呼吁各方尊重合法性和宪法秩序;对于约旦王室风波,阿尔及利亚表示密切关注事态发展,支持该国的安全与稳定;对于苏丹未遂政变,阿尔及利亚强调各方应保持责任与克制,以免破坏过渡进程及威胁公民安全,呼吁各方依据宪法与朱巴《全面和平协定》通过对话方式解决问题。对于马里政变，阿尔及利亚坚决反对任何可能违反非洲联盟基本原则、以武力更迭政府的行为。阿尔及利亚对于周边地区问题的中立立场得到了非洲联盟的肯定，但在周边国家内部沉疴难以改善、地区热点问题难以在短期内解决的情况下，阿尔及利亚的相关举措无益于改善其孤立的地区外交环境。

对阿尔及利亚来说，其外交政策依然难以摆脱两难的局面：一方面，它无法改变自己长期以来的支持独立自主的外交方针，它不会深入介入任何周边国家的热点问题，也必须继续支持西撒哈拉人民通过自决的方式决定地区归属。为此，阿尔及利亚的地区影响力难以扩张，也难以承担起地区问题斡旋人的角色；另一方面，由于西撒哈拉问题和其他历史遗留问题，阿尔及利亚不仅在地区内部相对边缘化，与西班牙、法国等传统友好国家的关系也受到了影响。预计在未来一段时间内，由于双方在移民问题、历史问题等方面联系较为密切，阿尔及利亚与法国的关系可能出现缓和的契机。但整体而言，其相对孤立的外交大环境难以在短期内得到改善。

四、结　语

与 2020 年相比，阿尔及利亚在 2021 年的政治、经济形势有所好转。由于石油价格的回升，阿尔及利亚的石油收入增加，政府的财政情况相对改善，能够在短期内支撑其社会福利补贴制度。在经济条件尚可，疫情影响严重的情况下，抗议示威活动在 2021 年大幅度减少，民众对于变革的迫切需求有所缓解。然而在经济方面，阿尔及利亚的经济结构有所改善但依然严重不平衡、政府财政赤字仍然处于高位、外汇储备降至多年最低点；在政治方面，阿尔及利亚的政治改革推进缓慢，与民众期待的"根本性变革"相去甚远。因此，阿尔及利亚现有的经济、政治稳定可能只是短期现象。在对外交往方面，阿尔及利亚的外交环境进一步恶化。阿尔及利亚与部分国家间的矛盾不再局限于西撒哈拉问题，与阿尔及利亚关系紧张的国家也不仅仅是摩洛哥，还包括了法国、西班牙等地区外国家。

从短期来看，阿尔及利亚在未来一段时间的局势发展主要取决于石油价格的波动。如果油价能够继续保持在高位水平，那么阿尔及利亚的政治、经济就能继续维持稳定,政府有余力继续通过补贴等形式安抚民众,在稳定的环境下缓步推进改革和发展。然而阿尔及利亚的经济环境非常脆弱,一旦油价出现较大幅度的下降,各项结构性问题将在短期内凸显,进而影响到政局的稳定性。从长期来看,除非油价能够连续几年维持高位以保障改革得到有力推进,否则阿尔及利亚的长期发展依然存在很大的不确定性。

2021年的伊斯兰合作组织

丁 隆 刘国熙[*]

【摘 要】

自2011年实施改革以来，伊斯兰合作组织成功转变政治角色，成为全球治理的新型参与者，在斡旋巴以冲突、实施阿富汗人道主义援助、加强全球反恐合作、抗击疫情等方面发挥重要作用。伊斯兰合作组织参与伊斯兰世界的政治、经济、社会和文化事务，是对以联合国为中心的多边平台的补充，为增强发展中国家治理能力，维护多边主义国际秩序做出重要贡献。但伊斯兰合作组织面临效率低下、成员国身份认知困境与资金缺乏等挑战。中国与伊斯兰合作组织的关系不断提升，在反恐与抗疫等方面的合作卓有成效，双方合作潜力巨大。

【关键词】

伊斯兰合作组织 全球治理 多边主义

伊斯兰合作组织（简称"伊合组织"）是仅次于联合国的第二大政府间国际组织。该组织诞生于20世纪60年代末，是全球泛伊斯兰主义思潮的产物，旨在协调伊斯兰国家政治立场，增强伊斯兰国家集体力量，维护穆斯林权利。巴勒斯坦问题是伊合组织的首要问题，是体现它作为"伊斯兰世界集体声音"的价值所在。不同于其他国际机构和地区组织，伊合组织是世界上极少数基于宗教设立的国际组织。该组织利用多边平台机制，加强同国际（地区）组织、成员国和观察国合作，参与全球问题治理，在涉及伊斯兰国家政治、经济、社会、文化、科技、卫生等领域发挥关键作用。2011年，以更名为契机，伊合组织开启改革进程，旨在解决该组织外部影响力和内部凝聚力下降问题。本文回顾了2021年伊合组织参与全球重

---

[*] 丁隆，上海外国语大学中东研究所教授；刘国熙，对外经济贸易大学外语学院博士研究生。

大热点问题,探讨在多边平台框架下,其对全球治理的影响和面临的挑战,并展望中国与伊合组织关系的发展前景,以此加强对该组织的全面认识。

一、全方位务实合作的多边平台

2021年,中东地区和伊斯兰世界发生重大变化。中东国家因应美国战略收缩,开始和解外交,地区主要国家之间的关系显著缓和。然而,新冠肺炎疫情依然肆虐,伊斯兰国家经济增长普遍乏力,民生受到较大影响。地缘政治冲突、恐怖主义和"伊斯兰恐惧症"仍在全球蔓延,传统安全和非传统安全问题相互交织。伊合组织积极应对地区和全球挑战,促进成员国政治、经济、社会、文化等各领域交流与合作,努力将其打造成全方位务实合作的多边平台。

(一)积极斡旋巴以冲突

政治斡旋是伊合组织体现自身价值,参与地区与全球治理的重要特征。[①] 2021年5月,以色列为扩建犹太人定居点,驱逐东耶路撒冷谢赫·贾拉(Sheikh Jarrah)和锡尔万(Silwan)街区的巴勒斯坦居民,导致巴以双方爆发激烈交火,这是自2014年加沙战争以来最为严重的军事冲突。为声援巴勒斯坦人民,谴责以色列暴力行径,伊合组织召开会议,争取加沙地带早日停火,推动两国方案和阿拉伯和平倡议在解决巴以问题方面发挥重要作用。2021年5月11日,伊合组织成员国常驻代表召开紧急会议。伊合组织时任秘书长优素福·欧塞敏[②](Yousef Al-Othaimeen)强调,"耶路撒冷作为1967年以来被占领巴勒斯坦领土不可分割的一部分,伊合组织将继续致力于结束以色列侵占,实现以东耶路撒冷为首都的巴勒斯坦

[①] Abdullah al-Ahsan, "The OIC at Fifty: Between Hope and Despair," *Alsharq Forum*, January 2019, p. 4.

[②] 2021年11月17日,乍得前外交部长侯赛因·易卜拉欣·塔哈接替优素福·欧塞敏担任伊合组织秘书长。

国家主权"。① 2021 年 5 月 16 日，应沙特请求，伊合组织召开执行委员会紧急外长会议，谴责以色列继续在包括东耶路撒冷在内的巴勒斯坦土地上实施种族隔离制度，特别是通过建立定居点、修建隔离墙，强行驱逐巴勒斯坦人离开他们的土地与家园。

2021 年 5 月 20 日，在伊合组织斡旋下，联合国召开中东和巴勒斯坦问题紧急会议，呼吁以色列停止对巴勒斯坦人的军事进攻。在埃及调解下，巴以双方最终宣布停火。伊合组织在协调成员国立场、推动联合国大会形成涉巴决议方面发挥了积极作用。

（二）向阿富汗提供人道主义援助

2021 年 8 月 15 日，美国从阿富汗撤军后，塔利班再次上台执政。然而，多年战争导致阿富汗社会动荡，贫困率持续上升，难民、干旱等问题与新冠肺炎疫情叠加，对阿富汗新政府带来严重挑战。美国冻结阿富汗海外资产，食品和药品短缺引发严重人道主义危机。联合国世界粮食计划署（WFP）统计数据显示，2021 年 12 月，无法获得足够食物的阿富汗人比例高达 98%，比 8 月份塔利班再次上台时增长 18%。② 2021 年 10 月，联合国儿童基金会（UNICEF）估计，至少 100 万阿富汗儿童因严重营养不良面临生命危险。③ 联合国开发计划署（UNDP）警告称，到 2022 年 7 月，阿富汗贫困率可能达到 97%。④

伊合组织高度重视阿富汗问题，积极开展国际协调活动。2021 年 12 月 19 日，伊合组织外长理事会第 17 届会议在巴基斯坦首都伊斯兰堡召开，寻求应对阿富汗人道主义危机之道。这是塔利班上台后举行的首次援助阿富汗国际会议，中国、美国、俄罗斯、欧盟和联合国等应邀与会，会议就缓解阿富汗人道主义危机达成初步共识。一是在伊斯兰开发银行主持下，

---

① "Organization of Islamic Cooperation: Meeting Holds as Al - Quds Passes Through one of its Most Critical Phases," *OIC*, May 11, 2021, https://www.oic - oci.org/topic/? t_id = 26141&ref = 16381&lan = en.

② "Afghanistan: Background and U. S. Policy: In Brief," *Congressional Research Service*, February 17, 2022, p. 10.

③ "Half of Afghanistan's children under five expected to suffer from acute malnutrition as hunger takes root for millions," *UNICEF*, October 5, 2021, https://www.unicef.org/rosa/press - releases/half - afghanistans - children - under - five - expected - suffer - acute - malnutrition - hunger.

④ "Afghanistan Socio - Economic Outlook 2021 - 2022: Averting a Basic Needs Crisis," *UNDP*, November 30, 2021, p. 9.

建立一个人道主义信托基金（humanitarian trust fund），争取在2022年第一季度启动援助，以应对阿富汗经济困难和人道主义危机；二是启动阿富汗粮食安全计划，要求伊斯兰粮食安全组织（IOFS）加强粮食储备能力，呼吁国际组织或人道主义机构参与进来；三是呼吁建立金融和银行渠道，使国际援助到达阿富汗人手中；四是任命负责人道、文化和社会事务的助理秘书长塔里克·阿里·巴盖特（Tarig Ali Bakheet）为阿富汗问题特使，以加强与国际社会合作，协调向阿富汗提供人道主义援助的努力。[①]

（三）促进全球反恐合作

2014年以来，全球恐怖主义活动总体呈下降趋势，2014—2019年间，恐怖袭击死亡人数下降59%。[②]然而，恐怖主义活动呈现点状爆发特征，西非萨赫勒地区、西亚以及中亚是受恐怖主义影响最为严重的地区。塔利班上台后，极端组织"伊斯兰国呼罗珊省"（IS-K）在阿富汗频繁发动恐怖袭击。2021年8月26日，该组织在喀布尔国际机场发动袭击，造成至少72人死亡，155人受伤；10月8日，该组织在阿富汗昆都士一座清真寺发动自杀式袭击，造成近200人伤亡。

面对严峻的恐怖主义威胁，伊合组织加强同成员国和国际组织的协调合作，并通过伊斯兰教法学院（IIFA）以及月度讲座，开展反极端主义宣传。2021年2月，萨赫勒五国集团峰会（G5 Sahel）在乍得首都恩贾梅纳举行。伊合组织秘书长欧塞敏在会议上指出，落实伊合组织第47届外长理事会会议关于马里和萨赫勒地区的决议，[③]有助于降低跨国恐怖主义活动，减少恐怖主义威胁，确保该地区和平与发展。6月28日，第二届联合国反恐机构负责人高级别会议期间，伊合组织助理秘书长巴盖特指出，伊合组织重视传播温和、宽容和对话的理念，在打击恐怖主义方面采取一系列措施，遵守《打击国际恐怖主义公约》，与联合国反恐办公室等国际和区域

[①] "Resolution: OIC agrees to set up Humanitarian Trust Fund; launch food security program for Afghans," *Associated Press of Pakistan*, December 19, 2021, https://www.app.com.pk/global/oic-agrees-to-setup-humanitarian-trust-fund-launch-food-security-program-for-afghans/.

[②] Alexandre Marc, "20 years after 9/11, jihadi terrorism rises in Africa," *Brookings Institution*, August 30, 2021, https://www.brookings.edu/blog/order-from-chaos/2021/08/30/20-years-after-9-11-jihadi-terrorism-rises-in-africa/.

[③] 该决议主要内容包括：一是采取措施促进马里和萨赫勒地区社会经济发展和青年就业的重要性；二是呼吁伊斯兰开发银行加快为马里的社会经济发展项目提供资金；三是督促国际人道主义组织、成员国和地区伙伴提供人道主义援助。

组织建立伙伴关系，成立"智慧之声中心"（Sawt Al – Hikma Center），旨在解构极端主义话语。① 11 月 10 日，欧塞敏会见伊斯兰反恐军事联盟（IMCTC）秘书长穆罕默德·本·赛义德·穆加迪（Mohammed bin Saeed Al – Moghedi），双方决定加强在信息、媒体以及融资等领域的合作，共同打击恐怖主义。

（四）抗疫合作

新冠肺炎疫情暴发以来，由于早期遏制和防控措施的不同，伊斯兰国家的疫情状况也不尽相同。截至 2021 年 11 月，阿联酋疫苗接种率达到 86%，而巴勒斯坦和伊拉克则分别低至 25% 和 11%。② 受德尔塔和奥密克戎变异毒株传播影响，伊斯兰国家发生多波疫情，其中土耳其、伊朗、印尼和伊拉克疫情最为严重。伊合组织采取多种措施加强抗疫合作：首先，举办专题卫生讲座。为提高成员国卫生水平，加强抗疫能力，伊合组织附属机构伊斯兰国家统计、经济和社会研究及培训中心（SESRIC）举办"流行病学和流行病管理"的线上培训课程，旨在通过加强流调、医治和重症监护等方面的能力，提高成员国流行病管控；其次，加强国际合作。2021 年 2 月，伊合组织与红十字国际委员会（ICRC）签署《2021—2024 行动计划》，促进双方在人道主义领域的合作。伊合组织下属根除脊髓灰质炎咨询小组（IAG）向阿富汗、巴基斯坦、索马里和萨赫勒地区提供援助，加强这些国家在预防小儿麻痹症、母婴保健、新冠肺炎病毒传播以及疫苗可及性方面的能力。2021 年 9 月，沙特宣布通过萨勒曼国王人道主义援助和救济中心（KS Relief），向伊合组织捐款 2000 万沙特里亚尔，为包括巴勒斯坦在内的 22 个伊合组织最不发达成员国医护人员和老年人提供新冠疫苗。③

最后，提供经济援助。除支持特定国家抗击疫情，组织疫苗测试和生

---

① "OIC takes part in Second UN High – Level Conference of Heads of Counter – Terrorism Agencies of Member States," *OIC*, July 1, 2021, https：//www. oic – oci. org/topic/? t_id = 29259&t_ref = 18433&lan = en.

② Louise Fawcett, "The Middle East and COVID – 19：Time for collective action," *Globalization and Health*, 2021, Vol. 17, No. 133, p. 2.

③ "Saudi Arabia Donates 20 Million Riyals to the OIC Initiative to Provide Vaccines for LDCs," *OIC*, September 13, 2021, https：//www. oic – oci. org/topic/? t_id = 30295&t_ref = 18505&lan = en.

产，在宗教活动和节日方面提出防疫要求外，① 伊合组织简化经济援助程序，为巴勒斯坦卫生、社会、发展和教育项目提供援助。

作为伊合组织主要金融机构，伊斯兰开发银行和伊斯兰团结基金（ISF）加大对成员国卫生和社会项目的援助，向最不发达成员国和有人道主义紧急需求的机构提供援助和支持。2020年，伊斯兰开发银行推出中东北非复苏和韧性新战略，通过发展同当地合作伙伴的关系，为受到冲突和暴力影响的弱势群体提供人道主义援助。② 为应对新冠肺炎疫情冲击，伊斯兰开发银行批准一项价值45.6亿美元的战略准备和应急计划，该计划已为超过5500万人提供经济援助。2021年9月，伊斯兰开发银行提供12亿美元资金，支持成员国后疫情时代的经济复苏。③

伊合组织重视成员国关切，深入参与成员国政治、经济和社会等重大事务，表明随着国际局势日趋复杂以及各国之间的联系日益紧密，伊合组织在宗教共同体理念的指引下，顺应时代潮流，调解成员国冲突，积极打造全方位参与全球治理的平台。

二、全球治理的新型参与者

伊合组织成立初期，政治议题仅限于解决巴以问题、穆斯林少数族裔问题和调解成员国冲突等。④ 随着机构规模与议题范围不断扩大，该组织从文化和宗教色彩浓厚的组织发展成为涉及全球政治和安全问题的国际组织。近年来，伊合组织利用其议题的广泛性、多元化的实施平台和多边主义外交原则，已成为全球治理的重要行为体之一。⑤ 作为国际政治和国际

---

① Louise Fawcett, "The Middle East and COVID – 19: Time for collective action," *Globalization and Health*, 2021, Vol. 17, No. 133, pp. 6 – 9.

② Altea Pericoli, "The Organization of Islamic Cooperation and the Islamic Development Bank: The regional dimension of humanitarian diplomacy," *Norwegian Centre for Humanitarian Studies*, December 2021, p. 4.

③ "IsDB Group Commits US $1.2 Billion to Support Post – Pandemic Recovery," *Islamic Development Bank*, September 4, 2021, https：//www.isdb.org/news/isdb – group – commits – us – 12 – billion – to – support – post – pandemic – recovery.

④ Turan Kayaoglu, *The Organization of Islamic Cooperation: Politics, problems and potential*, New York: Routledge, 2015, p. 61.

⑤ 侯宇翔：《伊斯兰合作组织研究》，北京：社会科学文献出版社，2021年版，第162页。

安全领域的重要参与者，伊合组织全方位参与全球治理，有助于增强发展中国家治理能力、构建多边主义国际秩序和促进国际人权事业发展。

（一）增强发展中国家治理能力

伊斯兰国家大多治理水平较低，且长期被发展赤字和安全赤字困扰。2019年，伊合组织成员国国内生产总值从7.3万亿美元降至2020年的6.9万亿美元，降幅为5.6%。2020年，伊合组织成员国占全球国内生产总值比重为8.1%，比2019年下降0.2%。其中，占发展中国家国内生产总值的比重从2019年的20.6%降至2020年的20.2%。[①] 联合国报告指出，世界上营养不良人口从2019年的6.5亿增至2020年的8.11亿，其中大部分在伊合组织国家。据世界粮食计划署统计数据，伊合组织11个成员国中有超过6000万人口面临饥饿。[②]

为提高成员国治理能力，伊合组织探索更具针对性和协调性的措施。例如，对一些冲突频发或最不发达国家，伊合组织专门派遣代表团或特使协调援助行动。2021年12月，伊合组织与尼日尔政府签署协议，向萨赫勒和乍得湖地区成员国派遣区域特派团。在吉布提、乍得、吉尔吉斯斯坦、乌兹别克斯坦、伊拉克等国家举行的总统和议会选举中，为确保选举过程的和平、公开、透明、有序，伊合组织派遣选举观察团（Election Observation Unit），关注成员国选举发展。此外，伊合组织加强同联合国选举援助司（EAD）和联合国开发计划署（UNDP）等国际组织的合作，提高在选举观察和协调方面的能力。

新冠肺炎疫情暴发以来，伊合组织加大资金支持力度，多措并举应对全球粮食安全挑战。2021年9月，伊合组织第四届伊斯兰粮食安全组织（IOFS）会议在哈萨克斯坦召开，旨在为成员国提供技术与资金支持，实现粮食自给自足。加强粮食生产与储存，实现农业生产技术现代化，为成员国农村人口提供小额贷款，改进储存设施。10月，第八届伊合组织粮食安全和农业发展部长级会议在伊斯坦布尔举行。会议呼吁提高稻米、小麦

[①] "OIC Economic Outlook 2021: Trade, Transport, and Tourism amidst the COVID – 19 Pandemic," *Statistical, Economic and Social Research and Training Centre for Islamic Countries* (SESRIC), October 2021, pp. 3 – 4.

[②] "OIC: COVID – 19 Pandemic Compounded Food Crisis in Member States," *OIC*, October 27, 2021, https://www.oic – oci.org/topic/? t_id = 30397&t_ref = 19486&lan = en.

等战略农产品产量,增加伊合组织成员国农产品在全球市场中的份额,减少对进口粮食的依赖,从而减轻贫困和粮食短缺问题。

(二) 维护多边主义国际秩序

恐怖主义、种族冲突、气候变化是全球性难题,任何国家都无法独自应对,只有加强议题共享,实现合作共赢,才能构建更加包容、可持续、安全、稳定的国际秩序。伊合组织秘书长塔哈指出,"现在比过去任何时候都更需要维护多边主义,构建包容性社会,实现可持续发展。"[1] 伊合组织加强同联合国、阿盟、非盟、海合会、东盟等国际和地区组织合作,签署执行工作计划,协调成员国统一立场。自 1975 年被授予联合国"观察员国"地位以来,伊合组织与联合国在维护世界稳定与和平方面具有相同议题。阿盟和海合会国家均为伊合组织成员国,相似的政治目标促使它们在地区和国际问题上密切合作。[2] 2021 年,它们共同在阿尔及利亚与摩洛哥断交危机、苏丹变局等事件中发挥斡旋作用。

伊合组织包含来自 4 个大洲的 57 个国家,除定期召开外长会议、首脑会议和紧急外长会议外,伊合组织还在成员国社会经济发展方面发挥桥梁纽带作用。例如,同成员国的私营部门、学术界、文化机构合作,对成员国政策制定发挥影响。此外,伊合组织制定"互联互通议程"(connectivity agenda),促进成员国交通和能源领域的基础设施联通,促进成员国相关法律、法规协调一致。[3] 从长期看,该议程将为人员、货物、服务和投资的流动提供平台,使成员国市场对企业更具吸引力。伊合组织还为成员国应对发展挑战提供战略指引、鼓励知识共享、提供经济援助以及参与全球发展议程,促进成员国提升国家治理效能。

近年来,伊合组织与俄罗斯和中国等观察员国和非成员国的关系发展迅速。伊合组织通过将部分国家、地区或国际组织吸纳为观察员国,不仅

---

[1] "OIC Reaffirms its Support for the Policy of Neutrality and its Contribution to Peaceful and Friendly Relations between Nations," *OIC*, December 11, 2021, https://www.oic-oci.org/topic/? t_id = 30560&ref = 19549&lan = en.

[2] Turan Kayaoglu, *The Organization of Islamic Cooperation: Politics, problems, and potential*, New York: Routledge, 2015, p. 91.

[3] "50 Years of OIC Cooperation: Taking a Future Perspective by Learning from the Past," *The Statistical, Economic and Social Research and Training Centre for Islamic Countries* (*SESRIC*), October 2019, p. 13.

关注全球穆斯林少数群体的状况，而且为其践行多边主义赋予新的内涵。俄罗斯是首个也是唯一加入伊合组织的联合国安理会常任理事国，双方通过探索机制化合作路径，在车臣问题、巴以冲突和叙利亚危机方面拥有共同议程。2021 年 11 月，伊合组织秘书长塔哈在"俄罗斯—伊斯兰世界战略展望小组"会议上指出，双方对增进彼此认知具有强烈意愿，在维护和平、安全、解决争端、反恐和可持续发展等领域的利益一致。①

（三）促进国际人权事业发展

《伊合组织宪章》目标是"促进成员国之间合作，实现可持续社会经济发展，有效融入全球经济。"② 然而，长期以来，许多伊斯兰国家政局动荡，经济社会发展滞后，公共卫生事件频发，深受极端主义和难民危机影响，世界上大约 70% 的难民来自伊合组织成员国。③ 截至 2020 年，全球大约有 8240 万难民，其中一半以上来自伊斯兰国家。④ 其中，土耳其、巴基斯坦、黎巴嫩、伊朗、埃塞俄比亚和约旦是伊合组织最大难民收容国。2021 年，世界经济因新冠肺炎疫情严重衰退、社会不平等和脆弱性进一步加剧。战争、族群冲突、恐怖主义、"伊斯兰恐惧症"等对人权发展构成挑战。

伊合组织对人权问题的关注相对较晚，1990 年才通过《开罗伊斯兰人权宣言》。此举标志着该组织在联合国《世界人权宣言》框架下，建立捍卫人类生存权，保护个人荣誉和家庭财产，确保接受教育、医疗和社会关怀的权利。但是，由于该《宣言》以伊斯兰教法为叙事话语，⑤ 对性别平等和非穆斯林权利有所忽视，无法满足伊斯兰国家对人权的普遍诉求。2010 年以来，伊合组织修订《开罗伊斯兰人权宣言》，推出《伊合组织人

---

① "Hissein Brahim Taha: OIC and Russia can Make Huge Contributions to Dialogue of Civilizations," *OIC*, November 24, 2021, https://www.oic-oci.org/topic/?t_id=30471&t_ref=19517&lan=en.

② "Charter of the Organisation of Islamic Cooperation (OIC)," https://www.oic-oci.org/upload/documents/charter/en/oic_charter_2018_en.pdf.

③ Zeynep Şahin Mencütek, "Governance of Refugees in the OIC," in *The Organization of Islamic Cooperation and Human Rights*, Marie Juul Petersen and Turan Kayaoglu eds., Philadelphia: University of Pennsylvania Press, 2019, p. 270.

④ "Global Trends: Forced Displacement in 2020," *UNHCR*, June 2021, p. 6.

⑤ Turan Kayaoglu, "The Organization of Islamic Cooperation's Declaration on Human Rights: Promises and Pitfalls," *Brookings Doha Center*, September 2020, p. 3.

权宣言》。这是该组织在人权领域迈出的重要一步，将促进伊斯兰国家人权事业发展。2011 年，伊合组织成立独立常设人权委员会（IPHRC），在巴勒斯坦、罗兴亚人等穆斯林少数族裔权利，消除对妇女歧视方面发挥积极作用。例如，每两年召开一次妇女问题会议，制定伊合组织《提高妇女地位行动计划》（OPAAW）和"2015—2025 十年行动计划"，召开妇女问题首脑会议和部长级会议，为解决妇女问题提供指导方针。2021 年 7 月，第八届伊合组织妇女部长级会议在埃及举行，会议通过关于妇女保护和赋权的重要决议，将性别平等和女性赋权纳入抗疫战略与政策相关议题，提高成员国妇女经济和社会地位。同时，伊合组织成立专门机构—妇女发展组织（WDO），研究和应对成员国针对女性的暴力问题。[1]

（四）伊斯兰合作组织面临的挑战

第一，决议落实情况不佳。伊合组织属于机构小而议题多的国际组织。在很多重大国际事件中，该组织决议缺乏约束力，不能直接对成员国施加影响，而是在不干涉内政，尊重成员国主权、独立和领土完整的前提下，通过弘扬共同文化理念、道义谴责和与国际组织的伙伴关系等手段，调解成员国之间的冲突。[2] 虽然，这些方式在部分议题上可发挥积极作用，有利于解决政治危机和实施人道主义援助。但是，由于伊合组织成员国在政治、经济、文化方面存在较大差异，特别是在教派冲突、领土争端、难民身份确认等方面分歧较大，导致成员国难以达成共识。沙特、伊朗、巴基斯坦、土耳其是伊合组织的主要成员国，它们均有不同的利益诉求。教派冲突导致该组织阵营化，沙特试图将其打造成为遏制伊朗的平台。[3] 巴基斯坦加入该组织，为其营造更加安全的地缘政治环境，在克什米尔问题上获得成员国支持。而土耳其和马来西亚等国家，则更强调推动温和伊斯兰在全球的传播。

解决巴勒斯坦问题是伊合组织成立的初心和使命。虽然，伊合组织一

---

[1] "OIC Secretary General's Message on the International Day for the Elimination of Violence against Women," *OIC*, November 25, 2021, https：//oic - oci. org/topic/？ t_id = 30473&t_ref = 19519&lan = en.

[2] Ibrahim Sharqieh, "Can the Organization of Islamic Cooperation (OIC) Resolve Conflicts？" *Peace and Conflict Studies*, Vol. 19, No. 2, 2012, pp. 226 – 230.

[3] Altea Pericoli, "The Organization of Islamic Cooperation and the Islamic Development Bank：The regional dimension of humanitarian diplomacy," *Norwegian Centre for Humanitarian Studies*, 2021, p. 7.

直为推动巴以和平付出努力，但该组织的相关工作并未取得实质性成果。近年来，巴以冲突出现一些新动态，美国将驻以色列大使馆迁至耶路撒冷。阿联酋等阿拉伯国家与以色列建交，伊合组织内部围绕巴以问题产生分化。巴勒斯坦问题在国际上日益被边缘化，部分阿拉伯国家改变对巴以问题的长期立场，这在一定程度上动摇了该组织持续的基础。

第二，身份认同困境。伊合组织的宗旨是促进穆斯林之间的团结，维护全球穆斯林利益，其机构与议题均围绕此目标设置。然而，伊合组织为松散的国际组织。其成员国不仅有传统伊斯兰大国，而且包括穆斯林人口较多的非伊斯兰国家。虽然，共同的宗教信仰有助于该组织保持内部团结，但从国家利益与民族主义视角看，部分国家加入该组织的动机带有明显的功利性，这与该组织的使命不符。

2021年7月，尼日利亚拉各斯市律师马勒科姆·奥米尔霍博（Malcom Omirhobo）在当地法院起诉联邦政府，认为尼日利亚加入伊合组织为非法的，要求禁止联邦政府向伊合组织捐款，并呼吁终止尼日利亚与该组织的联系。他认为，伊合组织并不像联合国、西非国家经济共同体和非盟那样的世俗性全球组织，而是一个为促进和维护穆斯林利益和价值观，造福于全球穆斯林的伊斯兰教机构。[1] 尼日利亚是撒哈拉以南非洲最大的伊斯兰国家，穆斯林约占全国人口的50%，基督徒约占40%，[2] 该国36个州中的12个遵循伊斯兰教法。[3] 该事件反映出部分成员国内部对伊合组织的认知并不一致。

第三，资金缺乏。伊合组织的资金主要来自成员国捐款，其余则通过伊斯兰开发银行与国际金融机构合作筹集。作为伊合组织最大捐赠国，沙特长期支持该组织发展，以便在其中发挥主导作用。其次是伊朗、科威特、马来西亚、土耳其和阿联酋等伊斯兰国家。这些国家大多经济实力雄厚，特别是一些海湾国家，丰富的石油收入可为伊合组织援助项目提供资金。另外一些成员国为扩大政治影响力，在一些重大国际事件发生时也会

---

[1] "Lawyer prays court to declare Nigeria's membership of OIC illegal," *The Guardian*, July 20, 2021, https://guardian.ng/features/lawyer-prays-court-to-declare-nigerias-membership-of-oic-illegal/.

[2] 中华人民共和国商务部：《对外投资合作国别（地区）指南：尼日利亚》（2020年版），http://www.mofcom.gov.cn/dl/gbdqzn/upload/niriliya.pdf。

[3] Michael B. Bishku, "Nigeria and the Muslim Middle East: Historical, Political, Economic and Cultural Ties," *The Journal of the Middle East and Africa*, Vol. 12, No. 4, 2021, p. 2.

向该组织提供临时捐款。

近年来，随着成员国捐款意愿的下降，伊合组织财务状况恶化。[①] 伊合组织的援助项目多为公益性，但这种模式不具有可持续性。新冠肺炎疫情暴发后，伊合组织成员国捐款意愿下降，伊合组织的援助项目减少，部分在建项目搁浅。

应对全球性挑战已成为以联合国为代表的国际组织的新使命。伊合组织坚持多边主义，议题日趋多元化，在全球治理中扮演新型参与者角色。近年来，伊合组织以"2015—2025十年行动计划"为起点，将应对气候变化纳入优先议程。[②] 沙特、阿联酋等伊斯兰国家已公布碳中和目标，积极探索低碳技术，发展绿色经济。[③]

三、中国与伊斯兰合作组织关系迈上新台阶

中国与伊合组织的交往历史悠久。1974年2月，伊斯兰会议组织第二届首脑会议召开，周恩来总理向大会致贺电，标志着双方交往的正式开始。此后，双方官方和民间交往同时并举，伊斯兰开发银行曾援建中国西部民生项目，多渠道的交往为中国同伊合组织的合作奠定了交往主体多样化的良好基础。[④] 2005年7月，伊合组织秘书长伊赫桑奥卢访华，这是该组织秘书长首次访华。2010年以来，中国与伊合组织的关系提质升级，双方交流进入新的阶段。2016年1月，习近平总书记出访沙特期间会见伊合组织秘书长伊亚德。2021年6月，中国驻伊合组织代表陈伟庆向该组织秘书长欧塞敏递交任命书，这是中方首次任命驻伊合组织代表。中国与伊合组织的高水平交往，标志着中国与伊斯兰世界的关系站到了新的历史

[①] Hirah Azhar, "The OIC and Conflict Resolution: Norms and Practical Challenges," in *The Organization of Islamic Cooperation and Human Rights*, Marie Juul Petersen and Turan Kayaoglu eds., Philadelphia: University of Pennsylvania Press, 2019, p. 239.

[②] "The OIC – 2025: Programme of Action," *OIC*, https://www.oic-oci.org/docdown/? docID = 16&refID = 5.

[③] Jens Koehrsen, "Muslims and climate change: How Islam, Muslim organizations, and religious leaders influence climate change perceptions and mitigation activities," *Wires Climate Change*, 2021, Vol. 12, No. 3, p. 7.

[④] 侯宇翔：《"一带一路"下中国—伊合合作参与全球治理的途径》，载《新丝路学刊》，2017年第1期，第83页。

起点。

（一）高度肯定中国去极端化努力

恐怖主义势力在我国新疆等地发动暴恐袭击，对人民生命财产构成严重威胁。为响应《联合国全球反恐战略》和《防止暴力极端主义行动计划》，中国结合本国实际，依法设立职业技能教育培训中心，旨在从源头上消除极端思想产生的土壤。这是我国为开展预防性反恐和去极端化的积极探索和有益尝试。然而，中国的反恐与去极端化政策遭到西方国家的歪曲抹黑。它们以侵犯自由和人权为由，编造"种族灭绝"不实言论，出台涉疆法案，并对我国新疆企业实施制裁，试图达到"以疆制华"，遏制中国崛起的目的。

伊合组织与中国在反恐和去极端化问题上具有共同议程。该组织曾多次派官员访华，赴新疆实地考察。2015年，伊合组织助理秘书长阿卜杜拉·阿里姆访问新疆。2019年6月，伊合组织与阿尔及利亚、尼日利亚、塔吉克斯坦等15个国家常驻日内瓦代表参访新疆，走访职业技能教育培训中心、清真寺和伊斯兰教经学院，与学员、教职人员和群众广泛接触。伊合组织代表深入了解新疆民族政策，他们秉持客观立场，以其所见所闻向伊斯兰世界介绍真实的新疆。在一些国际重大场合，伊合组织充分支持中国在去极端化方面的努力。2019年2月，沙特王储穆罕默德在访华期间表示，中国有权为维护国家安全采取反恐和去极端化举措，沙特予以支持和尊重。[①] 3月，伊合组织第46届外长会议在阿布扎比召开。此次会议通过一项关于"维护非伊合组织成员国穆斯林和少数民族权利"的最终决议，对中国在确保穆斯林权益、打击恐怖主义和去极端化方面的努力予以认可。7月，50国常驻联合国大使致函联合国人权理事会主席和人权事务高级专员，其中包括沙特、阿联酋和埃及在内的伊合组织国家高度肯定中国对国际人权事业做出的贡献，支持中国在维护新疆安全和稳定方面的努力。

（二）抗疫合作的典范

新冠肺炎疫情暴发以来，中国与伊合组织守望相助、共克时艰，在疫

---

① 《习近平会见沙特阿拉伯王国王储穆罕默德》，新华网，2019年2月22日，http://www.xinhuanet.com/politics/leaders/2019-02/22/c_1124152558.htm。

苗研发与生产合作方面，书写了南南合作的新篇章。新冠肺炎疫情暴发之初，西方一些政客和媒体为掩盖国内抗疫不力，无端将新冠病毒同中国联系起来，美国前总统特朗普甚至公开将新冠病毒称作"中国病毒"。面对西方国家对中国施加的舆论压力，伊合组织秉持正义，呼吁新冠病毒溯源应该坚持科学精神，反对将病毒溯源问题政治化。同时，伊合组织对中国在疫情信息公开和交流方面付出的努力表示赞赏，认为中国抗疫措施有助于疫情防控。

在成功控制本国疫情的同时，中国将疫苗作为全球公共产品，为实现疫苗在包括伊斯兰国家在内的广大发展中国家的可及性和可负担性做出贡献。2020 年上半年，中国向 54 个伊斯兰国家提供近 6000 万只口罩、600 万份检测试剂盒、2000 多台呼吸机、1000 万套医用防护服、眼罩、手套、鞋套、5 万件红外线测温仪等抗疫物资。此外，中国与伊斯兰国家分享防疫经验和技术。2020 年上半年，中国同 53 个伊斯兰国家举办 114 场专家视频会议，向 17 个有紧急需求的伊斯兰国家派出 193 人次的医疗专家组。[①] 截至 2021 年 7 月，中国已向 50 个伊斯兰国家提供了 13 亿剂新冠疫苗及大量抗疫物资。[②] 为进一步提升伊斯兰国家抗疫能力，中国与伊合组织在新冠疫苗、人员培训等方面加强合作。2020 年 12 月，中埃（及）签署《关于新冠病毒疫苗合作意向书》，截至 2021 年 11 月，中国累计向埃方提供 4 批新冠疫苗，还通过商业采购和本地化生产等方式向埃方交付 3350 万剂新冠疫苗。[③] 中国与阿联酋加强灌装中国新冠疫苗生产线项目合作。该项目是中国新冠疫苗生产线首次在海外投产，阿联酋也成为海湾地区第一个拥有新冠疫苗生产能力的国家。2021 年 6 月，中国外交部同伊斯兰开发银行签署协议，支持在 11 个非洲伊斯兰国家开展抗疫公共卫生实验室器材采购、人员培训等工作。

伊合组织秉持客观公正原则，支持中国在反恐与去极端化方面的努力。疫情之下，中国向伊斯兰国家提供抗疫物资和新冠疫苗，帮助伊合组织成员国建立新冠疫苗生产线。中国与伊合组织及其成员国彼此尊重，建

[①] Ma Jianchun, "Celebrate the Special Eid – Al – Adha in Fighting Against Covid – 19," *All Africa*, July 29, 2020, https：//allafrica.com/stories/202007300369.html.

[②] Chen Weiqing, "China's relations with Islamic world reach historic point," *Arab News*, June 15, 2021, https：//www.arabnews.com/node/1877311.

[③]《中国援助埃及新一批新冠疫苗正式交接》，新华网，2021 年 11 月 4 日，http：//m.news.cn/2021-11/04/c_1128032339.htm。

立互利共赢的友好合作关系。随着中国与伊合组织合作机制化水平提高，双方关系将进入新的发展阶段。

四、结　语

2021年，伊斯兰世界面临地缘冲突、恐怖主义等安全威胁，以及贫困、粮食安全、新冠肺炎病毒等发展挑战，应对这些挑战需要提高治理效能，向现代治理体系迈进。伊合组织积极参与伊斯兰世界和全球治理问题，是其改革后组织功能外延拓展的表现。该组织顺应时代发展，转变角色，推动伊斯兰国家在参与全球治理中获得发展，有利于成员国治理能力建设，并为全球可持续发展做出贡献。

然而，伊合组织在转型过程中仍面临结构性困难。当前，该组织处于改革转型期，对自身定位和功能尚不清晰，机构改革有待深化，执行效率亟待提高。近年来，中东地缘政治变局加剧该组织内部分歧，为其改革带来新的困难。

2021 年的阿拉伯国家联盟

赵 军 李俊峰[*]

【摘 要】 2021年阿盟除了首脑峰会因故未能定期召开外，阿盟理事会（会议）、各专门组织（会议）和秘书处（长）等主要常设机构和会议机制运转正常，继续在阿拉伯世界诸多事务和领域维护并推进阿拉伯共同利益的实现。从结果来看，尽管在诸多问题上，尤其是在地区热点问题上，阿盟未能充分发挥应有作用，离阿拉伯世界期待的目标尚存较大差距，且继续备受各界诟病，但阿盟作为泛阿拉伯的论坛平台、集体代言人、分歧协调人、争端和冲突的斡旋者以及阿拉伯共同利益捍卫者等功能性角色并无本质变化，其仍是推动阿拉伯国家合作和地区热点问题解决的重要参与者以及推动阿拉伯世界同大国关系发展的构建者并发挥着经常性积极作用。

【关键词】 阿盟 主要机构 常设机制 功能性作用

阿拉伯国家联盟（简称"阿盟"）是当前活跃在中东地区的一支重要政治力量。2021年阿盟继续发挥着一般国际组织的类似作用，如促进成员国之间合作、成员国通过组织平台定期活动并讨论相互关心的问题、在争端解决中提供帮助以及实施其他操作性活动等。但是，2021年阿盟常设机制的运转并不顺利，尤其是年度首脑峰会未能召开，使得阿拉伯世界在重大问题上缺少应有的最高层现场协调。从功能角度看，阿盟的角色一如既往，如作为阿拉伯论坛平台、集体代言人、冲突与分歧的斡旋者和协调

---

[*] 赵军，上海外国语大学中东研究所副教授；李俊峰，上海外国语大学中东研究所2021级硕士研究生。

人、利益捍卫者以及集体对外关系构建者等并无本质变化，仍是推动阿拉伯地区热点问题解决的重要参与者并发挥着经常性积极作用。

一、阿盟常设机构与机制运作

阿盟的主要机构包括秘书处及其职能机构、理事会、经社理事会及专项部长理事会等，主要常设会议机制包括首脑峰会、理事会会议以及其他部长级会议等。秘书处是阿盟常设机构，在秘书长的领导下负责该组织的日常运行及各类部长级会议的组织和筹备工作。首脑峰会是阿盟组织最高级别的会议机制，自阿盟首脑峰会机制化运作以来，每年3月召开一次会议，在阿拉伯地区出现重大事件时，应成员国请求，可召开特别首脑峰会。首脑峰会自机制化运作以来，所讨论议题以及发表的联合声明、立场和倡议等已成为阿拉伯世界团结协作和发展趋势的风向标，以往发布的多项关涉阿拉伯事务倡议和声明等对阿拉伯事务产生重要影响。理事会[①]是阿盟常设和最高决策机构，并有定期会议机制，即每年定期召开两次理事会会议和不定期召开若干次特别或紧急会议。理事会对讨论议题形成的决议，对所有投赞成票的成员国有约束力。此外，阿盟经社理事会以及新闻、内政、司法、住房、运输、卫生、社会事务、青年与体育、环境、通信、旅游、电力及水力部长理事会等13个专项部长理事会均举行了定期会议，制定了有关领域的阿拉伯共同政策和加强成员国间的相关事务领域的具体协调与合作。2021年阿盟组织自身运作有以下四方面值得关注。

第一，顺利完成阿盟秘书长换届。2021年是阿盟秘书长换届之年。经过埃及政府提名、各成员国同意以及相应组织程序，现任阿盟秘书长盖特（Ahmed Aboul Gheit）作为唯一秘书长候选人，经阿盟第155届外长理事会会议通过，继续连任秘书长职位。盖特是埃及资深外交官、前埃及驻联合国大使以及穆巴拉克执政期间的最后一任埃及外交部部长。盖特于2016年7月正式任阿盟秘书长一职，任期至2021年6月结束。[②]

[①] 也称"外长理事会"或"阿盟理事会"。
[②] "Arab League Reappoints Ahmed Aboul Gheit Secretary General," *Africanews*, March 3, 2021, https://www.africanews.com/2021/03/03/arab-league-reappoints-ahmed-aboul-gheit-secretary-general/.

第二，设立推进巴勒斯坦问题解决的新机制。阿盟现存机构和机制相对固定，但在实际需要时因时代变迁或关涉问题性质的变化，该组织往往会增设或取消某个机制或机构。当前，巴勒斯坦问题由于哈马斯与以色列的武装冲突、美国对巴勒斯坦政策的变化，尤其是《亚伯拉罕协议》对该问题的冲击，为应对新变化和解决问题的实际需要，2021年阿盟理事会决定成立一个部长级委员会，负责与联合国安理会常任理事国以及其他具有全球影响力的国家进行交流沟通，旨在敦促安理会常任理事国采取切实措施，制止以色列在被占领的东耶路撒冷执行非法政策。该委员会包括摩洛哥、巴勒斯坦、约旦、埃及、沙特阿拉伯、卡塔尔、阿拉伯首脑峰会主席、安理会阿拉伯成员国和阿盟秘书长。2021年该委员会向阿盟理事会特别会议提交了一份关于其行动结果的报告。①

第三，首脑峰会缺位。阿盟对外界宣布，因新冠肺炎疫情，取消2021年首脑峰会。实际上，首脑峰会的缺位不仅仅因为疫情因素，而在很大程度上折射出阿拉伯国家间的深刻而严重的分歧。由于首脑峰会的缺位，阿拉伯国家之间缺少了最高层面的现场协调，这就造成在关涉阿拉伯重大问题上，明显失去了应有的集体声音和战略指向，如在巴勒斯坦问题上表现尤为明显。2021年发生在巴勒斯坦领土上的激烈冲突，阿拉伯国家心态异常复杂，有的国家反应强烈，有的国家反应温和，而在2020－2021年与以色列关系正常化的阿拉伯国家，基本上没有反应。在阿盟层面，除了阿盟表达的空洞的愤怒之外，在阿盟紧急视频会议后并无实际作用，仅盖特秘书长发表了一份正确但却是废话的声明。②

第四，理事会议程丰富。2021年理事会按照既有规定召开了两次理事会常驻代表定期会议，以及若干紧急和特别会议，会议议题设置广泛，关涉阿拉伯地区重大和各热点问题，并由之后的理事会部长级会议形成决议或发表集体声明。③ 3月举行的第155届理事会会议主要设置九大类议题，

---

① Safaa Kasraoui, "Arab League: Morocco Shares Serious Concerns Over Israel Violations Against Palestine," *Morocco World News*, May 11, 2021, https://www.moroccoworldnews.com/2021/05/341932/arab-league-morocco-shares-serious-concerns-over-israeli-violations-against-palestine.

② Michael Arnold, "Israel's Aggression on Palestine Hurts the Credibility of Some Arab States," *The World*, May 12, 2021, https://www.trtworld.com/opinion/israel-s-aggression-on-palestine-hurts-the-credibility-of-some-arab-states-46638.

③ 阿拉伯国家联盟网站报道，http://www.lasportal.org/ar/Pages/default.aspx。

若干分议题。其中,阿拉伯联合行动、巴勒斯坦事业和阿以冲突、阿拉伯水安全等作为首要议题讨论。其他议题包括:援助黎巴嫩;关注叙利亚、利比亚和也门的最新事态发展,阿拉伯海湾地区的航行安全和能源供应安全;支持苏丹和平与发展;以色列军备威胁阿拉伯国家安全和国际和平,以及建立中东无核区;阿拉伯-非洲合作和阿拉伯-欧洲对话进程,以及阿盟、联合国和联合国安理会之间的合作;关于支持阿拉伯国家境内流离失所者,特别是伊拉克流离失所者的项目,以及防止和打击一切形式暴力侵害难民行为,特别是《关于对妇女和未成年女孩的性暴力的阿拉伯战略》(草案)《阿拉伯人权宪章》;关于国际恐怖主义和打击恐怖主义的方法、维护阿拉伯国家安全和打击恐怖主义以及发展阿拉伯打击恐怖主义制度等法律事务的专题。① 5月9日,阿盟理事会常驻代表召开关于巴勒斯坦问题特别会议,讨论以色列对阿克萨清真寺的侵略罪行以及以色列强行接管库德斯公民住宅的计划。② 阿盟指派副秘书长扎基参加会议。③ 9月,第156届理事会会议讨论了一系列问题,主要包括巴勒斯坦问题、叙利亚、也门、黎巴嫩和利比亚的事态发展;阿拉伯海湾地区的海上航行安全和能源供应;促进苏丹和平与发展,支持索马里和科摩罗、阿非旅行合作和阿欧对话的项目。④

二、阿盟为阿拉伯事务发声

作为泛阿拉伯组织,阿盟代表阿拉伯世界公开表达对国际事务的观点和看法是其重要功能之一,尤其在关涉该组织成员自身的热点事务中,更

---

① "Qatar Chairs 155th Regular Arab League Council Session at the Ministerial Level," Qatar Ministry of Foreign Affairs, March 3, 2021, https://www.mofa.gov.qa/en/all-mofa-news/details/1442/07/19/qatar-chairs-155th-regular-arab-league-council-session-at-the-ministerial-level.

② "Qatar to Chair Arab League Extraordinary Meeting on Palestine," The Peninsula, November 1, 2021, https://thepeninsulaqatar.com/article/09/05/2021/Qatar-to-chair-Arab-League-extraordinary-meeting-on-Palestine.

③ Sami Hegazi, "Arab League Participates in UN General Assembly Session Supporting Palestine," Daily News Egypt, May 19, 2021, https://dailynewsegypt.com/2021/05/19/arab-league-participates-in-un-general-assembly-session-supporting-palestine/.

④ "156th Session of Arab League Council Kicks off," The Egyptian Gazette, September 9, 2021, https://egyptian-gazette.com/egypt/156th-session-of-arab-league-council-kicks-off/.

是阿盟发挥这一功能的集中表现。2021年阿拉伯新老热点问题主要包括巴勒斯坦问题、叙利亚和也门局势、利比亚事态发展、苏丹政治危机、突尼斯和伊拉克政局、黎巴嫩全面危机等。在这些问题上，尽管成员国家因不同牵扯和利益考量，且经常在阿盟理事会讨论时难以形成共识。但需要指出的是，在大量热点问题上，阿盟都有相对客观和清醒的立场和看法，或通过集体决议表明态度，或发表该组织的原则立场和独立看法，以维护阿拉伯国家利益。

第一，阿盟充当对阿拉伯世界进行集体的自我批判角色。在阿拉伯地区政治和安全危机不断的情况下，阿盟机构的主要官员或阿盟秘书处经常针对阿拉伯世界的现实做出反思性评论。如9月阿盟秘书长盖特在第156届阿盟部长级会议上发表讲话时说，阿拉伯世界的政治和安全危机正在给该地区国家带来两难境地，部分阿拉伯国家缺乏面对问题和提出问题的勇气与解决方案。阿拉伯国家应该以阿盟为平台团结起来，正视地区参与者急于抢夺阿拉伯资源，并引起阿拉伯国家的争夺的情况。

第二，阿盟以理事会决议表明态度和表达立场。一般而言，通过理事会决议的方式表达对某一事态的看法和立场时，至少意味着对外界传递三种声音：一是阿拉伯国家重视这一问题；二是阿拉伯国家在该问题上存在较高共识；三是阿拉伯世界团结一致。2021年阿盟通过理事会决议方式维护阿拉伯国家利益在巴勒斯坦问题上表现得尤为突出。2月8日，阿盟召开的有关巴问题的外长紧急会议上，重申巴勒斯坦问题是所有阿拉伯国家的核心问题，必须支持巴勒斯坦人民的合法和不可剥夺的权利。[①] 同时，这次会议呼吁恢复巴以冲突的两国解决方案和恢复和谈，还通过了一项长达三页的决议，并认可埃及为实现巴勒斯坦和解所做的努力，以结束西岸的巴勒斯坦权力机构与加沙地带的哈马斯之间多年的对抗。[②] 9月9日，阿盟理事会通过决议声明，谴责土耳其涉嫌干涉阿拉伯国家内政，要求土耳其政府立即停止"威胁中东稳定与安全"的行为。该声明还明确要求，土耳其应停止干涉利比亚事务，停止在叙利亚领土上开展行动。阿盟发表决

[①] "Egypt Heads Emergency Arab League Meeting Palestine with Arab FMs," *Alarabiya*, https://english.alarabiya.net/News/middle-east/2021/02/08/Palestinian-Israeli-conflict-Egypt-heads-emergency-Arab-League-meeting-on-Palestine-with-Arab-FMs-.

[②] Hamza Hendawi, "Arab League Ministers Call for Revival of Two-state Solution at Cairo Meeting," *MENA*, February 9, 2021, https://www.thenationalnews.com/mena/egypt/arab-league-ministers-call-for-revival-of-two-state-solution-at-cairo-meeting-1.1161973.

议声明主要针对土耳其的下述行动：2019年11月，土耳其和利比亚签署了一项海洋划界协议，该协议提供了一个法律框架，旨在防止该地区国家出现任何既成事实，同时还确认土耳其和利比亚是海上邻国。划界从土耳其西南海岸的费特希耶 - 马尔马里斯 - 卡什开始，一直延伸到利比亚的德尔纳 - 托布鲁克 - 博尔迪亚海岸线。

为继续支持关于埃及在尼罗河上游的水资源权利的阿盟理事会决议①。2021年2月1日，阿盟支持埃及和苏丹在埃塞俄比亚复兴大坝争端中的权利，并警告埃塞俄比亚在该问题上的强硬立场加剧了地区局势紧张。6月15日，阿盟秘书长盖特说，阿拉伯国家将敦促安理会就长达十年的争端举行紧急会议，并在外长会议发布公报再次呼吁联合国安理会采取"必要措施"，启动"积极的谈判进程"，以期在特定时间框架内达成协议。②

第三，阿盟秘书长或秘书处声明表明立场。在牵涉阿拉伯国家或地区重大问题上，阿盟在没有启动相关会议机制予以讨论或是在启动会议机制却未达成共识的情况下，阿盟往往会以机构名义发表独立声明、原则立场或提出建议，有时则以秘书长公开发表声明或讲话表明立场。一般来说，这类声明并非阿拉伯国家团结一致的体现，仅是阿盟作为一个集体机构的态度表达。如3月13日阿盟发表声明，公开谴责捷克共和国在耶路撒冷开设外交办事处违反国际法。阿盟秘书长盖特在声明中说："耶路撒冷的法律地位将受到一个或另一个国家开设代表处的决定的影响。根据国际法，东耶路撒冷是一块被占领的土地。"③ 5月11日，阿盟谴责以色列对加沙地带的致命空袭，并呼吁国际社会紧急采取行动，停止将暴力升级归咎于以色列在耶路撒冷对巴勒斯坦人采取的行动。④

此外，2021年阿盟就也门问题发表多项声明，认为也门人民面临的人道主义灾难是该国首要解决的问题，全力支持沙特认可的也门新政府，支

---

① 2020年3月，阿盟理事会决议通过支持埃及的"尼罗河水权"；2021年6月，阿盟外长会议支持呼吁联合国安理会介入埃塞俄比亚修建复兴大坝引起的国际争端。

② "Arab League Calls for UN Intervention in Ethiopian Dam Dispute," *Atalayar*, June 16, 2021, https：//atalayar. com/en/content/arab - league - calls - un - intervention - ethiopian - dam - dispute.

③ "Palestinians and Arab League Condemn Opening of Czech Jerusalem Office," *Euractiv*, March 15, 2021, https：//www. euractiv. com/section/global - europe/news/palestinians - and - arab - league - condemn - opening - of - czech - jerusalem - office/.

④ "Arab League, Turkey Condemn Israeli Actions in Jerusalem, Gaza," Reuters, May 11, 2021, https：//www. reuters. com/world/middle - east/arab - league - chief - condemns - israeli - air - strikes - gaza - 2021 - 05 - 11/.

持沙特为结束也门危机和达成全面政治解决方案的倡议,并认为该倡议的基本要点构成了全面政治对话的支柱,并平衡地处理了包括胡塞武装在内的各方关切。在黎巴嫩全面危机问题上,阿盟认为黎巴嫩缺乏成熟政府,且这种政权模式是造成阿拉伯世界悲剧的重要根源。在利比亚问题上,阿盟认为利比亚人应将国家利益置于首位;在伊拉克局势方面,阿盟认为伊拉克的主权和稳定至关重要,一个稳定和繁荣的伊拉克符合阿拉伯人的利益。阿盟支持伊拉克打击恐怖主义、加强国家安全与稳定以及保护其主权的努力。

第四,在联合国等多边外交舞台上积极发声。阿盟经常在联合国及其分支机构等多边全球组织平台上,为关涉阿拉伯国家事务发声,以集体名义维护本民族利益。这在巴勒斯坦问题上表现的最为典型。2021年11月9日,阿盟负责巴勒斯坦事务和阿拉伯被占领土的副秘书长赛义德·阿布·阿里(Saeed Abu Ali)在近东救济工程处教育官员与巴勒斯坦教育事务分委员会第31次联席会议上发表讲话表示,需要采取有效的国际行动,对以色列施加更大的压力,以制止对巴勒斯坦人的侵犯和犯罪行为。他呼吁国际社会承担起责任,采取有效行动,向以色列施压,停止针对巴勒斯坦人民的行径和罪行,并敦促该机构为巴勒斯坦人提供保护,使他们能够行使自决权,并建立一个以东耶路撒冷为首都的独立的巴勒斯坦国。①

三、阿盟斡旋地区争端和参与热点问题解决

阿盟国家间的争端与分歧此起彼伏,包括领土争端、资源争端、政治分歧、宗教教派等意识形态矛盾。《阿盟公约》第五条规定,"解决两个或两个以上会员国间的争端不得诉诸武力。倘彼等之间产生的争端不涉及一国的独立、主权或领土完整,而且争执双方请求理事会解决此争端者,则理事会的决议应为有效和必须遵守,""理事会应调解两会员国或一会员国

---

① "Arab League Calls for International Pressure Against 'Israeli Crimes'," *Asharq Al - Awsat*, November 10, 2021, https://english.aawsat.com/home/article/3296411/arab - league - calls - international - pressure - against - %E2%80%98israeli - crimes%E2%80%99.

与另一国家间的可能导致战争的争端，务使彼等取得和解。"① 历史经验已反复表明，阿盟是阿拉伯国家之间争端解决的一个不可或缺的参与者。正如伊拉克总理卡迪米对阿盟的评价所言："阿盟在促进建设性和解、克服分歧以及巩固努力平息地区国家之间的紧张局势方面可以发挥重要作用。"② 2021 年除了叙利亚内战、利比亚内战、伊拉克权力纷争以及也门危机等延宕数年的政治危机外，还出现了阿尔及利亚与摩洛哥的断交危机、黎巴嫩与海合会国家之间的外交风波、突尼斯和苏丹两国新一轮政治危机等。这些新危机发生后，阿盟均在第一时间参与其中，试图从中斡旋。总体来看，由于这些危机自身性质、阿盟组织的决策制度以及当事方及其背后的复杂因素，阿盟实际起到了程度不同的积极作用。

（一）阿盟在阿尔及利亚与摩洛哥外交危机进程中的表现

阿尔及利亚和摩洛哥因殖民斗争性质不同、政治制度不同、思想取向相反以及西撒问题等长期龃龉不断，两国曾在 1976－1988 年断绝外交关系。之后，虽然两国关系实现正常化，但因西撒问题，双边关系相对冷淡。在布特弗里卡执政（1999－2019）的最后 10 余年中，摩洛哥利用阿尔及利亚外交的萎靡不振和政治制度的瘫痪在西撒问题上推进其利益，③ 摩洛哥不断游说非盟、欧洲和美国支持其对西撒的主权主张，严重损害了阿尔及利亚的利益。2019 年布特弗利卡政权瓦解后，特本新政权决定反击其所认为的摩洛哥"敌对行为"，④ 重申支持西撒地区自决原则。而自 2020 年下半年和 2021 年上半年，有 3 件事情加剧两国关系紧张升级：一是摩洛哥军队袭击西撒南部缓冲区古尔贾拉特（El－Guergarat）的撒哈拉示威者；二是美国总统特朗普推文宣布承认摩洛哥在西撒地区的主权；三是摩洛哥披露 6000 余名阿尔及利亚政府高官和军方人员的贪腐行为和间谍

---

① 《阿拉伯国家联盟公约》第五条，载尹崇敬主编：《中东问题 100 年（1897－1997）》，北京：新华出版社，1999 年版，第 541 页。

② "Arab League Chief Visits Iraq to Discuss Ties, Regional Developments," Xinhua, April 11, 2021, http://www.xinhuanet.com/english/2021－04/11/c_139871762.htm.

③ 摩洛哥认为西撒哈拉是其领土的一部分，并控制着约 80% 的争议土地，而撒哈拉民族主义运动波利萨里奥阵线在阿尔及利亚的支持下，控制着一个自称的阿拉伯撒哈拉民主共和国约 20% 的领土。摩洛哥拒绝撒哈拉独立的呼吁，并提出了一项有争议领土的自治计划。

④ Yahia H. Zoubia, "Why Algeria Cut Diplomatic Ties with Morocco: and Implications for the Future," The Conversation, September 12, 2021, https://theconversation.com/why－algeria－cut－diplomatic－ties－with－morocco－and－implications－for－the－future－167313

丑闻。阿尔及利亚新政权认为上述事件都是摩洛哥对其国家安全的真正威胁。此外，2021年7月中旬，摩洛哥驻联合国大使发布一份声明，表示支持阿尔及利亚卡比利亚分离主义势力（注：该组织被阿政府列为恐怖组织）。这一行为最终导致阿尔及利亚召回其驻摩洛哥大使，并要求摩洛哥政府就此事进行澄清，但并未得到摩洛哥的任何回复。2021年8月24日，阿尔及利亚宣布自即日起与摩洛哥断绝外交关系，关闭边境，终止通过摩洛哥向西班牙输送天然气的管道的合同。① 至此，阿尔及利亚与摩洛哥关系降至冰点。

基于两国长期历史积怨、政治和领土争端，阿盟对两国争端长期以来缺少直面处理，多数情况下选择政治无视，② 投入的外交资源极为有限，甚至在危机出现后的行为无助于危机的真正解决，重在参与的一面显得一览无余。这从阿盟在两个成员国发生断交危机的整个过程中的行动得以管窥。第一，发表声明。2021年8月25日，阿盟秘书长盖特在一份声明中对阿尔及利亚宣布断绝与摩洛哥的外交关系后紧张局势加剧深表遗憾，同时呼吁双方进行外交"对话"，敦促"两国保持克制，避免危机进一步升级"。③ 第二，"地图事件"火上浇油。2021年12月25日，阿盟批准使用一份包括西撒地区的摩洛哥地图，要求所有与其有关联的团体均要采用"摩洛哥完整地图"。此举引起阿尔及利亚向阿盟提出抗议，对双方关系缓和造成严重不利影响，尤其让阿尔及利亚对阿盟的调节危机的公正性感到质疑。第三，接受媒体采访，承诺发挥积极作用。2021年9月4日，阿盟副秘书长扎基在接受俄罗斯国家卫星电视台采访时说，阿盟准备为阿尔及利亚与摩洛哥的和解做出贡献。但扎基也说出了该组织在斡旋成员国之间争端的制度困境，即"阿盟宣布，如有机会，并准备发挥某种积极作用，

---

① Jennifer Holleis, "Morocco – Algeria Relations: What is Fueling the Current Tensions?" November 5, 2021, https://www.dw.com/en/morocco-algeria-relations-what-is-fueling-the-current-tensions/a-59735237.

② Belkacem Iratni, "The Arab League and The Western Sahara Conflict: The Politics of a Sheer Neglect," Africana Studia, No. 29, 2018, pp. 103 – 113, https://ojs.letras.up.pt/index.php/AfricanaStudia/article/download/7631/6999/24716.

③ "Saudi Arabia, Arab League Decry Algeria – Morocco Diplomatic Fallout," Alarabiya, August 25, 2021, https://english.alarabiya.net/News/north-africa/2021/08/25/Saudi-Arabia-Arab-League-decry-Algeria-Morocco-diplomatic-fallout.

但这需要阿尔及利亚和摩洛哥双方的同意。"① 但直至2021年底,摩阿两国在缓和危机方面仍各执一词,阿盟对双方无法达成共识显得束手无策。

(二) 斡旋黎巴嫩与海合会国家外交风波

2021年8月5日,乔治·科尔达希(George Kordahi)② 在其上任黎巴嫩新闻部长前录制的一档电视节目中,抨击以沙特为首的阿拉伯联军对也门的军事打击。在科尔达希就任新闻部长职位后,10月27日此视频经媒体播放后不断发酵,引起海合会国家的不满并要求道歉,但遭到科尔达希拒绝,最终导致沙特驱逐黎巴嫩驻沙大使,同时召回本国驻黎巴嫩大使。巴林、科威特和阿联酋紧随其后,分别召回其驻黎大使。卡塔尔和阿曼两国则谴责了科尔达希的言论。此外,沙特还下令立即停止进口黎巴嫩的一切商品。黎巴嫩与海合会国家的全面外交危机就此拉开序幕。

外交危机爆发时,黎巴嫩国内政治已陷入深度危机之中,阿盟担心黎巴嫩国家全面崩溃,而采取积极措施试图消除这场外交危机。2021年10月30日,阿盟发表声明,表达关切,明确立场,对黎巴嫩-海湾关系的迅速恶化表示深切关注和遗憾。盖特秘书长在声明中说,"海湾国家需要反思是否有必要采取这样的外交措施……以避免对崩溃边缘的黎巴嫩经济造成进一步的负面影响"。③ "这场危机是由黎巴嫩新闻部长科尔达希早些时候的言论引发的,包括随后的事件和立场,黎巴嫩必须以一种缓和紧张局势的方式加以解决。"④

声明发表后,阿盟组派了一个以副秘书长扎基为首的斡旋代表团。2021年11月,代表团前往黎巴嫩同该国主要领导人进行磋商。⑤ 扎基先后与黎巴嫩总统米歇尔·奥恩(Michel Aoun)、总理纳吉布·米卡蒂(Najib

---

① Talha Hussain, "LAS Ready to Help Settle Decades - Long Dispute Between Algeria, Morocco - Deputy Head," *Pakistan Point*, September 4, 2021, https://www.pakistanpoint.com/en/story/1342850/las - ready - to - help - settle - decades - long - dispute - between - a.html.

② 科尔达希是一个基督教小党成员,该党与黎巴嫩真主党联盟。

③ Adam Chamseddine, "Lebanon: Gulf Diplomatic Crisis Mounts Over Minister's Yemen War Comments," *Middle East Eye*, September 13, 2021, https://www.middleeasteye.net/news/lebanon - saudi - kordahi - kuwait - bahrain - cabinet - emergency - gulf - diplomatic - crisis.

④ "Arab League Concerned over Gulf - Lebanon Tensions," *Saudi Gazette*, October 30, 2021, https://saudigazette.com.sa/article/612946.

⑤ "Arab League 'Concerned' by 'Deteriorating' Lebanon - Gulf Ties," *Aljazeera*, October 30, 2021, https://www.aljazeera.com/news/2021/10/30/arab - league - concerned - amid - deteriorating - lebanon - gulf - ties.

Mikati)、议长纳比·贝里（Nabih Berri）和外长阿卜杜拉·布哈比卜（Abdallah Bouhabib）等黎巴嫩主要领导人会晤，了解到黎巴嫩缓解危机的一些切实举措。黎巴嫩政府一方面表示新闻部长乔治·科尔达希在10月下旬播出的关于也门的言论不代表政府的官方观点，① 另一方面敦促科尔达希道歉并辞职。扎基在与黎巴嫩官员会谈后，认为黎巴嫩官员就解决与沙特和其他海湾国家的外交裂痕进行的谈判是积极的，并表示愿意前往沙特帮助解决危机。② 扎基在接受媒体采访时说，他的到访"使危机解决走上正轨"。之后，阿盟基本上充当了双方的传声筒，随着2021年12月初科尔达希的一纸辞职声明，使得这场外交危机慢慢朝向缓和方向前行，如2022年初阿联酋与黎巴嫩关系开始有所缓和。

（三）阿盟在利比亚、突尼斯和苏丹等国内政治纷争问题上的表态

2021年阿盟在利比亚、突尼斯和苏丹国内政治纷争问题上，为促进这些国家国内和平对话和政治进程发挥了一定的平台作用。2021年4月20日，阿盟呼吁所有外国军队立即撤出利比亚，以保证该国各政治派别的和平对话顺利举行。7月4日，阿盟呼吁利比亚各政党做出更多努力，克服障碍，并按计划在12月举行总统大选，并敦促利比亚各政治派别做出让步，使选举取得成功。阿盟支持代表利比亚众议院和利比亚高级国务委员会的两个代表团在摩洛哥布兹尼卡主办的会议上达成的共识。同时，阿盟秘书长盖特呼吁利比亚各方寻求整个国家的利益，而不是追求狭隘的个人利益，并认为利比亚正处于危险的十字路口，各方需要合作举行维护国家统一和主权的选举。③

在苏丹新一轮政治危机期间，阿盟敦促尊重苏丹分权协议。10月25日，阿盟秘书长盖特呼吁苏丹各方不要采取任何可能阻碍权力过渡以及动摇苏丹稳定的行动，要遵守2019年8月签署的《宪法宣言》协议文件，

---

① "Arab League Envoy in Beirut to Mediate Lebanon – Saudi Rift," *The Independent*, November 8, 2021, https：//www. independent. co. uk/news/lebanon – arab – league – yemen – beirut – michel – aoun – b1953487. html.

② Kareem Chehayeb, "Arab League Hails 'Positive' Talks with Lebanon Over GCC Row," *Aljazeera*, November 8, 2021, https：//www. aljazeera. com/news/2021/11/8/arab – league – hails – positive – talks – with – lebanon – over – gcc – row.

③ "Arab League Hails Outcome of Libya Talks," *Arab News*, January 25, 2021, https：//www. arabnews. com/node/1798301/middle – east.

并通过对话解决问题。阿盟秘书长盖特认为,"重要的是要尊重就选举举行之前的过渡期达成的所有决定和协议。"①

在 2021 年突尼斯政治事态发展过程中,阿盟秘书长盖特表示全力支持突尼斯人民,并希望突尼斯很快恢复稳定与安全。阿盟的一份声明称,"阿盟敦促突尼斯迅速度过当前的动荡阶段,恢复稳定和平静,恢复国家有效工作和应对能力,以满足人民群众的愿望和要求。"②

(四) 阿盟与叙利亚问题

叙利亚重回阿盟组织是叙问题解决和战后重建中的一个重要组成部分。2021 年阿盟内部关于叙利亚问题最为突出的议题当属叙利亚回归的问题。实际上,在 2011 年阿盟将叙利亚开除之后,叙利亚在阿盟的席位仍然保留着,尽管席位是空的,但不少阿拉伯国家仍将叙利亚视为阿拉伯大家庭中的一员。进入 2021 年,希望叙利亚重回阿盟的呼声和势头一直在增强,③ 主要表现为:一方面,阿盟较少针对叙利亚巴沙尔政权发表措辞严厉的声明,避免公开和私下频繁谈论该问题;另一方面由于叙利亚地缘位置的重要性及阿拉伯国家政治战略考量,部分阿拉伯国家继续采取实际行动来推进恢复叙利亚的阿盟成员国身份。

4 月,伊拉克接待了叙利亚石油部长,部分原因是为了谈判一项通过叙利亚进口埃及天然气的协议。5 月 3 日,沙特派遣情报局局长前往大马士革与叙利亚情报部长举行会谈,重点讨论了重新开放大使馆的问题。9 月 29 日,约旦重新开放了与叙利亚接壤的贾比尔过境点(在叙利亚一侧称为纳西布过境点)。10 月 3 日,巴沙尔通过电话与约旦国王阿卜杜拉二世进行了交谈,并讨论了双边关系发展问题。11 月 12 日,阿联酋外交部长阿卜杜拉·本·扎耶德在大马士革同巴沙尔总统会晤。12 月 12 日,伊拉克-叙利亚商业论坛在大马士革开幕,来自两国的 50 多家企业参展。论

---

① Diana Shalhub, "Arab League, OIC Urge Respect to Sudan Power – sharing Deal," Anadolu Agency, October 25, 2021, https://www.aa.com.tr/en/africa/arab-league-oic-urge-respect-to-sudan-power-sharing-deal/2402071#.

② "UN, Arab League Urge Restraint in Tunisia," *Khaleej Times*, July 26, 2021, https://www.khaleejtimes.com/mena/un-arab-league-urge-restraint-in-tunisia.

③ 2015 年突尼斯重新开放驻叙利亚大使馆;2018 年阿联酋重新开放驻叙利亚大使馆;2020 年 10 月阿曼向战后叙利亚派驻大使。5 个月后,叙利亚向阿曼派驻大使;2019 年约旦向叙利亚派遣了一名临时外交代办;埃及虽未派遣外交代表,但外长舒克里公开表示支持阿拉伯国家与叙利亚关系正常化。

坛活动包括举行联合商务会议、经济研讨会和首届叙利亚出口博览会。需要看到的是，叙利亚重返阿盟仍然需要克服诸多障碍，包括：一是阿盟恢复席位，需要现有成员国一致同意，但当前内部分歧仍然较为严重，卡塔尔、摩洛哥等明确反对叙利亚重返联盟，沙特和科威特态度暧昧等；二是外部力量干涉，如美国和土耳其等国明确反对叙利亚回归阿盟；三是叙利亚自身意愿并不强烈，如叙利亚外交部长费萨尔·迈克达德（Faisal al - Mekdad）表示对重返联盟不感兴趣，并强烈批评阿联盟的表现以及阿盟没有实现其任何目标的事实。[1]

四、阿盟助推阿拉伯国家防疫合作

由于新冠肺炎疫情继续蔓延，给阿盟成员国带来重大人员伤亡和巨大经济损失。在吸取 2020 年防疫抗疫教训和受到广泛批评后[2]，2021 年阿盟秘书处承诺加强应对此类危机的能力，承诺为所有成员国提供疫苗服务并努力建立更加安全的卫生系统。阿盟通过阿拉伯卫生部长理事会努力向阿拉伯发展中国家的卫生部提供紧急支持，以提供应对新冠肺炎疫情的紧急医疗需求。阿盟秘书处在一份名为《关于阿盟秘书处努力抗击新冠肺炎大流行病》的文件中列出了该组织的年度努力目标及抗疫努力，主要包括：第一，阿拉伯卫生部长理事会起草阿拉伯防疫抗疫战略规划，并向阿盟理事会提交草案进行表决，旨在获取新冠疫苗，确保向阿拉伯国家提供疫苗，并进行公平分配，并建立具体实施机制。第二，阿拉伯卫生部长理事会通过由阿拉伯成员国卫生部、联合国阿拉伯国家人口基金会和世界卫生组织东地中海区域办事处在成员国之间分发防疫建议以供指导。第三，阿盟秘书处寻求创建一个阿拉伯平台，用于交流应对新冠肺炎疫情的经验和

---

[1] Seth J. Frantzman, "Is Iran Worried That Syria will Return to the Arab League?", *Jerusalem Post*, February 5, 2022, https：//www.jpost.com/middle - east/article - 695538.
[2] Chris Alden, Charles Dunst, "Covid - 19: Middle East and the Arab League," The London School of Economics and Political Science, https：//www.lse.ac.uk/international - relations/centres - and - units/global - south - unit/COVID - 19 - regional - responses/Middle - East - and - COVID - 19; Michael Young, "In Light of the Arab League's Inaction on Covid - 19, and Much Else, Does the Organization still Have Any Utility?", Carnegie Middle East Center, March 19, 2020, https：//carnegie - mec.org/diwan/81294.

最佳做法，准备一个统一的阿拉伯防疫抗疫计划，并与阿拉伯国家卫生部、世界卫生组织区域办事处和联合国阿拉伯国家人口基金合作。第四，2021年2月9日，阿盟经社理事会在举行第108届部长级常会上批准了阿拉伯统一登记程序的一般原则和批准疫苗及其在阿拉伯国家中的使用作为该领域的指导原则，由阿拉伯旅游组织、阿拉伯民航组织和阿拉伯航空运输联盟负责具体落实。第五，阿盟秘书处重视阿拉伯国家通过西方七国集团的批准机制，尽可能争取大份额的新冠肺炎疫苗。①

2021年3月，阿盟牵头组织在开罗阿盟总部召开了第54届阿拉伯卫生部长理事会，关键议题包括冠状病毒大流行（COVID-19）对阿拉伯地区卫生部门的影响、阿拉伯与美国在抗击冠状病毒方面的合作、阿拉伯与中国在卫生领域的合作等，以及关于阿拉伯地区流离失所者和寻求庇护者获得公共卫生服务的阿拉伯战略行动计划；阿拉伯卫生立法的标准化；改善孕产妇、儿童和青少年的健康；以及阿拉伯老年人、健康和环境战略。②5月21日，阿拉伯卫生部长理事会执行办公室召开一次视频会议，埃及、沙特、阿联酋、约旦、巴林、突尼斯、摩洛哥和巴勒斯坦等成员国代表以及阿盟副秘书长、阿盟社会事务部负责人海法·阿布·格扎拉等参见，并发表声明全力声援巴勒斯坦人民，并拨款50万美元用于紧急卫生需求以及人道主义和技术援助，以支持巴勒斯坦卫生部门。③

五、阿盟与大国合作

阿盟作为泛阿拉伯组织，在推动阿拉伯国家集体同主要大国之间合作不遗余力。2021年阿盟在同中国、美国、俄罗斯和印度等世界主要大国之间在多领域进行了不同程度的有益合作。

---

① "A Paper on the Efforts of the General Secretariat of the League of Arab States to Combat the COVID-19 Pandemic," https://www.state.gov/wp-content/uploads/2021/10/Delegation-Arab-League-COVID-19-Summit-Statement-Accessible_10082021.pdf.

② "Qatar Participates in the Arab Health Ministers' Council," Qatar Ministry of Public Health, March 15, 2021, https://www.moph.gov.qa/english/derpartments/undersecretaryoffice/internationalcooperation/Pages/NewsDetails.aspx?ItemId=344.

③ "Arab Health Minister's Executive Office Provides Urgent Needs for Palestine," Saudi Press Agency, May 21, 2021, https://www.spa.gov.sa/viewfullstory.php?lang=en&newsid=2229864.

（一） 阿盟与中国合作

2021年阿盟与中国进行了良好的互动关系，在多个领域实现了合作成果。3月4日，中国第三次向阿盟提供新冠疫苗的紧急援助，这是落实《中国和阿拉伯国家团结抗击新冠肺炎疫情联合声明》的具体行动。中国已向阿拉伯国家提供了100多万份检测试剂盒、1800多万只口罩，并向8个阿拉伯国家派出医疗专家组，并与阿方举办了40多次专家视频会，并积极同阿联酋、埃及、摩洛哥等国开展疫苗合作。① 3月29日，中国外交部与阿盟秘书处共同主持召开中阿数据安全视频会议，阿方支持中方提出的《全球数据安全倡议》。6月22日，中阿合作论坛第十七次高级官员会议和第六次高级官员战略政治对话通过视频举行，会议总结了中阿领导人论坛第九次部长级会议成果落实进展情况，讨论了中阿首脑峰会筹备工作和下一阶段工作计划，并就共同关心的国际和地区问题交换了意见。② 8月19-20日，第五届中国—阿拉伯国家博览会在宁夏举行，博览会总计签约成果277个，计划投资和贸易总额1566.7亿元。其中，投资类项目199个，投资额1539.2亿元；贸易类项目24个，贸易额27.5亿元；发布政策报告、签署备忘录协议54个。签约成果涵盖电子信息、清洁能源、新型材料、绿色食品、产能合作、"互联网+医疗健康"、旅游合作等多个领域，涉及"九大重点产业"的合作项目154个，投资额1276.8亿元，分别占合作成果项目总数和投资总额的55.6%、81.5%。③

（二） 阿盟与美国的防疫合作

长期以来，美国执行弱化阿盟的政策，不与阿盟建立正式外交关系，在诸多阿拉伯重大问题上排除阿盟参与，如中东和平进程等。但2021年阿盟与美国在防疫抗疫方面进行了一定的友好合作。2月16日，阿盟总秘书处组织了阿拉伯理事会技术咨询委员会参与美国卫生部长和卫生与公众服务部第一次联席会议，双方通过视频交流经验和专业知识。阿盟认为从美

---

① 陆隽弘：《阿盟举行中国援助疫苗交接仪式》，央视新闻客户端，2021年3月5日，http://m.news.cctv.com/2021/03/05/ARTIbm6ug1mzcMcUyLGjx0uL210305.shtml。

② 《中阿合作论坛举行第十七次高级官员会议和第六次高级官员级战略政治对话》，外交部网站，2021年6月23日，https://www.fmprc.gov.cn/eng/wjbxw/202106/t20210624_9134414.html。

③ 《第五届中国-阿拉伯国家博览会举行项目签约仪式》，宁夏回族自治区政府网站，2021年8月21日，http://www.nx.gov.cn/zzsl/202108/t20210822_2984994.html。

国在制药和疫苗行业的经验中获益,需要将这些经验转移到阿拉伯国家,并努力建立阿美双方在卫生相关领域的牢固伙伴关系,培训和交流有关流行病,特别是新冠肺炎以及针对新冠肺炎的辉瑞和莫德纳(Moderna)疫苗的信息。①

阿盟秘书长盖特通过视频会议参加了关于新冠肺炎大流行的部长级会议。阿盟发表的一份声明称,盖特的参与反映了他对会议讨论的与新冠肺炎大流行相关的主题的兴趣,例如恢复政策、加速疫苗接种行动和在流行病时期支持卫生系统的可持续融资等。盖特在讲话中强调了支持卫生部门的物质和人力能力的重要性,呼吁国际和区域努力的统一,以及以公平公正的方式在世界各地分发疫苗的重要性,同时考虑到最不发达国家和那些正在经历对其经济、社会和健康产生负面影响的冲突的国家。盖特提到了弥合工业化国家和发展中国家之间在疫苗接种过程中的差距的重要性,以及让私营部门参与提供和交付疫苗的重要性。盖特还重视从提供疫苗转向支持发展中国家在当地生产疫苗的能力的提议。②

(三)阿盟与俄罗斯合作关系

2021年阿盟与俄罗斯高层有着较为密切的联动。9月5日,阿盟副秘书长扎基应邀访问俄罗斯进行政治磋商,双方就阿拉伯地区各种问题展开广泛讨论,其中最重要的是巴勒斯坦问题、叙利亚危机、利比亚局势、伊朗核问题等的发展以及其他共同关心的问题。阿盟与俄罗斯签署了阿盟与俄罗斯选举组委会合作谅解备忘录。③ 12月15日,俄罗斯-阿拉伯合作论坛第六届部长级会议在摩洛哥马拉喀什举行。

---

① "A Paper on the Efforts of the General Secretariat of the League of Arab States to Combat the COVID – 19 Pandemic," *U. S Department of State*, October, 2021, https://www.state.gov/wp-content/uploads/2021/10/Delegation-Arab-League-COVID-19-Summit-Statement-Accessible_10082021.pdf.

② Sami Hegazi, "Arab League Calls for Bridging Gap in Vaccination Between Industrialized, Developing Countries," *Arab News*, November 11, 2021, https://dailynewsegypt.com/2021/11/11/arab-league-calls-for-bridging-gap-in-vaccination-between-industrialized-developing-countries/.

③ Sami Hegazi, "Arab League, Russia Hold Consultations Over Regional Issues," *Daily News*, September 5, 2021, https://dailynewsegypt.com/2021/09/05/arab-league-russia-hold-consultations-over-regional-issues/.

（四）阿盟与印度关系

近年来，印度与阿盟的互动频繁，双方在多个领域展开了切实合作。2021 年 1 月 12 日，阿印合作论坛第三次高官会议以视频会议方式举行，会议由秘书桑杰·巴塔查里亚（Sanjay Bhattacharyya）和埃及外交部部长助理兼常驻阿盟代表穆罕默德·阿布·海尔（Mohamed Abu Al-Kheir）大使共同主持。印度和阿盟国家承诺促进贸易和投资，并强调需要在打击恐怖主义以及确保航行自由和海上安全方面深化合作。会议讨论了在阿印合作论坛框架内加强合作的方式方法，包括经济、贸易与投资、能源与环境、农业与粮食安全、旅游与文化、人力资源开发、教育和医疗保健、科技和媒体等不同领域。双方同意尽早安排阿印合作论坛联合活动，包括第三届阿印文化节、阿印能源领域合作座谈会、首届阿印大学校长会议、第二届阿印大学校长会议多边环境协定，关于阿印在媒体领域的合作，以及举办第六届阿印伙伴关系会议。[①] 2021 年 6 月 8-9 日，印度与阿盟国家举行名为"阿拉伯-印度能源论坛"的视频会议，该会议旨在实施阿拉伯-印度合作论坛的行动计划以及 2021 年 1 月 12 日视频会议的决定。[②]

六、结　语

2021 年阿盟除了首脑峰会因故未能定期召开外，阿盟理事会（会议）、各专门组织（会议）和秘书（长）处等主要常设机构和机制运转正常，继续在阿拉伯世界诸多事务和领域维护并推进阿拉伯共同利益的实现。从结果来看，反观阿盟的功能性实践结果和效果，我们很难说它是依靠自身的制度安排来运作的，绝大多数决策依赖成员国的意愿。当然，阿盟之所以选择这样的机制有其重要原因：一是为了最大程度契合组织本身的性质与职能需要；二是考虑到政治和经济等因素对各成员国通过决议所产生的影

---

① "India, Arab League Vow to Deepen Cooperation in Counter Terrorism", *The Hindu*, January 13, 2021, https://www.thehindu.com/news/national/india-arab-league-vow-to-deepen-cooperation-in-counter-terrorism/article33563866.ece.

② "Arab-India Energy Forum Concludes First Edition of Its Meet Today," *India News Network*, June 9, 2021, https://www.indiavsdisinformation.com/20210609/arab-india-energy-forum-concludes-first-edition-of-its-meet-today.

响。然而，不管是在历史还是在现实中，中东诸多传统和非传统问题都对这种机制提出了不同程度的质疑，验证了"阿盟未拥有强效机制"的判断。当今的阿拉伯世界，阿盟决策制度的表现明显是一架旧机器，显然已适应不了现实的发展需求，阿盟必须正视现实问题并加以解决，以发挥应有的作用。但是，需要指出的是，阿盟作为泛阿拉伯的论坛平台、集体代言人、分歧协调人、争端和冲突的斡旋者以及阿拉伯共同利益捍卫者等功能性角色并无本质变化，其仍是推动阿拉伯国家合作和地区热点问题解决的重要参与者、推动阿拉伯世界同大国关系发展的构建者并发挥着经常性积极作用。

2021年的海湾阿拉伯国家合作委员会

韩建伟　欧阳玲[*]

【摘　要】

2021年对海合会国家来说既有机遇，也有挑战。从挑战层面来讲，长期作为安全保护伞的美国加速从中东战略收缩，给海合会国家带来了更深的不安全感。海合会国家在寻求地区缓和上逐渐形成共识，开启了海湾乃至中东地区的和解浪潮。沙特、阿联酋等国与卡塔尔实现和解，并与伊朗接触缓和地区形势。然而不同国家对待和解的立场存在差异。2021年，海合会国家不仅石油收入有所增加，在经济多元化上也取得明显成效，数字经济等新兴产业发展迅速。2021年也是海合会国家外交集体向东看的一年。海合会一体化的动力依然不足，成员国更多按照自身利益行动，其内部进一步机制化依然存在较大空间。

【关键词】

海合会　团结　经济多元化　和解

2021年的海合会在卡塔尔断交危机解决的背景下开启了新阶段。然而，这并不代表其内部的分歧真正获得解决。事实上，海合会部分成员国的内外政策比以往表现出更多的独立性，该组织的机制效能也没有实质性的提高。2021年海合会国家继续面临新冠肺炎疫情的挑战，在协同应对疫

---

[*] 韩建伟，上海外国语大学中东研究所副教授；欧阳玲，上海外国语大学国际关系与公共事务学院、中东研究所2020级硕士研究生。本文系上海外国语大学重大项目"中东剧变后的中国中东外交实践研究"（项目编号：2021114008）和上海外国语大学青年教师科研创新团队项目"百年未有大变局之下的中东政治变迁研究"（项目编号：2020114046）的中期成果。

情方面取得了一定成效；面对世界节能减碳的能源转型前景，海合会国家加快了经济多元化转型。2021年，海合会国家深受美国从中东战略收缩加速的影响，致力于缓和特朗普时期以来不断恶化的地区安全形势，与周边邻国的和解进程备受瞩目。

一、海合会内部试图加强团结

2021年初，历时4年的卡塔尔断交危机终获解决，开启了海合会新的一页。2021年1月5日，在沙特西部城市欧拉，举行了海合会第41届领导人峰会。卡塔尔埃米尔塔米姆（Tamim bin Hamad Al Thani）在时隔3年多之后再次参加海合会峰会，并与其他成员国领导人共同签署了《欧拉宣言》。《欧拉宣言》主要内容包括：沙特与卡塔尔重新开放领空和海陆边界；海合会各国应团结一致，共同应对外部挑战；各国共同努力加快一体化进程，尽早完成成员国关税同盟和共同市场建设。[1] 此次峰会的最大成果是沙特、巴林、阿联酋与卡塔尔全面恢复外交关系，持续三年半的卡塔尔断交危机得以化解。

欧拉峰会结束后，卡塔尔与海合会其他国家的关系迅速升温，如沙特与卡塔尔展开了一系列高层互访。主要事件有：3月8日，沙特外交大臣费萨尔访问卡塔尔，这是与卡塔尔恢复外交关系之后沙特高层官员首次访问卡塔尔。[2] 5月10日，卡塔尔埃米尔塔米姆抵达沙特海滨城市吉达，对沙特进行正式访问，沙特王储穆罕默德亲自到机场迎接。[3] 8月11日，卡塔尔塔米姆签署埃米尔令，任命巴达尔·穆罕默德·阿提亚（Bandar Mohamed Abdullah al-Attiyah）为卡塔尔驻沙特大使。[4] 12月9日，沙特王

---

[1] "GCC Summit Focuses on Unity and Integration," *Gulf Times*, Jan. 7, 2021, https://www.gulf-times.com/story/681947/GCC-Summit-focuses-on-unity-and-integration.

[2] 《沙特外交大臣访问卡塔尔》，*CCTV*，2021年3月9日，http://m.news.cctv.com/2021/03/09/ARTIerzytKm8aGSB6BOL5Hfx210309.shtm。

[3] "Qatar's Emir Arrives in Saudi Arabia on Official Visit," *Arab News*, May 10, 2021, https://www.arabnews.com/node/1856901/saudi-arabia.

[4] "Qatar Appoints First Ambassador to Saudi Arabia since Rift," *Aljazeera*, Aug. 11, 2021, https://www.aljazeera.com/news/2021/8/11/qatar-appoints-first-ambassador-to-saudi-arabia-since-rift.

储穆罕默德首次访问卡塔尔,会见塔米姆。① 这些事件标志着沙特与卡塔尔关系完全实现正常化。

阿联酋也迅速与卡塔尔改善关系。2021 年 8 月 26 日,卡塔尔埃米尔塔米姆在多哈会见到访的阿联酋国家安全顾问塔农·阿勒纳希安(Tahnoun bin Zayed Al Nahyan),这是自 2017 年断交危机以来阿联酋高级官员首次访问卡塔尔。② 2022 年 2 月,阿布扎比王储谢赫·穆罕默德·本·扎耶德·阿勒纳哈扬(Sheikh Mohammed bin Zayed Al Nahyan)在北京冬奥会期间与塔米姆直接会面,探讨双边关系的进一步发展。③

除政治层面的互动外,卡塔尔与海合会其他成员国还就国内共同面临的社会经济问题,如气候变化、能源转型、疫情防控、疫情后经济复苏等问题进行协商;同时在安全问题,如也门战争等问题上加强了协调。

海合会内部危机的解决是众多因素共同作用的结果。综合来看,主要有以下几方面的原因。

首先,美国政府换届及其中东政策的变化影响到沙特地区政策的调整。沙特是卡塔尔断交危机的始作俑者。在特朗普执政时期,美沙形成了亲密的同盟关系,然而美国政治的高度极化严重影响到美沙关系的稳定,特别在卡舒吉事件发生后,美国国内一直存在重新考虑与沙特关系的声音。还在竞选期间,民主党人拜登就承诺重新考虑与沙特的关系,包括在军售、人权问题以及对沙特发动也门战争的支持等。④ 令沙特更为担心的是,拜登试图重回伊核协议,推翻特朗普政府最重要的外交遗产之一。因此,沙特希望通过积极解决卡塔尔断交危机,向即将上任的拜登政府证明

---

① Aya Batrawy, "Saudi Crown Prince in 1st Visit to Qatar After Embargo Ended," *ABC News*, Dec. 9, 2021, https://abcnews.go.com/International/wireStory/saudi-crown-prince-1st-visit-qatar-embargo-ended-81645341.

② "UAE's Sheikh Tahnoun Bin Zayed Leads Delegation to Qatar," *The National News*, Aug. 26, 2021, https://www.Thenationalnews.com/uae/2021/08/26/uaes-sheikh-tahnoun-bin-zayed-leads-delegation-to-qatar/.

③ "Qatar and UAE Leaders Meet for First Time Since Gulf Crisis Ended," *Aljazeera*, Feb. 6, 2022, https://www.aljazeera.com/news/2022/2/6/qatar-and-uae-leaders-meet-for-first-time-since-gulf-crisis-ended.

④ Marwa Rashad, Ghaida Ghantous, Jonathan Landay, "Honeymoon Over? Saudi Arabia-U.S. Ties Face Reset with Biden Win," *Nasdaq*, Oct. 22, 2020, https://www.nasdaq.com/articles/honeymoon-over-saudi-arabia-u.s.-ties-face-reset-with-biden-win-2020-10-22.

沙特可以成为地区建设性的合作伙伴，[①] 以此减轻来自美国的压力。

其次，海合会内部对抗伊朗的需要。断交危机发生之后，卡塔尔与伊朗的关系愈发亲密，这不符合沙特等国与伊朗抗衡的需要。将卡塔尔重新拉回海合会阵营，将增强沙特等国与伊朗集团对抗的整体力量。

再次，共同应对疫情及统一行动的需要。新冠肺炎疫情沉重打击了海合会国家的经济，而断交危机严重影响了海合会国家统一行动应对疫情的能力，特别是令海合会框架下的机构无法顺畅协调运作。只有尽快解决卡塔尔游离之外的问题，才能增强海合会整体应对新冠肺炎疫情的能力并共同致力于疫情后的经济复苏。

最后，卡塔尔务实理性的多边外交政策，对危机的解决发挥了重要作用。卡塔尔一方面拒绝了沙特等国提出的苛刻复交要求，同时继续采取灵活政策减轻断交危机对自身的影响。如在整个危机期间，卡塔尔继续通过海豚天然气项目向阿联酋供应天然气。卡塔尔在国际舞台上继续实行其"小国大外交"战略，如在阿富汗问题上成为美国与塔利班直接对话的平台，不仅与美国的关系进一步加深，还令其国际影响力得到进一步的提升。卡塔尔在涉及主权问题上保持原则立场的同时，也对其某些被海合会成员国批评的外交政策进行了修正。[②] 因此，卡塔尔不失灵活又坚守原则的外交政策为危机的解决产生了不容忽视的影响。

2021年是海合会集体抗击新冠肺炎疫情的一年。截止到2021年7月，海合会国家共联合召开了18次会议、5次特别会议，讨论应对新冠肺炎疫情的对策。通过建立统一大数据平台、加强疫苗接种、为在线教育提供技术支持等方式，2021年海合会国家的整体新冠肺炎感染率再次下降，同时死亡率仍然相对较低。[③]

2021年12月14日，第42届海合会首脑峰会在沙特首都利雅得举行，标志着海合会国家在协同立场、建设统一的海湾经济体上又迈出一步。来

[①] Ari Heistein, Yoel Guzansky, "Could Gulf Reconciliation Herald a Broader Regional Realignment?" Institute for National Security Studies, No. 1430, Jan. 20, 2021, pp. 2 – 3.

[②] Sultan Barakat, "Qatar – GCC Agreement: A Victory for Measured Diplomacy," *Aljazeera*, Jan. 8, 2021, https://www.aljazeera.com/opinions/2021/1/8/qatar-gcc-agreement-a-victory-for-measured-diplomacy.

[③] "Toward Recovery: Effects of Covid – 19 Pandemic in the GCC Health, Social, and Economic Aspects," pp. 15 – 48, Dec. 2021, https://www.gccstat.org/images/gccstat/docman/publications/covid-19report.pdf.

自海合会6个成员国的元首或元首代表出席会议，会后发表的联合声明涉及安全、反恐、疫情防控、巴以问题、也门问题及阿富汗局势等地区热点问题。① 与会各方强调应尽快完成海湾共同市场建设，按期于2025年实现海湾经济一体化。

从年初首脑峰会的卡塔尔与沙特等国恢复关系到年底首脑会议的再次召开，"加强内部团结，共同应对外部挑战"是2021年海合会成员国的主要政治议题。可以看出，断交危机的解决对增进海合会的团结发挥了一定作用，暂时弥合了海合会内部的分歧与矛盾，但这更多是沙特妥协让步的结果。卡塔尔的基本对外立场并没有发生根本性变化，与沙特等国的分歧也一直存在。当初沙特等国向卡塔尔提出结束断交的13个条件，包括终止与伊朗关系、关闭半岛电视台及其他一些电视台、终止土耳其的军事存在、停止对阿拉伯政治反对派的支持以及移交"恐怖分子"等，② 卡塔尔一直未接受这些条件。而在恢复外交关系之后，卡塔尔也没有改变其一贯的外交立场。③

海合会内部矛盾依旧，既有围绕领导权的明争暗斗，也有各成员国在组织内地位和影响力不平衡的矛盾，更有在与伊朗、以色列、土耳其等地区大国关系上的分歧，另外在涉及也门胡塞武装、穆兄会等问题上也持不同的看法。④ 随着美国加速从中东战略收缩，海合会内部的矛盾还会进一步显露，每个国家越来越根据自身的角色定位与利益诉求制定更加独立的外交政策，而不再唯某个国家马首是瞻。一个实用主义的新时代正在降临海合会国家。⑤ 然而无论如何，作为海湾乃至中东地区有影响力的地区性组织，海合会的继续存在及内部加强团结符合成员国的根本利益。面对日

---

① 谷玥:《海合会首脑会议强调按期实现海湾经济一体化》，新华网，2021年12月15日，http://www.news.cn/world/2021-12/15/c_1128165102.htm。

② NDT Bureau, "Recent Gulf Rapprochement Blow to Iran, Experts Say," *New Delhi Times*, Jan. 12, 2021, https://www.newdelhitimes.com/recent-gulf-rapprochement-blow-to-iran-experts-say/.

③ Kristian C. Ulrichsen, "Lessons and Legacies of the Blockade of Qatar," *Insight Turkey*, Vol. 20, No. 2, Spring 2018, pp. 11-20.

④ Kristian Coates Ulrichsen, "Missed Opportunities and Failed Integration in the GCC," Arabic Center Washington DC, Jun. 2018, https://arabcenterdc.org/resource/missed-opportunities-and-failed-integration-in-the-gcc/.

⑤ Federica Marsi, "Explainer: What to expect at the 42nd GCC Summit," *Aljazeera*, Dec. 14, 2021, https://www.aljazeera.com/news/2021/12/14/explainer-what-will-happen-at-the-42nd-gcc.

趋复杂的地区局势，各成员国能否尊重彼此的不同立场并协调一致对该组织的未来至关重要。

二、经济缓慢复苏促使海合会国家加快探索经济转型之路

谋求经济复苏是2021年海合会国家的主要任务。2021年对海合会国家的机遇是，随着疫苗接种的大规模普及与世界各国纷纷放松限制措施，全球石油需求的大幅度增加促进了油价的上涨。根据国际能源署的数据，全球石油需求从2019年第四季度的每天1亿桶下降到2020年第二季度的每天8300万桶后，2021年第二季度全球石油需求已增至每天9400万桶。油价在2021年保持相对稳定，并随着全球复苏的加速而呈上升趋势。① 随着全球石油价格的上涨，各成员国经济出现缓慢复苏的迹象。与此同时，为应对世界节能减碳及新能源加速开发的前景，海合会国家在经济多元化上更加积极探索。

总的来看，2021年海合会国家非石油经济增长率实现了由负转正。2020年，受疫情影响，几乎所有海合会国家的非石油经济都出现了负增长，如沙特为-2.2%，科威特为-8%，阿曼为-3.8%，卡塔尔为-4.2%，阿联酋为-6.2%，巴林为-5.2%。然而2021年，沙特非石油经济增长为5%，科威特为2.8%，阿曼为2.8%，卡塔尔为1.8%，阿联酋为3%，巴林为2.6%。②

海合会国家在经济多元化方面取得的成绩跟积极的能源转型战略、大规模吸引外资及充分利用第四次科技革命的成果有密不可分的关系。

第一，海合会国家积极响应联合国减碳倡议，纷纷制定规划推动经济多元化，以减少对油气出口的依赖。

2021年3月，沙特发出"绿色倡议"，旨在提升绿色能源对经济发展

---

① IMF, "Economic Prospects and Policy Challenges for the GCC Countries – 2020," p. 9, https：//www.imf.org/en/Publications/Policy – Papers/Issues/2020/12/08/Economic – Prospects – and – Policy – Challenges – for – the – GCC – Countries – 49942.

② IMF, "Economic Prospects and Policy Challenges for the GCC Countries – 2021," p. 9, https：//www.imf.org/en/Publications/Policy – Papers/Issues/2021/12/14/Economic – Prospects – and – Policy – Challenges – for – the – GCC – Countries – 2021 – 510967.

的贡献并提高石油生产的效率。① 同年 5 月，阿联酋制定减碳目标，力争到 2050 年对清洁能源的依赖度增加至 50%，同时减少发电过程中 70% 的二氧化碳排放。② 同年 10 月，阿联酋专门制定了应对气候变化的国家战略——"2050 年零排放战略倡议"，该倡议的目标是到 2050 年实现碳中和。③ 为减少对石油的依赖，迪拜王储兼迪拜执行委员会主席谢赫·哈姆丹·本·穆罕默德·本·拉希德·阿勒马克图姆（Sheikh Hamdan bin Mohammed bin Rashid Al Maktoum）发起"迪拜可以"（Dubai Can）可持续发展倡议，该倡议鼓励公众减少一次性塑料瓶的使用，保护自然资源，创造可持续发展的城市环境。④ 2021 年 11 月，卡塔尔石油公司更名为卡塔尔能源公司，意味着公司将更加重视提升能源效率，使用捕获和储存二氧化碳等环保技术。⑤ 继阿联酋之后，海合会其他国家也提出了能源转型目标。如巴林目标是到 2035 年实现 10% 的可再生能源利用率，并计划到 2025 年新增 255 兆瓦容量的光伏装机；沙特目标是到 2030 年实现 50% 的可再生能源利用率；科威特则提出到 2030 年可再生能源的利用率为 15%。⑥

第二，在能源转型项目上寻求国际投资，开展多边合作。

海合会国家充分利用国际资本加强对本国能源转型项目的投资。2021 年 1 月，阿联酋穆巴达拉投资公司（Mubadala Investment Company）与西门子能源公司（Siemens Energy）签署谅解备忘录，以开发绿色氢和合成燃料

---

① Philip Loft, "The Gulf in 2021," House of Commons Library, Aug. 9, 2021, p. 19, https：//researchbriefings. files. parliament. uk/documents/ CBP – 9284/CBP – 9284. pdf.

② "UAE Government Reaffirms Its Commitment to Cut Co2 Emissions, Increase Clean Energy Use By 2050," UAE Ministry of Foreign Affairs and International Cooperation, May 18, 2021, https：//www. mofaic. gov. ae/en/mediahub/news/2021/5/18/18 – 05 – 2021 – uae – co2.

③ "UAE Becomes First MENA Nation to Declare Net Zero Strategy," Permanent Mission of the UAE to the UN, Oct. 7, 2021, https：//uaeun. org/uae – announces – net – zero – by – 2050 – strategic – initiative/.

④ "Watch: Sheikh Hamdan Launches 'Dubai Can' to Reduce Waste with 'One Small Change, One Big Impact'," Gulf News, Feb. 15, 2022, https：//gulfnews. com/uae/environment/watch – sheikh – hamdan – launches – dubai – can – to – reduce – waste – with – one – small – change – one – big – impact – 1. 85730523.

⑤ "Qatar Petroleum Changes Name to Qatar Energy," Aljazeera, Oct. 11, 2021, https：//www. aljazeera. com/news/ 2021/ 10/11/qatar – petroleum – changes – name – to – qatar – energy.

⑥ 中华人民共和国驻科威特大使馆经济商务处：《海湾国家纷纷制定规划应对全球气候变暖》，2021 年 9 月 3 日，http：//kw. mofcom. gov. cn/article/ztdy/2021 09/20210903195022. shtml.

项目，这是开发清洁能源的重要成果。① 阿布扎比国家石油公司（ADNOC）与日本经济、贸易与工业部（Ministry of Economy, Trade and Industry of Japan）签署了一项燃料氨利用和碳回收技术的合作备忘录。阿联酋工业与高新技术部长、国家石油公司总裁苏尔坦·贾比尔博士（Sultan Ahmed Al Jaber）对此表示，协议的签署将有助于阿联酋实现利用新能源、减少碳排放的目标。② 2021 年 5 月 18 日，阿曼苏丹国的全球综合能源公司（OQ）宣布与科威特能源科技公司（Ener Tech）共同开发阿曼综合绿色燃料项目，该项目是将 25 千兆瓦的可再生太阳能和风能转化为零排放的绿色氢气，所产氢气可在阿曼本地使用，也可直接或转化为绿氨出口。③ 2021 年 9 月 25 日，卡塔尔公共工程署与瑞士 ABB 集团签署谅解备忘录，在卡塔尔自由区设立电动车充电设备厂。该工厂是 ABB 集团在中东地区设立的第一个分厂，将进一步支持卡塔尔"2030 国家愿景"中的环保目标；与谅解备忘录一并签署的还有一份电动巴士充电设备供应合同，以支持卡塔尔交通通讯部制定的电动汽车战略。④ 2021 年 10 月 19 日，卡塔尔能源公司（Qatar Energy）和壳牌公司（Shell）签署协议，将在英国联合投资蓝色和绿色氢能项目。⑤ 同月 25 日，卡塔尔能源公司与韩国氢能融合联盟（H2Korea）签署氢能领域合作协议。⑥ 可以看出，海合会国家已经成为国际优质资本投资能源转型项目的热门选择。

---

① Katie McQue, "Abu Dhabi's Mubadala, Siemens ink MOU for Hydrogen, Synthetic Fuel," *S&P Global Commodity Insights*, Jan. 17, 2021, https://www.spglobal.com/commodity - insights/en/market - insights/latest - news/electric - power/011721 - abu - dhabis - mubadala - siemens - ink - mou - for - hydrogen - synthetic - fuel.

② "UAE and Japan to Cooperate on Fuel Ammonia and Carbon Recycling Technologies," *ADNOC*, Jan. 14, 2021, https://www.adnoc.ae/en/news - and - media/press - releases/2021/uae - and - japan - to - cooperate - on - fuel - ammonia - and - carbon - recycling - technologies.

③ Sarah Smith, "OQ, Inter Continental Energy, and Ener Tech Develop Green Hydrogen Project in Oman," *Energy Global*, May 21, 2021, https://www.energyglobal.com/other - renewables/21052021/oq - intercontinental - energy - and - enertech - develop - green - hydrogen - project - in - oman/.

④ 中华人民共和国驻卡塔尔国大使馆经济商务处：《卡塔尔将建立中东地区首家电动车充电设备生产工厂》，2021 年 9 月 30 日，http://qa.mofcom.gov.cn/article/jmxw/202109/20210903204218.shtml。

⑤ "QatarEnergy and Shell to Pursue Joint Investments in Hydrogen Solutions," *Gulf Times*, Oct. 19, 2021, https://www.gulf - times.com/story/702660/QatarEnergy - and - Shell - to - pursue - joint - investments - .

⑥ "QatarEnergy, H2Korea Sign Hydrogen Energy Cooperation Agreement," *Gulf Times*, Oct. 25, 2021, https://www.gulf - times.com/story/703062/QatarEnergy - H2Korea - sign - hydrogen - energy - cooperati.

与此同时,海合会国家也在进一步优化国内投资环境。阿联酋新修订的《商业公司法》于 2021 年 6 月 1 日起生效。新规将允许外资拥有在岸公司 100% 的所有权,但石油天然气、公用事业、电信等重要行业仍将受到外资所有权的限制;废除商业公司须由阿联酋公民作为主要股东的要求,不再需要阿联酋公民或本地公司作为注册代理,这意味着相关行业在阿联酋经营业务将不再需要阿联酋国民作为"保人",阿联酋正式告别"保人经济"。① 2021 年 10 月 27 日,沙特宣布向 44 家国际公司授予在首都利雅得设立区域总部的许可证,目的是将沙特打造成地区国际商业中心,也代表着沙特吸引外资政策的重大转变。② 据阿曼通讯社报道,自 2021 年 3 月起阿曼政府将通过实施减税降费、优化营商环境、推动中小企业发展、优化劳动力市场、银行激励等五大举措,促进本国经济发展,吸引外商投资。③ 2021 年 11 月 23 日,科威特政府表示正在着手修改本国居留制度和工作许可证规章,计划向外籍投资者和项目业主发放为期 5—15 年的居留许可,并废除备受争议的赞助制度。④ 海合会国家通过不断修改国内法律体制来改善外资营商环境,力图将海合会打造成国际资本与商品中转枢纽,摆脱资源依附性经济的老路。

第三,海合会国家大力发展数字技术与产业,使其成为经济多元化的新引擎。

在海合会成员国制定的国家愿景中,如沙特"2030 年愿景"、阿联酋"2021 愿景"、阿布扎比"2030 愿景"⑤、卡塔尔"2030 愿景"、阿曼

---

① Manoj Nair, John Benny, "UAE's New Commercial Companies Law: Which Businesses Can Aim for 100% Foreign Ownership?" *Gulf News*, May 20, 2021, https://gulfnews.com/business/markets/uaes-new-commercial-companies-law-which-businesses-can-aim-for-100-foreign-ownership-1.1621484025012.

② "Saudi Arabia Licenses 44 Companies to Open Regional Headquarters In Riyadh," *India Times*, Oct. 27, 2021, https://economictimes.indiatimes.com/news/international/saudi-arabia/saudi-arabia-licenses-44-companies-to-open-regional-headquarters-in-riyadh/articleshow/87304648.cms.

③ 中华人民共和国驻阿曼苏丹国大使馆经济商务处:《阿曼减税降费促经济发展》2021 年 3 月 21 日,http://om.mofcom.gov.cn/article/jmxw/202103/20210303046093.shtml.

④ "Kuwait Plans to Issue 15-year Residency to Foreign Investors," *News Directory*, Nov. 23, 2021, https://www.newsdirectory3.com/kuwait-plans-to-issue-15-year-residency-to-foreign-investors/.

⑤ Richie Santosdiaz, "Overview of the Economic Development Strategies in the Middle East's GCC Region," *The Firtech Times* Dec. 12, 2020, https://thefintechtimes.com/overview-of-the-economic-development-strategies-in-the-middle-easts-gcc-region/.

"2040愿景"、巴林"2030愿景"①、科威特"2035愿景",都不同程度地强调加快数字经济发展。在国家战略引导及资本扶持下,海合会国家决定到2025年实现数字经济产值超万亿美元。② 2021年,绝大多数海合会成员国在促进国内数字经济发展上采取了新一轮行动。

  首先,借助数字技术提升产业发展动能。沙特、科威特和阿联酋瞄准了数字银行服务。2021年6月23日,沙特中央银行(SAMA)宣布沙特内阁已批准成立两家数字银行,总资本为40亿里亚尔(约合68亿元人民币)。③ 2021年11月25日,科威特国家银行宣布推出科威特第一家数字银行(Weyay),向占科威特近2/3人口的34岁以下青年群体提供服务。④ 阿布扎比控股公司(ADQ)于2022年2月11日宣布,阿联酋中央银行已原则性同意批准建立一个数字银行平台(Wio)。⑤ 其次,利用数字技术优化出行和运输方式。2021年8月1日,科威特港务局(KPA)表示,已批准一项城市计划,建设中东地区首个为电动汽车制造商服务的项目。⑥ 10月9日,卡塔尔跨国电信运营商(Ooredoo)宣布,卡塔尔哈马德港成为中东首个配备5G网络的港口。⑦ 最后,加快建设数据中心。海合会各成员国都在纷纷投资数据中心建设,争相成为地区数据中心枢纽。阿联酋和巴林两国表现尤其突出。作为该地区数字经济的领跑者,阿联酋开发数据中心拥有众多的成熟条件,如发达的光纤宽带与网络服务、便利的施工环境、便捷的智慧城市设施等,已吸引微软、亚马逊、甲骨文、阿里云等众多云厂

---

  ① Mark Townsend, "GCC: A Steep Road to Recovery," *Global Finance*, April 8, 2021, https://www.gfmag.com/magazine/april-2021/gcc-steep-road-recovery.

  ② 中华人民共和国驻科威特大使馆经济商务处:《海湾国家制定数字经济发展目标,推动建设智慧城市》2021年9月8日,http://kw.mofcom.gov.cn/article/ztdy/202109/20210903196153.shtml。

  ③ Web Desk, "Saudi Arabia Grants License to Two Digital Banks," *Ary News*, Jun. 24, 2021, https://arynews.tv/saudi-arabia-grants-licence-two-digital-banks/.

  ④ "NBK Launches 'Weyay,' the First Digital Bank in Kuwait," *Kuwait Times*, Nov. 24, 2021, https://www.kuwaittimes.com/nbk-launches-weyay-the-first-digital-bank-in-kuwait/.

  ⑤ "Abu Dhabi to Launch Next-Generation Banking Platform 'Wio'," *UAE MOMENTS*, Feb. 11, 2022, https://www.uaemoments.com/abu-dhabi-to-launch-nextgeneration-banking-platform-wio-457057.html.

  ⑥ "Kuwait Ports Plans Region's First City for Electric Car Makers," *Economic Times*, Aug. 1, 2021, https://economictimes.indiatimes.com/industry/renewables/kuwait-ports-plans-regions-first-city-for-electric-car-makers/articleshow/84944506.cms.

  ⑦ "Hamad Port Becomes First 5G-enabled Seaport in Middle East, Powered by Ooredoo," *Gulf Times*, Oct. 9, 2021, https://amp.gulf-times.com/story/702006/Hamad-Port-becomes-first-5G-enabled-seaport-in-Mid.

商巨头在此设立数据中心。巴林早在 2019 年就宣布欢迎亚马逊网络服务（AWS）在中东设立第一个数据中心。2021 年 3 月，又吸引中国腾讯在此设立其中东北非区域首个云计算数据中心。此外，阿拉伯国家联盟下设的阿拉伯数字经济联盟（AFDE）也宣布将在巴林建设一个数据中心。另外，卡塔尔也正在快速发展为该地区重要的云枢纽，相继吸引微软和谷歌在该国建立全球数据中心。①

综合来看，2021 年海合会国家经济稳中有升，特别是在探索经济多元化道路上取得了明显成效。尽管如此，石油出口仍占科威特、卡塔尔、沙特和阿曼商品出口总额的 70% 以上，而油气收入占科威特、卡塔尔、阿曼政府总收入的 70% 以上。② 这意味着大部分成员国经济发展依旧高度依赖传统能源部门。海合会经济多样化进程仍然受到国际石油市场波动、国内疫情反复、政府实施战略的意愿及能力的影响。另外海合会国内众多的经济社会问题，如青年人就业、能源补贴、庞大的军事开支、低效而臃肿的行政机构等问题也影响经济转型能否成功。③ 未来海合会国家还可能遭受低油价和地区内部同质化竞争的挑战。④ 2022 年初，因俄乌战争爆发的影响，国际油价出现强势反弹势头，然而全球能源转型是大势所趋。海合会成员国的经济多元化转型前景依然面临很多不确定性。

三、美国战略收缩下海合会国家寻求地区形势缓和

2021 年对海合会来说，其对外政策最大的特点是寻求地区形势的缓和。海合会国家对外政策的调整受到美国从中东加速收缩的深刻影响，但

---

① 中华人民共和国驻科威特大使馆经济商务处：《数据中心正成为中东地区受青睐的投资领域》，2021 年 12 月 19 日，http://kw.mofcom.gov.cn/article/jmxw/202112/20211203229732.shtml。
② World Bank, "Gulf Economic Update: Seizing the Opportunity for a Sustainable Recovery," Fall 2021, p. xiii, https://openknowledge.worldbank.org/bitstream/handle/10986/36654/Gulf - Economic - Update - Seizing - the - Opportunity - for - a - Sustainable - Recovery.pdf? sequence = 1&isAllowed = y.
③ Marek Dabrowski, Marta Domínguez - Jiménez, "Economic Crisis in the Middle East and North Africa," *Bruegel*, Jan. 2021, pp. 14 - 19, https://www.bruegel.org/wp - content/uploads/2021/01/PC - 02 - 2021 - 220121.pdf.
④ "Gulf States Show 'Limited' Progress Kicking Oil & Gas Dependency," *ENERGY UPDATE*, Jun. 22, 2021, https://www.energyupdate.com.pk/2021/06/22/gulf - states - show - limited - progress - kicking - oil - gas - dependency/.

并不是以统一行动的方式进行的,在国与国之间存在微妙的差异。

沙特是对美国从中东战略收缩最敏感的国家,因为其对美国提供的安全保障存在极深的依赖。然而,2021年以来,沙特不仅目睹了美国拜登政府试图重回伊核协议并跟伊朗展开维也纳间接谈判的政策调整,更对美国仓促撤军阿富汗感到触目惊心。美国在从阿富汗撤军的同时,也从沙特撤出了部分军事人员和导弹。海湾阿拉伯国家对美国大规模撤军感到震惊,认为美国与海合会正在从精神上脱钩。① 沙特王子图尔基·费萨尔(Turki Al-Faisal)认为,沙特是该地区导弹和无人机袭击的主要受害者,因此美国似乎没有理由从沙特撤出"爱国者"导弹。② 沙特还不得不考虑与伊朗一起面对阿富汗塔利班上台执政后的地区安全威胁,促使沙特与伊朗直接谈判。③

从2021年春天开始,沙特与伊朗秘密接触进行谈判。2021年7月25日,沙特外交大臣穆罕默德访问德黑兰并与伊朗当选总统莱希举行会谈,讨论了双边关系的最新发展以及地区热点问题。④ 2021年8月28日,沙特、伊朗、土耳其、卡塔尔、约旦、埃及等中东国家领导人及高级别官员出席了由伊拉克牵头的地区会议"巴格达峰会"。这是自2016年1月沙特与伊朗断交以来,两国高级别官员第一次同时出现在同一国际会议之中,因此被外界解读为"中东和解的风向标"。⑤ 巴格达峰会结束之后,沙特与伊朗的直接会谈也展开,迄今已经举行了4次。2022年2月20日,沙特外交部长穆罕默德表达了希望与伊朗展开第五轮直接会谈的意愿,尽管前

---

① Daniel Brumberg, "US Middle East Influence in Afghanistan's Shadow," *Arab Center Washington DC*, Jul. 15, 2021, https://arabcenterdc.org/resource/us-middle-east-influence-in-afghanistans-shadow/.

② Abigail Ng, "Saudi Prince Says the U.S. Should not Withdraw Patriot Missiles from Saudi Arabia," *CNBC*, Sept. 9, 2021, https://www.cnbc.com/2021/09/09/saudi-prince-us-should-not-pull-patriot-missiles-from-saudi-arabia.html.

③ Hidemitu Kibe, "Taliban's Rise Pressures Iran and Saudi Arabia to Bury the Hatchet," *NIKKEI Asia*, Aug. 19, 2021, https://asia.nikkei.com/Politics/International-relations/Afghanistan-turmoil/Taliban-s-rise-pressures-Iran-and-Saudi-Arabia-to-bury-the-hatchet2.

④ "Iranian President-elect Meets FM," *Gulf Times*, Jul. 25, 2021, https://www.gulf-times.com/story/697179/Iranian-president-elect-meets-FM.

⑤ Andrew England, "Saudi and Iranian Foreign Ministers Join Regional Summit in Iraq," *Financial Times*, Aug. 28, 2021, https://www.ft.com/content/1653c2d1-f39e-40cd-8507-530633969cea.

四轮谈判未取得实质性进展。① 总的来讲，沙特对跟伊朗接触的态度是低调谨慎的，对两国实质性改善关系的前景并没有过于乐观的期待。

阿联酋也寻求与伊朗改善关系。2021年12月6日，阿联酋高级国家安全顾问对伊朗进行了访问，会晤了伊朗总统莱希，旨在克服两国长期存在的分歧、加强合作，这被西方媒体称为"罕见的访问"。② 但是阿联酋与伊朗改善关系是有限的，这受制于两国在领土争端、地区问题上长期不同的利益与立场。

跟沙特、阿联酋相对谨慎的态度相比，卡塔尔在跟伊朗发展关系上更加积极主动。2021年7月25日，伊朗外交部长扎里夫访问卡塔尔，向卡塔尔埃米尔塔米姆传达伊朗总统鲁哈尼的口信。③ 10月4日，卡塔尔外交部秘书长哈马迪（Ahmed bin Hassan Al Hammadi）会见到访的伊朗副外长巴盖里·卡尼（Bagheri Khani），双方讨论了两国关系的发展以及地区局势的最新情况。④ 卡塔尔还向伊朗提供必要的疫情物资援助。2021年9月22日，卡塔尔发展基金向伊朗提供重达3.5吨的紧急医疗援助，这是自疫情暴发以来卡塔尔向伊朗提供的第五批物资。⑤

除了跟伊朗和解，海合会部分国家继续跟以色列保持和解趋势，但是也凸显了海合会内部的分歧。2021年，以色列与阿联酋在人工智能、金融科技、农业、旅游业、航空业等领域合作不断深入，令《亚伯拉罕协议》成果不断深化。以色列新任总理贝内特更是在2021年12月12日对阿联酋

---

① "Saudi Arabia Plans for Fresh Round of Talks with Iran, Says Foreign Minister," *India Times*, Feb. 20, 2022, https://economictimes.indiatimes.com/news/international/saudi-arabia/saudi-arabia-plans-for-fresh-round-of-talks-with-iran-says-foreign-minister/articleshow/89696710.cms.

② Parisa Hafezi, "UAE Security Official Pays Rare Visit to Iran to Discuss Ties, Regional Issues," Reuters, Dec. 6, 2021, https://www.reuters.com/world/middle-east/uae-security-official-iran-discuss-ties-regional-issues-state-media-2021-12-06/.

③ "Qatar's Foreign Minister Visits Iran to Meet Top Officials," *Aljazeera*, Jul. 25, 2021, https://www.aljazeera.com/news/2021/7/25/qatars-foreign-minister-visits-iran-to-meet-top-officials.

④ "Al-Hammadi Meets Iranian Deputy FM," *Gulf Times*, Oct. 05, 2021, https://www.gulf-times.com/story/701765/Al-Hammadi-meets-Iranian-Deputy-FM.

⑤ "Urgent Relief Aid Provided by the Qatar Fund for Development to the Islamic Republic of Iran," Qatar Embassy in Tehran, Sept. 21, 2021, https://tehran.embassy.qa/en/media/news/detail/1443/02/16/urgent-relief-aid-provided-by-the-qatar-fund-for-development-to-the-islamic-republic-of-iran.

进行了正式访问，这是自以色列建国 73 年以来其总理首次正式访问阿联酋。①2022 年 2 月 14 日，以色列总理贝内特访问巴林。② 而沙特跟以色列的关系依然处于模糊状态，并没有跟以色列进一步实现关系正常化；海合会其他国家，也没有跟进与以色列关系正常化的进程。

海合会国家与大国关系也处在深刻调整之中。在与美国日显疏离的同时，海合会国家也表现出集体"向东看"的趋向。2022 年 1 月 10 日，沙特、科威特、阿曼、巴林外长及海合会秘书长纳耶夫集体访问北京，为中海自由贸易谈判奠定了政治基础。③ 需要指出的是，海合会在"向东看"上的行动并不一致，如卡塔尔近期似乎表现出跟美国关系更加密切的动向。2022 年 3 月，美国公然宣布卡塔尔为"非北约盟友"。④

四、结　语

2021 年是海合会国家面临国际与地区形势重大变化与深度调整的一年，海湾安全形势出现了前所未有的缓和迹象。海合会国家不仅弥合了内部矛盾与分歧，也开启了地区和解之路。海合会国家在经济多元化转型上取得了更多的成效，数字技术发展令人印象深刻。然而，海合会仍然是一个松散的联盟，在对外政策上更多体现为国家个体行为而不是集体组织的行动。海合会机构的制度化与实践能力还十分有限，迄今无法作为一个整体发出强有力的声音。但是作为中东地区集体认同意识较强的组织，海合会的未来仍值得期待。

---

① "Israeli PM Naftali Bennett Begins First Official Visit to UAE," *Aljazeera*, Dec. 12, 2021, https：//www. aljazeera. com/ news/2021/12/12/israeli – premier – bennett – to – pay – first – ever – visit – to – uae.

② "Israeli PM Bennett Lands in Bahrain on First Visit," *Aljazeera*, Feb. 14, 2022, https：//www. aljazeera. com/news/ 2022/2/14/israeli – prime – minister – lands – in – bahrain – in – first.

③ "Gulf Ministers Visit China to Discuss Strengthening Energy Ties," *Aljazeera*, Jan. 10, 2022, https：//www. aljazeera. com/news/2022/1/10/gulf – ministers – visit – china – expected – to – strenghten – energy – ties.

④ "US Officially Designates Qatar as a Major non – NATO Ally," *Aljazeera*, Mar. 10, 2022, https：//www. aljazeera. com/news/2022/3/10/us – officially – designates – qatar – as – a – major – non – nato – ally.

专题报告：建党百年视域下的中国与中东

新时代中国中东治理观

丁 俊[*]

【摘 要】

中东地区治理是全球治理中的薄弱环节，也是促进全球治理的迫切要务。作为快速崛起的大国，新时代的中国不仅积极参与包括中东地区治理在内的全球治理，而且日益发挥出重要而显著的建设性作用，特别是中国提出的构建人类命运共同体理念及"一带一路"倡议，不仅符合中东人民谋求变革与发展的迫切愿望，而且与中东地区多元文明共生的历史传统与文化精神相契合。新时代推进中东地区治理的中国方案及其一系列政策主张，清晰擘画出中国特色大国外交统领下的中国中东治理观，必将对中国参与中东治理发挥战略引领作用，进而有效助力地区国家破解和平发展难题，走上持久和平、普遍安全、共同发展的道路，推动中东地区走出一条全面振兴的新路。

【关键词】

新时代 人类命运共同体 中东治理 中国方案

一、新时代中国中东治理观的基本理念

新时代的中国秉持"共商共建共享"的全球治理观，从全球治理善治与人类发展进步的宏大视野出发，顺应当今世界和平发展潮流，直面全球各种危机与挑战，思考人类未来命运，不仅严肃地提出"世界怎么了？我们怎么办？"的世界之问，而且清晰、全面地回答了"世界之问"："中国

---

[*] 丁俊，上海外国语大学中东研究所教授。

方案是：构建人类命运共同体，实现共赢共享。"① 中东地区长期治理不善，社会动荡，暴力频仍，霸权主义横行，恐怖主义肆虐，众多中东国家发展滞后，民生疾苦，一些国家更是深陷战乱，人道灾难深重。中东怎么了？"中东向何处去？这是世界屡屡提及的'中东之问'。"② 中东之问是世界之问中的一问，中东治理是全球治理的重要环节。中东地区的和平与安全问题、难民问题、恐怖主义问题以及经济社会发展问题，无不与全球治理密切相关。没有成功的中东治理，就不会有成功的全球治理。

新时代中国倡导的推动构建人类命运共同体理念既回答了世界之问，也回答了中东之问。这一理念所倡导的持久和平、普遍安全、共同发展的综合治理理念，不仅为推进全球治理确立了新的秩序观、安全观、发展观和文明观，也为中东地区治理提供了中国方案。在构建人类命运共同体理念引领下，中国正在积极参与中东地区治理，立足现实，面向未来，强调从战略与全局的角度看待中东问题，着眼长远和平与持久安全，谋划综合治理与稳定发展。从2014年到2018年短短5年间，中国国家领导人3次专门面向中东地区发表重要讲话，阐明中国加强与中东国家合作、推进中东治理的外交方略与政策主张，充分显示出中国对推进中东地区治理的高度重视。中国领导人的中东之行及相关重要系列讲话与《中国对阿拉伯国家政策文件》从战略高度全面规划和引领面向未来的中国－中东国家合作关系，为中国参与中东地区治理做出了全方位的顶层设计，清晰擘画出新时代中国特色大国外交视野下的中国中东治理观。

（一）中东地区由乱而治需加快解决阻碍和平的根源性问题

世界上任何冲突的产生，都有其是非曲直和来龙去脉的历史根源。中国中东治理观认为，今日中东地区的动荡冲突并非始于今日，而是有着久远的历史根源，而最根本的原因在于巴勒斯坦人民的合法权益长期遭到剥夺，公平正义长期缺失。巴勒斯坦问题是当今人类良知的伤口，延宕70年仍未得到解决，成为中东治理与全球治理中的沉疴和顽症，这个问题不解决，中东难安宁，世界难太平。作为20世纪全球治理中遗留的最大治理赤

---

① 习近平：《论坚持推动构建人类命运共同体》，北京：中央文献出版社，2018年10月版，第414、416页。

② 习近平：《共同开创中阿关系的美好未来——在阿拉伯国家联盟总部的演讲》（2016年1月21日）新华网：http://www.xinhuanet.com/world/2016-01/22/c_1117855467.htm。

字，巴勒斯坦问题是中东动荡难宁的病根子，是中东治理乃至全球治理中亟需破解的重大难题，因为这一根源性问题一直直接影响并长期困扰着中东地区的安全、稳定与发展，频频演化为域外大国与地区国家在地缘政治博弈中的一张牌，致使旧伤未愈，又添新伤，不断为诸多矛盾与冲突埋下祸根。

中国始终是巴勒斯坦人民正义事业的坚定支持者，长期以来，中国在巴勒斯坦问题乃至一系列纷繁复杂的中东事务中，一贯秉持客观公正的立场，相关政策举措坚持从事情本身的是非曲直出发，主张通过政治对话途径解决各种争端，积极劝和促谈。中国的公正立场和建设性作用，彰显出国际正义的力量，受到中东人民与国际社会的广泛赞誉。《中国对阿拉伯国家政策文件》重申：中国"支持中东和平进程，支持建立以1967年边界为基础、以东耶路撒冷为首都、享有完全主权的独立的巴勒斯坦国，支持阿盟及其成员国为此作出的努力"。① 中国领导人多次强调："巴勒斯坦问题不应被边缘化，更不应被世界遗忘。巴勒斯坦问题是中东和平的根源性问题。"② 2017年7月18日，中国领导人在会见到访的巴勒斯坦国总统阿巴斯时再次重申了中国在解决巴勒斯坦问题上的原则立场，提出了推动解决巴勒斯坦问题的四点政策主张：（1）坚定推进以"两国方案"为基础的政治解决；（2）坚持共同、综合、合作、可持续的安全观；（3）进一步协调国际社会的努力，壮大促和合力；（4）综合施策，以发展促进和平。③ 在2018年7月北京举行的中阿合作论坛第八届部长级会议开幕式上的讲话中，中国领导人再次强调："巴勒斯坦问题是中东和平的根源性问题。中国人民历来富有正义感和同情心。我们呼吁有关各方遵守国际共识、公正处理巴勒斯坦有关问题，不要给地区埋下更多冲突祸根。我们支持召开新的巴勒斯坦问题国际会议，支持探索创新中东促和机制，以'两国方案'和'阿拉伯和平倡议'为基础，推动巴以和谈尽快走出僵局。"④ 中国外交

---

① 《中国对阿拉伯国家政策文件》（2016年1月），新华网，http://news.xinhuanet.com/2016-01/13/c_1117766388.htm。

② 习近平：《共同开创中阿关系的美好未来——在阿拉伯国家联盟总部的演讲》（2016年1月21日），新华网：http://www.xinhuanet.com/world/2016-01/22/c_1117855467.htm。

③ 《习近平同巴勒斯坦国总统阿巴斯举行会谈》，新华网，http://news.xinhuanet.com/politics/2017-07/18/c_1121340863.htm。

④ 习近平：《携手推进新时代中阿战略伙伴关系——在中阿合作论坛第八届部长级会议开幕式上的讲话》，中华人民共和国外交部亚非司编：《中阿合作论坛第八届部长级会议发言和文件汇编》，北京：世界知识出版社，2018年7月版，第6页。

部长王毅 2019 年 9 月 27 日在纽约联合国总部出席第 74 届联合国大会时再次强调："巴勒斯坦问题必须放在国际议程的核心位置。我们缺的不是宏大的方案，而是兑现承诺的勇气和主持公道的良知。'两国方案'和'土地换和平'是国际正义的底线，不应继续后退。独立建国是巴勒斯坦人民不可剥夺的民族权利，不容任何交易。"①

中国始终将巴勒斯坦问题视为具有根源性、全局性影响的核心问题，对推动解决这一历史悬案努力不懈，多年来积极劝和促谈，日益发挥出重要的建设性作用。中方已 4 次成功举办"巴以和平人士研讨会"。2021 年 5 月 16 日，中国国务委员兼外长王毅主持联合国安理会巴以冲突问题紧急公开会，"王毅指出，巴勒斯坦问题始终是中东问题的核心。中东不稳，天下难安。只有全面、公正、持久地解决巴勒斯坦问题，中东地区才能真正实现持久和平和普遍安全。"②

但总体来看，中国在推动加快解决巴勒斯坦问题的议程设置等方面的作用依然有限，由于"中国介入和影响中东事务的机制、路径和能力都非常有限，主要通过联合国和阿盟等多边组织以及双边途径。尽管中国在国际舞台始终同情巴勒斯坦人民的正义要求，支持巴以和平进程，但 2002 年 6 月，联合国、欧盟、俄罗斯和美国就中东问题四方达成中东和平'路线图'计划时，中国并非'四方机制'成员，实际上在中东和平进程中受到排斥和忽视。"③ 因此，在世界面临百年未有之大变局及中东地区发生剧变的新形势下，随着中国特色大国外交实践的深入推进，特别是在美国中东政策发生重大变化的新形势下，中国在推动中东和平进程、主动设置劝和促谈相关议题等方面，当有很大提升和发挥的空间。

（二）中东地区化解冲突的根本之道是坚持政治对话

中东地区各类矛盾错综复杂，大小冲突与纷争接连不断，从巴以冲突到伊朗核问题，从叙利亚战乱到也门冲突，从沙特－伊朗对峙到海湾断交危机，从逊尼派与什叶派间的教派冲突到阿拉伯人与库尔德人间的民族矛

---

① 王毅：《中方就中东海湾局势提出三点倡议》，http://www.chinaarabcf.org/chn/zyhd/t1703646.htm。
② 《王毅主持联合国安理会巴以冲突问题紧急公开会》，http://www.chinaarabcf.org/zyhd/202105/t20210517_9136176.htm。
③ 余建华主编：《中东变局研究》（下卷），北京：社会科学文献出版社，2018 年 7 月版，第 560 页。

盾等等，无不困扰着地区国家的安全稳定与和平发展。中国中东治理观主张，要成功化解冲突和纷争，绝不能靠武力和战争，武力不是解决问题之道，零和思维无法带来持久安全，坚持政治对话才是解决问题的根本之道，也是唯一正确的出路，多年来中东地区频用武力所导致的严酷现实也充分说明了这一点。因此，国际社会与各方力量要在尊重地区国家的统一、主权、独立和领土完整的基础上，积极致力于开展政治对话，谋求以和平方式解决矛盾和纷争。

中国强调，要推进中东地区治理，实现中东地区的长治久安与和平发展，需要地区国家与国际社会各方共同协商，集体合作，协力推进政治对话，化解危机与冲突。"化解分歧，关键要加强对话。武力不是解决问题之道，零和思维无法带来持久安全。对话过程虽然漫长，甚至可能出现反复，但后遗症最小，结果也最可持续。冲突各方应该开启对话，把最大公约数找出来，在推进政治解决上形成聚焦。国际社会应该尊重当事方、周边国家、地区组织意愿和作用，而非从外部强加解决方案，要为对话保持最大耐心，留出最大空间。"[①]

中国主张，国际社会参与中东地区治理，推动地区热点问题的解决与冲突的化解，应当重视联合国的作用，在联合国的相关框架下开展调解，并坚持"和平性"、"正当性"和"建设性"的原则。"和平性"就是坚持政治解决方向，反对诉诸武力或以武力相威胁；"正当性"就是坚持不干涉内政、尊重当事方意愿、反对强加于人；"建设性"就是坚持客观公正、依据问题本身是非曲直劝和促谈，反对谋取私利。"中东热点问题的解决在很大程度上已构成现行国际体系下全球治理的主要内容，由于其解决涉及当事方、世界大国、国际组织、区域组织等多种行为体的复杂博弈，因此围绕主权与人权、外交解决还是武力解决、单边主义方式还是多边主义方式等一系列问题，产生了复杂的矛盾与分歧，从而冲击现行国际体系与国际制度。"[②] 也门人道灾难的加剧、叙利亚长达10年多战争与动荡等残酷现实都充分说明，武力方式不是解决问题的正确途径，只有坚持政治对话，通过谈判协商，才能最终化解冲突，实现和平。

在对中东地区冲突的调解中，还需要重视发挥海湾合作委员会、阿拉

---

① 习近平：《共同开创中阿关系的美好未来——在阿拉伯国家联盟总部的演讲》（2016年1月21日），新华网，http://news.xinhuanet.com/world/2016-01/22/c_1117855467.htm。

② 刘中民：《中东政治专题研究》，北京：时事出版社，2013年12月版，第582页。

伯国家联盟以及伊斯兰合作组织等相关地区与国际组织的作用。然而，近年来，这些组织的内部团结受到多种内外因素的干扰和破坏，向心力、协调力均有所下降，这对地区冲突的化解极为不利，因此，要维护各组织成员国的团结，加强合作，只有这样，才能在地区危机和冲突的化解中集体协作，形成合力，产生积极影响，发挥有效作用。正是基于这样的理念，长期以来，在中东地区的各种冲突中，中国始终不选边站队，拉一方压一方，而是本着从矛盾冲突本身的是非曲直出发，坚持客观公正的立场，与各方保持联系和交往，积极致力于劝和促谈，促进政治对话。为此，中国自2002年起还特别设立了"中国政府中东问题特使"机制，任命资深外交官担任特使，积极与各方联络沟通，共同推动政治对话，促进中东和平进程，迄今已有5位资深外交官先后担任中东特使职务。① 值得注意的是，最新一任特使的级别提高为副部级，2019年9月，中国政府新任命熟悉中东事务的原外交部副部长翟隽接任特使职务，这一变化或从一个侧面反映出中国对中东事务的高度重视，有理由相信，未来中国在推动中东地区政治对话中将会发挥更为重要作用。

（三）中东地区实现长治久安需以普遍安全取代独享安全

要实现发展，就要有和平、安全和稳定的环境。构建人类命运共同体理念强调，全球治理与地区治理要实现善治，国际社会必须高举合作、创新、法制、共赢的旗帜，共同构建普遍安全的命运共同体。中东地区长期陷于纷争与战乱，社会动荡不宁，难民危机严重，极端主义猖獗，安全形势严峻。近年来，域外大国在中东地区寻找和扶植代理人、拉一方压一方的势头增强，致使中东地区安全问题的联动性、跨国性与多样性日益突出，不仅对中东地区和平发展构成严重掣肘，而且对全球治理带来重大挑战。

中国中东治理观强调，要有效推进中东治理，就要高度重视地区安全问题，重建新的安全观，树立"共同、综合、合作、可持续的安全观"。地区国家需与国际社会共同努力，通过政治对话消弭分歧，化解危机，致力于构建地区"利益共同体"与"命运共同体"。不能将一国的安全建立于他国的动荡上，"要摒弃独享安全、绝对安全的想法，不搞你输我赢、

---

① 中国政府先后任命的五位中东问题特使依次为：王世杰（2002.9－2006.4）、孙必干（2006.4－2009.3）、吴思科（2009.3－2014.9）、宫小生（2014.9－2019.8）、翟隽（2019.9－）。

唯我独尊，打造共同、综合、合作、可持续的安全架构"。① 恐怖主义是人类公害，中东之祸，必须坚决打击，彻底根除。中国坚决反对和谴责一切形式的恐怖主义，主张反恐要标本兼治，综合施策，不能采取双重标准，不能将恐怖主义与特定民族与宗教挂钩，有效反恐必须开展国际合作，"有关反恐行动应遵守《联合国宪章》的宗旨和原则及国际法准则，尊重各国主权、独立和领土完整"。② "中国支持建立中东无核武器区，反对任何改变中东政治版图的企图。中国将以建设性姿态参与地区事务，主持公道、伸张正义，同阿拉伯国家一道，推动通过对话找到各方关切的最大公约数，为妥善解决地区热点问题提供更多公共产品。"③

作为促进中东治理的重要举措，中国不断加强与地区国家间的安全合作，积极支持中东国家建设包容、共享的地区集体安全合作机制，与中东国家间在反恐、维和、打击跨国犯罪等方面的安全合作日趋深化。中东国家普遍对中国在地区安全事务中发挥的积极作用表示欢迎。中国支持中东国家的反恐努力，支持和帮助有关国家加强反恐维稳能力建设。中国根据联合国安理会有关决议在中东地区开展了一系列卓有成效的维和、护航行动，受到所在国家和国际社会的普遍赞誉。截至2018年4月，中国向亚丁湾海域共派出29批护航编队，在地区有关国家的支持下，中国海外第一个后勤保障基地于2017年在吉布提正式投入使用，显著增强了中国为中东地区及相关国家提供安全公共产品的能力。④ 2021年3月24日，出访中东的中国国务委员兼外长王毅就实现中东安全稳定提出五点倡议：一是倡导相互尊重；二是坚持公平正义；三是实现核不扩散；四是共建集体安全；五是加快发展合作。王毅强调："中东是中东人的中东，中东由乱向治的根本出路，在于摆脱大国地缘争夺，以独立自主精神，探索具有中东特色的发展道路；在于排除外部施压干扰，以包容和解方式，构建兼顾各方合理

---

① 习近平：《携手推进新时代中阿战略伙伴关系——在中阿合作论坛第八届部长级会议开幕式上的讲话》，中华人民共和国外交部亚非司编：《中阿合作论坛第八届部长级会议发言和文件汇编》，北京：世界知识出版社，2018年7月版，第5—6页。
② 《中国对阿拉伯国家政策文件》（2016年1月），新华网，http://news.xinhuanet.com/2016-01/13/c_1117766388.htm。
③ 习近平：《习近平谈治国理政》，北京：外文出版社，2014年10月版，第317页。
④ 上海外国语大学中东研究所、中国-阿拉伯国家合作论坛研究中心：《共建"一带一路"推动中阿集体合作站上新起点——中国-阿拉伯国家合作论坛成就与展望》，http://mideast.shisu.edu.cn/_upload/article/files/95/d5/159cb85b4c218c71efee7bb400c9/b5323cbd-a247-4fef-9296-e472c148c281.pdf。

关切的安全框架。"①

显然,"中国倡导的新安全观也为中东的地区冲突解决提供了新思路。"② 国际社会与地区国家只有真正树立共建"安全共同体""利益共同体"和"命运共同体"的意识,秉承公正立场,坚持政治对话,才能为中东地区人民撑起安全伞,实现中东地区的普遍安全与长治久安。有学者分析指出:"在争端之中选边站或提供武器支持一方和反对另一方的做法无法促使这一目标的实现,反而会使问题趋于恶化,使那些被视为敌对国家的不安全感进一步上升,激起这些国家对邻国采取破坏性行动。因此,外部力量向海湾地区提供的支持应该是有助于管理安全问题的地区机制。"③ 推进中东地区治理、化解地区冲突迫切需要建立能够实现长治久安的安全机制和保障。伊拉克、利比亚、叙利亚乃至巴勒斯坦土地上频频上演的一幕幕惨痛教训表明,中东地区若不能确立稳固而持久的安全机制,就难以顺利实现和平与发展的目标,业已取得的发展成果也可能会得而复失,甚至毁于一旦。中国倡导的"共同、综合、合作、可持续的新安全观",对于中东地区的长治久安无疑具有重大意义。

然而,对于中东治理而言,仅有新的安全理念还远远不够,作为一个日益崛起并且全方位参与全球治理与地区治理的大国,如何更准确地回应地区国家各自不同的安全关切并将新的安全观付诸实践,将是中国与地区国家安全合作中的新挑战。事实上,"处于安全困境中的众多中东国家希望中国在安全上能发挥更大作用,但是中国在中东的伙伴外交重点仍然在经济和政治层面,以避免卷入地区纷争。伙伴国的安全公共产品诉求与中国的经济公共产品供给之间还不能完全匹配。"④

(四) 中东地区解决治理问题的出路最终要靠发展

构建人类命运共同体理念将中国的发展与世界的发展紧密联系在一

---

① 《王毅提出实现中东安全稳定的五点倡议》,外交部官网,https://www.fmprc.gov.cn/wjbzhd/202103/t20210326_9137065.shtml。

② 孙德刚:《论21世纪中国对中东国家的伙伴外交》,载《世界经济与政治》,2019年第7期,第125页。

③ [英] 蒂姆·尼布洛克:《政权不安全感与海湾地区冲突的根源析论》,载《阿拉伯世界研究》,2019年第1期,第15页。

④ 孙德刚:《论21世纪中国对中东国家的伙伴外交》,载《世界经济与政治》,2019年第7期,第129页。

起，特别是将中国发展与包括中东国家在内的"一带一路"沿线国家发展结合起来，秉持共商共建共享的理念，通过推进互联互通实现联动发展与共同发展。2017年3月联合国安理会一致通过阿富汗问题决议，呼吁国际社会通过"一带一路"建设加强区域经济合作，共同构建人类命运共同体。构建人类命运共同体理念通过对一个中东国家的治理议题而首次载入安理会决议，充分说明这一理念对中东地区治理与发展具有重大现实意义。

值得指出的是，中国的新发展理念特别注重尊崇自然、保护环境的绿色发展观，并将这一理念与共建"人类共有的地球家园"和"人类命运共同体"紧密相连，强调中国坚持走绿色、低碳、可持续发展的道路，愿同国际社会一道，为建设清洁美丽世界、推动构建人类命运共同体做出更大贡献。清洁美丽的世界理所当然的包含着"清洁美丽的中东"，对于生态环境脆弱的中东地区而言，在未来发展中牢固确立绿色发展理念尤为重要。

中东国家普遍生态环境恶劣，社会发展滞后，经济基础薄弱，工业化程度较低，地区国家间缺乏联动与联通，甚至相互封闭与阻隔。许多中东国家都面临着经济、社会转型发展的重任。如何妥善处理发展、改革与稳定的关系，加快国家现代化进程，实现国家全面发展，是中东国家共同面临的重大难题。因此，在参与中东治理中，中国高度重视中东地区的发展问题，强调不仅要做中东和平的建设者，更要做中东发展的推动者、中东工业化的助推者。中国领导人多次强调加快发展对推进中东治理的重大意义，"破解难题，关键要加快发展。中东动荡，根源出在发展，出路最终也要靠发展。"[1] "发展是解决中东许多治理问题的钥匙。发展的潜力要通过改革来释放，进步的动力要通过开放来提升。各方要始终心系合作，多做共赢的加法和乘法，把一股股发展努力汇聚起来，优势互补，共享繁荣。"[2]

基于此，中国致力于与中东国家在共建"一带一路"中实现战略对

---

[1] 习近平：《共同开创中阿关系的美好未来——在阿拉伯国家联盟总部的演讲》（2016年1月21日），新华网，http://www.xinhuanet.com/world/2016-01/22/c_1117855467.htm。

[2] 习近平：《携手推进新时代中阿战略伙伴关系——在中阿合作论坛第八届部长级会议开幕式上的讲话》，中华人民共和国外交部亚非司编：《中阿合作论坛第八届部长级会议发言和文件汇编》，北京：世界知识出版社，2018年7月版，第6页。

接，特别是重视加强与阿拉伯国家的合作，着力构建以能源合作为主轴，以基础设施建设和贸易投资便利化为两翼，以核能、航天卫星、新能源三大高新领域为突破口的"1+2+3"合作格局，推进阿拉伯国家的工业化进程。2016年1月发布的《中国对阿拉伯国家政策文件》全面规划了中阿全方位、多层次、宽领域合作的新蓝图，2018年7月10日，中阿合作论坛第八届部长级会议共同发布了《中国和阿拉伯国家共建"一带一路"行动宣言》，进一步明确了中阿合作的原则与目标，确定了合作重点与举措，提出了合作的愿景与展望。

发展是硬道理，要发展就要改革，这是中国的成功经验。正确处理发展、改革与稳定的关系，是诸多中东国家共同面临的重大难题。"中东尚处于持续深入的转型之中，国家治理不善和发展滞后是当前大多数中东国家转型过程中面临的一个共同问题。中东国家对此已有清醒的认识和迫切改善的期待，'改革发展'成为各国社会的主流呼声。"[①] 在中东人民心目中，中国是妥善处理稳定与发展问题的成功范例。近年来，许多中东国家对进一步发展对华关系、拓展与中国的合作充满期待，进一步了解中国、向中国学习改革发展经验的愿望日趋强烈。

为更好地与阿拉伯国家交流和分享治国理政和经济发展方面的经验，中国领导人亲自提议建立"中阿改革发展研究中心"，这一中心已于2017年4月在上海成立，迄今已成功举办了10届阿拉伯国家官员研修班，取得良好效果，已成为中阿双方交流改革开放、治国理政经验的思想平台。参加研修的阿拉伯官员们通过学习、听讲及实地参观考察，进一步了解了中国的内政外交政策，亲眼目睹了中国改革开放所取得的巨大成就，对中国提出的共建"一带一路"倡议及构建人类命运共同体理念有了更加全面的了解和认识，特别是对中国的新发展理念有了切实的了解和理解，在与研修班学员的座谈交流中，笔者不断听到学员们对中国发展理念与发展成就的认同和赞誉。

（五）中东地区实现善治需以文明交流互鉴超越文明隔阂与冲突

构建人类命运共同体理念强调尊重世界文明的多样性，倡导文明对话，反对文明冲突，要以文明交流超越文明隔阂、文明互鉴超越文明冲

[①] 李伟建：《从总体超脱到积极有为：改革开放以来的中国中东外交》，载《阿拉伯世界研究》，2018年第5期，第11页。

突、文明共存超越文明优越。中国中东治理观认为，践行这一新的文明交往观，对于推进中东地区治理至关重要。因为这一理念不仅符合中东地区多样文明交往和交流的历史传统，而且符合中东地区多元文明谋求和谐共生的现实需求。因此，中国参与中东地区治理，高度重视不同文明的互学互鉴、共存共生，重视中东文明的传承、发展与创新，强调要摒弃"文明冲突论""文明优越论""文明中心论"等文化霸权与傲慢和偏见，坚持与中东国家共同努力，致力于促进世界文明的多样性发展。

中东地区是世界各大文明荟萃交融之地，不同民族、不同文化、不同宗教间的互动交流、融合共生是中东地区文明交往的历史传统。中世纪巴格达"智慧宫"所演绎的一系列文化活动，就是中东地区文明交往互鉴、兼容并包的生动例证。正是中东地区包容并蓄的文明火炬，照亮了中世纪黑暗的欧洲，使其走上文艺复兴的道路。中东文明的优良传统反复申述，人类虽有民族、宗族、肤色、信仰的不同，但同宗同祖，应当相互认知、相互体恤。在伊斯兰文明典籍中也将人类比喻为同乘一船航行的集体，全体乘客应和衷共济，同心同德，同命运，共患难，对于在船上凿洞取水、损害集体利益的行为，全体成员都要齐心协力，共同制止，否则就可能导致全船倾覆，大家同归于尽。显然，构建人类命运共同体理念强调尊重文明多样性的价值理念与中东地区多元文明互助共生、休戚与共的文化精神与历史传统相互契合，也与当代中东地区应对文明冲突、谋求文明共生的现实需求相吻合。

"中东的多样性应该成为地区活力之源。"[①] 然而，各种极端主义和霸权主义势力却在中东不断制造文明断层线，蓄意煽动"文明冲突"，试图将中东地区的利益冲突转化为文明冲突，将中东地区变成为文明冲突、宗教冲突、教派冲突和民族冲突的前线。因此，中国主张，中东地区治理，需要秉承优良的历史传统，重视中东文明的传承、发展与创新，尊重地区文明与文化的多样性，确立和合共生的文明交往观，反对文明冲突，传播和平文化，有效防范和抵御各种极端主义、种族主义和民粹主义在不同文明间制造"断层线"，防止各种势力不断制造矛盾，挑起不同民族、不同宗教、不同教派之间的对立、纷争与冲突。要"倡导不同民族、不同文化

---

① 习近平：《携手推进新时代中阿战略伙伴关系——在中阿合作论坛第八届部长级会议开幕式上的讲话》，中华人民共和国外交部亚非司编：《中阿合作论坛第八届部长级会议发言和文件汇编》，北京：世界知识出版社，2018年7月版，第5页。

要'交而通',而不是'交而恶',彼此要多拆墙、少筑墙,把对话当作'黄金法则'用起来,大家一起做有来有往的邻居。"① 要"加强文明对话,推进不同宗教间的交流。搭建双多边宗教交流平台,倡导宗教和谐和宽容,探索去极端化领域合作,共同遏制极端主义滋生蔓延。"②

中国领导人强调:"中东是人类古老文明的交汇之地,有着色彩斑斓的文明和文化多样性。中国将继续毫不动摇支持中东、阿拉伯国家维护民族文化传统,反对一切针对特定民族宗教的歧视和偏见。中华文明与阿拉伯文明各成体系、各具特色,但都包含有人类发展进步所积淀的共同理念和共同追求,都重视中道平和、忠恕宽容、自我约束等价值观念。我们应该开展文明对话,倡导包容互鉴,一起挖掘民族文化传统中积极处世之道同当今时代的共鸣点。'一带一路'延伸之处,是人文交流聚集活跃之地。民心交融要绵绵用力,久久为功。"③ 近年来,中国与中东国家的人文交流与文明交往蓬勃发展,异彩纷呈,交流内容丰富,形式多样,在文化、广播影视、新闻出版、智库、学术、教育、妇女、青年、旅游等诸多领域中的多层次双边、多边交往合作机制和平台的建设不断发展和完善,人员往来日益频繁密切,中东国家不断兴起一股股中国"文化热"与"汉语热"。各种形式的文化交流活动正在不断助推着中国与中东国家间的人文交流与民心相通,西方舆论热衷炒作的"中国威胁论""文明冲突论""伊斯兰恐惧症"等在中国和中东地区越来越不受欢迎。

二、新时代中国中东治理观的特征及其面临的挑战

新时代中国中东治理观是中国全球治理观的具体体现,彰显出中国特色大国外交的正确义利观和治理观,具有鲜明的中国特色。作为参与中东治理的后来者,中国参与中东地区治理,无论是理念与动机、方式与路径,还是志向与目标,都与其他西方大国有所不同。"中国对中东的政策

---

① 习近平:《共同开创中阿关系的美好未来——在阿拉伯国家联盟总部的演讲》(2016 年 1 月 21 日),新华网,http://news.xinhuanet.com/world/2016-01/22/c_1117855467.htm。
② 《中国对阿拉伯国家政策文件》(2016 年 1 月),新华网,http://news.xinhuanet.com/2016-01/13/c_1117766388.htm。
③ 习近平:《共同开创中阿关系的美好未来——在阿拉伯国家联盟总部的演讲》(2016 年 1 月 21 日),新华网,http://news.xinhuanet.com/world/2016-01/22/c_1117855467.htm。

举措坚持从事情本身的是非曲直出发,坚持从中东人民根本利益出发。我们在中东不找代理人,而是劝和促谈;不搞势力范围,而是推动大家一起加入'一带一路'朋友圈;不谋求填补'真空',而是编织互利共赢的合作伙伴网络。"① 中国要与中东国家携手合作,与国际社会共同努力,以"和平、创新、引领、治理、交融的行动理念"为引领,"做中东和平的建设者、中东发展的推动者、中东工业化的助推者、中东稳定的支持者、中东民心交融的合作伙伴。"② 显然,破解中东治理难题,促进中东和平发展,关注中东人民尊严福祉,是中国参与中东地区治理的出发点和落脚点。也正因为中国的中东治理观有别于其他大国,因此,在具体实践中也面临着诸多挑战和阻力。

(一) 新时代中国中东治理观的特征

第一,综合性。中国文化历来主张,要全面、综合、联系地看待事物和问题,不能只见树木不见森林,头疼医头脚疼医脚。中东地区恰似是一个遍体鳞伤、体无完肤的病体,每一处病症和创伤都与肌体其他部位息息相关,因此需要综合施诊,标本兼治,找出病根,消除病灶。中国的中东治理观秉持中国文化辨证施治的智慧,将地区政治、安全、经济、文化与生态等各领域的问题相互联系起来,将中东地区各个国家的利益诉求兼顾起来,统筹协调,综合施治,以"和平性、公正性、建设性、包容性"作为热点问题的处理之道,"坚持照顾各方正当权益,不搞排他性安排,构建开放、稳定的地区和平框架",③ 致力于推动打造地区安全共同体、利益共同体和命运共同体,具有显著的综合性、系统性和平衡性。一个突出的例证是,阿拉伯国家作为中东地区主要国家群体,中国在推进中东治理中高度重视对阿关系,双方已建立起"全面合作、共同发展、面向未来的中阿战略伙伴关系",但中国并未因中阿关系而忽视或损害与伊朗、土耳其、以色列等其他中东国家的关系,而是在复杂的地缘政治矛盾中平衡把握与各方关系,统筹兼顾,综合发力,与各方合作推动地区治理,"共同做中

---

① 习近平:《共同开创中阿关系的美好未来——在阿拉伯国家联盟总部的演讲》(2016 年 1 月 21 日) 新华网, http://news.xinhuanet.com/world/2016-01/22/c_1117855467.htm。
② 同上。
③ 王毅:《在中阿合作论坛第八届部长级会议上的讲话》,中华人民共和国外交部亚非司编:《中阿合作论坛第八届部长级会议发言和文件汇编》,北京:世界知识出版社,2018 年 7 月版,第 22 页。

东和平稳定的维护者、公平正义的捍卫者、共同发展的推动者、互学互鉴的好朋友，努力打造中阿命运共同体，为推动构建人类命运共同体作出贡献。"①

第二，战略性。中国的中东治理观立足中东现实，不仅找病因，察根源，而且观全局，谋未来，着眼中东地区和平稳定与繁荣发展的千秋大业，谋求中东地区的长治久安，具有突出的战略性。"和平是中东国家最急缺的公共产品，发展是中东人民最强烈的渴望。"② 中东无和平，世界难太平。中国视中东治理为全球治理的重要环节，将其置于维护国际秩序、推进全球治理的大视野下研判分析，体现出高远的战略眼光全球视野。"中国参与中东地区的治理和发展是践行新时代中国特色大国外交、推动构建人类命运共同体的重要一环。从某种意义上说，中国能否成功参与中东的治理也是对中国大国外交理念能否走向世界、能否推动构建人类命运共同体的一种考验。"③ 在世界面临百年未有之大变局的新形势下，中东地区已成为中国特色大国外交的重要探索和实践场域，经略中东在新时代中国外交实践中的战略地位日趋上升。特别是"十八大后中国确立大国外交的战略定位以后，中国的中东外交出现了全新的发展和变化，主要表现为中国更强调发挥大国作用，更积极参与中东事务并提出了中国的思路和方案，中东外交的战略重点和目标更明晰，即以共建'一带一路'为抓手，促进稳定和发展。"④

第三，公正性。中东地区既是遭受殖民主义列强侵略和压迫的重灾区，也是遭受帝国主义和霸权主义欺凌蹂躏的重灾区。长期以来，中东各国人民为实现民族解放、争取和维护民族尊严、捍卫国家主权和领土完整、反对外来干涉和侵略而进行了艰苦卓绝的斗争。近、现代以来，殖民主义和霸权主义在中东地区埋下了无数祸端，其中最突出的就是巴勒斯坦

---

① 习近平：《携手推进新时代中阿战略伙伴关系——在中阿合作论坛第八届部长级会议开幕式上的讲话》，中华人民共和国外交部亚非司编：《中阿合作论坛第八届部长级会议发言和文件汇编》，北京：世界知识出版社，2018年7月版，第2页。
② 王毅：《在中阿合作论坛第八届部长级会议上的讲话》，中华人民共和国外交部亚非司编：《中阿合作论坛第八届部长级会议发言和文件汇编》，北京：世界知识出版社，2018年7月版，第22页。
③ 李伟建：《从总体超脱到积极有为：改革开放以来的中国中东外交》，载《阿拉伯世界研究》，2018年第5期，第11页。
④ 李伟建：《从总体超脱到积极有为：改革开放以来的中国中东外交》，载《阿拉伯世界研究》，2018年第5期，第13页。

问题。中东地区动荡不宁、治理不善的一个根本原因就在于因内忧外患而导致的公平正义缺失,特别是巴勒斯坦人民的合法权益长期得不到恢复。因此,中国主张:"国际社会定分止争,既要推动复谈、落实和约,也要主持公道、伸张正义,二者缺一不可。没有公道,和约只能带来冰冷的和平。国际社会应该坚持以公道为念、以正义为基,尽快纠正历史不公。"① 中国在参与推进中东治理中不谋私利,致力于纠正历史不公,坚守公道,捍卫正义,在一系列纷繁复杂的中东事务中一贯秉持客观公正立场。在中东事务中,"中国作用彰显正义力量",② 中国的公正立场受到中东国家和人民的广泛认同和赞誉。

第四,民主性。"共商共建共享"是中国的全球治理观,也是中国的中东治理观。中国强调:"我们要推进国际关系民主化,不能搞'一国独霸'或'几方共治'。世界命运应该由各国共同掌握,国际规则应该由各国共同书写,全球事务应该由各国共同治理,发展成果应该由各国共同分享。"③ "共商"原则体现的就是民主精神。中东地区各种矛盾错综复杂,各方利益纵横交织,推进治理需要各方共同协商,化解矛盾,增进共识。中国领导人强调:"我们要坚持对话协商。中东很多事情盘根错节,大家要商量着办,不能一家说了算,一家说了也不可能算。"④ "我们在中东不找代理人,而是劝和促谈;不搞势力范围,而是推动大家一起加入'一带一路'朋友圈;不谋求填补'真空',而是编织互利共赢的合作伙伴网络。"⑤ 因此,中国反对越俎代庖、强加于人以及划分势力范围、扶植代理人的治理模式,奉行"对话而不对抗,结伴而不结盟"的外交准则,致力于与中东国家构建伙伴关系,并以伙伴身份参与协商,携手合作,共同推动地区治理。

---

① 习近平:《共同开创中阿关系的美好未来——在阿拉伯国家联盟总部的演讲》(2016年1月21日),新华网,http://news.xinhuanet.com/world/2016-01/22/c_1117855467.htm。
② 吴思科:《巴勒斯坦问题与中国中东外交》,载刘中民、朱威烈主编:《中东地区发展报告(2014年卷)》,北京:时事出版社,2015年5月版,第388页。
③ 习近平:《共同构建人类命运共同体——在联合国日内瓦总部的演讲》(2017年1月18日),新华网:http://news.xinhuanet.com/world/2017-01/19/c_1120340081.htm。
④ 习近平:《携手推进新时代中阿战略伙伴关系——在中阿合作论坛第八届部长级会议开幕式上的讲话》,载中华人民共和国外交部亚非司编:《中阿合作论坛第八届部长级会议发言和文件汇编》,北京:世界知识出版社,2018年7月版,第3页。
⑤ 习近平:《共同开创中阿关系的美好未来——在阿拉伯国家联盟总部的演讲》(2016年1月21日),新华网,http://news.xinhuanet.com/world/2016-01/22/c_1117855467.htm。

第五，人民性。从世界人民根本利益出发是中国全球治理观的出发点和落脚点，因此，人民性特征是中国特色大国外交思想的精髓要义之一。中国的中东治理观也充分体现出以人民为中心的治理理念，具有鲜明的人民性特征，这一点，是由中国共产党作为为人类进步事业而奋斗的政党性质及其以人民为中心的执政理念所决定的，也是由新时代中国特色大国外交推动构建人类命运共同体的宗旨和目标所决定的。中东治理的核心议题，是顺应和平发展的时代潮流，关注和维护包括巴勒斯坦人民在内的中东人民的合法权益、尊严与福祉，倾听和回应中东人民求和平、谋发展的现实诉求和愿望，着力于抓好民生建设，让合作与发展的成果更多更公平地惠及人民。中国领导人多次讲到："中国对中东的政策举措坚持从事情本身的是非曲直出发，坚持从中东人民根本利益出发。""中东动荡，根源出在发展，出路最终也要靠发展。发展事关人民生活和尊严。""少一些冲突和苦难，多一点安宁和尊严，这是中东人民的向往。""叙利亚现状不可持续，冲突不会有赢家，受苦的是地区人民。"[①]"中国的中东政策顺应中东人民追求和平、期盼发展的强烈愿望。""和平、改革、发展是中东各国的普遍需要，稳定、安宁、幸福是中东人民的共同追求。各方要准确把握历史大势，真诚回应人民呼声，一起推动中东地区走出一条全面振兴的新路。"[②] 人民性特征的深刻内涵还在于，中国尊重和支持中东各国人民自主探索和选择符合本国国情的社会制度和发展道路，"履不必同，期于适足；治不必同，期于利民。一个国家发展道路合不合适，只有这个国家的人民才最有发言权"。[③]"中国将继续以地区人民的长远和根本利益为先导，以中国的方式帮助中东人民自主解决问题、建设家园、共创未来，为实现中东的长治久安和繁荣发展做出不懈努力。"[④]

（二）新时代中国中东治理观面临的挑战

第一，地缘政治矛盾的挑战。中东地区国家、民族、宗教教派众多，

[①] 习近平：《共同开创中阿关系的美好未来——在阿拉伯国家联盟总部的演讲》（2016年1月21日），新华网，http://news.xinhuanet.com/world/2016-01/22/c_1117855467.htm。

[②] 习近平：《携手推进新时代中阿战略伙伴关系——在中阿合作论坛第八届部长级会议开幕式上的讲话》，载中华人民共和国外交部亚非司编：《中阿合作论坛第八届部长级会议发言和文件汇编》，北京：世界知识出版社，2018年7月版，第2、5页。

[③] 习近平：《习近平谈治国理政》，北京：外文出版社，2014年10月版，第315页。

[④] 李成文：《中国：中东地区治理的积极参与者》，载刘中民、孙德刚主编：《中东地区发展报告（2016-2017）》，北京：世界知识出版社，2017年8月版，第166页。

一些国与国之间、民族与民族之间、教派与教派之间,积怨很深,相互对立,相互隔离,甚至相互敌视和仇恨,各种地缘政治矛盾纵横交错,相互叠加,特别是巴勒斯坦问题、伊朗核问题等重大地区安全问题不断发生新的变化,致使中东形势更加波诡云谲,尤其是近年来长期主导中东事务的美国在中东地区逐渐呈现出战略收缩态势,以谋求低成本甚至无成本治理,将地区治理事务更多地委任于地区盟友,导致地区大国出现新一轮"群雄争霸"的态势,相互对峙争锋,使地区安全局势与地缘战略格局面临更多的不确定性和不稳定性,这种复杂情势对中国中东治理观倡导的共建地区安全共同体、利益共同体和命运共同体理念带来严峻挑战。中国主张合作共赢、互联互通,而中东国家却往往反其道而行之,以邻为壑,相互猜忌,对许多地区治理重大问题很难坐在一起"共商",更难"共建共享"。不少中东国家还长期处于社会动荡、政局不稳、经济发展落后的失序混乱状态中,背负着巨大而沉重的治理赤字,目前,"由中东变局推动的地区国家政治和社会转型进入了一个新的阶段",[①] 所谓西亚北非局势动荡导致的中东变局正在深刻影响着地区国家的政经形势,不少国家处于社会转型发展的艰难探索中,由乱而治的道路艰难而漫长,要与这些国家开展有效合作,共同推进地区治理,其难度和挑战可想而知。此外,中东地区还长期受到形形色色的极端主义、恐怖主义之害,暴力活动猖獗,非传统领域的安全形势异常严峻,也对中国参与中东地区治理带来特殊挑战。

第二,域外大国博弈的挑战。中东地区是国际战略要地,历来是世界大国争夺博弈的疆场。尤其是"在地缘政治急剧回归的当下,可以看到中东地区其实一直是国际地缘战略博弈的焦点……由于中东地区自然和历史的地缘脆弱性,外部势力乃至霸权大国参与博弈实属必然,而且往往深刻影响和主导着这一地区的战略格局演变"。[②] 中国在中东地区不找代理人,不搞势力范围,也不谋求填补"真空",而是劝和促谈,倡导合作,致力于编织互利共赢的合作伙伴网络。然而在世界面临百年未有之大变局、国际战略格局发生重大变化的新形势下,西方大国在中东地区的争夺不仅没有削减,反而日趋激烈。特别是近年来,一些域外大国在中东地区划分势

[①] 李伟建:《中东安全局势演变特征及其发展趋势》,载《西亚非洲》,2015年第3期,第5页。

[②] 吴冰冰:《中东地区的大国博弈、地缘战略竞争与战略格局》,载《外交评论》,2018年第5期,第43页。

力范围、组建军事联盟、扶持代理人、拉一派打一派的势头更是有增无减，不仅热衷于支持中东地区的"颜色革命"，谋求对一些国家实现政权更迭，甚至频频"亲自出马"，直接进行军事干预，在政治、安全、反恐等领域固守零和思维，追求一方绝对安全，奉行双重标准。"域外大国在中东开展政治博弈，使原本复杂的中东冲突更加难以找到解决的出路。"[1]显然，在中东舞台上与长期经略中东的域外大国如何处理好关系，并有效开展相互间的良性互动与立场协调，顺利实践中国治理理念的落地生根，进而推动中东治理由西方主导的霸权治理模式向联合国主导的包容性治理模式的转变，无疑是未来中国参与中东治理所面临的巨大挑战。

第三，文明交往互鉴的程度不够。中国与中东国家间的文明交往与人文交流无论是深度还是广度都比较欠缺，相互间对对方文化的了解和研究也不充分，相关领域知识供给尚无法满足共建命运共同体的战略需求，不能为相互合作推进治理提供足够人文滋养与智力支持。近现代以来，中国与中东国家大都借道西方相互认知，都自觉不自觉地受到西方负面信息和舆论的影响和误导，积累了很大的社会认知赤字。国际话语霸权迄今依然频频鼓噪"中国威胁论""中国扩张论"和"伊斯兰恐惧症"，各种极端势力还在不同文明之间蓄意制造断层线，不断制造各国人民相互认知的误区与陷阱。例如，"不少阿拉伯国家舆论都已把中国称为'超级大国'，西方炮制的'中国威胁论'、'中国责任论'在当地也有市场。而中国对阿拉伯国家的分析评论依据的资料大多来自欧美国家，西方国家惯用而伊斯兰国家却颇为反感的'政治伊斯兰''伊斯兰原教旨主义'等术语，在中国也很流行。因此，在中阿关系进入巩固政治互信，加强战略合作的新阶段，双方都面临的首要任务之一，是准确理解对方的文明体系和核心价值观。"[2]中华文明与在中东地区有深远影响的伊斯兰文明同为相互毗邻的东方文明，都是世界重要文明体系，相互间的对话互动却甚为薄弱，而两大文明的人口总数几乎占世界总人口的将近一半，二者间的交往与交流对人类命运共同体的构建具有重大现实意义。因此，在新时代的新形势下，应进一步重视和加强与中东国家间的文明交往与人文交流，积极开展文明对话，凝聚发展共识，推进相互合作，促进民心相通，助力中东国家探索符

---

[1] 孙德刚、马雨欣：《域外大国的中东安全治理观：一项比较研究》，载《阿拉伯世界研究》，2019 年第 5 期，第 19 页。

[2] 朱威烈著：《中东研究管见》，北京：世界知识出版社，2017 年 8 月版，第 156 页。

合自身实际与文化传统的发展道路。中东国家普遍面临社会转型、文化更新与道路探索的时代课题，中国成功发展的经验以及中华文明和谐共生的智慧是中东国家迫切需要学习和借鉴的宝贵资源，中东国家也普遍对中华文明表现出浓厚的学习兴趣和热情，中国与中东国家间文明交往与人文交流的前景广阔，大有可为。历史上，中国与中东国家因丝绸之路而相逢相知；今天，中国与中东国家将因共建"一带一路"和人类命运共同体而相助相交，为世界文明交往互鉴树立新典范，为推进中东地区治理、构建人类命运共同体奉献新智慧，做出新贡献。

第四，中国自身经验与能力尚有局限。与其他大国相比而言，作为新兴大国的中国，是参与包括中东治理在内的全球治理的后来者，经验还不够丰富，一些方面的实际能力还有待进一步提升，一些领域甚至还存在明显短板。尽管已提出了推进中东治理的一系列颇具建设性和前瞻性且有鲜明中国特色的治理理念，但要将这些理念更好、更快、更有效地落地实施，不仅面临诸多困难和压力，而且需要经历一个探索与实践的过程。就目前总体态势而言，中国参与中东治理依然是重心偏向经济发展领域，而在政治、安全、文明等领域主动设置相关议题方面发力不足。因此，在未来，中国要更有效的参与中东地区治理，推动地区冲突化解，还需在推进和平进程、建立长效安全机制、深化文明互鉴等方面更加主动作为，不断加大劝和促谈力度，充分发挥安理会常任理事国的作用，加强与地区国家及其他大国在中东诸多问题上的协调互动，积极设置相关议题，致力于推动巴以和平谈判，并在化解地区危机以及地区热点问题方面提出更多具体方案，将相关政策主张不断转化为外交行动。同时，进一步建设和完善包括"中阿合作论坛"在内的多边与双边合作机制，加强与海湾合作委员会、伊斯兰合作组织等地区与国际组织的合作，进一步发挥元首外交的战略引领作用，推动召开中国－中东国家领导人峰会。

在中东治理乃至国际事务方面，中东国家对中国理念普遍表示欢迎和认同，并对中国发挥更大作用抱有更多期待。近年来，中东国家特别是如沙特、阿联酋等海湾国家向东看、向东走的步伐日趋加大，与中国的全方位合作不断得到加强和拓展，也为中国在中东地区有更多、更大作为带来新的机遇。显然，"在世界转型、中东动荡的新时期，中国能否在中东探索出一条与时俱进、具有自身特色的大国外交之路，推动与引领全球与地区治理朝公正合理方向迈进，值得国际社会关注。"①

三、结　语

　　作为参与全球治理与地区治理的中国方案，构建人类命运共同体理念及"一带一路"倡议顺应当代世界和平发展的时代潮流，既回答了"世界之问"，也回答了"中东之问"，是新时代中国共产党和中国政府统筹国际国内两个大局确立的有关治国理政与全球治理的新理念和文明交往的新方略，蕴含着丰富的新思想新理念，包含了新的国际合作观与国际政治经济秩序观、新的发展观、新的安全观和新的文明观，赋予了全球化发展更多的人文精神，充分彰显了中国共产党为中国人民谋幸福、为人类进步做贡献的初心使命，展现了中华民族追求民族复兴的历史夙愿与兼善天下的远大抱负，既与联合国确立的可持续发展议程的一系列理念相契合，也与包括中东国家在内世界各国人民谋求和平发展的现实诉求相契合。构建人类命运共同体理念引领下的新时代中国中东治理观立意高远，内涵丰富，它清楚地向世界表明，新时代快速发展的中国，正在致力于与包括中东国家在内的世界各国携手并进，通过共建"一带一路"破解发展难题，推进全球治理与地区治理，特别是将"和平合作、开放包容、互学互鉴、互利共赢"的丝路精神与"共商、共建、共享"的治理理念付诸实施，以实际行动向世界回答"中东之问"，为动荡不定、渴望和平发展的中东地区带来新的希望，指出新的方向，也为促进国际合作交流、推动全球治理体系变革、构建人类命运共同体探索新路径，开创新模式。

---

　　①　余建华主编：《中东变局研究》（下卷），北京：社会科学文献出版社，2018年7月版，第591页。

十八大以来中国共产党的外交理念及在中东的实践

李伟建[*]

【摘　要】

本文在明确中国共产党是中国外交的全面领导者、外交思想和理念的创立者以及外交理论体系的构建者基础上，将中国共产党总体外交思想以及十八大以来提出的一系列外交理念在中东的实践为基本研究对象，重点分析中国的和平发展观、综合安全观以及全球治理观在中东外交中的实践及中国与地区关系的影响。本文认为，安全与发展是中东地区面临的两大主要难题。由于受传统安全问题和地缘冲突困扰，中东发展问题长期被掩盖和忽视，地区国家普遍存在"重安全、轻发展"问题，而发展不足与不平衡及地区国家间缺乏合作反过来又加重了本地区安全困境。中东变局反映的是地区国家急于走出困境的强烈愿望。中国共产党提出的治理发展理念既顺应时代潮流和世界发展大势，也契合中东国家现实发展的需求。中国认为，中东的出路在发展，国际社会和地区国家把更多关注和行动聚焦到中东的治理和发展上是消除中东安全困境的最有效途径。中国共产党的外交理念得到越来越多的中东国家认同和支持，以"治理促发展"，"以发展促和平"正在逐渐成为地区国家共识。这些年来，中国围绕这些理念展开的外交实践取得了丰硕的成果，夯实了中国与中东国家发展可持续合作关系的基础。未来，以和平发展理念推动实现地区的长治久安将成为中国中东外交的亮点和重点。

【关键词】

中国共产党　外交理念　中东　外交实践

---

[*] 李伟建，上海国际问题研究院外交政策研究所研究员。

当今世界正处于百年未有之大变局中，一方面，国际力量此消彼长，权力转移引发国际体系和国际秩序空前调整变化，导致大国博弈加剧，并可能将世界带入"冲突、混乱的时代"；[①] 另一方面，影响人类发展及对人类发展进程构成重大挑战的全球性议题和难题增多，国际形势更趋复杂，对国际合作尤其是大国合作有了更多需求。国际秩序的变化为中国深度参与全球治理创造了前所未有的历史性机遇。[②] 尽管美国为应对中国的崛起，提出"亚太再平衡"战略，将主要力量转向亚洲并在中国周边制造紧张，但中国共产党的十八大报告对当时国际形势的基本判断是，国际力量对比朝着有利于维护世界和平方向发展。这不仅有利于国际体系朝向更为公正、合理的方向转型，也有利于中国通过更积极主动的外交与广大发展中国家建立广泛的国际统一战线。基于这一判断，新一届中央领导在外交上不断采取新举措，推出新理念，展示新气象，在继承新中国外交六十多年形成的大政方针和优良传统的基础上，积极探索走出一条有中国特色的大国外交之路。[③] 这些年来，在中国共产党领导之下，中国大国外交日趋成熟，外交理念正在全球范围内产生潜在而深远的影响。本文重点分析中国共产党的和平发展观、综合安全观以及全球治理观在中东外交中的实践及对中国与地区国家关系的影响。

一、十八大以来中国外交新理念的形成和发展

2021 年是中国共产党建党 100 周年。有不少学者从政党外交的视角来阐述党和外交的关系，认为政党作为国际政治的重要行为主体参与外交决策过程，并影响国家外交的基本走向。"作为中国特色的概念，政党外交在新时代中国特色社会主义发展进程中产生了深刻影响和重要作用。"[④] 也

[①] 强世功：《中美"关键十年"——"新罗马帝国"与"新的伟大斗争"》，载《东方学刊》，2020 年第 3 期，第 21 页。

[②] 郭树勇等：《论 100 年来中国共产党全球观念变迁的主要规律》，载《国际观察》，2021 年第 1 期，第 21 页。

[③] 参见《王毅部长在第二届世界和平论坛午餐会上的演讲》，外交部官网，2013 年 6 月 27 日，https://www.fmprc.gov.cn/web/wjbz_673089/zyjh_673099/t1053901.shtml。

[④] 杨扬：《21 世纪中国共产党政党外交的三重维度》，载《当代世界与社会主义》，2018 年第 1 期，第 172 页。

有学者认为,"政党外交与政府外交是两个不同的历史范畴,把政党外交和政府外交区分开来摆正两者位置,使政党外交服从于国家外交的总目标。"① 本文认为,政党外交无疑在中国总体外交中发挥了十分重要的作用,但政党外交的性质和表现形式决定了其主要的任务是与其他主权国家的政党或国际政党组织开展国际交流与合作。因此,政党外交并不能涵盖中国共产党与中国外交关系的全部。学界有不少论述中国共产党政党外交的研究成果,在概念界定上试图将政党外交与政府外交做明确区分,突出政党作为行为主体的一面在总体外交中的作用,但在案例分析上却都无可避免地将两者并为一谈,这恰好说明中国共产党与中国外交的关系密不可分。

在当代中国外交发展进程中,中国共产党始终是外交的全面领导者,"党的领导是中国外交的灵魂"。② 同时,党还是外交制度、外交思想和理念的创立者以及外交理论体系的构建者和外交政策的指导者。因为党的领导在中国的政治体制中处于核心地位,政府决策的过程也是党的领导决策的过程,因此,党的外交意志与国家的外交意志完全统一。③ 2021年3月7日,国务委员兼外交部长王毅在十三届全国人大四次会议举行的记者会上回答记者"该如何理解党领导外交的深刻含义"时明确表示,中国外交是党领导下的人民外交事业。中国共产党是中国人民的主心骨,当然也是中国外交的定盘星。"为人民谋幸福、为民族谋复兴,党的这一初心使命决定了中国外交要履行的责任与担当。珍视独立自主、弘扬公平正义,党的这些价值追求决定了中国外交要秉持的基本原则。坚持和平发展,谋求合作共赢,推动构建人类命运共同体,既是党章和宪法的规定,也是中国外交要努力的道路和方向。外交工作的重大决策和成就,都得益于党中央的统揽全局、运筹帷幄。"④ 王毅部长的这些表述精确地道明了中国共产党与中国外交的关系。

---

① 杨扬、祝黄河:《改革开放以来中国特色政党外交的成就与经验》,载《社会主义研究》,2019年第5期,第58页。
② 王毅:《谱写中国特色大国外交的时代华章》,载《人民日报》,2019年9月23日。
③ 郭树勇等:《论100年来中国共产党全球观念变迁的主要规律》,载《国际观察》,2021年第1期,第3页。
④ 参见国务委员兼外交部长王毅在十三届全国人大四次会议于3月7日在人民大会堂新闻发布厅举行的记者会上,就"中国外交政策和对外关系"相关问题回答中外记者提问,环球网,2021年1月7日,https://lianghui.huanqiu.com/article/42D4jKFsMtN。

中国共产党的外交理论的形成和发展建立在坚持实事求是和实践本原的马克思主义基本立场，历史、辩证地认识国情、世情，科学、理性地分析中国和世界的关系的基础之上。① 新中国成立以来，中国国家定位及外交布局的数次演变都体现了党对不同阶段国内发展现实的深刻认识及对世界局势及其发展趋势的精准判断。前些年有学者以改革开放为分水岭，以对国际格局和时代主题的认识转型为依据，将新中国成立后的中国外交大致分为前后两个重要的历史时期。② 这一历史划分以外交战略从"革命外交"到"和平、发展与合作外交"的转型为标志，表明中国的时代观发生了根本性的转变。"革命外交"基于"战争与革命"的时代观，外交重点和目标在于团结第三世界力量，建立国际统一战线，打破西方的封锁和遏制；"和平、发展与合作外交"立足于"和平与发展"的时代观，这一时期的外交主导思想开始由强调斗争转向寻求合作，外交目标从求生存转向求发展，重点在于"配合国内的经济建设并为此创造一个和平的国际环境"。③

中共十八大以后，中国外交开启了又一个全新的历史进程。2013 年 6 月 27 日，外交部长王毅在第二届世界和平论坛午餐会上发表演讲时提出，中国要探索走中国特色大国外交之路。④ 中国的外交风格和布局随之发生了从"被动应对"转向"主动塑造"，从"政策思维"转向"战略思维"，从"经济外交"为主转向"全方位外交"的明显变化，意味着中国开始以全球大国的身份和视野规划总体外交。2014 年 11 月 28 日，习近平总书记在出席中央外事工作会议发表重要讲话时指出，"中国必须有自己特色的大国外交。我们要在总结实践经验的基础上，丰富和发展对外工作理念，使我国对外工作有鲜明的中国特色、中国风格、中国气派"。⑤ 习总书记的讲话突出了两点：一是正式明确了中国的大国外交战略定位，二是提出要丰富和发展中国外交理念。2015 年 9 月 28 日，习近平总书记在第七十届联合国大会一般性辩论时发表重要讲话中，全面阐述了以合作共赢为核心

---

① 杨洁勉：《中国共产党外交理论建设的百年探索和创新》，载《国际展望》，2021 年第 1 期，第 2 页。
② 杨公素、张植荣：《当代中国外交理论与实践》，北京：北京大学出版社，2009 年版，第 1—3 页。
③ 杨洁勉等：《对外关系与国际问题研究》，上海：上海人民出版社，2009 年版，第 8 页。
④ 参见《王毅部长在第二届世界和平论坛午餐会上的演讲》，外交部官网，2013 年 6 月 27 日，https://www.fmprc.gov.cn/web/wjbz_673089/zyjh_673099/t1053901.shtml。
⑤ 参见《习近平出席中央外事工作会议并发表重要讲话》，新华网，2014 年 11 月 29 日，http://www.xinhuanet.com/politics/2014-11/29/c_1113457723.htm。

的新型国际关系理念及以公平、开放、全面、创新为核心的发展理念。①此后,中国又提出了"构建人类命运共同体"及与之相密切相关的"共同、综合、合作、可持续的新安全观""秉持共商共建共享的全球治理观"等一系列外交理念。

综上,"革命外交"和"和平、发展与合作外交"的理论强调的是以斗争求生存和以合作求发展。十八大以来的提出的大国外交理念,重点是要"以自己的发展为国际发展作出贡献"。② 中国的贡献主要体现在以下两方面:一是在坚持和完善中国特色社会主义制度、努力推进国家治理体系和治理能力现代化的基础上,积极参与全球治理体系改革和建设,与世界各国交流分享中国的治国理政经验,推动人类社会共同进步;二是以自身成功的发展实践"拓展了发展中国家走向现代化的途径,给世界上那些既希望加快发展又希望保持自身独立性的国家和民族提供了全新选择,为解决人类问题贡献了中国智慧和中国方案"。③ 这些年来,中国的外交理念经受住了全球政治经济发展大势的考验,得到了越来越多的国家特别是广大发展中国家的认同。中国的大国外交也更趋成熟更加活跃,"逐渐显示出为世界提供公共产品、积极应对跨区域问题的新思路"。④ 中国综合实力和国际影响力的不断提升,也让中国更有信心主动塑造与其他国家的关系,更有能力参与全球和地区治理,通过务实合作向发展中国家提供更有效的帮助,利用多边外交为发展中国家主持公道,与发展中国家携手推动国际秩序和国际体系朝着更公正合理的有利于发展中国家的方向发展。

二、中国大国外交理念在中东的实践

长久以来,中东一直被视作多难之地,"战争""冲突""博弈""恐

---

① 《中国特色大国外交理念的深刻阐释》,载《人民日报》,2015年9月29日。
② 参见《习近平在庆祝中国共产党成立95周年大会上的讲话》,载《人民日报》,2016年7月2日。
③ 习近平:《决胜全面建成小康社会,夺取新时代中国特色社会主义伟大胜利——在中国共产党第十九次全国代表大会上的报告》,新华网,2017年10月27日,http://www.xinhuanet.com//politics/19cpcnc/2017-10/27/c_1121867529.htm。
④ 新加坡《联合早报》2017年10月14日报道,转引自《外媒:中国外交积极进取 十九大后将更加有为》,中国网,2017年10月17日,https://www.chinanews.com/m/gn/2017/10-17/8354327.shtml。

怖主义"等等都是中东叙事语境中最常见的词语。中东秩序脆弱不稳,安全局势复杂多变,与本地区错综复杂的地缘政治关系密切相关,但很大程度上也是受到美国中东战略的影响。中东区域组织和次区域组织多次内部变动,很多国家对外政策的调整和对外关系背后都有美国的影子。海湾战争后,美国以维护地区安全的名义得以在中东保持军事存在,并以美国的政治和安全逻辑向地区国家提供安全类公共产品,造成中东国家在安全上对美国的普遍依赖。但事实证明,美国的存在并没有使地区更安全。这些年来,地区传统安全问题悬而未决,新的热点不断出现。美国常常在"保护"某个国家安全的同时,往往也在制造另一个国家不安全。很多时候,美国本身就是一个引发地区不安全的变量。美国主导中东事务的这些年里,冲突、博弈乃至战争成为地缘政治主旋律,发展议题往往被动荡局势所掩盖或被当权者忽视,发展不足及"重安全,轻发展"成为本地区普遍现象,这反过来又加重了地区安全困境。

发端于10年前的中东变局本质上反映的是地区国家急于走出困境的强烈愿望,是美国和西方的误导及介入导致地区局势全面失控,并引发了利比亚战争和叙利亚内战,也再次拉远了中东与世界发展的距离。近年来,中东国家内部暴露出来的问题日趋严重,其中治理不善和发展不足带来的安全隐患十分突出,各国都面临越来越大的社会治理和经济发展压力。虽然外部势力的干预及地区内地缘政治冲突仍有很强的惯性,脆弱的地区安全局势仍对中东的治理和发展议题有很大的制约,但从中东变局的发展轨迹看,中东变局的内涵正在发生明显变化,由变局之初的波及整个地区的激进政治运动转入了各国内部以社会治理及经济、民生发展为核心诉求的新阶段。[①] 这一时期许多国家都出现了不同规模的民众示威活动,其诉求基本上与这些国家的内部发展治理问题密切相关,促使当权者更多关注国内的治理和发展。如何走出安全困境成了地区各国当权者急切求解的"中东之问"。

十八大以来中国共产党提出的和平发展观、综合安全观以及全球治理观等治理发展理念基于自身成功的发展实践,符合世界发展潮流,也契合中东国家现实发展的需求,引起了中东国家的广泛关注。2016年1月21日,习近平主席在阿拉伯国家联盟总部发表演讲,对破解中东难题提出了

[①] 李伟建:《中阿战略伙伴关系:基础、现状与趋势》,载《西亚非洲》,2018年第4期,第16页。

中国的视角和智慧。他指出：化解分歧，关键要加强对话。武力不是解决问题之道，零和思维无法带来持久安全；破解难题，关键要加快发展。中东动荡，根源出在发展，出路最终也要靠发展；道路选择，关键要符合国情。现代化不是单选题。历史条件的多样性，决定了各国选择发展道路的多样性。① 习近平的演讲观点鲜明，态度中肯，既切中地区时弊，又指出破解之道。让中东国家对中国的发展观、安全观以及治理观有了全面的了解。中国认为，国际社会和地区国家把更多关注和行动聚焦到中东的治理和发展上是消除中东安全困境的最有效途径。也正是基于这样的理念，近年来，帮助地区国家通过治理和发展来促进地区安全及国家内部的稳定正成为中国发展与中东国家合作关系的重点和中东外交发力点。

2014年6月5日，习近平主席在中阿合作论坛第六届部长级会议开幕式上发表讲话时，提出了中阿共建"一带一路"，打造中阿利益共同体和命运共同体的战略构想，构建以能源合作为主轴，以基础设施建设、贸易和投资便利化为两翼，以核能、航天卫星、新能源三大高新领域为突破口，即"1+2+3"合作格局的战略目标，以及争取中阿贸易额在未来10年增至6000亿美元、中国对阿非金融类投资存量未来10年增至600亿美元以上、今后3年为阿拉伯国家再培训6000名各类人才等等一系列具体举措。② 2016年1月13日，中国政府发布了首份对阿拉伯国家政策文件，明确要充实和深化中阿在经济、投资贸易、社会发展、人文交流及和平与安全等领域全方位、多层次、宽领域的全面合作。③ 2018年7月10日，习近平主席在中阿合作论坛第八届部长会议开幕式上宣布，中阿一致同意建立全面合作、共同发展、面向未来的中阿战略伙伴关系。习近平指出，中东面临消除和平之殇、破解发展之困的紧迫任务，中国的中东政策顺应中东人民追求和平、期盼发展的强烈愿望，在国际上为阿拉伯国家合理诉求代言，愿为促进地区和平稳定发挥更大作用。中方将设立"以产业振兴带动经济重建专项计划"、支持建立产能合作金融平台、成立"中国－阿拉伯

---

① 参见习近平总书记在阿拉伯国家联盟总部的演讲，新华网，2016年1月22日，http://www.xinhuanet.com//world/2016-01/22/c_1117855467.htm。
② 参见习近平总书记在中阿合作论坛第六届部长级会议开幕式上的讲话，新华网，2014年6月5日，http://www.xinhuanet.com//politics/2014-06/05/c_1111003387.htm。
③ 《中国对阿拉伯国家政策文件》，载《人民日报》，2016年1月14日。

国家银行联合体"与阿拉伯国家一起推动中东地区走出一条全面振兴的新路。① 在 2020 年 7 月 6 日，通过视频连线方式召开的中阿合作论坛第九届部长级会议上，中阿双方通过了《中国－阿拉伯国家合作论坛第九届部长级会议安曼宣言》和《中国－阿拉伯国家合作论坛 2020 年至 2022 年行动执行计划》，中阿在"行动执行计划"中规划了双方开展务实合作、共同发展的前进路径。双方在政治、经济、能源、产能、科技、卫生等 20 大领域总共达成 107 项合作举措。②

综上，党的十八大以来中国的中东外交呈现出三个明显特点：其一，深入地践行了中国共产党提出的大国外交理念，取得了积极成果。习近平总书记在中阿合作论坛第八届部长级会议开幕式上的讲话"为解决阿拉伯世界当前面临的困局和共建中阿命运共同体提出了伟大构想和切实可行的行动方案。"③ 近年来，中国与中东国家所达成的共识性文件均包含了治理和发展的理念，双方的交往都强调要加强治国理政方面的交流合作。其二，中国的中东政策更加务实，提出的一系列举措更贴近中东国家的需求。"一个个实实在在的项目，体现了中国真诚希望与阿拉伯国家携手发展、打造中阿命运共同体的意愿。"④ 其三，更加注重有关中东安全的议题设置和话语引领，聚焦中东安全的根源问题，丰富了安全内涵，将治理和发展理念正式引入中东安全议题。中国不仅充分利用现有国际多边机制及双边合作机制，还积极创建"中东安全论坛"及倡议搭建"海湾地区多边对话平台"讨论当前面临的地区安全问题，提出中国的主张和方案，增强了中国在中东安全问题上的议题设置权和话语权。

三、促进中国构建新发展格局与中东各国重大发展战略对接

2021 年是中国共产党建党 100 周年，也是"十四五"规划开局之年。在当前世界处于百年未有之大变局，大国博弈加剧，保护主义、单边主义

---

① 参见习近平总书记在中阿合作论坛第八届部长级会议开幕式上的讲话，新华网，2018 年 7 月 10 日，http://www.xinhuanet.com/politics/2018－07/10/c_1123105156.htm。
② 外交部发言人赵立坚介绍中阿合作论坛第九届部长会议情况，外交部官网，2020 年 7 月 7 日，http://newyork.fmprc.gov.cn/web/fyrbt_673021/t1795693.shtml。
③ 《构筑互利共赢的中阿合作伙伴网络》，载《新华每日电讯》，2018 年 7 月 11 日，第 1 版。
④ 同上。

上升,全球新冠肺炎疫情大流行导致世界经济严重下滑的背景下,中国开启了全面建设社会主义现代化国家的新征程。面对复杂严峻的国际形势,习近平总书记多次提出,要推动形成以国内大循环为主体、国内国际双循环相互促进的新发展格局。这个新发展格局是根据我国发展阶段、环境、条件变化提出来的,是重塑我国国际合作和竞争新优势的战略抉择。① 2020年10月29日,党的第十九届五中全会通过《中共中央关于制定国民经济和社会发展第十四个五年规划和二〇三五年远景目标的建议》,正式提出,要加快构建以国内大循环为主体、国内国际双循环相互促进的新发展格局。新发展格局是对"十四五"和未来更长时期我国经济发展战略、路径作出的重大调整完善,是着眼于我国长远发展和长治久安作出的重大战略部署,对于我国实现更高质量、更有效率、更加公平、更可持续、更为安全的发展,对于促进世界经济繁荣,都会产生重要而深远的影响。② 一些海外专家也认为,中国推动构建新发展格局,不仅有利于促进本国经济高质量发展,也将为其他国家提供广阔机遇,为世界经济稳定发展注入信心和动力。③

当前复杂多变的国际政治经济形势也对中东地区的地缘政治格局、地区国家间关系产生了巨大影响,全球新冠肺炎疫情的大流行更是对地区经济发展及地区国家内部的稳定造成巨大冲击。这些年来,治理和发展议题对地区国家的重要性和迫切性已经出现超越传统安全问题成为影响地区局势发展的一种新趋势,疫情的全球暴发以及油价暴跌正在加快这一过程。根据世界银行的数据,2020年中东地区(包括所有阿拉伯国家和伊朗)的经济表现是1978年以来最糟糕的。国际货币基金组织(IMF)的报告则显示,2020年中东经济的下滑幅度超过了2008-2009年的全球金融危机以及2014-2015年的上一次油价大跌。中东国家2020年国内生产总值(GDP)预计下降4.1%以上,比4月时的预测进一步下滑1.3个百分点。经济整体下滑,使得海湾国家财政状况恶化。根据国际评级机构标准普尔的报告,2020年海合会成员国(沙特、巴林、阿曼、科威特、阿联酋和卡

---

① 习近平:《在经济社会领域专家座谈会上的讲话》,新华网,2020年8月24日。http://www.xinhuanet.com/politics/leaders/2020-08/24/c_1126407772.htm。
② 刘鹤:《加快构建以国内大循环为主体、国内国际双循环相互促进的新发展格局》,载《人民日报》,2020年11月25日。
③ 《中国构建新发展格局强自身利全球——海外热议中国领导人在经济社会领域专家座谈会上讲话》,新华网,2020年8月29日,http://www.xinhuanet.com/2020-08/29/c_1126428209.htm。

塔尔)政府财政赤字预计将超过1800亿美元,创历史新高。①

  中国与中东国家共同面临严峻的现实挑战,但中国在共产党领导下,通过全中国人民的努力,不仅在较短的时间内有效地控制住疫情,而且还成为了2020年全球唯一实现经济正增长的国家。中国取得的抗疫和发展成就引发全球关注。疫情期间,中国与中东国家守望相助,团结抗疫,得到地区国家的高度评价。中东国家尤为看好中国增长前景,对后疫情时代深化对华务实合作寄予厚望。在此背景下,国务委员兼外交部长王毅近期出访中东6国并取得了丰硕的成果。此访最引人关注的一是提出了关于实现中东安全稳定的五点倡议,二是促进中国构建新发展格局与中东各国重大发展战略对接。王毅在沙特接受阿拉比亚电视台专访时表示,当前中国正在构建新发展格局,愿与中东国家分享中国市场的机遇,与阿拉伯国家积极筹备中阿峰会,高质量共建"一带一路",拓展高新技术等新增长极。我们也希望早日同海合会达成自贸协定。② 王毅在结束访问中东6国后接受媒体采访谈到中国将如何同地区国家深化发展对接、助力构建新发展格局时强调,一是要对接彼此发展战略。6国均高度期待把握中国新发展格局为双方合作带来的新机遇,与中方对接发展战略意愿强烈。中方愿与中东国家一道,促进高质量共建"一带一路",充分发挥中东作为陆海丝绸之路交汇地带的优势,形成中东国家向东开放,中国向西拓展合作,双方优势互补、互利共赢的大格局。二是要融合两个资源市场。要稳步推进产业投资、园区良港、互联互通等合作,深化重大基础设施工程承包合作,同时创新投融资模式,提升贸易便利化水平,扩大双边本币互换规模。要加强双方5G、大数据、人工智能等高新技术合作,打造后疫情时期合作新增长极。三是交流执政兴国理念。共享是中国新发展理念要义之一。中国愿结合中东国家特点,加强双方治国理政经验的交流,更多聚焦助力中东国家改善民生,更好实现发展成果让人民共享。③

---

 ① 相关数据转引自中央广电总台央视新闻《中东面面观 | 2020年中东经济的韧性与挣扎》,央广网,2020年12月23日,http://news.cnr.cn/native/gd/20201223/t20201223_525371578.shtml。
 ② 《国务委员兼外长王毅接受阿拉比亚电视台专访实录》,新华网,2021年3月26日,http://www.xinhuanet.com/2021-03/26/c_1127260452.htm。
 ③ 《中国是中东国家长期可靠的战略伙伴——王毅国务委员兼外长在结束访问中东六国后接受媒体采访》,外交部官网,2021年3月30日,https://www.mfa.gov.cn/web/wjbzhd/t1865544.shtml。

王毅部长此次中东 6 国之行与所到各国达成一系列合作意向，其中包括与伊朗签署了为期 25 年的中伊全面合作协议。有境外媒体将中伊协议置于中美及美伊博弈的背景下进行炒作，刻意放大其战略含义，用心十分可疑。中伊签署全面合作协议固然有重要的意义，但它只是王毅此行取得的累累硕果中的一部分。从王毅此行与各国领导人会晤及对媒体发表的讲话中传递出的信息看，未来中国将与中东国家更高质量地开展全方位、高水平、宽领域的合作。其中，推动落实关于实现中东安全稳定的五点倡议以及促进中国构建新发展格局与中东各国重大发展战略对接将成为中国中东外交的重点以及中国发展同地区国家的双边关系着力点。中东地区各界普遍认为，倡议切中当前中东国家紧迫关切，既反映了中国一以贯之的政策主张，更彰显了新时代中国中东外交的格局理念，将为中东实现安全稳定注入正能量。中国构建新发展格局则将为中国同地区国家合作带来新机遇，注入了新动力。①

四、结　语

自党的十八大后中国确立了大国外交战略定位以来，中国共产党提出了一系列中国特色大国外交理念，并逐渐地构建起了以"和平、发展、治理"为核心的中国外交国际话语体系及与之相配套的外交政策。这些理念基于中国数十年成功的发展实践及对世界发展大势的准确判断之上，为完善全球治理及解决各国面临的安全与发展问题贡献了中国的思路和方案。中东地区很长时期处于美国的主导之下，地区秩序十分脆弱，地区国家长年陷于地缘政治冲突和博弈之中，导致治理缺失和发展不足，成为了地区新的安全隐患。中东变局本质上反映的是地区国家急于走出困境的强烈愿望，经过数年的动荡之后，中东变局越来越呈现出乱后求治的趋向。近年来，中东的发展和治理问题愈发突出，对地区国家内部稳定构成了严重的威胁。中国这些年在中东践行中国特色的大国外交理念取得积极成效，得到越来越多国家的认同和支持。2021 年 2 月，中共中央政治局委员、中央

---

① 《中国是中东国家长期可靠的战略伙伴——王毅国务委员兼外长在结束访问中东六国后接受媒体采访》，外交部官网，2021 年 3 月 30 日，https://www.mfa.gov.cn/web/wjbzhd/t1865544.shtml。

外事工作委员会办公室主任杨洁篪在全球疫情依然肆虐的情况下，访问卡塔尔、科威特；3月和7月，国务委员兼外长王毅两次出访中东，覆盖沙特、土耳其、伊朗、阿联酋、巴林、阿曼、叙利亚、埃及、阿尔及利亚9国，10月又访问卡塔尔。自此，中东成为2021年中国外交领导人出访最多的地区。2022年1月中旬，沙特、巴林、科威特、土耳其、阿曼、伊朗等六国外长及海合会秘书长又密集访华，也让"中东板块在中国外交全局中的特殊作用得以充分展示。"① 未来，中国将以推动落实王毅部长近期访问中东6国时提出的关于实现中东安全稳定的五点倡议以及促进中国构建新发展格局与中东各国重大发展战略对接为中东外交重点以及发展同地区国家的双边关系为着力点，为实现中东地区和平发展和长治久安做出积极贡献。

---

① 秦天：《中东多国外长访华彰显中国中东合作远大前程》，中国网，http://www.china.com.cn/opinion2020/2022-01/15/content_77990902.shtml。

中东国家对中国共产党百年成就与治国理政经验的认知与解读

章 远[*]

【摘 要】 中东国家是中国日新月异变化成就的见证者，中东国家对中国共产党治国理政经验的客观认识能够反映中国道路的战略性深刻意义。中东国家政商精英、智库学者、专业人士"中共观"的核心内容包含认识到历史和中国人民选择中国共产党的必然性，以及认识到探索本国道路的关键性。本文聚焦中国特色社会主义进入新时代以来，中东国家对中国共产党治国理政经验的认知与解读，着重对以政党为行动主体的交流实践和以中国共产党为研讨对象的文章报告进行阐释。鉴于中东国家的表态不可避免地带有时代和地域的局限性，为消弭误读，未来中国和中东国家之间需要推进更加全面系统、积极进取的交流互鉴。

【关键词】 中东 中共观 中国共产党 治国理政

中东地区国家是中国与世界增进互信、共同维护地区安全和促进稳定的重要合作伙伴。中国与中东国家的合作始终重视互惠互利，并正在共同构建完善的信任机制。中国与中东国家已经组建了中国—阿拉伯国家合作论坛、中阿峰会、中国—阿拉伯国家改革发展论坛、中东安全论坛、中阿

---

[*] 章远，上海外国语大学中东研究所研究员。本文为上海外国语大学校级重大项目"中东格局巨变与中国'一带一路'倡议在中东实践的风险与应对"（项目编号：202114006）以及上海外国语大学青年教师科研创新团队项目"百年未有大变局之下的中东政治变迁研究"（项目编号：2020114046）的阶段性成果。

关系暨中阿文明对话研讨会等不断增强战略互信的重要沟通合作机制以及高级别交流对话机制。在政党合作方面，中共中央对外联络部（以下简称"中联部"）主办的中国共产党与世界政党高层对话会、中国—阿拉伯国家政党对话会为中东国家友好政党与中国共产党交流互鉴治国理政经验提供了重要平台。中国与中东国家的交往合作正在成为南南合作的典范。理解中国与中东国家合作机制、增进中国与中东国家的治国理政经验交流，对促进地区和平稳定、推动发展中国家协作、维护国际公平正义的时代路径均有裨益。

中东国家普遍面临快速发展的现实政治考验，许多国家政局动荡，危害地区安全和稳定的矛盾仍然尖锐。[1] 中东国家的政商精英、智库学者、专业人士都希望增进对中国共产党的了解，深入解读对中国共产党团结带领中国人民实现民族伟大复兴、创造举世瞩目成就的治国理政经验。本文观察围绕中国共产党成立 100 周年，中国和中东国家的交流，依公开发言来分析中东国家对中国共产党治国理政经验的解读，依交流活动和外交场合行动来评价中东国家在解读基础上的回馈。作为中国治国理政成就的见证者，中东国家对中国共产党治国理政经验的解读能够相对客观地反映中国道路对世界政治发展的意义。

一、见证中共百年奋斗伟大成就的中东"中共观"

100 年来，中国共产党践行初心、担当使命，团结带领中国人民筚路蓝缕、不懈奋斗建成伟大功绩，积累了党团结带领民族和国家从"站起来、富起来到强起来"[2] 的宝贵经验。新时代，中国在深化改革开放、推进国家治理体系和治理能力现代化、改善民生、缩小贫富差距等方面的努力和成就，全球有目共睹。中东国家是中国共产党百年奋斗伟大成就的重要见证者。近年来，中东国家各界人士面向中国主办的交流平台所展示的言论普遍体现出新时代中东国家的"中共观"。他们广泛认识到历史和中

---

[1] 章远：《中东政治发展危机的安全结构约束》，载《西亚非洲》，2019 年第 6 期，第 22 页。

[2] 《决胜全面建成小康社会 夺取新时代中国特色社会主义伟大胜利——习近平同志代表第十八届中央委员会向大会作的报告摘登》，载《人民日报》，2017 年 10 月 19 日，第 2 版。

国人民选择中国共产党的必然性，认识到探索本国道路的关键性。

2021年，中国国务委员兼外长王毅密集出访中东国家。在结束3月的沙特、土耳其、伊朗、阿联酋、巴林和阿曼中东6国访问后，王毅接受媒体采访时强调，"中国作为中东国家的真诚朋友"将与中东国家"加强治国理政经验交流，促进文明对话、深化反恐和去极端化合作"[1]。7月，王毅访问叙利亚、埃及和阿尔及利亚。此轮中东之行正值中国共产党建党100周年，到访国家的领导人都表示期待与中方进一步加强治国理政经验交流。中国共产党的百年奋斗历程对中东地区重要国家具有重要的参考价值。[2]

中东国家领导人对中国共产党的治国理政理念解读的重心体现在认同国家治理的成功离不开自主探索的道路、坚强的领导核心、以人民为中心、统筹发展与安全等方面。[3] 根据中国学者的提炼总结，中国治国理政经验之所以能够解决发展中国家亟需解决的治理难题，在于中国经验具有四重理论内涵。具体而言，始终秉持独立自主、自力更生的自立精神；坚持经济上的发展主义；重视既非"大政府"也非"强政府"而是"有效政府"式的国家治理体系；以及崇尚内核为"和而不同"的多元共识政治文化。[4] 相较而言，历经军事战争、内部社会运动、外部政治干预的压力，中东国家的政治领导人对中国共产党治国理政经验的解读既和中国学人提炼的观点相似，如重视自立、发展、效能和合作，也表示出对兴国离不开强有力的领导核心和牢固的人民基础的极大重视。

中东国家的"中共观"和"中国观"受益于政党外交相对宽松的对外交往形式，是在思想理念和政策制定原则等领域通过与中国共产党的治国理政经验交流而逐渐形成的。中国共产党对中东国家政治党派的政党外交既包含政党外交普遍所具有的助推政党能力建设的功能，[5] 还包含宣介治

---

[1] 《王毅国务委员兼外长在结束访问中东六国后接受媒体采访》，中华人民共和国中央人民政府网，2021年3月31日，http://www.gov.cn/guowuyuan/2021-03/31/content_5596904.htm。

[2] 《加强团结合作 维护公平正义——王毅国务委员兼外长在结束后对叙利亚、埃及、阿尔及利亚访问后接受国内媒体采访》，中华人民共和国中央人民政府网，2021年7月21日，http://www.gov.cn/guowuyuan/2021-07/22/content_5626480.htm。

[3] 《加强团结合作 维护公平正义——王毅国务委员兼外长在结束后对叙利亚、埃及、阿尔及利亚访问后接受国内媒体采访》。

[4] 罗建波：《中国与发展中国家的治国理政经验交流：历史、理论与世界意义》，载《西亚非洲》，2019年第4期，第8—14页。

[5] 周余云：《论政党外交》，载《世界经济与政治》，2001年第7期，第17页。

国理政经验和增进国家层面互信关系的功能。中共十七大以后，中国政党外交逐步确立了"全方位""立体式"①的新格局。中共十八大以来的新形势下，以命运共同体理念为价值引导方向，"深化同发展中国家的政党交流合作"②是社会主义国家政党外交的重要发展方向。新时代，经历过中国对党和政府走过的和平发展、合作共赢道路的宣介以及中国共产党良好形象的展示，中东国家政府、政党领导人、商界和智库精英以及青年力量能够认识到中国共产党"耐心、民族责任感和国际责任感"③兼备，认识到锐意进取的中国共产党顺应中国人民意愿和历史潮流，坚定地屹立于中国和世界。

中国共产党一经诞生就把为中国人民谋幸福、为中华民族谋复兴确立为初心使命。④ 2020年6月22日，在中联部主办的中国—阿拉伯国家政党对话特别视频会议上，与会的阿拉伯国家领导人和政党领导人赞赏人类命运共同体理念，表示愿意同中国共产党一道，加强战略沟通和理念互鉴。参会的阿拉伯国家领导人和60余位主要政党领导人的发言高度赞扬中国共产党和中国政府在抗疫中坚持"人民至上"⑤的执政理念。见证中国长远发展的中东国家人士，尤其是曾经在中国生活、学习过的那些对华友好人士，对历史和人民之所以选择中国共产党均有切身体会。比如曾留学宁夏的埃及希克迈特文化投资出版公司总裁艾哈迈德·赛义德基于在银川十余年的生活体验，⑥亲身感受到中国共产党实实在在为人民付出，将原本贫困的土地变为富庶之地的执政为民理念。

中国社会飞速发展，中国共产党以自身治国理政经验推动世界人民追求进步的决心也振奋着中东地区的亲历者们。长期在华工作的土耳其—中国商业促进和友好协议主席阿德南，无惧山水阻隔，提前预留入境隔离赶

---

① 王家瑞：《围绕中心谋发展 服务大局铸辉煌——党的十七大以来中国共产党的对外工作》，载《当代世界》，2012年第10期，第2页。
② 王家瑞：《努力开创党的对外工作新局面——深入学习贯彻习近平同志关于党的对外工作重要思想》，载《人民日报》，2014年6月3日，第7版。
③ [约旦]法拉杰·阿特梅齐：《中共致力于建设一个更加公正负责成熟的世界》，秦振燕、高颖译，载《光明日报》，2021年4月6日，第16版。
④ 习近平：《在庆祝中国共产党成立100周年大会上的讲话（2021年7月1日）》，北京：人民出版社，2021年版，第3页。
⑤ 《习近平向中国—阿拉伯国家政党对话会特别会议致贺信》，中华人民共和国中央人民政府网，2020年6月22日，http://www.gov.cn/xinwen/2020-06/22/content_5521100.htm。
⑥ 《百年大党，不断取得新的更大成就》，载《人民日报》，2021年9月7日，第18版。

赴北京参加中国共产党与世界政党领导人峰会，亲身聆听习近平总书记主旨讲话。在中联部公众号的采访中，阿德南谈及他的体会时指出，土耳其人只有更好地了解中国共产党和习近平新时代中国特色社会主义思想，才会明白中国共产党为什么能取得成功。①

正是中国共产党百年奋斗走自己的路取得了光辉成就，为中东国家认同中共坚持马克思主义原理，走出有本国特色的社会主义道路的"中共观"提供了有力佐证。参加2021年中国共产党与世界政党领导人峰会的中东地区政党和政治组织中，埃及社会主义党、巴勒斯坦人民斗争阵线、埃及共产党均专门赞扬中国共产党指导和不断推进马克思主义中国化，将中国引向现代化国家。② 统一叙利亚共产党、伊拉克库尔德斯坦共产党、约旦共产党、埃及共产党、伊拉克共产党、黎巴嫩共产党等中东共产党将中国共产党领导中国取得的系列胜利和成就视为着眼本国国情、践行马克思主义科学性的表率，赞扬中国共产党为世界上众多的共产党、工人党和民族解放积累了丰富的理论和实践经验。③ 伊拉克共产党总书记④、土耳其马尔马拉战略与社会研究基金会主席⑤、约旦共产党总书记⑥纷纷表示，中国共产党之所以能够不负人民重托消除贫困，正是由于中国共产党坚定地走中国特色社会主义道路。尽管中东地区的政党政治情况复杂，非共和制的国家甚至没有政治党派和政党活动，然而中东国家友华、亲华政治力量，特别是左翼和共产主义政党均表现出借鉴中国共产党的独特成功发展经验的意愿和诉求。

中东地区的长治久安需要发展、合作与融通，⑦ 中国共产党的成功经验对中东的发展中国家具有借鉴和启示意义。中东国家在了解基础上所形

---

① 中联部青年传播小组：《这次峰会，有一位非常特殊的客人》，中联部新闻办公众号，2021年9月2日，https://mp.weixin.qq.com/s/zywzELqq9qWQvNSFGy4HLg。
② 整理自《会议发言》，中国共产党与世界政党领导人峰会，2021年7月6日，https://www.cpc100summit.org/cn/speeches.html。
③ 同上。
④ 《伊拉克共产党书记拉伊德·法赫米发言》，中国共产党与世界政党领导人峰会，2021年7月6日，https://www.cpc100summit.org/cn/speeches/X7WbDd39b7.html。
⑤ 《土耳其马尔马拉战略与社会研究基金会主席阿肯·苏威尔发言》，中国共产党与世界政党领导人峰会，2021年7月6日，https://www.cpc100summit.org/cn/speeches/RsJgxHdjiI.html。
⑥ 《约旦共产党总书记法拉杰·阿特梅齐发言》，中国共产党与世界政党领导人峰会，2021年7月6日，https://www.cpc100summit.org/cn/speeches/ZnKqlHrWuv.html。
⑦ 《王毅提出实现中东安全稳定的五点倡议》，中华人民共和国外交部，2021年3月26日，http://new.fmprc.gov.cn/web/wjbzhd/t1864378.shtml。

成的良性和客观的"中共观"有利于融会贯通中国共产党的治国理政理念，将中国崛起与世界人民复兴结合在一起，[①] 走出适合各国本国发展的现代化道路。

二、中东国家与中国围绕中共百年华诞庆典年的互动

2021年是中国共产党建党100周年，也是中国共产党和悠久的中华文化与海外各界加深交流互鉴的重要一年。然而，2021年更是国际政治局势风云诡谲的一年。新冠肺炎疫情仍然在全球扩散肆虐，原有的美国主导下的国际秩序和规范正在广受质疑。中国在外交场合遭遇到较大的外部舆论和政治压力。但鼓舞人心的是，这一年中东地区国家继续加强与中国的治国理政经验交流，并借此巩固了对中国共产党是中国特色社会主义事业的领导核心、中国共产党以中国特色社会主义为战略自信的根本、中国共产党坚持走和平发展道路等治国理政理念的认同，继而支持中国共产党维护国家主权、安全和发展利益的具体政策。在围绕中共百年华诞庆典年的互动中，中东国家基于上述解读表现出的行动和言论，既增进了中国与中东地区友好互信的国际关系，也为开拓中国外交局面、击溃西方围剿创造了有益的外部环境。

（一）公开高度评价中国共产党和中国共产党的治国理政成就

近年来，中东不同民族文化背景的国家都发出称赞中国共产党展现出的强大领导力和凝聚力有益于国家建设的声音。伊朗是中国的全面战略合作伙伴关系国家。在中国共产党成立99周年时，伊朗第一副议长阿米尔·侯赛因·加吉扎德·哈谢米就直抒中国共产党带领中国从农业国成为世界第二大经济体，跻身世界强国，以及在抗击新冠肺炎疫情过程中展现出"强大的领导能力"[②]。黎巴嫩与中国自1971年建交以来，两国一直保持友好商贸和政治关系。黎巴嫩近年遭受贝鲁特港大爆炸、公共债务高企、民

[①] 《伊拉克外长顾问易卜拉欣·费萨尔：中国共产党与中国伟大成就》，汪倩译，中阿改革发展研究中心，2021年7月21日，http://carc.shisu.edu.cn/34/8d/c9145a144525/page.htm。

[②] 朱宁：《伊朗第一副议长接受文汇报记者专访时表示，以合作交流践行人类命运共同体理念》，载《文汇报》，2020年6月30日，第6版。

怨沸腾等日渐严重的国内危机,政治精英急切感受到需要提升国家治理能力。2021 年,黎巴嫩共产党中央委员阿德汉·赛义德接受《人民日报》采访时感慨于中国共产党与中国人民的相互信任、团结一致,认为其中的关键是中国共产党具有强大的领导力与凝聚力。① 土耳其时事评论家、马尔马拉战略与社会研究基金会主席阿肯·苏威尔也认为,中国社会能充满良性互动源于"人民相信党,党以人民为中心"②。

中东国家政要在接受中文媒体的采访报道中均肯定中国共产党领导下的中国在建设中国特色社会主义、消除贫困、走向共同富裕等领域取得的巨大成就,它提供给世界另一种发展道路,并将彪炳史册。以色列是中东地区唯一的发达经济体。得益于大量高科技部门的支撑,即便在疫情重创全球经济的背景下,以色列的经济紧缩情况和恢复能力仍然比世界其他发达经济体略好一些。③ 以色列共产党政治局委员、前总书记、前议员伊萨姆·马霍尔曾多次来访中国,见证了中国的巨大变化,多次为中国共产党的发展成就赞叹。④

有务实精神的阿拉伯国家青年政治家正在为推动构建中阿命运共同体发挥愈加重要的作用。当前,大多数中东阿拉伯国家的青年占总人口比例偏高,他们对中国共产党形象的认知一定程度上影响着中国与中东国家未来的合作亲密度。埃及是人口最多的阿拉伯国家。根据 2020 年埃及公布的统计数据,埃及 18—29 岁青年占总人口 21%,15 岁以下占 34.2%。⑤ 中东变局之后,埃及一直在进行政治经济转型,寻找着适合本国的道路。埃及青年政党领袖和政治家协调委员会委员、吉萨省副省长易卜拉欣·纳吉·谢哈比将中国能够建成完整的现代工业体系最重要的原因归结为中国

---

① 杨一:《"中国共产党具有强大的领导力与凝聚力"——访黎巴嫩共产党中央委员阿德汉·赛义德》,载《人民日报》,2021 年 4 月 13 日,第 3 版。

② 王传宝:《土耳其马尔马拉战略与社会研究基金会主席阿肯·苏威尔——良性互动让中国社会充满活力》,载《人民日报》,2021 年 7 月 14 日,第 17 版。

③ International Monetary Fund, "IMF Executive Board Concludes 2020 Article IV Consultation with Israel," *IMF*, January 21, 2021, https://www.imf.org/en/News/Articles/2021/01/21/pr2119 - israel - imf - executive - board - concludes - 2020 - article - iv - consultation。

④ 孙伶俐:《以色列共产党前总书记:中国共产党为世界提供了另一种发展思路》,中央广电总台国际在线,2021 年 6 月 11 日,http://news.cri.cn/20210611/3809a577 - 7aca - 7d51 - d906 - d9126ba3a986.html;孙伶俐:《以色列共产党前总书记伊萨姆:相信中国共产党一定能实现奋斗目标》,2020 年 7 月 8 日,http://news.cri.cn/20200708/58bea09c - 12ed - e319 - ce85 - 84531b6ca8d1.html。

⑤ 周輖:《埃及国内人口突破 1 亿》,载《环球时报》,2020 年 2 月 13 日,第 5 版。

共产党善于学习、总结和创新的领导能力。①

（二）积极参与中国共产党举办的重要多边活动

从政党外交的具体方式来看，在新冠肺炎疫情阻碍顺畅的跨国直接交流之前，中国对阿拉伯国家的政党外交主要有接待政要与代表团、派出考察团、举办高层和青年干部研修班以及签订政党间的合作备忘录等四种交流和对话机制。②在中国共产党的百年庆典年，中东国家积极参加中国共产党举办的系列重要外事活动，参与方式既有灵活的线上出席领袖峰会和政治家研讨会，也有线下驻华外交官员参加研修班的珍贵相聚。线上活动中，中国共产党与世界政党领袖峰会官方网页③上逐页登载着70余位中东地区重要政党代表人物祝贺中共百年华诞的热情发言。中联部举办的线上中国—阿拉伯青年政治家论坛有17个阿拉伯国家60多名代表参加。与中国共产党加强治党治国经验互鉴是参会的阿拉伯青年政治家们共同的期待。④

2021年，中国与中东的商贸往来依然密切。中东国家政治家继续高调支持中国的"一带一路"倡议，直接批驳西方的"债务陷阱论"。⑤第五届中国—阿拉伯国家博览会开辟云端展厅，中东国家参展人线上云参会、云逛展、云洽谈。⑥主宾国摩洛哥的首相欧斯曼尼等阿方政要在开幕致辞中表示，疫情并不会阻碍共建"一带一路"。⑦在线下活动中，阿拉伯国家驻华外交官研究班的外交官们参访上海市委党校、瞻仰嘉兴红船，身临其

---

① 杨迅：《始终保持着活力的大国政党——访埃及青年政党领袖和政治家协调委员会委员、吉萨省副省长谢哈比》，载《人民日报》，2021年4月19日，第3版。
② 孙德刚、武桐雨：《论中国对阿拉伯国家的政党外交》，第17—19页。
③ 参见中国共产党与世界政党领导人峰会官网，https：//www.cpc100summit.org。
④ 《朱锐出席中国—阿拉伯国家青年政治家论坛闭幕式》，中共中央对外联络部，2021年4月1日，https：//www.idcpc.gov.cn/lldt/202104/t20210402_145560.html。
⑤ ［约旦］法拉杰·阿特梅齐：《中共致力于建设一个更加公正负责成熟的世界》。
⑥ 云展厅，中国—阿拉伯国家博览会，2021年8月，https：//casetfinfo.3dyunzhan.com/index.html#/model/cn。
⑦ 《摩洛哥首相欧斯曼尼在第五届中阿博览会开幕式上致辞》，中华人民共和国驻摩洛哥王国大使馆，2021年8月20日，http：//ma.chineseembassy.org/chn/xwdts/t1900817.htm；《突尼斯外交部长杰兰迪在第五届中阿博览会暨工商峰会上代表赛义德总统发表视频致辞》，中华人民共和国驻突尼斯共和国大使馆，2021年8月19日，http：//tn.china-embassy.org/chn/sgxw/t1900542.htm。

境地学习了中国共产党党史。①

　　中国和阿拉伯国家领导有促进青年一代对中国共产党了解的共识。为此，2021年9月27日，中联部主办了以"为了更好的明天"为主题的中国共产党与阿拉伯国家青年"面对面"视频交流会。这场交流会同时还是以"我眼中的中国共产党"为主题的阿拉伯国家青年征文的颁奖活动。100多位参会青年代表来自14个阿拉伯国家。为会议致辞的巴勒斯坦法塔赫主席、总统阿巴斯高度评价以习近平为核心的中共中央坚强领导下中国在各领域取得的伟大成就，希望阿拉伯国家和中国的青年能够代代相传"亲如一家"的中阿友谊。② 从参会代表的分享来看，阿拉伯国家的青年通过了解中国共产党领导中国取得的成功，打破了以往对西方模式的唯信，夯实了借鉴中国模式的信心。

（三）坚定支持中国的民族宗教政策、对港政策和反分裂政策

　　中东多国外交官近年访问过新疆。通过实地到访以及治理经验的交流，中东国家理解并支持中国的民族宗教政策、特别行政区政策以及反恐政策。正是因为对中国民族政策、对港政策的理解和支持，2021年3月，联合国人权理事会第46届会议上，包括埃及、沙特、阿尔及利亚等中东阿拉伯国家在内的71个国家③共同联署或单独发言，坚定支持中国的涉疆、涉港政策和反分裂政策，重申国际社会不应出于政治动机、利用新疆和香港议题干涉中国内政，也不应借人权问题遏制发展中国家发展。2021年9月，在联合国人权理事会第48届会议期间，海湾合作委员会六国集体致函支持中国维护国家主权、独立和领土完整的执政行为。④ 事实上，不仅仅是2021年，近些年来，中东国家多次在联合国人权理事会、伊斯兰合作组

---

　　① 李潇、黄发红：《交流经验 互学互鉴（阿拉伯国家驻华外交官上海行）——阿拉伯国家驻华外交官首期研修班开班》，载《人民日报》，2021年5月25日，第3版。

　　② 《中国共产党与阿拉伯国家青年交流会暨征文颁奖活动举行》，中共中央对外联络部，2021年9月27日，https：//www.idcpc.gov.cn/bzhd/wshd/202109/t20210927_147215.html。

　　③ "Cuba on Behalf of 64 Countries Calls for an End to Unfounded Allegations Against China out of Political Motivations," *Permanent Mission of the People's Republic of China to the United Nations Office at Geneva and other International Organizations in Switzerland*, March 12, 2021, http：//www.china-un.ch/eng/dbdt/t1860799.htm.

　　④ "Pakistan, on Behalf of 65 Countries, Delivered a Joint Statement Against Interference in China's Internal Affairs Under the Pretext of Human Rights at the Human Rights Council," *Permanent Mission of the People's Republic of China to the United Nations Office at Geneva and other International Organizations in Switzerland*, September 24, 2021, http：//www.china-un.ch/eng/dbdt/t1909710.htm.

织等重大国际组织高层会议上认同中国在新疆的民族宗教政策。① 中东国家政要认可中国的民族政策、反恐政策和脱贫攻坚政策成效显著,充分认识到新疆民族团结、人民生活水平大幅度提高的现实。②

(四) 反对新冠肺炎病毒溯源问题政治化

自2019年底新冠肺炎疫情暴发以来,中国政府以极高的使命感和责任感、高效的执行力,及时展开流行病防疫和疫苗研发工作,大大降低了国民的感染率和死亡率。然而,美国等国图谋将新冠病肺炎毒溯源问题政治化。中东国家的媒体提醒国际社会不应忘记中国是第一时间向世卫组织报告疫情和分享病毒基因序列的国家,强调国际社会对病毒溯源应该科学冷静。③ 中东国家及时声援中国的外交立场,支持中国的做法科学可信,反对把溯源问题政治化。伊朗外交部④、叙利亚外交部⑤等中东国家官方、组织⑥和重要政治家⑦都公开表示,各国应携手合作摆脱疫情,反对将病毒溯源及其相关问题政治化。

中东地区是中国大周边外交的关键区域。中东国家通过解读中国共产党分享的治国理政经验,由借鉴受启示,进而转化为信任中国的治理经验,愿意切实地在国际政治和外交场上与中国携手互助,维护国际公平正义,谱写着共建命运共同体的新篇章。

---

① "Joint Statement Delivered by Permanent Mission of Belarus at the 44th Session of Human Rights Council," *Permanent Mission of the People's Republic of China to the United Nations Office at Geneva and other International Organizations in Switzerland*, July 1, 2020, http://www.china-un.ch/eng/hom/t1794034.htm.
② 《非洲驻华大使讲述新疆故事——中国非洲研究院举行第七届大使讲坛》,2021年3月17日,http://iwaas.cssn.cn/xshd/xsjl/202103/t20210317_5319119.shtml。
③ 《多国专家学者、政界人士和媒体等纷纷发声——反对病毒溯源政治化》,载《人民日报》,2021年7月20日,第3版。
④ 《伊朗外交部:反对将新冠病毒溯源政治化》,新华网,2021年9月7日,http://www.news.cn/video/2021-09/07/c_1211359978.htm。
⑤ 汪健、郑一晗:《叙利亚:美国借溯源调查实行施压讹诈政策》,新华网,2021年8月31日,http://www.news.cn/2021-08/31/c_1127811633.htm。
⑥ 《阿拉伯国家政党和政治组织呼吁共同反对新冠病毒溯源政治化》,新华网,2021年8月25日,http://m.news.cn/2021-08/25/c_1127795617.htm。
⑦ 《"美国公布的'溯源报告'浪费资源 毫无意义"——专访埃及外交部前副部长、前驻华大使阿里·希夫尼》,中华人民共和国驻阿拉伯埃及共和国大使馆,2021年9月7日,https://www.fmprc.gov.cn/ce/ceegy/chn/mtjj/t1905128.htm。

三、疫情挑战下构建休戚与共的人类命运共同体

面对百年未有之大变局,中国和包括中东国家在内的发展中国家同呼吸共命运。① 为构建更加公正合理的国际体系和国际秩序,中国共产党提出要建设一个持久和平、普遍安全、共同繁荣、开放包容、清洁美丽的世界。② 中国共产党与各国政党之间协商合作是为了在国家层面促进"国家间协调合作",在全球层面与"全球治理中发挥政党应有的作用"。③ 中东国家智库学者评价中国的"一带一路"倡议通过经济发展建立起地区稳定,④ 赋予中国在全球事务中影响力的提升。在疫情挑战下,构建休戚与共的人类命运共同体以建设更美好的世界是愈加紧迫的时代使命。

(一) 共建新时代人类命运共同体

中国共产党的革命胜利经验以及建设国家长治久安、繁荣富强的经验对长期受霸权国家剥削或受殖民主义历史贻害至今的广大亚洲、非洲和拉丁美洲国家而言,是极有助益的参照。中东变局已历经十年,然而,中东仍然处于秩序重建的过程中。中东的能源出口国家不得不进一步应对"资源诅咒"陷阱;政治转型国家既要兼顾政治制度改革,又需要保证生产进步,以此创造更多的就业岗位来缓解国内加剧的青年失业难题;美国中东战略调整之后,中东国家将面临安全供给来源调整的紧迫现实问题;同时,因为全球经济下行,中东国家原有的可持续发展目标和技术革命愿景规划都遭受多重束缚。在多重危机和难题面前,中东国家既需要成功的治理经验,也深刻体会到找到符合自身国情发展道路的重要性。

中国始终秉持人类卫生健康共同体理念。在疫情持续全球肆虐的环境

---

① 《王毅:中国永远和发展中国家同呼吸共命运》,新华网,2021 年 7 月 20 日,http://www.xinhuanet.com/2021-07/20/c_1127674509.htm。
② 中共中央宣传部:《中国共产党的历史使命与行动价值》,北京:人民出版社 2021 年版,第 89 页。
③ 习近平:《加强政党合作 共谋人民幸福——在中国共产党与世界政党领导峰会上的主旨讲话 (2021 年 7 月 6 日,北京)》,载《人民日报》,2021 年 7 月 6 日,第 2 版。
④ Prime Sarmiento, "Modern Silk Road Weaves Strategic Ties," *China Daily*, July 23, 2018, https://www.chinadailyhk.com/articles/228/191/17/1532326981967.html。

下，中国不断向包括中东国家在内的广大发展中国家援助疫苗和抗疫物资。海外主流媒体论及实现抗击新冠肺炎疫情全球合作、减缓世界经济衰退、消除全球贫困等全球治理议题时，都要提及中国和中国共产党。① 中东地区是内外影响力量交织、教俗糅合的独特政治秩序。中东国家在此次新冠肺炎疫情危机面前与中国既有抗击疫情的合作，也不断交流着更广泛意义上的治国理政的经验。中东国家支持中国有效的防疫政策，信任中国疫苗，支持新冠病毒科学溯源的中国倡议，反对将新冠病毒溯源政治化。面对新冠肺炎疫情，中国与中东国家携手抗疫，树立了守望相助、共克时艰的典范。

中国共产党辉煌的长期执政成就逐渐推进着中东国家提升对中国特色社会主义理论和实践的重视程度，尤其在2010年中东变局之后，中东各国政治力量着力反思和探寻本国政治道路的背景下更是如此。其间，中东国家的共产党评价中国在改革开放以来，中国共产党领导中国取得的经验为世界其他国家提供了有别于资本主义的发展方式，中国的发展方式摆脱了依赖性，建设起在人民团结基础上的现代化社会。②

（二）受制于历史依附性的理念困境

应该承认，当前中国与中东国家通过交流治国理政经验、共建休戚与共的人类命运共同体进程中，中东国家内部还存在一些理念上的困境。中东国家的解读易受时代性和地域性的局限。中东地区政治精英接受的教育思想体系整体长期受很强的西方政治学理论影响。一旦跳脱出西方自由主义和新自由主义思想窠臼，再对"阿拉伯之春"失败进行重新审视和反思，很难忽视殖民主义在中东造成的深刻影响：正是因为源自西方的思想观念、制度设计以"现代性"的外衣输入中东，那些现成的民族主义、世俗主义、民主主义都没有经历过本土适应、扬弃和改造的价值理念和配套制度，最终导致"实现自主性发展"难题成了中东发展中国家至今仍未彻底解决的"共性问题"③。依附西方政治理论来进行社会改造的思想旧范式

---

① 段丹洁：《向世界讲好中国共产党治国理政的故事》，载《中国社会科学报》，2021年8月23日。

② Lebanese Communist Party, *Political Document The 11th National Conference*, Beirut: LCP Publications, 2016, p. 14.

③ 刘中民：《三重矛盾折射中东发展之困》，载《环球时报》，2020年11月30日，第14版。

会阻碍中东国家准确解读和合理应用中国共产党的治国理政经验。此外，中东左翼力量中也存在一些对当今中国的社会主义是"国家资本主义"[①]的疑虑。

为了消弭误读，中国共产党和中东国家未来需要拓展和深化更为切实、全面、系统的交流互鉴。就学界而言，中国学人敏锐觉察到加强对外传播路径建设的紧迫性，继而在2021年围绕庆祝中国共产党成立100周年积极主动召集国际性的学术研讨会，以中国知识分子自觉为知识界分享中国共产党的中国智慧和中国方案。[②] 参加此类国际学术研讨的会海外学者普遍有以下共识：中国共产党将理论与实践相结合走出的道路，一定程度上破除了冷战后国际社会长期的自由主义政治偏信。

需要强调的是，中国与中东国家之间的治国理政经验交流，不应被曲解为中国在向外输出中国意识形态。事实上，中国共产党既不向外输出意识形态，也不对外输出中国模式，更不干涉他国内政事务，而是尊重别国人民自己的选择。正源于此，也是为了激励充满希望的年轻一代，2021年中联部主办的阿拉伯国家青年征文活动为一篇题名为《中国从不以傲慢姿态向别国输出自身经验》的黎巴嫩青年撰文颁发了一等奖。[③]

四、结　语

中东国家的政治文化均有一定的宗教文化底色，但意识形态的差异并不会有碍中东国家的政府、政党、政治精英与中国共产党之间真诚地交流执政兴国理念。坚持和平与发展、合作共赢是中国与中东国家之间的共识。正如沙特前国王阿卜杜拉对时任中国驻沙特大使吴思科所说的那样，与中国合作，"觉得放心、踏实"[④]。中东国家是中国"一带一路"倡议天

[①] 周增亮：《黎巴嫩共产党视阈下的世界与中国》，载《世界社会主义研究》，2021年第1期，第77页。

[②] 查建国、夏立、陈烁：《"中共百年华诞 世界百年变局——中国共产党治国理政的经验与启示"国际学术研讨会在复旦大学举办》，中国社会科学网，2021年8月12日，http://ex.cssn.cn/zx/bwyc/202108/t20210812_5353185_1.shtml。

[③] 《中国共产党与阿拉伯国家青年交流会暨征文颁奖活动举行》。

[④] 吴思科：《中国政府中东问题特使讲述："丝路"外交见闻》，北京：中国文史出版社，2019年版，第51页。

然的合作伙伴。新时代，中东国家所解读的中国共产党的治国理政经验的核心理念如下：执政党为国家探索的发展道路和发展方向、坚强的领导核心、有执政智慧和执行力的领导人、由整体素质不断提高的民众构成的牢固的人民基础以及联合国际伙伴塑造和平的内外环境。中东国家的解读反映了中东地区增强国家的治理能力、改变不公正的国际秩序的深层愿望。在庆祝中国共产党成立100周年大会上，习近平总书记庄严宣告，中国正向着"全面建成社会主义现代化强国的第二个百年奋斗目标迈进"。可以预见，日渐深化治国理政经验交流互鉴的中国与中东国家将会共同走向更美好的未来。

中国对阿拉伯国家政党外交的经验与启示

孙德刚　贺凡熙[*]

【摘　要】

中国与阿拉伯国家依靠政府外交、政党外交、公共外交与民间外交开展全方位合作，构建中阿战略伙伴关系网。中国对阿拉伯国家的政党外交以机制统筹为理念，以中联部为实施主体，以阿拉伯国家政党、政治组织、政治领导人、媒体和智库为合作对象，通过召开中阿政党对话会、签订政党合作备忘录、举办政党研修班、促进政党领导人与青年交流等方式，积极配合中国与阿拉伯国家间的整体交流。中国对阿政党外交是中国特色大国外交的有机组成部分，促进了中阿加强政治互信、交流治国理政经验、共建"一带一路"和实现民心相通，维护了中国主权、安全与发展利益，推动了阿拉伯国家和平与发展事业，丰富了中国特色政党外交的经验，对中国与发展中国家整体合作具有重要启示意义。

【关键词】

中阿关系　政党外交　阿拉伯国家政党　党际关系　南南合作

党际关系是国际关系的重要组成部分，政党交流是中国整体外交的重要内容。经过百年的努力，中国共产党把马克思主义普遍原理与中国实际相结合，改变了中国一穷二白、四分五裂、积贫积弱的状态，全面消除绝对贫困的目标，建成了小康社会，使中国成为世界第二大经济体，中华民

---

[*] 孙德刚，复旦大学中东研究中心主任、国际问题研究院研究员；贺凡熙，复旦大学国际关系与公共事务学院研究生。

族屹立于世界民族之林，取得了令人瞩目的成就。党的十九大报告指出："坚持党对一切工作的领导。党政军民学，东西南北中，党是领导一切的。"① 中国共产党从革命党到执政党，其世界观与国际合作观经历了重大变化。作为改革开放与现代化建设事业的领导者和中国外交的"定盘星"，中国共产党在社会主义建设过程中积累的治国理政经验极大丰富了中国外交的内涵，成为中国与发展中国家互学互鉴的重要内容。

中东国家政党政治与中国的政党政治几乎同时间起步，但发展不平衡，选择的道路也不同。20世纪初，受西方政治现代化的影响，土耳其、埃及、伊朗和突尼斯等中东国家纷纷成立政党和政治组织，确立起不同形式的政党政治。埃及在半独立状态下确立了宪政制度和议会框架，诸多政党通过议会选举角逐国家统治权力；沦为英法委任统治地的叙利亚、黎巴嫩、伊拉克、巴勒斯坦和约旦，在宗主国的影响下纷纷建立起宪政制度框架。② 经过百年的发展，中国形成了中国共产党领导下的多党合作和政治协商制；中东国家形成了诸如"党政合一"（如叙利亚）、"军政合一"（如2018年前的阿尔及利亚）、"政教合一"（伊朗伊斯兰共和国）、多党制（如今的突尼斯）、君主立宪制（如摩洛哥）和君主制（如沙特）等不同政治制度和政体。党际关系是中国与阿拉伯国家关系的新领域，也是研究中阿合作的新视角。

政党交流在推动全面合作、共同发展、面向未来的中阿战略伙伴关系方面发挥着重要作用。在1962年阿尔及利亚独立前，阿尔及利亚民族解放阵线就与中国共产党建立了密切合作关系。埃及共产党、也门全国人民大会、突尼斯宪政民主联盟、巴勒斯坦民族解放运动（法塔赫）、摩洛哥真实性与现代党、黎巴嫩社会进步党、摩洛哥进步与社会主义党、叙利亚复兴党、叙利亚共产党等阿拉伯国家重要政党，长期与中国共产党保持友好合作关系。③ 2021年11月23日，中共中央对外联络部通过视频方式面向阿拉伯国家政党举办中共十九届六中全会精神宣介会。埃及共产党总书记萨拉赫、黎巴嫩共产党总书记格里布等来自10多个阿拉伯国家近30个政

---

① 习近平：《习近平谈治国理政（第三卷）》，北京：外文出版社，2020年版，第16页。
② 李艳枝：《20世纪中东政党政治的历史演进、制约因素及发展趋势》，载《当代世界与社会主义》，2015年第3期，第106页。
③ 俞星昌：《以政促文，政文并进——中阿政党与文化关系》，载张宏编：《当代阿拉伯研究（第3辑）》，银川：宁夏人民出版社，2011年版，第90—91页。

党的40多位领导人参会。① 本章探讨中国对阿拉伯国家政党外交的发展历程、主要经验、方式选择与启示意义。

一、中国对阿拉伯国家政党外交的发展历程

政党外交是指一国的合法政党（主要是执政党）为增进本党利益和国家利益、促进国家间关系，与其他国家的合法政党（包括执政党、参政党和在野党）、政治组织、政治领导人、媒体和智库进行交流、对话与合作所产生的理念、政策和实践。② 根据这一定义，政党外交的内涵包括四个方面：第一，政党外交的主体是一国的合法政党，对象可以是其他国家的政党，也可以是政治组织、政治领导人、智库或者媒体；第二，政党外交的动力是维护党的利益和国家利益；第三，政党外交是通过政党交流、对话与合作产生的互动；第四，政党外交是理念、政策与实践的有机统一体。

中国共产党是世界上约6000个政党中最大的党，肩负实现中华民族伟大复兴、构建人类命运共同体的光荣使命。2017年，习近平总书记在同中外记者见面时指出："中国共产党是世界上最大的政党。大就要有大的样子。"③ "大党的样子"具有多重含义，既包括在国际政党合作中发挥引领作用，肩负维护世界和平与发展、构建相互依存的人类命运共同体，又包括在治国理政经验交流中向其他国家提供智力支持。近年来，中国共产党在开展国际交流与合作的过程中，积极与广大发展中国家分享治党、治国经验，向不发达国家政党提供公共产品，帮助经济欠发达国家和实力较弱的政党提高管理水平，实现治理现代化。

党的十八大以来，中国的政党外交服务于中国特色大国外交和中国参

---

① 《中联部面向阿拉伯国家政党举行中共十九届六中全会精神宣介会》，中共中央对外联络部网站，2021年11月23日，https://www.idcpc.org.cn/bzhd/wshd/202111/t20211123_147718.html。

② 杨洁勉等：《中国共产党和中国特色外交理论与实践》，上海：东方出版中心，2011年版，第270页；王晨光：《"一带一路"背景下的中国共产党政党外交》，载《中共天津市委党校学报》，2018年第5期，第58页；余科杰：《论"政党外交"的起源和发展——基于词源概念的梳理考察》，载《外交评论》，2015年第4期，第127页。

③ 本报评论员：《大就要有大的样子——习近平总书记中外记者见面会讲话启示》，载《人民日报》，2017年11月13日，第4版。

与全球治理，实现了全球布局，合作对象分为社会主义国家、世界大国、周边国家和广大发展中国家共四个层次，基本上做到了地理上的全覆盖和"左中右"政党的全覆盖。① 2017 年，在中国共产党与世界政党高层对话会上，习近平总书记提出"建立求同存异、相互尊重、互学互鉴的新型政党关系"，为新时代中国开展政党外交指明了方向。"新型政党关系"的重要特征是"互学互鉴"，而"互学互鉴"的重要内容是治国理政经验交流。新型政党关系以求同存异、相互尊重、互学互鉴为内涵，彰显了党际关系四项原则在新的时代条件下的历史演进，确立了新时代中国开展政党外交的指导原则和行动指南，为全球治理变革提供了思想公共产品。② 党的对外工作是中国共产党的一条重要战线，也是国家总体外交的重要组成部分。截至 2019 年 9 月，中国共产党已同 160 个国家和地区的 600 多个政党和政治组织建立了不同形式的联系，以高层往来、论坛对话、工作访问等形式，积极开展党际交流与合作，初步建立了遍布全球的政党关系网络。③ 中国对阿政党外交基本上实现了对阿拉伯地区的全覆盖，但总体来看，中国对阿政党外交的对象国以共和制阿拉伯国家居多，君主制阿拉伯国家较少（见下图）。

二、中国对阿拉伯国家政党外交的主要经验

随着中国日益走近世界舞台的中央，中国特色政党外交的重心开始从社会主义国家、大党大国和周边国家拓展至发展中国家。截至 2011 年，中国共产党同西亚北非地区的 20 多个国家、60 多个政党和组织建立了联系，和其中 50 多个建立了正式关系，中国与中东国家初步形成了一个全方位、多渠道、宽领域、深层次的党际交往局面。④ 阿拉伯国家是中国在中东政

---

① 于洪君主编，金鑫、胡昊执行主编：《中国特色政党外交》，北京：社会科学文献出版社，2017 年版，第 232—234 页。

② 彭修彬：《新型政党关系：内涵与建设路径》，载《国际问题研究》，2018 年第 3 期，第 7 页；郑长忠：《习近平人类命运共同体思想与世界新型政党关系的构建》，载《新疆师范大学学报（哲学社会科学版）》，2018 年第 5 期，第 15—24 页。

③ 《讲述党的对外交流故事——中联部举行公众开放日活动》，载《人民日报》，2019 年 9 月 19 日，第 3 版。

④ 俞星昌：《交往活跃内涵丰富——关于中阿政党关系》，载张宏主编：《当代阿拉伯研究（第 2 辑）》，银川：宁夏人民出版社，2011 年版，第 110—113 页。

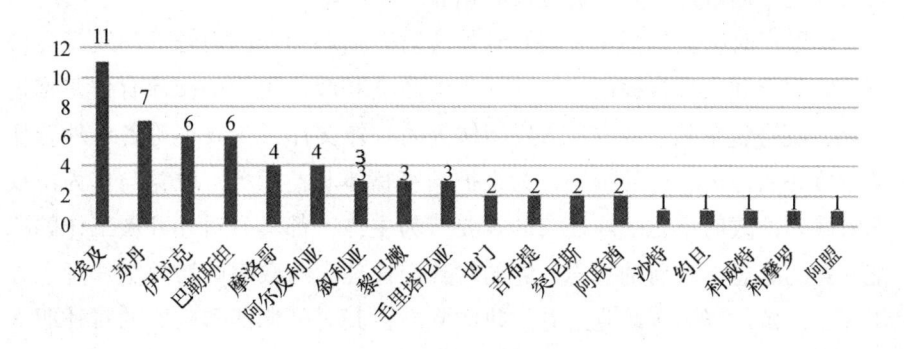

2018 年 1 月至 2021 年 3 月中国共产党与阿拉伯国家和阿盟的交流频次

资料来源：中共中央对外联络部网站，https://www.idcpc.org.cn/。

党交流的重点对象。新时期中国对阿拉伯国家的政党外交主要具有以下经验。

第一，积极配合中国对阿拉伯国家的整体合作。政党外交与政府外交是相辅相成的关系。中联部前部长戴秉国指出："把党的对外工作发展成为保障国家综合安全、推进国家总体外交、实现国家完全统一的整体战略的更为重要的组成部分；充分利用党的对外交往优势，广交朋友，为我国与世界各国建立和发展关系，提高我国国际地位发挥更大的作用。"[①] 中国的整体外交依靠党、政府、企业、媒体、智库和民间等多元主体的力量，发挥政党外交的沟通与协调作用。从中国整体外交的布局来看，政府外交的重点是经贸、能源和投资等务实合作领域，政党外交的重点是理念、政策与人员交流等务虚领域。中联部在政党外交中发挥着重要作用。根据中国的法律法规，党政机关和国家公职人员不得经商或开展经济活动，中联部作为党的对外交流机构，围绕"两个一百年"奋斗目标，在对外交往中加强与其他部门的统筹和协调：一是配合外交部对阿拉伯国家的全方位合作布局，政党外交由此成为政府部门对外工作的补充与配合；二是根据商务部对阿拉伯国家的经济交流任务，为中阿企业务实合作牵线搭桥；三是对接中宣部的"大外宣"任务，在阿拉伯世界积极宣传党和政府的路线、方针和政策；四是配合中国人民对外友好协会、文化和旅游部等部门开展

---

① 戴秉国：《发挥政党外交优势服务全党全国工作大局——纪念中联部成立 50 周年》，载《求是》，2001 年第 2 期，第 27 页。

公共外交，通过建立人脉促进民心相通。

中国在对阿拉伯国家开展政党外交时，强调加强国内各部门统筹与协调。党的十九大报告提出，加强同各国政党和政治组织的交流合作，推进人大、政协、军队、地方、人民团体等的对外交往，党政军等各对外合作的主体齐头并进、内外统筹，为维护国家整体利益服务。政党与作为主权国家载体的政府都是国际社会的重要行为主体，都具有对外开展工作的职能。党的意志与政府的意志、党的对外交往理念与政府的对外交往理念并不完全一致。当一国政党上升为执政党时，其对外职能和政府的对外职能具有同向性，即政党外交与政府外交在根本方向上具有一致性。① 在 2018 年 7 月中阿合作论坛第八届部长级会议、2018 年 9 月中非合作论坛北京峰会期间，中联部承担了多场外国元首、政府官员和政党领导人的接待任务，积极配合政府的外交外事活动。2018 年 7 月，中联部密集接待阿拉伯国家外长和大使，包括摩洛哥驻华大使梅库阿尔、也门外长哈立德、突尼斯外长朱海纳维、苏丹外交部国务部长乌萨玛、科威特驻华大使赛米赫·哈亚特等；2018 年 9 月中非合作论坛北京峰会期间，中联部接待了吉布提总统盖莱和毛里塔尼亚总统阿齐兹；2018 年 10 月，中联部交流小组出访苏丹和黎巴嫩。②

第二，与阿拉伯国家深度交流治国理政经验。改革开放以前，中国的政党外交主要针对国外共产党、工人党、劳动党和其他左翼政党，具有"神秘的封闭性""党派的排他性"和"强烈的意识形态性"；改革开放以来，尤其是"一带一路"倡议提出以来，中国的政党外交增强了公开透明性、包容开放性和兼容性。③ 中国共产党是马克思主义政党，阿拉伯国家人口以信仰伊斯兰教的穆斯林为主体，中阿在政党基础、政治组织、政治意识形态和政治理念不同，但不一定会产生矛盾和分歧；促进和平与发展、实现合作共赢是双方的最大公分母，促进治国理政经验交流是中国对阿政党外交的重要内容。

中国和阿拉伯国家同属发展中国家，在国内均面临改革、发展和稳定

---

① 杨扬、祝黄河：《改革开放以来中国特色政党外交的成就与经验》，载《社会主义研究》，2019 年第 5 期，第 61 页。
② 钱洪山：《中国共产党对外工作概况（2019）》，北京：当代世界出版社，2020 年版，第 48 页。
③ 肖枫：《70 年来中国共产党对外工作的发展成就和理论创新》，载《中国浦东干部学院学报》，2019 年第 5 期，第 133 页。

的艰巨任务。中国共产党作为执政党，积累了丰富的治国理政经验，总结起来就是自立精神、发展主义、有效政府、多元共识。① 这些基本经验对于阿拉伯国家具有借鉴意义。经过数十年的探索，有的阿拉伯国家已步入高收入国家行列，如海湾阿拉伯国家；有的国家至今未能走出动荡与冲突的泥潭，如叙利亚、利比亚、也门、索马里等；还有些国家处于转型时期，货币贬值、财政赤字、政局不稳，如伊拉克、埃及、黎巴嫩、巴勒斯坦、阿尔及利亚、苏丹等。中阿在治国理政经验交流方面具有广阔的合作空间，尤其是如何跟上第四次工业革命的步伐，在全球价值链与供应链重构过程中积极塑造、参与规则制定，解决青年人的就业问题，管理不断增加的城市人口，解决经济发展与环境保护问题，解决日益紧张的水资源短缺问题等。

与政府外交不同，政党外交不受外交礼仪的限制，强调思想沟通和政策交流，是一种亦官亦民的外交活动。目前，阿拉伯国家注册的政党有300多个；阿拉伯国家政党作为政治权力的主角，在组织政府制定、执行、监督国策等方面，发挥着重要作用。② 阿拉伯国家政党政治虽然起步较早，但制度化建设远未完成。共和制阿拉伯国家小党较多，治国理政经验不足，执政党缺乏必要的动员能力、组织能力和协调能力；海湾君主制国家则不允许组建政党。中国对阿拉伯国家的政党外交以民生为着力点，为阿拉伯国家弥补经济社会治理赤字、缩小与世界的发展鸿沟提供治国理政经验，受到阿拉伯世界的欢迎。

中国对阿拉伯国家政党外交的重要任务是，加强阿拉伯国家政党能力建设，以党的能力建设带动国家、政府和社会治理能力建设。2016年1月，中国国家主席习近平在开罗阿盟总部宣布：中国将邀请1500名阿拉伯政党领导人来华考察，培育中阿友好的青年使者和政治领军人物。③ 2018年7月，习近平主席在中阿合作论坛第八届部长级会议上进一步提出增强中阿政党交流、培养阿拉伯治国理政先进人才、促进中阿治国理政互学互

---

① 罗建波：《中国与发展中国家的治国理政经验交流：历史、理论与世界意义》，载《西亚非洲》，2019年第4期，第3页。
② 王琼：《党际交流在推进中阿经贸合作中的发展与角色》，载王正伟主编：《中国—阿拉伯国家经贸论坛理论研讨会论文集（2011第二辑）》，银川：宁夏人民出版社，2012年版，第443—444页。
③ 习近平：《共同开创中阿关系的美好未来——在阿拉伯国家联盟总部的演讲》，载《人民日报》，2016年1月22日，第3版。

鉴的具体举措,宣布将再邀请600名阿拉伯国家政党领导人访华。① 在治国理政经验交流的过程中,中国共产党用实际行动证明:中国无意输出意识形态和政治制度,无意推动对象国的民主改造,无意干涉对象国和政党的内部事务;中国向阿拉伯国家政党和政府提供人力资源培训,不会形成单方面依赖关系,更无意干涉这些国家和政党的内部事务,而是帮助这些政党与政府更好地实现独立自主与民族复兴。

第三,维护国家主权、安全与发展利益。中国对阿拉伯国家的政党外交,以维护国家主权、领土完整和发展利益为出发点。一方面,在会见对象国政党元首或政府高官时,中联部领导人会阐述中方在涉港、涉疆、涉台、涉及南海等问题上的立场;另一方面,阿拉伯国家的政党、政治组织和政治领导人会主动回应中方关切,强调支持中国在涉及主权与领土完整问题上的立场。2019年7月,以西方为主体的22个国家在联合国人权理事会公开指责中国的治疆政策。与此同时,以发展中国家为主体的37个国家联名支持中国,赞赏中国政府在新疆去极端化和人权保护问题上取得的进步,其中包括阿尔及利亚、巴林、埃及、科威特、阿曼、卡塔尔、沙特、叙利亚和阿联酋等阿拉伯国家。② 2020年6月,中阿政党对话会特别会议以视频方式举行,会后发表的《共同宣言》指出:"阿拉伯国家政党坚定支持中国在台湾、涉藏、涉疆等问题上的立场,坚定支持中国在香港依法维护国家安全的努力,坚定支持'一国两制'方针,反对外部势力干涉中国内政。"③ 同年7月,中国政府通过香港国安法后,西方在联合国人权理事会对中国内部事务横加指责,但包括阿拉伯国家在内的57个发展中国家联名支持中国政府通过香港国安法、维护国家主权。④ 8月,中阿合作论坛第九届部长级会议通过《安曼宣言》,阿拉伯国家重申"台湾是中国领土不可分割的一部分,坚定恪守一个中国原则;阿拉伯国家支持中方在

---

① 习近平:《携手推进新时代中阿战略伙伴关系——在中阿合作论坛第八届部长级会议开幕式上的讲话》,载《人民日报》,2018年7月11日,第2版。
② Haisam Hassanein, "Arab States Give China a Pass on Uyghur Crackdown," The Washington Institute for Near East Policy, August 26, 2019, https://www.washingtoninstitute.org/policy-analysis/arab-states-give-china-pass-uyghur-crackdown。
③ 《中国—阿拉伯国家政党对话会特别会议发表共同宣言》,载《人民日报》,2020年6月25日,第3版。
④ Lina Benabdallah, "Power or Influence? Making Sense of China's Evolving Party-to-Party Diplomacy in Africa," *African Studies Quarterly*, Vol. 19, No. 3-4, 2020, p. 104.

香港问题上的立场,支持中方在'一国两制'框架下维护国家安全的努力"①。

第四,以广交朋友为目的。一般认为,政党外交主要是政党与政党(包括执政党、参政党和在野党)之间的交流,但中国的政党外交不仅存在"政党对政党"的模式,而且存在政党对政府官员、智库、媒体人士等交流模式,即政党外交的对象具有多元性特点。2002—2017年,中联部对外交流共3658次,其中与外国政党互动2610次,与外国政府首脑、外交官、研究所、媒体、智库等交流1048次。②归根结底,中国的政党外交落实到"做人的工作上"。

中国对阿拉伯国家的政党外交,彰显出构建人类命运共同体理念,旨在促进阿拉伯世界乃至整个中东地区的团结与稳定,反对西方大国在中东培养代理人、划分势力范围和加剧地区紧张局势的做法。中国对阿政党外交旨在扩大朋友圈,与所有各方保持友好往来,注意各方的舒适度,使关键时刻能够做到"找得到人、说得上话、办得成事"。

中国的"广交朋友"是指通过政党外交与阿拉伯国家和非阿拉伯国家、以及阿拉伯各政党、政治组织、社会团体和民间力量均保持友好合作关系。根据中联部网站"部长活动"和"联络动态"公布的信息,2018年1月1日至2021年3月,中联部与中东各国政党、政治领导人、媒体和智库开展交流90次,其中出访10次。在上述交流中,中联部与土耳其和伊朗交流分别为13次,与以色列的交流为4次,与阿拉伯国家交流约60次,占中国与中东国家政党交流总次数的2/3。③ 2021年9月27日,由中联部主办的"为了更好的明天"——中国共产党与阿拉伯国家青年"面对面"交流会暨"我眼中的中国共产党"——阿拉伯国家青年征文颁奖活动以视频方式举行。巴勒斯坦法塔赫主席、总统阿巴斯,苏丹主权委员会主席布尔汉向会议发来致辞,14个阿拉伯国家的100多名青年政治家和青年代表参加会议。④

---

① 《中国—阿拉伯国家合作论坛第九届部长级会议安曼宣言》,中阿合作论坛网站,2020年8月10日,http://www.chinaarabcf.org/chn/lthyjwx/bzjhywj/djjbzjhy/t1805168.htm。
② Christine Hackenesch and Julia Bader, "The Struggle for Minds and Influence: The Chinese Communist Party's Global Outreach," *International Studies Quarterly*, Vol. 64, No. 3, 2020, p. 725.
③ 参见中共中央对外联络部网站, https://www.idcpc.org.cn/lldt/。
④ 《中国共产党与阿拉伯国家青年交流会暨征文颁奖活动举行》,中共中央对外联络部网站,2021年9月27日,https://www.idcpc.org.cn/bzhd/wshd/202109/t20210927_147215.html。

原籍黎巴嫩人马海德于1937年加入中国共产党，是第一位加入中国国籍的外国人，2009年被评为"100位新中国成立以来感动中国人物"。① 自20世纪50年代阿尔及利亚反法民族解放运动开始，左翼政党长期执掌该国政权，与中国共产党建立了密切联系。阿拉伯国家的左翼政党积极争取政治资源，如埃及民族解放阵线、集团党、社会主义大众联盟和社会党，以及突尼斯民族解放阵线、摩洛哥公正与发展党和人民力量社会主义联盟、黎巴嫩共产党、阿尔及利亚社会主义力量阵线等。② 自"一带一路"倡议提出以来，中国共产党与摩洛哥和约旦各政治党派和组织保持密切联系，中国与海合会国家政治领导人的互动也日益密切，如中摩战略伙伴关系并不影响中国与阿尔及利亚建立的全面战略伙伴关系。除与阿拉伯国家开展政党合作外，中国与伊朗伊斯兰联合党、土耳其爱国党、土耳其正义与发展党以及以色列共产党、利库德集团等非阿拉伯国家政党亦保持友好往来，这些友好往来并不影响中国与阿拉伯国家之间的政党交流。

阿拉伯世界多元化特征明显，在经济发展阶段、资源禀赋、政治制度、与西方的关系等方面差异甚大。但是，无论是老党还是新党，无论是左翼政党还是伊斯兰政党，甚至一些无政党的海湾国家官员，都希望了解、学习和借鉴中国的成功经验，期待与中国共产党加强合作与交流。③ 除六个海合会成员国禁止政党活动外，其他16个阿拉伯国家均建有政党，但面临党员人数较少、资金缺乏等问题，只得通过与其他政党频繁建立政党联盟来维持存在。面对多元化的阿拉伯世界，中国对阿政党外交形式灵活。除与埃及、阿尔及利亚、苏丹、巴勒斯坦、黎巴嫩等国执政党和在野党开展合作外，中联部还积极与海湾国家政府官员、媒体和智库等开展密切接触与友好往来，如2019年11月中联部曾接待阿拉伯国家智库媒体考察团。

中国对阿拉伯国家的政党外交形式灵活，除阿拉伯国家政党领导人和代表团外，阿拉伯国家驻华大使和政治领导人也是中联部交流的主要对象。中联部曾接待过沙特政治人士考察团，表明中国对阿政党外交已经突

---

① 《新中国成立以来感动中国人物：马海德》，共产党员网，2013年8月5日，https：//www.12371.cn/2013/08/05/ARTI1375685394289276.shtml。

② 易小明：《中东左翼政党的政党合作：基本特征及其影响》，载《当代世界社会主义问题》，2019年第1期，第141—151页。

③ 张建卫：《加强治国理政经验交流深化中阿合作关系》，载《当代世界》，2014年第12期，第44页。

破了传统"政党对政党"的交往模式。除政党和政治领导人外，中联部还接待了阿拉伯国家智库媒体考察团，参与亚非青年联欢节活动，将合作对象从政党拓展至政治组织、政治领导人、媒体、智库、青年团体等。2021年3月，由中联部主办的中阿青年政治家论坛以视频会议方式举行。巴勒斯坦法塔赫中央委员阿什提耶、"突尼斯之心党"政治局委员沙瓦希、也门改革集团成员巴西拉，以及来自17个阿拉伯国家的60多个政党和政治组织的领导人及青年政治家、青年代表等参加视频会议。① 因此，与传统的政党外交——政党对政党——不同②，中国在阿拉伯世界采取了政党对政党、政党对政治领导人、政党对媒体、政党对智库等多种形式，这极大丰富了中国特色政党外交的内涵与外延。

三、中国对阿拉伯国家政党外交的交往方式

在和平、发展、合作、共赢的新时代，中国与外部世界的联系日益紧密，党的对外工作成为共建"一带一路"的重要内容。习近平总书记把党的对外工作概括为"抓政党""抓调研""抓人脉""抓形象"四项任务。"四抓"互相联系、彼此交织、相辅相成，集中体现党的对外工作内涵丰富、外延广泛、灵活性强的特点，构成了党对外工作的统一整体。③ 政党外交承担着维护国家主权、安全与发展利益的重要任务。

中国对阿拉伯国家的政府外交以推进务实合作为任务，经贸合作是重中之重；政党外交既"务实"又"务虚"，治国理政经验交流和政策沟通是合作的主要内容，与政府外交形成互补关系。从中国对阿拉伯国家政党外交的频次来看，埃及、巴勒斯坦、苏丹、阿尔及利亚、伊拉克等共和制阿拉伯国家是中国政党外交的主要对象国；沙特、阿联酋、卡塔尔、阿曼、科威特等海湾君主制国家无对等交流的政党，但却是中国在中东主要能源、投资与贸易伙伴，是中国政府外交的重点对象，二者相辅相成。

---

① 《中国—阿拉伯国家青年政治家论坛开幕》，中共中央对外联络部网站，2021年3月30日，https://www.idcpc.org.cn/bzhd/wshd/202103/t20210331_145545.html。

② 于洪君主编的《中国特色政党外交》将书名中的"政党外交"译成"party-to-party diplomacy"。本文的标题和关键词将"政党外交"译成"party-based diplomacy"。

③ 王家瑞：《努力开创党的对外工作新局面》，载《人民日报》，2014年6月3日，第7版。

中国共产党同各国政党之间的交流方式灵活，不拘泥于外交礼仪，包括接待党政代表团、党的干部考察团、出席对方党的代表大会和举办的国际研讨会等多种形式；或者以发贺电、唁电、慰问电等方式推动政党外交。① 例如，2018年3月和5月，中联部分别电贺费萨尔·易卜拉欣就任苏丹全国大会党副主席、总统助理，以及穆罕默德·哈桑就任苏丹全国大会党对外关系部长；4月，中联部函贺并派代表团出席巴勒斯坦全国委员会第二十三次会议；5月，中联部电贺摩洛哥进步与社会主义党十大召开；同月，习近平总书记电贺阿巴斯再次当选巴勒斯坦解放组织执行委员会主席。② 中国对阿拉伯国家的政党外交主要采取包括接待阿拉伯国家政要与党政代表团、向阿拉伯国家派出考察团、为阿拉伯国家政党举办研修班、签订合作备忘录等在内的多种方式。

第一，接待阿拉伯国家政要与党政代表团。改革开放以来，中国共产党与阿拉伯国家政党、政治组织和政治领导人双向交流日益频繁，促进了政策沟通与民心相通。2018年以来，中联部分别接待了巴勒斯坦法塔赫、人民斗争阵线，黎巴嫩自由民阵线、未来阵线，摩洛哥独立党、全国自由人士联盟，伊拉克爱国联盟、萨德尔运动、巴德尔组织，埃及祖国未来党、自由埃及人党，叙利亚复兴党，科摩罗复兴公约党，苏丹全国大会党，阿尔及利亚民族解放阵线党，也门纳赛尔人民统一组织，吉布提争取进步人民联盟等一大批阿拉伯国家政党领导人和代表团访华，有力推动了中阿战略伙伴关系。2018年11月，应中联部邀请，黎巴嫩人民会议组织、黎巴嫩共产党、阿迈勒运动、自由国民阵线、未来阵线、联盟党、叙利亚社会民族党③、人民会议组织、全国对话党、黎巴嫩民主党、社会进步党等黎巴嫩政党访华，深化了中黎政党关系。④

第二，向阿拉伯国家派出考察团。"一带一路"倡议提出以来，中联部领导人等多次出访阿拉伯国家，积极宣传党的路线、方针、政策，阐述中国共产党和中国政府在发展党际关系和两国关系、地区事务和全球热点问题上的政策立场，扩大中国的伙伴与朋友圈，为"一带一路"建设和改

---

① 杨扬：《论改革开放以来中国共产党政党外交的基本经验》，载《河南师范大学学报》（哲学社会科学版），2016年第5期，第35页。
② 钱洪山：《中国共产党对外工作概况（2019）》，第13、172—174页。
③ 叙利亚民族社会党是黎巴嫩政党，于1932年成立。
④ 钱洪山：《中国共产党对外工作概况（2019）》，第48页。

革开放与现代化建设营造良好的国际环境。2018年4月，中联部李军副部长访问巴勒斯坦和以色列；2019年宋涛部长访问伊朗和突尼斯。在中联部协调下，中组部、地方党政代表团也访问阿拉伯国家，促进与阿拉伯国家政党和地方的党际交流。例如，2018年6月，重庆市委书记陈敏尔率中共代表团在结束乍得之行后访问埃及和突尼斯；7月，中共中央统战部部长尤权率中共代表团结束访问葡萄牙后访问摩洛哥；① 9月，中组部副部长吴玉良访问埃及；2019年贵州省委书记孙志刚访问埃及、摩洛哥和突尼斯。

第三，为阿拉伯国家政党举办研修班。为阿拉伯国家政党高层干部和青年党员举办研修班，是中国共产党介绍中国改革开放经验、社会治理方式、促进对象国治理能力现代化的重要手段。2020年8月，中国共产党为毛里塔尼亚争取共和联盟干部开设网络研修班，为两国加强双边关系发展、促进治国理政经验交流、构建更加紧密的中阿和中非命运共同体做出了重要贡献；争取共和联盟则重申反对西方对中国社会主义制度的攻击。② 2021年，中联部再次为毛里塔尼亚争取共和联盟干部举办网络研修班，介绍中国现代农业和经济社会管理等内容。

第四，签订合作备忘录。中联部被称为"中国共产党的外交部"③，其在中国特色政党外交实践中发挥着主导作用，同时与外交部、商务部、中组部、中宣部、中央党校（国家行政学院）、新闻媒体、对外友协、高校和智库等密切配合。中国在对阿政党外交中坚持完全平等、不干涉对象国政党和内部事务的交往原则，受到了阿拉伯国家政党的欢迎。中共与阿拉伯政党也多次签订合作协议，如2017年黎巴嫩未来阵线与中国共产党签署合作备忘录，加强两党之间的沟通与交流，推动治国理政经验交流和两国共建"一带一路"。2019年11月，叙利亚复兴社会党副总书记希拉勒·希拉勒率领的代表团访华，与中联部部长宋涛代表两党签署了《中国共产党和叙利亚阿拉伯复兴社会党合作备忘录（2019—2022）》。2021年4月7日，中国共产党同叙利亚执政党复兴党以"中共扶贫经验"为主题，举行两党首次中高级干部网络研修班。

---

① 钱洪山：《中国共产党对外工作概况（2019）》，第154页。
② 《朱锐出席毛里塔尼亚争取共和联盟干部网络研修班开班式》，中共中央对外联络部网站，2020年8月26日，https：//www.idcpc.org.cn/lldt/202008/t20200827_139614.html。
③ 《媒体解密中联部：中国共产党的"外交部"》，海外网，2015年11月27日，http：//opinion.haiwainet.cn/n/2015/1127/c345416-29397202-3.html。

四、中国对阿拉伯国家政党外交的启示意义

中国对阿拉伯国家的政党外交是中国特色政党外交的重要一环。在"一带一路"建设的背景下，中国共产党开展对阿政党外交迎来了机遇，也面临一些挑战。首先，沙特、阿联酋、阿曼、巴林、卡塔尔、科威特六个海合会国家禁止政党活动，但这些国家是中国在阿拉伯世界主要贸易、能源、投资与政治合作伙伴，亟待加强全方位合作。其次，阿拉伯国家在国情、体量、意识形态、政治制度、资源禀赋等方面差异甚大，中国对阿拉伯国家的政党外交如何求同存异、凝聚共识、找到合作共赢的最大公分母，是摆在中国共产党面前的首要任务。展望未来，中阿双方需要依靠多边对话与交流机制，推动中阿政党合作，如中国共产党与世界政党高层对话会、中阿政党对话会、中非政党合作机制、亚洲政党大会、中阿左翼政党合作机制、中国与阿拉伯各国政党合作机制等。其中，中阿政党对话会与中国共产党与世界政党高层对话会、中非政党合作机制以及亚洲政党大会形成交集，构成了对阿政党交流的多边机制。

中国的政党外交坚持求同存异。这里的"求同存异"实际上有两层含义：一是中国与对象国政党、政治组织和政治领导人克服意识形态、政治制度、宗教信仰和经济发展阶段的差异性，形成互利共赢的合作关系；二是中国共产党努力促进22个阿拉伯国家的团结，使不同政治制度与经济结构的国家以及意识形态差异性甚大的左翼政党与保守政党求同存异，实现阿拉伯民族的团结与统一。中国对阿拉伯国家的政党外交兼具整体性与局部性。中国从中国外交的整体布局出发，以中联部为实施主体，以国际政党对话会议为机制，对中国与阿拉伯国家整体合作具有重要启示意义。

第一，利用中国共产党与世界政党高层对话会推动中阿整体合作。中国共产党从"世界民族大团结"、构建人类命运共同体的高度，建立与阿拉伯国家政党、政治组织与政治领导人全方位合作的对话机制。2017年11月，中国共产党与世界政党高层对话会在北京召开，包括阿拉伯国家政党在内的120多个国家近300个政党和政治组织共约600多位中外代表出席会议。包括苏丹全国大会党在内的阿拉伯国家派代表团出席会议。参会代表围绕中共十九大精神、治党治国经验、中国发展道路、反腐、乡村振

兴、脱贫等议题,与中国共产党展开了深入探讨。中国共产党积极利用上述全球性与专题性多边交流平台,对阿拉伯国家开展政党外交。

第二,利用中阿政党对话会推动中阿整体合作。2016年1月,中国政府发布《中国对阿拉伯国家政策文件》,对新时期中国对阿整体外交进行了总体布局。从外交主体来看,该文件阐述了政府、立法机构、政党和地方政府在对阿外交中的统筹与配合。关于政党外交,《文件》强调,"中国共产党愿在独立自主、完全平等、互相尊重、互不干涉内部事务原则基础上,进一步深化与阿拉伯国家友好政党及政治组织的交往,夯实中阿关系发展的政治基础"[①]。在这四项原则中,平等是核心,也是党际交流的前提,没有平等会出现控制与反控制、大党压迫小党的局面。[②] 这四项原则成为中国与阿拉伯国家政党交流的基石。

2016年4月,中国—阿拉伯国家政党对话会在宁夏银川举行,会议主题是"中阿共建命运共同体——政党使命"。中国共产党以及16个阿拉伯国家的30个政党、智库和媒体代表70余人出席会议。中阿与会代表围绕治国理政经验交流、发展道路、反恐与去极端化、"一带一路"等议题展开磋商。[③] 出席会议的阿拉伯国家政党包括巴勒斯坦法塔赫、黎巴嫩社会进步党、巴勒斯坦人民党、摩洛哥真实性与现代党、突尼斯复兴运动、埃及华夫脱党、阿尔及利亚民族解放阵线党、摩洛哥进步与社会主义党、苏丹全国大会党等阿拉伯国家政党,具有广泛代表性。

中国与阿拉伯国家以对话为平台,搭建多边交流机制,做到会上与会下交流相结合,学术研讨与实地考察相结合。2018年7月,习近平在中阿合作论坛第八届部长级会议开幕式致辞中指出,中阿双方同意将中阿战略合作关系提升为战略伙伴关系。11月,中联部在杭州举办第二届"中国—阿拉伯国家政党对话会",来自17个阿拉伯国家的60多个主要政党领导人出席会议。对话会围绕治国理政经验交流、改革与发展、中阿关系、"一带一路"、文明互鉴等广泛议题展开探讨,会后双方还通过了《中阿政党对话2018杭州宣言》,政党交流已成为中阿战略伙伴关系的重要支柱之

---

① 《中国对阿拉伯国家政策文件》(2016年1月),新华网,http://news.xinhuanet.com/2016-01/13/c_1117766388.htm。
② 杜艳华等:《中国共产党对外党际交流史鉴》,上海:上海人民出版社,2011年版,第371页。
③ 黄凤龙:《真诚沟通,守望相助:构建中阿命运共同体——中国—阿拉伯国家政党对话会侧记》,载《当代世界》,2016年第6期,第61页。

一。2020年6月，受全球新冠肺炎疫情的影响，中国—阿拉伯国家政党对话会特别会议以视频方式举行，60余位阿拉伯国家政党领导人参加线上对话会。中共中央总书记、国家主席习近平向会议致贺信，毛里塔尼亚总统加兹瓦尼等致辞，巴勒斯坦法塔赫、叙利亚复兴党、摩洛哥公正与发展党、突尼斯复兴运动、也门全国人民大会党、伊拉克民族团结党、苏丹乌玛党、毛里塔尼亚争取共和联盟、埃及爱国运动党、阿尔及利亚民族解放阵线党、埃及共产党等出席线上会议。中阿政党领导人和政府官员围绕抗疫合作、后疫情时代的中东格局、中阿战略伙伴关系等议题进行了深入探讨。会议发表题为《携手抗疫，共建新时代中阿命运共同体》的共同宣言，宣布未来3年中国共产党每年将邀请200名阿拉伯国家政党领导人来华访问，并将于2021年召开第三届中国—阿拉伯国家政党对话会。① 中阿政党对话会成为中国对阿政党外交新的机制。

第三，利用中非政党合作机制与亚洲政党大会推动中阿整体合作。除中国共产党与世界政党高层对话会这一全球机制以及中阿政党对话会这一专门机制外，迄今已经举办三届的中非政党理论研讨会正成为中国共产党与非洲10个阿拉伯国家政党交流的重要平台。非洲国家政党干部专题研修班也是中国共产党帮助非洲国家培训党员干部骨干的重要平台，10个非洲阿拉伯国家政党代表也参与培训项目。2018年5月，来自非洲约40个国家、40个政党的70余名青年政治家代表出席第四届中非青年领导人论坛，成为中阿政党互动的重要平台。

亚洲政党大会是西亚阿拉伯国家整体参与政党对话的多边机制。2004年，第三届亚洲政党国际会议由中国共产党主办，伊拉克、叙利亚、也门、巴勒斯坦、黎巴嫩等30多个亚洲国家的80多个政党出席会议，会后通过了《北京宣言》。此外，2015年亚洲政党丝绸之路专题会、2020年亚洲政党新冠肺炎疫情专题会等，也是中阿政党交流的重要平台。

第四，利用中国与阿拉伯左翼政党合作机制推动中阿整体合作。左翼政党一直是中国与阿政党交流的天然伙伴。新中国成立后，中国对阿拉伯国家的政党外交主要服务于国际共产主义运动的总目标，反对帝国主义的压迫、西方殖民主义的统治，支持阿拉伯民族解放运动和巴勒斯坦正义事业是中国政党外交的重要任务。1956年，中共召开八大，阿拉伯国家左翼

---

① 郑好：《同迎挑战，共书华章：携手共建新时代中阿命运共同体——中国—阿拉伯国家政党对话会特别会议侧记》，载《当代世界》，2020年第7期，第41—44页。

政党纷纷发来贺电,或者派出代表团出席会议,阿尔及利亚共产党、摩洛哥共产党、叙利亚—黎巴嫩共产党代表团等全球56个国家的共产党、工人党和左翼政党出席中共八大会议,奠定了中国与阿拉伯国家左翼政党国际合作的基础。① 其中,叙利亚—黎巴嫩共产党代表团3人,摩洛哥共产党2人,阿尔及利亚共产党代表1人,受到了毛泽东、朱德、王稼祥三位中共高层领导人的接见。②

新时期,阿拉伯国家左翼政党是中国主权和领土完整的坚定维护者,在涉台、涉疆、涉港、涉藏、涉及南海等问题上坚定支持中国。2018年5月,埃及、巴勒斯坦、黎巴嫩和摩洛哥等国13个政党组成的阿拉伯国家左翼政党理论家考察团访华,出席北京大学举办的"第二届世界马克思主义大会"。③ 2020年11月,中国共产党举办阿拉伯国家左翼政党干部网络研修班,与阿拉伯国家左翼政党就交流治国理政经验、培养年轻干部、推动共建"一带一路"、加强抗疫合作、反对单边主义与民粹主义、共同维护多边主义与国际正义等展开探讨。埃及、伊拉克、也门、约旦、黎巴嫩、毛里塔尼亚、摩洛哥、巴勒斯坦、叙利亚、突尼斯等国23个左翼政党的领导人参加。④ 中国共产党作为大党,积极为包括阿拉伯国家在内的中东国家左翼政党提供人力资源培训。

第五,利用与阿拉伯国家双边合作机制推动中阿整体合作。中国共产党作为世界上最大的无产阶级政党和党员人数最多的政党,积极为阿拉伯国家政党建设、经济与社会建设贡献成功经验,同时借鉴和吸收阿拉伯国家经济社会管理的先进经验,形成"1+多"对话与合作机制。2020年11月,中国共产党与伊拉克11个主要政党达成共识,共建"一带一路"交流机制并召开首届视频会。萨德尔运动、巴德尔组织、民族团结党、库尔德斯坦民主党、库尔德斯坦爱国联盟等参加交流机制。⑤ 该机制是中国共

---

① 以色列共产党、伊朗人民党和土耳其共产党也派代表团参加了1956年召开的中共八大。
② 岳奎:《交流与展示之间:中共八大期间的政党外交研究》,上海:上海三联书店,2019年版,第68、72、126页。
③ 钱洪山:《中国共产党对外工作概况(2019)》,第126页。
④ 《朱锐出席阿拉伯国家左翼政党干部网络研修班开班式暨"后疫情时代"的"两个主义"理论研讨会》,中共中央对外联络部网站,2020年11月9日,https://www.idcpc.org.cn/lldt/202011/t20201111_140776.html。
⑤ 《中国—伊拉克政党共建"一带一路"交流机制正式建立并举行首次"云交流"》,中共中央对外联络部网站,2020年11月30日,https://www.idcpc.org.cn/lldt/202012/t20201201_141005.html。

产党开展对伊拉克国家整体政党外交的重要机制。尽管这11个政党在民族构成、政治立场、政治理念等方面差异甚大，但是与中国加强务实合作是其共识。同年12月，中国共产党与埃及12个主要政党和政治组织建立中埃政党共建"一带一路"交流机制，双方以线上的形式举行了首届会议。①埃及祖国未来党、共和人民党、华夫脱党、埃及共产党等12个政党和政治组织参与了这一交流机制。中埃政党在推进"一带一路"方面，既有国际共识，又有国内共识，尤其是十九届五中全会提出的"双循环"、高质量"一带一路"等新发展理念，为中埃产业合作升级换代与推进高科技合作、促进中国2035远景目标与埃及"2030愿景"实现对接带来了战略机遇，也丰富了中埃政党合作的内涵。

五、结　语

中国共产党是中国政治体制的根本支柱。中国共产党以政党外交为重要抓手，致力于提升和加强政党外交在国家整体外交中的独特作用，并与构建和完善中国特色大国外交体系相衔接，为推动构建人类命运共同体和新型国际关系广开路径。② 中国的政党外交主要分为对社会主义国家、对世界大国（大党）、对周边国家和对发展中国家的政党外交四个层面，经历从改革开放前的"意识形态主导型"、改革开放初期与左翼政党的"对等交流型"，到中共十二大以后的"务实合作型"，再到2017年中国共产党与世界政党大会后的"新型政党合作型"四个阶段。中国特色新型政党制度对内通过制度化、程序化、规范化的安排集中各种意见和建议，推动决策科学化民主化；对外通过密切往来、民心相通和政策沟通，构建人类命运共同体。③

在新的历史形势下，中国对阿拉伯国家的政党外交与中国对阿政府外

---

① 《中埃（及）政党共建"一带一路"交流机制正式建立并举行首次"云交流"》，中共中央对外联络部网站，2020年12月22日，https://www.idcpc.org.cn/lldt/202012/t20201222_141119.html。

② 郭锐、王彩霞：《新时代中国特色政党外交的战略诉求与发展思路》，载《探索》，2018年第3期，第44页。

③ 钟准：《把政党找回来——政党与对外政策》，载《世界经济与政治》，2019年第2期，第51页。

交相互配合，党际关系促进了国家间关系，二者相得益彰，成为中国对阿拉伯国家整体外交的重要支撑。中国对阿政党外交不拘泥于形式，既可以务实，又可以务虚；既可以探讨理论问题，又可以交流现实问题；既可以探讨两党关系，又可以讨论两国关系；既可以交流双边问题，又可以讨论地区和全球问题。

中国对阿拉伯国家的政党外交在新的历史起点"再出发"，可以将双边和多边政党交流更紧密地结合起来，以双边促多边，以多边促双边；还可将八大民主党派、地方党委和政府的积极性调动起来，参与中国对阿拉伯国家政党交流的进程中。中国对阿拉伯国家的政党外交应"党政军民学"齐头并进，以阿盟为主要合作对象，以中阿合作论坛为多边合作机制，将外交部、中联部、商务部、友协等各种力量组织起来，提高双方整体合作的效率，对中国与发展中地区的整体合作具有重要启示意义。

中国与伊朗政党交往的历史流变、当代经验与启示

韩建伟[*]

【摘　要】

中国共产党的对外交往是中国整体外交的一部分。在众多政党中，中国共产党与伊朗伊斯兰联合党的交往十分独特。受历史诸因素的影响，中国与伊朗政党建立联系的时间较晚，但是发展速度很快。迄今中国共产党与伊斯兰联合党建立了稳定的交流关系，在求同存异基础上不断扩大合作共识，并推动了中国共产党与伊朗其他重要机构及智库的交流。超越意识形态差异、寻找双方共同点是中伊党际交流的主要经验。党的外交需要在新形势下继续加强，为加强中国国际话语权及提升形象做出更多贡献。

【关键词】

中国共产党　中联部　伊朗伊斯兰联合党

中国共产党的对外交往因国而异，具有求同存异、互学互鉴的特色。伊朗是中东地区的大国，是"一带一路"中的重要节点国家。本章以中国共产党与伊朗政党的交流为研究对象。基于伊朗政体及政党的特点、两国关系的演变及国际形势的变化等因素，中国共产党与伊朗相关政党形成了越来越紧密的联系，成为促进中伊两国关系发展的重要辅助性力量。

---

[*] 韩建伟，上海外国语大学中东研究所副教授。本章系上海外国语大学校级规划项目"认知演化视角下阿以关系正常化及对中国的影响"（项目编号：2020114094）和上海外国语大学青年教师科研创新团队项目"百年未有大变局之下的中东政治变迁研究"（项目编号：2020114046）的阶段性成果。

一、历史视角下影响中伊党际交流的主要因素

伊朗政党与中国共产党建立联系的时间较晚，距今不到 20 年，但是两国都有较长的政党发展史。从历史演变视角来讲，中伊党际交流开展较晚受到诸多因素的影响。

(一) 中伊党际交流受到伊朗缺乏成熟政党政治的影响

伊朗是中东地区较早出现政党的国家，然而政党政治的发展并不顺利。在 1906 年立宪革命之后，伊朗议会中形成了代表知识分子利益的民主党和代表传统阶层（如地主、大商人、教士等）利益的温和党。[1] 但是，西方式的政党政治无法在深受部落主义及宗教文化影响的伊朗落地生根，政党很快沦为互相攻击的不同利益集团，促使内忧外患的伊朗向着军人专制的方向发展。巴列维王朝第一任国王礼萨·汗不承认政党政治的合法性。在俄国十月革命后，亲苏联的左翼共产主义组织在伊朗出现，遭到了礼萨·汗的镇压。[2] 礼萨·汗被废黜之后，1941－1953 年成为巴列维王朝王权最虚弱的时期，也迎来伊朗政党政治发展的黄金期。国民阵线、伊朗人民党（Tudeh，又称图德党）、伊朗民主党、阿塞拜疆民主党和库尔德斯坦民主党都是当时有较大影响力的政党。伊朗共产党是其中组织性最强的政党，吸引了大量城市工人、现代小资产阶级和知识分子的加入。但在 1949 年，伊朗共产党因试图谋杀巴列维国王而遭到政府取缔，活动转入地下。[3] 在 1953 年石油国有化运动之后，上述其他政党也无法公开活动。为了显示本人对政党政治的包容，巴列维国王授意成立了人民党（1955 年）和民族党（1957 年），这只是国王用来装点民主的工具，没有真正发挥影响力。之后，巴列维国王将这两个政党解散，并于 1975 年成立了伊朗民族

---

[1] Fakhreddin Azimi, "On Shaky Ground: Concerning the Absence or Weakness of Political Parties in Iran," *Iranian Studies*, Vol. 30, No. 1/2, 1997, p. 54.

[2] Muhammad Kamal, "Iranian Left in Political Dilemma," *Pakistan Horizon*, Vol. 39, No. 3, 1986, pp. 39–40.

[3] Ali Mirsepassi‑Ashtiani, "The Crisis of Secular Politics and the Rise of Political Islam in Iran," *Social Text*, No. 38, Spring 1994, p. 53.

复兴党。到伊斯兰革命爆发，该党也没有发挥过实际的作用。①

中伊两国在巴列维王朝的大部分时期都处于断交状态。直到1972年中美建交之后，跟随美国政策的巴列维王朝才决定与中国建交。到1979年伊斯兰革命爆发前，中伊曾经有一段短暂的高层互访和人文交流发生，但中国共产党与伊朗合法政党的交流并没有发生过。另外，虽然伊朗共产党一直存在，却处于非法状态，分离出来的游击队武装分支虽受到毛泽东思想的影响，但并未与中国共产党发生直接的联系。②

中伊党际交流在伊斯兰革命后继续受到伊朗本国政党政治发展的限制。1979年至1995年之间，伊朗取缔很多政党的同时并没有成立新的政党。虽然伊朗伊斯兰共和国宪法承认伊朗人民有自由组建政党、结社的权利，赋予了伊朗国内政党存在的合法性，③但政党体制并不为霍梅尼为首的教法学家所接受。霍梅尼认为，一个理想的伊斯兰政府的成功主要取决于大众的参与，保持群众参与的最适当方式是通过清真寺和其他宗教组织网络，由宗教领袖负责，政党的存在容易导致社会的两极分化。④ 在伊斯兰革命胜利后，几乎所有的政党都遭到取缔。在美苏冷战的背景下，霍梅尼提出的"不要东方，不要西方，只要伊斯兰"口号，其内涵不仅仅是反美主义，还有反对苏联干涉的因素。伊朗共产党不仅在意识形态上与霍梅尼的治国理念存在根本冲突，且一直被视为苏联的代理人。⑤ 伊朗共产党在1983年被霍梅尼以"向苏联提供情报、危害国家安全及颠覆政权"的罪名取缔。⑥ 该党部分成员流亡海外，成为伊朗最著名的境外反政府组织。⑦ 伊朗历史上复杂的政党斗争及伊朗共产党的命运使得在伊斯兰革命

---

① Fakhreddin Azimi, "On Shaky Ground: Concerning the Absence or Weakness of Political Parties in Iran," pp. 66 – 68.

② Afshin Matin - Asgari, "Iranian Maoism: Searching for a Third World Revolutionary Model," *China in the Middle East*, Middle East Research and Information Project, Inc., No. 270, Spring 2014, p. 21.

③ "The Constitution of Islamic Republic of Iran, The Rights of the People (Chapter III)," *Iran Chamber Society*, https://www.iranchamber.com/government/laws/constitution_ch03.php.

④ Reza Razavi, "The Road to Party Politics in Iran (1979 – 2009)," *Middle Eastern Studies*, Vol. 46, No. 1, 2010, p. 85.

⑤ Cosroe Chaqueri, "Did the Soviets Play a Role in Founding the Tudeh Party in Iran?" *Cahiers du Monde russe*, Vol. 40, No. 3, 1999, pp. 497 – 528.

⑥ Stephanie Cronin, "The Left in Iran: Illusion and Disillusion: Review Article," *Middle Eastern Studies*, Vol. 36, No. 3, 2000, p. 234.

⑦ Farhang Jahanpour, "Iran: The Rise and Fall of the Tudeh Party," *The World Today*, Vol. 40, No. 4, 1984, p. 157.

后很长一段时间内,伊朗高层对共产党及其意识形态存在抵制态度,这在一定程度上影响到伊朗政党与中国共产党之间的党际交流活动。因此,到2004年之前,中伊政治关系主要是在国家层面发生的。

(二) 1990年之后中伊关系的变化及政党交流的发生

两伊战争结束及1989年霍梅尼去世后,伊朗的外交理念与实践发生了深刻的转型,从原先过于强调意识形态输出的外交转变为务实外交,到哈塔米时期发展为"对话外交"。[①] 伊朗对外交往中的意识形态因素逐渐淡化。哈塔米担任总统时鼓励政党政治的发展,促使这一时期出现了数目众多的政党,为中伊之间超越意识形态的党际交流奠定了基础。

中伊关系在1990年之后发生了巨大的变化。这主要是因为中国经济的迅速崛起及石油进口的大幅度上升,令两国经济关系越来越密切。在伊朗看来,中国是唯一一个不是美国盟友的世界大国,中伊都强烈反对西方在国际秩序中的中心地位。[②] 随着伊朗与中国交往的增多,中国经济的迅速发展给伊朗带来越来越深刻的印象。2004年前后,哈塔米总统领导的国内民主化改革和部分经济改革皆以失败而告终,伊朗社会开始思考是否可以借鉴"中国模式"来推进伊朗的经济改革。在哈塔米执政末期,伊朗媒体上出现了关于"中国模式"的讨论。在伊朗社会看来,"中国模式"主要指的是通过经济增长来实现社会与政治的稳定。[③] 学习中国经济成功的经验逐渐在伊朗政治精英中获得了认可,也促使一些政党通过党际交流的方式来中国交流。伊朗伊斯兰联合党与中国共产党的关系就是在这样一种背景下建立起来的。

(三) 伊朗政党政治的局限性及对中伊党际交流的制约

内贾德总统对政党政治持消极立场,他在2005年上任后取缔了不少改革派政党,使得政党发展进入低谷。鲁哈尼执政后,虽然他口头上支持政党的发展,但无心推动政治领域的改革。在伊朗现有政治体制下,伊朗政

---

① 刘中民:《当代伊朗外交的历史嬗变及其特征》,载《宁夏社会科学》,2011年第1期,第11—12页。

② Scott Harold and Alireza Nader, *China and Iran: Economic, Political, and Military Relations*, RAND Corporation, 2012, pp. 3–5.

③ Afshin Molavi, "Buying Time in Tehran: Iran and the China Model," *Foreign Affairs*, Vol. 83, No. 6, 2004, p. 9.

党的发展空间很受限制。迄今在伊朗政坛比较活跃的合法性政党基本都是保守派，如战斗神职人员协会（Combatant Clergy Association）、库姆神学院教师协会（Society of Seminary Teachers of Qom）、伊斯兰联合党（Islamic Coalition Party）、伊斯兰革命奉献者协会（Society of Devotees of the Islamic Revolution）、伊斯兰革命稳定阵线（Front of Islamic Revolution Stability）等。

虽然存在为数不少的政党，但伊朗是教法学家治国的"法基赫"体制，国家实权控制在以最高领袖为中心的宗教人士手里。伊朗虽然有民选机构，但总统并不是通过政党竞选的方式产生，议会中也不存在执政党与在野党的区分。伊朗的总统候选人原则上由民众直接选举，但需要宗教机构——宪法监护委员会进行资格审查，并得到最高领袖的最终认可才能进入选举程序。在这套复杂的竞选程序里没有政党的参与。政党的制度化程度大多较低，有些很难称得上是政党，且内部经常处于分裂之中。[1] 伊朗政党政治的不成熟也限制了它们的对外交流活动，使得中国共产党只能跟某些比较成熟且稳定的政党发生联系，迄今建立稳定联系的只有伊斯兰联合党。

（四）2016年之后伊朗对外政策的调整，推动了伊朗政党及政界与中国共产党的交流

2016年特朗普上台后，美国对伊朗采取"极限施压"政策，推动了伊朗对外政策的调整。特朗普执政的四年内，伊朗不仅对美国不满，对欧洲的不满也日益增多，如多次指责欧洲为伊朗设立的INSTEX支付系统不起作用。[2] 对西方世界的失望导致伊朗将更多的目光投向中国。2016年以来，除了伊朗外长扎里夫多次访华推动双边关系之外，伊朗总统鲁哈尼于2018年6月亲赴青岛参加中国主办的上海合作组织峰会，获得了中国支持伊核

---

[1] Mohammadighalehtaki Ariabarzan, "Organisational Change in Political Parties in Iran after the Islamic Revolution of 1979 – With Special Reference to the Islamic Republic Party (IRP) and the Islamic Iran Participation Front Party (Mosharekat)," *Durham theses*, 2012, p. 177, Durham E – Theses Online: http://etheses.dur.ac.uk/3507/.

[2] "Iran Blames EU on INSTEX Ineffectiveness," *Tehran Times*, January 18, 2021, https://www.tehrantimes.com/news/457059/Iran-blames-EU-on-INSTEX-ineffectiveness.

协议及深化双边关系的郑重承诺。① 与此同时,伊朗其他重要机构及智库也纷纷来华交流,中共中央对外联络部(简称"中联部")成为他们来访的重点机构之一。中国共产党与伊朗政界的交流迅速发展起来。

二、中国共产党与伊朗伊斯兰联合党的主要交流活动

伊朗伊斯兰联合党是一个成立于1963年的保守主义政党,它是伊玛目路线和最高领袖的坚定拥护者,也曾经在伊斯兰革命中发挥了重要的作用。该党主要代表德黑兰地区巴扎商人的利益,也是伊朗小资产阶级及传统教士的代表。② 伊斯兰联合党在对外交往上持开放的态度,不仅与中国共产党保持着密切的往来,还与朝鲜劳动党、越南共产党存在友好的关系。

伊朗伊斯兰联合党与中国共产党正式建立联系的时间是在2004年9月的第三届亚洲政党国际会议。③ 此后两党的联系日益紧密。两党日益紧密的联系发生在伊朗面临深度制裁的时期。2005—2013年,以伊朗发展核武器为由,美国在联合国安理会推动了对伊朗的多次制裁。除了联合国安理会的制裁,美国和欧盟还单方面实施了对伊朗的制裁,其中美国对伊朗制裁的范围最广、程度最深,试图利用制裁契机推动伊朗的政权更迭。④ 但与此同时,伊朗虽然遭到严厉的制裁,该时期中国因自身经济的迅速发展从伊朗进口的石油却在大幅度增长,伊朗也成为中国商品的重要市场和海外投资的重点国家。伊朗与西方国家的经济联系在变弱,与中国的经济联系却在变强。这一变化使得伊朗不仅越来越重视与中国的合作,也对中国共产党领导的中国所取得的经济成就十分钦佩。伊斯兰联合党与中国共产党的交流就是在这样一种背景下发展起来的。

---

① "Xi Jinping Holds Talks with President Hassan Rouhani of Iran," Ministry of Foreign Affairs of the People's Republic of China, June 10, 2018, https://www.fmprc.gov.cn/mfa_eng/zxxx_662805/t1568008.shtml.

② Hossein Asayesh, etc., "Political Party in Islamic Republic of Iran: A Review," *Journal of Politics and Law*, Vol. 4, No. 1, 2011, p. 223.

③ 《出席第三届亚洲政党国际会议的政党名单》,光明网,2004年9月4日,https://www.gmw.cn/01gmrb/2004-09/04/content_93842.htm。

④ Congressional Research Service, "Iran Sanctions," October 2018, pp. 11 - 31, https://crsreports.congress.gov.

2005年8月12日，由伊朗伊斯兰联合党政治委员会主任哈米德·礼萨·塔拉吉（Hamid-Reza Taraghi）率领的代表团访问中联部，受到时任中联部部长王家瑞的接见。这是伊斯兰联合党第一次对中联部的专访，在两党交流历史上具有十分重要的意义。王家瑞表示，中国共产党愿继续加强与包括伊斯兰联合党在内的伊朗各主要政党的友好交往，以推动中伊两国关系持续、稳定、健康的发展。塔拉吉表示，伊斯兰联合党对中国经济发展取得的巨大成就很钦佩，愿借鉴中国共产党的治国理政经验，推动伊中党际和国家间友好合作关系的不断深入发展。① 这次会面不仅奠定了伊斯兰联合党与中国共产党深化交流的基础，还促进了伊斯兰联合党与中国宗教界的交流。2006年12月，伊斯兰联合党代表团再次来华访问，受到了中国伊协会长陈广元等人的热情接见。②

　　在此后数年，中联部及部分党代表团与伊斯兰联合党的交流不断深入，从最初的零散交流发展到频繁的互访。③ 截至2019年8月，中联部共接待了11个伊朗代表团，同时派出了5个高级代表团前往伊朗。伊斯兰联合党成员参与了大部分的交流活动。④ 伊斯兰联合党因此成为中国共产党最为熟悉的伊朗政党。两党的交流逐渐产生了溢出效应，在2015年之后，以伊斯兰联合党为媒介，中联部与伊朗伊斯兰议会、确定国家利益委员会等政府机构及智库也建立了联系。

　　新冠肺炎疫情发生之后，两党直接的人员互访中断，但一直保持着定期的线上交流。2020年2月底，伊朗成为中东地区第一个暴发新冠肺炎疫情的国家。制裁下的伊朗缺医少药，缺乏基本的防护物资，疫情形势严峻。伊斯兰联合党总书记巴达姆齐安（Asadollah Badamchian）曾经给中联部写信，透露伊朗抗疫物资短缺的困难，中联部随后寄给了他个人4万个口罩。"这些口罩都被送到了伊朗卫生部用于抗疫。"⑤这段故事成为中联部与伊斯兰联合党交往的佳话。除了捐赠物资，中联部还与伊斯兰联合党举

---

① 《王家瑞在京会见伊朗伊斯兰联合党代表团》，搜狐网，2005年08月12日，https://news.sohu.com/20050812/n226656947.shtml。

② 秀邦：《伊朗伊斯兰联合党干部考察团参访中国伊协》，载《中国穆斯林》，2007年第1期，第9页。

③ 据不完全统计，2007-2019年之间，中联部与伊朗伊斯兰联合党的互访超过10次。

④ 《中共中央对外联络部部长会见巴达姆齐安》（波斯语），伊朗伊斯兰共和国通讯社网站，2019年7月28日，https://www.irna.ir/news/83415343/。

⑤ 《巴达姆齐安对伊斯兰联合党与中国共产党亲密关系的叙述》（波斯语），新闻在线通讯社，2020年8月13日，https://www.khabaronline.ir/news/1421071/。

行线上视频会议,分享中国抗疫经验。伊斯兰联合党甚至建议每月都要与中联部举行医学联席会议。疫情期间,伊斯兰联合党邀请中联部参与该党的干部培训班。2021年1月26日,中联部部长助理朱锐同伊朗伊斯兰联合党总书记巴达姆齐安共同出席了该党干部网络研修班闭班式。

三、中国共产党与伊朗伊斯兰联合党交流的主要经验

中国共产党与伊朗伊斯兰联合党尽管在信仰及意识形态理念上不同,却能够保持务实友好的交流。具体来讲,两党的成功交流有以下经验。

(一)两党提倡超越意识形态差异,注重弘扬历史上中伊交往的和平性质并强调合作

伊斯兰联合党前任秘书长穆罕默德·纳比·哈比比(Mohammad Nabi Habibi)曾经谈到该党与中国共产党的交往:"伊斯兰联合党与中国共产党的关系在两国政府设定的框架内,两党交流并不意味着伊斯兰联合党需要信仰共产主义,中国共产党需要信仰伊斯兰教。"[1] 2019年7月,中联部部长宋涛与伊斯兰联合党总书记巴达姆齐安会面时指出,"中伊经济、人文交流源远流长,总是伴随着和平与友谊","要加强跨越意识形态差异的政党合作,政党合作是国与国合作的一部分"。[2] 在中国共产党成立100周年之际,巴达姆齐安表示祝贺,"随着中华民族的崛起和中国共产党成立100周年,中华民族在政治独立和全面繁荣的道路上迈向新的征程。"[3]

(二)两党都秉持独立自主的外交政策及反霸原则,在复杂国际形势下加强政治互信,在特定议题上维护对方的正当权益

坚持独立自主的发展道路,是中伊两国共同的理念和实践。由于两国都不是美国主导的西方阵营成员,拥有共同的反霸语言,也容易博得对方

---

[1] 《伊斯兰联合党,党的外交与中国共产党》(波斯语),伊朗伊斯兰共和国通讯社网站,2019年7月31日,https://www.irna.ir/news/83420023/。
[2] 《巴达姆齐安:伊斯兰联合党与中国共产党的关系是两国之间的关系》(波斯语),伊朗法尔斯通讯社,2019年7月26日,https://www.farsnews.ir/news/13980507000780/。
[3] [伊朗]莫赫森·法拉马齐:《伊斯兰联合党与中国共产党之间的合作在不断发展》(波斯语),伊朗学生通讯社,2021年2月3日,https://www.isna.ir/news/99111511696。

的同情。2005年至2013年期间，伊斯兰联合党为了寻求中国共产党理解伊朗在核问题上的立场做了不少努力，帮助伊朗政府在极端孤立的国际环境下得到了中国政府的理解与同情。2019年8月1日，伊斯兰联合党中央委员会成员哈米德·雷扎·塔尔奇（Hamid Reza Tarqi）曾指出："两个政党在核谈判过程中特别活跃，伊斯兰联合党在帮助中国熟悉伊朗观点以及了解最高领袖'法特瓦'（Fatwah）禁止使用和发展核武器等方面发挥了积极作用。伊斯兰联合党的努力使得中国在核谈判中总体上维护伊朗的合法权益。"[1]

随着中国的快速崛起，以美国为首的西方国家开始不断利用中国周边问题、民族问题、领土及领海问题给中国制造麻烦。2016年6月，伊斯兰联合党就南海问题发声，支持中国政府立场，敦促美国放弃损害他国主权和影响地区和平稳定的行为。伊斯兰联合党国际事务部主任助理迈赫迪·索利（Mehdi Suli）在接受新华社采访时表示，美国干预南海问题是地区紧张局势加剧的根源。地区问题应该由相关地区的相关国家来解决，其他国家不应干涉。[2] 在中美贸易战开始之后，巴达姆齐安于2019年6月接受新华社采访时指出，美国的霸权主义行径在中美经贸摩擦中表现尤为突出，反映了其对中国快速发展的焦虑和忌惮。伊朗愿意与中国合作，积极参与共建"一带一路"。[3] 2019年7月，中联部部长宋涛在与伊斯兰联合党会晤时，对伊斯兰联合党在中美贸易战中支持中国的立场表示感谢。[4] 这些交流使得两党的共识不断增多。

在疫情发生之后，以美国为首的西方媒体及政客对中国发起了一场舆论战，试图将中国完全孤立。与此形成对比的是，多国政党和政要为中国发声，支持中国的抗疫成果及提供的国际援助。2020年8月31日，伊朗伊斯兰联合党表示，美国一些政客对中方的攻击毫无事实基础，此举显然是在转移美国民众对政府的不满。中国多次向国际社会明确阐述自身立场

---

[1] 《伊斯兰联合党、党的外交与中国共产党》（波斯语），伊朗伊斯兰共和国通讯社网站。
[2] 张樵苏：《伊朗主流党派支持中国在南海问题上的立场》，新华社，2016年6月30日，http://www.xinhuanet.com/world/2016-06/30/c_1119142794.htm。
[3] 马骁、穆东：《伊朗伊斯兰联合党领导人：美挑起经贸摩擦已成为世界面临主要挑战》，国务院新闻办公室网站，2019年6月17日，http://www.scio.gov.cn/m/37259/Document/1657078/1657078.htm。
[4] 《巴达姆齐安：伊斯兰联合党与中国共产党的关系是两国之间的关系》（波斯语），伊朗法尔斯通讯社。

并用实际行动表明，中国始终是世界和平的建设者、全球发展的贡献者、国际秩序的维护者。①

（三）两党交流在议题设置上十分务实，尤其是致力于深化两国经济合作与共建"一带一路"

中国共产党注重向伊斯兰联合党介绍中国改革开放的经验及协商共建"一带一路"。伊朗伊斯兰联合党来华访问或中共代表团赴伊朗访问通常伴随着双方经济合作的内容。如 2010 年中联部负责人陪同伊斯兰联合党代表团访问天津时，参观考察了天津滨海新区规划展览馆、天津一汽丰田汽车有限公司工厂等。中国的经济现代化成就给伊斯兰联合党留下了极深的印象。②他们回国后向有关部门作宣传，对伊中进一步合作发挥了推动作用。2015 年中共中央委员巴音朝鲁访问德黑兰时，向伊斯兰联合党介绍了中方"一带一路"倡议和"四个全面"战略布局。③当时，伊核协议刚刚达成，伊朗被解除制裁后面临新的发展机遇，中共代表团此行的目的之一就是通过党际交流促进"一带一路"项目在解禁后的伊朗能够迅速推进。

（四）两党的交流对促进伊朗重要政府机构及智库与中国共产党的直接交往搭建了桥梁

伊朗确定国家利益委员会（简称"确委会"），成立于 1988 年 2 月，是为了解决伊朗伊斯兰议会与宪法监护委员会之间的分歧而设立的一个直接服务于最高领袖的政府机构。这个机构凌驾于议会之上，并对宪法监护委员会起到制衡作用，是最高领袖的最重要决策咨询机构之一，在伊朗政治中占有十分突出的地位。中国共产党与该机构建立联系是在党际交流的基础上发展起来的。2007 年 11 月，时任中联部副部长刘洪才赴德黑兰出席亚洲政党国际会议，其间会见了时任伊朗专家会议主席、确定国家利益

---

① 《多国政党政要反对攻击抹黑中国的行径》，中共中央对外联络部网站，2020 年 8 月 31 日，https：//www.idcpc.org.cn/wdzs/ylzq/202008/t20200831_139623.html。

② 《伊朗伊斯兰联合党干部考察团来津》，穆斯林在线网站，2010 年 12 月 26 日，http：//www.muslimwww.com/html/2010/jinrijujiao_1226/6557.html。

③ 千帆：《中共代表团访问伊朗》，环球网，2015 年 8 月 7 日，https：//world.huanqiu.com/article/9CaKrnJOgrX。

委员会主席拉夫桑贾尼。① 这是中国共产党与伊朗确委会发生联系的开始。从2014年起，鲁哈尼执政后，伊朗确委会开始重视与中国共产党机构之间的直接交流，2017年后的交流越来越频繁。与伊斯兰联合党的交往相比，中国共产党与伊朗确委会的交流带有更强的官方色彩。双方更倾向于在两国大政方针、对外政策上进行宣讲并协调立场。

在伊朗伊斯兰联合党影响下，伊朗智库也开始重视与中国共产党的交流。2006年，在最高领袖哈梅内伊的授意下，伊朗成立了一个直接服务于最高领袖的智库——外交关系战略委员会（Strategic Council on Foreign Relations）。自成立以来该委员会的主席一直由最高领袖顾问卡迈勒·哈拉齐（Kamal Kharazi）担任，在影响最高领袖意志及对外决策中的作用十分特殊。哈拉齐率领的考察团于2018年9月访问中国，中联部是该委员会重点到访的机构之一。哈拉齐表达了与中联部加强团组互访和政策沟通，共同努力推动伊中全面战略伙伴关系的愿望。② 2019年7月中联部部长宋涛访问德黑兰时，再次与哈拉齐等外交关系战略委员会成员见面，赞扬了伊朗在美国对华贸易战中支持中国的立场以及哈拉齐提出的扩大双边关系的建议。他指出"中国发展与伊朗的关系和执行联合国安理会决议的政治意愿是不变的。"③ 哈拉齐也表示中伊之间经济互补，应该建立长期的战略关系。④ 中联部与外交关系战略委员会的交流，向伊朗最高领袖哈梅内伊传递了中国支持伊朗捍卫自身权利、抵制美国制裁的信号，增强了伊朗对中国的信赖。

四、中伊之间政党交流的启示

中国共产党与伊朗政党的交流，成为制裁中的伊朗寻求与中国加强合

---

① 梁有昶、徐俨俨：《伊朗领导人会见中共代表》，搜狐网，2007年11月25日，https://news.sohu.com/20071125/n253455403.shtml。
② 《李军会见伊朗外交关系战略委员会代表团》，中共中央对外联络部网站，2018年9月11日，https://www.idcpc.gov.cn/lldt/201912/t20191216_115493.html。
③ 《中联部部长会见扎里夫》（波斯语），伊朗学生新闻网，2019年7月30日，https://snn.ir/fa/news/781443/。
④ 《伊朗不忽略他人的利益和安全》（波斯语），伊朗学生新闻网，2019年7月30日，https://snn.ir/fa/news/780996/。

作、学习中国经验的重要渠道，也成为中国对外宣传大政方针，让伊朗了解中国的一扇窗口。然而，由于伊朗不存在执政党，政党发育不成熟，目前中国共产党主要局限于与伊斯兰联合党的交往。虽然中国共产党与伊斯兰联合党之间的交流没有在两国对外关系议程中占据突出的位置，但两党的交流所产生的以点带面辐射效应却超出预期。伊斯兰联合党在中国共产党与伊朗其他重要机构建立联系方面起到了很好的媒介作用，也让伊朗高层加深了对中国自改革开放以来经济迅速发展的认识，增进了对中国共产党治国理念的理解，促使伊朗在与西方国家交往屡屡受挫、饱受制裁的背景下将目光逐渐转向中国。

综上所述，中伊政党交流虽然时间不长，但是留下很多启示。

第一，在政党之间的交流中，"存异"是能够交往的基本前提。当今世界上有数不清的政党，存在多元化的意识形态背景或信仰差异，并各自有特殊的组织结构及行为特征。这决定了大部分政党之间的交流不可能是寻求意识形态上的认同感与一致性。中国共产党是一个以马克思主义为指导思想的政党，意识形态基础是唯物主义、彻底世俗化的无神论。但是，世界上大多数政党，不论其是宗教性的还是世俗化的，都不是彻底的唯物主义。如伊朗伊斯兰联合党就是一个以恪守伊斯兰保守思想为意识形态的政党。但是，这种意识形态差异不仅没有影响到两党的合作，反而成为促进两党坦诚交流的基础。

第二，在政党之间的交流中，"求同"是促进两党持续性交往的关键。求同指的是两党一直在寻找共识、不断扩大合作的基础与内涵。在中国共产党与伊朗伊斯兰联合党的交往中，两党不断强调两国在历史上的友谊，在一些重要议题上为对方提供必要的支持，以务实态度不断深化两国经济合作，并愿意为其他机构的交流提供便利。中伊两党的交流没有仅停留在外交话语层次，而是深入到合作实处，这是两党能够维持长期交往的重要因素。

第三，中国共产党作为一个大国的执政党，在党际交流方面做到了对对方足够的尊重，令对方感受到中方的诚意，并自愿为了促进更广泛的两国关系做出努力。从伊朗伊斯兰联合党的地位来看，它并不是伊朗国内地位很高、很突出的政党。但是该党在每次与中国共产党的交流中，却能够得到很高的礼遇。这给他们留下了深刻的印象。伊斯兰联合党每次访问中国后就会在国内加强宣传，特别是对中国改革开放的成就及中共领导人的诚意进行宣传，这对伊朗部分政治精英及社会人士更加正面地了解中国产生积极作用，也为中国共产党与伊朗重要政府职能机构及智库建立联系发挥了很好的媒介作用。

第四，应该给予中国共产党外交角色更多的重视。中国共产党的对外交往具有双重色彩。作为执政党，其对外交往是中国整体外交的一部分；然而中国共产党机构不完全等同于国家机构，在对外交往时还可以利用某些非正式机制加强情感沟通，在民心相通上更能发挥积极作用，因此也兼具人文交流的性质。未来需要进一步加强中国共产党对外交流的能力并探索新的路径，这不仅有利于党自我形象的对外传播，更有利于国家形象的对外形塑与提升。在当前我国被西方国家蓄意抹黑的背景下，进一步加强党的外交具有更重要的战略意义。

五、结　语

本文梳理了中国共产党与伊朗政党交往的历史流变，并重点考察了中国共产党与伊朗重要保守党伊斯兰联合党的交往活动，对两党交往的经验进行了总结。时至今日，中国共产党已经与世界上很多政党建立了多元化的沟通联络机制，与伊朗伊斯兰联合党的交往只是其中的个案缩影。中伊党际交流能求同存异，寻求务实合作并不断扩大共识，成为当代奉行不同意识形态的政党实现长期合作的典范。未来中国共产党的对外交往功能需要在现有基础上继续加强，为中国整体外交做出更多贡献。

中国多党合作抗疫实践及中国共产党的中东抗疫政党外交

钮 松 宋 昀[*]

【摘 要】

中国共产党在卫生健康领域提出了"健康丝绸之路"和"人类卫生健康共同体"的基本理念，并将其上升为中国在该领域的基本政策。在中国共产党领导的多党合作制度框架下，一些民主党派基于自身医卫专业优势，积极参与"健康丝绸之路"的建设，为中国深入推进"人类卫生健康共同体"建设积极调研并建言献策。2020年初新冠肺炎疫情暴发后，中国共产党和以中国农工民主党为代表的民主党派通过各自的方式协同参与抗击疫情的斗争之中，其中中国共产党还通过政党外交路径来推进国际抗疫合作。中东作为"一带一路"沿线的重要地区，也受到新冠肺炎疫情不同程度的波及，中国共产党积极推进面向中东的抗疫政党外交，如开展抗疫主题的政党间对话和党际抗疫物资援助等，这对于疫情背景下促进中国与中东关系的全面发展起到了重要作用，并助力于中国与中东更为紧密的命运共同体建构。

【关键词】

中国共产党　健康丝绸之路　政党外交　新冠肺炎疫情　中东

2016年6月22日，习近平主席在乌兹别克斯坦最高会议立法院发表演讲时首次提出了"健康丝绸之路"的概念。2020年初暴发的新冠肺炎疫情再次证明了建设"健康丝绸之路""人类卫生健康共同体"的必要性和

---

[*] 钮松，上海外国语大学中东研究所研究员；宋昀，上海外国语大学中东研究所2021级硕士生。本文是第三届上海外国语大学青年教师科研创新团队"百年未有大变局之下的中东政治变迁研究"的成果。

紧迫性。"健康丝绸之路"概念经过具体部门多年阐释、研究及推进后更具战略与现实意义。中国的民主党派基于中国共产党领导的多党合作和政治协商制度的政治优势和自身的专业优势，积极参与建设"健康丝绸之路"的多方面工作，为我国深入推进"人类卫生健康共同体"建设提供了宝贵的建议和经验。此外，新冠肺炎疫情的暴发促使中国共产党将政党外交作为中国展开医疗卫生国际交流的党际渠道，此举在促进我国与其他国家共享抗疫经验的同时，也促进了我国政党与其他国家政党的交流，增进了党际交往，也有助于推动中国与其他国家的卫生交往。中国共产党与一些民主党派在展开与中东国家的抗疫互动上取得了诸多经验，对于疫情背景下乃至后疫情时代，促进中国与中东关系发展起到了重要作用。

一、中国共产党"健康丝绸之路""人类卫生健康共同体"理念及民主党派的建设参与

我国的基本政党制度是中国共产党领导的多党合作和政治协商制度。这一政党制度的显著特征是：共产党领导、多党派合作，共产党执政、多党派参政。因此，中国共产党与民主党派既是领导与被领导的关系，也是亲密合作的友党关系。自"健康丝绸之路""人类卫生健康共同体"理念提出以来，民主党派密切配合中国共产党的工作，积极投身于建设"健康丝绸之路"，而中国农工民主党是其在卫生领域的主要代表。中国农工民主党（简称农工党）于 1930 年 8 月 9 日在上海成立，目前是以医药卫生、人口资源和生态环境领域高中级知识分子为主，由一部分社会主义劳动者、社会主义事业建设者和拥护社会主义的爱国者组成的，具有政治联盟特点的中国特色社会主义参政党。[1] 农工党凭借自身在政治和医疗卫生领域的双重优势，在建设"健康丝绸之路""人类卫生健康共同体"的过程中，发挥着独特的作用。

（一）中国共产党的"健康丝绸之路""人类卫生健康共同体"理念

打造"健康丝绸之路"和"人类卫生健康共同体"是新时代中国参

---

[1] 农工党中央宣传部：《简介》，2020 年 5 月 6 日，http://www.ngd.org.cn/gs/jj/index.htm。

全球公共卫生治理的两大核心理念，这两大概念由习近平同志首先提出并产生了重要的指导意义。2016年6月22日，习近平主席在乌兹别克斯坦最高会议立法院发表演讲时指出："着力深化医疗卫生合作，加强在传染病疫情通报、疾病防控、医疗救援、传统医药领域互利合作，携手打造'健康丝绸之路'"。[1] 这是习近平首度正式提出"健康丝绸之路"这一概念。2017年1月，习近平访问世界卫生组织总部时，欢迎该组织共建健康丝绸之路。

2020年3月16日，习近平主席在与意大利总理孔特就新冠肺炎疫情通话时提出："为抗击疫情国际合作、打造'健康丝绸之路'作出贡献。"[2] 这是习近平将其数年前提出的"健康丝绸之路"概念在全球凶猛疫情形势下的再度强调，而这一理念在新冠肺炎疫情的特殊背景下更具战略与现实意义。3月21日，习近平主席就法国疫情的持续加深向马克龙总统发出的慰问电中提出："支持联合国及世界卫生组织在完善全球公共卫生治理中发挥核心作用，打造人类卫生健康共同体。"[3] 这是习近平将中国全球公共卫生治理理念的继续推进，并在此基础上首次提出"人类卫生健康共同体"这一新概念。3月23日，习近平主席在与法国总统马克龙的通话中再度强调："努力打造卫生健康共同体"，"加强在联合国、二十国集团等框架下协调合作，开展联防联控，完善全球卫生治理"。[4] 5月18日，习近平在第73届世界卫生大会视频会议开幕式致辞中再度呼吁共同构建"人类卫生健康共同体"。

由此可见，针对新冠肺炎疫情暴发这一新中国成立以来在中国发生的传播速度最快、感染范围最广、防控难度最大的一次重大突发公共卫生事件，以习近平为核心的中共中央及时调整战略部署以加强抗疫应对。"健康丝绸之路""人类卫生健康共同体"等全球公共卫生治理理念，以及与联合国、世卫组织和二十国集团的国际合作并非临时性的应急举措，而是具有根本性和方向性的指导原则和框架。正确理解这些理念有助于准确把握新时代中国参与全球公共卫生治理的理念及实践。

---

[1] 习近平：《携手共创丝绸之路新辉煌——在乌兹别克斯坦最高会议立法院的演讲》，2016年6月22日，http://www.xinhuanet.com/mrdx/2016-06/23/c_135459185.htm。
[2] 《习近平同意大利总理孔特通电话》，新华社，2020年3月16日。
[3] 《习近平就法国发生新冠肺炎疫情向法国总统马克龙致慰问电》，新华社，2020年3月21日。
[4] 《习近平同法国总统马克龙通电话》，新华社，2020年3月23日。

(二) 中国农工民主党对"健康丝绸之路"建设的参与

基于中国特色的多党合作制度，除了中国共产党以外，民主党派也通过多种形式展开关于"健康丝绸之路"的国内调研和国际交往。特别是其国际交往也是我国政党外交的有益补充，"实践证明，民主党派以政党名义开展对外交往，有利于扩大民主党派的政治参与、改善和塑造中国的国际形象从而助推国家总体外交。"① 在卫生领域，中国农工民主党则扮演了特殊的角色。

首先，中国农工民主党充分发挥中国共产党领导下的多党合作和政治协商制度的优势，始终坚持中国共产党的领导，积极合作，积极参政。

第一，农工党领导人通过其在国家医卫部委担任正职领导的机会，发挥专业优势，使农工党的对外医疗卫生交往与中国卫生外交或中医外交相交织。例如，农工党中央主席陈竺曾任卫生部部长，目前兼任中国红十字会会长。陈竺会长曾亲自倡议并举办了于 2018 年 5 月 8 日在上海市华山医院召开的"'你微笑时，世界很美'红十字与'一带一路'同行分享暨研讨会"，并在会上发表了《红十字与"一带一路"同行》的演讲，指出"'一带一路'建设是构建人类命运共同体的伟大探索和实践，也是人类命运共同体的重要路径"，并提出了构建"健康丝绸之路"的四点倡议②，这对于建设"人类卫生健康共同体"有着重要的意义；农工党中央专职副主席于文明现任国家中医药管理局局长。于文明局长重视发挥中医药在"一带一路"建设中的重要作用，对此呼吁应在国家层面成立"一带一路"中医药工作领导小组，成员单位由外交部、发改委、财政部、卫计委、国家中医药管理局等相关部委组成，制定中医药"一带一路"战略发展规划，协调解决工作中的重大问题。③ 该提议有利于通过中医药讲好中国故事，有利于推动对外交流合作，更进一步推动了"健康丝绸之路"的建设。

第二，农工党中央通过参政议政，积极推动打造"一带一路"健康命运共同体的进程。农工党在其两会提案中提出："如我们能够主动向'一

---

① 赵蕾：《论民主党派在构建新型国际关系中的多维助力》，《贵州政协报》，2019 年 12 月 5 日。
② 罗元生：《健康丝绸之路——中国国际卫生合作纪实》，郑州：河南科学技术出版社，2020 年版，第 208—210 页。
③ 中国农工民主党：《于文明：贯彻中医药"一带一路"战略 讲好中国故事》，2015 年 3 月 13 日，http://www.ngd.org.cn/jczt/2015qglk/2015lkcy/27597.htm。

带一路'沿线国家开展以健康为主的合作项目,必将得到沿线国家的拥护,形成'健康外交'、'民生外交'、'绿色外交'和'科教援助与经济回报'相互促进的新局面。"[①] 正因如此,中国共产党称赞农工党"充分发挥在医药卫生、人口资源和生态环境领域的独特优势,以推进健康中国、美丽中国建设为主线",就打造"'一带一路'健康命运共同体"等展开专题调研,"积极参与'健康丝绸之路'建设"。[②]

第三,农工党在其章程中明确提出坚持和平发展道路,推动人类命运共同体建设的对外交往要求:高举和平、发展、合作、共赢的旗帜,促进"一带一路"建设,推动建设相互尊重、公平正义、合作共赢的新型国际关系,增进同世界各国人民的友谊,加强同各国政党和政治组织的交流合作,促进和而不同、兼收并蓄的文明交流,同世界各国人民一道建设持久和平、普遍安全、共同繁荣、开放包容、清洁美丽的世界。[③] 其中的"加强同各国政党和政治组织的交流合作",更加展现出农工党对于自身清晰的定位和明确的任务要求。这不仅有利于扩大自身的政治参与,而且能够在实践中配合中国共产党的外交政策,改善外国对于中国政党的刻板印象,从而重塑中国政党的形象。例如,在2018年8月27日至9月3日,为更好地帮助处于战乱中的伊拉克民众,响应建设"健康丝绸之路"的号召,农工党中央受陈竺主席的委托,负责协助中国红十字会落实援助伊拉克的"一带一路"人道救援移动医疗的工作,农工党珠海市委会人民医院支部从医务科、超声科、放射科、检验科、麻醉科及急诊科抽调农工党党员褚靖医生等7名医护人员,多批次配合农工党中央社会服务部对援助伊拉克的"一带一路"人道救援移动医疗设备进行严格、仔细、规范的检测和查验[④],为打造"健康丝绸之路"出一份力。

其次,中国农工民主党发挥自身在医药卫生领域的专业和政治上的双重优势,与地方政府协力推进建设"健康丝绸之路",积极参与具体区域

[①] 农工党中央:《关于打造"一带一路"健康命运共同体的建议》,2016年3月1日,http://www.ngd.org.cn/jczt/jj2016qglk/taya2016/36437.htm。
[②] 《中国共产党中央委员会致中国农工民主党第十六次全国代表大会的贺词》,新华社,2017年11月27日。
[③] 农工党中央组织部:《中国农工民主党章程(第十六次全国代表大会通过)》,2018年1月22日,http://www.ngd.org.cn/gs/lcdz/53689.htm。
[④] 农工党中央:《农工党珠海市委会人民医院支部助力援伊移动医疗设备检测——从严把关,助力"一带一路"伊拉克人道救援移动医疗起航》,2018年9月13日,http://www.ngd.org.cn/jzlmbf/jxwzx/jclx/58746.htm。

的合作。

2017年1月23日，农工党河南省委会主委高体健就推进中医药强省建设在南阳调研。高体健在座谈会上指出，河南是中医药发源地、医生张仲景故里，在全国乃至世界都有较大影响，而南阳是全省全国中医药资源最为丰富的地区之一，因此，河南省融入"一带一路"发展，参与"健康丝绸之路"建设非常必要。[1] 2017年4月，农工党中央以"推进健康丝绸之路建设"为主题展开大调研，陈竺主席率领的调研组行程涉及甘肃、云南两省多地。[2] 通过走访调研，农工党调研组获得了丰富的当地中医药发展的第一手资料，为进一步建设"健康丝绸之路"，推动中医药学"走出去"的未来规划提供了详实的参考资料。2018年8月，农工党中央召开座谈会助力云南推进"健康丝绸之路"建设。此次会议是农工党中央应中共云南省委的商请而展开，并邀请了国家卫健委和国家中医药管理局等部委参加，并结合自身实际，介绍本单位参与推进"健康丝绸之路"的工作情况和下一步计划，对云南服务和融入国家"一带一路"建设、推动云南建设"健康丝绸之路"重要节点等方面提出了意见建议。[3] 中国农工民主党发挥自身优势，结合当地医疗卫生事业发展的实际情况，使其真正融入到"健康丝绸之路"的建设之中。

二、中国共产党与民主党派在抗击新冠疫情上的默契合作

在抗击新冠肺炎疫情的过程中，不同于西方国家的政党关系，中国共产党与民主党派紧密配合，充分把我国政党制度的优势发挥出高效的治理效能。中国共产党与民主党派在抗疫上是一种良性互动的政治默契合作模式，即处于"政治力量之间在有关政治原则、政治立场、政治态度和政治

---

[1] 中国农工民主党：《农工党河南省委会主委高体健就推进中医药强省建设在南阳调研》，2017年1月25日，http://www.ngd.org.cn/xwzx/dfgz/44836.htm。
[2] 《服务国家"一带一路"战略 推进"健康丝绸之路"建设——记者眼中的农工党中央"健康丝绸之路"行》，载《前进论坛》，2017年第5期。
[3] 农工党中央宣传部：《农工党中央召开专题座谈会助力云南推进"健康丝绸之路"建设》，2018年8月30日，http://www.ngd.org.cn/xwzx/ywdt/58422.htm。

行动上的心照不宣、心领神会进而互相理解、相互配合的境界和状态"。①具体而言，在抗击新冠肺炎疫情的过程中，中国共产党主要与中国农工民主党协同发挥了重要作用。

（一）中国共产党组织的相关抗疫活动

新中国成立以后，中国共产党作为执政党，在很长一段时期内主要的党际交往对象是社会主义国家执政党和其他国家的共产党。改革开放以后，中国共产党的交往对象发生了巨大变化，党际交往的对象不只局限于社会主义国家执政党和其他国家的共产党，还涉及更多不同国家的不同类型的政党。进入21世纪，中国共产党政党外交呈现出鲜明的三重维度：政党外交的实践性、政党外交的机制化、政党外交的趋向性。② 在全球抗击新冠肺炎疫情的过程中，中联部组织的以政党外交为核心的抗疫活动，深刻体现了中国共产党政党外交的三重维度。

首先，中国共产党在带领全国人民打好疫情防控狙击战的同时，积极参与和引领国际合作，为打赢全球抗疫阻击战做出了重要贡献。在这一过程中，党的对外工作发挥自身特色优势，加强对各国政党的政治引领，为进一步深化全球抗疫合作、推动"人类卫生健康共同体"提供了强大的政治助力，以实际行动彰显了中国共产党的初心、使命和担当③，把真正解决问题作为自身的政策目标，深刻体现了中国共产党政党外交的实践性。

其次，中国共产党注重制度建设，积极为政党外交提供相应的平台，并将此作为医卫专业沟通的党际渠道。例如2020年4月15日，由中联部举办的中印医护人员抗疫视频交流会，国家卫健委高级别专家组组长钟南山院士和广州医科大学附属第一医院专家团队出席，印度方面包括国大党领导人拉胡尔·甘地和印方专家。中印专家围绕新冠肺炎诊疗方案和防控举措等进行了深入交流。本次交流会是中印首次通过党际渠道交流防疫经验，有助于双方加强防疫合作，携手共克时艰，在中印建交70周年之际深

---

① 金安平、王怀乐：《政治默契：新冠肺炎疫情防控中多党合作制度的效能检视》，载《中央社会主义学院学报》，2020年第4期，第119—128页。
② 参见杨扬：《21世纪中国共产党政党外交的三重维度》，载《当代世界与社会主义》，2018年第1期。
③ 中共中央对外联络部：《引领政党合作 助力全球抗疫》，载《求是》，2021年第8期，第36—41页。

化两国人民友好关系。① 2020年4月24日，由中联部发起成立的"一带一路"智库合作联盟以"携手应对公共卫生安全挑战，共同建设健康丝绸之路"为主题举办专题论坛，并召开"一带一路"智库合作联盟国际顾问委员会会议，本次会议共有来自10多个国家的30多位政要和智库学者参加，会后发布了《"一带一路"智库合作联盟国际顾问委员会关于加强抗击新冠肺炎疫情国际合作的共同倡议》和《展望"一带一路"七周年：开启高质量发展阶段》研究报告。② 2020年4月29日，中联部举办了"中国—尼泊尔两国执政党和医疗专家举行抗疫经验视频交流会"，中联部部长宋涛、副部长郭业洲，国家卫健委高级别专家组组长钟南山，尼泊尔共产党中央书记、前政府总理尼帕尔，尼泊尔共产党中央书记、副总理兼国防部长博克瑞尔，尼泊尔七省省委书记以及中尼两国医疗专家参加。双方围绕新冠肺炎诊疗方案和防控举措进行了深入交流。③ 2020年5月29日，中联部举办了"中国—委内瑞拉执政党抗疫经验视频交流会"，中联部副部长李军出席此次会议。湖北省委常委、省卫健委主任王贺胜，委内瑞拉统一社会主义党第一副主席卡韦略出席并致辞，中国驻委内瑞拉大使李宝荣及湖北省、武汉市有关领导、专家和代表，以及委内瑞拉驻华大使塞尔帕及统社党有关领导干部、医疗专家等共同参加。双方围绕如何发挥党在疫情防控中的核心领导作用和党的基层组织的战斗堡垒作用进行了深入交流。④

以上论坛和交流会召开于中国国内抗击新冠肺炎疫情第一阶段将要结束之时，其召开能够增进国外对中国抗疫情况的了解，增进他们对中国共产党抗疫过程中发挥领导核心作用的了解。同时，通过搭建这样的平台来进行多方互相交流，确定了一些关于疫情的基本问题的看法和针对后续可能出会现问题的应对措施。中国将政党外交作为医卫专业沟通的党际渠道，在分享抗疫医卫经验的同时，也能够交流中国共产党统领全局的经验，真正体现出二者有效结合的优势，使交流各方理解在抗击新冠肺炎疫

---

① 汤琪：《党际交流助力合作抗疫，中联部邀请钟南山对外分享中国经验》，2020年4月17日，https://www.thepaper.cn/newsDetail_forward_7015120。
② 陈姝含：《中联部发布"一带一路"合作抗疫倡议》，2020年4月28日，https://www.cet.com.cn/wzsy/ycxw/2540572.shtml。
③ 中共中央对外联络部：《中国-尼泊尔两国执政党和医疗专家举行抗疫经验视频交流会》，2020年4月29日，https://www.idcpc.gov.cn/bzhd/wshd/202004/t20200430_138441.html。
④ 中共中央对外联络部：《李军出席"中委执政党抗疫经验视频交流会"》，2020年5月29日，https://www.idcpc.gov.cn/lldt/202005/t20200529_138545.html。

情时二者紧密结合的重要性。

最后,在抗击新冠肺炎疫情的过程中,中国共产党随着疫情形势和国际关系的趋势不断调整政党外交的方式和内容。习近平总书记指出:"要主动回应国际关切,讲好中国抗击疫情故事。"中国共产党"利用党际交往渠道,多形式、多层次、多角度开展对外宣介,推动国外政党、政治组织、智库媒体积极声援支持我国抗疫斗争,客观公正评价我国为全球抗疫作出的牺牲贡献及背后体现的制度优势",截至 2020 年 4 月 16 日,已有 130 多个国家的 300 多个政党和政治组织共 600 多人次向习近平总书记和中共中央发来电函或通过民间渠道肯定我国抗疫举措和成效。[①] 中国共产党的政党外交正不断增多其外交对象的数量,同时提升其对外交往的质量,不断创新外交的方式和内容,并与政府外交密切配合,从而助推国家的总体外交,体现中国共产党政党外交鲜明的趋向性。

(二) 中国农工民主党的抗疫活动

第一,农工党坚决贯彻落实以习近平同志为核心的中共中央决策部署,积极参与防控新冠肺炎疫情一线工作。新冠肺炎疫情暴发后,农工党将疫情防控作为全党最紧迫、最重要的政治任务,第一时间建立应对疫情领导机制、成立领导小组,迅速召开视频会议,对全党参与疫情防控进行动员部署;中央常委会、主席会、主席办公会专题研究参与抗疫工作安排,领导小组连续召开 20 次会议跟进学习贯彻中共中央关于疫情防控最新决策部署,号召广大党员为疫情防控竭智尽力;各级机关统筹疫情防控与履职工作,强化思想政治引领,保障机关高效安全有序运转。据不完全统计,全党直接参与疫情防控救治的一线医务人员达 26248 人,其中湖北本省 1452 人、外省援鄂 357 人。[②] 同时,在抗击新冠肺炎疫情期间,也有很多一线医护人员"火线入党",如西安医学院第一附属医院呼吸与危重症医学科主任医师刘艳,与同住在一个酒店的农工党党员、西安交大二附院呼吸内科副主任医师史红阳交流工作时,了解到农工党的资料和光荣历

[①] 中共中央对外联络部:《引领政党合作 助力全球抗疫》,载《求是》,2021 年第 8 期,第 36—41 页。

[②] 中国农工民主党:《农工党抗击新冠肺炎疫情表彰大会在京召开——陈竺出席并讲话》,2020 年 12 月 18 日,http://www.ngd.org.cn/xwzx/ywdt/01292fe2c07d4f23a19d299d59c524c3.htm。

史，萌发了加入中国农工民主党的想法，提交申请书之后得到批准。① 又如郑州市第六人民医院感染六科隔离病区从事新冠肺炎病毒确诊患者的救治工作的副主任医师肖苗苗②、永州市疾病预防控制中心免疫规划科科长郑敏③，他们加入农工党的历程都是在抗疫一线"火线入党"的典型案例。

第二，农工党发挥自身知识和政治上的双重优势，积极向中国共产党各级党委和各级政府建言献策。农工党各级组织和广大党员，充分利用自身优势，积极向中国共产党地方党委和政府建言。其中向农工党中央提交抗疫社情民意信息近4000篇。农工党中央遴选编辑后向全国政协、中共中央统战部报送400余篇。农工党中央统筹全党力量，圆满完成"改革完善重大疫情防控救治体系，全面提高公共卫生服务能力"重点考察调研；全党上下紧密围绕临床救治、物资供应保障、推进复工复产、疫苗研发生产及使用等关键问题精准献言献策。④

第三，农工党充分挖掘自身在中医药方面的优势，研究中医药在抗击新冠肺炎领域的作用。2021年12月13日-15日，由中国农工民主党中央委员会和国家中医药管理局主办，中共衢州市委、市政府承办，以"同心抗疫，健康中国：中医药新时代的担当与贡献"为主题的第七届中医科学大会在衢州召开，会议采用线上线下相结合的方式进行。在开幕式上，全国人大常委会副委员长、农工党中央主席陈竺作题为《新时代的中西医融合：携手抗疫，健康中国》主旨报告。⑤ 2位诺贝尔奖获得者、15位院士、24位全国知名专家与会并作发言，从中医药在抗击新冠肺炎中的作用、新冠肺炎基础研究与临床试验、中西医结合与临床实践、中医药与感染免疫性疾病、药物药理学、针灸与神经科学、中医药与代谢性疾病、中医药与肿瘤等8个方面对新阶段中医药的重要研究领域和成果作了学术交流，⑥

---

① 中国农工党陕西省委会：《刘艳：在抗疫前线写下入党申请书》，2020年4月17日，http：//www.ngd.org.cn/xwzx/dfgz/72964.htm。

② 中国农工党郑州市委会：《关于批准肖苗苗同志火线入党的决定》，2020年2月3日，http：//www.ngdzhengzhou.gov.cn/m/view.php？aid=444。

③ 中国农工党永州市委会：《火线入党战疫情 巾帼驰援勇担当》，2021年8月13日，http：//hnngd.org.cn/Info.aspx？ModelId=1&Id=6648。

④ 中国农工民主党：《农工党抗击新冠肺炎疫情表彰大会在京召开——陈竺出席并讲话》，2020年12月18日，http：//www.ngd.org.cn/xwzx/ywdt/01292fe2c07d4f23a19d299d59c524c3.htm。

⑤ 赵凯怡、郑理致：《中医界顶级大咖云端相聚，共享学术盛宴》，2021年12月14日，https：//wap.qz96811.com/news.aspx？newsid=88519。

⑥ 中国农工民主党：《第七届中医科学大会圆满闭幕》，2021年12月16日，http：//www.ngd.org.cn/xwzx/ywdt/d2bf7fbf301243c2a61ecc576fc2e2fa.htm。

为防治新冠肺炎提供"中医方案"。

三、中国共产党的中东抗疫政党外交具体实践

中国向来重视政党之间的合作，政党外交在中国已经形成了中国共产党为主，民主党派助推的路径。具体到卫生健康领域，中国的政党外交形式呈现出新的态势。中东地区是中国"一带一路"推进的重点区域，新冠肺炎疫情对该地区造成了较大的影响，疫情与中东热点问题的叠加，更是对中东国际关系造成了新的负面影响。

（一）中国共产党与阿拉伯国家政党展开抗疫对话并促进相互理解

中国共产党积极加强在疫情领域的政党合作，包括推动世界政党发出共同呼吁，为助力全球抗疫贡献"中共力量"，全力争取各国政党理解支持。[1] 2020 年 6 月 24 日，在疫情期间，中国与阿拉伯国家以视频方式，举行了为期 3 天的政党对话特别会议，中国共产党与阿拉伯国家的 60 多个政党和政治组织代表参会，会议达成广泛共识，并发表《携手抗疫，共建新时代中阿命运共同体》的共同宣言。

首先，《共同宣言》为中国与中东国家的抗疫合作提供了强有力的理论保障。此次中国-阿拉伯国家政党对话会特别会议的主题为"携手共建新时代中阿命运共同体"，中国共产党和阿拉伯国家的政党和政党组织的与会代表，就当前疫情的发展与合作抗击疫情的进展，围绕"加强国际抗疫合作的政党主张"、"后疫情时代的国际和中东格局"和"面向未来的中阿战略伙伴关系"等议题进行了深入交流，并得出了富有建设性的成果。"阿拉伯国家政党高度赞赏习近平主席提出的人类命运共同体理念，认为团结合作是战胜疫情最有力的武器，反对将疫情政治化、病毒标签化"，"中方表示将推动落实习近平总书记在第 73 届世界卫生大会上作出的承诺，即中国新冠疫苗研发完成并投入使用后，将作为全球公共产品，为实现疫苗在发展中国家的可及性和可担负性作出中国贡献。"[2]《共同宣言》进一步推动和深化了中国与中东国家抗疫合作的发展。

---

[1] 中共中央对外联络部：《引领政党合作 助力全球抗疫》，载《求是》，2020 年第 8 期。
[2] 《中国-阿拉伯国家政党对话会特别会议发表共同宣言》，新华社，2020 年 6 月 24 日。

其次,《共同宣言》奠定了中国和阿拉伯国家抗疫合作的基础,完善了中国共产党与阿拉伯国家政党之间的合作机制。根据《共同宣言》,中国共产党将在未来的3年中,每年将邀请200名阿拉伯国家政党领导人来访,并将在2021年召开第三届中国-阿拉伯国家政党对话会。① 阿拉伯国家政党代表高度评价了中国共产党带领中国人民取得的巨大发展成就,特别是成功应对了此次新冠肺炎疫情,为包括阿拉伯国家在内的广大发展中国家的抗疫举措节省了大量时间并提供了宝贵经验。

(二) 中国共产党通过党际渠道向有关中东国家政党援助抗疫物资

2020年3月24日,中联部向伊朗确定国家利益委员会捐赠抗疫物资,援助伊朗抗击疫情,中方代表朱锐强调伊朗是最早向中国抗击疫情予以声援和帮助的国家之一,中国也同样向伊朗提供了各种形式的支持帮助,这充分表明中伊友好深入人心。中联部与伊朗确委会保持着良好的沟通交往,愿通过捐赠口罩、药品等抗疫物资,表达中国共产党对伊朗人民的友好感情,今后也愿继续通过党际渠道与伊方分享抗疫经验并提供力所能及的支持,助力伊方抗疫斗争;伊方感谢中联部提供医疗物资援助,强调这体现了中国共产党对伊朗的友好情谊,中国的抗疫努力给世界各国树立了良好榜样,提供了宝贵经验,为维护世界人民生命安全做出了积极贡献。② 2020年4月13-14日,中联部向塞浦路斯民主大会党、劳动人民进步党分别捐赠10000只口罩,支持塞方应对新冠肺炎疫情,两党一致高度评价中国对国际社会抗击新冠肺炎疫情做出的重要贡献,衷心感谢中联部捐赠物资支持塞方应对疫情。民主大会党主席奈奥菲多表示,这次友好捐赠充分体现了塞浦路斯民主大会党和中国共产党之间坚实有力的党际关系,也体现了塞中两国的友谊和团结。约奥努代表劳动人民进步党诚挚感谢中国共产党在关键时刻给予的大力支持,表示国际社会应学习借鉴中国抗击疫情的有效措施和成功经验。③ 中国共产党向有关国家政党捐赠抗疫物资,不仅是在关键时刻给予对方大力支持,而且促进了双方在党际关系方面的

---

① 《中国-阿拉伯国家政党对话会特别会议发表共同宣言》,新华社,2020年6月24日。

② 中共中央对外联络部:《中共中央对外联络部向伊朗确定国家利益委员会捐赠一批抗疫物资》,2020年3月24日,https://www.idcpc.org.cn/lldt/202003/t20200325_137809.html。

③ 中共中央对外联络部:《中共中央对外联络部向塞浦路斯友好政党捐赠防疫物资》,2020年4月15日,https://www.idcpc.org.cn/lldt/202004/t20200416_138350.html。

交流和了解，巩固并增进双方的友谊。

（三）在中国共产党的领导下，民主党派通过多元方式参与中国与中东地区的抗疫合作

民主党派参与中国与中东地区的抗疫合作，更多以党员个人捐助相关物资，或党员参与国家援外抗疫专家组的形式。例如农工党广药集团基层委员会党员、广东省医药企业管理协会会长、广东省东泽药业有限公司董事长陈维东在得知该省援助伊拉克抗疫医疗工作急需医疗器械等紧缺物资后，于2020年3月6日向广东省红十字会捐赠彩色B超、监护仪、医用冰箱各2台，价值共100.6万元，以实际行动支持中国政府援外抗疫工作。[①] 又如，致公党重庆市渝中区委会副主委、重医大附一院支部主委、医院医务处副处长、胸心外科教授陈力与重医大附一院支部党员、院感科副主任护师张为华响应号召，远赴非洲和巴勒斯坦，积极发挥自身专业技术优势，为国际疫情防控，为维护国际公共卫生安全贡献力量。5月14日，陈力所在的中国政府赴阿尔及利亚抗疫医疗专家组抵达阿尔及利亚。专家组由国家卫生健康委组建，重庆市人民政府和澳门特区政府共同选派，专家组成员共20人，其中重庆市选派专家15人。陈力担任抗疫医疗组副团长，协助团长负责医院管理（方舱医院建设与管理）以及医疗救治指导，与专家组其他成员一道，为受援国提供中国抗疫方案，开展新冠肺炎疫情防控经验分享和技术交流工作。专家组随后转战苏丹，深入疫情一线，指导疫情救治工作。6月11日，中国援苏抗疫医疗专家组结束长达30天的行程，圆满完成援非抗疫任务。[②] 民主党派党员在展现自身风采的同时，更体现出中国政党制度的优越性，发挥专业优势积极助力为中东地区抗击新冠肺炎疫情提供"中国方案"。

---

① 农工党广东省委会：《农工党党员陈维东捐赠逾百万元医疗物资》，2020年3月16日，http://www.ngd.org.cn/dyfc/72250.htm。

② 致公党重庆市委会：《致公党重庆市渝中区会党员再出征，援外战疫》，2020年6月18日，http://www.zg.org.cn/dfxw/zq/202006/t20200618_65875.htm。

四、结　语

中国的民主党派在不同的专业领域或对接群体上各有侧重，这种独特性在中国共产党领导的多党合作制度下，在医疗卫生领域及其国际合作方面日益显示出其独特的优势。以中国农工民主党为代表的民主党派近年积极践行中国共产党和中国政府大力推进的"健康丝绸之路"和"人类卫生健康共同体"理念，并受中国共产党的委托开展了大量的调研工作。

新冠肺炎疫情暴发后，中国在自身抗疫经验的基础上积极推进抗疫国际合作，其中政党外交是其主要路径之一。中国面向其他国家的抗疫政党外交，起主导作用的是中国共产党。而以中国农工民主党为代表的民主党派因专业的相关性而深度参与其中，为中国共产党和中国政府的抗疫国际合作提供了大量的智力支持。这是对中国特色多党合作制度的诠释与实践，是对"健康丝绸之路""人类卫生健康共同体"理念的扎实推进。

具体到中东国家而言，中国共产党领导的抗疫政党外交呈现出自身的特点。中国共产党主要以党际交往的形式直接与中东国家政党进行抗疫主题的对话，或以中国共产党的身份直接向中东国家具体政党或政治组织援助抗疫物资等。除此之外，民主党派则主要以党员个人提供抗疫物资支持，或参与国家从各省选派的抗疫医疗专家组的形式，利用自身的医疗卫生专业优势前往中东国家直接开展抗疫工作。民主党派党员所参与的中东抗疫合作，与我国中央政府的医卫外交和省级地方政府具体的医疗专家组选派紧密结合。这在很大程度上可被视为中国共产党抗疫政党外交的延伸。

中国特色多党合作制度框架下中国共产党推进的中东抗疫政党外交也对此后我国以政党外交为渠道开展对其他国家的援助工作提供了宝贵的经验参考。面向后疫情时代，中国共产党将继续开展政党外交，加紧推进"健康丝绸之路"和"人类健康共同体"的建设，与各国政党共同维护真正的多边主义，推动共商共建共享的全球治理观念。